兰州大学哲学社会科学文库

Philosophy and Social Sciences Library of Lanzhou University

《清实录》甘青史料辑录

卷五

武沐 主编

图书在版编目（CIP）数据

《清实录》甘青史料辑录：六卷 / 武沐主编. --
兰州：兰州大学出版社，2024.7
　ISBN 978-7-311-06604-8

　Ⅰ. ①清… Ⅱ. ①武… Ⅲ. ①甘肃－地方史－史料－
清代②青海－地方史－史料－清代 Ⅳ. ①K294

　中国国家版本馆 CIP 数据核字（2024）第 023754 号

责任编辑　李丽　宋婷
封面设计　张友乾

书　　名	《清实录》甘青史料辑录（卷五）	
作　　者	武沐　主编	
出版发行	兰州大学出版社　（地址:兰州市天水南路222号　730000）	
电　　话	0931-8912613(总编办公室)　0931-8617156(营销中心)	
网　　址	http://press.lzu.edu.cn	
电子信箱	press@lzu.edu.cn	
印　　刷	北京联兴盛业印刷股份有限公司	
开　　本	787 mm×1092 mm　1/16	
总 印 张	187.5(插页12)	
总 字 数	2965千	
版　　次	2024年7月第1版	
印　　次	2024年7月第1次印刷	
书　　号	ISBN 978-7-311-06604-8	
定　　价	988.00元(全六卷)	

（图书若有破损、缺页、掉页，可随时与本社联系）

目　录 卷五

穆宗同治皇帝实录

《清同治实录（一）》

咸丰十一年（1861年）八月辛巳

谕内阁："吏部奏知县就近起复，与奏定章程不符等语。甘肃即用知县尹泗丁忧，有籍可归，例应回籍补行穿孝。乐斌奏请令该员就近起复之处，应毋庸议。前据该部奏，四川试用道桂荣丁忧，署四川总督崇实奏请就近在川起复，系属违例，奏请议处，并将桂荣一并议处。此次乐斌奏请尹泗就近起复，事同一律，何以办理两歧，其中有无区别，著该部详查具奏。"寻奏："查尹泗丁忧后经该督奏留随营，与桂荣无故逗留者不同，是以于奏请就近起复，仅予议驳。"报闻。

（卷3　114页）

咸丰十一年（1861年）九月壬辰

又谕："奎英等奏经费久已欠拨，请饬陕甘总督饬司筹拨等语。喀什噶尔需饷孔亟，著乐斌即饬藩司无论何款先行筹拨银二三万两解往喀什噶尔，以资接济。将此谕令知之。"

（卷4　126页）

咸丰十一年（1861年）九月丁酉

谕内阁："乐斌、多慧奏撒匪悔罪输诚，地方肃清，官军凯撤一折。甘肃循化等厅属撒拉回匪窜扰西宁等处，被击回巢后，乐斌、多慧分别调派官军，扼扎要隘，订期进剿。多慧复亲赴平戎驿居中调度，该匪震慑兵威，将首犯韩五十二、马忠、马如山、马贵、王得、王老三、马明良缚献，业经多慧讯明正法，并据该回众赔交赃钱，呈缴军装器械，不敢再生事端。地方业已肃清，所有在事文武员弁著乐斌、多慧择尤奏请奖励，毋许冒滥。"

（卷4　130页）

咸丰十一年（1861年）九月乙巳

又谕："刑部奏各省秋审外拟情实缓决，间与部拟不符，请旨更正办理一折。本年正月内皇考大行皇帝特降恩旨，查办减等，所有各省本年秋审人犯，经刑部会同大学士等分别酌拟，将应行减等及不应减等者节次开单具奏，业已核其情节，次第施行。各省自应钦遵办理。除云南、贵州、广西、福建、奉天、甘肃、湖南、浙江、江苏、江西、山东、山西、直隶、热河等省所拟情实缓决无庸置议外，其广东、黑龙江、四川、陕西、湖北、河南等六省所拟情实缓决，间与部拟不符，惟念该省具题之日，在未接部咨之先，著加恩免其议处。仍著刑部将各省不符之处一体更正。"

（卷5　139页）

咸丰十一年（1861年）十月己巳

命甘肃西宁镇总兵官冯子材督办江苏镇江军务。陕西陕安镇总兵官马德昭帮办军务。

（卷7　185页）

咸丰十一年（1861年）十月戊寅

又谕："前经瑛棨奏请将甘肃道员陈晋恩留于陕西办理团练。兹据翰林院侍讲学士颜宗仪奏，该员留陕恐为将来保升地步，请饬速赴本任等语。甘肃巩秦阶道陈晋恩著即饬令赴任以重职守。"

（卷8　215页）

咸丰十一年（1861年）十月庚辰

以甘肃剿办南川等处撤匪出力，赏西宁办事大臣多慧花翎。

（卷8　225页）

咸丰十一年（1861年）十月甲申

命陕甘总督乐斌拨银一万两解赴巴里坤，济满营军饷。

（卷8　231页）

咸丰十一年（1861年）十一月癸丑

又谕："据乐斌、多慧奏，筹议善后章程，拟酌设营制，招练番兵，改定边缺，申明旧章四条，以为善后事宜。又查西宁为极边要区，羌戎错杂，汉民之外则有蒙古、野番、熟番、汉回、撒回、喇嘛、土民，种类既繁，拊（抚）循治理稍有失当，枝节丛生。西宁道府二缺初任人员难期熟练，请均改为调补之缺。至该二缺专用满洲、蒙古人员，此后但期人地相宜，无论满、汉人员均准酌调升补。惟同时道、府二缺内必须有满洲、蒙古一人，不得皆用汉员各等语。麟魁屡次出差，曾经涉历该省，沈兆霖曾任陕甘学政，一切风土人情，平日想能深悉。该等所陈四条是否为现在善后要务，抑或此中另有窒碍难行之处。西宁道、府二缺均系请旨简放，现在改为调缺。及满、汉人员均准升补，是否可行，著麟魁、沈兆霖体察情形，会同商酌，妥议具奏。另片所请朱百川及单内和祥以道府记名简放，系与新定章程不符，且恐该督等所保有捏报冒功，徇庇私人等事，均著悉心访查，秉公复核具奏，以杜冒滥。边陲要地，所有改设营制缺分及保举等事，均须斟酌妥善，勿可草率从事也。原折片单五件，均著抄给阅看。将此谕令知之。"

　　　　　　　　　　　　　　　　　　　　　　　（卷11　302页）

　　以青海蒙古、番族随同剿匪出力，赏副盟长辅国公察哈巴克双眼花翎，余奖叙有差。

　　　　　　　　　　　　　　　　　　　　　　　（卷11　303页）

咸丰十一年（1861年）十二月壬戌

　　命江宁副都统魁玉帮同甘肃西宁镇总兵官冯子材办理镇江军务。

　　　　　　　　　　　　　　　　　　　　　　　（卷12　333页）

咸丰十一年（1861年）十二月甲戌

　　又谕："乐斌奏恳恩请觐一折。乐斌于本年九月间奏请叩谒梓宫，业经降旨毋庸前来。原以地方为重，不在仪节虚文。乐斌接奉后自当敬谨遵行。甘肃为西陲重地，筹兵筹饷，关系非轻。该督身任兼圻，应如何殚竭血诚，力图报称。兹乃仍以叩谒等词渎请，并历述宠遇，语多鄙琐，不知大体，至于此极。朝廷用人行政，一秉大公，岂容此等伎俩巧为尝试？乐斌著传旨严行申饬。"

　　　　　　　　　　　　　　　　　　　　　　　（卷14　370页）

　　缓征甘肃皋兰、河、狄道、渭源、靖远、陇西、安定、会宁、固原、安化、宁、宁夏、宁朔、灵、平罗、泾、崇信、灵台、镇原十九州县被雹、被水、被霜、被冻地方节年额赋有差。

（卷14　372页）

咸丰十一年（1861年）十二月乙亥

甘肃布政使林扬祖休致，以按察使恩麟为布政使，安肃道刘于浔为按察使。

（卷14　375页）

同治元年（1862年）正月辛卯

调陕甘督标、陕西提标、汉中、河州、宁夏各镇标兵共二千名赴安徽颍州军营，听候钦差大臣胜保调遣。

（卷15　420页）

同治元年（1862年）正月丙申

又谕："麟魁、沈兆霖奏查办乐斌参款微有端倪并撒匪滋事情形，将士庶呈词抄录呈览一折。撒回滋扰西宁、碾伯二邑。乐斌、多慧不能认真剿办，派出官兵叠经挫衄，乃率行议抚，以致凶焰益张，至巴燕戎格饱掠而归。详阅该二县士庶呈词，小民惨罹焚杀，众口鸣冤。其为纵寇殃民已可概见。现在撒匪出没无常，浸成巨患，诚为第一要务。著麟魁、沈兆霖督同该省文武各官妥为办理，毋再含糊了事，致令滋蔓难图。其乐斌、多慧所拟善后章程各条，既有可采，即著将应否变通增改之处悉心酌定，妥议章程具奏。现据多慧奏酌议严禁越卡私贩，筹拟边防要务七条，著麟魁等一并妥议具奏。原折单均著抄给阅看，其乐斌被参营私纳贿各款，并著悉心研鞫，审明定拟具奏。将此由四百里谕令知之。"

（卷16　433页）

以玩视军务，甘肃提督成瑞解任查办。

（卷16　435页）

同治元年（1862年）正月己亥

谕内阁："协办大学士、兵部尚书麟魁品学端方，老成练达。由翰林洊擢正卿，历受三朝知遇。上年冬间派往甘肃查办事件。本年复简授协办大学士，倚畀方殷。兹闻其于兰州差次因病出缺，披览遗章，拳拳国事，并知其在途感受风寒，不遑休息，到兰数日遽尔溘逝。洵属殁于王事，痛惜良深。

麟魁著加恩照大学士例赐恤，任内一切处分悉予开复，应得恤典，该衙门察例具奏。其灵柩回京，著沿途地方官妥为照料，并准其入城治丧。伊子候选员外郎恩寿，著赏给举人，准其一体会试，用示笃念荩臣至意。"寻予祭葬，谥文端。

（卷16　443页）

以户部尚书沈兆霖暂署陕甘总督。

命成都将军崇实驰往甘肃，会同陕甘总督沈兆霖查办事件，以成都副都统全亮暂署将军。

（卷16　446页）

同治元年（1862年）正月庚子

以甘肃西宁镇总兵官冯子材为广西提督。候补副将黄朝恩为甘肃西宁镇总兵官。

（卷16　447页）

同治元年（1862年）正月丁未

又谕："据乐斌奏，撤回纠众，复出滋扰，调兵堵剿，并自请议处及将前保出力文武先行撤销等语。览其所奏，实因西、碾二邑士庶呈控，探知沈兆霖等业已入奏，不能复为隐讳，其居心甚属巧诈。该督贻误地方至此，岂议处所能了事。所有乐斌奏称撤回复扰碾伯及派兵前往堵剿各情形，即著沈兆霖查明筹办。回民起衅根由，据乐斌奏称因西、碾士民总以须尽剿灭为词。该县民团无端将巴燕戎格打牲回民杀毙三人，又与番僧勾结，称欲净洗米拉沟回民，以致回民纠合撤回，互相争斗。虽所言未必尽实，第汉回不和，到处皆然。均系国家赤子，必得查明曲直情由，秉公办理，不可稍存汉回之见，致有偏倚，方能折服其心。乐斌所调官兵如不得力，即著沈兆霖再行酌调，倘官兵不能操必胜之权，稍有挫失，贻患更多。此事关系紧要，沈非霖现署督篆，责无旁贷，务当通盘筹划，计出万全，方无流弊。崇实由川到甘，尚需时日，著于到甘后将撤回各情会商办理，毋得草率了事，致滋贻误。原折发给阅看。将此由四百里各谕令知之。"

（卷17　468页）

同治元年（1862年）正月己酉

又谕："前据麟魁等奏撤回滋事情形，旋据沈兆霖奏麟魁于差次出缺，当谕沈兆霖暂署陕甘总督，并命崇实驰赴甘肃，将乐斌被参各款及撤回滋事各情会同沈兆霖办理。兹据沈兆霖奏，饬传回民马尕三与西、碾士民对词，并未到案。该匪于上年官兵撤回后其胆愈张，本年正月十一日碾伯县城东高庙堡地方复有撤回千余出山焚掠，亟宜痛加剿办，以示兵威，方可议抚。惟多慧等用心乖谬，请另简大员妥筹剿抚等语。土回勾结撤匪，出巢抢掠，非痛加惩创，断难驯服。沈兆霖所称调派官兵、番兵，将滋事之戎属四工分道围剿。俟剿洗一二回庄，匪众瓦解，然后责令擒献首恶，方可一劳永逸。所筹均合机宜，著即照议迅速调拨官、番各兵，将四工滋事撤回实力剿办，若能诱除马尕三，回众先已失势，该匪众果能震慑兵威，擒献首恶，妥筹安抚，为一劳永逸之计。饷需一项，据奏该省尚堪敷用，并著先期筹备，毋致临事掣肘。至多慧等办理错谬，扶同欺饰冒功各节，应俟乐斌被参各款查办完竣时一并明降谕旨。将此由五百里谕令知之。"

（卷17　477页）

同治元年（1862年）二月甲寅

以甘肃撤回滋扰碾伯县境，西宁办事大臣多慧下部严议，摘知州朱百川、参将赵秉鉴等顶带。

（卷18　491页）

同治元年（1862年）二月丙辰

以甘肃碾伯办理团练，予知县申典常等议叙。

（卷18　495页）

同治元年（1862年）二月辛酉

又谕："沈兆霖奏，查明撤匪滋事，大员不实力剿办，捏称悔罪投诚，致该匪仍肆侵掠。并查明乐斌被参各款，定拟罪名各一折。西宁办事大臣多慧、解任甘肃提督成瑞力主抚议，纵匪殃民。多慧尤属始终回护，均著即行革职，交刑部分别定拟罪名具奏。署西宁道候补道和祥轻撤团勇，致百姓受害甚惨。署西宁府知府朱百川，即补参将赵秉鉴、署巴燕戎格游击杨玉芳、通判郑声文阿附上官，怂惠迁就，且于札传首逆，抗玩不遵，实属咎无可辞，均著即行革职。解任陕甘总督乐斌于成瑞、多慧捏报战功，不能确查，迨多慧具折虚冒战功，滥保请奖，辄随同列衔入奏。其为甘受匪人蒙蔽，有心庇护，显而易见。其被参纳贿营私各款，虽查无实据，惟失察使妾与属员之妻往来，复以候选知县为幕友，屡为保奏，并于家人等盘踞把持，不能觉察，以致声名狼藉，实属昏庸乖谬，有心欺饰。据沈兆霖奏请将该督革职，不足蔽辜。乐斌著即行革职并发往新疆效力赎罪，其先后调兵动用库款银两宝钞捐款钱文均属虚糜帑项，即著乐斌、多慧、成瑞、和祥分成赔缴。候补知府章桂文以同知历署兰州府知府，兼护首道，虽查无营谋贿求情事，惟其妻往来督署，毫无觉察，实属不知检束。捐纳知县同知衔彭雨亭即彭沛霖，虽无招摇撞骗确据，惟以候选知县盘踞督署，复违例乘坐四轿，擅用站车，均属有干例禁。章桂文、彭雨亭即彭沛霖均著照拟即行革职。章桂文仍从重发往新疆效力赎罪。彭雨亭即彭沛霖仍从重发往黑龙江充当苦差。家丁陈四即陈菊庄苛索滋扰，不安本分，书吏佘奎即佘魁，先以犯案拟徒，复因乐斌使妾身故，送给烧纸，并不索租屋停灵价值，实属意图结交官府，不知悛改，仅予枷杖均不足以蔽辜。陈四即陈菊庄、佘奎即佘魁均著从重发往黑龙江充当苦差。"

（卷18　505页）

谕议政王军机大臣等："撒匪于上年官兵撤回后，势甚鸱张，亟应痛加惩创，俾知畏惧。沈兆霖前奏调派官、番各兵分道围剿，俟剿洗一二回庄，匪众瓦解，然后责令擒献首恶等语，所筹甚是。现在调集弁兵是否业经进剿，马尕三曾否到案，如该匪经官军痛剿，果能震慑兵威，畏罪投诚，即当迎机转圜，妥筹收抚。孔广顺带兵素称得力，本日已降旨令其署理甘肃提督，应如何商令带兵进剿之处，著沈兆霖相机办理。将此由四百里谕令知之。"

（卷18　506页）

以已革甘肃提督孔广顺署甘肃提督。

命成都将军崇实无庸前往甘肃查办事件。

（卷18　508页）

同治元年（1862年）二月壬戌

又谕："前因乐斌奏保剿办撒匪出力人员，请将甘肃署碾伯县知县申典常赏加盐运使衔，当因所请过优，交沈兆霖酌核另行请奖。嗣经沈兆霖奏，该署县劝谕民团，不辞劳瘁，已降旨改为交部议叙。兹据乐斌奏称，撒匪复行滋扰，派令该署县会同营员堵御，仍借词催饷请兵，自行赴省，实属恇懦取巧，请撤任摘去翎顶等语。申典常办团剿贼是否得力，乐斌所奏该员自行赴省，是否确系催饷请兵，抑系取巧规避，仍著沈兆霖查明具奏。"

（卷18　508页）

同治元年（1862年）二月己巳

以候补总兵官冯标为甘肃凉州镇总兵官。

（卷19　528页）

同治元年（1862年）二月丙子

又谕："前据沈兆霖奏，查明撒回滋事，大员不能实力剿办，捏称投诚奏结，当将力主抚议之提督成瑞并始终回护之西宁办事大臣多慧先行革职，交刑部分别定罪。兹据刑部定拟罪名具奏，已革西宁办事大臣多慧接办军务后，于撒匪抗不就抚情形隐匿不奏，辄以叠次剿办，该匪悔罪投诚等词，捏报邀功，以致凯撒后地方被扰较前更甚。迨沈兆霖驰抵甘肃后，提传匪首马尕三赴省质讯，多慧复为咨商请缓，并以该匪续行出掠，为提讯马尕三启衅根由，借词挟制。已革甘肃提督成瑞督兵剿匪，首创抚议，于参将希朗阿与撒匪接仗，遣弁请援时相距甚近，不为救应。复因游击闵相儒在扎什巴堡被困，辄向马尕三说合，并误信该匪诡词，致南川一带复被焚抢。守备陈治猷等同时被害，均属纵匪殃民，失误军律。多慧尤属始终回护，多慧、成瑞均著照部议斩监候秋后处决。该革员等所犯情节较重，虽在上年十月初九日恩诏以前均不准援免，并著沈兆霖派员将多慧、成瑞押解送部监禁，归入朝审办理。"

（卷20　541页）

同治元年（1862年）二月丁丑

钦差大臣曾国藩奏请留甘肃道员刘于浔一军仍驻江西。允之。

（卷20　549页）

同治元年（1862年）二月辛巳

谕内阁："前直隶候补道王检心、前甘肃甘凉道郭柏荫、前陕西西安府知府徐栋、前安徽候补知府李宗义、湖南候补同知直隶州知州刘达善、前四川酉阳州知州蒋若采、前署山西襄陵县知县朱次琦、前湖南华容县知县徐台英、前四川东乡县知县钟昌勤、候选同知朱宗程、前户部郎中杨宝臣、记名湖北知府张建基、王璐、夏锡麒、文希范，著吏部迅速行知各该员原籍督抚，给咨调取来京引见。以上各员如有在京者，并著该部查明，即行带领引见，丁忧刑部员外郎范泰亨著俟服阕后由吏部带领引见。各该员如有经手地方公事一时未能起程，即著各该督抚查明该员年岁履历，先行具奏，候旨录用。"

（卷20　557页）

同治元年（1862年）三月甲申

陕西提督经文岱因病解职，以署甘肃提督孔广顺为陕西提督，前任直隶大名镇总兵官马德昭署甘肃提督。

（卷21　566页）

同治元年（1862年）三月庚寅

又谕："沈兆霖奏筹办撒匪情形一折。上年撒匪滋事，因乐斌办理草率，以致蔓延贻患。经该署督所派恭钊、闵相儒已带兵行抵碾伯，俟各路番兵到齐即相机进剿，并拟亲往碾伯一带调度。所筹布置各节均合机宜，即著照所议办理。此次回众滋事，断难悉数歼除，若能擒其渠魁，其余原可量从末减。马尕三一犯如能献出，则此事已有转机。但甘省军务废弛，恐启回民轻视，该署督务须设法整顿，以收实效。民团实有可用亦可激励其气，以助军威。回汉启衅之故虽非滇省情形可比，亦须秉公办理，俾汉回各得其平，庶可知威知感，消其反侧。谅该署督必能筹划万全，永靖边陲也。将此由四百里谕令知之。"

署陕甘总督沈兆霖奏："遵议西宁办事大臣多慧奏严禁越卡私贩章程七条：一、蒙番进口办买粮茶，应令官歇家登记循环号簿，报官察核。查有不符，即将官歇家及出卖铺户照私贩例从重治罪。一、新安番族由青海衙门请票易买粮茶，应饬丹噶尔厅镇海协令各族千百户于票尾钤戳，缮写人名、货物，呈送地方官核验放行。一、番子进口应令西宁、大通各处官歇店户另立循环簿二本，详细登记，于文武衙门一律呈递，并按月报明，青海衙门存查一。粮茶应酌中配搭，每粮一石配茶六封，蒙番一律办理。其单买茶叶者，大票准填十封，小票准填五封。至新安番族止准在丹噶尔办买，以杜窜越。一、私贩黄茶应饬循化、贵德地方官暨隆福寺番僧一体拿办。起出货物分赏出力兵弁。一、蒙番出口由守卡兵弁搜验放行，如有需索贿纵等弊，从严究办。一、内地民人出口谋生，应责成公正铺商承保，由地方官转详青海衙门给票放行，至入口会营点认。令该厅营县出具的系原人印结，将票缴销，每票止准一次，不准复用。"下部议，从之。

（卷21　584页）

同治元年（1862年）三月癸巳

谕议政王、军机大臣等："明绪、博勒果素奏请饬陕甘拨借银两等语。据称甘肃应拨塔尔巴哈台经费银两连年积欠，为数甚巨。本年春夏二季盐菜无项支发，请饬陕甘总督将积欠经费银十二万九千二百余两内借拨一二万两等情。塔尔巴哈台地处极边，官兵月饷近来减折支发，已形苦累。倘数月内再无饷到，深虞人心涣散。现在正与俄国查办分界事宜，稽查巡守及随往查界官兵，均难令其枵腹从公。著沈兆霖于该省司库内无论何款先行借拨银一二万两速行解往，以济急需。将此谕令知之。"

（卷22　589页）

同治元年（1862年）三月癸卯

又谕："沈兆霖奏带兵出省日期并现办撒匪情形一折。据称戎属撒匪，闻官兵进剿，预将乩思观等处山径挖断，以阻我师。该署督派令恭钊等带兵分路进剿，并择要扼扎，以防窜逸。其循化四工撒回闯入积石关者，亦经知府赵桂芳等堵击，匪众败退回巢。该署督现已督带员弁官兵前往西、碾一带，亲加调度。即著妥为调遣，赶紧进剿，庶顽梗匪众大加惩创，得以迅速蒇事，一劳永逸。另片奏请将已革知州朱百川、已革参将赵秉鉴、吕祥均令在军前效力，降调同知严长宦派令办理循河事宜等语。自系为军务起见，即著照所请行。惟朱百川、赵秉鉴系上年办理撒匪案内革职之员，恐难得力。仍著沈兆霖随时察看，如该革员等始终不知奋勉，即著毋庸留营。将此由五百里谕令知之。"

又谕："骆秉章奏克复新宁县城及解垫江城围，并攻剿李逆获胜各折片。据称逆匪蓝潮柱率败匪百余人与郭张朱曹各逆合伙，窜陷新宁县城。经道员张由庚等剿击，将县城收复。败贼张蓝各逆窜至董家场一带与曹逆会合攻扑垫江县城。道员曾传理督队赴援，贼解城围，屯于城北二十里之新场。经曾传理等进攻，叠获胜仗。该逆循至高滩，距鹤游坪百里，势将与周逆合股。石逆现已窜至涪州小河对岸，李逆踞铁山负隅自固，凭卡抗拒。我军仰攻维艰，猝难得手等语。各逆经官军剿败，陆续合并，正可妥筹围攻之计，以收聚歼之功。石逆窜至涪州，业经骆秉章派令道员章源等扼堵，并调水师炮船驶赴重庆下游，以截江面。现在刘岳昭既已抵夔，即著饬令迅速前进与各军夹击。田兴恕如已到川，并著乘该逆未渡北岸以重兵压击，毋令窜扰川东地方。李逆于铁山负险自固，该处山径纷歧，处处可通，著骆秉章即饬各要隘地方严堵，断其粮道，并迅速筹攻，以期一鼓歼除。马德昭前已降旨，署理甘肃提督，著骆秉章催令该提督即赴署任，毋庸来京。将此由五百里谕令知之。"

（卷23   617页）

同治元年（1862年）四月乙丑

四川总督骆秉章奏，请暂留甘肃肃州镇总兵官何胜必在四川剿贼。允之。

（卷25   671页）

同治元年（1862年）四月己卯

又谕："沈兆霖奏行抵碾伯剿匪情形并自请议处各折片。此次官军进剿戎属撒匪，因地险溃退，复派道员杨柄锃分头进剿，正在酣战间。因副将万年新受伤，兵丁慌乱，退回乩思观。而撒匪另股复围巴燕戎格厅城，其分剿循化之匪叠次获胜，军威颇振，自应相机剿办以靖地方。惟甘省营伍废弛已久，不能得力，止有番兵尚可调用。而此次进剿药草台，团番先散，该省将领又不得人，饷项支绌，办理本形棘手。若不分别良莠概行剿洗，恐撒回畏惧，并力抗拒，则兵力愈形单薄。现在撒匪胆敢围城，自未便含混了事，著即督饬官军先解城围，并饬杨柄锃将药草台一路设法进攻，毋为所乘。此番调兵进剿原非与撒回为仇，惟匪势猖獗，不得不慑以兵威。该署督务当联络番团，行以智计，倘该匪畏惧兵威，即可酌量受抚，惟在该署督斟酌情形，相机行事，朝廷不为遥制也。该署督甫抵兰州，因士民诉其扰害，即统兵亲临前敌，虽不能迅速蒇事，究属勇往，断不可以小有挫失，即形退怯。所请议处之处著加恩宽免。将此由五百里谕令知之。"

（卷 26 713 页）

同治元年（1862 年）五月戊子

议政王、军机大臣会同吏部等部议准署陕甘总督沈兆霖复奏甘肃善后章程：一、改设巴燕戎格厅城及所属各要隘都司二员，守备二员，千总三员，把总一员，并添驻兵一千二百五十名。一、招练上、下郭密、上十族、下八族番兵共一千名，选择千百户训练，统归营员调遣。一、凡巴燕戎格厅属有警，责成西宁、河州两镇总兵官就近整兵救援。一、准西宁、碾伯各村庄办理团练，以壮官军声势。惟不得欺凌良回，致启衅端。一、准将循化、贵德、丹噶尔三厅同知，巴燕戎格厅通判均改为边缺。由本省拣员升调。一、撒回与西宁回民分别两教，渐生嫌隙。应申明旧章，不得分寺诵经，亦不得妄分新、旧教及添建礼拜寺。仍责成总约回民随时稽查。从之。

改甘肃西宁道、西宁府知府为调缺，巴燕戎格厅通判为繁缺，从署总督沈兆霖请也。

（卷 27 736 页）

同治元年（1862 年）五月壬辰

又谕："托明阿等奏贼匪东趋，渭南县城失守，潼关吃紧，并请催金国琛、何绍彩两军赴陕各折片。贼匪窜入渭南县境，团勇接仗失利，县城被陷，并将华州城池攻陷。现在该逆已窜至华岳庙，距潼关不及四十里。潼关为全陕咽喉，势居扼要，托明阿等现将河南撒回马队截留该处，并将潼关以东防兵调赴关门助守。著即饬令在防文武固守待援，毋令贼匪窜踞。渭河以北各州县已将渡船撒尽，沿河列戍民团势颇联络，惟同州一带回民现复聚众，乘机焚掠，汉民受害者愤起纷争。现在外侮未靖，而汉回又复寻仇互杀，实系腹心巨患。著瑛棨、张芾即饬现派之汉、回官绅速行驰往，晓谕解散，令其立功自赎。倘始终抗违，即督饬乡团将起事焚掠之回匪严拿惩办，以免贼匪勾结。其安分良回即著瑛棨等仍遵前旨，妥为联络，以资守御。潼关一带距茅津渡不远，英桂现已前赴蒲州，著即饬令驻扎茅津渡文武严密防堵，并将蒲绛以上晋省境内黄河东岸扼要处所分布兵勇，联络乡团，合力防守，毋令贼匪偷渡。至三河口船只已由陕省尽数提归北岸风陵渡停泊，该处系晋省蒲州所辖，英桂务当督饬该地方官，严密稽查，毋许船户私行放渡。倘漫不经心，致有疏虞，惟该抚是问。杨飞熊一军现在尚无入关信息，实属疲玩。此时贼势日向东趋，难保不复窜豫境。郑元善务当迅饬杨飞熊督带援兵，由洛阳一带驰赴潼关，迎头截击，保陕省之关隘。即以固豫境之藩篱，毋得再事迁延，致干严谴。至山阳股匪屯聚万余，难保不北窜平原腹地，与华阴一股合并。孔广顺兵勇较单，现已将商南阎丕敏之兵移扎蓝田县属之秦岭等处，著即相度机宜，严加布置，以杜北窜。署南阳镇总兵徐荣柱一军现已前赴商南，著郑元善即迅饬进兵驻扎商州之刘岭，与陕省兵勇夹击，毋稍迟缓。郧西一带现据托明阿等报称，亦有贼匪滋扰，著官文饬令金国琛一军驻扎郧西一带堵剿。其何绍彩一军谅已起程，著即飞催迅荆子关入陕，绕出贼北由商州前进，两路夹击，使郧西之贼不致并归山阳。并著多隆阿率同雷正绾督率所部星速拔营入陕，驰赴潼关一带迎头截击。其蒲同一带地势紧要，已催成明管带京兵迅速起程前往驻扎。南山商雒、山阳、镇安等处兵力甚单，前据沈兆霖奏调派甘肃官兵一千五百名，交马德昭带领赴陕。著即飞饬该提督由汉中一带驰往商雒等处，视贼所向，相机截击，毋许稍涉延缓，致误事机。至汉南贼匪，现由牟家坝窜至青石关，距川省通江甚近。此股败匪为数无多，即著瑛棨等饬令地方文武，会同川省所派楚军就地歼除，毋令复窜川境。将此由六百晨加紧各谕令知之。"

旌表守正捐躯甘肃通渭县民魏报功妻李氏。湖北广济县民方登选妻饶氏。

（卷28 747页）

同治元年（1862年）五月丙申

又谕："前据乐斌奏甘肃署碾伯县知县申典常于撒匪复行滋扰时借词赴省，实属恇怯取巧，请撤任摘去顶翎，当交沈兆霖查明具奏。兹据奏称，本年正月间，撒匪出扰高庙堡，离碾伯县城三十里，旋即退窜。该署县申典常恐匪踪复出滋扰，赴省请兵催饷。核其情节，该署令赴省系在撤匪已退之后，惟贼氛未远，率行进省，虽非恇怯取巧，实属不知缓急，著仍照乐斌原参即行撤任并摘去顶翎，以示惩儆。"

（卷28　760页）

同治元年（1862年）五月己亥

又谕："托明阿等奏粤匪攻扑潼关，官军内外剿击，叠获胜仗，立解城围一折。前据英桂奏该匪窜至陕州，与茅津渡仅隔一河，数扑河滩，若杨飞熊一军迎剿获胜，难保不乘间渡河，扰及晋省。多隆阿现在督兵前进，著即沿河西上，先将河南阌乡一带回窜匪众迎头截击，毋令阑入晋疆。再由潼关一路相机进剿，如探明陕省贼势，不甚吃重，或先酌派兵勇数千交雷正绾管带星速赴陕，相机策应。该将军即可亲督大队，驻扎北路适中之地，以防皖、豫捻逆被剿北窜。应于何处扼扎为宜，该将军可与官文、郑元善等筹商定见。山阳踞匪亟宜迅速歼除，著孔广顺督率所部会同徐荣柱援兵合力兜剿，如兵力尚嫌单薄，瑛棨等当察看情形，即咨调雷正绾一军驰赴山阳，会师进击。本日瑛棨奏请饬将京兵二千留于山西等语。成明现已起程，所督带之京兵二千名著全数带赴山西，与英桂会商，于沿河要隘妥为布置，严密扼守。其成明军务即著英桂会办，以期共济。其窜回豫境之贼著郑元善调拨兵勇，分头迎剿，以期尽歼丑类。马德昭已由兰州折回泾州，著托明阿等迅催该提督前赴汉中，会同毛震寿督兵分剿。陕省兵将渐集，该将军巡抚等务当激励将士，督率乡团，将各处匪徒悉数殄灭，方为不负委任。至高陵、临潼一带汉回构衅，业经张芾带同汉、回委员绅士前往开导，回民亦遵教化，各安生业。其渭南等县张芾等仍当持平办理，毋稍偏徇，俾汉回相安，方为妥善。将此由六百里各谕令知之。"

（卷28　769页）

同治元年（1862年）五月辛亥

又谕："沈兆霖奏剿办撒匪情形并调兵协剿川匪各折片。据称戎、循两属撒匪经官军分别剿办，叠获胜仗。先后毙匪二千数百名，现探该匪甚为穷蹙，惟顽梗如故，虽递呈乞求申理，而词意不驯。拟再待半月，若无就抚机会，惟有留兵驻守，作以防为剿之策，陆续撤退各兵等语。该署督此次办理撒匪，原系力矫从前诸弊，本期剿抚兼施，使该匪稍慑兵威，因而就抚，庶可一劳永逸。乃叠经惩创，尚未帖耳受抚，自当乘此匪势穷蹙之际，相机办理。现既出示购拿马尕三并开导余匪投诚，该撒拉既递呈乞求申理，谅亦不能日久相持，著即乘机妥办，固不可蹈上年覆辙，亦不可稍损威望，为该匪所轻。该署督拟半月后回省，自因饷需支绌，恐误大局起见。惟该匪善于窥我虚实，总宜察度情形，示以镇静，一面严饬将士实力攻剿，俟其穷而思转。如果办理已有端绪，该署督即不必仍驻湟中亦属可行。昨据瑛棨奏马德昭已抵陕省，惟所带止有数十人，著该署督即将其所带之兵催令赶紧驰赴陕省汉中一带归其调用，剿办川匪，毋再迟延。将此由五百里谕令知之。”

（卷29　799页）

以甘肃剿办撒回出力，予游击赵秉鉴等开复加衔有差。阵亡都司陈华、千总郑升等祭葬世职。革遇贼先退都司何朝贵职，游击闵相儒、希朗阿分别降补。

（卷29　800页）

同治元年（1862年）六月甲寅

命署陕甘总督沈兆霖、陕西巡抚瑛棨拨银二万三千五百两有奇解赴乌什，以备本年经费。

（卷30　806页）

同治元年（1862年）六月庚申

谕内阁：“陕西西安、同州两府属汉、回匪民，平日积有嫌隙，往往寻衅互斗，地方有司办理不善，存心姑息，诸事宽纵，遇有滋事回民延阁不办，又或意存歧视。因系回民一切从严，不辨是非曲直，以致汉、回民心均怀不服，私图报复，日肆凶顽。从前寻仇械斗尚不过在一村一镇之间，并未敢结连各州县同起滋事。近因粤捻各匪窜入陕境，西、同两府属汉、回同时并起，纷纷烧杀。沿河一带村镇俱成焦土。叠据巡抚瑛棨将该处情形据实上陈，览奏曷胜悯恻。国家抚育黎元，汉、回均系赤子，一视同仁，从未尝稍存歧异。乾隆四十六年甘肃番回作逆，曾奉高宗纯皇帝谕旨，于凡有回民处誊黄遍贴，断不肯因滋事贼匪将无辜守法良民一并株连，通谕中外等因，钦此。此次陕西汉、回互斗一案，经瑛棨于起事之初即会同前任都察院左副都御史张苔分遣官绅前赴各处晓谕解散，其未经滋事之回民业已遵示誓与汉民永释猜嫌。乃奸回利于劫掠乘机逼胁，辄将安分回民一并烧杀。似此悖理逞凶，虐及同类，不但朝廷法所难容，尔回民中亦宜同深切齿。现据瑛棨奏称，该省各营队伍回兵居半，不但武弁等于滋事凶回深恶其非，即各兵丁等亦同深愤嫉，足见该良回人等深明大义，甚属可嘉。现经檄调各路劲兵陆续赴陕剿办，但将为首滋事回匪歼除，断不因回民中偶有恃强玩法之人，即将安分良回概行株累。其良回中有被胁勉从者，倘能悔悟解散，一并免予究治。该处汉民亦不得逞凶报复，违者从重治罪。如汉民中有借械斗为名，乘机聚众滋事者，亦概行一并剿除，并不稍从宽假。天戈所指，但论曲直，不分汉、回，顺逆存亡，悉凭自取。经此次训谕之后，若瞽不畏死之徒犹敢肆其凶顽，则是自取灭亡，毋得借口于朝廷之不教而诛也。该抚即将此旨刊刻誊黄，遍行剀切晓谕，以示朝廷胞与为怀之至意。"

（卷30　823页）

同治元年（1862年）六月己巳

钦差大臣曾国藩奏，请将甘肃按察使刘于浔暂留江西本籍办理防务。允之。

（卷31　849页）

同治元年（1862年）六月乙亥

又谕："田在田奏，徐宿军需竭蹶，请饬陕甘、山西督抚，将河东应解甘饷项内按陕西解徐州每月一万两之数拨同徐宿协款，并批起解。其陕西应解徐饷即就近抵解甘省等语。徐宿各军现在攻剿宿西各圩，正当吃紧，若军食不继，恐失机宜。所有山西盐课项下应解徐饷，著英桂饬令河东道如数拨解，毋稍贻误。其应解甘饷项下是否可以通融挪抵之处，并著酌量办理。将此由五百里谕令知之。"

（卷32　867页）

同治元年（1862年）七月辛卯

又谕："沈兆霖奏撒回震慑兵威悔罪投诚一折。撒回率众扰及戎、循两属，前经官军进剿，虽叠经惩创，尚未帖然受抚。本年五月间，沈兆霖严饬各营员弁，由乩思观率领戎属各营及兵番、团勇过山进剿。其茶堡一军亦间道来会，连日大小五六十战，毙贼四千余名，焚毁回庄多座。该匪被剿穷蹙，该喇嘛、百户及总约马归源率领十三工头人六七十名并撒回三百余人至代理巴燕戎格厅通判王锡文处，跪求投诚。道员杨炳锃受降，撒回约有五千余众列跪道旁，誓愿永作良民，并由番族百户加具保结。戎循一带地方居民现已如常安帖。办理甚属妥速，所有在事出力文武员弁著沈兆霖择尤保奏，以示鼓励。"

（卷33　901页）

又谕："沈兆霖奏撒回悔罪投诚并陕省回民滋事内患日深宜亟筹妥办各一折。撒拉回匪经沈兆霖督饬各营员弁过山进剿，连日接仗，毙匪甚多，并将附近回庄焚毁。该匪被剿穷蹙乞降，沈兆霖察其悔罪情词哀迫，出于至诚，自应准其就抚，以省兵力。戎、循一带地方现已安帖，著沈兆霖督饬该镇道等将善后事宜妥为办理。务令民回彼此永远相安，毋再寻衅滋事。首犯马尕三罪在不赦，经总约马归源禀请俟准抚撤兵后，密图诱获，志在必得，著即责成该总约迅将马尕三擒献，毋任乘间兔脱，贻患将来。至陕省回匪，围逼同郡蒲城，近复攻扑省垣，自应摄以兵威，再行议抚。沈兆霖所筹与近日寄谕均相吻合，惟甘省边邑处处与陕接壤，该回匪已有传单到甘，且宁夏府属之灵州有回民入境买马，制造军器之事，情殊叵测。著沈兆霖密饬该地方官妥为防范，并饬催避难回民全数回陕，以期消患未萌。其省城关厢及河州、固原等处回族，仍著该署督严密查察，妥为镇抚，毋令与陕省逆回勾结蠢动。本日据英蕴等奏，甘肃藩库欠解回疆经费过多，请饬陕甘总督措拨经费等语。回疆各城筹办兵饷，除劝捐收税外别无他策，著沈兆霖速饬藩司将应解回疆各城经费分别拨解，以资接济而靖边隅。将此由六百里谕令知之。"

（卷33　904页）

同治元年（1862年）七月庚子

又谕："甘肃布政使恩麟奏，署陕甘总督沈兆霖于七月初二日自碾伯县起程回省。初四日行至平番县属之三道岭沟地方，猝遇雨雹，山水涨发，致将该署督行轿关防并随从兵役人等概行冲没。随员陈象沛等在后闻信，与该处文武各员先后驰救无及，旋即寻获该署督遗躯，妥为料理等语。览奏不胜骇异，沈兆霖忠清亮直，历练老成，由翰林涉陟清要，叠掌文衡。在上书房南书房行走，蒙皇考文宗显皇帝擢授正卿，朕御极之初复授为军机大臣命往陕甘查办事件，旋命署理陕甘总督。该署督受任以来即带兵出省，实力办理已有成效，乃于途中猝遇山水涨发，遽尔身殒，悼惜殊深。署陕甘总督军机大臣户部尚书沈兆霖著加恩晋赠太子太保，照尚书例赐恤。任内一切处分悉予开复，应得恤典该衙门察例具奏，并著查照一品大员没于王事例案，声明请旨。其灵柩由甘肃起程时，著沿途地方官妥为照料，并准其入城治丧。伊子沈云骧著赏给举人，准其一体会试，以示笃念忠荩之至意。"寻予祭葬恤荫，谥文忠。

（卷 34　922 页）

以户部右侍郎熙麟为陕甘总督，未到任前以甘肃布政使恩麟护理。

（卷 34　925 页）

同治元年（1862年）七月癸卯

谕议政王军机大臣等："严树森奏陕省汉回构衅实在情形一折。据称汉回互斗，西、同等处焚杀日甚，若甘肃等省回民因而生心，川匪从中勾结，发逆又复回窜，势必全省糜烂。请饬瑛棨选派素洽民心之牧令带同汉、回公正官绅前往理谕，一面严催多隆阿速入武关，相机征剿各等语。所奏与现办机宜均相吻合。现在回匪势极鸱张，非大兵痛加剿洗不足以张挞伐。至议抚一层，亦必须将凶悍匪徒悉行歼戮，其余慑以兵威，始能望风解散，消患已形。以眼前事势而论，正非区区口舌所能为功也。严树森谊殷桑梓有所见闻，自应如此陈奏，以后如有续接信函，关系陕省确实情形者，并著随时具奏。将此由四百里谕令知之。"

（卷 35　930 页）

同治元年（1862年）七月乙巳

西宁办事大臣毓科因病解职，调乌什帮办大臣玉通为西宁办事大臣。赏乾清门侍卫伊昌阿副都统衔为乌什帮办大臣。

（卷 35　934 页）

同治元年（1862年）七月丁未

予故署陕甘总督户部尚书沈兆霖入祀贤良祠。

（卷 35　942 页）

同治元年（1862年）八月辛酉

谕议政王军机大臣等："瑛棨奏，回匪逆势蔓延，望援万紧，请饬胜保早日入关，雷正绾星夜来省一折。据称雷正绾已抵商南，经多隆阿饬令暂为驻军。而陕省盼此劲旅迁延不进，大为失望。回逆惨毒，百倍发逆。西、同两属已无噍类。连日拿获奸细供称，回逆安排一面踞住北山，一面派人往口外勾结。将来大兵到后，战即不胜，将甘肃老回迎来，由凤翔一带杀往西路各等语。渭河南北回焰甚炽，近已焚杀耀州以北及咸阳以西至鄠县地方。与奸细所供符合。其凶狡情形亟应大兵及早痛剿。胜保计抵潼关已经数日，自当筹定进兵之策。南阳窜贼尚在镇平、淅川盘踞，多隆阿计已行抵南阳，即著督兵痛加截剿，尽歼丑类，毋令再行西窜。昨据官文奏何绍彩所部四营驻守荆子关，该处与郧西商南均属毗连，如豫匪西窜，似已足资堵遏。雷正绾、穆图善两军现驻商南，既有何绍彩之军在荆子关驻扎，则捻匪不能由商南入陕，该处防务较松，著胜保、多隆阿迅饬雷正绾、穆图善率领所部前进。西安省城危急，如何设法往救，并如何与胜保军联络声势之处，即著迅速妥为调派，务须计出万全，不令为回匪所截，方为妥善。其商南应否酌留兵勇为荆子关援应，并著胜保酌量办理。仍著瑛棨激励兵民，固守待援，毋稍疏失。至瑛棨折内所称逆回计欲勾引甘肃老回，即著恩麟严密防范，饬令地方官不动声色，稽查奸匪，并晓谕良回各安生业，杜其勾串之计，毋得张惶轻率。将此由六百里加紧谕知胜保、多隆阿、瑛棨并传谕恩麟、雷正绾知之。"

（卷37　983页）

同治元年（1862年）八月癸酉

谕议政王军机大臣等："本日据多隆阿奏，楚军回豫，剿办粤逆，调拨庐营赴楚，并瑛棨奏，凤翔被扰，请饬胜保、多隆阿分办陕省军务。英桂奏，皖捻逼近晋境，请饬多隆阿迎截各折片。览奏曷胜焦急，粤捻数万直扑淅川厅城，并扰及荆子关一带。石达开余党又由四川窜踞竹山、竹溪等县，粤捻大股又欲由荆子关一路先窜郧阳，勾结二竹逆匪进攻兴安府城，以冀联络汉中之贼，直赴西安。多隆阿现因兵力不敷，拟调庐郡所留四营会合攻剿，惟庐郡相隔遥远，未能即时赶到。多隆阿自应就现有兵力，扼要截击，毋令该逆窜入郧阳，与二竹、汉中各股匪合并，致滋蔓延。雷正绾、穆图善两军及义中等营，既经多隆阿檄令折回商南荆子关，并分驰郧西迎剿。著多隆阿即督饬诸军迅将此路逆匪扫除净尽。所有陕西平利窜匪及武关防堵事宜，亦著多隆阿妥为兼顾。雷正绾一军如尚未折回商南，即著留于西安，为胜保声援，以便分剿凤翔等处之匪。官文前已派何绍彩一军驰赴郧阳，著即饬令与多隆阿兵勇会合夹击，并著饬令金国琛、梁作楣所部兵勇分头迎击，一面剿办竹山、竹溪之贼，一面严扼襄郡要隘，以防贼踪窜入。所有多隆阿营粮饷军火即著官文、严树森源源接济，毋令缺乏。石达开股匪现在川南叙永一带，何以遽越二千余里窜至郧阳，究从何路突入，是否系前窜太平定远之蓝逆等股，著官文、骆秉章查明具奏。汉中股匪虽经毛震寿剿办，现又有由川续到滇匪郭刀刀一股窜入平利县境，贼多兵少，势难兼顾。著骆秉章速行添兵，驰赴汉南会剿，不可稍分畛域。至陕省凤翔一带复有回匪纷纷起事，并勾结甘省悍回，凶焰甚炽。胜保前已督军驰至临潼，连获全胜。该处踞省密迩，计此时已可直达省垣。军情旦夕变迁，多隆阿全军现将改赴楚省，则剿办陕回军务即系胜保专责。应由何路进兵，著与瑛棨妥商办理。泾阳被围日久，亦应先往解围。凤翔贼匪初起，扑灭尚易。如能添拨兵勇，令马德昭剿办，亦可独当一面。均著胜保相机酌办。同、朝一带仍宜兼顾筹防，毋令窜扑晋省。姜台凌大股捻匪窜至陕州，与晋省仅隔一河，屡经抢渡，经该处防兵击退。晋省蒲州一带西防回逆，南防捻匪，隘口纷歧，到处吃重。英桂所请多隆阿由潼关直趋陕州之处，现在情形断难照办。英桂务宜督饬在防文武加意严防，毋稍疏懈。潼关毗连陕州，为胜保一军后路，并著胜保、瑛棨饬令哈连升严密扼守，毋令贼踪阑入。前因皖匪、亳捻及张落刑大股西窜，谕令郑元善克期出省，驰赴洛阳。该抚于贼攻南阳时借词监临入闱，置紧急军情于不顾，并以败残余匪不难殄除，饰词入奏。该抚安坐省垣，于各路防剿情形毫无布置，以致粤捻各逆纷窜西南。晋陕楚防同时吃重，实属畏葸取巧，深堪痛恨，著即懔遵叠次谕旨，督率洪贞谦克日出省，并调集杨飞熊、杨长春、卢得胜及李续焘各军迅赴河洛，将此股捻匪痛加剿除，毋留余孽。该抚既已贻误于前，倘再观望不进，致令蔓及晋陕，自问当得何罪。该抚前奏洪贞谦即日出省，现已将及一月，未据将出省日期奏报，尤属颟顸可恶。著即行查明，如果迁延不进，即遵前谕严行参处。僧格林沁所派恒龄一军现在追贼行抵何处，著僧格林沁查明具奏。并饬令恒龄实力剿捕，毋稍松劲。郑元善出省后，省城空虚，恐亳捻回窜，著毛昶熙回防省垣，并著僧格林沁随时兼顾。将此由六百里加紧各谕令知之。”

（卷38　1020页）

同治元年（1862年）八月甲戌

又谕：“传谕护陕甘总督恩麟，前因瑛棨奏陕省回匪欲勾引甘肃老回，当经传谕恩麟严密防范。昨复据瑛棨奏甘省悍回已至凤翔等语。甘省邻境边邑，处处与陕省接壤。回民聚族而居，倍多于陕。若再勾结肆扰，则全局骚然必至不可收拾。前据沈兆霖奏，陕回有传单到甘，又宁夏府属之灵州有回民数百入境买马制械。当经谕令妥为防范。现在甘省悍回已至凤翔，势成燎原。恩麟护理督篆于此等重大事件何以并无奏报，殊不可解。著即懔遵前旨，饬令各该地方稽查奸细，并晓谕良回各安生业。庶已经勾结者可冀解散，未经勾结者，潜消异谋。至省城关厢所居大半回民，河州、固原、狄道等处回族尤多，性复强悍，且撒回甫经投诚，难保不闻风复出。均著实力严防，随时化导，以期消患未形。倘敢颟顸粉饰，或张皇轻率，贻误大局，惟恩麟是问。”

（卷38　1025页）

同治元年（1862年）八月丙子

又谕：“恩麟奏筹防甘省边邑并请将马德昭一军移扎长武一折。现在陕省东西两路俱有贼氛，若专由东路向西剿击，而西路无兵遏截，势必逼向甘省，蔓延益广。且甘省营兵大半调赴他省，实任提镇大员又皆在各路军营。东路有警，即乏大员带兵。该省防堵情形甚属吃重。计此时西安当已解围，著胜保、瑛棨酌量情形，或由胜保军营，或由省垣防兵内添拨若干，令马德昭带赴西路，迅将此股匪徒扑灭，并兼顾长武一带，力遏西窜，毋任贼踪阑入甘省。至甘省泾州、灵州等处壤接陕境，地方辽阔。马德昭一人势难到处兼顾，熙麟未到甘省以前，恩麟责无旁贷，务宜就现有兵力实力严防，并督饬地方文武，练勇集团，分布要隘，毋稍疏懈。西安、同州回匪滋扰日久，瑛棨并未预饬凤翔地方官办理团练，先事筹防，以致该处回匪纷纷鹊起，亳无备御，惟知坐待援军，日事呼吁，实属庸懦无能。胜保全军数仅万余，有不遑四应之势。逆回前有踞北山为巢穴之语，是不但西路防务吃重，即北路延安、榆林一带亦宜先事预防，以杜蔓延勾结。瑛棨务须派委贤能文武，会同该处地方官预筹办团练勇，以助兵力所不及。毋得漫无筹划，坐待贼氛遍起，又成凤翔局势。雷正绾昨已简放固原提督。成禄已补授陕安镇总兵。该提督等自当益加感奋，著胜保传谕，令其实力剿贼，勉力图报。雷正绾一军如未折回商南，即著仍留西安助剿，以厚兵力。将此由六百里谕知胜保、瑛棨并传谕恩麟知之。"

（卷38　1028页）

同治元年（1862年）八月己卯

又谕胜保等奏："官军由临潼进省遇贼接仗获胜一折。逆回巢穴繁多，胜保督师进省，虽将大堡、三辅等处贼巢洗荡，而临潼之普陀原、咸宁之沙河、渭南之仓头、王阁村等处为该匪总汇之所，攻剿尤属不易。且泾阳被围已逾一月，更应迅速救援。同州一带兵力过单，亦恐不敷堵剿。胜保督办全陕军务，责任綦重，自当统筹熟计，以肃清陕境为已任。现在省围已解，该逆叠受惩创，谅不敢遽行回扑省垣。著胜保克日督师出省，或径攻沙河，或先救泾阳，务当乘此军威相机剿办，毋得以居中调度为词，安坐省城，任令外属居民惨遭荼毒。同、朝一带为晋省西路屏蔽，关系甚巨，节经谕令胜保督兵先顾同、朝，何以屡次奏报从未提及，可见不以军务为重，但欲急于到省为自便计，虽谕旨亦若罔闻知，殊负朝廷专任之意，著胜保恪遵前旨，将同、朝防务妥为布置，如稍有疏失，或该匪渡河东窜，定将胜保从重治罪。另片奏瑛棨居心行事，不愧贤能请饬帮办军务等语。瑛棨身为陕抚，既不能力扼商南，遏贼西窜追汉回仇杀。又不能妥为驾驭，一味株守。胜保岂未之知，若令其帮办军务，于胜保有何裨益。本日已降旨命雷正绾帮办该大臣军务，并将甘肃毗连陕西一带防务责成胜保、雷正绾督办。雷正绾所部仅留三营，虽由胜保酌拨一二千人归其管带，兵力仍不甚厚，仍著酌量添调得力兵勇，俾雷正绾得以独当一面。于军务方有起色回匪扮作难民，由北山图窜归化城，胜保请饬归化、绥远两城将军及在籍总兵郑魁士派兵兜截等语。归、绥两城兵不可用，胜保岂不知之。郑魁士告病在籍，复有何兵可派，胜保此奏不过预为卸责地步。本日业经寄谕德勒克多尔济等，严密防范。胜保既膺督办之责，所有甘肃毗连陕西一带地方及同、朝一带毗连晋省防务，均著妥筹兼顾，毋令该匪乘间他窜，致干罪戾。雷正绾部下素称骁劲，此次既膺帮办重寄，惟宜与胜保同心协力，通筹大局，毋得稍存成见，致有贻误。将此由六百里各谕令知之。"

(卷38　1040页)

实授马德昭甘肃提督。

(卷38　1043页)

同治元年（1862年）闰八月乙未

又谕："恩麟奏甘饷匮竭请饬拨解一折。甘省为边疆重地，撒回虽经投诚，筹办善后事宜亦属刻不容缓。著英桂无论何款赶紧设措银二三十万两，遴委妥员由陕西之韩城、洛川、鄜州一带绕道解赴甘省，以济要需，毋得以道路梗阻为词，稍事延宕。前据英桂奏河东应解甘饷先后筹银十万两，委员管解，业经起程。该藩司迅即派员迎提可也。将此由五百里谕知英桂并传谕恩麟知之。"

(卷40　1080页)

同治元年（1862年）闰八月丙申

又谕："胜保奏，咸阳官军击退围扑营盘之大股回匪，乘势焚毁贼巢二处。现仍催调后路各军以资剿办各折片。陕西回匪扑扰省城，虽经叠次剿杀而股数繁多，蔓延十数州县。官军从咸阳进攻，贼以全力抗拒。即著胜保、雷正绾督饬诸军乘势进剿，飞饬留防寿州之副都统祥恩、项城之参领胜喜并驻扎陕州之副将王佐臣等各军迅速入陕，以厚兵力而资调度。贼虽大股西趋，同、朝等处滨河，紧接晋疆，仍应防贼回窜。成明之军在同、朝一带仍恐力单，该大臣饬令前赴同州，紧靠洛河择要扎营。尤恐距黄河较远，贼得乘间抄袭其后。应如何添拨官兵，俾资战守，均著胜保酌量办理。胜保俟省城布置妥协后，即出省督剿，毋稍稽延。凤、邠等处毛震寿所派刘春堂一军能否得力，其陕、甘两省毗连处所，恩麟曾否将备调之兵酌拨，扼要严离，所派赴亭口、华亭、三水一带官兵，并著恩麟催令星速赴防。胜保即饬马德昭驰往统带，力筹防剿。郭刀刀股匪攻陷砖坪厅，前经谕令饬毛震寿等实力堵御，毋任得与洋县之贼勾结，仍遵前旨，飞饬督率兵团严密堵截。陕省剿回正当吃紧，其后路发捻尤须预筹堵截，毋令续行入陕勾结，剿办更形棘手。该大臣仍应随时侦备，与多隆阿等联络策应，毋稍疏虞。将此由六百里谕知胜保、雷正绾并传谕恩麟知之。"

（卷40　1081页）

同治元年（1862年）闰八月甲辰

命前任甘肃道员郭柏荫前往江南，听候钦差大臣曾国藩差遣。

（卷41　1106页）

同治元年（1862年）闰八月乙巳

又谕："恩麟奏，陕省逆回渐逼甘境，派兵扼要驻守，并甘肃回民潜行窜扰邠州之白吉镇，陕回冒充乡勇，窥伺三岔所属边界地方各折片。陕省逆回有欲勾结甘肃老回滋乱之信，叠经谕令恩麟扼要筹防，并谕胜保以俟甘省边界防兵到齐，即饬马德昭前赴长武一带，以资统率。兹据恩麟所奏，甘省东路各防，责成平庆泾道万金镛驻扎泾州办理，南路各防责成候补道员李怀庚前往秦州督办，并因两当等县及三岔州判地方均与凤翔、汉中连界，东防回匪，南御川逆，在在吃重。在于河州镇属酌调官兵一千名，责令参将范玉春等统带分防，均据各有布置。著恩麟严督各防带兵员弁及地方文武实力巡防。熙麟到任在即，著将筹防各处悉心察度，毋令稍有疏懈。并将甘省汉回良民妥为安辑，仍应密饬各属稽查奸宄，以绝勾煽而杜乱萌。甘省防兵到齐，著胜保仍遵前旨，饬令马德昭前往长武一带择要驻扎，以资统率。应令如何相机策应之处，并著该大臣统筹兼顾。其由凤县窜扑两当之假冒川勇，沿途抢掠既系陕回铁姓从川省勾来，亟应拦截痛歼，以杜连结。该匪已窜宝鸡境内，应由何路派兵往剿，著胜保、雷正绾迅筹办理。此等各路勾引匪徒总须乘其初至，未即串合之时，剿办当易为力。咸阳攻剿马家堡情形何若，胜保后路各军谅已到齐，务即乘此新锐，实力剿除群丑，大振声威。一面将甘省筹防各路督饬马德昭与熙麟等筹商周妥，毋稍疏虞。将此由六百里谕知胜保、雷正绾、熙麟并传谕恩麟知之。"

（卷41　1109页）

同治元年（1862年）九月辛亥

又谕："传谕护陕甘总督恩麟，本日据恩麟奏遵旨详陈先后筹防情形，并查明甘省回民尚无勾结陕回确据及平远所匪徒聚众滋事各折片。所称调拨兵勇驻扎要隘，筹划经费各事宜，与前奏情形大略相同，即著认真妥办。道员李怀庚既派赴盐茶厅属查办事件，所有南路防务即责成道员琫武前往秦州督办。陕省军务吃紧，马德昭驻军北关，未能遽赴甘境。其长武等处要隘，恩麟惟有饬令署提督定安等扼要严防，不得专待马德昭一军，观望贻误。至护凉州镇总兵连庆赴调迟延，且有捐制军装未经收库情事，即著调省查办，另派胜任之员前往接署，以饬戎行。甘省回民虽无勾结陕回确据，然任令纷纷出境，来往自如，必至蔓延全省，不可收拾。仍著恩麟随时化导，遇事持平办理，以期消患未形，并须设法稽核禁止，将宁州、河州等处回众安抚，以免勾结。至所称访查回民教首，号为阿浑，并无老回名目等语，实属拘泥鲜通。此时惟在严密防范，默化潜移，不在于该头人名目考据详明也。盐茶厅属之平远所地方，突有匪徒聚众竖旗，谋为不轨，自应赶紧扑灭，以靖地方。即著饬令道员李怀庚督兵迅速前往，相机剿捕。同心城回民亦有蠢动之信，尤应防其勾结，并著严催游击丁炳魁带兵巡察，慑以兵威，潜消诡谋，不可稍涉大意。署同知屈升之催捐激变情形，著恩麟确切查明，据实参奏，毋稍回护。"

（卷42　1131页）

同治元年（1862年）九月乙丑

又谕："恩麟奏请将随营办事之司员奖励等语。刑部郎中陈象沛、户部员外郎童大田吁，经前署陕甘总督沈兆霖奏留甘肃，随同筹办西宁撒匪。兹据恩麟奏称撒回现已就抚，陈象沛等襄办营务均有微劳，拟请将陈象沛以道员记名简放，童大予俟补郎中后，以四、五品京堂在任候升，并均赏戴花翎。所保实属过优，刑部郎中陈象沛著俟回京补行引见后，记名以道员用，户部员外郎童大予著以知府用。"

（卷43　1167页）

同治元年（1862年）九月壬申

又谕："恩麟奏陕西逆回图窜甘境，现在实力堵御并派兵剿捕甘省平远所匪徒一折。陇州回匪图窜甘境，前经恩麟调河州兵一千名，派参将范玉春等管带在秦陇交界处所扼要堵截。该匪究由何处过山窜扰甘境，范玉春等何竟毫无觉察，著恩麟查明，如有弃险纵贼情事，即行从严参办。张家川是否被贼窜扰，并著查明具奏。此股贼匪即责令瑺武等赶紧剿灭，毋任延玩。其平远所等处之贼为数尚不甚多，恩麟已添调劲旅分派各处剿办。奕梁复调派满营甲兵一千五百名，足资战守之备。恩麟务当振刷精神，严督在事文武实力剿洗，以期渐就肃清，倘任贼蔓延，惟恩麟是问。熙麟现已行抵何处，潼关一带情形甚紧，该督如行抵潼关，即著统现有之兵暂行督办防剿，俟多隆阿一军到后再行前赴甘省。回、汉民投递呈词，原未可尽信，至同知屈升之激变情形前已谕令查办，如实有任信家丁勒捐激变等情，即著严参治罪。恩麟另片奏，留经文岱暂驻兰州，帮办防剿事务，著照所请办理，将此由六百里谕知熙麟并传谕恩麟知之。"

（卷44　1185页）

同治元年（1862年）九月甲戌

又谕："明谊等奏请饬陕甘拨解饷银等语。甘肃应拨塔尔巴哈台经费银两，连年积欠，为数甚巨。本年春夏两季兵丁应领盐菜银两，无银可支，以布抵给，情形甚为支绌。当此会勘地界尚未议定之时，该兵丁等岂能责其枵腹荷戈。著熙麟、恩麟于藩库内无论何款先行筹拨一二万两，以济急需，毋稍迟误。将此由五百里谕知熙麟并传谕恩麟知之。"

以故户部尚书署陕甘总督沈兆霖灵柩到京，命贝勒载治带领侍卫十员往奠茶酒，入祀京师暨死事地方并本籍昭忠祠。

（卷44　1194页）

同治元年（1862年）十月壬午

又谕："城守尉庆志奏历陈甘省情形一折。据称该省大吏不能破除情面，以致州县各官夤缘苟且，挪移公项，其庄浪满洲营应开粮料，该地方官搪塞枝梧，数年未能给发，致兵丁饥寒交迫。撒拉回子甫经投诚，复有与番兵相斗之机，必应实力稽查。至西宁办事大臣责任綦重，遇有事故应以就近一、二品大员奏署，以专责成。平番县知县吴鼎元因公他出，三月之久，均未在任。藩司复为左袒。请饬嗣后革除馈送积弊，以肃吏治，并请饬满汉各专折之员，若遇督抚司道有私行贪婪等弊，随时奏参，准其由驿驰递各等语。甘肃地处西陲，控驭抚绥均关紧要。若如所奏，吏治则贿赂公行，兵粮则推诿延宕，疲玩至此，尚复成何事体。著熙麟于到任后，秉公查明，据实参办。其所称西宁办事大臣，请以大员奏署及专折之员准其参奏地方积弊。是否可行，均著熙麟妥议具奏。原折著抄给阅看。将此谕令知之。”

（卷45　1217页）

同治元年（1862年）十月庚寅

又谕：“胜保、熙麟奏行抵潼关探闻同朝贼情并晤筹东西两路情形一折。同朝回匪虽经官军击退，第匪情猖獗，难保不去而复来。成明力难独支。胜保既留熙麟驻扎潼关，即可分身前往，著即督饬所部亲赴同朝，毋令贼骑渡河，扰及晋疆。熙麟现抵潼关，即著暂留驻扎，俟穆腾阿到后，迅赴陕甘总督新任。该处自哈连升被赚后，官军溃散，著胜保酌拨兵勇，留于该关，俾资镇守。回匪现有西趋之势，甘省尚属完善，尤当预为筹划。马德昭尚未赴任，著熙麟于起程时酌量情形，如可将马德昭调回，即行随同赴甘，妥商布置。雷正绾专办西路剿匪，如泾阳解围即令酌量进兵。凤翔情形现在如何，并著胜保妥筹兼顾。胜保另片奏请饬催穆腾何迅赴新任。该将军起程已逾半月，计日可到。本日复寄谕催令兼程前进。所称饬催各省协饷已寄谕文煜等遵照筹解。至催解钱粮系地方官专责，如果瑛棨、刘齐衔有心玩误军饷，并不实力催征，则咎有攸归，不难加以处分。若胜保派员守提，随征随解，既属越俎，亦且有违体制。仍著由瑛棨等催解，该大臣毋庸派员守提。至苗沛霖率众助剿，屡经寄谕不准札调，该大臣必欲渎请，是诚何心。著仍遵前旨截阻，断不准一人一骑入陕，毋稍玩视，致干咎戾。熙麟另片奏，遵查屈升之，陕省并无其人等语。屈升之系甘肃同知，前据恩麟奏参，该督误会旨意，著于行抵新任后，再行确查。将此由六百里各谕令知之。”

（卷46　1235页）

同治元年（1862年）十月壬辰

又谕：“德勒克多尔济等奏调兵沿边堵剿窜匪一折。甘省回匪窜陷惠安堡，花马池危急。德勒克多尔济等现檄调伊克昭、乌兰察布两盟蒙古兵丁将沿边东西要隘堵御，并于沿河托萨清等厅冲要村镇派绥远城及大同镇满、汉官兵分往驻扎。著即妥为筹拨，严密设防，并著英桂将该将军前调之大同绿营官兵五百名迅催前进，驰赴防所。该将军现拟预备满营官兵五百名策应，如遇防务紧要之时，即著亲自带赴沿河，调度接应。并著英桂再备大同镇兵五百名听候该将军咨调，以备移赴绥远城防守之用。德勒克多尔济等务宜镇静筹防，毋稍张惶，以定人心。土默特兵素未训练，恐未必尽能得力。该将军等当饬带兵贝子扎那格尔等勤加操演，庶剿堵事宜不至有名无实。现在征调官较多，多所有归绥道续征税银，著准其暂行截留备用，务须撙节动支，不准稍有虚糜。将此由五百里各谕令知之。"

（卷46　1243页）

同治元年（1862年）十月乙未

谕内阁："恩麟奏革员叠著勤劳，恳请开复原官，并留省无论何缺即补等语。已革甘肃阶州直隶州知州朱百川，前随沈兆霖剿办撤回，现经恩麟委赴靖远，协筹防剿，均尚认真，并捕拿靖远、会宁交界贼匪多名，亦属奋勇出力。朱百川著准其开复原官，仍留甘肃补用。至所称无论何项直隶州缺出即行请补之处，未免过优，著不准行。"

又谕："恩麟奏请将知县议处等语。甘肃中卫县知县马象奎，当盐茶、灵州土匪滋事时，据禀所属之宁安堡已募团勇万人防堵。迨署提督定安统兵前赴灵州援剿，道经该县查看该堡，仅有民团二百余人，与原禀数目多寡悬殊。又于定安督兵起程赴灵州时，应需车驮等项概未付给，辄禀请该署提督驻守宁安，以灵州贼众无可救援，种种荒谬玩误，实出情理之外。仅予议处，不足蔽辜。马象奎著交部严议处，以示惩儆。"

（卷46　1252页）

又谕："熙麟奏潼关绅士呈请调练剿回。胜保奏请厚集兵力早殄贼氛，并回匪西行，同朝情形已松及汉南贼众兵单各折片。前据胜保奏调苗沛霖带练入关助剿，当以该练业经僧格林沁檄饬剿捻，节次谕令胜保速行阻止。此次熙麟仍复奏请，自系阅历尚浅，未悉其中底蕴，著毋庸议。至僧格林沁马队本属无多。何绍彩等军均各有剿匪之责。胜保所请调拨之处碍难俯允。著仍遵前旨，就现有兵力竭力剿洗，不准再以调苗助剿等词，哓哓渎请。洋县之贼负隅已久，何以尚难克复。曹逆复入定远厅属之渔渡坝，亟宜实力堵截。胜保现驻潼关，势难兼顾。骆秉章前派入陕追贼之易佩绅一军现在何处，即著骆秉章严饬易佩绅等兵勇，认真剿办，并著毛震寿督率所部迅将洋县城池赶紧克复，严防续来川匪，毋令纷窜。本日据恩麟奏，贼匪由凤县窜赴两当。此项窜匪系属何股，为数若干，所称窜入渔渡坝等处之匪，川省现派何员跟追。毛震寿在彼，近日若何接仗，若何布置。一切情形均著毛震寿一并详悉单衔驰奏。本日据恩麟奏，陕省回匪窜入清水县境，并北路盐茶土匪裹胁日众。现在调兵剿办，情形甚急。熙麟俟穆腾阿抵陕即当迅赴新任，妥筹调拨，顾全大局。将此由六百里谕知胜保、熙麟、骆秉章并传谕毛震寿知之。"

又谕："传谕护陕甘总督恩麟。恩麟奏陕省逆回窜入清水县境，并北路盐茶土匪裹胁日众，添兵捕剿。并回匪窜陷恭门镇，川匪阑入两当县各折片。陕省逆回由华亭阑入清水县境，都司范玉春接仗失利，贼势颇形猖獗。现经恩麟派杨永魁等带兵前往，即著严饬该镇道等实力堵剿，不得再涉延误。护循化营参将范玉春损兵失械，厥咎甚重，著即革职留营，以观后效。知县赵桂芳在恭门镇堵御，何以被贼阑入，恐有退缩情事，著即查明参奏。张家川地方，回民头人武举马献瑞、李朝顺颇知顺逆，约束回众，即著恩麟加意笼络。李朝顺如有忿贼自尽情事，并著查明奏请优恤。贼匪围攻灵州，道员侯云登以署宁夏镇庆兴未能得力，恳请兼署，以资调遣，足见该道任事勇往，不避艰险，颇堪嘉尚。宁夏镇总兵员缺，即著以侯云登兼署。该道既自称确有把握，即责成迅速扑灭，届时必当从优奖叙。庆兴精力既衰，岂能胜专阃重任，现在虽已撤任，著即查参，毋稍迁就。恩麟委侯云登署总兵缺，虽非旧制，但军情紧要之时，全在大吏随机应变，方无贻误。该护督办理此事正能审度缓急，不为成例所拘。所请交部议处，著毋庸议。宁夏满兵被贼冲散，其带兵官平日漫无纪律已可概见。该将军如有废弛情事，恩麟不得稍避嫌怨，即著查明一并严参。川匪阑入两当，该护督已饬璋武带兵进剿，著即饬该署道严加扼堵，毋令与清水回匪勾结。此股川匪系何头目，何以毛震寿任令西窜，是否剿办不能得力。该护督如有闻见，并著查明奏闻。甘省无带兵大员调度，久虞驰系，前谕熙麟于由陕起程时商调马德昭回任，约计下月初间援陕之楚军可到。届时即当催该提督带兵回甘，以资统率。此时惟有就现有兵力妥为布置，毋稍大意。"

又谕："恩麟奏甘省司库空虚，请饬催河东协饷等语。甘省自陕回滋事，调兵防堵，需饷浩繁。而山西、河东协饷又因道路不靖，未能应时解到。司库空虚实有万难支持之势，著吴桂将河东协甘饷银迅速筹款，源源报解，不准稍有迟逾，致误大局。山东盐运使桂亮因有被参案件，撤任查办，其遗缺已令阎敬铭署理。阎敬铭现赴山西临晋寓次奔丧，即著英桂传谕该员，于百日孝满后赶紧束装前赴署任，并传谕该员此系朝廷因急欲整顿盐务，是以破格夺情，毋许固辞。将此由五百里谕令知之。"

（卷 46　1256 页）

同治元年（1862年）十一月丙辰

又谕："平瑞奏营兵聚众胁官索饷，现催提臣饬拿讯办一折。据称本年八月间，镇迪道英绶因公过呼图壁境，突有兵丁多人挡住车辆，经该营都司及巡检等查问，乃该兵丁竟将该道等拥入营庙，索要积欠饷银。经该处巡检央出商首张姓等先行借饷，次日即行借放粮石，兵首应允，始将各官放出。现催提臣饬拿滋事人犯，未见一兵到案等语。边城兵饷缺乏，处处皆同，该兵丁胆敢于道员过境时恃众逞凶，实属藐法。是否但因索饷滋闹，抑系另有启衅别情，著平瑞、业普冲额秉公查办，将为首滋事之兵丁等按律惩办，以儆刁顽。如该管文武各员于应放粮饷有侵吞克扣等情，亦即查明参办。至绿营虽系提督业普冲额专管，平瑞身任都统，有统辖边疆之责，即不得借词诿卸。如该提督仍不赶紧查取武弁职名，严拿滋事人犯，准平瑞据实严参，候旨遵办，毋稍偏徇。本日据文兴等奏请饬催乌什欠饷一折。乌什饷银积欠至四年之久，前有山西、河东报解甘饷六万两，因路阻暂缓起程。本日已谕令英桂迅速筹拨，由陕西韩城、甘肃合水等处解赴兰州。著熙麟、恩麟于此项饷银解到时，即分拨一二万两解往乌什，以应急需。该城本年连闰应需经费银二万三千五百两零，并著熙麟等于此项饷银到时酌量拨解。将此谕知熙麟、平瑞、业普冲额并传谕恩麟知之。"

（卷 48　1312 页）

同治元年（1862年）十一月戊午

又谕："胜保奏汉南官兵剿贼获捷及分兵防范川匪等语。蓝逆占踞洋县日久，经毛震寿饬令易佩绅与罗亨奎等掩击获胜，蓝逆几致成擒，现复死踞不出。曹逆一股窜至石泉之铜车坝滋扰。郭逆残匪又由徽县西走横川，是汉南逆匪凶焰未衰，徽县迤西即近甘省，尤虑勾结为患。前因风闻毛震寿所带川勇甚不得力，曾谕骆秉章确查酌办。是陕南现在兵力不尽可恃，胜保驻军同州一带尚觉贼众兵单，不敷分布，且相距较远，尤有鞭长莫及之势。川省军务渐次肃清，著即迅派得力将弁统带劲旅与易佩绅等合力兜剿，将徽县一带窜匪悉数歼除。洋县城池迅图攻拔，务期陕南地方早日廓清，毋得稍存畛域，致令曹、蓝二逆及郭刀刀等股匪蔓延陕甘边境，日久为患。已革知县罗亨奎因有擅杀同官之案，曾经谕令该督提省严讯，现尚未据复奏。何以胜保此次奏称罗亨奎在陕南带兵剿贼，是否该革令尚未提解到省，抑其中别有情节，并著查明据实迅速具奏。将此由六百里谕令知之。"

（卷48　1316页）

同治元年（1862年）十一月壬戌

以神灵默佑，颁甘肃循化厅关帝庙扁额，曰显武绥边；城隍庙扁额，曰神功永佑。

（卷49　1324页）

同治元年（1862年）十一月己巳

谕内阁："前因御史陈廷经奏请变通营制，以肃军令而一事权，降旨令兵部议奏。兹据奏称，连年匪徒肆行骚扰，各省道路半多阻梗。总督驻扎地方与巡抚相隔较远，幅员太广，经划难周。如该御史所奏各情，诚所不免，自应量为变通等语。嗣后除专设总督之直隶、江南、四川、甘肃暨督抚同城之福建、广东、湖北、云南仍遵旧制，会同提督办理，并有提督省份之提标各营仍遵旧章，毋庸更议。及军营所出之缺，尽归军营量功升用外，其江苏、浙江、安徽、江西、陕西、湖南、广西、贵州等省各镇协武职升迁调补，著就近暂由巡抚办理。千总以下径由巡抚咨拔报部。守备以上，有提督省份仍俟各镇移咨提督查核后，由巡抚会同总督分别题奏。至提督例应节制各镇，仍听总督节制，应亦照旧制外，以上八省各镇协均自总兵以下，著统令就近兼归巡抚节制，以资整饬。所有校阅营伍，考核将弁，并本省筹办防剿等事，即专责成巡抚经理。设遇紧要军务，准巡抚即时调遣后再行咨会总督。倘该省有将弁怠玩，营伍废弛及措置失当之处，总督有统辖之责，仍应据实奏参。其总督兼辖省份，军政考核著径由巡抚就近注考，确定去留，会同总督提督具题，报部核办。至督抚同城者仍照旧章办理。"

同治元年（1862年）十一月甲戌

又谕："平瑞奏历陈饷需支绌设法补救一折。乌鲁木齐处新疆北路之冲，为各处咽喉，故立屯卫，以备边防，军饷最关紧要。据该都统奏称，因历年甘饷不继，兵丁习练弓马，官一与讲求即先聚众乞饷，以致兵丁骄悍不驯，因之营弁亦不能严为约束。各营员弁亦难期振作。前任都统奏将乌鲁木齐、巴里坤、古城、吐鲁番四满营兵饷减五成折放银二十万五千七百余两。历年甘省所拨本城满饷，每年尚拨解五六万两至三四万两不等，近复丝毫未解，所有巴里坤、古城等处满汉饷银因甘饷不给，兵丁嗷嗷待哺，均不能相安。据所奏情形，实属万分棘手，而该都统因地制宜，当各项窘迫之际，独能推诚布公，竭力首先倡捐，并晓谕富商使知大义，捐输可望有成，众志亦借以安定，足见该都统补救有方，深堪嘉尚。著即相机办理，妥为安抚兵民，以支危局。惟遐荒之地，商人生息无多，如全赖劝捐济饷亦恐难乎为继。甘省所欠该处军饷，著熙麟等无论何款，不拘多少，赶紧拨解，不得再为耽延。将此由五百里谕知熙麟、平瑞并传谕恩麟知之。"

同治元年（1862年）十一月丙子

又谕："传谕护陕甘总督恩麟。恩麟奏盐茶大股回众乞降，灵州获胜解围。并匪陷两当，经徽县知县截剿大胜，密陈盐灵滋事缘由，请降旨晓谕各折片。盐茶大股回众经文武各官开诚面谕，悔罪乞降，恳请解散徒党，听候查办。固原首匪设法捕获，就地正法枭示。该护督现委署臬司杨柄锃驰赴固原，将王大桂等乞降一事秉公核办。所筹尚属周妥，著将本日所奉谕旨，刊刻誊黄，各处张贴晓谕，务使汉回百姓各释猜疑，毋再构衅生事。降众及滋事零股饬杨柄锃会督在事文武妥为解散，以靖地方。至所称灵州大股被官兵剿击，大获全胜，立解城围。请将侯云登、张瑞珍奖励。与本月二十一日奕梁等所奏，平罗县城危急，宁夏被围，侯云登退归府城，情形回异。既据该护督奏称该道五战皆捷，将士用命，何以旋有平罗之失，民勇溃散。是否先胜后挫，并前次胜仗是否确实，著恩麟查明再行具奏。知州张瑞珍前于宁夏满营官兵挫失，并不接应。前已谕熙麟等查参，并著恩麟查明该州有无观望不救情事。再行奏闻请旨办理。清水县村镇被匪窜扰，并分股攻扑秦安县境。该护督已饬杨永魁带兵兼程前赴秦安督剿，并续调肃州镇兵一千名交杨永魁调遣，著即饬令先解龙山之围，相机解散莲花城等处胁从，再行进攻清水贼匪，以期节节肃清。马德昭前已谕令带兵前赴甘肃宁夏一带剿办，惟西安省城现在吃紧，该提督能否迅往尚未可知。本日已谕令多隆阿妥筹办理，一俟西安接替有人，即催令前进。恩麟当就现有兵力饬令在事文武妥筹防剿，毋得专待援军，致滋贻误。另片奏陕西白吉原回匪与凤翔回匪合伙，时在近甘地方窥伺，恩麟已派委营总双英等带兵在泾州、灵台一带扼堵，著即严饬该员等会同地方官督率民团认真防守，毋令匪徒阑入。郭逆自白马关窜入陕西略阳县，现于通透汉中要隘，派贼把守，恐其四出滋扰，著即饬令瑝武等拨兵扼要防范，毋稍疏懈。已革甘肃提督成瑞系奉旨革职解部治罪之员，前经胜保奏留，未经允准。该护督所请暂行留甘差委之处著不准行，仍著迅即起解来京，毋任逗留。"

又谕："前因恩麟奏甘饷匮乏，请饬催山西协饷。当经谕令英桂无论何款赶紧措银二三十万两，遴员解赴该省。兹据该护督奏称，山西等处协饷尚无起解的信，诚恐缓不济急。拟先将甘省草价等项原本银内酌提银十万三千一百余两，暂顾目前防剿急需。山西等处协饷请饬迅解等语。甘省各营兵饷以及乌鲁木齐各城月饷拖欠累累，若不速为接济，贻误情形，不堪设想。著英桂仍遵前旨，迅速筹银二三十万两，遴委妥员解赴甘省，以济急需而固边圉，毋再迟延，致误大局。将此由六百里谕令知之。"

（卷50　1378页）

甘肃西宁镇总兵官黄朝恩因病解职，以记名总兵官田宗扬为甘肃西宁镇总兵官。

（卷50　1380页）

以损失军械，革甘肃护副将李玉珍职，仍留任。

以甘肃徽县截剿窜匪，并克复两当县城，予知县赵必达以知府用，并赏花翎。阵亡知县姜熊、游击梁生辉、典史王道平祭葬世职加等，建专祠。训导王楫妻艾氏殉节，旌表如例。

（卷50　1381页）

同治元年（1862年）十二月丙戌

又谕："多隆阿奏移营进逼贼巢，攻毁逆营获胜名折片。多隆阿于攻克东西韩村八座后，即督率诸军痛加剿洗，连克背坡等村庄三处。现在同州城围已解，粮运已通，著即直捣王阁村、羌白镇老巢，以期节节扫荡，肃清陕境。此次折内所叙，皆系该大臣所部各军，胜保所带之马步官兵及宋景诗、刘占考等降众。现在作何布置调遣之处，尚未据该大臣声叙。直东土匪，如张锡珠等系该降众等从前同类，难保不闻风思逞，多隆阿不可遽行裁撤，恐乘间东归，蔓延勾结，而留之肘腋，尤须妥为驾驭，方无后患。惟在该大臣随时相机酌办。甘省回匪鸱张，著熙麟探明道路，如果稍通，即迅遵前旨，驰赴新任。甘省现乏带兵得力大员，马德昭宜带兵随该督前往为是。如果多隆阿所奏甘省回务松之语属实，方可令于穆腾阿抵西安后，前往汉中。是在该大臣权衡缓急，相机办理。潼关扼秦豫之冲，最关紧要，并著多隆阿选派得力员弁前往驻扎，俾熙麟得以克日起程。将此由六百里各谕令知之。"

（卷51　1408页）

同治元年（1862年）十二月辛卯

又谕："恩麟奏回汉挟嫌械斗现派弹压查办一折。河州东乡回民素称犷悍，向与汉民抵牾。现在与狄道所属之崔甘庄汉民因争渡启衅。又复肆行焚杀抢掠，虽其中容有隐情，而纠众挑衅，即敢恣意横暴，其为借端扰害，显而易见。甘省回众止有惠安堡一处甘心就抚，其余各处回氛仍未稍戢。河州等处距省仅百余里，情形尤为吃重。著即商同经文岱督饬派出兵弁，乘其初起之时，妥速剿办。或一面委员解散，分别办理，务期迅速蒇事，毋令日久蔓延。已革提督成瑞获咎甚重，系奉旨解交刑部审办之员。该护督既经派令前往查办，一俟办理完竣，仍著遵旨解京，不准借端奏留。前据奕梁奏，灵州宁夏平罗回氛猖獗，迄今未据恩麟奏到。现今宁夏军情究竟如何，奕梁所报是否失实，著恩麟迅速查明具奏。潼关防务渐松，如道路稍通，熙麟即遵前旨赴任，布置一切。另片奏山西八月间所解甘饷十一万两已经到甘，本日复据英桂奏，筹拨银十三万两于十一月十八日起程，谅可不日解到，前后共计已解到银二十四万两，为数已属不少。甘饷固关紧要，而新疆欠饷最多之紧要各城实有刻不容缓之势。著恩麟体察情形，此项饷银断不准仅顾省城之用，务须分别酌拨，以顾边疆大局。将此由六百里谕知熙麟并传谕恩麟知之。"

（卷52　1427页）

同治元年（1862年）十二月己亥

又谕："熙麟奏密陈陕甘军务情形一折。所陈各情均系远虑深思，通筹全局，不为无见。惟陕省逆回倡乱，必得多隆阿大张挞伐以后办理，方有端绪。而此剿彼窜，甘省首当其冲。灵州、宁夏、平罗回氛猖獗，河州近又启衅。其界连陕省各州县，均有蠢蠢欲动之意。该督既知其难，慎勉为之，必能不负寄托。著即仍遵前旨，俟道路稍通即行驰赴新任，其毋庸固辞。至官文总督两湖，现在筹策东征，调拨兵将，关系东南数省之安危。张之万前任豫省学政，素得士民之心，不得已命其前往该省，权篆巡抚以资整顿。之二臣者，人与地均极相需，一时骤难更调，想亦系该督急欲荐贤自代，而未暇计及。至所称多隆阿长于武备，而短于文事，恐受左右之累，且嫉恶太严，贼平后恐为宵小所动摇。具见该督爱才之深，急思护惜而成全之。嗣后朝廷于多隆阿军营诸事惟有加意访察，并时加训诫，俾不再蹈胜保之覆辙。庶无负朝廷委任之初心。原折一件著留中，将此由六百里密谕知之。"

（卷53　1452页）

同治元年（1862年）是年

旌表孝子，江西等省王佩秀等三十六名。孝友，福建等省赖通照等五名。孝义，湖北胡国栋一名。孝妇，陕西等省刘士杰妻杨氏等二口。孝女，湖北程氏一口。烈妇，顺天等省冯显文妻崔氏等二十六口。烈女，陕西等省吴氏等二口。顺孙，湖北等省管华均等二十四名。义士，陕西等省温之朴等七名。守节合例，满洲护军噶尔桑阿妻张佳氏等九十七口，蒙古护军双喜妻王氏等五十七口，汉军养育兵长治妻李氏等四十二口，内务府披甲庆连妻王氏等十一口，各省驻防幼丁佛尔恭阿妻梁氏等六十六口，奉天等省张奎妻邱氏等六千六百九十九口。夫亡殉节，甘肃等省贾攀桂妻李氏等六口。未婚守志，江西等省方懋林聘妻黄氏等十四口。百岁寿民妇，四川等省陶华彩等十九名口。五世同堂，浙江等省何鹗等五十五家。均给银建坊如例。

（卷53　1475页）

《清同治实录（二）》

同治二年（1863年）正月壬戌

又谕："前因陕西藩司毛震寿在陕南剿贼，日久无功，叠被参劾。谕令骆秉章查明具奏，尚未据该督复奏。现据恩麟具奏，该藩司以洋县蓝逆冲陷官军营盘，兵饥饷绌，贻误大局，禀请奏参治罪。察其所禀各情，该藩司一筹莫展，断难望其复振。而陕南贼势日炽，不可不急易一统兵之将，以专责成。易佩绅、陈天柱名位虽卑，其才力是否足以独当一面，或川省另有武职大员可以派往，均著骆秉章酌拟具奏。藩司关系紧要，如有知兵之员，固属人地相宜，倘一时未得其人，但得实心任事之贤员亦可望其胜任。骆秉章素能留意人才，著即迅速奏闻，候旨简放。或川省未得其人，即于该督平日所知，可以迅速到任者亦不妨出具考语，据实具奏。甘肃回匪滋扰，提督马德昭尚在西安，未能赴任，而该省总兵亦俱在各路军营，现委副将游击护署，难望得力。肃州镇总兵何胜必、巴里坤镇总兵熊焕章近在川省，著骆秉章即饬该二员迅带所部取道白马关驰赴甘省，用资会剿。再署湖北提督江长贵前经给假回籍，著该督即饬迅速驰赴直隶听候简用，并著传谕该提督即日起程，不必俟假满再行北上。至骆秉章所患咯血是否痊愈。老成耆宿，中外无多，如病体稍痊，即行驰奏，用慰廑念。将此谕令知之。"寻奏："易佩绅、陈天柱非统帅才，川省无员可派。陕藩紧要，知兵者难其人。现任臬司吴昌寿官声卓著，王榕吉明干有为，前任藩司贾洪诏办事实心，谨就所知所闻酌举三员。"报闻。

又谕："传谕护陕甘总督恩麟恩麟奏，攻剿灵州回匪获胜，匪势穷蹙乞降，并宁夏平罗回匪乘间窃发，河州回民悔罪乞恩。历陈饷绌兵单，不得不从权办理各折片。道员侯云登督兵剿捕灵州贼匪，解围后亲率兵勇驰往平罗救援，因未能审度地势，率行前进，以致挫败。本有应得之咎，惟侯云登以

文员请署武职，尚属勇于任事，非畏缩不前者可比，著加恩免其议处。协领
拴林等于郭家桥之战，应援迟缓，念其并力救护，转败为胜，一并从宽免
议。平罗一带回匪误听流言，胆敢肆行纷扰，经侯云登选派妥弁及回民掌教
人等持谕解散，已有悔悟之意。著即责令速将起意滋事及造言煽惑各要犯缚
献究办，如敢抗违，仍应实力剿除，毋稍迁就。其灵州股匪现既畏威慑服，
著责成定安、杨柄锃等查明真伪，分别办理。河州回众因争渡启衅，肆意抢
掠，本应严行惩办。惟大兵未集之先已悔罪投诚，不无一线可原。著照恩麟
所奏，饬令崇保等督同在事文武秉公查办。惟该回众是否真心就抚，总约马
万详等跪道哭诉是否出自至诚，须详加体察，不可为其所愚。如该回众不肯
缚献首犯，交还掳去财物，即著调集大兵痛加剿洗，断不准稍事姑容，致贻
后患。"

（卷55　32页）

同治二年（1863年）正月甲子

命参将成桂前往甘肃军营，交护总督恩麟差委。

（卷55　38页）

同治二年（1863年）正月辛未

护理陕甘总督恩麟奏，甘肃省标存兵过单，请将各营停募粮缺一千二百
名暂行由省募补，以备缓急。下部议行。

以甘肃秦安剿贼失利，护总督恩麟等下部议处。革护总兵官杨永魁、护
游击方明通职，并逮问，知县赵桂芳革职留营。

（卷56　55页）

同治二年（1863年）正月壬申

谕内阁："本年轮应查阅直隶、山西、陕西、甘肃、四川五省营伍之期。
直隶著即派刘长佑。山西即派英桂。陕西即派瑛棨。甘肃即派熙麟。四川即
派骆秉章。逐一查阅，认真阅校，如查有训练不精，军实不齐，即将废弛之
将弁，据实参奏。现在该五省均有防剿事宜，尤须随时加意整顿，毋得视为
具文。"

（卷56　55页）

同治二年（1863年）正月丙子

谕议政王军机大臣等："侍讲沈秉成奏请拨兵迅援凤翔、岐山各折片，并抄录陕西绅士信函二件呈览。凤翔、岐山两城被围日久，情形万分危急。昨据给事中王宪成奏，当经谕令穆腾阿、瑛棨咨商雷正绾移军往解城围。该处地方界连汉中，为川陕往来要道，且与甘省接壤。设被贼众占踞，与甘省回匪连成一片，则势成燎原，益难收拾。多隆阿督师秦省，全陕军务皆应筹及，不得专顾同州一隅，置全局于不问。著即迅速拨兵前往援应，并著雷正绾统率所部星夜驰赴凤翔、岐山一带，力解城围，以救倒悬，不准稍涉迟延，致误大局。同州军情若何，朝廷日深廑念。该大臣务宜懔遵昨日谕旨，将军情随时奏闻，毋得仍前疏略。凤翔、岐山两城粮尽饷绝，百姓至以树皮充腹。亿万生灵残喘待毙，情形惨不忍言，而瑛棨于该郡守令专派员丁赴省告急多次，并飞文驿递告急四十余次，置若罔闻，其漠视地方情形万分可恨。该抚身任封疆于所属郡县安危毫不关心，既无一旅之师前往援应，且无一卒一使前往侦探，诚不识该抚是何肺腑。若该抚尚有天良即当迅速筹兵，前往援应，不得专以军务推诸多隆阿一人，置所属地方危急于不顾。至岐、凤绅士信函内所称，该县令郦豫误信回役马侍魁纵令勾结同教匪党焚杀，严禁团勇开炮击贼，复因忌功，轰毙在籍兵部差官杨盘珠等数人，并毛震寿遣援凤翔之县丞刘春堂所部川兵通贼情形，均著多隆阿、瑛棨、雷正绾严切查明具奏，不准一字含糊。录呈原信二件均著抄给阅看。将此由六百里各谕令知之。"

（卷56　61页）

同治二年（1863年）二月庚辰

又谕："熙麟奏甘省军情紧急一折。据奏接准恩麟咨，据隆德县知县李超群飞禀固原突被回匪拥入，焚杀汉民殆尽，道员万金墉等被害。现在回匪大股仍踞瓦亭，道路梗塞，当经咨行延绥、归化及蒙古东、西两旗等官兵星驰赴固，熙麟带同黄得魁兵勇绕道赴甘，将于庆阳暂驻。请饬多隆阿、雷正绾等派拨劲旅交马德昭统带，绕路庆阳取道赴甘，或即令雷正绾回固原提督本任办理等语。又据多隆阿片奏，回匪攻围鳌鄠系省城粮路，现令雷正绾迅调新募四营移扎咸阳。马德昭一军仍驻省城，与穆腾阿等办理西安防守，并陈近日力攻王阁村等贼巢情形。陕省军情，东、西两路均形吃紧。陕南兴汉各匪又复纷乘，多隆阿之军业已不敷分布。固原重镇为陕甘两省咽喉，突为回匪窜陷，尤须迅速拨兵剿办。雷正绾专办陕省西路，须驰解凤岐之围，并兼顾泾原、鳌鄠等处断难分身。即马德昭留防西安省城，势亦难即移动。固原被陷，万不可令贼久踞要地，惟有速催。所调延绥及归化城蒙古等兵星速并集以利攻剿，著熙麟飞催所调延绥镇兵一千名，德勒克多尔济及塔清阿速将恩麟咨调归化城官兵二千名，克日由定边等处驰往固原会剿，并著奕梁将前次咨行听调之阿拉善等处及东、西两旗蒙兵一并飞檄，由宁夏盐茶一带星驰赴固，毋稍稽延。固原等处前据恩麟叠奏布置情形，何以此次猝被回匪拥入焚杀，毫无预备可见。平时俱属纸上空谈，全无实际。著熙麟、恩麟将此次固原被陷及万金塘等被害情形，均即查明，详悉具奏。前由英桂转解多隆阿军营之京营炸炮子一项，多隆阿曾否收到，此时攻捣王阁村等处贼巢，正资利用此项炸炮。京营火器营员弁善于施放，该大臣营中定不乏此项员弁，即可用其所长，督率兵勇速图捣穴擒渠，以彰挞伐。多隆阿叠奏成功即在指顾，故于各路请拨、请援皆不肯分其兵力，该将军当以全力迅奏肤公，以副殷望，毋稍存轻率之心，或至中贼诡计，是为至要。穆图善等受伤，应不甚重，省城防守仍饬马德昭等妥办。雷正绾西路进兵，如何分布，均著随时具奏。宁夏等处剿抚，办理如何，著奕梁随时具奏。将此由六百里各谕令知之。"

（卷 57　　79 页）

同治二年（1863 年）二月甲申

又谕："德勒克多尔济等奏，绥远、归化存兵不敷调拨，已檄催伊克昭盟、鄂尔多斯前调蒙古官兵赴甘一折。前因固原失守，甘省军情万分紧急，当经谕令德勒克多尔济等，速将恩麟咨调归化城官兵二千名克日由定边等处驰往固原会剿。兹据该将军等奏称，归化城蒙古兵一千名已全数调赴僧格林沁军营，绥远兵除派拨沿河驻扎防堵外，存城官兵实已不敷，分布边防河防，在在吃重，设有缓急，恐有征调不及之虞。已檄催伊克昭盟长选派精兵克日赴甘。所奏尚系实在情形。鄂尔多斯蒙古官兵先后派出八百名赴甘，仍恐不敷调遣，著熙麟等遵照前旨，迅饬该盟长续行调派，并将派拨数目及起程日期赶紧奏报。其阿拉善蒙古兵曾否派拨赴甘，并著熙麟、奕梁、恩麟迅即檄催到防候调。昨据多隆阿奏报，王阁村、羌白镇业经克复。如东路肃清，多隆阿兵力足敷剿办，自可令马德昭赴任，熙麟等可随时函商多隆阿等妥筹办理。绥远等城官兵既无可拨，即著毋庸调派。其与陕甘接壤之处，著德勒克多尔济等认真防范，毋令勾结为患。将此由五百里谕知德勒克多尔济、塔清阿、奕梁、熙麟并传谕恩麟知之。"

（卷57　94页）

同治二年（1863年）二月乙酉

护陕甘总督恩麟奏，回逆窜扰，请将甘省上年计典俟新任督臣熙麟到后展限举行。从之。

以甘肃剿抚撒回出力，赏游击张悦巴图鲁名号，道员杨柄锃、游击王德恒等花翎，知州李协中等蓝翎，余加衔升叙有差。

（卷57　96页）

同治二年（1863年）二月己丑

又谕："恩麟奏，盐茶平远所首逆伏诛，灵州等回众投诚，平凉汉回互杀。因匪现踞瓦亭，并固原被陷请处等折片。瑛棨奏回匪连日扑城一折及宁陕解围，曹逆分股图犯盩、鄠，并请饬所调乌勒兴阿等马队赴省助剿各片。平凉现被贼匪围攻，瓦亭要隘被匪占踞，若令久踞要地，东西阻隔不通，各路之匪勾结蔓延，更将不可收拾。此时张家川踞匪又复屡向华亭窜扑，陕西凤翔之贼亦时扑扰崇信地方。甘省东路匪徒麇集，所有恩麟由南路改调赴东之游击杨克成、李友伏等兵，现在自已赶到，著即饬令护总兵吕元等督带，与署平凉府知府田寿增等声势联络，妥筹战守，并严催署游击周胜所部之官兵一千名星驰前往，仍遵前旨，将延绥镇及阿拉善等旗官兵迅速飞催到齐，以资攻剿。熙麟、恩麟身任地方，均属责无旁贷，务须督率各军及地方文武，保全平凉，速克瓦亭，攻复固原，毋任贼得久踞。其张家川莲花城贼巢，既据分饬道员林之望督率兵勇进攻。隆德等处臬司杨柄锃驰往驰扎，均著饬令妥筹防剿。宁夏平罗及盐茶等处业经招降，仍令各该地方官妥为安抚，毋令再生反侧，并令署提督定安、总兵万年新等将灵州等处北路严防。陕省回匪扑扰省垣，虽经击走，难保不复行窥觎。仍著马德昭、穆腾阿等分筹战守，毋稍疏虞。所调乌勒兴阿、常海马队著多隆阿迅催前赴西安，以资守御。多隆阿近已连克王阁村、羌白镇贼巢，谅仓头镇等亦必可即克复。当此得手之际，兵力断未可以轻分，该将军惟当乘机进取，此路势如破竹。贼中骁悍自必奔救不遑，不但省城可免攻扰，即西连甘省一带回匪亦将不敢肆其稀突。宁陕解围，川匪曹逆一股复欲分窜螯鄂一带。该处近接省城，且一出山口，到处平原，剿办更属费手。雷正绾专办西路之贼，著即懔遵叠次谕旨，妥筹兼顾，并饬张在德之军择要扼守。临潼县城内留防之骁骑校张德斌，胆敢为回匪假称苗练赚城，情尤可恶。据瑛棨奏，业将张德斌正法枭示，惟此股回匪千余人因城门不开，向西北而去，究竟逃往何处，务当饬令各地方官随时防范。张德斌系何处旗弁，并著查明具奏。将此由六百里各谕令知之。"寻奏："回匪窜向西北，归入十三村一带老巢，查无踪迹。至张德斌前供，称系京旗镶红旗汉军四甲庚寅佐领下人。"报闻。

（卷58　108页）

以甘肃固原州城被贼窜陷。护总督恩麟、提督经文岱下部议处。予阵亡游击张悦、守备年启荣祭葬世职加等，均建专祠。

（卷58　109页）

同治二年（1863年）二月甲午

谕议政王军机大臣等："前因恩麟奏，甘肃军务紧要，请饬户部陕西、山西及附近各省筹拨银四五十万两绕道解甘。当经谕令户部妥速议奏。兹据户部奏称，现在陕西办理军务，势难筹措。惟所拨协甘饷内，山西欠解历年饷银共二百五万余两，河东盐课项下欠解饷银八十四万两，均属该省应解之项。至川省地丁等项银两尚可通融协拨，拟于山西欠解项内先酌提银二十万两，河东应解饷内先酌提银二十五万两，四川无论何款项下如何凑解，亦酌拨五万两，统共银五十万两，均令就近解往甘肃各等语。所筹尚属可行，即著骆秉章、英桂迅饬各藩司，暨山西、河东道立即遵照该部所拟，山西提银二十万两，河东提银二十五万两，四川拨银五万两，派委妥员星速起解。探明绕道赴甘，以济急需，并将起解日期咨明户部。至山东省欠解协甘饷银三百七十余万两，河南省欠解协甘饷银四百余万两，叠经户部咨催，该省总未报解。边疆重地，兵饷要需，岂容如此漠视。并著谭廷襄、张之万督饬藩司于奉文五日内将应解甘饷，各先筹银数万两，设法绕道解甘交纳，毋稍延缓。其山西、山东、河南等省积欠饷银，除此次提拨外，仍著该抚等陆续筹拨，源源报解，以重兵糈而维大局。将此由六百里各谕令知之。"

（卷58　118页）

同治二年（1863年）二月壬寅

以隐匿兵饷，甘肃防御刚安革职讯办。

（卷59　141页）

同治二年（1863年）二月乙巳

又谕："都察院奏甘肃贡生道以德等呈诉回匪马化漋纠党焚掠，围攻灵州，戕害官兵，惨杀百姓。提督定安败遁入城，以致贼势复张。都司铁秉忠引来马化漋戚党马承青等，声言马化漋已在固原投诚，该逆等虽假意输诚，仍肆抢掠。其党纳青汰、赫汶选攻陷平罗之宝丰、石觜山等处。河东、河西百十余堡悉成灰烬。若竟许马化漋投诚，必至养痈成患，恳恩剿办等语。前据恩麟奏灵州回匪被剿穷蹙乞降，当经传谕该署督令其责成定安、杨柄锃等查明真伪，分别办理。兹据该省贡生道以德等来京历诉，如果属实，显系该提督等任意粉饰，实堪痛恨。著熙麟、恩麟查明实在情形。倘回匪以就抚为名，仍肆焚抢，即应赶紧痛剿，不得迁就贻误。庆昀前奏由草地赴宁夏新任，现在已否起程，著即驰抵任所，将前后情形确查具奏。该贡生等以垂暮之年，远来呈诉，自系创巨痛深，无门呼吁。熙麟、恩麟身任地方，责无旁贷，务即督饬定安等认真筹办。如该回民真心悔罪投诚，必应呈缴器械，遣散余党，方属可信。若空言就抚，尚恐堕其奸计。该将军等固不可轻听该贡生一面之词，概行诛戮，亦不可于该贡生之言漠不加察也。原呈著抄给阅看。熊焕章、何胜必二员前谕骆秉章饬令赴甘，本日据骆秉章奏，何胜必现在叙南防剿吃紧，未能到任，已饬熊焕章募足勇丁二千名由白马关取道赴甘。该总兵到后，熙麟等察度何路军情最紧，饬令驻扎何处以资得力。将此由六百里谕知庆昀、熙麟并传谕恩麟知之。"

（卷59　149页）

同治二年（1863年）三月甲寅

又谕："熙麟奏，驰抵庆阳察看回势，历陈筹办情形，并设法安置塘汛，密速运饷各折片。熙麟行抵庆阳，本拟进攻固原，而瓦亭峡等险隘悉为贼踞。熙麟仅带黄得魁等数百兵勇，势难冒险前进。该督因奉有解散胁从谕旨，遂拟作定胜二说，讲解一篇，一并张贴晓谕。予限四十日，令各处回众一律输诚，值此进退维谷之际，权宜办理，亦是应变之法。惟该回未受惩创，恐非虚声所能慑服，且转瞬限期将届，万一该匪负隅如故，而各路援兵未集，我军虚实为贼所知，则情见势绌，更难措手。熙麟前调延绥镇兵一千名，现在已否到齐。归化城兵计已起程，著该督迅催前进，并飞调各路援兵齐会庆阳，相机进剿，攻破瓦亭峡口，以通大路。庶可迅赴固原，不至日久延蔓。至平凉府城既未被围，回踪现在麇集何处，其平凉收存协饷既拟陆续运回庆郡。总当督饬地方官弁严密运送，毋赍盗粮。前据恩麟奏，回目王大桂等真心投诚，又据贡生道以德等呈诉马化漋匪党纳青汰等势甚猖獗等语，此次熙麟折内所称王大桂已称伪号，是否即系前次投诚之人，至降贼知州马文伟开门迎贼，实堪痛恨。其纳姓回子是否即系纳青汰等一股，并著查明复奏。甘省兵单饷绌，而回种之繁十倍他省。该督现在办理苦衷朝廷自能洞悉。该督惟当通盘筹划，计出万全，以副委任。将此由六百里谕令知之。"

（卷60　171页）

同治二年（1863年）三月丙辰

谕内阁："上年冬间因陕甘总督熙麟奏，接到发回报件，钉封断拆，显有情弊，当经降旨令兵部暨沿途各督抚挨站查明究办，并妥议章程，严行稽察。兹据李鸿章奏称，前办理通商事务大臣薛焕于本年二月十七日接到军机处发回二月初五日四百里夹板一副。兵部与军机处印封俱已拆损，并奏事折一件失去。该抚查阅兵部火票黏单，有清口驿马夫张顺声明夹板内并无印花切结一纸，自系清口驿以上驿站私拆，请饬查究等语。驿递军报要件胆敢私行拆阅，并窃去折件，尤属可恶之至。除饬军机处将折内所奉谕旨补录知照外，著兵部于清口驿以上地方逐站挨查，并将此件系何站何人舞弊之处，行令各该督抚严切根究，从重惩办，以肃邮政。"

（卷60　176页）

同治二年（1863年）三月癸亥

又谕："熙麟奏，平凉被围，调派兵勇往援，并查明平凉汉回仇杀情形，及遵复剿抚机宜各折片。固原回逆大股攻扑平凉府城，势甚危急，虽经熙麟调派兵勇前往援救。第仓卒凑派，兵力过单，恐难得力。该督前次所调各路援兵仍著迅速飞催，克期会集，乘锐进剿，力解城围。并严饬在事员弁实力防守，以待援师，毋得稍有疏懈。河东协饷银十三万两均在平凉城内县库存放，经熙麟饬令该守等运赴庆阳，供给兵饷。而署守田寿增禀复枝梧，延不遵解，实属可恶。著熙麟查明严行参办。此时熙麟一军当防剿万紧之时，而饷需不继，将士断难枵腹荷戈。前闻多隆阿军营于攻破回巢后，有起获窖银巨万之说。此次熙麟折内亦称该营续挖窖银，几及一二百万。所奏必非无据，即著该大臣酌量提出二三十万两派员解交熙麟军营，以救燃眉。多隆阿素顾大局，想必能妥筹办理也。本日据议政王等面呈熙咨文，据称雷正绾现丁母忧，恳请回籍守制等语。已明降谕旨，将雷正绾固原提督一缺改为署任，并赏给银四百两治丧，以示体恤矣。现在陕省军务方急，雷正绾当念移孝作忠之义，勉抑哀思，一意剿贼，以副委任。恩麟奏遵查定安迁延不进情形，请俟熙麟到任查参。此等怯懦之员岂可令其日久尸位，贻误事机。已明降谕旨将定安革职拿问矣。熙麟未到以前，即著恩麟查明该革员退缩情事，按律定拟具奏。将此由六百里谕知多隆阿、熙麟、雷正绾并传谕恩麟知之。"

以剿贼迁延，革甘肃提督定安职，并逮问。

（卷61　190页）

缓征甘肃皋兰、固原、灵、平罗、河、狄道、渭源、靖远、陇西、安定、盐茶、安化、宁、宁夏、宁朔、碾伯、泾、崇信、灵台、镇原二十厅、州、县暨沙泥州判所属被水、被霜、被风、被冻地方新旧钱粮草束。

（卷61　192页）

同治二年（1863年）三月丙寅

改丁忧甘肃提督马德昭为署任，仍留陕西剿贼，并赏银四百两治丧。

（卷61　202页）

同治二年（1863年）三月己巳

谕议政王军机大臣等："熙麟奏平凉紧急请饬派兵赴平会剿一折。据奏宁州邻近白吉原地方本有陕回勾结，近又有三原回匪窜至，复有宜君回匪盘踞三水土桥，而平凉府城为回匪攻扑，势甚猖獗。泾、宁二州又俱戒严，该督现由庆阳派勇赴援，而为数无多。暂扎泾州要隘，以扼陕甘两省之冲，并已咨行宁夏派拨满营官兵五百名赴平会剿。即著该将军如数派拨，迅速前往。熙麟仍当添募壮勇赴泾，与满兵会合进取，力解平凉之围。该督身任兼圻，责无旁贷。当此事机紧要，惟当竭力以图补救。恩麟前奏甘省各路布置尚周，自应随时妥为策应，不得以熙麟现到庆阳，于甘境东南一路辄思诿卸，并著熙麟将筹兵筹饷各事宜商同办理。延绥官兵头起已到定边，两旗蒙兵亦由该县前赴固原，并著飞催前进。仍将各路后起之兵星速催提前来，俟陆续到齐，即著熙麟相机调遣。驿递军报极关紧要，所请由韩城、洛川各州县，添设腰站。安化、定边等属暂行雇募走卒之处，即照所议办理。将此由六百里各谕令知之。"

又谕："熙麟奏甘饷支绌，晋省未能如额报解，请饬四川将按粮津贴银两尽数拨解等语。甘肃平凉被围甚急，前此河东拨饷十三万两尚在围城之中，此外毫无指望。兵勇嗷嗷待哺，情形万分危急。四川前办按粮津贴如有可拨之款，著骆秉章酌量拨解若干，前赴甘肃庆阳军营，以济眉急。甘省固原未复，平凉又复被围，该省军务紧急，而各路援兵未到。熊焕章所募川勇二千名此时亦尚无到甘信息，并著骆秉章飞催前往，即赴庆阳，候熙麟调遣。山西协甘之饷欠解甚多，著英桂督饬该藩司赶紧筹拨，源源报解，以顾边陲而维大局。将此由六百里各谕令知之。"

拨火器营火箭三千枝，武备院抬枪一百杆、鸟枪二百杆，解赴甘肃庆阳军营备用。

（卷62　209页）

同治二年（1863年）三月乙亥

以甘肃隆德攻破贼巢，予知县李超群等加衔升叙开复有差。

予甘肃秦安阵亡知州托克清阿祭葬世职，如道员例，于死事地方暨本旗建立专祠。

（卷62　222页）

同治二年（1863年）三月丙子

谕内阁："军兴以来，各直省百姓惨遭荼毒，凡有临难捐躯、守义、殉节者，一经地方大吏奏闻，无不立沛恩施，优予恤典。因思汉、回皆朝廷赤子，国家一视同仁，原无歧异。去年陕省逆回滋事以来，延及甘肃地方，亦有被其煽惑者，朝廷命将出师，分头剿办，特以该逆回等攻城戕官，叛迹昭著，非大加惩创不足以戢暴乱，而安善良，并非以凡属回民即应概行诛戮也。各该省回民受国家二百余年豢养之恩，岂尽甘为匪类。闻各省良回中深明大义或被胁不从，以致仗义捐躯，全家遇害者，颇不乏人。哀此无辜，殊堪矜悯。前已叠经降旨，谕令统兵大员等止分良莠，不分汉、回。谅各地方官吏及带兵员弁等必能仰体祗遵办理，惟念各处殉难被害回民转致淹没不彰，与甘心叛逆者同归于尽，不得与汉民一律同邀恤典，殊不足以示矜恤，而广皇仁。著陕西、甘肃等省地方大吏及统兵大员等于各该地方回民中，确切访查，如有实系良回不肯从贼，被逆回逼胁，奋身死节及合门殉难者，一体分别查明，奏请旌恤，毋得稍存汉、回成见，以示大公。"

（卷62　222页）

同治二年（1863年）四月庚辰

又谕："前因甘肃军务紧要，谕令张之万将欠解甘饷先筹银数万两解甘，以资接济。兹据张之万奏称，豫省协甘饷银必须取道陕西解往。现在陕回奔突靡常，即遴委熟悉该省地利人员押解亦难节节侦探，设有疏虞，关系非轻。查山西、河东道每年协豫军需银二万两，同治元年份应解前项银两迄今尚未解到，此次提拨甘饷本有河东道库银两，请将山西协豫同治元年份军需银二万两就近附解甘省，以抵豫省应解甘饷等语。豫省各路剿匪正在吃紧之际，不但由豫取道关中道路节节梗阻，且恐筹款难期迅速，似此量为转移，拨解较为径捷。著英桂饬令河东道将应解豫省同治元年份军需银二万两，迅即就近附解甘省交纳，抵作豫省应解甘饷，以济要需。将此由五百里谕令知之。"

（卷63　238页）

同治二年（1863年）四月癸未

又谕："本日据多隆阿奏官军攻破仓头老巢东路肃清一折。览奏欣慰。逆回纠众盘踞同、朝一路，以仓头镇为老巢。多隆阿自入关后，督饬将弁，奋力攻剿，连克坚巢，肃清东路。据奏南北两岸均可扎营，与省城声气相通，是陕省军务一大转机。著多隆阿迅将败残余匪，搜捕净尽。一面率得胜之军，仍遵前旨，鼓行而西，节节扫荡，或先赴咸阳、泾阳一带驻扎，与雷正绾之兵会合。或先顾省城，将附近各贼巢一律铲除，疏通粮道。多隆阿身为统帅，责无旁贷。即著通筹全局，权其缓急，迅筹妥办，不为遥制。甘肃固原失陷，平凉被围，灵州宁夏情形吃紧，亟盼马德昭带兵前往。多隆阿如能分兵协助省城，即可令马德昭带所部前赴甘省剿洗，以免蔓延，并著多隆阿酌办。同、朝既经肃清，晋防西路似觉稍松，惟回匪被剿四散，仍恐其到处勾结，自西而北，由绥远城一带绕路窜越，扰及晋疆，牵掣多隆阿大军后路。著英桂仍饬在防文武员弁于晋省西北边界，实力扼堵，毋稍疏懈。并行知绥远各城将军等督率兵弁，严密遏剿，毋令窜逸。将此由六百里各谕令知之。"

（卷63　247页）

同治二年（1863年）四月庚寅

又谕："恩麟奏贼匪窜围静宁，经兵团击退及盐茶厅被陷，历陈甘肃急迫情形，请饬催马德昭赴援各一折。此次贼匪窜围静宁，该署知州恩禄与参将李友伏等痛加堵剿，生擒黄袍、黄褂贼目数名，以致身受矛伤，洵属奋勉。而隆德神林铺团首赵合璧等越境赴援，尤能深明大义，深堪嘉尚。所有在事出力员弁准其查明奏请奖叙。惟此股逆回，虽窜回固原等处老巢，难保不乘隙复窜。恩麟现饬王吉利驻扎隆德，王德恒驻扎静宁，即著责成李友伏等会同民团，实力防剿，毋稍疏懈。至王大桂前赴固原城内，责诘穆、喇二逆。该逆等既俯首伏罪，何以忽又四门紧闭。王大桂为该逆搜捉之人，何能缒城逸出。所称各情节殊多支离。恩麟何以于此等紧要关键不加详察。据探厅城失陷后，王大桂与子王明忠等逃回团庄调人，被贼追获，是否实系被害。回性诡谲，恩麟不可纯以忠厚待人，致堕奸计，务当随时留心察看，如有端倪，即行严办，以杜内应。并著就现有兵力，督饬员弁，相机堵御，以待援兵。现在多隆阿已将东路肃清，若由三原进兵，则西安北路可以无虞。潼关至省城虽有回匪，谅多隆阿已乘胜扫荡，计可肃清。即著斟酌形势，若能由三原驰赴西路，则马德昭即可迅回甘省。穆腾阿、瑛棨防守省垣之满汉兵勇为数不少，但能调度合宜，何至一筹莫展。著即商同多隆阿妥为布置，毋得辄形恇怯。马德昭于接奉此旨后，即著咨商多隆阿，迅速带兵驰赴庆阳，会同熙麟节节进剿，迅解平凉之围，疏通道路，以靖边圉。熙麟、马德昭均系本省文武大员，责无旁贷，务当妥筹至计，以副委任。多隆阿行抵西路，即著与雷正绾和衷商酌，应如何分头剿办之处，即行妥筹办理。将此由六百里谕知多隆阿、穆腾阿、熙麟、瑛棨、雷正绾、马德昭并传谕恩麟知之。"

以甘肃灵州剿办撤回出力，擢知州张瑞珍以知府用。

以甘肃盐茶厅城失陷，护总督恩麟等下部议处，革护都司赵喜职并逮问。

（卷64　262页）

同治二年（1863年）四月癸巳

又谕："熙麟奏泾州获胜并延绥官兵已抵庆阳饬赴平凉一折。白吉原之贼窥伺泾州，直扑小垣营垒，经游击马天祥与驻防都司范铭分路迎击，将贼击败。该游击统带骁捷营，于援兵未至之先，初次接仗，即能以少胜众，甚属可嘉。著熙麟传旨嘉奖，并与都司范铭先行存记，俟续有劳绩，再行奏请奖励。惟平凉被围已久，该逆以地雷轰塌城垣十余丈，虽经守城兵勇抢筑，贼仍昼夜环攻，亟宜迅图援救。现在该督已饬马天祥等带兵驰赴平凉，而参将阿章阿所带延绥镇官兵一千余名又已驰抵庆郡。该督已派知府和英会同阿章阿统带前赴平凉进剿。兵力既形厚集，且泾州之捷先声已振，即著熙麟督饬该员弁等迅解平凉之围，以期节节扫荡，大彰挞伐，毋留余孽。该督另片奏，前奏阿拉善兵已抵固原，率据禀词入告，自请察议等语。已于片内批示，加恩宽免。嗣后于军情贼势，务当侦探明确，以免贻误。将此由六百里谕令知之。"

又谕："熙麟奏，本年二月初八日所奉催调伊克昭、阿拉善等旗蒙兵迅速赴甘会剿。谕旨由五百里驰寄，该督于四月初八日始行奉到。查阅牌单，业经破损，无从考核，惟依稀有二月十三日丑时六刻到潼关驿，十五日寅时初刻到蓝田字样。查该厅同知刘芬两次具禀，由潼关至庆阳不过五六日即到，何以延寄到驿，使之绕越陕、甘二省地面，俾迟两月始到，是何居心，请饬陕西巡抚查明参办等语。甘肃军务紧要，凡有批发折报，寄信谕旨，宜如何飞速驰递。乃前次奏报既有遗失，此次紧要谕旨复绕越行走，迟至两月始到，实属不知缓急。著瑛棨即行查明此件系由何处迟延，因何绕越行走两月始到，如果有心贻误，即行据实严参，以肃邮政，不得稍存回护。将此谕令知之。"

（卷64　272页）

同治二年（1863年）四月丁酉

又谕："多隆阿奏统筹全局分路进剿一折。据称现在渭河迤南，华渭俱无贼踪。临潼之西仅有沙窝一处回巢。渭河迤北高陵县城尚被占踞，泾阳、三原、咸阳等县所属地方匪巢林立，剿办尚非易易。此时东路得手，恐该逆势穷西窜。三原一带防务最关紧要。雷正绾一军未能撤赴凤翔，该将军拟令专力固守，严防北山、西路一带。仍饬王梦麟统兵往救凤翔，不日大兵西指，并令马德昭一军亦赴凤郡。凤郡解围，再赴平凉。并汉中近日情形，请催李云麟、周达武二军，俟李桓到汉南后分路剿办。又刻下进兵有三难，难免迟滞等语。所筹不为无见。雷正绾一军防剿泾阳、三原等处，自未可轻易撤动，致贼氛肆意蔓延。惟凤翔待缓甚急，王梦麟带兵前往，能否得力，尚不可知。且该员前经中途折回，恐再蹈故辙，必至诒误。著即严催前进，如兵力不敷，由该将军等酌度调派。甘肃贼多兵少，亟盼马德昭前往。前已谕令该员俟多隆阿大军西指，省城稍松，仍即督兵赴庆阳与熙麟筹商，何路紧急，赴何路救援。若先赴凤翔，恐又需时日。马德昭务即赶紧赴甘，不得迁延贻误。总兵曹克忠疏通省城粮道，著瑛棨另拨数营交其统带，责令节节进剿，将省城附近一带匪巢迅速痛加剿洗，以通粮运之路。汉中发逆分攻褒沔、城固等城，著饬带兵文武及该地方官认真防守，指日李桓到陕，自可力加整顿。昨据官文等奏发捻交乘，鄂边紧急，将李云麟一军暂行留鄂，俟军务稍松，方能赴陕。已有旨准其暂行留楚。其周达武一军昨已谕知骆秉章，催令星速赴汉南一带。该将军等即派员催提，令其扼要驻扎，以资得力。该将军病未全愈，将士疫气仍重，务须妥为调摄，曲加拊（抚）循，以慰轸念。至所称日前攻破孝义，即饬潼商道赶备船只，迅速驶至渭河，以便搭造浮桥。屡经严催，尚未禀复等语。著多隆阿、瑛棨再行严催，如系有心玩误，即从严参办，以儆玩泄。德兴阿一军前经调令驻扎同、朝一带，为多隆阿后路声援。此时东路肃清，该副都统一军久驻同、朝，未免虚糜粮饷。著多隆阿酌量调遣，或令赴凤翔救援，或令赴西安省城一路会剿，毋得久置闲散，以厚兵力。现在蒲州防务亦松，英桂所募之楚勇或可分拨若干，派员统带至同、朝一带驻防，以资接替之处。均著多隆阿、英桂会商办理。将此由六百里各谕令知之。"

（卷65　287页）

同治二年（1863年）四月壬寅

又谕："熙麟奏回匪围攻平凉府城援剿获胜一折。回匪围攻平凉，于城之东南、东北两处轰发地雷，均经官绅兵民奋力抢护，补筑完竣。此次又经马天祥等援剿获胜，贼知有备，当不至并力围攻。惟援兵太少，虽获小捷，未挫凶锋，究不可恃。著熙麟迅将前调延绥镇兵催提到平，以厚兵力。仍严饬马天祥等及总兵吕元、知府田寿增就现有兵勇，实力防剿，毋稍疏虞。至败匪西窜，系向何处遁逃。平凉郡城曾否解围，熙麟折内未经声叙，仍著详晰查明，迅速驰奏。将此由六百里谕令知之。"

以甘肃平凉剿办回匪获胜，予游击马天祥等升叙有差。

（卷65　301页）

同治二年（1863年）四月丙午

又谕："多隆阿奏凤翔危急请派马德昭驰救并分路进剿情形一折。凤翔被围九月，情形万分危急，倘不亟图援应，孤城困守，势难久持。多隆阿现已移营仓头，在渭河搭造浮桥，分兵两路进剿。一由高陵节节扫荡，一由临潼直捣沙窝老巢，兼顾西安根本重地。该大臣布置既已妥协，省防即可微松，著多隆阿星速进兵扫清悍党，将西安城外防剿各事宜妥筹兼顾。城内现存兵勇为数已不为单，即责成穆腾阿、瑛棨督饬弁兵实力筹防，不得稍形弛懈。多隆阿既称省城可以兼顾，瑛棨即可无兵单之虑，所有马德昭一军著多隆阿、瑛棨令其凑足三千人之数，驰救凤翔，力解城围。俟解围后仍遵叠次谕旨，驰赴庆阳。与熙麟筹商进剿，迅解平凉之围。马德昭未到以前，著熙麟就现有兵力相机剿办，毋稍疏虞。瑛棨亦不准再请攀留马德昭之军，致令株守贻误。将此由六百里各谕令知之。"

（卷66　315页）

同治二年（1863年）五月戊午

谕议政王军机大臣等："多隆阿奏遵旨派援凤翔，并分路进兵情形及曹克忠疏通西安粮道各折片。多隆阿既派兵分扎渭河以南，造船运送粮食，一俟兵至临潼，即与省城通气。是省城已可无虞。马德昭既经派援凤翔，即著瑛棨懔遵前旨，克日添足三千人交该提督带赴凤翔。督同王梦麟认真剿办，迅解城围，不准再行借词截留，致滋贻误。曹克忠既经行抵西安，带兵出省，连获胜仗。长安、鄠县等处粮运渐通，即可饬令移营三桥，以通咸阳一带道路。瑛棨亦当派兵协剿近省零星回匪，扎营城外，与曹克忠声势联络，毋得株守城垣，仍前畏葸。并将该省应办事件次第办理。渭南等处已无贼踪，何以渭南并无地方官在彼。经多隆阿催调，尚未见到，著瑛棨查明严催赴任，毋任逗留取巧。金顺等业经记名副都统，遇有缺出，即可简放。惟各路军营保举出力人员甚多，亦须俟有缺出，始能陆续酌量简放。该将军惟当督饬各员认真出力，如劳绩卓著，朝廷自有见闻，定当尽先简授也。本日据熙麟奏，贼围平凉已逾数旬，而救兵不来，城围未解。刻下多隆阿屡获大捷，逃来白吉、铜城之贼数逾巨万，焚掠抢杀，惨不可言，非迅调劲旅不可。宁州地方亦有贼踪肆扰，请速派援等语。甘肃兵力单薄，且无得力之将，多隆阿务须分兵兼顾，严催马德昭统兵迅解凤翔之围，仍即赶紧驰赴庆阳。会商熙麟，次第剿办，以纾朝廷西顾之忧。多隆阿身为统率，自当全局通筹，不可稍分畛域，正在寄谕间。据官文等奏，李云麟丁忧，请赏假两个月回旗穿孝，业经降旨允准。并已谕令骆秉章迅饬张由庚督兵赴陕南暂行节制各营。俟李云麟假满后，仍令前往视师，惟该员抵陕尚需时日，张由庚能否胜统率之任尚未可知。该处军务紧要，仍著多隆阿、瑛棨随时兼顾，并与骆秉章会商妥办，毋使稍有疏失。将此由六百里各谕令知之。"

（卷67　340页）

又谕："熙麟奏进剿平凉及宁州接仗获胜并统筹陕甘军务全局各一折。平凉回匪屡扑官军营盘，经游击马天祥等督兵击退，其宁州贼匪亦经知州宋来宾、守备马天禄等迎剿获胜，惟平凉尚未解围。而白吉、铜城各贼巢悍党日增，我兵数不满千，实形单薄。著熙麟督饬马天祥等就现有兵力实力防剿，毋稍疏虞。仍一面迅催各路援兵星夜来庆，立解平凉之围。所陈甘省贼多兵少，势极急迫，自系实在情形。惟多隆阿系督办陕甘军务，该处剿匪正在得手，万难分兵赴甘。且东路剿回大胜，则败匪势必西遁。白吉、铜城等处增贼逾万，此亦情势所必至，非多隆阿有意驱逼，以邻为壑也。该督身任兼圻，惟当力为其难，不得以时局艰危，遽思委卸。至马德昭一军，多隆阿现令带兵三千援救凤翔，倘能迅解围围，不但可保凤郡，且可遏贼西窜之路。马德昭于解凤翔城围后移兵赴甘，先声所慑，必于甘省军事有裨。前已叠谕多隆阿迅饬马德昭统兵援凤，并令瑛棨毋得再事攀留。本日又经谕令多隆阿妥筹兼顾，毋置甘省于不问。熙麟当思和衷共济之义，毋以小嫌而误大局，方为不负委任。将此由六百里谕令知之。"

（卷 67　341 页）

同治二年（1863年）五月癸亥

又谕："骆秉章奏请将任意逗留之总兵等分别革职永不叙用等语。革职留营前甘肃巴里坤镇总兵熊焕章，经骆秉章调派赴甘，由白马关前进。该总兵将队伍暂扎汉州，借词请领军火，擅行进省，并以宁羌州一带有贼，逗留月余，延不起程。都司滕家斌、刘伯林不能约束勇丁，致令滋扰。办理文案之候选府经历李声绎从中唆使生事，均堪痛恨。熊焕章本系革职留营之员，著永不叙用。都司滕家斌、刘伯林、候选府经历李声绎著一并革职。该督即派员押令回籍，毋许在川逗留。"

（卷 67　351 页）

又谕："穆腾阿、瑛棨等奏东路败匪西窜，分扑城营，官军逐日接仗情形。并曹克忠移扎三桥，兵力单薄，请饬多隆阿迅拨劲旅会剿及请调东三省官兵兼程来陕各折片。陕省东路回匪叠经多隆阿攻破巢穴，该匪向西奔窜，此等穷蹙败匪，气焰必衰。穆腾阿、瑛棨等若能激励军土迎头截击，何难将此股窜匪悉数歼除。乃株守省垣，一则请饬多隆阿迅拨劲旅，再则请调东三省官兵，不知该将军等所部兵勇何不能得力一至于此。拥兵不战，虽多奚为。多隆阿现由仓头移营前进，著即督饬诸军节节扫荡，迅由渭南、临潼等县直达西安，期与省城声息相通，俾无贻误。东三省官兵征设太多，该处边防紧要，岂能再行添调。马德昭一军前已有旨饬赴凤翔援救，所有西安省城防剿事宜仍著穆腾阿、瑛棨就现有兵力认真督办，毋得稍有疏虞，致干重咎。瑛棨另折奏汉中情形危急，石逆中旗现已由川入陕。另片奏请饬官文等速饬李云麟、梁作楫驰援汉中各等语。前因李云麟回旗穿孝，不克赴陕。谕令骆秉章迅饬张由庚驰赴陕南援剿。据瑛棨奏称，张由庚现在驻军广元，去陕不远，著骆秉章飞饬该道员等星速赴援。石逆中旗现在窜至平武之乔庄，势将取道甘肃文县，绕出汉南。并著骆秉章饬令张由庚相机迎击，毋令石逆余党与汉南发逆勾结为患。梁作楫计已督勇行抵兴安，著官文等严饬该员认真扼守，并酌度情形移师汉郡与川省官兵会同剿办，更为得力。李桓患病曾否就痊，如一时不克西行，即著官文、严树森选派得力员弁，将李桓所募勇丁带赴陕南剿贼，俾免坐耗饷项。严树森前有赴下游察看营垒，以次由襄樊西上之奏。现在驻扎何处，著与官文妥速筹商，如能由襄樊径赴郧西，俾梁作楫得以移师进剿汉中逆匪，庶于秦、楚两省边防均有裨益。仍著官文、严树森斟酌办理。正在寄谕间，据熙麟奏，援平官兵中途失利，请饬多隆阿拨兵迅抵平凉援剿一折。平凉被围日久，经熙麟调派和英协同任治国等先后督兵往援，行至距平三十里之古城堡，贼以大股围扑，虽经力战解散，而范铭一营被贼蹂破，任治国中枪阵亡，伤亡兵弁甚多。是此股援兵已成画饼，平凉待援孔亟，匪势甚属猖獗，稍有疏失，关系非轻。著熙麟严催所调未到之兵克日到齐，迅赴平凉，以拯危急。并著多隆阿抽拨劲旅数千交雷正绾带赴甘省应援，其三原等县各营，著酌派得力大员接统其众，俾雷正绾得以克日成行。多隆阿素顾大局，务当权衡缓急，随时策应，毋误事机。骆秉章奏参逗留不进纵勇滋事之总兵熊焕章等，已明降谕旨，分别惩办矣。惟甘省兵力本属不厚，熙麟所调援兵又复中途溃败，必须设法添兵助剿，仍著骆秉章酌调劲旅二三千人筹给川资，取道白马关，驰赴甘省，以补多隆阿兵力所不逮。庶甘省军务可期渐有起色也。将此由六百里各谕令知之。"

（卷 67　353 页）

以甘肃援剿平凉失利，总督熙麟下部议处，革署都司范铭职并逮问。予阵亡知府和英、游击任治国、参将阿章阿、前钦天监博士宗庠祭葬世职加等。和英、任治国建立专祠。阿章阿宗庠附祀。

（卷 67　356 页）

同治二年（1863年）五月己巳

又谕："玉通奏花寺回教勾结撒匪逼近郡城请派员剿办一折。西宁花寺回教与临洮旧教积不相能。该回民总约马归源暗聚花寺回子数千于三月初九日将东关北、古城北关一带洮教回子杀伤过半，大肆焚抢。其丹噶尔南川营等处花寺回子复勾结撒拉并米拉沟奸回各数千之众，烧杀洮教及汉民各村庄，并攻扑丹噶尔厅城，击伤官兵，逆焰极为凶狡。玉通现调青海部落蒙古、番子将撒匪击退，丹围已解，而镇海堡、多吧等处经撒回经过，掳掠一空。现在两教互相仇杀，扰害汉民，盘踞近郊，城池戒严。而撒匪未受惩创，势必勾合复来，以图报复。且甘省逆回现尚滋扰，若西宁回众撒匪再复鸱张，势将不可收拾。著恩麟迅即调派劲兵交现驻兰州帮办防剿之前任提督经文岱统带前赴西宁，迅筹剿办。如经文岱未克分身前往，即著熙麟、恩麟妥迅筹商，另派大员带兵驰往会剿，以顾边陲。玉通现任西宁办事大臣，责无旁贷，务即饬调该处防兵及所调蒙古、青海等兵分别筹剿，解胁歼渠，毋得专待援师，致滋贻误。本日复据奎英等奏，喀什噶尔兵饷不敷甚巨，而甘省久未拨解，现经伯克回子抒忱捐输等情。该城伯克回子虽属踊跃急公，惟官兵月饷仅恃劝捐接济，岂能经久。且恐民力已竭，官吏仍行勒派，流弊滋多。著熙麟、恩麟迅将该省应解该城兵饷即筹拨解，免滋扰累。又据兴泰等奏巴里坤饷缺，已遵旨于哈密经费银内提拨银三千两，请饬陕甘督臣筹解归款等语。著熙麟、恩麟先行筹拨银数千两解交哈密归款，以资协济。将此由五百里谕知熙麟、玉通并传谕恩麟知之。"

（卷68　377页）

同治二年（1863年）五月癸酉

又谕："多隆阿奏官军分路进逼贼巢获胜并赶造浮桥以利师行等折片。多隆阿分布各军由渭河南北进发。渭南各军节次击贼，痛加剿洗，已将零口等处之贼驱过戏河。官军移营前进，现距临潼仅十余里。渭北各营亦已进扎交口。所办甚属妥协。所有临潼西北尚有三府里等处回巢，著即督饬诸军节节进剿，并饬交口各营稳扎固守，俟南岸肃清即行合军北岸，以剿青河迤西贼营，并将曹克忠之军移扎咸阳，以防贼之西窜。一俟炮船悉数造成，上下梭巡，贼匪不得偷渡往来，剿办更必得手。临潼一带疏通多隆阿之军与省城联合，并可兼顾西路。雷正绾即可迅速驰救凤、歧，务令陕省逆回不得肆意西趋，为害甘省。甘省平凉等处危急，熙麟所部兵单将寡。马德昭一军仍当懔遵叠次前谕，饬令赴甘，以资得力。多隆阿与西安声息既通。马德昭之军即不至为省城牵留。其地方官吏于转运等项有敢不竭力办理，意存玩视，即著多隆阿据实严参，咨行地方大吏立即撤办，毋稍瞻顾。多隆阿自陈病未轻减，务须加意调理，并将各营患疫士卒妥为拊（抚）循。将此由六百里谕令知之。"

（卷 68　384 页）

同治二年（1863年）六月癸未

谕议政王军机大臣等："庆昀等奏，详查宁夏一带军务情形，请添兵筹饷，择任贤能以除积习而振军威一折。据称甘省回匪之反复无常，由地方官首重求和，抑汉扶回，更张逆焰。各处义民集团自卫，足见其复仇志切。且宁郡一城众逾十万，其间岂无殷富。良由地方官每事诛求，假公济私，商民目官场为骗局，故不肯协力接济等语。所奏自系实在情形。该将军请饬户部行行筹拨实银二十万两解赴宁夏郡城备用，并请饬僧格林沁拨兵一二千名前来会剿，未免于京外情形未尽谙悉。前因部库支绌，经该部奏请严催各省设法筹解。数月以来，所需京饷，仅可勉强支持，一时安能有此巨款拨济宁郡。惟需饷情形甚紧，业经谕令户部迅速设法筹解。僧格林沁回剿山东股匪，马步各队除调出外，存营无多，攻剿正当吃紧。又岂能抽调劲旅远赴宁城。第宁夏、宁朔、平罗等县叠被回匪扰害，士民纷纷求救，而熙麟驻扎庆阳，相距较远。恩麟护理督篆，省垣事务纂繁，均难兼顾。庆昀现驻宁夏，于一切尚能谙练。著熙麟、恩麟迅即饬知府近宁夏一带之道、府、州、县及武职各员，就近将办理回匪情形禀商庆昀，即由庆昀札饬遵行，免致熙麟等鞭长莫及。庆昀惟当督饬该镇道等，激励旗绿各营联络各处乡团，分头剿洗，俾汉民得以凭借，不至惨遭焚劫。而回匪亦不敢轻视官军，方为妥善。宁夏县知县彭庆章声名狼藉，劣迹昭著，且有收受回匪钱米情事，即著庆昀咨会熙麟等从严参办，以顺舆情。察吏乃安民之本，该督等所属文武员弁务当随时甄劾，力求整顿，毋得稍事姑容。庆昀业经咨行恩麟，遴选老诚谙练之员赴宁夏差委，即著恩麟认真拣派前往，将从前办理不善之地方官一并撤回。即以此次派往之员酌量委署，期于破除积习。庆昀即可督率新任各员劝导商民，量力捐输，借资接济。至请令部臣特派司员数人携带例案，驰赴宁郡等语。部员出京，恐滋扰累，各路军营从无似此办法。该将军如虑例案不全，难除积弊，可咨明户部，发给则例等书，俾得查照办理。将此由六百里谕知庆昀、熙麟并传谕恩麟知之。"

（卷69　401页）

同治二年（1863年）六月乙酉

谕议政王军机大臣等："多隆阿奏军情吃紧各路之兵势难抽拨赴甘一折。据奏所统各军仅万余人，分为两路进兵，且顾后路，兵力已形单薄，兼以屡次伤亡病伤甚多，现在各营疫气更甚，逆回时来搦战，每次迎剿，派三成出队，竟不能齐。幸各将士久经战阵，不至失机。雷正绾防剿三原一带，恐回逆被剿西窜，此时断不可动等语。谅系实在情形。惟甘省军情亦甚吃紧，熙麟驻扎庆阳，兵力过为单薄。所调各兵，惟延绥镇兵甫到，即经失利。其蒙古阿拉善旗官兵未曾入口，被回匪设伏邀截，致有挫衄。甘省援兵他无可望，多隆阿仍应于万难之中，妥筹兼顾。所奏雷正绾曾饬前驻三原之冯元佐练勇三千人赴甘助剿，即著严催星速前行，并著熙麟迅即催提，到甘后妥为调遣，以资得力。渭河南岸穆图善等马步各军已抵临潼，进剿沙窝等处回剿，叠有斩擒。著多隆阿即饬相机进剿，并饬北岸之赵既发等营严密固守，谨防贼匪乘间扑扰，毋稍疏虞。一俟各营疫气渐消，沙窝等贼巢攻破，南岸之兵合军北岸，进攻高陵，即可与雷正绾东西两路合力，为聚歼群丑之计。多隆阿督办陕省军务，责任綦重，谅于进取机宜，不至稍有迁延，致辜委任。该将军病尚未愈，各营将士酷暑辛劳，患疫尤多，著即加意抚（抚）循，并妥为调摄，以纾廑念。南岸之兵一经攻克沙窝回巢，省城即可无虑。前经叠次谕令马德照一军，省防稍纾即饬赴援甘省，并著多隆阿等饬遵。瑛棨尤不得拥兵自卫，借词牵掣。前谕多隆阿严参抗玩差务州县，此次复据奏，河水冲动浮桥，粮船亦因水涨不能上下，改由陆运，于沙淤中牵挽，更为艰难等情。总由各地方于军前运济过为疲玩，以致营中几至绝粮，殊属可恶。著瑛棨严督各该地方，痛加整饬，妥筹运济。如再仍前疲玩，该抚身任地方，自问更当何罪。逆回狡诈百出，瑛棨前奏派令省城之阿浑出城议抚，而城外则依然烧杀。当即谕令该抚不准轻率擅行议抚，徒为逆回所愚。此次多隆阿奏复有接抚臣函称建议招抚等语，逆回等非痛深创巨，岂能帖耳归诚。瑛棨著仍谨遵前旨，实力防范，断不准希图苟且，甚至央及奸回，前往议抚，堕贼诡计。懔之慎之。平凉、固原贼势如何，熙麟务就现有兵力妥为防剿。一面催提陕省援兵，预筹调度。将此由六百里各谕令知之。"

（卷69　405页）

同治二年（1863年）六月辛卯

又谕："恩麟奏平罗汉回近复挟嫌互斗暨平凉被围日久，请饬催马德昭迅速赴援及蒙兵遇贼接仗，南路各属剿匪并隆德县及秦州一带剿贼各情形。隆德县接壤平凉，实为东路要隘。此次围城之贼虽经李超群击退，而贼众兵单，难保不再来窥伺。南路秦州一带虽经林之望训练兵团连获胜仗，而伏羌县汉回互斗，报复寻仇，肆行焚杀，必须赶紧扑灭，俾免燎原。即著恩麟督饬静宁、隆德各属员弁实力防范，并饬林之望督率兵勇迅将伏羌初起回匪克期剿办，毋令延蔓。平凉被围时逾两月，势甚危急。恩麟现派参将成桂统兵前往隆静一带，设法解围。惟东路兵力单薄，万难奏效。马德昭一军前已有旨，令其迅速赴甘。即著多隆阿饬令该署提督懔遵前旨，克日赴甘，迅解平凉之围，不得稍有耽延，致干咎戾。雷正绾所派之冯元佐练勇三千人，并著多隆阿饬令克期起程前赴甘省，毋许逗留。援兵未到以前，熙麟惟当就现有兵力认真防守，并添派官兵驰赴泾州，分道进攻，牵制贼势，毋令贼踪麇聚平郡，致有疏虞。阿拉善兵行至平罗地方遇伏失利，叠据奕梁等奏报，情形大略相同。此次恩麟仅据禀报粉饰之词，称其先挫后胜，与熙麟等前奏两歧，实难凭信。阿拉善兵既不得力，其鄂尔多斯兵丁是否可用，并著恩麟查明具奏。平罗回众复有互相仇杀之事，可见从前办理招抚敷衍了事，终贻后患。一切情形已据庆昀等陈明，即著恩麟恪遵前旨，饬令宁夏镇道禀商庆昀，妥筹办理。该将军惟当督率侯云登等，联络兵勇，相机策应。一面剀切晓谕，解散伙党。倘有匪类狡执阻挠，立即督兵剿办，毋得再蹈从前覆辙。马化漋虽未滋事，而军械并未缴纳，其心实属叵测。恩麟因兵力不暇兼顾，暂予羁縻，是亦权宜之计。即著恩麟督饬所属不动声色，严密防范，毋得稍涉大意。将此由六百里谕知多隆阿、庆昀、熙麟并传谕恩麟知之。"

又谕："前因总兵熊焕章带兵援甘，逗留不进，当经降旨革职，并谕令骆秉章酌调劲旅二三千人，筹给川资，取道白马关驰赴甘省，以厚兵力。本日据恩麟驰奏，甘省军务东路则平凉被围两月，迄无援兵。平罗汉回又相仇杀。南路则伏羌县属汉回互斗，县城戒严。其秦、阶各属，徽县则有陕西游匪之滋扰，文县则有川省发逆之窜扰，加以凤翔大股回匪直扑两当，虽经兵民击退，而防范不能稍松。岌岌情形直有不可终日之势。若非邻省大支劲旅，前往援应，不足以振军威而殄狂寇。骆秉章公忠体国，素顾大局，目睹边疆重地，糜烂至于此极。想必能妥筹兼顾，力拯阽危。著即懔遵前旨，迅速调派劲旅二三千人，派委得力大员统带赴甘，由秦州一带径赴东路，进剿伏羌，渐次进至固原，相机攻取。庶兵力日增，军务可有起色。张由庚等抵汉中后，兵数尚单，曾经谕令骆秉章增兵筹饷。川省自石逆大股殄灭后，大局已臻稳固。是该省兵勇尚可分拨，仍著该督懔遵前旨，添调兵勇前赴汉南，剿办发捻各逆。彼处军务得手，则陕省大兵即可抽调赴甘，于边陲全局实有裨益。一切进止机宜，并著该督妥为调遣，毋稍迟误。再李幅猷一股本日据毛鸿宾奏，现在肆扰黔疆，刘岳昭等军兵力是否足敷剿办，可以无须添兵协助，并著该督酌量情形办理。将此由六百里谕令知之。"

（卷70　415页）

予甘肃西和阵亡典史黄元庆祭葬世职加等。

（卷70　419页）

同治二年（1863年）六月癸巳

改丁忧甘肃按察使刘于浔为署任，赏假百日，回籍治丧，仍驰赴江西防所剿贼。

（卷70　424页）

同治二年（1863年）六月甲午

谕议政王军机大臣等："前因伊犁将军常清奏，部拨川、甘两省有著款项未据报解，请饬严催等语。当交户部速议具奏。兹据奏称，该部于上年十月间遵旨筹拨伊犁军饷，当将川省征存正余盐厘项下银及济楚盐厘项下银各五万两，行令该督照数提拨。嗣后该督以指拨之饷，无从筹解，奏请改拨。复经该部驳令照前拨解，且所拨之项准其于欠解咸丰十一年京饷银内扣除，更无所用其推诿，何以半载有余，丝毫未解。请饬四川总督查照前案，勒限筹拨等语。伊犁为边疆重地，最关紧要，一切饷需全恃内地协拨，借资接济。该督抚等何得不权衡缓急，任意迟延。著骆秉章严饬藩司如数筹拨，赶紧委员探明道路，解由甘省转解。甘省固不准擅行截留，川省亦不得再事延缓，致误急需。其甘省欠解伊犁俸饷共一百数十万两，经户部奏准提拨银仅六万九千两，何以亦未解往，尤属玩延。著熙麟、恩麟无论何款，设法补解，毋再延宕。至山东省历年欠解甘饷银三百余万两，河南省欠解甘饷银三百五十余万两，上年亦经户部奏令该抚各先提拨银十万两，分起解甘。是否筹解，未据该抚奏报。著阎敬铭、张之万迅饬藩司，查照户部节次奏准拨解之项，赶紧筹解，毋再任听耽延，致误边防大局。将此由五百里谕知骆秉章、熙麟、阎敬铭、张之万并传谕恩麟知之。"

（卷70　424页）

同治二年（1863年）六月乙未

谕议政王军机大臣等："瑛棨奏，绅众联名呈请暂留马德昭驻省，并抚回之议势将不成及宁羌州城克复，进图沔县暨汉中粮饷匮竭贼势日增各折片。东路回匪西窜，直扑省垣，虽经四关各营奋力迎击，而贼众未退。多隆阿前敌各军虽至临潼之新丰镇，而道路梗塞仍与省城声息不通。现在西安城内，粮运匮乏，饥殍载涂，情形万分危急。该绅士等呈请攀留马德昭一军暂缓赴甘，自系出于迫切真情，著准其暂留陕西省城，力筹防剿，保卫根本重地，以顺舆情。瑛棨身任封疆，贻误全陕大局，实非严议所能蔽辜。该抚惟当激发天良，勉图补救，稍赎前愆。此次所请严议之处，著暂时无庸置议。多隆阿军营疫气曾否轻减，该大臣病势已否痊愈，均深廑系。此时回氛逼近省城，势颇猖獗，该大臣惟当激励诸军，迅将高陵、渭南一带回巢扫荡，期与省垣声势联络，俾马德昭一军得以迅速赴甘，方不至顾此失彼。蒲城被围甚急，该大臣何以尚未奏报，著即调派劲旅迅解城围，毋稍迟误。回匪乞抚本属缓兵诡计，瑛棨前遣阿浑等劝导，已属办理乖谬。此次又称抚局难成，省城情形一时不能轻松等语。是该抚意中专以主抚为事，必系奸回马百龄等从中怂恿，若不力思振作，严密防范，必至堕其奸计，贻误事机。著穆腾阿、瑛棨等督率兵勇，将附近贼垒悉数扫荡。与多隆阿两路夹攻，庶军务可期日有起色。汉中贼势日增，官军米粮缺乏，瑛棨当严所属，设法催征，采办米石，以资接济。宁羌州城业经收复，著饬令知县丁毓藻等督带团勇，乘此军声，迅图克复沔县，毋任久踞。将此由六百里各谕令知之。"

（卷70　427页）

同治二年（1863年）七月丙午

又谕："多隆阿奏复陈省垣附近回匪情形一折。另片奏遵饬马德昭赴援甘省等语。西安省城附近一二十里外不过时有回匪游骑往复，而瑛棨辄张惶入告声称东路回匪直扑省城，至回匪数百人突窜蒲城县属之兴市镇一带，瑛棨辄称蒲城被围甚急，陈奏各情，已多不实。且株守省垣，一筹莫展。已明降谕旨将瑛棨革职，以刘蓉补授陕西巡抚，未到任以前，著张集馨暂行署理矣。惟逆回探知官军多病，日夜扑营，虽经多隆阿督率各军奋勇击退，难保不再来侵犯。多隆阿务当振刷精神，赶紧经理，一俟布置妥协，即行进捣沙河等处贼巢，节节扫荡，直达高陵，毋落后著。凤翔被困日久，不可不星速往援。平凉之围未解，岂容漠视，著多隆阿迅即檄饬马德昭督率所部取道凤翔，实力攻击，迅解城围。即由凤翔援救平凉，庶不至顾此失彼。马德昭既去，省城战守事宜，多隆阿责无旁贷。且据奏称，穆图善等扎营临潼，与省城近在咫尺，声气相通。多隆阿自应力筹兼顾，毋得稍有贻误，致滋咎戾。前因汉南兵勇统领乏人，节经谕令骆秉章调派刘蓉赴陕。当此陕南军情万分吃紧，恐事权不属，呼应不灵，是以特授刘蓉为陕抚。该抚身荷厚恩，膺兹巨任，自应感激图报，迅速驰赴汉南，整顿诸军，将兴汉一带贼巢克期攻毁，净扫妖氛。至汉回仇衅已深，刘蓉到后总当握其要领，持平办理，不可稍涉偏激，以副委任。刘蓉系骆秉章襄理得力之员，兹既简放陕抚，则身膺疆寄，责有攸归。骆秉章惟当促其迅速赴任，所有四川藩司员缺，著骆秉章即简贤员，一面具奏，一面派署，以资臂助。张集馨以屡次获咎之员，朝廷弃瑕录用，兹复令暂署抚篆。所有省城一切防剿事宜，务与多隆阿、穆腾阿和衷商酌，期于有济，毋得存五日京兆之见，任令吏治废弛，军心疲玩，致蹈瑛棨覆辙也。将此由六百里谕知多隆阿、骆秉章、刘蓉并传谕张集馨知之。"

（卷72　453页）

同治二年（1863年）七月癸丑

谕内阁："恩麟奏请将擅自回旗之道员议处等语。署甘肃甘凉道恭钊因被镇标兵丁索饷殴辱，受伤病发，禀请开缺。经恩麟派委道员瑺武前往接署，并饬将为首滋事兵丁严密查拿办理。该署道恭钊并不听候委员查验，亦未领有咨文，辄擅自起程回京，实属违例。恭钊著先行交部议处，其索饷殴官之兵丁并著严密访拿，尽法惩治。恭钊仍饬回省听候查办。"

（卷72 464页）

又谕："传谕护理陕甘总督恩麟。恩麟奏兵丁索饷，殴辱道员，现饬密拿首要各犯一折。凉州镇标兵丁于奉调出征时竟敢挟索欠饷，纠众滋闹，殴伤署甘凉道恭钊及委员王秉镛等，将道署及书院打毁。迨经凉州副都统瑞云传问，该兵丁等并不指出首从姓名，实属狡诈凶横，不法已极。该道员办理此事或不免有处置失当之处，自应查询明确，持平办理，不可操之过蹙，致酿事端。惟近来军饷支绌，兵丁每因索饷动辄聚众殴官。此等刁风断不可长，若竟以首从各犯无从追究姓名，希图了事，何以惩骄悍而肃法纪。著恩麟即饬现署甘凉道瑺武、署游击叶荣迅将为首滋事及下手殴官各要犯，设法查拿务获，严行究办，不准稍有含混。另片奏请将奏派劝捐，首先抗违之富绅惩办等语。捐纳县丞曹晓霞、候选道曹炯坐拥厚资，于本省捐输多方阻挠。本日已于片内批示，将该二员一并革职，勒限一月捐缴银三万两，以充军饷。即著恩麟妥为办理。此外应行书捐各户，该护督仍当妥为劝导，务令踊跃输将，亦不可专事抑勒，致失民心而伤政体也。"

（卷72 465页）

同治二年（1863年）七月癸亥

谕议政王军机大臣等："庆昀等奏遵查阿拉善蒙兵情形一折。阿拉善蒙兵前于平罗边口遇伏失利，朝廷即虑其畏葸难用。兹据庆昀等历陈该旗迁延不进情形，是此项兵丁万不足恃。现虽经庆昀等叠次咨催，始有绕道过渡进定边口驰赴庆阳之说，而远来疲乏断不可用为前敌，致偾事机，至鄂尔多斯蒙兵已在口外阿拉庙等处，且据庆昀奏称较阿拉善兵差胜，即著熙麟飞檄严催，齐抵庆阳，以厚兵力。其阿拉善旗官兵抵庆阳后，应令屯扎何处，借壮声援，并著熙麟酌量调遣。平凉已否解围，甘省军情近日如何，熙麟务当随时奏报，以慰廑系。将此由六百里各谕令知之。"

（卷73　488页）

同治二年（1863年）七月甲子

以故青海扎萨克头等台吉布彦达赖子达什多布济袭职。

（卷73　491页）

同治二年（1863年）八月戊寅

又谕："恩麟奏，西宁花寺、临洮回民纠众相持，派马奎源等前往解散，并拟用蒙番帮同汉民筹办，暨军务吃紧，请饬催何胜必督兵援甘，马德昭迅解平凉之围及成瑞劝谕出力，恳请量予减等各折片。西宁花寺、临洮两教回民聚众争斗，旋即纠约戎属撒拉帮助，肆行攻击，湟属地方骚然，而丹格尔境内被扰情形尤重。亟应乘其衅端初起，赶紧解散，以免燎原。原任参将马永泰之妻乜氏及其子马奎源，既据恩麟奏称，素为回教信服，饬赴西宁解释纷争。即著玉通督同道员雅尔佳纳责成该头人认真妥办。倘能奋勉出力，安靖地方，准由熙麟等据实请奖。至护西宁道郭襄之从前筹办善后事宜，已据禀报藏事，何以此次回民又因争教仇杀，可见该员所办均系纸上空谈，一味粉饰，著熙麟查明参奏。青海蒙番向与丹喀尔汉民往来，而贵德、巴燕戎格两厅番族素与撒拉有隙。恩麟现在咨商玉通，檄为我用，固可借壮声威。惟番族素性犷悍，蒙兵亦未见得力，倘非万不得已，自未便借资他族，致滋流弊。玉通务与恩麟随时妥商，设法筹办，毋稍轻率。狄、河之案，甫经寝息，而安定、皋兰、金县三处交界又有劫杀附近回庄之事。匪类心志最齐，难免不图报复。恩麟现派成瑞等相机弹压。一面增军募勇，于近省各要隘安营驻扎，以定人心。即著恩麟认真妥办，毋稍疏虞。其派出弹压委员，务令实心劝导汉民，事事持平，不可轻举妄动。致衅隙一开，不可收拾。成瑞获咎甚重，现虽劝谕回众尚知出力，而甘省军务未竣，岂能遽为乞恩，恳免死罪。著俟甘省军务大定再行请旨定夺。倘该员若敢因此始勤终怠，自外生成，即著熙麟、恩麟等据实奏闻，或在军前正法，或解送刑部从严惩办，不得稍有瞻徇。恩麟奏狄、河汉回械斗，委员查办，两造具结解散，地方安定，惟三十六会人数众多，良莠不齐，而汉民众无赖之徒，御侮不足，挑衅有余，恩麟仍当严饬在事员弁，严密稽查，秉公妥办，不得稍涉大意。将此由六百里谕知熙麟、玉通并传谕恩麟知之。"

又谕："恩麟奏甘肃库款匮竭，请饬催前拨饷银以拯危急一折。甘肃地处边瘠，全赖各省协拨饷项以充军食。现值逆氛四起，添兵募勇需费尤多。若各该督抚将部拨解甘之款，借辞延宕，设或兵丁困苦不堪，哗噪滋事，于边陲重地甚有关系。该督抚等自应通筹熟计，顾全大局，著骆秉章督饬藩司，无论何款，迅将原拨银五万两克期解往，并著英桂酌提山西暨河东道银四十五万两陆续派员会同该省委员星速起解，勿再迟延，致误要需。至山东、河南二省，欠解协甘饷银为数甚巨，甘省库款万分拮据，该抚等岂容坐视不顾，仍著阎敬铭、张之万遵照前旨，迅速各拨银数万两，派委要员，赶紧绕道解付甘省。其山西、山东、河南积欠甘饷并四川省应解伊犁兵饷，仍著源源筹解，以拯危急，毋许延误。将此由五百里各谕令知之。"

（卷75　519页）

又谕："……本日据恩麟奏，甘肃军情万紧，请饬骆秉章令何胜必带勇赴甘。何胜必现已派赴汉南，自不能再行赴甘，而甘省盐、固逆匪久围平凉。南路清水、秦安贼匪肆扰，而西和、伏羌等处回匪又复相继窃发。兵勇无多，势难兼顾，亦属实在情形。著骆秉章酌量调派得力大员带兵前往，以拯西陲，毋稍漠视。将此由六百里各谕令知之。"

（卷75　521页）

以甘肃狄道、河州解散械斗，赏指挥使赵坛等花翎，千总陆升等蓝翎，余加衔升叙开复有差。

（卷75　522页）

同治二年（1863年）八月辛巳

又谕："多隆阿奏带兵驰抵西安筹办大概情形一辙。多隆阿已于七月二十二日带兵驰抵西安省城，与穆胜阿、张集馨等筹议省城内外防守情形，并将防兵老弱裁汰，以节糜费，所办量必妥协。现在渭河以南及附省一带已无贼踪，惟咸阳、盩厔等县交界尚有零星贼匪出没。著即赶紧派兵前往此地扫除，并将省城布置周密，即行亲赴渭北进攻高陵。一经得手，便可乘胜西指，与雷正绾所部会合进取，以期廓清全陕，迅奏虞公。甘省逆回四起，固原未复，平凉亦尚被贼围，熙麟坐守庆阳，兵单饷绌，不能有所展布。恩麟近奏，秦州所属回汉寻衅，西宁回教蛮触相争。即兰州省城附近之安定等县亦有械斗之事，总须陕省军威日振，节节疏通，方不致回氛勾连一片。现在凤翔被围日久，官民力守，望救尤殷，近更声息不通。多隆阿所派之汉中镇总兵陶茂林带兵三千，往解城围，即由凤翔西援平凉，著即饬令星速驰往，不得再事迟延。陕南军务总未得手，毛震寿甚不得力，所奏艰难指拄等情形似亦尚有可原。刘蓉由川入陕，尚未奏报起程。川、鄂两省援师，叠经严谕催促，此时自可陆续前进。多隆阿仍应尊奉前谕，随时兼筹，与刘蓉声息相通，以顾全局。另折片奏参马德昭挟诈恣横，迁延畏思各款。本日业经明降谕旨，照所请褫夺办理。瑛棨前为马德昭愚弄，固无疑议，惟陕西绅士李宗沆等从前乞留马德昭至再至三，或盛称其保障西安之功，是以朝廷加之委任。今据多隆阿奏参各情，殊属可恶。马德昭是何居心，有无通回情事，著多隆阿细心查看，酌量处置，如解除兵柄后发往刘蓉军营可资钤束，即著押令迅速前往，毋许逗留。马百龄一员亦即遵前旨，严加防范。省城回众相安，务须妥为抚辑以定人心。穆胜阿、张集馨于省城防守事宜均各有责成，务与多隆阿协力办理。多隆阿出省以后，何员足资倚靠，可以带兵驻守省城，并著多隆阿酌量一面调派，一面奏闻。将此由六百里谕知多隆阿、雷正绾、穆胜阿并传谕张集馨知之。"

（卷75　526页）

同治二年（1863年）八月壬午

以陕西汉中镇总兵官陶茂林署甘肃提督。

（卷75　529页）

同治二年（1863年）八月丙戌

又谕："前因常清奏伊犁需费浩繁，四川拨解盐厘银两起解无期，请饬陕甘总督筹拨银数万两以顾燃眉等语。当交户部速议具奏。兹据户部奏称，该部前次筹拨伊犁军饷，四川应拨盐厘项下银十万两尚未起解。甘省前次划扣河东道拨解伊犁饷银六万九千两亦未据报解。请饬四川、陕甘各总督迅速筹拨等语。伊犁为边疆重地，饷需最关紧要，前经谕令该督等赶紧设法筹解，现在边防更急，派兵前往博罗胡吉尔卡伦防堵，需饷尤为万紧。该督等总当以大局为重，岂得借口军需紧要，无款筹拨，任意推诿，以致众军哗溃，有误边防大局。著熙麟、恩麟懔遵前旨，无论何款赶紧筹措，迅将前次划扣河东道拨解伊犁饷银六万九千两星速解往，毋再延宕。其四川前经部拨该省正余济楚盐厘项下银十万两，著骆秉章迅即筹款解由甘省转解，以支边防危局。道经甘省时，熙麟等不得擅行截留，致误要需。并著该督等将起解日期咨报户部，以凭查核。将此由五百里谕知骆秉章、熙麟并传谕恩麟知之。"

（卷76　538页）

同治二年（1863年）八月乙未

又谕："多隆阿等奏，回逆大股渡河扑营，击剿获胜及阴雨未霁，陶茂林一军不能拔队遄行各等语。此次回匪渡河扑营，虽经雷正绾督兵击退，而悍贼均赴高陵，并力抗拒，余孽又在咸阳苏家沟等处调来伪元帅孙义宝率党数千渡河，意图攻扑三原各营。亟宜严加防范，杜其西窜。仍一面进剿高陵，迅歼丑类，并分兵攻捣永乐店等处老巢，以牵贼势，不得稍有迟延，致误戎事。至凤翔被围一年，危在旦夕。陶茂林一军自应恪遵前旨，星夜进兵，即使泥潦载途，亦应念凤郡数十万生灵望援之急，迅速拔队。岂得畏难苟安，借口不进。著多隆阿等迅饬该署提督克日赴凤，立解城围，倘敢任意迟延，致凤翔或有疏失，必当重治其罪，决不宽贷。雷正绾自入陕后所向克捷，且能以少击众，洵属智勇兼优。本日已明降谕旨交部优叙。该署提督务当益思感奋，廓清全陕，与多隆阿同膺懋赏，实有厚望焉。吉顺已准其开缺回旗，其所遗河州镇总兵一缺，多隆阿辄请以曹克忠补授，殊属不谙体制。惟念曹克忠战功叠著，且知洁己爱民，以之补授河州镇总兵可期胜任，是以降旨允准。嗣后遇有提镇等缺，该将军惟当请旨遵行，不得再行拟员请简，以符定制。多隆阿日内计已出省剿贼，所有省城防守及筹运饷需各事宜，即著张集馨会同穆腾阿妥筹办理，毋稍疏懈。将此由六百里谕知多隆阿、雷正绾并传谕张集馨知之。"

甘肃河州镇总兵官吉顺因病解职，以记名总兵官曹克忠为甘肃河州镇总兵官。

（卷77　561页）

同治二年（1863年）八月丙申

又谕："玉通奏花寺奸回勾结撒匪，攻陷城堡，已逼郡城，现筹办理及兵勇接仗情形一折。西宁花寺奸回肆扰，已将喇课镇海堡二处营堡攻陷，其南川营、塔尔寺及威远白塔寺各报回匪聚众焚杀，经各营官兵及各该旗呼图克图等会同攻剿，各有杀伤。现在该匪并从西川蜂拥进扑郡城，盘踞城东关厢，势甚凶很。经玉通督饬兵勇登城守御，并分路出剿。即著玉通激励该处员弁兵勇严密守御，相机出剿，飞催所调青海蒙古番子官兵并阿家呼图克图等练勇星速到齐，合力剿办。并著恩麟仍遵前旨，迅即派拨劲兵，交前任提督经文岱统带前往西宁进剿。该处情形愈紧，经文岱何时进发，如果该员不克分身，此外何员可以另派带兵往剿之处，著熙麟、恩麟迅速办理具奏。西宁镇营官兵饷银欠发已一年之久，此时郡城被回匪围困，该官兵昼夜防守，仅由玉通于捐款内酌给口食，饥危可想。著熙麟、恩麟督令甘省署藩司无论何款，务即赶紧筹拨解济，以资散放而振兵心，毋稍玩延。青海蒙番业经玉通檄调，其贵德、巴燕戎格两厅番族是否可为我用，著玉通、恩麟仍遵前旨，妥商筹办。乜氏、马奎源母子此时曾否行抵西宁，该头人如果能为回教信服，解释纷争，玉通即遵前旨，饬令道员雅尔佳纳督率该头人妥为办理。此时该匪已逼城关，凶焰正恶，自应实力剿击以挫其锋。如能叠加惩创，退出城关，该回众实有两教相持求为剖辩等情，即著玉通相机妥为办理，以平仇怨。将此由六百里谕知熙麟、玉通并传谕恩麟知之。"

（卷77　563页）

同治二年（1863年）八月戊戌

以巧滑规避，革甘肃知县邹文蔚职，遣戍军台。

勾到陕西等省情实罪犯，停决甘肃斩犯一人，余三十九人予勾。

（卷77　572页）

同治二年（1863年）八月庚子

谕议政王军机大臣等："……前曾寄谕英桂，以甘省军火缺乏，饬令将祥安在晋所造火箭炸炮子等项酌量分拨，解赴熙麟庆阳军营应用。本日复据熙麟奏报，平凉失陷，该省军情愈紧，所请由京营拨运军火，虽经谕令管理该营王大臣酌办，殊恐缓不济急。著英桂仍遵前旨，将祥安所造火箭炮子各项速即酌拨，派员解往庆阳应用。将此由六百里各谕令知之。"

又谕："多隆阿奏驰回北岸进剿一折。熙麟奏平凉失守并调外火器营官员工匠火器等各折片。多隆阿已由省起程，驰赴渭北，并檄令穆图善将南岸各营移过北岸，合力痛剿。现在陕西回匪屡经败创，贼胆已寒。多隆阿正宜乘官军屡胜之威，一鼓作气将十三村余匪扫除，进拔高陵，并令雷正绾一军由西路进攻泾原等处贼巢，以期肃清渭北。潼关地方防务紧要，皖捻窜入豫省后日向西趋，该大臣务当随时侦探加意严防。商雒等处亦宜严密布置，扼要堵御，不可稍涉大意，致有疏虞。甘省平凉府城现已失守，回匪凶焰日张，势必并趋泾州，冀与固原贼匪联成一片。该省城众兵单，军情紧急，较甚于陕。多隆阿如攻克十三村，兵力自可有余，即著速拨一军驰援甘省，以顾大局。倘不能另拨兵勇，亦宜速饬陶茂林一军迅解凤翔之围，以便前赴平凉，毋稍迁延，致误事机。熙麟所派余万明等军往援平凉，尚未起程，该处城垣已先为贼攻陷。尚非赴援不力，所有自请严议之处，著加恩改为交部议处，仍著饬令余万明等严扼泾州，相机堵剿，毋任与固原贼众勾结。仍飞催王泰来续募楚勇，星夜驰赴庆阳，以便规复平凉。其平郡西南各路扼要处所，即著恩麟迅速调派兵勇，严密堵扼，毋令蔓延他处，致成燎原。前据熙麟奏请拨火器营所造火箭等项。曾经谕令英桂将火器营官祥妥在晋省制造之火箭炸炮子等项匀拨赴甘。本日复谕令英桂迅遵前旨，就近拨往。此次熙麟续请拨解炸子火箭等项，并调吉庆等七员，顾募工匠，解运钢铜赴甘。该营精于制造之人，本属无多，铜铁等项本系由部支领，运往亦觉不易。本日已交管理该营王大臣酌核办理矣。将此由六百里谕知多隆阿、熙麟并传谕恩麟知之。"

又谕："熙麟奏平凉府城被匪用地雷轰陷，该匪有会同固原大股攻扑泾州之势，请饬总兵唐友耕带兵飞速援甘等语。平凉现已失陷，该逆拟勾合固原大股直扑泾州。甘省兵力甚单，情形万分吃重，多隆阿所派之陶茂林一军，前据奏称先须驰援凤翔，俟郡城围解，余匪尽歼，如能渐达平凉相机剿办。现在亟需邻省大支劲旅星速驰援，始足以壮军声而遏狂寇。骆秉章素顾大局，谅必能统筹兼顾，著仍懔遵叠次谕旨，迅速抽拨得力兵勇二三千名克期赴甘，即交唐友耕统带前往。如该总兵现因在川带兵一时未能出省，即著骆秉章遴选知兵镇将大员迅行带往，以利攻剿。甘省情形糜烂已极，该督惟当不分畛域，速筹救援，万不得以兵力无可分拨为词，稍存漠视。将此由六百里谕令知之。"

（卷77　576页）

同治二年（1863年）八月癸卯

又谕："前据熙麟奏调外火器营营官吉庆等七员名赴甘差遣，并请由该营代雇工匠酌拨库钢洋铜及火箭炸炮子等项，交吉庆等运赴甘省备用。当交管理该营王大臣酌核办理。兹据奏称，该营所造军器等项，节经各路军营请调，必须随造随拨，方足以敷接济。吉庆系制造军器甚为熟悉之员，未便遽令前往。现改派候补护军校志亮率同熙麟奏调之护军等将炸子火箭一百枝、小号炸炮子一百个星速解往等语。此项利器军营中不可多得，将来志亮等运送抵甘，熙麟当饬令各营将弁必须于攻城接仗时对准贼营贼队施放，期于箭不虚发，而炮子不至虚糜，庶足以振军威而收实效。至该营打造一切军器俱系本营弁兵指示匠役如法制造，并无专习打造军器之工匠。此项人夫及随带什物未便由京顾募带往。该王大臣所奏均系实情。查火器营营官祥安等现在晋省督饬匠役，制造火器。即著英桂酌派数员名并饬随带应用什物前往甘肃庆阳军营，听候熙麟差遣，并著迅速筹办，毋稍稽延。库钢洋铜二项，火器营本无收存，本日已交户部酌量拨解，并由该部知照兵部顺天府照例运送矣。将此由五百里各谕令知之。"

（卷77　582页）

同治二年（1863年）九月乙巳

又谕："前因穆腾阿历次与瑛棨联衔奏保马德昭战守得力，嗣因多隆阿、张集馨奏参马德昭虚浮兵数。穆腾阿又复会衔入奏，前后自相矛盾。当经降旨令穆腾阿明白回奏。兹据奏称，该将军驰抵西安后与瑛棨会商防剿，击退扑城贼匪，未敢随同粉饰。马德昭奉旨派援凤翔，借词迁延，该将军因其本有劳绩，且时值逆回西窜，城防吃重，未经奏参，嗣与多隆阿等查出马德昭虚冒兵数等情。随即会衔具奏等语。穆腾阿以专阃大员与瑛棨、马德昭同在一城，于瑛棨之贻误地方，马德昭之浮冒兵数，既未能据实陈奏于先，迨奉旨饬令明白回奏，犹敢摭拾浮词，枝梧掩饰。于马德昭奏参奏保，先后自相矛盾之处仍复含糊未能明晰，实属昏愦。西安将军穆腾阿著交部议处。"

命已革署甘肃提督马德昭赴甘肃庆阳军营，交陕甘总督熙麟差委。

（卷78　584页）

同治二年（1863年）九月丙辰

又谕："前因穆腾阿奏参奏保马德昭先后不符，迨奉旨明白回奏，犹未明晰。降旨交部拟处。兹据兵部奏请将穆腾阿照溺职例革职，实属咎有应得。姑念穆腾阿曾在军营，著有劳绩，著革去将军，加恩赏给副都统衔，作为巴里坤领队大臣，即由西安驰驿前往。文永著俟穆腾阿到任后照例驰驿来京当差。"

（卷79　613页）

同治二年（1863年）九月甲子

又谕："多隆阿奏陕省军务大有就绪，现饬雷正绾统带十营赴甘并严防潼商及自陈病状各折片。陕省军务渐就廓清，该大臣以陶茂林一军驰解凤翔围后，扫除各属零匪尚需时日，诚恐缓不济急。现在拨足十营，发给饷银军火，令雷正绾统带，由醴泉一路取道直赴固原。其陶茂林一军俟凤郡解围，即由汧阳、陇州一带节节进取，与雷正绾互为声援，足见该大臣不分畛域，实能通盘筹划，顾全大局。甘省平凉、固原先后失陷，待援甚急，即著该大臣饬令雷正绾迅统十营由醴泉直趋固原，与该省之兵会合夹击，力图克复。雷正绾并准其径用木质关防与熙麟联衔奏事，如有紧要军情不及咨会之处，并著即行单衔驰奏，以重军务。陶茂林一军著俟凤郡解围，各属零匪肃清后，该大臣即饬由汧、陇进取，与雷正绾联络策应。甘省得此重兵，声威既壮。固原、平凉不难克期恢复。熙麟惟当饬令调到各军与陕省援师合力痛加剿洗。雷正绾缓甘之师去陕日远，所有一应粮饷即著熙麟由甘省就近设立粮台，一面迅速知照恩麟，将该营粮饷源源接济，毋得稍有缺乏。惟甘省饷项已属异常竭蹶，陕甘相为唇齿。雷正绾军饷如甘省或有缓不济急之处，仍著多隆阿行知张集馨兼筹接济，毋得稍分畛域，以期士饱马腾。多隆阿数月以来力疾督军，近复势益增剧。览该大臣所陈病状，麈系殊深，自当安心调摄，以期速就痊可。所称贼氛未靖，国事方殷，不敢以病躯自懈，具见忠忱恳款。现在干、邠、长武、醴泉、扶风等处之贼，该大臣业经分兵四路扫荡，官军乘破竹之势，剿败残之匪，自无难一鼓荡平。该大臣筹定机宜，饬令各军分头剿办，即可酌量回驻省垣，居中调度，以便安心调理，速去沉疴，用副朝廷眷倚之意。将此由六百里各谕令知之。"

（卷79　629页）

同治二年（1863年）九月乙丑

又谕："张之万奏请饬晋省将欠解河南银两拨解甘肃，并催解本年应协豫饷等语。山西应协豫省同治元年份军饷银二万两，前经谕令英桂饬令河东道刘子城就近附解甘省，抵作豫省应解甘饷，自应赶紧筹拨，以济要需。乃该道辄以库款支绌为辞，咨行河南藩司王宪，拟将前项协饷俟军务肃清，再行筹解。甘省军务方殷，待饷孔迫。昨据多隆阿奏称，已派雷正绾带领十营兵勇前赴固原进剿。值此大兵云集之时，粮台饷需尤属刻不可缓，岂容该道借词延误。著英桂懔遵前奉谕旨，迅于运库项内筹款，如数拨解甘省，不准再事延宕。至河南陆续裁免陕州、鲁山两处抽收盐厘，原为潞纲畅销起见。河东道库每年拨银二万两解豫协饷，即系为筹补所裁盐厘而设。现在皖捻纷窜豫疆，需饷浩繁，晋省应协之款岂可任意推诿。著英桂即将本年份应协豫省银二万两赶紧筹提，委解赴豫，毋许借端推卸。将此谕令知之。"

（卷80　633页）

同治二年（1863年）九月丙寅

又谕："有人奏，护理陕甘总督甘肃布政使恩麟办事颟顸，不学无术。当陕西回变初起，该护督并不于接壤要隘严密巡防，以致该逆匪声息相通，潜往助逆。焚掠之后，满载回甘，如入无人之境。河州、狄道回变继起，百姓赴省请兵，该护督闭署不问，迨贼氛逼近省垣，惟于衙署内添兵环守，不许难民入城，而于回民出入城门不敢过问。该护督见逆焰鸱张，遂借招抚为补苴之计，乃王阿浑甫畀顶带。而固原、盐茶相继失守，其为诈降内溃，情弊显然，恩麟竟以另股贼匪含混入奏。民人王福等集众联团，意图报愤除害，该护督辄坐以谋叛大逆，斩首四人，又逼令绅士裁撤团练，使招募之勇，训练之功，废于一旦。革员成瑞、赵秉鉴、和祥系偾事获咎之员，该护督欲见好数人，遂令办理招抚，借图保举。该废员等遂馈贼求和，且逼令难民改装随教，号曰新回，以致回逆愈抚愈横，省南省北一带蜂屯蚁聚，滋蔓难图，皆由舍剿议抚，贻误大局。请饬查办各等语。恩麟护理督篆已逾一年，而回氛日甚一日。甘肃全省几有糜烂之势，若非该护督恇怯无能，养痈成患，何至贼势猖獗若此？著多隆阿、熙麟按照所参各款，严密访查，据实复奏，毋稍徇隐。原折均著抄给阅看。将此由五百里各谕令知之。"

（卷80　635页）

同治二年（1863年）九月己巳

谕内阁："本日据吏兵二部奏遵旨严议毛震寿等处分一折。陕西布政使毛震寿、候补知府易佩绅办理汉南军务，疲玩迁延，日久无功。甘肃肃州镇总兵何胜必、记名提督萧庆高带兵援陕，连失二城。该文武各员等均有统带专营之责，不能迅解城围，以致汉中、城固两城相继失陷，实堪痛恨。萧庆高、何胜必、易佩绅均著照该部所议，即行革职，并著仍留军营，以观后效。至毛震寿督办汉南军务，各营将士均归统率，兵力不为不厚，且在营已及一年之久，乃一味迁延观望，以致连失二城，厥咎甚重。经吏部先后两次遵旨分别严议，毛震寿著即革职，交刘蓉差遣委用，责令戴罪杀贼自效。倘再不知愧奋，即著刘蓉从严参办，重治其罪，以示惩儆。暂署陕西巡抚按察使张集馨于汉中、城固两城失守，未能先事预防，著照部议降二级留任，不准抵销。"

（卷80　640页）

同治二年（1863年）九月庚午

谕议政王军机大臣等："熙麟奏援平弁勇连破铜城、丈八寺等处贼巢一折。另片奏陕回西窜，请简派大员带兵来甘助剿等语。平凉失守之后，贼氛益肆。此次余万明带勇仅二千余名，竟能将备同心，三日之内连破坚巢，从此军威一振，即可节节剿洗。著熙麟督饬余万明等乘胜进取，规复平凉，毋稍延误。陕省败回纷纷西窜白集原、神浴河等处，愈聚愈多。泾宁情形倍形吃重。熙麟虽派陕勇一营赴泾扼守，而兵数甚单，且固原股匪窜扰环县属境，尤为庆阳门户之忧，必应厚集兵力，方能大挫凶锋。前据多隆阿奏，已饬雷正绾带领十营前赴固原援剿。此时甘省军情吃重，雷正绾务当赶紧起程，鼓行而西，相机进剿。陶茂林计已到凤，即著多隆阿饬令迅解凤翔之围，前赴甘省，会同剿贼。成禄向随雷正绾剿回，甚为出力，熙麟请饬该总兵带队来甘之处，能否抽调，著多隆阿斟酌办理。现在援甘兵勇为数已不为少，而雷正绾等又属久历行阵，勇敢素著之员。指日大兵云集，自可迅奏肤公。熙麟当督饬在营将士，踊跃赴功，慎重防剿，毋以骤胜而骄为贼所乘。宜君县为河东饷道所经，现在该县村庄被贼窜扰，自应赶紧歼除，以通粮路。著熙麟严饬冯元佐等联络民团实力剿办。将此由六百里各谕令知之。”

以甘肃攻破平凉贼巢，复已革游击余万明职，并赏巴图鲁名号。

（卷80　644页）

同治二年（1863年）九月壬申

又谕：“骆秉章奏攻剿李幅猷股匪叠获大胜，贼势穷蹙远遁，汉南援军先胜后挫，现筹布置情形各折。发逆李幅猷率党由正安婆川窜至彭水之周家寨，经官军痛剿，由梅子垭窜酉阳之学堂坪两河口。前队已窜入黔江，复经官军击败，该逆由线坝遁入湖北之咸丰县界，复折窜黔江，由龙潭奔窜秀山，旋败窜平块至邑梅滥桥遁入黔境。余贼自花园入湖南麻阳一带，与恽世临前奏发逆阑入楚境情形大略相同。该逆经楚军截剿之后，复被痛创，残焰谅难再张，亟应协力进剿，以图聚歼。著骆秉章、恽世临各饬在防官军，会合进攻，两面夹击，迅歼丑类，务将此股贼匪就地扫除，毋令再肆蔓延。李幅猷股既遁入黔境，黔省铜仁土匪包逆现尚游驶黔蜀边界酉秀一带，自应严密防御。所有该督派出驻防秀山之果后军三营，即著骆秉章饬令认真捍御，严加守备，毋稍疏懈，致黔匪得以阑入川疆，并著劳崇光、张亮基迅派得力兵将，将李幅猷败窜余匪及铜仁土匪，会合川军，分头夹击，实力歼除，毋任蔓延勾结。汉南援军新挫，贼势鸱张，陕南固形糜烂。而川北各隘之防亦形形吃重，且中旗逆匪由略阳窜蔓甘肃徽县一带，已出川军之左。骆秉章现派许荫棠率所部赴荞庄，黎鸿钧率所部由松潘前往合扎，调果后九营驰赴保宁一路，所筹均尚周妥。务须饬令派出各军实力防剿，以固川疆。刘蓉已抵保宁，著即迅速前进，相机剿办，迅克汉中、城固等城，惟该抚所恃以进剿之军，即此湘果等营现在锐气已挫，一时恐难进攻。应否将派赴保宁之果后九营，移扎前敌协同剿洗之处，著骆秉章、刘蓉酌度情形，妥筹办理。将此由六百里各谕令知之。”

（卷80　647页）

同治二年（1863年）十月己卯

　　又谕："多隆阿奏官军驰抵凤翔城围已解及分兵各路援剿情形一折。凤翔被围至十四月之久，经陶茂林等督军援救，转战而前，城围立解。皆由多隆阿调度有方，所向奏绩，深堪嘉尚。现在甘省贼氛甚炽，即著饬令陶茂林将附城贼垒并所属回巢赶紧扫荡，迅赴甘省，会合雷正绾之师剿办回逆，毋稍迟误。雷正绾现已由邠州一带赴甘，力图恢复平凉。曹克忠一军又进剿白吉原老巢，是甘省援兵云集。熙麟务当督率各军随时分兵策应，并就现有兵力慎重防剿，毋稍疏虞。凤翔各属被扰，一切善后事宜著刘蓉、张集馨督属妥为办理。多隆阿病体未痊，惟因军势正顺，必须一鼓作气，迅奏肤公。现仍进驻醴泉，分兵剿贼，具见忠勇悃忱。该大臣务当随时调摄，如各路布置已定，即可回驻省城，稍息劳勚。另折奏遵复窦型等未能解晋缘由。昨据爱仁奏，请将阎丕敏、施鹏、窦型、汪曜奎、罗殿标、李祝龄、张维义解晋审办，当谕令刘蓉遵照解往。现在刘蓉到省尚须时日，即著多隆阿按照爱仁奏提各犯一并派员解赴山西，归案审办。将此由六百里谕知多隆阿、熙麟、雷正绾、刘蓉并传谕张集馨知之。"

（卷81　662页）

　　钦差大臣多隆阿奏："请将接丁母忧之署总兵官成禄仍留甘肃军营剿贼。"允之。

（卷81　665页）

　　以陕西凤翔府城解围，实授陶茂林甘肃提督，擢知府张兆栋以按察使用，知县唐霈霖以道员用，余升赏有差。

（卷81　666页）

同治二年（1863年）十月庚辰

　　又谕："恩麟奏平凉失陷贼势鸱张，请饬山西拨饷。玉通奏贼扑郡城剿办情形各折片。平凉府城失陷，已据熙麟奏报，现在多隆阿已派雷正绾督带十营兵勇起程赴甘。陶茂林亦统率所部于凤翔解围后进援甘省，拟与雷正绾会合，攻拔平凉，规复固原。计雷正绾与陶茂林兵勇已有二十营之多，不难迅扫贼氛。惟陕省败匪陆续西窜，雷正绾等军仅止从后尾追，恐贼势益形滋蔓。多隆阿务当饬令雷正绾等军绕道迎截，俾该逆不能西窜，不可徒事尾追。并著熙麟派拨兵勇会合夹击，以期四面兜剿，速奏肤公。泾州一带已经熙麟就近派兵扼扎，西路之隆、静一带防兵甚单，著恩麟再行添募勇丁迅速前往，以固省垣门户。南路之西和、盐关，贼匪尚未剿灭。伏羌匪徒复逃至秦安。岷州回匪复行滋事。又临洮花寺回匪扑近西宁郡城。河州、狄道回汉亦互相仇杀，情形吃紧。该省贼匪蜂起，竟有接应不暇之势。多隆阿督办军务，两省防剿事宜均应统筹兼顾，著即饬令在事文武将该匪次第扫除，毋留余孽。陶茂林、雷正绾均统率所部赴甘。甘省东路兵力足敷剿办。西路尚觉空虚。马德昭到甘后应否饬赴兰州，抑或即留于庆阳军营，派令带兵之处，均著熙麟酌量办理。至花寺回匪屡经兵勇攻击，并设法解其胁从。惟贼众兵单，贼首马归源伪行乞抚，仍复环绕郡城焚杀，并分股盘踞东关南山，抗拒官兵。一股在北川焚杀，攻扑番寺，实属凶顽异常。现经阿家呼图克图带领僧勇等二千余人助剿，杀毙贼匪多名，著玉通即饬令兵勇会合攻击，并激励番僧等迅将该匪歼除。将此由六百里谕知多隆阿、雷正绾、熙麟、玉通并传谕恩麟知之。"

又谕："恩麟奏甘省饷项匮乏，请饬山西及河东道迅拨巨款一折。甘肃地方瘠苦，向赖各省协济。近来贼氛四起，固原复陷，多隆阿现派雷正绾等督率大军驰援，饷需尤不容稍缺。著英桂督饬河东道于省库运库迅速筹拨饷银，即交甘省委员解往，以济要需。又据玉通奏，西宁花寺回匪盘踞关厢，城中仓库空虚，粮饷缺乏。请饬山西筹拨银十万两等语。并著英桂妥为筹拨，与前项恩麟所拨之款一并酌量先行筹措若干两，星速解往，以济军需而维大局。将此由五百里谕令知之。"

（卷 81　667 页）

同治二年（1863年）十月甲申

又谕："满庆、恩庆奏，达赖喇嘛专差赴京，请饬沿途照料等语。本年轮应西藏达赖喇嘛专差年班堪布、囊素等呈进贡物。由西宁、陕西一带赴京。现在甘肃西宁地方回匪尚未捕灭，陕西虽渐就肃清，而余逆未净，道路均难免梗塞。该堪布等必须绕路前进，庶免阻隔。著熙麟、刘蓉、玉通、恩麟、张集馨俟该堪布班垫曲扎、囊素沙克嘉降白等行至境内，即各饬地方官妥为照料，应付前进，不得将该贡使截回，亦不可任令阻滞。其行抵直隶时，著刘长佑一体照办，以示怀柔。将此谕知刘长佑、熙麟、刘蓉、玉通并传谕恩麟、张集馨知之。”

（卷82　679页）

同治二年（1863年）十月丙戌

谕议政王军机大臣等：“骆秉章、刘蓉奏确查援陕各军先胜后挫实在情形。刘蓉另折奏汉中郡县失陷，贼势蔓延，现筹布置情形。又另片奏，请饬催李云麟进驻兴安，力图进取各等语。陕南逆焰鸱张，不独已陷各城难于收复，即附近兴汉州县亦甚可危。近日贼众四出，时向通江、南江毗连之龙池场等处掳粮裹人，大有窥伺川疆之意。刘蓉现在督饬诸将收集残兵，严防各隘，并檄毛震寿将两城溃卒妥为赍遣。易佩绅所部亦饬大加裁汰。一面派员回楚募勇三四千名，练成劲旅，拟俟果后九营到齐进驻青石关。先固川省门户，相机雕剿。或孤军未能独进，则改由广元趋宁羌以图褒沔各等语。所筹均尚周妥，第添募之勇，到营尚在腊月。所调之副将唐星照又远在江西，且须回湘募勇亦恐缓不济急，而毛震寿又系革职留营差委之员，尤恐威望不著，呼应不灵。设该匪乘机肆逞，则陕、甘、川、楚边境在在可虞。刘蓉身任封圻，责无旁贷，著即赶紧部署，就现有兵力或分防青石关，径由宁羌进图褒沔，俾该匪侦知蜀兵将至，有所顾忌，不敢纷窜为患。徐图相机前进方为妥善。留坝厅为入西安要路，刘蓉势难兼顾，并著多隆阿酌度情形，如兵力有余，即抽拨马队千余名驻扎留坝，以遏该匪北窜之路。刘蓉到任尚需时日，张集馨署理抚篆，断不可存五日京兆之见，所有应办要务必须实心整顿。其汉南一带应行防剿之处，并著随时与多隆阿熟商妥办，毋误事机。刘蓉所统各军指日抵陕，所需饷项，如司库稍有存款，张集馨仍当力筹拨济，以利军行。李云麟计已行抵兴郡，该京卿所部系特派援陕之师，著俟布置稍定，即约会刘蓉分路进剿，以收夹击之效。现在窜鄂捻匪叠经官军剿败，不日即可扑灭。其张总愚一股亦经豫军于鲁山等县跟踪追蹑，谅亦不至阑入楚境。著官文、严树森熟审近日军情，如贼势稍松，梁作楫等水陆各军无须回顾襄樊，即饬令溯流而上进扎兴安，以壮李云麟后路声势。正在寄谕间，据熙麟奏，西安败匪纷窜崇信之神浴河、平凉之白水镇、华家庄等处，请饬多隆阿迅催雷正绾星速赴援等语。雷正绾前已统带十营由醴泉直趋固原，著多隆阿飞催该提督鼓行而西，毋稍迟滞。凤翔余匪计已搜捕净尽，并著催令陶茂林督队赴甘，以期厚集兵力，攻拔平凉等处，迅扫逆氛。熙麟仍当督饬各军分头策应。雷正绾各营军需，如有必需接济之处，并著妥筹接济。将此由六百里谕知官文、多隆阿、骆秉章、熙麟、严树森、刘蓉、李云麟并传谕张集馨知之。"

（卷82　682页）

又谕："前因有人奏护理陕甘总督甘肃布政使恩麟办理回务，专借招抚为补苴之计，致令回势鸱张，生民涂炭。省南、省北一带滋蔓难图，养痈贻患，有误大局，请饬查办等语。当经谕令多隆阿、熙麟严密查奏。兹据熙麟奏，恩麟系伊族弟，恳请回避一折。已准其照例回避。其恩麟被参一案，著改派庆昀会同多隆阿按照所参各款秉公查访，据实具奏。宁夏与兰州密迩，见闻较确。想庆昀必能严密确查，不敢稍涉徇隐，代人受过也。原折著抄给庆昀阅看。将此由五百里各谕令知之。"

又谕："熙麟奏、甘省庆阳兵需支绌异常，请饬催山东、河南、四川迅将部拨协饷，赶紧解赴等语。甘省回匪猖獗，该督驻军庆阳督剿，现复添派雷正绾援军赴甘会剿。当此兵勇云集剿办正期得手之时，需饷尤急，岂可令悬釜待炊，致兵勇有哗溃之虞。著阎敬铭、张之万迅将户部指拨协甘饷银飞速派员解赴西安，毋得稍有贻误。该两省协饷到陕，即著张集馨添派妥员转解泾州，设或道路未通，即由西安绕解庆阳，再由熙麟派员解往。其部拨四川银两，即著骆秉章迅速如数筹拨，派员解赴兰州省垣，为接济多隆阿西路粮台之用，毋误要需。将此由五百里谕知骆秉章、阎敬铭、张之万、并传谕张集馨知之。"

（卷82　685页）

同治二年（1863年）十月己丑

谕内阁："恩麟奏参规避边防要务，擅离职守，抗不回任之同知，请旨从严惩处一折。保升知府甘肃循化同知陈秉彝于本年二月间无故擅自晋省，经该护督以循化防堵紧要，饬令即日赴任，辄敢借词道梗，屡在省外途次潜行逗留，延宕两月之久。显系漠视边防，意存规避，居心巧诈，可恶已极。若不从严惩办，无以肃吏治而儆效尤。恩麟仅请将该员革职永不叙用，不足蔽辜。陈秉彝著即行革职永不叙用，并从重发往军台效力赎罪，以为规避取巧者戒。"

又谕："恩麟奏边疆道缺需员，将应调应补人员开单请简，并请饬简补之员迅赴新任一折。甘肃镇迪道员缺，著以应调之兰州道文麟调补。西宁道员缺，著以应补之开复道员崇保补援，并著恩麟分饬该员等迅即赴任，以重职守。前任西宁道英绶既经因病开缺，病痊后著该部照例办理，恩麟所请将来仍发甘肃委用之处。著毋庸议。"

（卷82 691页）

又谕："多隆阿奏派兵援商，山阳失陷，现饬由商州进克山阳及督率各军分剿五凤山等处贼巢各等语。李云麟系专办陕南军务之员，现在山阳甫经接仗即行失利，退扎高坝店，被匪阑入县城，并未见该京堂奏报。著李云麟据实奏闻。多隆阿现派营官蓝斯明管带四营驰往援应，著多隆阿即饬该营官由商州进兵，将山阳县城迅图克复。凤翔回逆被剿，窜至岐山县之南原、横水等处，难保不乘隙东窜，亟应分兵扼剿，并著多隆阿饬令派出之营官萧何清所部会合金顺、温德勒克西等马队迅速援剿，以图聚歼。昨据熙麟奏，西安败匪纷窜崇信之神浴河、平凉之白水镇等处，请饬雷正绾星速赴援等语。此时邠州一带贼巢尚众，雷正绾援甘之师尚多阻滞，著多隆阿懔遵前旨，飞催该提督节节扫荡，赶紧前进，并催令陶茂林一俟凤翔藏事，迅速督队赴甘，毋稍迟滞。多隆阿现已进军醴泉，即著饬令派出各军分头进剿，俾陕省及早多（肃）清，可以专意剿办甘肃回匪。熙麟前派办团之军功冯元佐赴富平同官招募团勇，行抵底店地方因与该团目程景鹏口角，被勇众格杀身死。冯元佐与该团目究竟因何启衅，并应如何将该团目惩办之处，均未据该大臣详细声叙，著多隆阿、张集馨会同熙麟查明办理，据实奏闻。至冯元佐所募勇众，既据多隆阿奏称宜君一带已无贼踪，即著多隆阿饬令该州县妥为遣散，以免别滋事端。正在寄谕间，据张集馨奏称，周有全统带炮船会同汉阴厅金鉴所捐炮船、石泉宁陕团勇于九月二十三等日攻克茶镇一折。其详细情形著刘蓉复查，据实具奏。所有炮船团勇应如何分拨布置之处，并著刘蓉妥为调度。汉郡西北褒、沔、留、凤等属甚属空虚，沔县窜匪赖剥皮现与曹背时败匪合股，窜扰凤县。方石铺又窜至两当县陕甘交界处所滋扰，著刘蓉速拨劲旅分路扫荡妥筹兼顾，并著熙麟于陕甘交界处所派兵堵剿，会合陕军两面进攻，以收夹击之效。留坝被攻，势甚危急，著多隆阿懔遵前旨，抽拨兵勇前往驻扎，以遏贼窜之路。陕省各属民团并著张集馨随时鼓舞，俾资得力。将此由六百里谕知多隆阿、熙麟、刘蓉、李云麟并传谕张集馨知之。"

（卷82　693页）

同治二年（1863年）十月壬辰

又谕："多隆阿奏凤、邠各路连日获胜及汉南发逆窜陷盩厔各折片。陶茂林一军自解凤翔围后，复将府东贼巢一律扫荡。八旗屯各处窑洞零匪亦经搜杀无遗，余贼向汧阳老崖一带奔窜。其窜至岐山另股回匪，复经萧河清等渐次剿灭。是陶茂林一军正可乘胜将汧、陇余逆一鼓荡平，驰赴甘省。著多隆阿即行饬遵，毋稍延滞。雷正绾现克拜家河老巢，拟进攻永寿东路贼巢，俟永境肃清，移营前进。现在甘省望援甚急，西安败匪复纷窜崇信、平凉等处，势且与甘肃回匪联成一片。该大臣务当懔遵叠次寄谕，饬令雷正绾一军迅速扫荡而前，赴甘助剿，毋得节节阻滞，致误师行，并飞檄曹克忠进攻白吉原之军，迅克坚巢以便雷正绾赴甘之师通行无滞。汉南发逆由佛坪一路窜出新口峪，攻陷盩厔县城。该处距省较近，设被该逆久踞为患滋深，且恐汉南各逆陆续上犯，勾结回匪，则邠、乾各路官兵又须回顾。雷正绾、陶茂林赴甘之师或转因此阻滞，贻误非轻。多隆阿现檄穆图善、姜玉顺两军会同温德勒克西马队力图恢复，并即日亲督各营由兴平一路前往督剿，实为目前要著。即著该大臣迅速进兵收复县城，尽歼丑类，使兴汉诸逆不敢再行上窜，与回匪勾结鸱张，方为妥善。此次发逆假冒官兵，由南山出窜，何以始终未据各路禀报，著该大臣即行查明参奏。前谕刘蓉就现有兵力或进扎青石关，或由宁羌进规褒沔，并令李云麟驰扎兴安与刘蓉分路进剿，以牵贼势。现在逆氛纷窜山阳、盩厔等处，四出蔓延，希图分我兵力，致令兼顾不遑。贼情殊狡，刘蓉等务当懔遵前次谕旨，迅图进兵，使该逆有所顾忌，不至纷窜为患，则山阳等处之贼自可次第铲平。而多隆阿大军亦可分兵进剿汉南，与刘蓉等共收夹击之效。盩厔离省不远，所有省垣防剿机宜著张集馨会同德兴阿妥为布置，毋稍疏虞。西安驻防营务废弛，亟应随时整顿。多隆阿现已督军在外，所有西安将军印务即著暂交德兴阿就近兼署，以重旗务。将此由六百里谕知多隆阿、德兴阿、刘蓉、李云麟并传谕张集馨知之。"

（卷82　702页）

同治二年（1863年）十月丁酉

又谕："光禄寺卿潘祖荫奏甘肃大吏办理军务乖方并抄录该处无名绅士信函一折。前经御史丁寿昌奏参布政使恩麟办事颟顸，曾经寄谕多隆阿、熙麟查参。嗣因熙麟以恩麟系伊族弟，奏请回避，复改派庆昀会同多隆阿查办。兹据潘祖荫奏称，恩麟养寇病民，现误粉饰滥保各款，与丁寿昌奏参各情节大略相同。其所递宁夏并狄道、河州各绅士信函内并有牵诉庆昀办理偏祖之处。该将军既有牵涉之款，自应一体回避。所有恩麟被参各款并庆昀办理汉回互斗之案有无偏祖情节，均著交多隆阿汇入前次交查之案秉公确查，据实具奏，毋稍徇隐。已革提督成瑞、已革道员和祥、宁夏县知县彭庆章被参各款，并著多隆阿一并严切查明，迅速复奏。陕甘办理军务但分良莠，不分汉回。叠经谕令带兵大员及地方大吏，剿抚兼施持平妥办，谅能懔遵，不至稍形偏祖。至九卿科道原许其陈奏事件，惟潘祖荫所递甘省绅士信函并无名姓，有类匿名揭帖。该绅士等如果因时势迫切，痛切肌肤，何难联名具呈，向都察院控诉。若隐匿姓名，动辄向京卿科道私宅投递，恳其代奏。恐各省绅士纷纷效尤，致启告讦之风，不可不防其渐。潘祖荫率据匿名信函代为陈递，实属冒昧，不谙政体。著传旨严行申饬。"

（卷83　717页）

同治二年（1863年）十月己亥

又谕："骆秉章奏川省边防吃紧，未能抽调兵勇赴甘，并李云麟一军所需军饷请仍由湖北拨解各一折。陕南贼势猖獗，自汉中郡县沦陷后，该逆乘隙蔓延，不无窥伺川疆之计。川北防剿之师必须严密周到，其与滇黔接壤处所亦时虞寇踪窜突。南北兼防，兵力已觉不厚。骆秉章现在添募楚勇以资攻剿，所存各营兵勇难以抽调赴甘。所奏均系实情。惟甘省既无知兵之将，又无得力之兵，而回焰日张，地方糜烂情形日甚一日。若不得一二支劲旅速往援剿，恐民团解体，匪势狡猾，以后更难收拾。著多隆阿遵照叠次谕旨，饬令雷正绾迅将永寿境内贼巢尽力扫荡，乘胜赴甘，相机进剿。并著催令陶茂林将汧、陇余逆悉数歼除，克期直达平凉，力图收复。熙麟、恩麟均有地方之责，岂可一筹莫展，坐侍援师。著即激励诸军，督同团练，将各路逆回痛加剿洗，俾雷正绾、陶茂林两军声势益壮，则剿办更易得手。多隆阿所部业已派拨二千营赴甘，近复调穆图善、蓝斯明等进取盩厔、山阳两城。且陕回尚未肃清，仍须分兵搜剿。汉南军情万紧，多隆阿有不遑兼顾之势。刘蓉身为陕抚，陕事是其专责，著即懔遵前旨，迅速拔营前进，将陕南各营兵弁极力整顿，收复汉南被陷各城，以辅多隆阿兵力所不逮，毋得以防守蜀境为辞，致滋玩误。蓝斯明前已进兵山阳，李云麟现在驻扎何处。前日接仗失利，何以尚未会同刘蓉奏报。著即会商蓝斯明，合力进剿，迅图克复，稍赎前愆至汉南各营，业归刘蓉部署，所需饷项向川省拨解，与李云麟无涉。李云麟军饷自应仍由鄂省接济，著官文、严树森随时拨解以利军行。将此由六百里谕知官文、多隆阿、骆秉章、熙麟、严树森、刘蓉、李云麟并传谕恩麟知之。"

（卷83　725页）

同治二年（1863年）十月庚子

谕议政王军机大臣等："理藩院奏阿拉善蒙古官兵应否裁撤归旗游牧一折。据称阿拉善旗赴援庆阳官兵，前经陕甘总督咨令全行撤回游牧，复经宁夏将军咨令扎营该旗之塘口迤北听调。现据阿拉善王贡桑珠尔默特在该院呈报请示等语。此项官兵，本不得力，前经熙麟奏请将全队撤回，自毋庸再留于塘口迤北备调。著庆昀、熙麟即行饬令该官兵撤回游牧，以示体恤。将此由四百里各谕令知之。"

（卷83　726页）

同治二年（1863年）十一月丙午

又谕："张集馨奏汇报各路剿匪获胜情形并周有全、李云麟各军击贼获胜等折片。曹克忠一军由三水直抵白吉原，诱贼出战，毙贼甚多。贼向固原而遁。雷正绾自攻克拜家河后，肃清永寿，立解邠州城围，将亭口贼巢攻克。现与曹克忠约会夹击。陶茂林自克麻子崖后，复攻克桃园堡、火烧村等贼垒多处，惟凤翔府北尚有大股贼巢直达汧、陇。著多隆阿即饬陶茂林将郡北大股逆匪扫除，直达平凉，力图收复。雷正绾当乘此声威即行入甘，节节扫荡，如沿途尚有阻隔，著熙麟派兵迎探，会合进剿，并激励兵团，俾益加鼓舞，以收廓清之效。陕西余匪未靖，更当饬令曹克忠一军实力进剿，扫除余孽，再行节节前进。盩厔一城前据多隆阿奏业经合围，近日当已攻拔。著即督同穆图善等认真剿办。山阳逆匪图窜商州，虽李云麟等小有擒获，尚未据报克复。张集馨折内有李云麟连日未曾出队及蓝斯明人马俱受枪伤等语，著刘蓉飞催李云麟迅将山阳攻复，尽歼丑类，如任令窜扰商州，定惟李云麟是问。多隆阿即饬蓝斯明会同李云麟相机兜剿，蓝斯明受伤情形并著查明具奏。李云麟前派之守备龙常等，赴石泉同守城垣。现据汉阴绅士禀称，龙常、胡文胜驻扎城内与民团杂处，恐误事机。张集馨已令其会同守隘，并令周有全就近调拨择要严防。著刘蓉即行知照李云麟，饬令龙常等扼要驻扎，毋令贼氛扰近城垣，是为至要。汉中贼势极为猖獗，刘蓉当克日进剿并知照多隆阿拨兵合击，以期早日殄除。不得再有迟误。程景鹏杀毙冯元佐，勾引土匪谋逆。张集馨已令同官县知县周文会等拿办，程景鹏不服拘拿，业被众勇砍毙。众勇悉遵约束，现复出示晓谕，愿归农者听其归农，愿赴甘者即由雷致远带赴庆阳，所办尚属妥协。此起团丁如由雷致远带赴庆阳，著熙麟加意约束，毋令滋事。张集馨片内又称，寨内安静，可无他虞等语。程景鹏既经诛锄，众勇散遣，自应将该寨平毁。若仍留空寨恐复有匪徒占踞，为患将来，是否另派公正绅耆兴办并著查明具奏。其未获之韩可英等仍饬地方文武严缉，不准一名漏网。将此由六百里谕知多隆阿、熙麟、刘蓉、雷正绾并传谕张集馨知之。"

（卷84　740页）

同治二年（1863年）十一月己酉

又谕："多隆阿奏邠、乾肃清援军入甘并围攻盩厔，剿办各路情形，请饬甘省设立转运粮台等折片。李云麟奏追剿镇安窜匪山阳失守旋克各情一折。曹克忠与雷正绾之军于邠州长武一带将白吉原等处老巢回匪痛加歼戮，贼现尚聚麟游一隅。陶茂林将凤翔东北贼垒先后扫除，复扫尽附郡村落各贼巢，军声殊振。多隆阿现以麟游之贼，饬曹克忠统率所部相机进捣，与雷正绾之军遥为声援，可收前后夹击之效，并饬陶茂林乘胜进攻汧、陇，以期迅速赴甘，会合雷正绾之军，节节扫荡。所筹均合机宜，著即懔遵昨寄谕旨，饬令各将士务将麟游等处之贼赶紧歼除净尽，并须绕出贼前，杜贼再行西窜之路。此时陕省回氛渐戢，而余焰尚多。甘省则恶氛一片，恐凤、陇、邠、乾等处被击之贼纷纷西遁，必至聚集愈多，剿办愈形费手。雷正绾现抵灵台，已入甘境。陶茂林所部由汧、陇而前，即当联合一气，前截后追，毋令逆氛得以窜入平凉等处。多隆阿驰抵鳌屼城下，著即迅速筹攻，毋为此一隅所牵，致稽全局。该将军拟令曹克忠七营之兵廓清麟游一带败匪，即移扎岐山，镇遏留坝等处上犯之贼及为陶茂林后路声势，布置洵不可少。现据李云麟所奏，蓝二顺股匪由山阳窜走中村银花，其前队复东窜大吉河、瓦房滩一带，离豫境仅百余里，而商雒适当其冲。总兵蓝斯明之军由多隆阿派令由商境进剿，著即严饬扼剿贼之东窜商州，北犯雒南各路。如其兵力不敷，即由多隆阿酌量拨兵援济。豫境淅川、楚境郧阳均属毗连，并著官文、严树森饬令驻郧官军随时侦缉，与秦、豫两省之军相为援应。张总愚一股刻下窜至何处，尤应预防其与蓝逆窜合。张之万严督豫军，实力截剿。此时三省之军果能乘贼奔窜，并力以图，谅亦不难尽歼丑类。万不可稍存畛域之见。陕南军务正当吃紧，刘蓉何以尚未入境，著即懔遵前旨，星驰前进，力图恢复汉中等城。蓝逆一股出窜汉洋，贼势稍分，尤应乘势进攻。李云麟回扎九里坪，拟取道米粮川以渡蜀河，返顾兴安。据称蓝逆身带重伤，此股贼目损伤过半，但有劲旅穷追，不难殄灭。若徒系纸上空谈，不以追贼自任，力筹堵剿，将来蓝逆之势复张及兴安之贼再有分股北窜商、潼，定惟该京堂是问。雷正绾等各军入甘，本日业经寄谕熙麟等，即于甘省设立转运粮台，以为支应。并严催英桂等将晋省应拨协饷星速拨解。惟甘省既饷源匮绌，万难足恃，而晋饷亦解到需时。雷正绾等之军由陕入甘，仍著张集馨由陕省源源筹济，毋令缺乏，致误军行。前交多隆阿会查恩麟各件，嗣复有明降谕旨，撤去庆昀，专交多隆阿查办。即著该将军于将来到甘后，再行秉公确切查明办理。李云麟所请将援陕楚军保（褒）奖之处，著准其咨行官文等查保，毋许冒滥。将此由六百里谕知官文、严树森、张之万、多隆阿、雷正绾、刘蓉、李云麟并传谕张集馨知之。”

又谕：“多隆阿奏雷正绾一军现已驰抵甘境。陶茂林一军俟汧、陇廓清后亦可迅速赴甘，请饬熙麟就近设立粮台，源源转运等语。该二营军火饷需亟宜宽为筹备，以利攻剿。熙麟、恩麟身任甘省大员，筹饷济军，责无旁贷。即著熙麟等悉心规划，设立转运粮台，将雷正绾等军所需粮饷等项迅筹拨解，以资军食。该督等务当于万难筹措之中设法接济。恩麟前次奏拨山西协饷系指拨雷正绾军营之用，并著英桂、郑敦谨懔遵前谕，督同河东道于省库运库，无论何款先行筹拨银数万两克期解甘，以济要需。甘省地方凋敝，英桂、郑敦谨惟当不分畛域，尽力筹措，陆续解赴甘省，毋稍延误。将此由六百里谕知熙麟、英桂并传谕恩麟、郑敦谨知之。"

（卷84　751页）

同治二年（1863年）十一月丙辰

谕内阁："御史刘庆奏学政任满回京，被逼自尽，请饬查讯一折。据称前任湖北学政俞奎垣之父俞进麟，历任甘肃州县，公私各事悉交伊长子俞奎文经理。俞奎文专务聚敛，行为卑鄙，于该学政任满赴甘省亲时，意其必有多金，又其弟俞奎端亦觊觎伊兄宦囊为捐主事，孰知该学政居官清洁，行李萧然，不遂所欲，遂唆怂其父，日夕苛求，百端构陷。上年贼逼泾州，俞进麟不候交代，闻警逃逸。该学政随侍回京，沿途复为一兄一弟种种刁难，本年二月间行至涿州，复以舆从细故，捏诉伊父，致令该学政投井身死。经涿州知州查讯，俞奎文怂令伊父不准相验等语。俞奎垣以弟兄构陷，死于非命，捏称病故，含混具报。天伦骨肉之际，竟有似此丧心残忍，出乎情理之外者。且据奏各情，俞奎垣居官清介，为之父兄者方奖劝之不暇，何乃反以宦囊萧索，致不相容，情殊骇异。案中虚实根由亟应彻底根究，以重人命而扶伦常。著派倭仁、李棠阶会同刑部将此案提集人证，悉心研鞫，务得确情，定拟具奏。至俞奎垣曾为伊兄俞奎文呈请封典，并伊次子过继俞奎文为嗣。该御史请饬部查明，追夺斥革，并将俞奎垣之子归宗另继之处，著派审大臣会同刑部于定案时，讯明办理。"

（卷85　767页）

同治二年（1863年）十一月己未

以捐备甘肃饷需，予河南布政使王宪优叙。

（卷85　777页）

同治二年（1863年）十一月庚申

又谕："多隆阿奏官军收复山阳，商境肃清并围攻盩厔各路，汇报军情一折。此股贼匪窜走，官军追剿，一及之于东冈，再及之于富水关，沿途斩获而外，究竟尚有若干，现由西坪窜越豫境，自应不分畛域，踰境穷追。蓝斯明兵力未厚，现在张总愚大股盘踞淅川，尤虞其与蓝逆一股勾合为患，复扰陕境。多隆阿所奏，饬令蓝斯明严扼武关，兼顾潼、商一带，仍恐不敷堵剿，著即懔遵前旨，酌量分拨兵勇，俾得越境追剿，与豫省之军前后夹击。张曜所部现已前往淅川防剿。张之万并派令葛承霖、蒋希夷所带湘楚各营前往协助。前奏已将西坪窜来之匪击退，著即严饬该总兵亲督各军，与秦军联络，实力扼截。张曜接仗一切情形，张之万切须随时查察，如果防剿不力，徒为纸上空谈，致令蓝、张二逆乘间窜合，仍复蔓延，必惟张曜是问。即张之万亦不能当兹重咎。前因蓝逆窜至商境与豫鄂均属毗连，曾经谕令官文、严树林即饬郧防之军相机越剿。此时贼踪所向，如须鄂军相为策应，张之万即遵奉前旨，飞咨鄂省郧防兵勇会合围剿，毋失事机。豫省此时东路稍纾，其亳州一带捻匪有僧格林沁大军督剿。张之万即当权衡缓急，量移东路各军以顾西围。该抚应否亲赴西路以资巡察，著即酌量情形办理。多隆阿督攻盩厔，谅不难于得手，务须迅速奏功，毋为一隅之地，致牵全局。雷正绾之军已由灵台前进，并著迅饬陶茂林之军速清汧、陇，转战而前，与雷正绾会合甘境，以厚兵力。仍督令曹克忠扫除麟游一带余匪，进扎岐、郿，毋稍稽滞。其李云麟所部叠经寄谕，责令回军援剿商南之贼。该京堂计已接奉此旨，此时刘蓉曾否入陕仍未奏来，何以如此濡迟。汉南群盗如毛，刘蓉之军如未入陕，李云麟一军亦断不能独力削平，商境肃清情形，究复如何。如或商、潼贼势尚重，蓝斯明一军势难独支。多隆阿仍遵前旨，飞咨李云麟回军与蓝斯明并力合剿，并著该京堂星速返旆，毋得借词避就，自蹈愆尤。刘蓉仍遵叠次谕旨，速整军威，由青石关进扎，以复汉疆。并将陕南一路军情详细奏闻，毋再延宕。将此由六百里各谕令知之。"

又谕："多隆阿奏回匪势穷乞抚，并请将甘省兵勇统归雷正绾调遣，熙麟专办粮台各等语。陕省回匪蓄谋倡乱，经多隆阿督军痛加剿洗，所有凶悍逆党业已歼除殆尽，现惟汧阳、陇州、麟游尚有零星匪徒。陶茂林由凤翔进兵至汧阳交界地方，回众老弱妇女顶香跪地，哭泣求抚。该回众既经畏威悔罪，自可宽其一线，予以自新。前经叠降谕旨，准予良回投诚，著多隆阿即遵奉前旨，妥为办理，并刊刻誊黄遍行晓谕。总令其将戕官踞城首恶捆献，其余一切胁从概行赦宥，则回众可期渐次解散。至甘肃固原州为提督驻扎之所，踞城者多系叛兵。平凉回匪陷城戕官，凶恶已甚，该大臣当饬雷正绾等大申挞伐，以惩凶顽。俟匪势穷蹙后，再行分别招抚，以期一劳永逸。此外陕甘各路零匪果有诚心悔祸，自拔来归者，即由该大臣设法安插，毋稍大意。雷正绾已抵甘省泾州地方，著即迅速前进，痛扫逆氛。所有该省兵勇均著归雷天绾调遣，以一事权。甘肃省垣紧要，经理需人，熙麟俟道路稍通，即应前赴省城。现在省东一带回匪已有雷正绾督军剿办，熙麟著俟雷正绾进抵平凉后即酌度情形驰赴兰州，整顿吏治，并办理河州、狄道等处防剿事宜。其雷正绾军营粮台即由熙麟督饬所属办理，设法接济，毋令缺乏。将此由六百里各谕令知之。"

（卷85　783页）

同治二年（1863年）十一月壬戌

谕议政王军机大臣等："庆昀等奏宁夏汉城内乱，并迎催道员和祥路阻未能前进各折片。据称十月二十三日四更后满城中闻东路火器发声，料是汉回又斗。黎明派员查探，途遇难民坠城逃命，城门两日未开，其中是何情形无从得知。并迎催和祥之委员行至纳家闸地方，因回匪拦路，未能前进各等语。览奏实堪诧异，前据庆昀等奏，宁夏回目较前敛迹，咸称团练一散，即当遵缴器械，听凭官办，各谋生理，并令本地绅耆，晓以利害，俾息杀机，何以此次忽有争斗之事。是否俟云登刚愎酿乱，抑系撤团后回众滋事。近日城中情形究竟如何，庆昀等折声叙殊未明晰，著熙麟、恩麟确切查明，据实具陈，毋得稍涉含糊。侯云登及城内文武各员下落一并查奏。道员和祥著催令迅速赴任。该员系前经获咎之员，是否可靠，并著熙麟等详加察看具奏。灵州、平罗各缺何以尚无人到任，殊属不成事体。该督等务当严饬委署各员，速即赴任，如再玩延，即著从严参办。昨因雷正绾抵甘，谕令熙麟于该提督抵平凉后，即饬赴兰州，整理一切防剿事宜。近省一站即已文报不通，恩麟所司何事，著即派兵疏通驿路。熙麟亦即督率所部，逐节扫荡，直达省垣，以重职守。正在寄谕间，据张集馨奏，甘肃宁夏、灵州相继失守。灵州与陕西定边毗连，贼若东窜，不但扰及陕境延安等府，滋蔓难图，并庆阳饷道亦恐梗阻，且恐阑入晋省完善之区。该署抚已飞调延绥镇兵一千名，派署游击庆连统带赴定边屯扎。仍恐兵力单薄，不敷堵御，著多隆阿、雷正绾于泾州防兵内酌拨数营，前赴定边，先行扼扎，协力防剿，并于正宁一带派兵堵御，使平、固逆匪不至回窜三水、淳化，复扰秦疆。仍一面力筹进剿，迅殄逆氛，毋任延蔓。张集馨当饬北山沿边州县赶紧集团堵御，以壮声威。山西边境界连甘肃，德勒克多尔济当整顿绥远城官兵预备防堵，毋任匪踪阑入边界。英桂尚未起身，沈桂芬将次抵晋，著即檄饬沿河州县实力防堵，并飞调弁兵相机堵剿，以固疆圉。宁夏汉城既失，满城独力难支，著熙麟、恩麟迅即派兵援救。庆昀等务当固守待援，毋再一意主抚，致误事机。宁夏、灵州失守详细情形，并近日甘省军情，著熙麟、张集馨查明随时具奏。将此由六百里谕知多隆阿、庆昀、常升、德勒克多尔济、熙麟、雷正绾、英桂、沈桂芬并传谕恩麟、张集馨知之。”

（卷85　792页）

同治二年（1863年）十一月甲子

又谕："熙麟奏宁夏、灵州相继失守，雷正绾兵已入甘境接仗获胜，并请饬陕西供支粮饷各折片。宁夏府城内回民与城外贼匪勾结，内外交讧，于十月二十四日失陷。灵州城亦于次日相继失守。该回逆等好乱性成，非痛加剿洗，不足以净根株。此股贼首系陕西投贼之武进士王锡爵，经官军击败，窜匿灵州之金积堡，勾串叠次伪为投诚之马化漋，率其党羽两日之内顿陷州郡两城，实堪痛恨。前据恩麟奏，马化漋在署臬司杨柄锃行营投诚，此次又复鼓众煽乱，连陷二城，可见恩麟前此办理草率，难保非迁就了事，粉饰入奏，著熙麟速饬毗连宁灵、各州县文武，督率兵勇，鼓励乡团，严扼要隘，以防该匪纷窜。并饬派出之延绥镇兵五百名迅赴花马池驻扎，严扼该匪窜陕之路。张集馨前已调延绥镇兵一千名前赴定边，著即饬令统带之游击庆连与花马池防兵互相联络，以壮声援，并著多隆阿、雷正绾遵奉前旨，于泾州防兵内酌拨数营驰赴定边，协力防剿，毋稍大意。此时甘省逆氛遍地，雷正绾军营兵力尚单，所有陶茂林、曹克忠两军即著多隆阿迅催前进，驰往甘省助剿，毋许稍事逗留。平凉贼匪攻扑泾州，经雷正绾督兵击退，并解灵台县城围。正可乘此声威，进克平凉，以次收复固原。其宁、灵、盐茶厅等处逆匪怙恶不悛，均须次第剿洗，不可轻率议抚，致贻后患。宁夏一带驿站多有夫、马俱无之处，积压公文折报甚多，且有批折寄谕多件，经熙麟专差弁兵逐站清查，分别赍送兰州、庆阳。自十月十七日以后两旬有余，又未接省城文信。若谓道途梗塞，文报难通，何以熙麟遣往弁兵又可行抵省城。可见恩麟一味颟顸，并未办理公事，著熙麟即行严饬恩麟设法疏通文报，以通省垣信息。投贼之武进士王锡爵是否回人，并著熙麟查奏。将此由六百里谕知多隆阿、熙麟、雷正绾并传谕张集馨知之。"寻熙麟奏："遵查王锡爵籍隶云南，实系回民。"报闻。

（卷86　796页）

同治二年（1863年）十一月乙丑

又谕："前据庆昀等奏，宁夏汉城内乱，张集馨、熙麟奏报宁夏、灵州相继失陷。甘肃回氛甚炽，亟宜增兵调将，以固秦、晋边防。现在多隆阿在盩厔为一隅所牵掣，汉南贼势狓猖，刘蓉尚无入陕消息，而张总愚一股盘踞淅川山内，蓝逆由山阳出窜，仍在商南之青山口，距荆关仅八十余里。陕、豫军务方殷，而甘肃平、固未复，宁夏、灵州又陷。该回逆东犯秦、晋，北窜蒙古，皆可长驱直入。陕省西北定边一带，计惟多隆阿所部之兵就近可以调往扼扎，而多隆阿既须援甘，又须防陕，非由各处拨兵赴陕，多隆阿亦难分兵兼顾。刻下最要者惟淅川之张总愚一股。该匪负隅死拒，一日不了，则河南、湖北、陕西三省皆不得安枕。楚、豫兵力亦难匀拨赴陕。著张之万督同张曜及派出各兵认真进剿，如兵力尚单即飞咨僧格林沁等调拨马队助剿。楚省郧阳防兵现因商雒、淅川一带贼踪未净，固不可以移动，而麻、黄、襄、枣一带防兵与其设防于境内，不如兜剿于邻封。官文向能不分畛域，严树森亦岂得偏持成见，存此疆彼界之心，致成不了之局，贻祸生灵。著即严饬在防各军赴豫会剿。张之万久驻许昌，殊无裨益，著懔遵前旨移营进扎淅川一带，就近督剿，兼遏贼匪纷窜之路。所有张总愚一股即著责成楚、豫二省协力剿除。倘任蔓延窜越，或时日久稽，即惟官文、严树森、张之万是问。苗逆授首以后，余党以次伏诛。寿颍各城均已收复。现止剿办零星股匪，可以无须大兵屯聚。淅川张总愚一股经楚、豫两省兵力夹剿，亦可迅速完竣。是皖省张德胜、蒋凝学、成大吉诸军及楚、豫两省得力劲军均可移缓就急，分拨赴陕，进扎商雒、荆关等处要隘，归多隆阿、刘蓉调遣，以便多隆阿添兵助剿平、固、汉南及扼防挟省西北边界。陕、甘两省军务方有起色。此中布置机宜必须先事筹划，临时始有成算在胸。著僧格林沁、官文、曾国藩、多隆阿等会商妥筹调度，以期一劳永逸。届时何营可以留防以资扼守，何营可以赴陕归多隆阿调遣之处，并著迅速会商妥协，一面调拨，一面奏闻。现在皖北及豫省零匪即可由僧格林沁、张之万、唐训方督同陈国瑞、张曜等军实力翦除。楚、豫交界捻股即由曾国藩责令皖北楚军会同豫军分头办理。吴棠严饬姚广武等肃清徐宿一带捻圩，均须克日扫荡，一律肃清，不得稍有迁就，以致重烦兵力。皖北肃清以后，陈国瑞一军应否移扎徐宿，以资弹压之处，著僧格林沁、吴棠等届时酌量具奏。至僧格林沁大军一俟皖省肃清，即可移扎豫境，就近督饬将弁相机剿办，如楚、豫将弁各怀观望，不肯奋勇剿洗，即著从严参办，毋稍姑容。李云麟当懔遵节次严谕回军商南，剿除蓝逆余匪，不准迁延。刘蓉速扎青石关与多隆阿联络声势，力图克复汉南各城，毋得再有濡迟。目下东南事势大有转机，而西北逆氛尚炽。该大臣督抚等各有地方带兵之责，务宜通筹全局，及早图维，乘此声威，削平丑类。如有所见，不妨据实奏闻，以收集思广益之效。将此由六百里各谕令知之。"

（卷86　801页）

又谕："多隆阿奏病势增剧请假调理一折。披览殊深廑系，著即赏假一月，俾得离营安心调理。螯屋合围业已月余，攻捣正当吃紧，诸将士必须有所禀承，方不至事机有误，并著照所拟，即责令穆图善暂行接办。务令一切遵守布置妥为办理，遇有紧要机宜，该将军仍须随时指示，俾有遵循。多隆阿仍即赶紧调理，速就痊可，赴营任事，以慰悬廑。本日又据李云麟奏称，镇安、山阳、洵阳等县交界回匪滋扰，经该京堂督兵擒获首匪，余众缴械乞降，分别安抚。择其壮佼数百人立为陇军归化一营，随同剿贼等情。著准其将此次出力员弁附案择尤酌量保奏。新立之归化一营仍应随时防范，毋稍疏虞。另片所称现在拟由西乡进剿。刘蓉欲改由宁羌进兵，请饬仍照前议，进由青石关，以便居中调度等语。即著刘蓉查照该京堂咨会情形，妥筹进止。惟李云麟前将蓝二顺股匪委之蓝斯明一军，卷旆而西。此时蓝逆窜回商南，贼势正张，断非蓝斯明一军所能独办。节经寄谕该京堂回军会剿，以赎前愆。李云麟如执意西行，以剿办兴汉为词，是直处心趋避，且独不思商于一路。蓝逆如再鸱张，于该京堂一军后路大有妨碍，仍著懔遵前旨迅速回剿，与蓝斯明并力图功，将商南之匪悉数歼除，方可专意再图兴汉。刘蓉于陕南剿贼事宜筹定后，究由何路进兵，速即奏闻。将此由六百里谕知多隆阿、刘蓉、李云麟并传谕张集馨知之。"

（卷86 803页）

同治二年（1863年）十一月丁卯

又谕："庆昀等奏宁夏汉城已成叛乱，满城情形危急。雷正绾奏现在宁、灵相继失守，请饬山、陕两省速派劲兵截剿各一折。前据庆昀奏，宁夏回众近尚安静，惟须撤去团练，该回民始缴器械，并将办理不善之道员侯云登撤任，应足服该回众之心。何以复纠众入城，竟将侯云登杀害。是该回匪居心狡猾，阳言就抚，阴谋倡乱，已显而易见。庆昀等尚欲以理义与之剖论，何毫无主见，一至于此。该逆胆敢围扑满城，登梯而入，伤我佐领等官，览奏实深愤恨。庆昀等不能先事预防，为该回匪所愚弄，实难辞咎。但事已至此，惟有亟图补救，勉赎前愆。著庆昀等激励满城弁兵严密守御，所有填写翎顶功牌分别赏给之处，即著照所拟办理。满城旗户饷需不继，每月饿毙者至二百余名之多，殊堪悯恻。前此部拨甘饷叠经催令各该督抚迅解，谅已拨解在途。著英桂等添派兵弁由草地星速护解，如缓不济急，熙麟、恩麟均有地方之责，岂可坐视不顾？著该督等设法接济，毋误要需。平、固未复，宁、灵又失，熙麟等所司何事，亟应竭力筹办，克日救援，毋得坐失事机，致干重咎。雷正绾现派马天祥等扼扎环县，以固庆阳，著俟泾城稍松即督率各营相机进取。陶茂林汧、陇之师剿抚兼施，计日即可竣事。著多隆阿饬令该提督驰赴甘境，会同雷正绾合力剿办。宁夏境地与山、陕毗连，亟宜加意防范。晋省现有楚勇千名，著英桂、沈桂芬尽数调赴定边，协同张集馨派出防兵，扼扎防剿。惟晋省河防亦关紧要，著阎敬铭迅即选派得力兵勇千名星驰赴晋，交英桂、沈桂芬调遣，以补其缺。所调山西楚勇著英桂、沈桂芬迅饬先行起程，不得专待山东各勇到后始行前进。并著刘长佑挑派劲旅二千名交讷钦统带，星速驰由朔平、绥远、归化一带进趋宁夏，以剿为防。德勒克多尔济等所部兵丁节经谕令该将军等认真操演，该兵弁技艺自必可观，即著德勒克多尔济、塔清阿等懔遵前旨，整顿士马，严密布置，为讷钦一军后路策应。如敢有名无实，致该匪乘虚阑入，或策应不力，惟该将军等是问。曹克忠扫荡麟游回匪曾否肃清，定边所扎秦、晋各军不可无大员统领。曹克忠带兵素称得力，且相距尚属不远，其能否酌带所部调赴定边，将山西楚勇一千并归统带，进攻宁夏之处。著多隆阿迅速斟酌调派。如曹克忠一时未能调往，应否改派何员前往，并著多隆阿迅筹办理。刻下宁夏满城万分危急，所调援军由定边、朔平、绥远、归化分道并进，不可株守一隅，务当以剿为防，与多隆阿派出援甘各军前后夹击，方为妥善。以上所调直隶、山西各军及曹克忠所部饷需，均著由直隶、山西两省源源运解接济。阿拉善等旗地界毗连宁、灵等城，难保回逆不出边滋扰。著德勒克多尔济迅速知照，严密防范。雷正绾另片奏，行营军火无多，请饬陕省拨解等语。所有雷正绾军营应用铅丸火药，仍著张集馨照旧接济，毋令缺乏。将此由六百里加紧谕知多隆阿、庆昀、德勒克多尔济、英桂、刘长佑、熙麟、雷正绾、阎敬铭、沈桂芬、常升、塔清阿并传谕恩麟、张集馨知之。"

（卷86　808页）

同治二年（1863年）十一月庚午

予故前任陕甘总督易棠祭葬如例。

（卷86　816页）

同治二年（1863年）十一月辛未

又谕："王宪奏边陲地方紧要请将陇西县丞仍改为漳县知县一折。甘肃巩昌府属之漳县于道光九年改为陇西乡，设立县丞，归并陇西县管辖。原为因时制宜起见。兹据王宪奏称，漳邑原设县治，距陇西七十里，西南接洮州、岷州，东南接岷州、宁远，延袤三百余里，毗连皆系边要。地方辽阔，自裁并陇西改设县丞后，书役刁诈，盗贼出没，土棍强横，有非县丞所能治理。且该处旧有盐井，课项攸关。甘省回逆猝扰河州、狄道等处，均与漳邑旧治相去非远，尤非县丞所能筹办各等语。陇西界连边徼，复近回氛，练勇筹防，在在均关紧要。该藩司籍隶漳县，于该处地势情形，所筹尚为明晰。现值满目兵燹，地方凋敝之际，所有改官定制苟于时事有裨，不妨量为变通。著熙麟于到省后，详察情形，妥议章程具奏。固不必徒事纷更，亦无庸拘泥成例，总期斟酌尽善，经久可行，方为妥协。原折著抄给阅看。将此谕令知之。"

（卷86　817页）

同治二年（1863年）十二月甲戌

谕议政王军机大臣等："户部奏专拨新疆南北两路经费，以济兵食一折。新疆为甘省屏藩，南北两路各城棋布星罗，深资控驭。近来饷糈支绌，各省指拨之饷往往迁延不解。该驻防换防兵丁，艰窘堪虞，若不量为变通，筹款拨解，势必日形苦累，断难望其实力巡防。著骆秉章于四川正余济楚盐厘拨银十万两，按粮津贴拨银五万两；阎敬铭于山东甲子年应征地丁拨银五万两，盐课拨银二万两；张之万于河南甲子年应征地丁拨银三万两，清查案内提解银四万两；沈桂芬于山西劝捐归补筹解京饷项内拨银十万两，统合四十万两之数。著该督抚等委派妥员绕解甘肃安肃道库，由安肃道委员递解镇迪道库收储，以备新疆各城分提之用。甘省不得自请截留，其各城需用若干及如何分拨之处，并著熙麟于此项饷银到日，飞咨伊犁将军，咨商各城参赞都统大臣等查明各缓急情形，通筹匀拨。仍著伊犁将军将各城应需若干先行奏明。一面知照陕甘总督，转饬镇迪道陆续分提，以免贻误而昭平允。将此各谕令知之。"

（卷87　824页）

同治二年（1863年）十二月丙子

又谕："熙麟奏雷正绾泾州获胜一折。所奏泾州胜仗与雷正绾前奏情形略同。宁夏、灵州被陷之后，该处军情紧急。现在雷正绾之军搜剿泾州附城游匪，当已净尽，其与陶茂林之军合力剿办汧、陇、灵台一带后路各贼，亦当悉就扫除。即著该提督一鼓作气直取平凉。由固原、盐茶转战而前，进剿宁、灵回匪，克复城池，迅殄凶锋。宁、灵被陷，时已旬余，该处逆情究竟如何。宁夏满城存亡未卜，庆昀不见奏报，时亦逾旬，均著熙麟等迅速查明，即行驰奏，以慰厪念。熙麟另片奏，冯元佐被害，程景鹏已经格杀等情，仍著张集馨将程景鹏余党李彦彪、刘锡俊、韩可英、高学汰、杨老五等逸犯五名严密缉拿，务获惩办，不准一名漏网。惟熙麟所称冯元佐战功叠著，被杀甚惨，请给四品封典之处，与多隆阿、张集馨叠次所奏均不相符。

多隆阿等所奏，冯元佐本非安分之徒，历有聚众抗粮情事，其被众杀害，皆因乡民素来深嫉所致。其团众亦向不安分。张集馨所奏，冯元佐并有聚众肆行劫杀等重情，与程景鹏无异，若不加查察，遽行给予恤赏，恐不足以服人。且熙麟所请赏给四品封典，亦与体例不符。著该督等再行确查，如冯元佐尚有应恤之处，亦即另拟具奏。将此由六百里谕知熙麟、雷正绾并传谕张集馨知之。"

（卷87　828页）

予甘肃平凉殉难总兵官吕元、知府田寿增、知县张仁源祭葬世职加等，于死事地方暨原籍建立专祠。佐领双英等分别赏恤附祀。

（卷87　829页）

同治二年（1863年）十二月丁丑

谕议政王军机大臣等："刘长佑奏遵旨挑兵赴甘防剿一折。据称提标各营与宣化镇标地处直隶北境，与塞外风土相宜。两标各挑精壮五百人，通永镇标拟挑四百人，天津正定两标各挑三百人，合为二千人，交讷钦统带赴甘等语。即著照所拟迅速办理。该署提督由直隶至朔平、归化，所需饷项军火，现已由刘长佑源源接济。至讷钦一军如应进趋宁夏，其所署直隶提督一缺及所需饷项军火应如何解交之处，均著临时再行请旨办理。前因阎敬铭奏，遵派赴晋防河楚勇请改赴陕省，当谕令英桂、沈桂芬晋省防河楚勇如未起程，即仍驻河防，毋庸调往。或已起程而兵力不敷，尚须添补，即准其于直隶所派之讷钦所带兵勇二千名内于过晋时酌留一半，以补河防。著讷钦于抵晋后会合英桂、沈桂芬酌量办理奏闻。将此由四百里各谕令知之。"

（卷87　830页）

同治二年（1863年）十二月己卯

谕议政王军机大臣等："熙麟、雷正绾奏，官军攻克王村花所镇匪巢，连获大胜，并双庙集胜仗，歼毙贼目本三各折片。雷正绾甫抵甘省即已屡获大胜。此次踏平王村花所镇逆巢，南北两原之贼相继窜匿，自当乘此声势节节扫除。著雷正绾督饬各将士先将杜家沟逆巢攻克，并催令曹克忠相机兜剿。熙麟即饬附近各州县一体率团堵御，以壮声威。陶茂林在汧、陇一带当已将余匪一律殄灭，著多隆阿即催令该署提督将灵台、崇信、华亭等匪克日殄除，会同雷正绾大军进取平凉、固原，廓清甘境，用慰朝廷西顾之忧。多隆阿近日病势若何，曾否轻减，螯垒围攻已久，何以尚未克复？炸炮为攻坚利器，是否敷用？该大臣营中熟谙施放者谅不乏人，著严饬穆图善等实力攻拔，毋任久踞。宁夏汉城失守后，侯云登及城中文武各员有无下落。满城近日战守若何，久未据庆昀奏报，殊深悬系。著熙麟迅将宁夏实在情形备细访闻，据实具奏。将此由六百里各谕令知之。"

以甘肃攻克王村花所镇贼巢，赏参将谭玉龙巴图鲁名号，余加衔升叙开复有差。予阵亡都司戴洪立、守备殷康顺祭葬世职加等。

（卷87　834页）

同治二年（1863年）十二月癸未

谕议政王军机大臣等："有人奏甘肃巨蠹彭沛霖纳赂行私垄断公事，被罪发遣，又以行贿援例邀免，寄寓省城把持一切。党与四布，力庇革员成瑞、和祥并与署秦州知州姚近斗结为心腹。姚近斗恃有奥援，专事苛敛。道员林之望督兵天水镇时，姚近斗径自赴省，将粮台款项尽行携去，贻误军行，请饬查办等语。已革知县彭雨亭即彭沛霖，系奉旨发往黑龙江充当苦差之犯，岂容援例邀免，近复盘踞省垣，把持公事，可恶已极。著熙麟仍遵前旨，迅将该革员起解，发往黑龙江充当苦差，不得任听逗留，自干咎戾。其如何行贿援例邀免发遣，署总督恩麟、署藩司文麟受其欺蔽，并庇护劣员，朋比为奸及林之望剿办徽县等处逆匪，姚近斗恃彭沛霖关说行贿，屡误军需各情。著多隆阿、熙麟、雷正绾确切查明，据实参奏，毋稍徇隐。原片均著抄给阅看。将此各谕令知之。"

（卷88　843页）

同治二年（1863年）十二月乙酉

又谕："多隆阿奏遵筹等全局一折。所奏东南军务及善后事宜均与前寄谕旨大意相符。西北陕、甘一路系多隆阿专责。螯垒围攻已久，屡据该将军奏称即可得手，此次复称蓝逆外援已绝，著即督令穆图善等迅即进攻，克复此城。其汉南之贼与洋县之贼互杀，并可因贼自相扰乱之际，乘机蹻衅，用间出奇，以图汉洋之贼。凤县地方团勇既将两当窜贼击退，螯垒攻克后自可速行分兵，扫荡留坝等处踞贼。汉南军务迄未得手，节经催令刘蓉迅即由川入陕以资统率，该抚军威重整，新募勇营，约亦可到，谅必不日可以进兵。蓝二顺股匪尚在商南，蓝斯明所部严扼武关，兵力尚单，曾否分兵往助，著即饬令实力筹剿，与豫省留驻荆关之敖天印等军会合，速将赵家川、黄家垭一带之贼殄除。麟游余匪曹克忠何以尚未全行扫荡，亦即督令赶紧办理，以为雷正绾后路策应。甘省宁、灵继陷许久，庆昀不见续报，恐宁夏满城亦不可知，著多隆阿探查实在是何情形，随时具奏。该处回氛尤炽，雷正绾之军必须速克平、固，转战而前，以彰挞伐，并著飞催陶茂林速将凤郡料理就绪，迅由汧、陇进发与雷正绾会合，以厚兵力。至所请将留守庐州之石清吉、梁美材等七营赴陕助剿及江南兵势稍纾，另拨数营驰赴陕营之处，均俟僧格林沁、曾国藩等遵筹大局情形复奏到时，再行酌量谕知办理。原折留中备览。将此由六百里谕令知之。"

又谕："多隆阿奏请饬催各省协饷一折。多隆阿办理陕西贼匪并分军援应甘省，攻剿均在吃紧之际，而各营欠饷累累，不特各军哗溃堪虞，且停兵待饷必将贻误戎机。著官文、刘长佑、严树森、阎敬铭、张之万、沈桂芬迅将应拨多隆阿军饷，照各该省协济原数，按月源源报解，毋令缺乏。将此由五百里各谕令知之。"

（卷88　849页）

同治二年（1863年）十二月癸巳

谕议政王军机大臣等："光禄寺少卿郑锡瀛奏请设屯田养兵以节经费一折。据称各直省及东三省等处驻防绿营、满、汉兵丁七十一万九千余名，岁需饷银一千六七百万余两。京城各旗营满、汉额兵十五万一千余名，需饷五百余万两，尚不在此数内。国家岁入之款约计四千数百万两，兵饷一项已用其半。请将被扰省份于城邑克复后，查明业户已绝，荒田圈为官地，募民屯种，金以为兵。并酌给驻防满兵田亩，令其收取田租，抵作兵饷。计江、浙、皖、陕、甘等省兵饷每岁可节省数百万两，并请将俸薪等项及马干银两一并酌给荒田，令其认垦招佃，抵作领款等语。国家岁出各款以兵饷为最巨，现在江、皖、苏、浙、陕、甘各省被扰较重，各区户口稀少，多有无主闲田。果能开设屯田，所节兵饷为数甚巨，于经费不无裨益。著两江、闽、浙、陕、甘各总督并江苏、安徽、浙江、陕西各巡抚各就地方情形，分别酌

拟章程，妥议具奏，并将业经克复地方先行办理。如实系无主荒田即可募民
屯种，并须选派廉明委员认真清查，毋任蒙混骚扰。至折内所陈山东、河
南、湖北、湖南、江西及川、黔、两广等省各属被扰地方，有无闲田可以开
屯之处，均著各该省督抚确切查明，各就地方情形分别酌度办理。不得以创
始为难，借词推委，尤不可假手吏胥强夺民间有主之田，致令纷纷扰害。另
片奏，请饬将山东等省查出叛产给予兵丁屯田，著山东、陕西各巡抚妥为经
理，并著皖、苏、黔、粤各督抚将捻匪土匪各叛产一律查办。甘肃回匪叛
产，俟军务完竣后，由该督查明办理。至台湾营制向由内地营兵换班戍守。
将来地方肃清，所有查出叛产应如何变通营制开设屯田之处，著闽省督抚体
察情形办理。原折片各一件均著抄给阅看。将此各谕令知之。"

（卷89　866页）

又谕："恩麟奏陕西发逆回匪纷窜甘境，请饬陶茂林驰赴秦州，多隆阿
分兵援甘各折片。汉南一带遍地贼氛，沔县、略阳尤为发逆渊薮，叠扑徽
县、两当各境内，均经该地方官督团击败。其郿县一股由凤县分窜徽县、两
当者，亦经该城文武激励兵团击退。至泾州所属之崇信、灵台均有回匪巢
穴，与陕西邠州、凤翔贼匪声息相通。现在凤翔回匪纷窜甘省，盐、固匪徒
分扰会宁、靖远。另股贼匪潜窜庆阳后路，将环县所属之红德城攻陷。恩麟
请饬陶茂林就近驰赴秦州援应，多隆阿分兵援剿，并令四川援兵赶紧赴甘之
处，自系为军情紧要起见。惟陶茂林一军先须将陕省汧、陇、麟游及甘省灵
台、崇镇等处各贼剿洗，与雷正绾合取平凉，由固原、盐茶转战而北，进取
宁、灵，势难径赴秦州。恩麟惟当就现有兵力将会、靖、秦、阶各要隘分
布，并饬该地方文武联络乡团，严密防剿，以顾东南两路，毋得专待援师，
致误事机。陕省南防兴汉，北防宁夏，东南之商南、潼关亦复兼顾。盩厔踞
匪尚未攻克，势难再分大支劲旅绕赴甘省西路，为两面夹击之举。惟陶茂林
一军久驻麟游，日久尚未蒇事。现在剿办情形究竟若何，著多隆阿迅饬该提
督将麟游一带贼匪赶紧扫除，进攻平凉，毋稍迟缓。红德城踞贼，即著速饬
曹克忠会同甘省之师力筹攻克，以清庆阳后路。陕省防剿紧要，多隆阿未能
赴甘，前经谕令雷正绾于到甘后，各营将士均归该提督节制。该提督务当统
筹全局，督饬诸军，速将各路贼匪扫荡，毋许迁延观望。并著熙麟等筹办粮

台，供支军火，毋令缺乏。宁夏汉城失守，已叠据庆昀、熙麟奏报，恩麟所称汉团王添德率众烧杀回庄，未必即系侯云登所遣，恐回匪借词滋事，亦未可定。该匪业已踞城戕官，断难再行议抚。前已谕令讷钦带直隶官兵二千由朔平、归、绥相机进发，以为宁夏援师，并由山东调拨楚勇赴陕，由多隆阿酌量派赴定边以资防剿。川省官兵现由刘蓉统率，由褒斜一路进剿汉南，恐亦未能拨赴甘省。刘蓉入陕后，如汉南军务迅即荡平，可以分顾甘省。即由熙麟、恩麟与该抚筹商调拨可也。将此由六百里谕知多隆阿、熙麟、雷正绾并传谕恩麟知之。"

（卷89　867页）

同治二年（1863年）十二月乙未

以贵州松桃协副将黄武贤为甘肃西宁镇总兵官。

（卷89　872页）

同治二年（1863年）十二月丙申

又谕："前因御史刘庆奏，任满学政俞奎垣回京，在途被逼自尽一案。当经降旨交倭仁、李棠阶会同刑部讯明办理。兹据奏称，原参俞奎文激怒其父俞进麟，致俞奎垣投井身死，不准地方官相验，到京捏报病故一节。讯据俞进麟供称，伊子俞奎垣于湖北学政任满，请假赴俞进麟甘肃泾州任所省视，及俞进麟告病开缺，带同家眷回京。行至涿州，俞奎垣因俞奎文申饬其车夫懒惰，向俞进麟诉说。俞进麟瞋其不应以此琐渎，训斥数语。俞奎垣即走出村外投井殒命。俞进麟查知，觅获尸身盛殓，并未报验。到京赴翰林院衙门呈报病故等情，并称伊子三人素皆和睦，毫无嫌隙。俞奎垣尸未报验，实因痛子情切，委无别故，亦未向该州贿属。研诘俞奎文及俞奎端供亦相同。其刘庆所奏俞奎文有欲贩玉器，俞奎端欲捐主事各情，均供并无其事。俞奎垣死由轻生。俞奎文、俞奎端既无向俞进麟唆逼构陷等情，惟于家庭不善调处。著照所拟，俞奎文、俞奎端均照不应律笞四十，照律准其纳赎。至俞进麟闻警潜逃一节，既据讯明系于告病开缺交卸后，于平凉府守候交代，业已算清，惟未经结报。该员急欲回京就医，不及等候请咨属实。俞进麟虽无闻警潜逃情事，惟于交卸后不候交代清结，擅自回京，又于伊子俞奎垣自尽并不报官相验，捏报病故，殊属不合。著先行交部议处。其泾州任内交代，究系曾否算结，著陕甘总督迅即查明办理。其俞奎垣为俞奎文请封，系属情愿将本身妻室应得封典，照例呈请貤封兄嫂，并无欲为胞叔俞大椿请封而俞奎文逼令为己请封之事。著即免其追夺。又俞奎文过继俞奎垣次子为嗣，虽经查明俞奎文并无威逼俞奎垣致令自尽情事，惟俞奎垣之死究由俞奎文斥骂车夫而起，著照所拟，比照例载应继之人先有嫌隙，则于亲族另行择继之例，断令归宗，另行择继。此案俞奎垣之死，既据刘庆奏闻情节支离，虚实均应彻底根究。且其中又有俞进麟闻警潜逃等情，不能置而不问。据倭仁等讯明，俞奎垣实系轻生自尽，俞进麟、俞奎文等均无逼勒唆陷各情，事关伦纪，该御史所奏与现审情形不符，殊属失实。姑念御史原准风闻言事，免其置议。"

（卷89　873页）

同治二年（1863年）十二月丁酉

又谕："雷正绾等奏，官军攻克党原等贼巢，立解镇原城围，并陶茂林现已到汧，亟筹进剿各折片。熙麟奏遵查甘省近日军情折。雷正绾之军攻克王村花所镇贼巢后，泾境已无贼踪，而镇原境内之党原、北原，地当冲要，为贼所踞。经雷正绾亲督各军进剿，直薄贼垒，诱贼离巢，总兵成禄、魏添应等伏兵齐起，奋力剿击，当将两原贼巢扫荡，进扎镇原附城一带搜剿，立解城围，余贼败向平凉遁去。雷正绾以乘此声威自应直进平凉。而陕之汧、陇，甘之灵、崇等处贼巢联络，不惟泾州空虚，即庆阳亦无屏蔽，且恐贼得回窜邠、长，绕至官军后路，必得陶茂林一军速由凤翔前进，会同剿除秦、陇两省毗境贼氛，方可合力以图进取。与熙麟所奏请饬多隆阿迅催陶茂林等所部与雷正绾合筹进剿之意正同。陶茂林现在已将凤回收抚，带领各营到汧进剿，即著雷正绾督率各军速与陶茂林前后夹击，将汧、陇及灵台、崇信之贼痛加剿洗，以清后路。该提督等即当合兵一路直取平凉，以成破竹之势。宁、灵相距道路虽较辽远，第使官兵迅克平凉，由盐、固转战而前，自足以褫奸回之魄。各地方望援孔亟，亦必闻声响应，逆回马化漋分股攻扑中卫地方，系与兰州等处接壤。熙麟务须饬令甘省文武多派兵勇，严扼中卫，并激励各属官民，悉力备御，严防奸宄窥觎，保全河西三郡，毋致为贼所乘，致剿办更形棘手。张集馨于白集原遗粮拨出二万石解泾，接济军食。此时自已运到。甘省民力凋残，饷需万难筹划。陕省自潼关以至长武，东西大路业已肃清，商贾定渐复业。其未遭兵燹各属，亦应尚有积粮。雷正绾等军进剿正当吃紧，庆阳亦缺乏堪虞，仍著张集馨竭力妥筹，源源接济。凤翔回民虽经陶茂林收抚，其善后事宜并著张集馨督饬该地方官妥慎筹办，务令各回民革面洗心，各安生业，毋致再生事端。前所调派晋省拨赴定边一军，嗣由山东改拨单县所扎楚勇一千名，即由东省取道汴省，径赴潼关，此时当可到防。讷钦所带直隶一军亦将可到归绥以图进取。雷正绾务当乘此迅速合军，鼓勇直前，以拯陇急而纾西顾。熙麟密折一件，另封原禀二件均留中备览。将此由六百里谕知熙麟、雷正绾并传谕张集馨知之。"

又谕："熙麟奏直隶、山西调派来甘兵勇，请由各该省自行筹给粮饷军火等语。甘省地瘠民贫，自军兴以来悉索敝赋，库款一空。若各省援军云集，粮饷军火各该省不自宽为筹备，必至停兵待饷，贻误事机。直隶讷钦一军业已起程，由归朔一路进发并经叠谕刘长佑、沈桂芬将该营粮饷军火源源接济，不得有误师行。惟此军行抵归、绥一带后，自应侦探贼情，进趋宁夏，力筹会剿。届时此军去直愈远，千里运粮，尤恐缓不济急。著沈桂芬于讷钦一军懔遵前旨，将粮饷军火随时解运。刘长佑亦当于讷钦之军竭力筹济，如以道路辽远，即由山西转拨以期迅速。至山东所拨刘汉秀一军径赴陕省定边，原系换替晋省应拨援甘之勇。山东去甘愈远，输挽尤属不易，此军粮饷军火著一并责成沈桂芬源源接济，随时委解。本日刘长佑奏保直隶剿匪出力各员单内，除业将遮克敦布原保人员未经注明劳绩者扣除，毋庸给奖外，其余所请亦均未免失之过优。此次姑准所请，嗣后该督于应办事宜，务须核实办理。将此由六百里各谕令知之。"

（卷89　882页）

同治二年（1863年）是年

会计天下民数、谷数，除奉天、江苏、福建、云南、广西、浙江、陕西、甘肃、安徽、贵州未经册报外，直隶等省通共大小男妇二万三千三百九十五万八千四百三十五名口，存仓米谷三百万一千二百四十六石八斗六升五合七勺。

（卷89　895页）

《清同治实录（三）》

同治三年（1864年）正月庚戌

又谕："庆昀等奏防御乘间诈赃，请旨办理并逆回攻犯满城近日情形各折片。宁夏步营防御佛尔国春于逆回攻犯满城，众铺民上城协守之时，胆敢向开碾房之周辅讹索制钱六串余文，实属目无法纪，若不严行惩办，无以儆贪墨而固人心。佛尔国春著即于军前正法，以昭炯戒。庆昀等仍即晓谕众民户，一体上城协守，毋稍疏懈。另片奏，逆回攻犯满城情形，近日尤甚，日夜前来附近城垣之四面村庄焚掠，意在不留民户，以断粮米柴薪之路。城头枪炮击倒贼匪多名，惟官兵穷饿，力有难支，日望援兵协饷到来，共保危城。近五十日未得省城信息，深以粮缺为虑等语。宁夏满城情形危急万分，必得援兵协饷早到方获安全。著熙麟、恩麟懔遵前旨，设法接济。英桂前奏报解甘饷三十万两，如已行抵庆阳，即著熙麟设法匀拨协济。其应需军火等项并著熙麟一并解济。委员探明路径，解赴宁夏满城，如有可以抽调兵勇并著赶紧调派，迅解宁夏之围，并通省城驿路，毋稍忽视。讷钦一军由归绥一路赴甘，现已行抵何处，即著兼程前进，力图救援宁夏，毋得稍事耽延，致干咎戾。庆昀等仍就现有兵力，激励军民，设法守御，并飞催各处援兵协饷以期共济艰难，是为至要。将此由六百里谕知庆昀、常升、熙麟、讷钦并传谕恩麟知之。"

（卷90 14页）

同治三年（1864年）正月辛亥

谕议政王军机大臣等："熙麟奏请拨京局火药，并请将发遣之张维义留营效力及阿扬阿等严办不法哨官，甚合机宜，恳请奖擢各折片。甘肃军营兵勇云集，日需火药甚多，若不亟为筹济，设有缺乏，所关非细。除熙麟所请饬拨京局火药业经谕令工部迅速筹拨外，其山西欠解之火药五万斤，著沈桂芬设法筹办，飞速解甘，以利攻剿。张维义既据熙麟奏称带队尚属出力，著准其暂缓发遣，留营效力，俟军务告竣，再行起解。哨官王敬国带勇滋事，大干法纪，副将阿扬阿等将其正法，办理尚合机宜。惟均系分内应办之事，岂可遽予奖擢。所有阿扬阿、蒋征陶出力之处，即由熙麟自行奖励。熙麟另片奏葆镛防守劝捐出力请奖等语。葆镛原参处分，已准其开复，所请赏戴花翎之处未免过优，著毋庸议。将此由五百里各谕令知之。"

（卷90　14页）

同治三年（1864年）正月丙寅

又谕："讷钦奏督兵驰抵归化城取道朔平前进请添调官兵马队一折。前因讷钦所带兵止二千，恐不敷进剿。谕令刘长佑、沈桂芬各调兵一千名驰赴朔平一带，归讷钦节制调遣。昨据刘长佑奏，遵调官兵一千由正定固关入晋。沈桂芬于接奉寄谕后，谅亦挑选精锐，星速启行。讷钦现由归化城向朔平府进发，著即催提直省运解之枪械帐棚等件赶紧解到，一俟部署已定，即由榆林府渡河前赴甘境，相机进剿。所有续调直隶、山西官兵二千名均由讷钦酌量调派，以厚兵力。该提督当懔遵叠次谕旨，力图扫荡，援救宁夏等城，毋稍耽延，致负委任。讷钦一军所需月饷，若待直隶解往深恐缓不济急，著沈桂芬就近筹拨，派员随赴行营支放，其直隶应解饷项，即运交山西兑抵。讷钦行营应需一切军火器械并著刘长佑、沈桂芬随时运解接济，以利军行。德勒克多尔济所调之旗绿及两盟蒙古官兵，分扎萨拉齐及磴口等处，均毋庸迁调，仍分饬该营将领驻扎防范，并将存城官兵随时训练，为讷钦后路援应，毋稍疏虞。正在寄谕间，据多隆阿奏报近日军情及剿办发逆获胜一折。甘肃徽县、两当发逆有出宝鸡山口，由郿县分援盩厔之说。该大臣檄调陶茂林一军由汧阳折回凤翔进剿，在雨门镇、二岭关等处擒斩甚伙，惟该匪现窜草凉驿，通衢要路，随在可以分窜。著即督饬陶茂林认真截剿，毋任回窜汉中，致滋延蔓。凤翔回匪自就抚后，猖獗如故，朝廷早有所闻，著多隆阿加意侦察，如竟不妥，即严饬陶茂林痛加剿洗，不准稍为迁就，贻患将来。庆瑞办事何如，是否可靠，并著该大臣留心察看。盩厔一城何以久未攻克。该城一日不拔，则该大臣各军不免为所牵掣，著即激励将士，奋力进攻，迅拔坚城，毋再延误。一俟盩厔攻拔，该大臣即统率大军驰赴汉南，剿办逆氛，廓清全陕。春气已深，秦中应已晴霁，并著速饬曹克忠将麟游一带之贼克日扫除。讷钦请饬多隆阿调拨马队五百名，能否分拨，著酌度办理。

多隆阿另片奏，各路分兵，粮草若仍自行经理，恐鞭长莫及等语。著张集馨选派妥员分路筹办各营粮草，毋令缺乏。甘省援兵渐集，粮台最关紧要。本日特派副都统文煜前往督办。熙麟当就现有兵力与讷钦所部联络策应，以期速殄回氛，肃清边圉。将此由六百里谕知多隆阿、德勒克多尔济、刘长佑、熙麟、沈桂芬、讷钦并传谕张集馨知之。"

又谕："熙麟奏甘省大兵云集，请饬催各省奉拨饷银一折。现在泾州、庆阳两处粮台，供支二十余营。陶茂林大队抵甘，兵勇云集，需饷万分紧迫。请饬催各省督抚将奉拨饷银赶紧接济，所奏自系实在情形。著骆秉章、阎敬铭、沈桂芬、张之万迅将奉文指拨，并历年欠解甘省协饷。无论何项，移缓就急。每省各先凑拨银三十万两，无分星夜，设法绕道，源源运解甘省军营，以期士饱马腾，毋再迟延贻误。将此由五百里各谕令知之。"

（卷92　33页）

以甘肃高家沟等处叠次剿匪出力，赏参将广勋、知州陶斯咏等花翎。知县林发深等蓝翎。余加衔升叙有差。

（卷92　36页）

同治三年（1864年）二月丙子

又谕："明谊等奏需饷甚迫。请旨分别借拨饬催一折。据称甘肃藩库连年欠拨塔尔巴哈台经费银十五万五千余两，乌鲁木齐每年欠拨加屯守卡官兵盐菜银一万四千余两，虽经奉旨饬催，令先拨解银一二万两，迄今已逾二年，分毫未解。上年俄夷兵队环住各卡伦之外，官兵防堵，正形吃紧，需饷尤形急迫，不得已动用所征茶税及库存茶布抵放防夷官兵盐菜。现在又均放罄。甘肃回氛甚炽，自顾不暇，何能再行筹拨。而官兵困苦情形实有朝不及夕之势。请饬山西抚臣借拨银一二万两，即划作该省应拨甘肃之饷，并请催乌鲁木齐欠饷等语。塔尔巴哈台兵饷久形缺乏，若不速筹接济，势必哗溃堪虞，关系实非浅鲜。著沈桂芬饬令藩司及河东道，无论何款，先行借拨银一二万两，派委妥员，赶紧运解，如探明草地可以行走，或即由草地解交塔尔巴哈台，以备支放。此项借拨银两，沈桂芬并咨照陕甘总督即划作山西应拨甘肃协饷，以清款项。并著平瑞于欠解该城九、十、十一、元、二等年应拨加屯守卡官兵盐菜银两内，赶紧先行筹拨银数千两，星速解往，毋再稍涉迟延。将此由四百里各谕令知之。"

（卷93　52页）

同治三年（1864年）二月庚寅

又谕："熙麟奏宁夏满城被围紧急，现筹救援情形一折。据称宁夏满城被围日久，待援孔殷。该逆马化漋攻陷州郡以后，宁夏迤北贼巢遍地，并据庆昀咨称，恩麟已派代办甘肃提督梁生岳驰往救援，行抵中卫县境被回匪阻隔，不能前进。所带兵勇仅止千余，贼氛逼近县城，万分吃紧各等语。雷正绾一军为泾州及平、固一带之贼所阻，一时未能北顾。讷钦现已由榆林一带驰赴宁夏，仍恐兵力尚单。副将赵延烺既据熙麟奏称，布置定边防守，深合机宜。即著饬令赵延烺酌带官兵五百名，勇丁三千名救援宁夏，统归讷钦调遣。宁夏情形既如此之紧，讷钦务当督率各军，刻即探路兼程趱进，救援宁夏满城，不得稍涉延缓。赵延烺一军可否作为向导之处，著讷钦酌度办理。马化漋屡扑中卫，均经梁生岳带兵击退，并著讷钦酌量情形，倘能出其不意，以成夹击之势，更资得手。沈桂芬于地丁项下拨银一万两，委员取道草边小路，径解宁夏。此路能否行走无碍，著沈桂芬与熙麟妥筹办理。现在各路大兵克期赴援，足资攻剿。庆昀务当固守待援，毋稍疏懈。将此由六百里各谕令知之。"

（卷94　78页）

同治三年（1864年）三月乙卯

谕议政王军机大臣等："雷正绾奏叠平贼垒，灵、崇后路肃清，分军规取平凉一折。另片奏，请将西南之清水等处兵勇交陶茂林就近节制。请饬陕西劝捐粮石济饷各等语。庆昀奏，宁夏近日防守情形一折。雷正绾由灵台截剿汧、麟审逆后，复自崇信连克双庙集、神浴河、白水镇、眉现镇等处贼巢，更番移营前进。灵台、崇信后路一律肃清。现与陶茂林晤商，该提督由东北白水镇、四十里铺一带，陶茂林由西南华亭一带分道规取平凉府城。所办均属妥协。著即会同陶茂林克日进取平凉，以期渐次扫荡。被胁难民自应准其反正，如有真心从贼者仍应分别严惩。该提督由东北路进兵，与西南声息不通，所有清水、安定、隆德、静宁一带兵勇即照所请，交陶茂林就近节制训练，以专责成。即著熙麟、雷正绾传知陶茂林认真统率，并须兼顾兰州省城，不得稍有疏失。所请于陕西北山一带劝捐粮石，以济军食，著张集馨遴派妥员，会同雷正绾所派之员实力劝办，但不得指定十分之一，以免骚扰，并著熙麟设法接济雷正绾营粮石，籍收饱腾之益。曹克忠现在驻军何处，应由何路进剿，著多隆阿等迅饬进兵，以收夹击之效。多隆阿伤病叠经寄谕询问，如子已取出，伤可无碍，即著迅速驰奏。仍一面督饬穆图善、雷正绾等分道进剿，迅速奏功，以副委任。穆图善既已帮办军务，暂署关防，不独剿办陕省回逆，是其专责。即汉南发逆亦应帮同刘蓉妥筹截剿，不可顾此失彼。庆昀等奏，宁夏匪众情形，时来扑犯，该将军等固守待援。现据恩麟咨称，已左中卫左近捐筹小麦三千石，驮运接济。著该将军等严催运送。仍督率在城文武固守待援，毋稍疏忽。恩麟所筹麦石不过暂济一时之急，此后仍著熙麟会同恩麟随时设法陆续解济，以苏民困。讷钦一军前经谕令速援宁夏，并著派员催提，内外夹击，以保危城。讷钦之兵未经行阵，该署提督恐难独当一面。前谕多隆阿拣派大员，帮同讷钦带兵剿贼，即著多隆阿、穆图善迅速妥筹调派。马队五百名曾否派往，并即催令起程，以资得力。雷正绾攻剿平凉，如已得手，即分军前赴宁夏，会同庆昀痛歼丑类，规取郡城，毋失戎机。将此由六百里谕知多隆阿、雷正绾、穆图善、庆昀、熙麟并传谕张集馨知之。"

（卷97 128页）

以甘肃伏羌剿击回匪获胜，赏都司张玉春等花翎，千总杨煦等蓝翎，余升叙开复有差。予阵亡知州谈葆和祭葬世职加等。

（卷97 129页）

同治三年（1864年）三月丁巳

又谕："本日据多隆阿由八百里驰奏，全陕回务肃清一折。此奏殊涉铺张。陕西回匪自多隆阿入关后，节节扫荡，地方渐就肃清，惟此项匪徒逃入甘省，根株尚未净绝。前经明降谕旨命多隆阿督办陕甘两省军务，该将军正宜乘此声威督饬各军分路进剿，将回匪悉数歼除，俾汉民良回得以安居乐业，仰慰朝廷除莠安良之意。汉南窜匪尚未歼除，亦应会同刘蓉分兵截剿，俾全省一律肃清，方为不负委任。现在朝廷但求实际，不尚虚文。该将军仍当督饬各将士奋力进取，以竟全功而膺懋赏，有厚望焉。"

（卷97 132页）

又谕："多隆阿奏全陕回务肃清及攻破神峪河等处贼巢各折片。多隆阿伤病情形屡降谕旨询问，此次谢恩折内具称奉到赏去如意拔毒散，当即敷治，神气稍清，可有生机。而受伤处所枪子尚未取出。览奏弥深廑念。陕省回匪虽就肃清，而汉南窜匪尚肆扰于镇安、蜀河一带。甘省逆回盘踞平、固、宁夏等城。多隆阿遽以陕省肃清铺陈入奏，且由八百里驰递红旗报捷，而所保之员，又非专指螯屋克复案内而言，殊属夸张失实，甚非该大臣向来忠勇朴诚办事情状。且于张集馨等各员附片陈请特予鼓励。览奏之余，深恐多隆阿伤病昏迷，于此等奏报失于察夺，尤难保非其左右办事之人。欲得保举，意存见好，乘其病中督乱所为，姑免深究。仍著多隆阿赶紧设法将伤口枪子取出，调治速愈，以资倚任。张集馨系弃瑕录用之员，现以臬司暂护抚篆。德兴阿亦系弃瑕录用，现以副都统署理将军，即官铭亦监司大员，且系官文之弟，其为贤否，与平日办事情形，朝廷岂不深知，予夺用舍，自有权衡，何必该大臣特为陈请。至雷正绾等各员，自系冲锋打仗及随营办理军务出力之人，亦经叠次优加奖叙。如果陕、甘两省回匪军务普律肃清，仍当核其劳勋，论功行赏，此单著即留中，俟陕甘军务全行肃清再行降旨。穆国善署理关防，于军务一切自当懔遵前旨，督饬各军，西剿回匪，南防发逆，相机调度，妥筹办理。刘蓉身任陕抚，于陕省收复各郡县地方善后事宜尤属责无旁贷，著即督饬藩臬两司妥筹办理。镇安一带窜匪，刘蓉前奏与李云麟商定督率各军分头截剿，究竟能否得力，不至任贼再行纷窜，肆扰邻疆。此时螯屋既克，多隆阿所部诸军应如何商同诸遣，著即与多隆阿、穆图善会商布置。雷正绾与陶茂林均已师逼平凉，该提督前请与陶茂林分路统率以专责成之处，当经寄谕，准如所奏办理。著即迅速进兵攻拔平凉，以次渐图扫荡。熙麟尚驻庆阳一隅之地，于全甘地方不足以资控制。恩麟暂权督篆，为时已久，恐于一切呼应不灵，致多贻误。现在雷正绾等之军已逼平郡，庆阳不过粮台转运，如有明干道府之员即足以资任使。著熙麟酌量刻下庆阳无甚紧要事件，即当作速前往兰州，接篆视事。或庆阳粮台一时未有更替得力大员，即俟文煜到后交其管理，亦即速赴兰州，以慎封守而重委任。将此由六百里各谕令知之。"

（卷97　133页）

同治三年（1864年）三月己未

又谕："多隆阿奏全陕军务渐就肃清，所统全军应赴援何省，请旨遵行一折。另片奏军饷支绌，派员赴同、朝一带试办捐输等语。前因鳌峞克复，陕省逆回扫除殆尽，降旨命多隆阿督办陕甘军务。原以该大臣征剿发逆，战功卓著，自调赴陕西剿办逆回，屡战皆捷，逆众望风披靡，俾各处踞匪次第荡平。而甘省回匪势尚狓猖，陕南余匪尚未扑灭，必得该大臣总统诸军，运筹决策，乃能所向克捷，迅奏肤公。多隆阿此次折报自系未接奉前旨，故有请旨遵行之奏。据奏枪子虽未取出，久之与气血相属，即于身体无伤。并据穆图善奏称多隆阿自敷贴拔毒散后，顿觉痛减神安，览奏颇为欣慰。仍著发去如意拔毒散两料，交该大臣只领，赶紧医治，以冀速痊。所称部曲均系南人，每以北地苦寒，不服水土为虑。自系实情。惟刻下陕省匪回逃入甘省者不少，宁夏、平凉等处均尚为回匪占踞，其余亦皆遍地伏莽，未受大创。仅恃雷正绾、陶茂林两军其力尚薄，且无所禀承，亦恐呼应不灵，进剿未能得力。甘肃势据上游，回氛一日不靖，则山、陕皆难安枕，唇齿辅车，最关紧要。多隆阿本系西安将军，又有督办陕甘军务之责，而回匪又皆震慑该大臣之威，自应以廓清两省为己任，惟据称所部不服水土，若强令入甘，恐多涣散。著该大臣无庸亲督各军深入甘省，仍驻西安调理伤病，一面将剿办甘肃回匪事宜妥筹调派。刘蓉所部兵勇为数不少，川勇固可调赴甘肃，即楚勇亦在川日久，习惯自然。著该大臣与刘蓉筹商，调其所部得力宜于入甘者数千名，可否即派穆图善统带前往。或另为一路，或即为雷正绾后路声援。其入甘以后应由何员统率各军，总归该大臣节制调度之处，均著多隆阿妥筹办理。汉南踞贼尚与刘蓉、李云麟相持不下，仍恐乘虚窥伺陕西腹地及楚、蜀边境，多隆阿所部不宜入甘之军正应移剿此股贼匪，或绕出潼关迎头截击，或于陕南一带拦腰截击。倘贼匪东窜，即可追出陕境，尽力剿洗。如在豫境则此军可即交僧格林沁调遣。在鄂境则此军即可归官文等调遣。如此量为移调，兵力既可因地制宜，饷项亦可于楚、豫两省份任兼筹，系属两有裨益。多隆阿所部各军，由东南而西北，转战数省，均甚得力。此次如能截剿发捻，不令东窜掣动大局，则金陵指日可以克复。将来该大臣所统之军亦必同膺懋赏。多隆阿即将此旨预行宣示诸军，俾各奋勉图功，以副委任。同、朝一带殷实之户渐次复业，该大臣因饷需不继，劝办捐输，著刘蓉督率地方官会同多隆阿委员妥为经理。昨有旨令熙麟迅赴兰州省会，期于整顿一切。兹据奏称，庆阳系粮台重地，为甘省东北屏藩，陕省西北保障等语。著仍遵前旨，赴兰州接印任事，酌派一军驻扎庆阳，以资防剿。熙麟或俟文煜到庆阳接办粮台后再赴兰州，并著该督斟酌办理。另片奏，雷正绾由泾拔营赴灵，留步队四营，令成禄统领驻泾等语。雷正绾现与陶茂林等分道进取平凉，即著该提督奋力进攻，迅拔坚城，毋稍延缓。将此由六百里各谕令知之。"

（卷97　140页）

以甘肃庆阳剿匪获胜，予参将马天祥等优叙，阵亡五品军功谢得胜祭葬世职，如守备例。

（卷97　142页）

同治三年（1864年）三月壬戌

谕议政王军机大臣等："前因多隆阿奏全陕回匪肃清，所统全军应赴援何省，请旨遵行。当经谕令多隆阿将所部不宜入甘之军移剿陕南窜匪。现在曹、蓝各逆势尚猖獗，刘蓉所部近日剿贼情形未据该抚驰奏，实深廑念。此股匪徒若不及早扑灭，不独兴安、商州等处受其蹂躏，将来会合发逆必至窜扰鄂、豫腹地。陕省回务既已肃清，多隆阿所部多系南人，势难进剿甘肃，即著多隆阿商同穆图善，于所部酌调兵勇四千名，交姜玉顺、佘福象统带，驰赴陕南，会同刘蓉各营迅将曹、蓝各股匪徒尽力剿洗。"

（卷98　146页）

甘肃回氛甚炽，仅恃有雷正绾、陶茂林等军节节进剿，著刘蓉迅即酌量情形，如兵力尚单，即仍遵前旨将该抚所部兵勇分拨数千名，派得力大员统带前往分路进剿，以资接应。正在寄谕间，据穆图善奏，多隆阿伤病增剧，势甚危笃，须重用参芪，以固其气等语。览奏益深廑系，著发去人参六两交该大臣只领医治，安心调理，用冀速痊。另片奏，连日据百姓报称蓝逆受伤，十分沉重。此股败匪现趋宁陕，图与蓝、曹二逆合股，匪数无多，即著刘蓉派兵截击，悉数歼除，毋稍疏懈。将此由六百里加紧谕知僧格林沁、官文、多隆阿、穆图善、严树森、刘蓉并传谕张集馨知之。"

（卷98　148页）

同治三年（1864年）三月乙丑

又谕："熙麟奏甘省军情紧急，饷糈告匮，请饬催各省迅速协济一折。甘省军务吃紧，近日兵勇云集，饷项最关紧要。现在庆阳粮台存银将次告罄。各该省岂能漠视。张集馨于叠次严奉谕旨，饬令接济饷糈，乃不但不能设法筹解，转将山东解甘饷银任意截留，种种掣肘，于西北大局必至不堪设想。刻下鳌屋业已克复，汉南发逆无多，陕中渐就肃清，甘省正在军务紧急，饷糈告匮之时，该署抚断不得意存漠视，置甘省于不顾。著张集馨懔遵前奉谕旨，实力筹解，接济甘省兵糈，并照旧支应陶茂林一军，毋稍延误。所有解甘饷银，嗣后张集馨不准再行截留，并著骆秉章、阎敬铭、沈桂芬、张之万各懔遵前奉谕旨，迅将指拨并历年欠解甘饷无论何项，每省各先凑拨银三十万两，星速委员解赴庆阳军营，以救眉急，均不准再存漠视之心，贻误大局。将此由六百里谕知骆秉章、熙麟、阎敬铭、沈桂芬、张之万并传谕张集馨知之。"

（卷98 153页）

同治三年（1864年）三月丁卯

命陕甘总督熙麟拨银三万五千九百两有奇，解赴叶尔羌、巴尔楚克，备同治四年经费。

（卷98 158页）

同治三年（1864年）三月己巳

命陕甘总督熙麟拨银四万七千三百两有奇，解赴乌鲁木齐，七万一千九百两有奇，解赴喀什噶尔、英吉沙尔，备同治四年经费。

（卷98 164页）

同治三年（1864年）三月庚午

谕内阁："玉通奏遴访贤才请送部引见一折。署西宁府知府循化同知达昌著即送部引见。"

（卷98 164页）

又谕："恩麟奏关外匪徒聚众滋事，踞堡戕官，经官军剿捕立时扑灭，并东路贼匪勾结河、狄匪徒生事，派兵剿办各一折。嘉峪关外匪首马三娃等因甘省回氛不靖，辄敢纠集多人攻陷赤金堡地方，经护总兵德祥等督兵掩捕，旬日之间立将全股歼擒扑灭，办理尚属迅速。至逸犯杨春系起意谋叛贼目，断不可任令漏网，著严饬该员弁等设法缉捕务获，置之重典，以绝根株。河州、狄道一带回匪怙恶不悛，必须痛加惩创。恩麟现令道员赵必达统领新募果义营一军五千余人驰往剿办，并饬都司王勇等联络民团，以壮声势。著即督饬赵必达等乘新军锐气正盛之时，迅速进剿，务将河、狄贼匪悉数殄除，庶可分兵直趋东、北两路，与雷正绾等合师夹击。恩麟另片奏，顷接探报，凤翔回匪又复蠢动，陶茂林回军剿办，因而汧、陇贼踪纷扰各等语。凤翔回匪叠经陶茂林等剿办，据报陕省一律肃清。陶茂林现已由清水等处进规平凉。恩麟此奏是否系未经肃清以前情形，著熙麟等确查具奏。将此由六百里谕知熙麟并传谕恩麟知之。"

又谕："恩麟奏宁夏满城粮饷缺乏，请饬阿拉善亲王挽运小麦以资接济等语。宁夏满城孤立待援，需饷甚殷。经恩麟于程途较近之红水县丞酌拨捐输仓斗小麦三千石，运充满城兵粮，并另筹驮脚银一千两，解交阿拉善亲王贡桑珠尔默特，令其雇觅蒙古驼只由草地运往宁夏，以济兵食。旋经恩麟咨催，仅据该亲王派来红水乏驼五百只，运送小麦二百一十石，其余小麦迄今未运，实属任意迟延，不知缓急。著理藩院转饬贡桑珠尔默特仍照原议，督饬属下办事蒙古官员多备驼只，将未运小麦二千七百九十石赶紧挽运宁夏满城，不得借词推诿，致滋贻误。原片著抄给阅看。将此谕令知之。"

又谕："玉通奏西宁西、南二川汉民被害过重，设法倡捐办理，并亲往各庄履勘，节次办理抚恤，地方渐靖各折。西宁西、南二川汉民因被回匪屡次焚杀，受害过重，一时难期解散。经玉通首先倡捐银两，设法抚恤，俾各归农，并亲往各庄逐一履勘，督饬阿家呼图克图传集团勇头目，剀切晓谕，均称情愿解散，并拟前往东、北两川亲勘劝导，所办尚为妥协。惟汉回互相仇杀，是以汉民聚团以御回民。今玉通首倡捐输，令各汉民散团归农，期于释怨息争，永不滋事。惟未知各该处回民能否一律解散，若徒解散汉民而不能解散回民，则办理既不得其平，亦岂能从此相安无事。诚恐玉通一经回城，勾结报复，又在所不免。仍著责成知府达昌等将未结各案及应办一切善后事宜妥速办理，以期一劳永逸。其东、北两川果莽、果隆、吹布藏等寺并著照该大臣所请，即带同委员前往，会同章嘉呼图克图等悉心劝解，务令永释忿争，各安生业，并将现办情形随时奏闻，以慰朝廷西顾之忧。将此由五百里谕令知之。"

以甘肃捐资募勇，赏前任四川按察使牛树梅布政使衔，知府赵必达等升叙有差。

予甘肃赤金堡阵亡护都司雷举祭葬世职。

（卷98　166页）

同治三年（1864年）四月癸酉

又谕："……陶茂林一军现与雷正绾合攻平凉，叠获大胜。逆首木三已为雷正绾兵勇生擒。若陶茂林所部不返陇州，则平凉郡城指日可复。宁夏满城亦可进筹援应。曹克忠现已由两亭拔营前往陇州，刘蓉即日到省，亦可酌拨所部将士分防鄠县城池及涝峪口一带，俾穆图善等军，移剿汧、陇并峡口等处回匪，以通甘省粮路。著多隆阿、穆图善、刘蓉与雷正绾斟酌情形，会商筹办。雷正绾所需饷银五千两并军火器械等项，即著张集馨与林寿图等设法妥筹，源源接济，毋令稍有缺乏。山阳、商南镇安各踞贼，虽已东窜，难保不复行折回。卢氏之木阳关、瓦穴皆与商南各隘口相连，即著多隆阿、刘蓉严饬在防文武严密防堵。敖屋营中将士仍著多隆阿饬令穆图善整齐约束，以肃营规。将此由六百里谕知多隆阿、穆图善、雷正绾、刘蓉并传谕张集馨知之。"

（卷99　175页）

同治三年（1864年）四月丙子

又谕："讷钦奏驰抵定边，侦探回情，并请派有任大员接统军务各一折。宁夏逆首马化漋现于灵州金积堡操演马队，并分布各隘，阻我进兵之路。讷钦现抵定边，拟俟续调直、晋官兵二千名到齐，并赵延烺勇丁招募成军，再行前进。直、晋官兵前已叠报起程，即著讷钦迅速飞催，一俟兵勇到齐，妥筹部勒，与雷正绾会商进取，互为声援，以资掎角。其多隆阿马队已叠次谕令调拨，并著一面迎提以资攻剿。讷钦统兵赴陕，去直隶日远，营伍一切事宜势难兼顾。畿辅地方紧要，提督一缺故令徐廷楷署理。讷钦带兵援甘是其专责，所部兵勇仍当妥筹驾驭，不得以无任无权呼应不灵，意存推诿。将此由五百里谕令知之。"

又谕："都兴阿现在由京起程前赴归绥。原令即在归绥筹办该处防务，本日讷钦奏报，驰抵定边，侦探回匪情形，因续调直、晋两省官兵尚未到齐。署总兵赵延烺定边招募勇丁，亦未募足，均须催调。并候多隆阿马队到营方能筹划进攻灵州。并有自卸署直隶提督篆务，一切深恐呼应不灵等语。马化漋逆焰鸱张，宁夏满城待援孔亟。日前雷正绾奏到，进兵已逼平凉，可期得手。宁、灵一路尤须从定边及早进兵，期与雷正绾等军共收夹击之效。都兴阿老于兵事，谙练较深，著即赶紧由京起程直赴定边，接统讷钦所部各军，速筹进取宁、灵一路。该将军到后，即行传谕讷钦回驻归绥，会同德勒克多尔济筹办归绥防务。讷钦所部兵勇现有七千余名，著该将军酌量，如兵力已敷，可酌拨千余名交讷钦带往归绥，以资守御。都兴阿行抵定边，续调直、晋官兵定可到齐。赵延烺勇丁募足成军，堪资向导，应即如何调度进兵之处，著即迅速筹办，一面奏闻。雷正绾进图平郡，届时能否攻克，该将军应与如何联络进取，并著妥为筹商，将甘省回氛迅图扫荡，以副委任。将此谕令知之。"寻奏："续调马队现已到京，遵即克日赴防。前起马队业已派员带赴归、绥，一俟各军会合，即由归、绥取道前进。"报闻。

（卷99　180页）

同治三年（1864年）四月庚辰

谕议政王军机大臣等："前据熙麟奏称，张集馨任意截留甘饷，当经谕令张集馨实力筹解，不得意存漠视。兹据张集馨奏，动支山东协甘银两，并供给赴甘官军饷项数目及鳌厘营中情形各折片。甘省军务正当吃紧之时，所有援剿甘肃之雷正绾、陶茂林、曹克忠等军人数众多，应需兵饷。前经叠谕张集馨设法接济。今张集馨于山东、河南等省解甘饷银就近截留提用，分拨各营，移缓就急，原无不可。第熙麟在庆阳军营，兵勇亦有数千，待饷孔亟。前项协甘饷银既经该署抚截留分拨各营，分毫未能解到，势将悬釜待炊，立形哗溃。除协甘饷银业经截留供给甘军外，所有熙麟庆阳军营饷需仍著刘蓉、张集馨实力设法筹解接济，不准意存漠视，稍涉推诿。所有此次张集馨折内陈明动支山东等省协甘饷银数目，著即咨明熙麟、刘蓉按款详查，以备报销。嗣后各省续解甘省饷银，刘蓉、张集馨惟当迅速转解庆阳粮台，不得再行截留。其雷正绾、陶茂林等援甘各营军火饷需，并著刘蓉、张集馨仍由陕省另行筹款，源源接济，亦不得稍存漠视。熙麟于雷正绾等营饷需亦当设法兼顾，毋任缺乏。多隆阿伤病尚未全愈，务当善为调理，以冀渐就痊可。现在发捻各逆麇集楚、豫边界，意图东窜。该处防剿万紧，前谕多隆阿等令佘福象、姜玉顺带兵四千名由陕南赴鄂，交官文调遣。萧河清、孟宗福等酌带四千人由雒南一带探明贼踪追击，归僧格林沁调遣。著多隆阿、穆图善仍遵前旨，饬令该总兵等迅速前往，毋稍迁延。将此由六百里谕知多隆阿、穆图善、雷正绾、熙麟、刘蓉并传谕张集馨知之。"

（卷99　191页）

同治三年（1864年）四月丙戌

又谕："雷正绾奏官军攻毁平凉、镇原两处贼巢，击退援贼，进逼平凉一折。平凉之四十里铺及镇原属之新城两处贼巢，均被官军平毁。悍贼木仲沅、讷三亦俱斩于阵。贼胆已寒，亟应乘匪众恇怯之际进逼平凉郡城。陶茂林留勇驻扎华亭，以顾后路，自率八营前来会剿，即著雷正绾督同陶茂林奇正兼施，迅将平凉郡城克期攻拔，毋任久踞。宁夏汉城被陷未复，满城被围已久，自应亟图援救。且官军由灵、宁进取，则东北各匪皆有所顾忌，不敢援应平凉，而雷正绾之师剿办更易得手。前因讷钦所带兵勇未经战阵，恐难得力，特派都兴阿驰赴定边，接统其众。该将军业已由京起程，而所部马步各军尚恐不敷调拨，著多隆阿、穆图善恪遵叠次谕旨，将前此留省之马队五百名迅速拨赴定边，交都兴阿统带，并著刘蓉酌拨楚勇数千，前赴都兴阿军营，听候调遣，以厚兵力。熙麟现派游击罗元勋管带楚勇一千名，与赵延炜力图援剿，著即严饬该游击认真整顿，俾成劲旅。雷正绾如已攻拔平凉，即移得胜之师迅赴宁、灵一带，与都兴阿两路进攻，庶各路逆氛不难渐次扑灭。将此由六百里各谕令知之。"

……以甘肃平凉、镇原攻克贼巢，提督雷正绾得旨嘉奖，赏参将雷恒巴图鲁名号，总兵官魏添应等加衔升叙有差。予阵亡都司石锦玉等十一员祭葬世职加等。

（卷100　205页）

同治三年（1864年）四月庚寅

谕议政王军机大臣等："穆图善奏陕省军务渐就肃清，全军遵旨驰援楚、豫，并曹克忠一军攻克马鹿镇等处贼巢各折片。曹背时一股经提督姜玉顺歼灭殆尽，曹逆亦在诛数。穆图善现檄姜玉顺先行统带九营，由南山拔队援应楚省，饬蓝斯明、萧河清各率所部赴豫，自尚未接到本月十六日令萧河清等改赴楚省之谕，著懍遵前旨，令萧河清、姜玉顺所带步队八千人，一并驰援楚省。多隆阿部下马队除酌留拨给都兴阿外，其余悉令常星阿等统带仍赴僧格林沁军营。僧格林沁现驰随州，俟西省马步到齐，应如何分拨策应，并派防豫省东北两路之处，均著妥为筹划。穆图善欲亲督马步出关分剿，奋勇可嘉。该将军即妥为部署，亲率各营赴楚，并须激励各军，认真出力。陕西未尽事宜移交刘蓉办理。多隆阿钦差大臣关防，著刘蓉派员赍赴京师恭缴。官文于陕西兵勇到后兵力益足，务当妥筹分布，将楚境贼氛节节扫荡，毋留余孽。严树森仍慎固省防，不可稍涉大意。刘蓉已派英毅六营赴襄樊，此军何日到楚，亦可归官文调遣。现在陕西地方虽可渐次肃清，而统帅伤亡，兵勇分散，诚恐甘省逆回及本境余匪从而生心，再图滋事。不可不预为之防。刘蓉所部之湘果十四营现屯汉郡，著分饬带兵各员将各路余匪搜捕净尽。俟甘省回匪剿办得手，不至复行回窜，再议一律撤遣回蜀、潼、商等处防守紧要，著刘蓉选派得力兵将分股驻扎，以便蓝斯明、萧河清起程赴楚。涝峪口匪踪是否净绝，曹背时是否伏诛，该抚何日出省调度，并著迅速奏闻。曹克忠已将马鹿镇等处贼巢剿洗，著饬令仍行回驻陇境，如省城附近需兵弹压，即调回驻扎盩厔一带，以资控制。都兴阿统兵日久，持重老成，现带重兵赴定边一带。本日已令督办甘肃军务，著即趱程前进，与雷正绾会商妥办，以期节节肃清。雷正绾自陕入甘，屡获奇捷，劳勚卓著。现在围攻平凉，谅可即日得手，著即督率将弁迅速图攻。甘省匪势尚炽，该提督一军恐尚单薄，是以添派都兴阿办理。都兴阿尚不能即日到甘，俟其到后或在一处会商，或议分头办理，均须和衷共济，以纾朝廷西顾之忧。蔡逆一股经刘蓉派令湘果各营会商李云麟击剿，闻已败窜郧西，著责令该京卿跟踪蹑剿，不得稍留遗孽，贻患邻封。若纵令与楚豫各匪合股，定惟李云麟是问。将此由六百里各谕令知之。"

（卷100　212页）

调荆州将军都兴阿为西安将军，以西安左翼副都统穆图善为荆州将军。

命西安将军都兴阿督办甘肃军务，署陕西提督雷正绾帮办军务。

（卷100　213页）

同治三年（1864年）四月戊戌

又谕："熙麟奏庆阳情形紧要，不能迅赴兰州。庆防兵勇在环县击贼获胜。宁夏满城被围日久，亟待援兵。陕省截留甘饷并抄录林寿图原函呈览。暨遵查恩麟奏报凤翔回匪情形各折片。前因甘省军情紧要，庆阳仅办粮台转运。文煜到后已有大员接办，是以叠谕熙麟迅赴兰州省城接印任事。兹据奏称平凉大军将次合围，定边兵勇将次进征，恐败匪纷窜肆扰，分我兵力。且近获贼供，刻有东窜之志。庆阳之防剿吃紧，实倍往昔等语。所奏自系实在情形。即著熙麟暂驻庆阳会同文煜等，于征兵筹饷各事宜妥为调度。恩麟暂权护篆，办理有无偏谬，仍著留心随时察看，不得存两人分任之见，稍存诿卸。现在汉中发逆悉数东窜鄂北，襄、随一带，到处传烽。僧格林沁驻扎楚、豫之交剿办发捻，断不能移师西向。都兴阿由定边一路前进，计现在已入甘境。雷正绾尚称能战，陶茂林亦已抵甘，著熙麟会同该提督饬令各营将士迅克平凉，节节扫荡，以期早日蒇事，慰朝廷西顾之忧。宁夏满城被围日久，望援綦切。讷钦兵勇虽有七千余名之多，大都未经战阵。赵廷烺所募勇丁，既不能符三千之数，熙麟令先招勇丁一千名，并饬游击罗元勋等管带环县防勇一千名驰往定边，与赵延烺之兵一同进剿。即著照该督所拟，迅饬该员弁分路前进。讷钦之军已归都兴阿统带，著都兴阿酌量先挑劲兵一千名，力解宁夏满城之围，并分兵越花马池而西，逼近黄河驻扎，扼贼东窜，并催梁生岳拔队前进。倘仍前逗留，即著严参惩办。雷正绾攻克平凉后，即鼓行而西与都兴阿会合进兵。熙麟筹解军火，遇事和衷筹商，以期共济。甘省饷糈不继，关系非轻。前经张集馨奏，动支山东、河南等省解甘饷银，截留分拨各营，当经谕令咨明熙麟等按款详查，所有熙麟庆阳军营饷需，仍著刘蓉懔遵叠次谕旨，实力接济，断不准漠视推诿，贻误事机。抄呈林寿图信函二件，著抄给刘蓉阅看。汇入前次交查之件，一并查明办理。熙麟请令穆图善带马队由定边草地赴甘，穆图善前已授为荆州将军，令其带勇赴楚。该将军现已屯兵灞桥，著即统率姜玉顺等军，仍遵前旨，迅赴楚北会剿。正在寄谕间，据雷正绾奏，请饬多隆阿所部数营拨归都兴阿统率，援剿宁、灵，并曹克忠平毁长宁驿、马鹿镇两处贼巢。刘蓉奏生擒曹逆，并将余匪搜捕净尽，蔡逆被剿西窜，官军追剿堵击情形，督催姜玉顺等拔营赴楚等折片。雷正绾屡获大捷，俟攻克平凉，仍遵十九日谕旨与都兴阿和衷商榷进兵。多隆阿所部除姜玉顺等马步各队已拨赴楚北，此外如尚有余兵固可拨赴甘省，如无兵可拨，即著刘蓉将所部酌拨若干赴雷正绾军营，以厚兵力。平郡城外援贼剿灭净尽，城贼之势自孤，著雷正绾饬令陶茂林等乘胜进逼，迅奏肤公。曹克忠一军，著仍遵前旨饬令回陇，或驻扎盩厔，以资控制。逆首曹灿漳既经擒获，余党搜斩殆尽，仍著刘蓉分饬各将士，将零星匿匪悉数歼除。蔡逆被剿西犯，探悉不能偷越兴安，思由镇安窜入宁陕老林，趋佛坪褒沔，南出昭广，以逞回川之谋。现已阑入镇安大小心川，并将小心川附近一寨攻破。逆众尚有三万之多，设使偷渡汉江，则川陕之蔓延滋甚。著李云麟由后追蹑，毋令贼匪得以喘息。刘蓉即檄饬萧庆高等移得胜之师分扼江口一带，截其上窜之路，何胜必等会合邀击，倘竟窜近川疆，著骆秉章分饬在防将士并地方文武严密截击，以收聚歼之效。刘蓉俟穆图善起程后即出省督师，或径趋潼、商，或先赴镇安，著斟酌缓急情形随时具奏。将此由六百里各谕令知之。”

（卷101　231页）

以甘肃泾州剿贼获胜，赏游击徐定邦等花翎，知县容贵等蓝翎，余加衔升叙有差。

（卷101　233页）

同治三年（1864年）五月辛丑

又谕：“熙麟、文煜奏，粮台用款浩繁，供支雷正绾各营以及庆、环等处兵勇之饷，每月约需银十余万两。目下存款仅有一万余金，而军火器械、粮石面斤毫无储蓄。各省协拨之饷，除山东解到银一万两，山西河东道报解起程银五万两外，其余杳无消息。请旨饬催等语。甘肃回氛遍地，攻剿正当吃紧，而饷需奇绌，又为他省所未有。若不力筹接济，万一饥军哗溃，于西北大局关系甚重。著骆秉章、阎敬铭、沈桂芬、张之万懔遵前旨，迅将指拨甘省军饷。无论何款移缓就急，各凑银三十万两，星速委解庆阳粮台，不准再有延诿。并著刘蓉督饬藩司，实力筹解甘省兵糈，其陶茂林一军仍照旧供支，毋得稍存漠视。将此由五百里各谕令知之。"

拨直隶山东火药各五万斤、铅丸各二万五千斤、火绳各五万丈，解赴甘肃庆阳粮台备用。

（卷102 241页）

同治三年（1864年）五月乙巳

谕内阁："前因逆回阑入甘肃灵州所属之惠安堡，驻扎该处之宁夏盐捕通判秦自德先期公出，恐有捏饰。当经谕令恩麟查参，兹据恩麟奏称，查明秦自德于军务吃紧之际，借督催盐课为名，先期远出，以致地方失陷。且于收复后并不即时回堡，又不静候查办。辄复携眷远徙凉州，似此行止自便，置官守于不问，殊出情理之外。秦自德著即行革职，从重发往新疆效力赎罪，以为规避取巧者戒。"

（卷102 246页）

又谕："都兴阿奏遵旨赴防，行抵太原，趱程前进一折。另片奏请调兵勇人员及抽拨洋枪各项等语。熙麟奏，通筹甘省军务，仍请派令僧格林沁督剿。恩麟奏，筹办宁夏军务情形折片。都兴阿行抵太原，接奉寄谕，刊刻木质关防，著即照办，并著督率各兵星驰前进。遵照叠次谕旨，迅解宁夏之围，毋稍延缓。所请抽拨洋枪八百杆，已谕知管理神机营王大臣照数拨解。另单请调文武各员，除候选道荣禄另有差委，其侍卫额尔登布等四员均谕令赴甘肃军营差委矣。该将军又以曹克忠勇敢善战，请令赴营，并令刘蓉另派驻防陇边等语。曹克忠驻守汧、陇一带，系为预防甘肃逆氛回窜秦中而设，能否另派劲旅防守，抽出该总兵所部赴都兴阿军营调遣，著刘蓉酌度具奏。熙麟奏衰病情形，并恳暂派文煜代理现办公事。本日已有旨令熙麟开缺，回旗调理。熙麟起程以后所有庆阳防守及粮台一切事务均交文煜办理。文煜系弃瑕录用之员，务须振刷精神，力图报效，以副委任。熙麟所请令僧格林沁督师赴甘，其折内所称河南仅剩零匪，该王现驻嵩县，自系得自传闻，均未确实。河南匪势趋重湖北，且时有东窜皖疆回救金陵之意。该亲王驻军信阳州，责任极重，断难西行。甘肃现有都兴阿督办，雷正绾帮办，如果申明纪律，节节剿办，无难立奏肤公也。恩麟奏，历陈筹办宁夏军务情形，并密陈办法一片，殊嫌晓辩。梁生岳办抚，贼匪既未献城归顺，则庆昀之不再羁縻，婴城固守，自属正办。梁生岳、定安二员主抚无功，是否借以缓师，意存畏葸。著都兴阿查明参奏。恩麟另片奏，军营鼓舞人才，惟恃爵赏。前奏各件或因道路羁延未据奉到，或经部议驳斥未能尽准，一切呼应不灵。恳请于所奏事宜及保举人员，俯赐准行等语。朝廷用人行政，一秉大公。恩麟前后所陈及保升各员亦多有奉旨俞允者。他省军营所奏亦，多有奉旨驳斥者，惟在权衡当否，归于至善。该护督如果保举与例相符，措置悉无乖谬，自当照行，俾资观感，否则赏罚者天下之公器，亦断不能为该护督曲徇也。将此由六百里谕知都兴阿、熙麟、刘蓉、文煜并传谕恩麟知之。"

（卷102　248页）

陕甘总督熙麟因病解职。以福建水师提督杨岳斌为陕甘总督，未到任前，以西安将军都兴阿署理。都兴阿未到任前，仍以布政使恩麟暂行护理。

命前任广东布政使文格赴署陕甘总督都兴阿军营，听候差委。

予甘肃军营病故提督经文岱祭葬恤荫。

（卷102　250页）

同治三年（1864年）五月癸丑

命镶黄旗头等侍卫谦禧赴署陕甘总督都兴阿军营听候差委。

（卷103　268页）

同治三年（1864年）五月丁巳

谕议政王军机大臣等："前因有人奏恩麟办事颟顸，不学无术。潘祖荫奏，甘省大吏办理军务乖方，并都察院奏，胡第甲等以狃和殃民等词赴该衙门呈诉各折。先后交多隆阿秉公查办。兹又先后有人奏，甘肃逆回煽乱焚杀，延及附省之狄道、河州等处，署督臣督办不力，并恩麟专意主抚，逆势愈张。知府徐辰告等四员为守兼优，足资驱策。总兵张华等五员贪鄙各款，贻害地方。文格素称廉谨，于军务不甚相宜。请旨饬查各等语。甘肃吏治军务废弛已极，亟应严行查办，以挽颓风。著都兴阿将此次所参恩麟等款，并前交多隆阿查办各案一并秉公确查，据实具奏。都兴阿甫经入甘，无所用其回护，务将交办各案严密访查，毋得稍涉徇隐。谕旨三道、折五件、绅士信函一件、呈二件、条陈一件均著抄给阅看。将此谕令知之。"

又谕："庆昀、常升奏，围城贼众忽退，现在办理情形一折。甘肃逆回自本年二月间围攻宁夏满城，暗决城西支渠放水灌城，经庆昀等急令附城民人开田宣泄，得保无虞。四月初七日，城外南、北贼营忽同时拔退，复于夜间决渠灌城，因满城依山，且系沙地渗水，并未淹及。庆昀等趁贼众暂退，派员前赴山北，提运黄米、小麦四百余石，并庆阳粮台饷银五千两入城，暂资支放。宁夏贼氛甚炽，此次暂将城围撤退，乘雨决水灌城。逆谋甚属凶狡。讷钦援军虽已行抵灵州，因续调直、晋官兵到者甚少。赵延烺在定边所募勇丁亦因前赴庆阳，禀请军械饷项，俟多隆阿营内所拨马队到齐，先攻灵州，始能赴援宁夏。是该处满城防剿仍形吃紧。都兴阿前奏，西蒙克西克等到营，即令过渡，会合宁夏官兵前后夹击。业经谕令德勒克多尔济等传知鄂尔多斯各旗多备驼只，并谕知桂成带兵会阿拉善王部下防兵，出宁夏北山夹击，著都兴阿懔遵叠次谕旨，迅督各军趱程前进，会合讷钦所部，相机进兵，并著雷正绾督率诸军迅将平凉攻拔，与都兴阿各营声势联络。庆昀仍当就现在存城兵力加意激劝，婴城固守，以待援军，毋稍疏懈。满城兵食不充，归绥道库存饷三万两，山西续拨饷银一万两，计日应可提到。即著庆昀等飞速咨提到宁，并著文煜懔遵前旨，将援甘各军应需粮饷军火源源筹解，并将赵延烺等军所需军械饷项迅速应付，以利师行。至回情反复堪虞，庆昀等所奏镇属回官马谦遣人单骑来城，甘言求抚，且称镇道印信已交中卫县由梁生岳等赍送省城，必系因雷正绾进攻平凉叠次获胜，冀以甘词邀抚，缓我师期，断不可信。庆昀等惟当激励兵勇，加意防范，毋又堕彼狡谋，致蹈汉城覆辙。雷正绾亦当乘贼情少懈之时，迅图攻克平凉，以副委任。将此由六百里各谕令知之。"

（卷103　273页）

同治三年（1864年）五月己未

又谕："前因甘省大兵云集，需饷孔殷，曾谕令各省于欠解甘饷内每省赶紧凑解三十万两，以应急需。兹据张之万片奏，欠解甘饷先后已解过银四万两，现在豫省剿办发捻，需饷浩繁，各属钱粮征解未能踊跃，所有协甘欠饷未能一时兼顾。查山西藩库，每年应解归德镇兵饷银一万四千两。同治二年份尚未解到，请将此项银两改解甘省，抵作豫省协饷等语。著沈桂芬饬令藩司即将此项银两迅速由晋派员解赴甘省，以抵豫省欠款，毋稍迟误。惟甘肃军饷支绌异常，此次抵拨之款为数甚微，岂能搪塞了事。所有河南应解甘省协饷银三十万两，仍著张之万设法陆续筹解，毋误要需。将此由五百里各谕令知之。"

（卷103　277页）

同治三年（1864年）五月庚申

谕议政王军机大臣等："传谕护陕甘总督恩麟。恩麟奏，蒙古台站遗弃折报，检获呈进，回匪阑入狄道州城，旋即收复，现时筹办情形各折片。恩麟上年十二月初三日所发奏报，由阿拉善旗转递至鄂尔多斯，因何疏失，以致遗弃道旁，亟应彻底根究，以肃邮政。著该护督查明据实参奏。隆德、秦安等处之匪势日蔓延，恩麟请饬雷正绾等速拨一军驰赴安会。雷正绾现与陶茂林进攻平凉，渐次合围，攻剿正在吃紧。且该提督等两军兵力本单，此时殊难分兵再行驻扎安会。恩麟惟当就现有兵力严密布置，以扼东西两路之防。都兴阿日内即可由定边进剿，兵力既集，可期节节扫荡。恩麟毋得专意主抚，致堕该逆诡谋，贻误全局。狄道州城被回匪窜陷，旋即收复。著恩麟督饬将弁将入山败匪搜捕净尽，毋留遗孽。署兰州道崇保、署兰州府知府豫师于所属城池被匪阑入，本有应得之咎，惟既随同收复，所有处分均著宽免。河、狄等处回匪猖獗，该护督身膺疆寄，不能实力剿办，屡次陈奏，犹以主抚为得计，殊嫌晓渎。知州赵必达所募川勇五千现已由川起程，著即飞催该员迅速回甘，择要分扎，与省城防军，联络声势，以壮军威。恩麟创设宣威营亲军，著即按照章程，认真训练，以期一兵得一兵之用，不可有名无实。"

新授陕甘总督杨岳斌奏陈谢恩，并即赴江西整饬诸军，力筹攻剿。得旨："该督历陈各情具见诚悃，水师与陆路虽不同，而指麾调度理无二致。该督膺兹重寄，著遵照前旨，迅赴江西，督饬诸军，力图扫荡。俟江皖贼氛净尽，即行前赴陕甘任事。一切慎勉为之，以副委任。"

以荒谬巧诈，革甘肃知县房廷华职，遣戍新疆。

以擅离职守，革甘肃未入流梁栋职，遣戍新疆。

予甘肃狄道阵亡署知州屠旭初、千总陆升祭葬世职加等。

（卷104　280页）

同治三年（1864年）五月辛酉

又谕："熙麟奏剿办宁夏回逆，请派兵勇赴援秦州，并请饬四川总督盘查滇匪各折片。宁夏满城西门已开，城外贼营全行撤退，惟平罗贼势仍未稍松，显系该逆闻大军渐集，复拟甘词求抚缓我师期。叠经谕令都兴阿、雷正绾、庆昀等严密布置，分路进剿。著即懔遵前旨，迅速进兵，会同扫荡，毋为该逆所乘。熙麟所称如果逆匪实系畏罪投诚，应先将甘心从逆之官犯王锡爵、马化潍、讷忠、赫文选、彭庆章、保立等连其家属按名捆献都兴阿营，凌迟处死，并令该逆等将所铸枪炮及一切军器马匹尽数呈缴，方可网开一面，法外施仁等语。逆回果能真心求抚，如照熙麟所拟办理，有无后患，著都兴阿、雷正绾、庆昀酌度情形相机办理。庆阳粮台需饷甚殷，前令沈桂芬筹解银三十万两，并著文煜派员迎提，催令分起解甘，以济要需。阎敬铭筹拨甘饷一万两解赴陕西藩库交纳。此项银两著刘蓉严饬藩司不得再行截留，即与应解雷正绾营饷项一并解赴甘省，毋得迟误。秦州所属之秦安县张家川、莲花城等处回匪蔓延，势甚危急。平、固、宁、灵失陷后，兰州大道梗阻，专恃秦州一路，为赴省粮运要道，关系极为紧要。曹克忠一军能否赴援，著刘蓉懔遵前旨，酌度情形，赶紧办理。如曹克忠未能前往，即著刘蓉另拨劲旅，驰赴秦州协剿。陕省如无兵可拨，著雷正绾抽调兵勇兼顾秦州，以通饷道。平凉逆焰已衰，惟每当接仗渐多凶很叛徒，声音、服饰均系云南回类。难民朱元升亦供有云南马贼七百往攻巩昌之语。甘回既与滇匪勾结，如果源源踵至，势将不可收拾。著熙麟、文煜、雷正绾檄饬毗连川陕等处各地方官，务于入甘要隘，严密盘查，认真防堵。著骆秉章确查甘肃通滇道路，无论驿站、大道、偏僻小径，严饬地方官一体盘诘。如有滇省回民及来历不明之人，即行查明惩办，以靖匪踪。平凉屡战皆捷，极为得手，著雷正绾会同陶茂林等军迅图攻拔，并将外来滇匪殄除净尽，毋留遗孽。将此由六百里各谕令知之。"

（卷104　283页）

前任陕甘总督熙麟奏请将屡著战功之已革副将王梦麟暂缓发遣，仍留营效力。得旨："著准其暂缓发遣，如在营不能得力，仍即起解，毋稍回护。"

（卷104　284页）

同治三年（1864年）五月丁卯

谕内阁："熙麟、雷正绾奏，官军克复平凉府城，擒斩巨逆一折。甘肃平凉府城自被回匪窜踞后，雷正绾督军进攻，叠次获胜。会同陶茂林之师两路逼城，逆众并力抗拒，官军奋勇由西北登城，守贼溃乱，复预预挖地道轰塌东南城隅。大队先后拥入，贼占西北拚死巷战，我军纵横冲击，鏖战两日，将城中悍贼一律扫除，并将著名巨逆铁西、羽轻材歼毙，剿办极为得手。雷正绾自督军入甘，扫平灵台、崇信、党原、北原及白水、局现、新城等城镇，卓著战功。此次复督队攻克平凉，剿除巨逆，实堪嘉尚。雷正绾著加恩赏穿黄马褂，并发去白玉四喜搬指一个，白玉翎管一支，大荷包一对，小荷包两个，交该署提督只领。陶茂林会同雷正绾分路进攻，躬冒矢石，立拔坚城，甚属奋勇。陶茂林著加恩赏穿黄马褂以示优奖。"

谕议政王军机大臣等："熙麟、雷正绾奏，官军克复平凉府城一折。平凉为自兰州通陕要道，逆回负隅抗拒，久肆鸱张。经雷正绾督率兵勇节节剿洗，复会同陶茂林相机攻剿，迅拔坚城，实属调度有方，深堪嘉尚。该提督现因莲花城、张家川两贼巢尚在拒守，拟偕陶茂林分路兜剿，所筹甚合机宜，著乘胜进捣，迅将莲花城、张家川匪巢攻拔，并将西路各逆垒一律扫荡。先顾兰州省垣根本重地，以次肃清隆静，规复固原，直抵宁、灵，毋得稍有松劲。现在平凉已复，雷正绾等军鼓行而西，自能所向克捷，第败匪西遁，难保不因宁夏援兵未集，麇聚一方，希图逞志。著都兴阿迅速前赴定边，催督各军，规取灵州，以通援宁之路。讷钦已抵花马池，近日接仗，能否得力，并著酌量调派。桂成到营后应如何调遣之处，著即仍遵昨日谕旨办理。庆昀、常升尤当加意防守，慎益加慎以待援师，不可稍涉大意。熙麟另折奏请饬催四川等省协饷，已寄谕骆秉章等迅解矣。此时熙麟业经开缺，所有庆阳军营粮饷及雷正绾等军饷需，著文煜妥筹转运，毋稍缺乏。将此由六百里各谕令知之。"

（卷104　296页）

又谕："据熙麟、文煜奏，庆阳粮台需饷浩繁，各省拨款不至，异常支绌。请旨迅催拨解，以济兵糈等语。甘省大兵云集，需饷甚殷。因粮台支销罄尽，兵勇粮盐等项蒂欠孔多，倘令日久缺乏，哗溃堪虞。现在平凉业已克复，剿办正当得手，军饷尤关紧要。著骆秉章、阎敬铭、沈桂芬、张之万懔遵前旨，即将各该省欠解甘肃饷银各三十万两无论何项，移缓就急，迅速筹解。并著于接奉此次谕旨之日即行派员起解银十万两，无分星夜，兼程驰往庆阳粮台交纳，毋再仍前延玩，致滋贻误。将此由六百里各谕令知之。"

以克复甘肃平凉府城，赏副将赵德正、阎定邦、游击沈大兴巴图鲁名号，知州容贵等花翎，知县崔藻蓝翎，总兵官魏添应等升叙有差。予阵亡都司余兴国守备卢魁元、千总吴春和等祭葬世职加等。

以甘肃环县剿办回匪获胜，赏总兵官马升提督衔，免已革守备谢联升遣戍。

以甘肃庆阳防剿出力，赏员外郎秀雯、都司王茂华等花翎，府经历史致和等蓝翎，余加衔升叙开复有差。

（卷104 298页）

同治三年（1864年）六月戊寅

谕内阁："恩麟奏，甘省道府均系请旨简放之缺，所有拣发道府各员到省，遇有请旨缺出，可否酌量奏请补用等语。此次拣发道府各员到省后，如果差委实在得力，人地实属相宜，即准其随折声明，候旨简放。此系为现在甘省军务需人起见，嗣后不得援以为例。"

谕议政王军机大臣等："恩麟奏，陕西败匪勾结甘省东路回匪，围攻庄浪、静宁等城，请饬陶茂林迅速援剿一折。庄浪、隆、静等处贼匪充斥，恩麟派出防剿各军尚形单薄，自应厚集兵力迅扫逆氛。前据雷正绾奏称平凉业已攻克，拟偕陶茂林分路进捣莲花城、张家川贼巢，先通隆、静大路，兼顾兰垣。现在静宁等城待援迫切，曹克忠不能赴甘，陶茂林一军应即驰赴安会遏贼西窜，援剿隆、静等处，力解城围。著都兴阿、雷正绾会商妥办，恩麟严饬成桂等协力固守，以待援师。一面将省城防守事宜尽心筹划，毋稍大意。南路军情责成林之望相机剿办。宁夏回务责令梁生岳妥为布置，均不可有名无实。其萧永祥所部勇丁因何溃散，著恩麟查明具奏。将此由六百里谕知都兴阿、雷正绾并传谕恩麟知之。"

又谕："恩麟奏甘省军饷异常支绌，请饬陕省赶紧协饷，以济急需等语。陕西欠发提属驻甘各营兵饷已至七季之多，兵情困苦万分。现在回匪滋扰秦州等处，军情吃紧，万一兵饷不继，致各军有哗溃之虞，所关非细。陕省现已渐次肃清，所有筹解甘省兵饷岂容稍缓，著刘蓉督饬藩司无论何款，赶紧筹措若干两，派员解赴甘肃省城，以济要需，毋稍延误。将此五百里谕令知之。"

（卷105　316页）

又谕："依奇哩奏，库车城池失守，咨调各路大兵会剿，不日即可到境。请饬陕甘督臣迅将户部奏拨新疆银四十万两内先行动拨银五万两，以济兵食等语。此项奉拨新疆银四十万两，前经户部议奏应由山西巡抚筹款拨解。现在新疆匪徒滋事，库车失守，各路大兵云集，需饷甚殷，著沈桂芬即将应解新疆银四十万两迅速解往兰州省城，毋稍延玩。此项饷银四十万两其已经解到甘省者，著都兴阿、恩麟迅解新疆，不准截留动用。并著都兴阿、恩麟在于甘肃欠解新疆饷项银两内赶紧措拨银五万两，派员趱程解往喀喇沙尔，以备供支兵饷之用，并将续到之项随时拨解，俾资接济。将此由六百里谕知都兴阿、沈桂芬并传谕恩麟知之。"

……护陕甘总督恩麟奏请调前任兰州府知府徐辰告赴甘肃差遣，允之。

……以甘肃庄浪、隆、静等处防剿出力，予都司李友伏以游击用，并赏花翎。

（卷105　319页）

同治三年（1864年）六月丁亥

以甘肃攻克新城镇等处贼巢出力，赏副将陈继得、王玉林、丁洪云、参将周显承、姜秀云、邓全忠、游击安志荣、张占鳌、都司朱淮朝巴图鲁名号，参将恒泰等花翎，守备叶有林等蓝翎，余加衔升叙有差。

以甘肃赵家洼剿贼出力，予千总陈洪典等以守备用，并赏花翎，把总何得胜等蓝翎，余升叙开复有差。

以甘肃镇原乡团守御出力，予五品军功李文章等三名以守备用。

……予甘肃镇原等处阵亡守备龚翠华等祭葬世职，殉难绅民妇女五十三名口分别旌恤如例。

（卷106　332页）

同治三年（1864年）六月戊子

谕议政王军机大臣等："前因甘省需饷孔亟，谕令四川、山东、山西、河南各拨银三十万两以应急需。其雷正绾、陶茂林等军亦叠经谕令刘蓉随时接济，不准推诿。兹据文煜奏，甘省各营计月需银二十余万两。自四月以来，应发各款已四十余万两，而入款仅收到河东道解银五万两，山东解银二万两，杯水车薪，无济于事。各营蒂欠累累，加以地遭蹂躏，硝磺又非土产，军火等项购买尤难，奇窘万分，深虞哗溃等语。甘省兵勇云集，饷需竭蹶，本属实情。雷正绾已克平凉，都兴阿进规宁夏，军情正当紧急，需饷尤刻不容缓。各该省拨解之款岂容始终漠视，日久宕延。著骆秉章、阎敬铭、张之万、沈桂芬迅遵前旨，各将原拨三十万两之数源源报解，并无论何款各先拨解银十万两，迅速委解庆阳粮台，毋得稍分畛域，致误戎机。陕、甘唇齿相依，刘蓉岂得以自顾不遑，遂形诿卸。嗣后陕省协甘银两即著刘蓉明定章程，将该省每月究竟能协若干两，奏明陆续按月报解，并将军火等项随时接济，以应急需。文煜办理粮台责无旁贷，仍须随时设法补苴，一面飞咨各该省催提前项，以供支发，毋稍贻误。将此由五百里各谕令知之。"

……以甘肃平凉等处防堵出力，赏知府葆镛等花翎，知县韩瑞东等蓝翎，余升叙开复有差。

（卷106　333页）

同治三年（1864年）六月甲午

谕内阁："前因恩麟奏请拣发各员赴甘差委，当经谕令兵部于曾任实缺人员内请旨拣选总兵二员发往甘肃差遣委用。兹据兵部奏，该部向无此项拣选之员，请旨办理等语。著兵部查明曾任实缺总兵在部候补人员带领引见，候旨发往。该部请将应升总兵人员发往之处，著毋庸议。"

（卷107　349页）

命已革甘肃提督马德昭赴河南军营，交钦差大臣僧格林沁差委。

（卷107　353页）

同治三年（1864年）六月戊戌

又谕："恩麟奏北路回目缚贼献城一折。据称北路回目张保潆震慑兵威，禀请投诚。本年四月间自带所部赚开固原城门，杀贼无算，生擒逆贼花万六等八名，并将盐茶厅城一并收复等语。回情狡诈，反复无常。惟观此次该回目杀贼献城，情节似尚可信，或因官军克复平凉，震慑兵威，因而潜消反侧，亦未可定。著恩麟饬令该回目将所获逆匪花万六等八名解赴省城，讯明正法，仍当随时察看，防其中变，毋得稍涉大意，堕其诡谋。雷正绾等攻克平凉后，已移得胜之师进攻固原。现在固原、盐茶已复，平郡迤北贼氛渐戢，即可直指灵州。都兴阿前奏拟由磴口进兵，当经谕令都兴阿、雷正绾合力前进，直捣宁、灵。即著该将军等懔遵前旨，妥速筹商，以期节节扫荡，迅殄逆氛。宁夏回目马化漋既遣回人马精忠呈缴镇道印信，并约期缴献郡城，其事虽未可深信，若能暂示羁縻，纾我兵力，亦不妨从权办理。前因熙麟奏，宁夏逆匪畏罪投诚，当经谕令都兴阿、雷正绾酌度办理，而庆昀复有中卫县迤北大堡中马化漋张贴伪示，归罪赫汶典之奏。是宁夏回匪尤为诡谲，恩麟等尤须慎之尤慎，不可稍为含糊，希图了事。如可暂加笼络，即咨明庆昀妥筹办理。都兴阿、雷正绾专办甘省军务，均属责无旁贷。将来或剿或抚，进止机宜，即著随时察看酌办。如盐、固投诚尚可不致反复，即不妨予以自新，以期并力北征，别无牵阻。将此由六百里谕知都兴阿、雷正绾并传谕恩麟知之。"

又谕："恩麟奏甘省库款匮竭，需饷紧急，请饬催陕西等省筹解欠款一折。各省积欠甘饷数逾千万，屡经降旨饬催，迁延不解。现在甘省军务吃紧，需用数倍于前，支持不易，若不赶紧筹解，致兵勇有哗溃之虞，贻误非轻。著曾国藩、骆秉章、左宗棠、毛鸿宾、李鸿章、沈葆桢、张之万、阎敬铭、刘蓉、沈桂芬、郭嵩焘无论如何为难，移缓就急，先行各筹解银二三十万两，迅速派员解往甘肃省城，毋稍延缓。其余兵饷仍著各该省督抚等源源筹解，以资接济。恩麟另片奏，山西赴甘路径梗阻，拨解饷银请饬交山西客商就近汇兑等语。著沈桂芬督饬藩司河东道饬令解饷委员等于司道各库领银后，交给晋省各商字号就近汇兑，以期迅速到甘。俟道路疏通，即著停止汇兑。将此由五百里各谕令知之。"

（卷107　365页）

同治三年（1864年）七月己亥

又谕："熙麟奏特参玩误军火饷项之知州，暨废弛营务之都司请旨革职一折。本日已降旨将沈际清等革职示惩矣。甘肃军务正当吃紧，各省协济军火饷项，沿途地方官自应妥为照料，发给牲口驮脚，以利逡行。乃陕西署郇州知州沈际清于山西、陕西委员运解军火饷银等项行抵郇州驿站，该署州竟敢置若罔闻，迟延贻误，并于过往商贾牲口每头征收制钱八十文，仍令百姓照旧供支驮脚，以致百姓抗不遵办，贻误军需，已属任意妄为。并据该督奏称，沈际清原系题补定远同知撤省另补之员，今春夤缘得此署缺，更属巧于趋避。该员现已革职。即著文煜檄委现在庆阳、定边营中办理文案之员驰往暂行代理，并著刘蓉迅速派员前赴该州接署，并将该革员于征收商贾牲口驮脚钱文之外，仍令百姓照旧供支，并如何夤缘署缺之处，查明具奏……将此由六百里各谕令知之。"

（卷108　370页）

同治三年（1864年）七月庚子

护陕甘总督恩麟奏："查明甘省前后招募川、贵勇丁，分拨防剿，并筹定各勇口粮。"得旨："均著准其照办，并著该部查照立案，饬令事竣后核实报销。至川、黔勇丁素多不安分之徒，此次招募之举，系属权宜之计。将来各路援兵到齐，如何妥为遣散，俾无后患，该署督亦不可不预为筹及。"又奏："请将甘省定为军务省份，凡拣发人员概不准捐离省改省。"下部知之。

（卷108　375页）

同治三年（1864年）七月丙午

缓征甘肃皋兰、河、靖远、陇西、安定、岷、西河、隆德、秦安、清水、成、灵台、崇信十三州县被灾、被扰地方新旧额赋。

（卷108　391页）

同治三年（1864年）七月辛亥

谕议政王军机大臣等："恩麟奏，大兵攻克平凉，收复瓦亭，东路现就疏通，亟须筹办西北各情形一折。雷正绾等攻克平凉后，余贼窜入瓦亭峡城内，复经官军夺其要隘，贼匪北窜，自应乘胜进兵，节节扫荡。前据都兴阿奏，督饬杜嘎尔带领派出各军由石觜山渡河，绕赴宁夏，而雷正绾自攻克平凉后，一切进兵情形未据入奏。现在宁夏、灵州一带匪众麇集，而平凉、瓦亭两处败贼又尽数北窜，势焰愈张。必须南北两路大军会合夹击，方可制贼死命。又恐贼匪乘虚西窜，则中卫正当其冲。该处一片孤城，仅有梁生岳所带兵勇驻扎，为数无多，恐不足恃。且靖远又有续到之陕西回目黑牙古、赫明堂等带领数万之众，具禀乞抚。此辈人数过多，剿抚均属不易，设或包藏祸心，计图一逞，其患尤不可胜言。著都兴阿迅饬杜嘎尔等渡河之军由北而南，节节进击。雷正绾移平凉得胜之师取道北攻，会合都兴阿派出各军，实力狙击，立扫狂氛，迅克宁夏汉城，立解宁夏满城并平罗之围。并饬陶茂林绕过西面，驻扎中卫、靖远适中之地，约会南北两军并力兜击，兼防宁灵贼匪西窜之路。黑牙古等率众乞抚，既据该护督称其人数太多，安插不易，即著饬令杨炳锃暂示牢笼，随时防其中变，毋稍疏虞。并著雷正绾到后，斟酌情形，妥筹办理，毋贻后患。将此由六百里谕知都兴阿、雷正绾并传谕恩麟知之。"

（卷109　400页）

同治三年（1864年）七月壬子

又谕："前因甘省军务紧急，饷需告匮，谕令刘蓉、张集馨将陶茂林等军饷项军火实力筹解，并令刘蓉明定章程，将该省每月究竟能协若干两奏明报解。兹据文煜奏称，雷正绾营月饷军火陕省从未解过。陶茂林营军火昨准该提臣转接陕西抚臣咨令向庆阳粮台支取。都兴阿又来庆催提饷银军械，其陈天佑步队，西蒙克西克等马队各营需用饷糈军火锅帐甚急，是陕省于各该营并未力筹接济。嗣又接陕西抚臣咨，陈天佑两营应需军火帐房以后改由庆阳粮台筹拨。甘省饷项奇窘，各路协饷任催罔应，且庆阳地处偏僻，布匹、硝磺等项必须分赴远省采办。现在供支都兴阿、雷正绾等营能否无误，尚无把握。若将陶茂林等军再由庆阳粮台供给，贻误即在目前。请饬陕西照旧供支等语。陶茂林等军饷糈、军火叠次谕令陕西巡抚力筹报解，不啻三令五申。乃刘蓉于甘省紧要军需一味推诿迁延，并不认真筹划。若因饷项不继，致甘省全局决裂，该抚自问当得何罪。著刘蓉懔遵叠次谕旨，将陶茂林、陈天佑、西蒙古西克、金顺各军所需饷项军火、帐房等件仍由陕西粮台照旧供支，俟甘省协饷陆续解到，再由庆阳粮台支放。其每月究竟能协甘省饷银若干两，并著刘蓉懔遵前旨，明定章程，迅速具奏。倘再任意诿卸，致误戎机，惟刘蓉是问。著文煜将各省应协饷项赶紧催提，以资接济。将此由六百里各谕令知之。"

（卷109　403页）

同治三年（1864年）七月癸丑

又谕："恩麟奏盐、固逆回北窜宁、灵，滋扰中卫、靖远二县，暨撒回勾结占踞循化厅城，番贼节次阑入马厂，抢掠马匹各一折。甘省盐茶、固原回逆纠众三四千人于五月二十五、六等日窜至灵州所属之同心城，旋分股窜扑中卫县属之宁安、恩和等堡，与宁郡回逆勾连一气，拟将各地麦田抢割后分走花马池、中卫县拒敌官军。其陕西临渭之贼亦连日焚掠盐、固四乡并靖远北山后一带。前次率众乞抚之回目黑牙古等亦闻风煽动。传知河州东乡回匪欲为应援，贼情甚属狡悍。现在中卫、靖远各要隘防兵不及千名，中卫系四达要冲，靖远为宁、灵等处入省咽喉。省城兵力亦单，防剿均关紧要。雷正绾所部各军兵数较多，能否酌留数营归陶茂林管带，剿办南路张家川股匪。其余各营即由雷正绾统带，星速驰赴兰州，慎固省防，妥筹分布。或酌派劲旅，分扼中靖各要隘，或督率各部，择扎适中地方兼筹战守。并著都兴阿、雷正绾相度机宜，妥商办理。都兴阿所统诸军已渐入宁境，如未能分兵南顾省垣，即专力规复宁夏汉城，以牵贼势。恩麟仍当严饬梁生岳等就现在兵力扼守中卫、靖远各隘，毋令贼势复行煽结，倘再有疏虞，必将该员弁从重治罪。循化厅属街子等上四工撒拉与城内寄居之保安逆回潜行勾结，袭扑厅城。护参将陕成英等拒战受伤，拥护难民出城，旋致城垣失陷。恩麟现调洮州卓泥土司杨元等壮健番、土兵丁分扼关隘，进袭撒巢。即著催令同知吴鼎元迅速赴任，与陕成英号召附近良撒会同番、土各兵力图克复厅城，并著玉通酌派精锐弁兵协力助剿，毋得稍分畛域。至清水工等下四工撒拉自称愿随官军助力，是否出于至诚。前据恩麟奏称回目黑牙古率众乞降。此次回扰宁、灵，黑牙古即行煽变，可见若辈诡词求抚，毫不足恃。惟下四工撒拉等现既安静如常，总当饬令陕成英等妥为抚驭，严密防维，毋令踞城撒匪得以乘间簧惑。至凉州镇属平羌口等处叠有番贼阑入内地，将孳生牧厂营马先后抢去多匹。该处防卡弁兵未能加意周防，实属疏懈。著恩麟严饬游击杨逢春等严密缉捕，随时侦探，毋任再行阑入牧厂。并查明各隘口疏于防范之营弁，一并交部核议。将此由六百里谕知都兴阿、雷正绾、玉通并传谕思麟知之。"

护陕甘总督恩麟奏："军务未平，请将甲子科武闱乡试暂缓举行。"允之。

以甘肃泾、宁二州堵剿窜匪出力，赏知州林发深等花翎，擢知县李超群以知府用。

以甘肃平羌口等处失防牧马被抢，游击杨逢春等下部议处。

以甘肃循化厅城被匪窜陷，革护参将陕成英职，仍戴罪效力。署同知吴鼎元等下部议处，予伤亡训导何云翘祭葬世职。

同治三年（1864年）七月丁巳

谕议政王军机大臣等："……另片奏，甘肃西宁镇总兵黄武贤、陕西延绥镇总兵陶茂森恳请开缺回籍养亲等语。该二员平日带队尚称得力，现在陕甘军务亦尚未竣，当此用人之际，殊难遽允开缺，致投闲散。惟念其从征十余年，情殷将母，词意恳切。黄武贤、陶茂森均著赏假两个月，回籍省亲，无庸开缺，一俟假满，即行各赴新任，以重职守。将此由五百里各谕令知之。"

又谕："都兴阿奏官军渡河剿贼获胜，攻克姜家村等贼巢，进攻宝丰。雷正绾奏，通筹布置会攻张家川，盐、固回匪投诚各折片。都兴阿派拨各军由草地绕出石觜山渡河援剿，叠获胜仗，贼向宝丰遁去。杜嘎尔督军追剿，攻克姜家村、红柳堡两处贼巢，现在檄催平罗县赶造云梯，乘胜进攻宝丰县城。即著都兴阿督饬杜嘎尔等所部，奋力攻剿，迅拔宝丰，将贼氛次第扫荡，进规宁夏汉城。现在金陵奏捷，拟将兵勇酌量裁撤，或调赴各营助剿。都兴阿久在扬防，从前所部将弁兵勇得力者谅复不少，如兵力尚觉单薄，即可咨明曾国藩等酌量调拨赴甘，以利攻剿。雷正绾自攻拔平凉，平毁固原、瓦亭驿贼卡后，与陶茂林筹商会军进攻张家川贼巢，以期堵制盐、固等处窜匪，疏通驿道，兼顾省垣。所筹均尚周妥。现已叠获胜仗，将张家川木城攻拔，歼除悍逆多名，即著督饬各军会同陶茂林所部，合力环攻张家川土城，迅图克拔，进剿龙山镇、莲花城等处，以期次第肃清。前据恩麟奏称，盐、固逆回窜扑中卫等境，该二处回民既已投诚，何以复行出境滋扰，并著都兴阿、雷正绾饬令署臬司杨炳锃等慎密防维，妥为抚驭，固不可激之生变，牵掣我军，亦不可堕彼狡谋，致误全局。隆德、静宁在防诸军，并由雷正绾妥为布置，俟攻克莲花城等贼巢后随时详察机宜，与都兴阿妥筹办理。中卫、靖远各要隘并兰州省垣兵力均单，都兴阿、雷正绾仍懔遵前旨，妥筹兼顾，毋稍疏虞。将此由六百里各谕令知之。"

又谕："都兴阿奏官军渡河剿贼获胜一折。据称杜嘎尔率领前敌各军由草地绕由石觜山渡河，进援宁夏。深入数百里，尚能以少胜众，惟军火粮饷未能接济。庆阳粮台仅拨银五千两，军火、锅帐等项尚不敷用。此时无论各员盐折零星杂费无出，即杜嘎尔前敌各营食米亦由讷钦营内协饷，凑挪千两，采办小米，以资济运。以三千数百马步不足十日之粮，各属筹办米面仅据定边解到小米一百余石，实属筹办无方等语。宁夏军情望援已久，而都兴阿进兵之际，各营军火饷糈竭蹶至于此极，该士卒荷戈枵腹，岂能责以成功。且杜嘎尔等马、步各军业已渡河，逼近贼巢。设使饷糈不继，则孤军深入，腹背受敌，贻误岂堪设想。著沈桂芬无论何款先行筹拨银数万两，迅速委员解赴庆阳粮台以资接济。该省于甘省饷需尚能竭力筹划，惟当此军情紧要尤当妥速筹解，以济急需。陕、甘唇齿相依，叠经有旨令刘蓉力筹协济，该抚岂能坐视，并著刘蓉随时设法筹济，毋得稍分畛域，致误事机。文煜专办甘省粮台，责无旁贷，亦当悉心筹策，以赡饥军。著即咨行协甘各省派员迎提，并于山、陕协项解到时，迅即提解都兴阿军营，以利军行而维大局。将此由六百里各谕令知之。"

（卷109　412页）

同治三年（1864年）七月庚申

谕议政王军机大臣等："恩麟奏剿办河州回匪获胜，请饬马德昭赴省带兵，都兴阿驻扎省城，并番兵助剿情形各折片。狄、河回逆勾结撒拉回匪纷扰河州，与河北之川城马营等处回族互相掎角。经赵必达率领果义军进剿，连战皆捷，并将川城贼巢平毁。而马营贼势甚张，竟勾结河南撒匪直扑周玉超营盘，纵火延烧，以致营盘失守三座，阵亡营官及勇丁多名。是该逆并未大受惩创，官军亦并未能得手。现在河州逆匪盘踞如故，南岸之贼复将偷渡助援马营，逆势尚形联络，而果义军与河州官军声势中梗，亟应迅筹劲旅，早殄逆氛。著恩麟一面添调兵勇，一面檄饬河州文武督率番兵严密堵剿，并飞饬赵必达迅将马营之贼实力剿除，以次肃清河、狄，务使南、北两岸之贼不得联为一气，庶办理易于得手。买吾、刚拭、多哈各族番丁助剿甚为得力，并拉布浪、火力藏等番族已到土门关剿贼，毙匪甚多，深堪嘉尚。惟该番丁等均系裹粮随征，必须资其饱腾，方可得其死力。著恩麟将一应口粮犒赏之需，妥为接济，并加意激励笼络，俾乐为用。马德昭前已谕令赴僧格林沁军营差遣，势难再赴兰州。都兴阿进剿宁夏，前敌业已深入，亦难驻扎省垣。惟根本重地，兵力较单，著都兴阿、雷正绾懔遵前旨，妥筹兼顾。恩麟暂权督篆，责无旁贷。仍当就现有兵力妥筹战守，不准意存诿卸，致误事机。肃州回匪马受海聚众谋变，该地方官剿捕尚为迅速。本日已明降谕旨，将出力各员照所请奖励。回练马添才经该匪约为内应，当即入城禀报，尚属深明大义。已将该练赏给六品顶带以示嘉奖。著恩麟仍饬在事各员，将在逃之匪李城、包大汉二名严拿务获，以靖地方。将此由六百里谕知都兴阿、雷正绾并传谕恩麟知之。”

（卷110　418页）

以甘肃肃州捕获要犯，赏道员恒龄花翎，余升叙有差。

予甘肃河州阵亡都司邓资深、守备陈添培、千总陈锡弨、把总黄龙章等祭葬世职加等。

（卷110　419页）

同治三年（1864年）七月辛酉

谕议政王军机大臣等：“自回匪变乱以来，陕省受其荼毒，虽经多隆阿尽力剿灭，而甘肃回氛日炽。都兴阿等尚因兵单道阻，未能十分得手。六月间据新疆大臣等叠次奏报库车不守。业经谕令伊犁将军、乌鲁木齐都统等派兵救援。本月复据保恒等奏称，吐鲁番古城汉回构衅，乌鲁木齐亦有回匪聚众，欲先攻汉城，再攻满城，图犯迪化。乌鲁木齐道路已不能通，奏报罕见，各城兵力本少，近复缺乏将士，往往有顾此失彼之虑。若不设法急为援救，将来回疆各城与甘肃联成一片，于西北边地大有关系。杨岳斌已授陕甘总督，连日叠据该督等奏报，江西克复崇仁、东乡、金溪等城，是江西情形已日有起色。杨岳斌如能酌带所部驰赴陕甘总督本任，即可替出都兴阿等办理新疆军务，最为两得其宜。惟杨岳斌起程赴任后，督办江皖军务不可无人接替。鲍超谋勇素裕，能否胜督办之任，抑或江西军务有鲍超、刘典等兵力足资剿办，可以无庸再需督办之人。均著曾国藩迅即悉心酌度，一面布置，一面奏闻。并即飞咨杨岳斌催令迅速起程赴任。总须兼顾西北大局，仍于江西军务不至稍形松劲方为妥善。杨岳斌所部楚勇如于甘省地势不甚相宜，即可酌带与甘省相宜兵勇，凑足数千，整旅前进，免致抵甘后再与都兴阿、雷正绾等筹商匀拨。新疆一带绝少将才，成发翔系实缺巴里坤镇总兵，著李鸿章迅即饬令酌带亲兵前往赴任，不得借词奏留……将此由六百里各谕令知之。"

（卷110　419页）

同治三年（1864年）八月辛未

又谕："都兴阿奏甘省难回过多，请派大员查办，妥为安置一折。据称陕西回众前经大兵剿办，望风逃入甘省。自平凉、固原、盐茶收复后，凶悍之徒多就诛灭，其余被胁之众扶老携幼尚不下数万人。甘省无从安插，现经署臬司杨柄锃等饬令该头目等查明籍贯人数，造具清册，请派大员赴甘查明，准将该回众解回陕西原籍安插等语。前因陕西回匪煽乱，荼毒生灵，朝廷命将出师，无非欲除暴安良，登斯民于衽席。叠经谕令统兵大臣但分良莠，不分汉回。初未尝因回民中偶有逞凶藐法之人即将安分良回概行诛戮。兹据都兴阿奏称，陕省回民逃入甘省者，其中被胁难回尚盈数万。此等回民大率因大兵进剿，惑于奸回谣言，被其逼胁，纷纷远窜。此时天戈所指，叠克坚城，悍党业就歼戮，而该难回等荡析离居，嗷嗷待哺。朝廷一视同仁，岂忍令数万生灵展转沟壑。因思此等回众。隶陕西者已数百年，与该省汉民相安已久，且邱墓田庐均在原籍，该回众等自必乐归故土。即该省汉民亦断不至因遭逆回荼毒，致与安分良回稍存嫌隙。总之汉民、回民皆吾赤子，初未尝稍存歧视，该地方官果能宣布朝廷德意，使汉、回居民各安生业，永息争端。民虽至愚，岂有不为感悟之理。著派陕西按察使张集馨驰赴甘肃，将陕省难回详细查明，如实系被贼逼胁现已投诚者，概准免罪。其有原籍可归者，即分别解回安插，并著刘蓉于此起回民回籍时酌量情形妥为安置。倘该回众等回籍后仍敢怀疑构衅，不遵约束，或汉民中有意存歧视，逞忿寻仇者，均著该地方官分别从严惩办。该督抚即刊刻誊黄遍行晓谕，用示朝廷胞与为怀，秉公办理至意。"

谕议政王军机大臣等："都兴阿奏，官军连获大捷，攻克宝丰县城。固、盐收抚回众过多，安置为难，请派大员来甘查办。并饬恩麟妥筹守御，行知阿拉善王等将应派蒙兵暂缓派往各折片。杜嘎尔督军深入沙碛，背水成军，旬日之间连获五捷，立将宝丰县城攻克，实属勇敢有为，勤劳懋著。即著都兴阿饬令杜嘎尔统带各军节节进剿，以竟全功。宁、灵地广贼众，该将军务当严饬各军稳慎图功，毋稍大意。陶茂林一军进剿张家川贼匪，近日接仗情形未据雷正绾奏报，殊深厪系。著雷正绾即饬陶茂林激励将士迅速扫荡，以孤贼势。平凉虽经克复，西北逆氛尚炽。雷正绾当督率所部各军相机进剿，俾贼匪有所牵制，不敢赴援宁、灵，是为至要。恩麟防守省垣，并著督饬将士扼要驻守，不可以狃于抚议，稍涉松劲。盐、固回匪就抚，本日已明降谕旨，准予投诚免罪，并派张集馨前赴甘省查办。惟据该将军奏称降众不下数万，甘省汉、回仇隙已深无从安插，必须遣回陕省本籍，各复本业，方可设法安置。所奏自系实在情形。张集馨接奉此旨，即著迅赴甘省悉心筹划，妥为办理。前据张集馨奏西、同两府概不准回逆复回，再行入境，以杜衅端等语。原为保卫闾阎起见，现在就抚回数甚多，若不准其还籍复业，难保不别生事端。张集馨办理此事，毋得胶执己见，惟当分良莠，不分汉回。如果该回众真心反正，即派员查明该回人原籍州县，陆续护送回籍，俾复故业。该回到陕后，著刘蓉妥为安插，毋致失所。该降人等经此次特恩免罪，务各洗心革面，永安生计。倘敢别滋事端，即著从重惩办。陕省汉民亦不得与回人寻仇启衅，致生枝节。如敢故违，即著随时认真惩办，毋稍宽纵。发去谕旨一道，著都兴阿、刘蓉刊刻誊黄，宣布德意。伊克昭盟长固山贝子巴达尔呼应派杭金、鄂多克二旗兵一百余名，著都兴阿饬令严防本境，无庸派往助剿。沿途运送军火米粮，仍饬鄂尔多斯各该旗预备驼只，妥为护送。将此由六百里谕知都兴阿、雷正绾、刘蓉并传谕恩麟、张集馨知之。"

（卷111　453页）

同治三年（1864年）八月癸酉

又谕："恩麟奏陇西汉、回民团互相戕害，同城文武禀报两歧一折。甘肃陇西县西乡武生李耀荣等聚众万余，名为海团，围攻巩昌府城，由西关拥入，与回民互相戕害。署游击周胜近在同城，何以所禀海团来城焚杀情节与该府知府斌越等率多两歧。至西乡海团与府城回民究间平日因何结怨，并因何事启衅，均著恩麟确切查明，据实具奏。该护督现派都司邹玉标所带调省黔勇八百名留驻巩昌，并经林之望添派勇目，文象奎带黔勇一千二百名驰援，即著恩麟檄饬林之望统率兵勇，将一切防剿事宜妥为筹办，俾巩城速臻安谧，毋令再行滋扰。知府斌越等办理不善，实属咎无可辞。至诱执团首李耀荣等欲行正法，尤难保无杀团媚回情事。代理陇西县知县黄国锦著先行革职，巩昌府知府斌越著一并撤任。恩麟即督饬林之望彻底根究，严行惩办。回疆匪势鸱张，军情万分危急，亟须添拨劲旅，以资扫荡。著都兴阿、雷正绾懔遵叠次谕旨，将宁、灵等处贼匪迅速殄灭，庶可腾出兵力剿办新疆之匪。新疆回逆如入关暗图勾结，与甘省回匪联络一气，防剿愈形棘手。著都兴阿、雷正绾酌度情形，调派精兵严扼要隘，使口外之贼与口内之贼不能勾串联为一气，方为妥善。俟川陕兵到，再行派员统带进剿。将此由六百里谕知都兴阿、雷正绾并传谕恩麟知之。"

又谕："恩麟奏，兵饷紧急，请饬催各省协拨银两，并新疆回氛猖獗，请并催各省协饷各一折。现在甘省回气尚炽，而制械之资，养军之用，罗掘俱穷。实有朝不谋夕之势。叠据呼吁再三，各该省岂容以应解之款日久宕延，著曾国藩、骆秉章、左宗棠、毛鸿宾、李鸿章、沈葆桢、张之万、阎敬铭、刘蓉、沈桂芬、郭嵩焘懔遵本年六月二十九日寄谕，无论何款各先拨银二三十万两，迅解兰州省城以应急需。其余欠款仍著源源报解，以资接济。至新疆回匪大肆猖獗，库车、喀喇沙尔、乌鲁木齐汉城叠报失守，古城又复被围，军情吃紧万分，饷需尤刻不容缓。甘省自顾不遑，更难望其协济。著骆秉章、阎敬铭、张之万各将原拨银两懔遵前旨，迅速解交甘肃安肃道库，转解新疆。并著沈桂芬仍遵前旨，将截留防费内下余银二十万两及欠解之八万两迅即派员解往，作为新疆军饷，以济军食。毋得再有延宕，致误事机。将此由五百里各谕令知之。"

同治三年（1864年）八月戊寅

又谕："文煜奏历陈甘肃军需万分紧急，奉拨协饷屡催罔应，请旨再行严催一折。前因甘省饷项竭蹶，叠经降旨，谕令骆秉章等各将原拨银三十万两源源报解，并无论何款各先拨解银十万两迅速委解庆阳粮台，毋得稍分畛域，致误戎机。兹据文煜奏称，该副都统于奉旨后分派各员前往守提，截至七月底止，仅据河东道报解银十万两，山东解到银四万两，山西解到银二万两，业经报解起程银二万两。四川、河南两省并未报解分毫。该省大兵云集，需用浩繁，解到银两为数无多，杯水车薪，随到随用。西北地区极寒，转瞬深秋，兵勇仅着单衣，间日始得一饱。倘饷项日久不到，必致有哗溃之虞，贻误大局，不堪设想。请旨立限严催各该督抚迅速拨解，以救眉急等语。甘省需饷紧要，屡经降旨严催，四川、河南两省各督抚何以置若罔闻，分毫未解。山西、山东解到之饷为数无多，不敷应用。现在都兴阿一军进扎花马池，旬日之间连获五捷，需用饷糈军火万分紧要。雷正绾一军攻捣张家川老巢，正当得手，倘因饷源告竭，致令停兵待饷，贻误非轻。著沈桂芬接奉此旨后，迅饬河东道将奉拨甲子纲盐课银两，实力征收，如数赶解庆阳。并著骆秉章、阎敬铭、沈桂芬、张之万于奉旨后限十日内，无论何款迅速各筹拨银数万两，委员解赴庆阳粮台，毋得迟延漠视，致干重咎。原拨协饷银三十万两，仍著各该督抚源源筹拨，分批迅解，以济要需。将此由六百里各谕令知之。"

拨火器营火箭二千枝解赴甘肃庆阳粮台备用。

（卷111　479页）

同治三年（1864年）八月辛巳

又谕："都兴阿奏，甘省兵勇云集，进剿正当得手，惟粮饷缺乏，转瞬秋深，边地严寒，各兵衣食无资，深恐有误事机。现委宁夏道三寿带同随员赴山西省，会商藩司，或催提应解正项，或暂借晋省别款，速筹银二三十万两分批解营等语。甘肃回匪现在官军进剿声威甚振，惟军行粮随全赖饷糈充裕，方可收士饱马腾之效。兹据都兴阿奏已委道员三寿赴晋，或催提正项，或暂借别款。即著沈桂芬督饬藩司，无论如何移缓就急，迅筹银二三十万两，分批星速解甘，以济急需。将此由五百里谕令知之。"

（卷112　484页）

同治三年（1864年）八月壬午

又谕："……新疆回氛不靖，必须命将出师，大张挞伐。前已叠次寄谕杨岳斌，令其酌带所部劲旅驰赴陕甘，替出都兴阿带兵出关剿贼。现在江西贼势已挫，腹地渐清，而关外贼焰日张，早一日援救，即早解一日倒悬。杨岳斌接奉此旨，即著酌带劲兵数千，克日起程赴甘。该督到任后，甘省军务事有专责，都兴阿大军即可出关办贼，迅就荡平。从前回疆用兵，每得力于川、甘两省之兵。前曾谕令骆秉章派兵赴甘，此时西路军情日紧，骆秉章当懔遵前旨，于川省得力兵勇挑选数千，筹备军装口粮，拣派知兵大员统带，前赴都兴阿军营，听候调遣，毋稍延缓。李季高已简放宁夏镇总兵，并著催令迅赴新任，以资得力。前因盐、固收复，安置难回，事体重大，特派张集馨驰赴甘省，妥为查办。现在都兴阿、雷正绾各军叠获大胜，乘甘回震慑之余，将陕西投诚难回善为安置，亦足令反侧自安，不至固结不解。张集馨务即克日起程，星驰赴甘，相机筹办。并著将起程日期具奏。将此由六百里谕知常清、明绪、平瑞、文祥、保恒、麟兴、车林敦多布、广凤、奎昌、杨岳斌、骆秉章并传谕张集馨知之。"

又谕："文祥奏，据哈密通判恒龄申称，转奉安肃道牌开，晋省在于捐输防费项内先行筹拨新疆银二万两，已于同治二年十二月三十日自山西省押解起程，至今尚未接到出关之文。请饬下陕甘、山西各督抚，迅速催解等语。新疆回匪变乱，各路拨兵防剿，需饷孔殷，著都兴阿、刘蓉、沈桂芬、恩麟饬令沿途地方官，查明此项银两，系在何处稽延。迅速催令该委员趱程解运出口，以济要需。甘肃肃州镇总兵何胜必现在陕西军营，著刘蓉饬令该总兵迅赴新任，毋稍延缓。将此由六百里谕知都兴阿、刘蓉、沈桂芬并传谕恩麟知之。"

（卷112　488页）

同治三年（1864年）八月癸未

又谕："雷正绾奏，攻毁张家川逆巢，现移营进攻龙山镇贼垒及河州戒严，请饬曹克忠迅赴本任各折片。张家川逆匪踞险抗拒官军，经雷正绾与陶茂林合军攻剿，破其巢穴，余贼向龙山镇败窜。雷正绾已与陶茂林各派队伍，拔营跟踪进剿，即著该提督等将龙山镇、莲花城迅图攻拔，尽洗逆氛。

都兴阿之军进规宁、灵，前经派兵渡河将宝丰攻克，军声丕振。贼胆已寒，惟宁、灵一带，回踪麇集，仍应厚集兵力，方能迅就荡平。雷正绾拟俟龙山镇等处克复，亲督各营直趋隆、静，就近察看固原情形，顺道北向，与都兴阿之兵会办宁、灵。即著会商都兴阿妥筹夹击。固原回匪虽称乞抚，前据恩麟奏报，该处回众北窜，宁、灵、中卫等处吃重，是乞抚之说尚难深信。雷正绾务当详察真伪，相机办理，不可大意。中卫地当紧要，梁生岳等军本不足恃。雷正绾拟令陶茂林于攻克龙山镇、莲花城后，率所部驰赴中卫、兰州一带，扼要防剿。所筹深合机宜。著即饬令陶茂林将该两处贼巢迅即攻克，率师前进，以资得力。前次恩麟奏称赵必达统带果义一军剿办河州回匪，连战皆捷，而此次雷正绾则称河州绅民禀诉赵必达防练疏忽，恇怯无能。是该员之不能得力已可概见。恩麟乃以此等劣员统兵剿贼，已属用人不善，又不将该员据实参奏，犹且粉饰多词，铺张入告。该护督是何居心。甘省遍地贼氛，恩麟贻误不少，不知力图补救，稍尽心力，尚如此昏愦糊涂，任令地方糜烂，自问当得何罪。著雷正绾即将赵必达劣款查明，如果防练疏忽，恇怯无能，务即严参惩办。一面派委知兵大员前往接统其众，至河州镇系曹克忠本任，该处情形吃紧，陕西贼势已松，无须该员在陕助剿。著刘蓉即饬曹克忠统带所部原营迅赴河州本任，不准迟延，并不准刘蓉再行奏留，致误事机。陕省近日军情仍著刘蓉随时驰奏。曹克忠抵河州后，如尚须添兵助剿，著雷正绾会商都兴阿酌量派拨数营，以资攻剿。将此由六百里谕知都兴阿、雷正绾、刘蓉并传谕恩麟知之。”

（卷112　492页）

同治三年（1864年）八月丙申

又谕："德兴阿奏，就抚陕回，宜防诈伪，毋令仍归原籍。拟饬曹克忠暂扎凤、宝，请留金顺马队，并自请独当一面各折片。据称盐、固回逆就抚，该匪诡诈狡猾，乞抚缓兵，乃其故技。若令仍归原籍与汉民杂处，势难相安。且西、同两属多成荒土，任令自为棚巢，必致纷争启衅，不若俟其真正穷蹙乞降，再为分别安插等语。回匪意存反侧，屡降屡叛，朝廷久经洞烛其奸，本未尝一意主抚。前据都兴阿奏盐、固回逆就抚，节据臬司杨柄锃等禀诉陕回流离困苦情形，必须遣回陕省本籍复业。因人数过多，请派大员赴甘查办。当经谕令张集馨以此项回众，其凶顽渠魁原应实力殄除，至胁从老弱，若必悉数诛夷，殊非国家好生之意。将来甘肃回众不能不就本境安插。如就抚陕回亦令栖身甘省，流寓异乡，势难经久，似不若各归本籍，尚可复谋生业。张集馨明白晓事，是以令其前往，妥为筹办。此事仍著张集馨于抵甘后，酌量情形，与都兴阿、雷正绾筹商安置之法。仍当分别良莠，悉心筹划，如实系安分良回，自不能不为之代谋生计，固不可令莠回于回籍后滋生事端，尤不可令安分被胁良回流离失所。总在该臬司办理得宜，仍不准回护前说，胶执己见。并著张集馨克期赶紧起程，一面自行具奏，不准托故耽延。前谕曹克忠统带所部原营速赴河州镇本任。现据德兴阿奏称，恐贼匪回窜终南，请饬曹克忠所部七营暂扎凤、宝，以资防御，并顾雷正绾、陶茂林后路等语。该总兵可否暂缓赴任，并陕省是否必需曹克忠一军方敷分布，著都兴阿、雷正绾、刘蓉妥商办理。如曹克忠驻凤、宝一带，与雷正绾等军声势尚难联络，即著雷正绾催调曹克忠前进，其凤、宝一带，即著刘蓉妥筹兼顾。穆图善尚未起程，即著迅带所部前往甘省，会同都兴阿、雷正绾妥筹剿办，毋再迟延。金顺马队著照德兴阿所请，暂留陕西，俟该省军务稍松，仍著调赴甘省，以厚兵力。陕南近日军情若何，著刘蓉檄饬各军节节进剿以期廓清疆宇。德兴阿呈递履历，自请独当一面，朝廷简派统帅自有权衡，岂容自行渎请。至德兴阿从前办理军务，朝廷知之甚详，乃率行呈递履历，铺叙战功，尤属冒昧。德兴阿现署西安将军印务，操练旗营，办理防守责任甚重，即著慎固城防，实心办理，毋得稍涉疏懈。如贼踪距省较近，该署将军原应将城守布置妥协，带兵出剿，本无待临时奏请，致误事机。将此由六百里谕知都兴阿、雷正绾、穆图善、德兴阿、刘蓉并传谕张集馨知之。"

（卷113　524页）

同治三年（1864年）八月丁酉

谕议政王军机大臣等："雷正绾奏攻拔龙山镇逆巢，进攻莲花城情形，并固原复为回陷各折片。雷正绾一军攻克张家川后，乘胜进拔龙山镇逆巢，并将邵家店、马家堡各小巢平毁。因闻固原回逆复变，该署提督督队力攻莲花城，急图克拔，以便移师隆、静。讵锐师乘胜深入山险，人马碍难旋布。雷正绾猝被矛伤额下，弁勇阵亡者千余名。披览之余，曷胜廑系，著雷正绾赶紧调治，一俟伤口平复即行整饬队伍与陶茂林会督诸军，迅拔莲花城老巢，移军隆、静，规复固原，疏通兰州驿路，兼顾省防。雷正绾所部各营因叠次伤亡及裁汰老弱外，现在贼踪蔓延，已属不敷剿办。而固原州城复于八月初四日被陕回孙义保潜带贼众四千余人勾合城中回逆赫明堂等乘夜袭陷。固原、盐茶回众前经甘词乞抚，此次陕回即勾结内应，扑陷固原，可见若辈狼子野心万难宽宥。亟应大加惩创，俾其震慑军威，始能徐议招抚，著穆图善懔遵叠次谕旨，迅即统带所部赴甘，会同都兴阿、雷正绾妥为筹商，应由何路进兵助剿，均著相机办理。都兴阿一军已抵灵州花马池，能否与雷正绾声息相通，并著酌度机宜，先与雷正绾等军声势联络，再行节节进兵，毋稍大意。雷正绾现经派员分赴楚豫各路招募勇丁，克期赴营。著刘蓉于所募新勇经过陕境时，将沿途所需面斤饬属宽为筹备供支，毋令缺乏，以利遄行。并著催令曹克忠一军迅速入甘，与雷正绾等军联络进攻，迅歼丑类。其凤、宝一带即由刘蓉妥筹兼顾。江西军务渐欠肃清，杨岳斌即遵前旨将应办各事宜移交鲍超、刘蓉与沈葆桢会筹办理，迅将酌带所部克期赴甘。何日起程并著先行驰奏。所有雷正绾现在进兵攻取各要隘，著绘图贴说呈览。将此由六百里各谕令知之。"

（卷113　526页）

同治三年（1864年）八月戊戌

谕议政王军机大臣等："恩麟奏河州被围日久，请饬曹克忠带兵赴任，并河、狄回匪分扑皋、金地方，兵勇击剿失利及南路军饷请旨酌定供支省份，并请饬催甘省及新疆饷银各折。河州镇城被围日久，道员赵必达带兵援救，迁延不进，畏葸无能，实堪痛恨，著革去三品衔，仍革职留营，以观后效。并著恩麟饬令该员会同参将胡飞鹏迅速前进，立解城围。倘再不知愧奋，即行从严参办。河、狄回匪分股窜扑皋兰、金县地方，游击邹占先以二千余名之勇御二千余名之贼，辄被贼匪冲散，以致各路失利，实属贻误戎机。邹占先著拔去花翎，摘去顶带，以为玩误军情者戒。至皋、金被扰，系本年四月间事，何以迟至八月始行出奏，可见恩麟平日全以消弭粉饰为事。如此行为岂能表率属员，力图整饬。无怪赵必达、邹占先等之复辙相寻也。现在固原复为贼陷，而河、狄等处一片贼氛。省垣为根本重地，恩麟务当激发天良，督率员弁兵勇，力筹防剿，毋稍疏虞。经屡次训饬之后，倘再不知振作，仍复泄沓因循，贻误大局，必将该护督从重治罪，决不宽贷。曹克忠一军著刘蓉恪遵前旨，饬令该总兵统带原部七营克日起程赴甘，毋稍稽延。曹克忠入甘后应由何路进兵，著都兴阿、雷正绾等妥筹调派，务令东、西两路各有劲兵联络一气，鼓勇齐进。庶可痛扫狂氛。陶茂林一军到甘后，叠克城隘，所向有功。其军火粮饷曾经谕令陕省供支。兹据恩麟奏，接据陶茂林咨称，陕省以剿办发逆，自顾不暇，所需军火饷项应仍由甘省支领等语。甘省饷需久绌，罗掘已空。庆阳粮台专顾都兴阿军饷势已不及，万难兼顾他营。而陶茂林所部士卒单寒，帐房不蔽风雨，一切军械又不应手，若饷需稍有不继，哗溃堪虞。著刘蓉懔遵前旨，仍将陶茂林各营饷项军火源源筹解，毋得稍分畛域。恩麟所请或由别省供支之处，著户部核议速奏。将此由六百里谕知都兴阿、雷正绾、刘蓉并传谕恩麟知之。"

又谕："恩麟奏甘肃兵饷停发日久。各省协款拨解无期，拟派员前赴川省抽收盐厘，以济急需一折。此项盐厘向由川省派员抽收，业已办有成效。若令甘省委员前往接办，于一切办理章程未能熟悉，深恐窒碍难行。仍著骆秉章督饬富犍二县局员将此项盐厘按照旧定章程照常抽收。俟收有成数，即行派员陆续解交甘肃省城，俾资接济。恩麟另片奏，陕甘富商巨贾在川贸易，各属地方公建陕西会馆，历年积有会厎银两盈千累万，为数甚巨，拟派员赴川将会厎银两核拨一半，借供兵饷等语。当经降旨谕令恩麟，准其派员前往，即著骆秉章转饬各该府、州、县等，俟甘肃委员到境，即行传知陕西会馆直年会首等将现存会厎银两核拨一半，交该委员守提运解。一面发给印借字据，将来军务完竣，即由甘肃军需总局照数筹还，以归有著。四川欠解甘肃协拨军饷等项并著骆秉章迅速宽为筹解，毋稍延缓。将此由六百里谕令知之。"

复甘肃尖山伤亡已革游击汪永桢原官，予祭葬世职。

（卷113 527页）

同治三年（1864年）九月辛丑

又谕："李云麟奏蔡启败匪奔窜甘省，遵旨遣回楚军并将陇军酌量裁撤一折。蔡启两逆自陕北入山，屡经官军击败，现窜甘肃阶州之西和县等处。

刘蓉所部各营已追至甘界，并经骆秉章调湘、果两营扼扎阳平关、朝天关等处防剿，贼势已蹙。惟甘肃阶州文县一带在在与川省毗连，深恐败匪铤险，阑入蜀疆。著骆秉章、刘蓉督饬诸军尽力夹击，务将蔡启余匪就地殄除，毋任再行纷窜。至李云麟所部之军，除业经筹给饷银遣撤回楚外，现留毅健中、前、后三营暂扎陕楚交界之漫川关，并陇军归化、归义两营，李云麟拟即全行遣撤。著刘蓉悉心筹划。现扎漫川关之毅健三营或须留防陕、楚毗境，或可筹给饷项即行遣回，均即迅速酌办，并饬李云麟将陇军妥为遣撤，毋令滋生事端。李云麟移交刘蓉管带之三营，并水军等尚有若干人均著刘蓉派员统带，妥为调度。兴商一带如尚须派兵扼防，并著刘蓉妥筹兼顾。蔡启二逆势已穷蹙。刘蓉现已追入甘境，近日剿办情形若何，著一并迅速具奏。甘省回氛甚炽，著穆图善懔遵叠次谕旨，迅即起程赴甘，与都兴阿、雷正绾会筹进剿，毋许再有延缓。本日据官文奏，请饬总兵颜朝斌赴鄂随营等语。著骆秉章传知颜朝斌于补行穿孝百日届满即行驰赴湖北军营，随同官文办理防剿，毋稍稽延。将此由六百里各谕令知之。"

又谕："都兴阿奏前敌布置情形，并请调西安满兵各折片。据称前敌各军克复宝丰后，联络平罗进扎渠口堡一带时出雕剿，颇有斩获。惟后路空虚，兵力不敷分布。该逆现聚清水堡两岸，阻我进攻之路等语。杜嘎尔一军攻克宝丰后，乘胜进剿，军威颇振。惟该处地势宽广，官军节节深入，后路粮道最关紧要。此时兵力未厚，自当稳慎进取，步步为营，不可稍涉大意。倘有隙可乘，仍即激励将士相机进剿，以期迅扫贼氛。庆昀仍当督饬将弁固守宁夏城池，并著知照进规纳家闸之常升一军，务须严密稳固，并随时侦探，期与都兴阿所派之兵遥为声援。一俟杜嘎尔一军逐渐南趋，声势可以联络，即著合力夹击，以竟全功。前因固原复陷，平凉一路军情吃紧，业经谕令穆图善统带所部赴甘，会商都兴阿等应由何路进兵，相机办理。本日复经寄谕催令迅速前进，仍著都兴阿俟其到营，妥筹进兵。都兴阿所请调拨西安驻防满兵五百名赴甘演习洋枪，著德兴阿即行挑派，星速前往。倘因西安城防紧要，不能如数派往，即著酌量调拨，如实系不敷，可即咨明都兴阿，由都兴阿另行筹调。将此由六百里各谕令知之。"

（卷 114　　535 页）

同治三年（1864年）九月癸卯

谕内阁："刘蓉奏陕西汉中镇总兵佘福象自愿随同穆图善赴甘剿贼，恳请暂行开缺等语。佘福象勇往任事甚属可嘉，著准其暂行开缺，随同穆图善前往甘肃剿办贼匪，俾得尽其所长。"

谕议政王军机大臣等："穆图善奏督师赴甘，请调赴鄂旧部。刘蓉奏败匪纷窜阶州，督军越境穷追。遵饬张集馨、曹克忠赴甘及因患病恳请开缺各折片。甘省回氛日炽，军情紧要，穆图善现已督率马步各营陆续进发，惟后起步队尚须俟有饷银方能西上。著刘蓉督饬粮台迅速筹款给发，俾利遄行。宁、灵一带，地方平旷，利用骑兵。穆图善所部马队仅金顺两起三百名，实属不敷分遣。其前调赴鄂之温德勒克西两起马队本系穆图善旧部，且皖、楚交界，山路崎岖，稻田遍野，马队难以展布，不如调赴甘省，用其所长，较可得力。著官文酌量调派。至苏伦保两起马队及蓝斯明四营步队能否一并饬赴甘省之处，并著斟酌军情，妥筹办理。穆图善勇往直前，深堪嘉尚。本日已明降谕旨，令其帮办都兴阿军务。该将军务当益矢忠勤，兼程入甘，与都兴阿和衷商办，尽力剿洗，肃清边陲，以副委任。蔡启等逆业经萧庆高等督军追摄，叠获胜仗，擒斩收降匪党甚众。余孽狂窜阶州，刘蓉现檄林之望力扼要隘，并饬萧庆高等越境穷追，办理尚属认真。此股败匪现在猛扑毕口，急图入川。萧庆高等已绕出宁羌截剿。骆秉章当督饬川军会合陕军分途兜击，就地歼除。毋令纷窜入川，致形滋蔓。曹克忠一军现已拔队赴甘，既可为雷正绾后路声援，并可兼顾陇防。第该营中有新收降卒，必须严加钤束，随时防范，毋稍大意。张集馨所陈通筹全局，谓议抚缓兵，糜饷老师，不如先机决策，一劳永逸等语。前据雷正绾奏，固原降回复叛，袭陷城池，是该逆谲诡性成，以乞抚为缓师，确有明证。张集馨既于回情知之甚悉，必能操纵得宜。著懔遵前旨，驰往甘省相机筹办，不得胶执成心，亦不必意存迁就。雷正绾伤口已否平复，甚深厪系。现在逆氛复炽，雷正绾务当与陶茂林迅筹进剿，力挫凶锋。恩麟当振刷精神，督率兵勇固守省垣，认真剿办河、狄等处回匪，不得一味畏葸因循，贻误军事。此时陕西境内虽已肃清，而西固汧、陇之防，东严兴商之守，责任綦重。刘蓉著毋庸开缺，赏假两个月安心调理。其重大军情仍著力疾料理，毋许推诿。将此由六百里谕知官文、都兴阿、穆图善、雷正绾、骆秉章、刘蓉并传谕恩麟、张集馨知之。"

又谕："本日据刘蓉奏，前准都兴阿以甘省边地严寒，咨饬陕西藩司赶办羊皮大袄五千件，小袄五千件，解营备赏，价银准赴甘肃粮台请领等因。当经札饬藩司速行赶办。现据藩司详复，陕西皮货向来聚于泾阳。该县失守之后，人烟断绝。现在甘回扰乱，皮货更无来路，该抚详加察核，实在无从购办。请饬甘肃、山西各督抚就近采买等语。所奏自系实在情形。惟甘肃地处极寒，现交冬令，军士日久从征，御寒无具，所需皮货等件实关紧要。陕省虽近日贩运较少，而合山、陕、甘肃三省共办此事，究易为力。著沈桂芬、刘蓉、恩麟于各该省出产皮货之地赶紧派员如数购办，迅速解往，毋误要需。穆图善现往甘肃带兵剿贼，所部马步各军需饷甚急，著沈桂芬、刘蓉每月各筹拨银二万两并军火等项，按期解赴穆图善军营交纳，以资接济。将此由六百里谕知都兴阿、沈桂芬、刘蓉并传谕恩麟知之。"

（卷114　538页）

予甘肃阶州等处阵亡总兵官萧余胜、毛芳恒、参将陈贤元、都司瞿升富、守备朱球珥、千总吴高远等祭葬世职加等。

（卷114　541页）

同治三年（1864年）九月甲辰

谕内阁："前因曾国藩奏，杨岳斌因父母年逾七十，母病增剧，据情代请开缺，回籍养亲。当经降旨，谕令杨岳斌俟克复金陵后再行请旨省亲。兹据杨岳斌奏称，八月间行抵赣州，病体难支，伤处复加痛楚，心中怔忡不止。父母老而多病，疾痛之余，思亲倍切，请开陕甘总督之缺，回籍调理等语。杨岳斌统兵十余年，冲冒矢石，力疾苦战，伤病交作，且其父母年皆七十有余，原应俯如所请，俾资调理，并遂其孝养之忱。惟前因甘肃逆氛不靖，当授杨岳斌为陕甘总督，办理剿匪事宜。现在甘省军情关系极为紧要，该督久历戎行，威望素著，军麾所至，叠奏肤公。此时西北军事孔棘，朝廷正资倚畀，自未便遽令回籍。杨岳斌著赏假一个月在营赶紧医治，俟假满后即行驰赴陕甘总督新任，毋庸开缺。"

（卷114　541页）

同治三年（1864年）九月乙巳

谕议政王军机大臣等："前因陕西调回湖北之温德勒克西两起马队及苏伦保两起马队、蓝斯明四营步队。昨因甘肃回氛日炽，谕令官文将前项马步各队酌量驰赴甘省。谅该大臣已妥为调度。本日复据常清由八百里驰递，据称叶尔羌回变被陷，英吉沙尔、喀什噶尔两城武弁谋叛，乌鲁木齐城围未解，请催调内地精兵援剿等语。前授杨岳斌为陕甘总督，令其带兵赴任。昨据奏到，江西军务未竣，兵不能分，该督亦因病奏请开缺，已赏假一月调理。本拟俟杨岳斌到任后，酌拨甘肃兵将出关助剿。今杨岳斌既不能即日赴甘，是甘肃情形仍形危迫。穆图善已带所部赴甘，著官文即遵照本月初五日谕旨速将温德勒克西等及苏伦保马队派往甘肃，交穆图善统带。蓝斯明等步队如楚省军情稍松，可以调拨，亦著派令赴甘，以资得力。以上各起马步著官文于接奉此旨时迅速遵旨酌量调派，不准借词奏留。麻城余匪仍有若干，曾否复窜豫境，近日军情若何，著僧格林沁、官文随时具奏。东窜英霍之贼，业经曾国藩调派刘连捷等营迎剿，该逆不能逞志于皖，必再犯鄂。官文务饬各军尽力防剿，毋任回窜勾结。现在东南大局虽定，西北军事方殷。新疆地方关系紧要，边城处处传烽，势将不可收拾。僧格林沁老成宿望，视国如家，必有救时良策，不妨剀切敷陈，以备采纳。将此由六百里加紧各谕令知之。"

（卷114　544页）

同治三年（1864年）九月丙午

江宁将军富明阿奏，拨营赴甘剿贼，并裁撤水陆各军。得旨："胡世英等两军据奏已遵调起程赴甘，办理甚属妥速。裁撤水陆各军务须派员沿途弹压，妥善办理。江面滋事游勇仍饬吴全美认真查拿，毋令一名漏网。"

（卷114　547页）

同治三年（1864年）九月戊申

谕议政王军机大臣等："穆图善奏马步各营分期起程并仍带金顺马队援甘一折。蔡启二逆由略阳突围，经置口郭家坝窜至白马关，余贼已出陕疆。穆图善以甘省军情紧要，仍饬金顺马队于八月二十七日起程赴甘，计此时已过耀州。办理甚为妥协。著穆图善即饬金顺赶程前进，协同剿洗，以厚兵力。前谕官文将温德勒克西等及苏伦保马队派往甘肃，交穆图善统带。蓝斯明等步队如楚省军情稍松，亦令调拨赴甘，著官文懔遵前旨赶紧筹拨，催令飞速起程，毋得奏留，致误事机。汉南一带现在虽无贼踪，难保不复图回窜。如将来陕西有必需马队之处，俟温德勒克西等各起马队抵秦时，著刘蓉酌度情形就近暂留若干，借资协助。如陕省无须此项马队，即著刘蓉于温德勒克西等过境时催令星速遄行，迅赴穆图善军营听候调遣。前据骆秉章奏，逆匪窜至柳林铺，势将窥伺通江、南江边隘，或即循黄官岭以奔广元。兹据穆图善奏，贼已由文县窜至龙安府境，是该逆业由西路窜入川疆，著骆秉章飞催唐友耕、周达武等军，确探贼踪，星驰截剿。并著刘蓉檄令萧庆高、何胜必两军跟踪紧蹑，面面夹攻，以收聚歼之效。陕省此时虽已无贼，各路防堵仍不可稍涉大意。善后事宜亦当次第经理，均著刘蓉妥为筹办。将此由六百里各谕令知之。"

（卷114　548页）

同治三年（1864年）九月己酉

谕议政王军机大臣等："玉通奏西宁回众投诚以后，屡差文武委员暨身赴各处寺院庄村，抚恤难民，解散乡勇一折。并补奏上年十月兵勇节次获胜，余匪畏威投诚各情形一折。玉通带员驰赴北川果莽、果隆、吹布藏等寺，商同章嘉呼图克图等，传集汉、土、番、回勇目，晓以安分务农，无不乐于息事。惟因回性反复，不得不防。现将团勇散去一半，尚余一半保守寺院暨各村庄。尚非恃众寻衅，自应俯如所请。其塔尔寺练勇经玉通等叠次劝谕，已有息事之机。著玉通即饬知府达昌等认真开导，以期永息争端，不得畏难苟安，冀图目前便利。恩麟护理督篆，各路均应兼顾，乃不察被害情形，一味主抚，于西宁军务漫不关心。前派道员雅尔佳纳在湟安抚，该道见事难为，先行回省。恩麟何以并不据实参奏。马乜氏劝谕回众，尚能听从，何以复行调回省垣，以致回民勾结，杀掠相寻，实堪痛恨。嗣后务须随时兼顾，若再视同膜外，贻误地方，必将恩麟从重治罪，决不宽贷。玉通另片奏，绅民请留成瑞在宁开导等语。成瑞前次获咎甚重，既据该处绅民合词吁恳，即著恩麟饬令该革员前赴西宁，开导花寺、临洮两教回匪，如其办理无效，仍著玉通等将其解京治罪，不得借词延缓。将此由六百里谕知玉通并传谕恩麟知之。"

（卷115　550页）

同治三年（1864年）九月庚戌

谕议政王军机大臣等："都兴阿奏，张家川回民旁窜，平、庆戒严，并请饬陕抚拨解粮饷、军火等件各折片。张家川逆巢经雷正绾攻克后，败回三路，窜入镇原县境，已抄过平凉，渐近庆阳。其意盖欲纠合全股，乘平凉后路空虚，庆阳防兵单薄，北趋援宁。非有劲兵截击，不足以制贼死命。前据雷正绾奏，进攻莲花城，因锐意深入山险，人马碍难旋布，猝被矛伤，以致失挫。当经谕令都兴阿酌度机宜，先与雷正绾等军声势联络，再行节节进剿。现在回匪已经旁窜。雷正绾伤口近日是否平复，著即整顿队伍与陶茂林会督诸军，北趋平、固，会合庆阳一带防兵跟踪兜剿，迅图扫荡，毋令与宁、灵之贼串通一气。并著穆图善懔遵叠次谕旨，迅统所部星驰前进，会同都兴阿、雷正绾妥筹攻剿。曹克忠一军著刘容催令克期入甘，迎头截击，务与雷正绾等合力进攻，迅歼丑类。陶茂林等军火等项叠经谕令刘蓉，饬令陕西粮台按月供支。现在陶茂林军火缺乏，粮饷又无接济，将士饥寒交迫，哗溃堪虞。陈天佑、西蒙克西克等军虽经都兴阿为之腾挪，竟有不支之势。刘蓉于叠次催解要需，竟敢视同膜外，屡催罔应。倘因粮饷军火不继，贻误大局，该抚其能当此重咎耶。著刘蓉懔遵叠次谕旨，迅拨巨款并所需军火等件，一并星速委解，分赴陶茂林、陈天佑、西蒙克西克等行营，以济急需，并著源源接济，毋令匮乏。不准再事推诿。都兴阿另片奏，遵饬讷钦回旗，另派翁同书接统其众，即著照所拟。责令翁同书将讷钦部众，力加整顿，认真防剿。将此由六百里各谕令知之。"

又谕："传谕陕西按察使张集馨，前因固原复陷，回匪叛服无常，曾谕令张集馨驰抵甘省后相机筹办。兹据张集馨奏称陕逆孙义宝、赫明堂等叛踞州城，固原现已梗塞，拟先到泾州一带察看情形等语。著于驰抵泾州后，将现在回匪情形据实详细具奏。如该匪犬羊性成，负固不服，万无勉强招抚之理。即著张集馨径赴兰州，会同恩麟于一切防剿事宜妥筹办理，仍一面将抵兰日期迅速具奏。"

命四川川北镇总兵官鹤龄赴署陕甘总督，都兴阿军营听候差委。

（卷115　551页）

同治三年（1864年）九月壬子

署陕西提督雷正绾奏，陕回窜陷固原，现筹剿办。得旨："著恩麟督饬杨柄锃饬属一体，严防窜越，毋得再有疏虞。其穆隆阿、成瑞退驻平凉情形，难保非闻警先遁，著查明据实具奏。恩麟、杨柄锃疏于筹布，均交部议处。"

（卷115　557页）

同治三年（1864年）九月癸丑

又谕："前因恩麟奏陶茂林各营饷项，请酌定供支省份，谕令户部核议速奏。兹据奏称，陶茂林一军饷需孔亟，拟在江海关税原拨咸丰十一年京饷未解银内划拨银五万两，闽海关税原拨咸丰十年京饷未解银内划拨银五万两，解往甘省，作为陶茂林军营协饷。但此二处距甘稍远，恐尚缓不济急。查有同治二年奏拨四川协甘饷银五万两及按粮津贴项下协甘银数万两，时阅年余，未据报解。拟即将此二款全数作为陶茂林军营专饷。川省解到较易。陶茂林一军于闽海、江海二关饷银未经解到之前，得此二款接济，庶不致停兵待饷。请饬迅速解甘等语。陶茂林一军剿匪正在吃紧，该营所需饷项亟应广为筹备。所有江海、闽海两关各拨银五万两，著李鸿章、英桂如数筹措，派员探明赴甘道路，星速解交陶茂林军营，并将委员起程日期先行报部。倘有迟延，即著该部奏参。至川省所拨之饷尤须飞速解到，方足以济眉急。著骆秉章将户部上年指拨甘饷银五万两，按粮津贴银数万两，严饬藩司如数措齐，速委妥员解甘，探明陶茂林军营交纳，毋得迟延推诿。另片奏，遵议恩麟请饬各省协拨款内声明指拨甘饷及新疆饷，以杜牵混等语。新疆需饷紧急，前由山西、山东、河南、四川专拨新疆经费银四十万两，除山西省有另拨新疆军饷银二十万两，已据报解八万两，应拨经费十万两，已据报解三万两外，其余十九万两，著沈桂芬仍遵前旨，作为两批赶紧解往。山东等省奉拨新疆经费，山东应解银七万两，已解银五万两，未解银二万两。河南应解七万两，四川应解十六万两，均分毫未解。著骆秉章、张之万、阎敬铭饬司筹措，迅速解赴新疆交纳。至甘省协饷现有省城、庆阳两处需款浩繁，亟应速筹接济。著曾国藩、骆秉章、毛鸿宾、李鸿章、沈葆桢、张之万、阎敬铭、刘蓉、沈桂芬、郭嵩焘懔遵本年六月间谕旨，将历年欠解甘饷内先行各筹解银二三十万两解往甘肃，不得概以不能兼顾、无款可筹等词空言搪塞。以上各款经过地方，亦不得擅行截留，致干参办。浙江应解甘饷昨据左宗棠奏，地方凋敝，请饬改拨。现在虽令户部速议具奏，惟甘省饷项奇绌，仍著左宗棠无论如何为难，先行设法筹解若干，以济急需。甘省军情极为紧急。新疆回匪相继煽乱，势甚鸱张，非宽筹军食不足以资攻剿。该将军督抚等受恩深重，务当飞速措解，力维大局。将此由五百里各谕令知之。"

（卷 115　　558 页）

同治三年（1864 年）九月丁巳

谕议政王军机大臣等："……本日据都兴阿奏，曾国藩、富明阿挑拨赴甘各军，请饬江苏筹给饷糈等语。著曾国藩、李鸿章将派出援甘各军先行筹给数月饷需，催令迅速前进。嗣后并著照旧供支，按月源源运解，毋令缺乏。将此由五百里各谕令知之。"

又谕："文煜奏准都兴阿咨称，穆图善十营起程入甘，请将军食饷项宽为筹备。惟庆阳粮台，各省协饷报解寥寥。仅收过山东、山西、河东解到银二十四万两，以供四五十营饷糈军火，奇窘万分。现在存款一空，即供支都兴阿、雷正绾及庆环各军已觉顾此误彼。穆图善饷糈实难兼顾。请饬该将军将原有粮台随带入甘，其原拨该营饷银即径解该将军粮台交纳，并请饬山东、山西、河南、四川各督抚迅解庆阳协饷等语。所奏自系实在情形。著该将军即将原有粮台随带入甘，一切收支散放即由该将军粮台经理，以专责成。并著沈桂芬、刘蓉懔遵前旨，按月如数拨解，务期源源接济，以资饱腾。至庆阳粮台入不敷出，为数甚巨。现在节届深秋，各军衣食无资，岂能荷戈力战。著骆秉章、张之万、阎敬铭、沈桂芬迅于前拨庆阳粮台协饷之三十万两内，无论何款移缓就急，各先筹解银十万两。沈桂芬并饬河东道将甲子纲盐课银两赶紧分批解赴庆阳，以济急需。正在寄谕间，据都兴阿奏，西宁回匪猖獗，府城被围。固原复陷，请将办抚不实之员严办及饬江苏等省将调拨赴甘各军饷银按月运解各折片。西宁回匪前据玉通奏业已投诚，并亲赴各处寺院村庄解散乡勇，何以此次青海盟长王公及塔尔寺阿家呼图克图复纷纷向都兴阿军营呈称回匪围困西宁府城，恳请发兵拯救。可见回逆犬羊成性，反复无常。玉通所奏投诚各情全不足恃。著玉通将回逆何以复叛情形迅速驰奏。现在该逆勾通巴燕戎格厅撒回等肆意焚抢，猖獗已极。而都兴阿、雷正绾分剿灵、宁、莲花城等处之贼，兵力难分，非得知兵大员，统带劲旅驰往，势难力挫凶锋。前有旨令骆秉章拨兵援甘，并因官文奏调颜朝斌，谕令骆秉章饬令该员迅赴鄂省。此时西宁军务紧要，自应移缓就急，迅速赴援。著骆秉章于援甘兵勇外，另拨劲旅于颜朝斌、江忠浚二员内酌派一员统带，驰赴西宁，力筹剿办。并著都兴阿、刘蓉会商，檄令曹克忠即统所部前往西宁协剿。如该总兵尚须会剿莲花城之贼，一时未能前往，即由都兴阿札饬蒙古各王旗，同心御侮，以资保卫。玉通身任西宁办事大臣，责无旁贷，著就现有兵力，布置城守事宜，妥筹防剿，毋稍疏虞。至甘肃饷源支绌万分，骆秉章先后所派援甘兵勇，甘省万难供支，著该督将调拨赴甘各军先行发给数月饷银，饬令迅速赴甘，仍照旧按月供支，源源接济。固原复陷情形，前据雷正绾、恩麟先后驰奏，与都兴阿此奏略同。杨柄锃以办理抚局之员，前称固原回匪投诚，情词已多悯惚。此次借口张家川吃紧，与雷正绾面商进兵，遽出危城，脱身远遁，情节显然。穆隆阿、成瑞本在固城，所称良回泣请出城，并送至平凉各节，种种支离，难保非闻警先遁，借词掩饰。张集馨现抵泾州，即著将此案主抚不善及失事情形撤底根究，据实参办，毋稍徇隐。将此由六百里谕知都兴阿、穆图善、骆秉章、张之万、阎敬铭、沈桂芬、刘蓉、玉通、文煜并传谕张集馨知之。"

又谕："都兴阿奏请催令按察使赴任等语。署甘肃按察使刘于浔前在江西操练水师，未克赴任。现在金陵克复，巨逆歼除，江西省城防务已松。而甘省回逆狓猖，军务地方在在需人整顿，署臬司杨柄锃办理诸多未善，著沈葆桢即饬刘于浔迅赴甘肃按察使署任，随同都兴阿等办理防剿事宜，以重职守。其所带江军水师即著沈葆桢派员接管，不得借词奏留，致误戎机。将此由六百里谕令知之。"

（卷 115　565 页）

同治三年（1864年）九月戊午

又谕："恩麟奏陕回窜陷阶州，请饬川陕官兵援救，并察看盐、固等处陕回情形及请拨火箭各折片。据称蔡逆一股由陕西略阳直扑甘肃徽、成两县。经兵团堵遏，退至略阳，复犯阶州，致将州城攻陷。现饬林之望驰往剿办，而兵力单薄，请饬催各路援兵等语。前据刘蓉奏，败匪纷窜阶州，已派萧庆高等追击。并据穆图善奏，贼由文县窜至四川龙安府境，当经谕令骆秉章飞催唐友耕等军探踪迎剿。刘蓉饬萧庆高、何胜必两军跟追。现在贼已攻陷阶州，逆氛正炽。骆秉章迅即檄令唐友耕、周达武等由阶州一路前进，迎头截击，力挫凶锋。刘蓉所派追贼之萧庆高等军现在行抵何处，何以并未追及，致贼势如此猖獗。著刘蓉严饬该员等迅速进兵，力图扫荡。如再不能得力，即将该员等严参治罪。甘肃凋敝之区，非贼之所注意，其意仍欲乘隙图扰川、陕。阶州境地与川、陕两省毗连，川、陕兵勇果能越境剿贼，即所以自固疆圉，骆秉章必能不分畛域，协力助剿。此股贼匪本由陕省败窜入甘，刘蓉何得以驱贼出境，遂为了事也。至恩麟请令曹克忠径赴阶州，穆图善取道入甘，先除发逆，再剿回匪各节。昨因都兴阿奏，西宁被围，已令曹克忠赴该处剿贼。而宁、灵一带军务紧要，叠次催令穆图善赴都兴阿军营，此时均难改调。恩麟惟当就现有兵力，檄令林之望迅图恢复，会合川、陕援军，并力兜击。一切军情随时咨商都兴阿妥办。昨谕骆秉章派拨劲兵，酌委颜朝斌等带赴西宁。此军如能取道阶州，节节进剿，更为得力。此外如有可拨兵勇添派入甘之处，均著骆秉章酌度办理。恩麟所陈盐、固等处陕回情形，前已派张集馨赴甘查办。该员现赴泾州，自必能遵旨相机办理。其请拨火箭数千赴陶茂林军营一层，火器营火箭叠经各路军营调拨，所存无多，不敷拨解。山西省前有由京派往制造火器之员，此种火器，该省必有存留。即著恩麟咨明山西省拨用可也。将此由六百里谕知都兴阿、骆秉章、刘蓉并传谕恩麟知之。"

（卷 115　568 页）

同治三年（1864 年）九月己未

又谕："穆图善奏援甘之师，前队已抵中部，督率后路继进。现饬前途筹备行粮并遣撤伤病官兵一折。据称该将军派兵起程，先期咨会刘蓉，飞饬北山、延安一带州县筹备二日行粮，并委员前往催办。该将军行抵三原，接据延安府禀称延安所属各县地瘠民贫，所有面麩等项难以筹办等情。查延安地方苦寒虽系实情，然一二日之粮为数无多，总可设法办理。现已饬令该府等赶紧筹备等语。此项兵勇前队已抵中部，若令停兵待饷，哗溃堪虞。著刘蓉速饬该府等无论何款赶紧设法筹办。并饬邻近州县帮同赶办，筹备二日行粮，俾得迅速前进，以利军行，毋得稍事延玩，致滋贻误。该兵勇行抵甘境所需行粮为数甚巨，著都兴阿、雷正绾迅饬沿途邻近各州县赶紧设法采办。所需价银俟山、陕解到穆图善军营饷项，即照原价划扣，以清款项。所有打仗受伤之马队官兵，即著穆图善妥为遣撤。将此由五百里各谕令知之。"

（卷115　571页）

同治三年（1864年）九月壬戌

又谕："雷正绾奏击退扑营贼匪，进逼莲花城贼巢。泾州防军截剿固原窜贼获胜及固原抚局复变，抄录晓谕良回告示呈览各折片。逆回于八月十八、九、二十等日分遣悍党攻扑官军营盘，陶茂林坚壁不动，用枪炮连环轰击，俟该逆力懈撤围，跟踪追杀，毙贼千余。雷正绾复于二十七八等日力疾周视各营，严阵以待，俟贼匪将近，鼓噪追呼。该逆自相惊溃，毙贼甚众，将士胆气愈壮。该提督遂商同陶茂林每日更番叠战，滚营进扎，逼近莲花城贼巢。其由固原图窜泾州之贼亦经留防各营剿败，余匪旁窜镇原一带，剿办甚为得手。即著雷正绾督饬陶茂林等奋力进攻，务将莲花城贼巢迅速攻拔，毋稍松劲。其固原旁窜之贼仍严饬刘正高等严密堵剿，毋任狂窜。雷正绾伤病渐愈，仍著加意调摄，以慰廑念。前因都兴阿奏西宁被围，已谕令曹克忠速赴该处剿贼，势难改调。倘西宁贼势较松，雷正绾军营实在不敷分布，曹克忠一军即可饬赴雷正绾军营助剿。著都兴阿、穆图善、雷正绾斟酌情形相机办理。固原回目张保泷等前已献城就抚，朝廷宽其一线之路，准予自新，派令张集馨驰往办理，并谕令分别良莠，剿抚兼施。原非专主抚议，概令投诚。现在固原复陷，自应实力剿办，以儆凶顽。该提督奏称，西南各回尚未大受惩创，该回怀奸挟诈，非痛加剿洗，恐难革面洗心。莲花城、张家川之匪最为狡悍，必须悉数歼除。其乞抚良回但属可矜，自应分别办理，并抄录安抚良回告示原底呈览。所奏甚合机宜，即著会同都兴阿妥为筹办，毋得稍涉宽纵。佘福象一员前据刘蓉奏称，该员情愿赴甘助剿，当经降旨准其开缺，驰往穆图善军营，随同剿贼。雷正绾著毋庸咨调佘福象赴营，以免纷更。将此由六百里各谕令知之。"

（卷116　575页）

同治三年（1864年）九月甲子

谕议政王军机大臣等："……官文另片奏请留马步各队助剿等语。温德勒克西等马步各队现扎宋埠等处，经官文饬令觇贼所向，力清后路，再赴蕲水、蕲州会剿。著照所请，暂行留楚，俟军务稍松，兵力稍裕，仍令赴甘剿贼，不得借词逗留……将此由六百里各谕令知之。"

（卷116　577页）

又谕："恩麟奏上年阶州、成县叠次堵击川发逆匪守城出力。静宁剿回获胜出力，暨静宁、隆德击贼解围，疏通道路出力各员分别开单请奖各一折。甘肃阶州等处均有逆匪滋扰，该员弁等如实系节年防剿出力，自应酌予奖叙。惟前据恩麟奏称，阶州现被陕匪攻陷，并叠经雷正绾等奏报，隆、静道路尚待疏通。此时若遽行给奖，难保无冒功邀赏者滥厕其间，且令奋勉出力之员未经核实，殊不足以昭公允。著都兴阿、雷正绾查照恩麟单内所开各员，逐加综核，如有稍涉冒滥之处即行删减。其实在出力员弁兵勇，并由都兴阿等暂行存记，统俟阶州克复再行汇案请奖。仍著恩麟懔遵前旨，檄饬林之望迅图克复阶州，会合川、陕援军并力兜击，务将陕匪悉数就地歼除，毋任滋蔓。雷正绾现已进逼莲花城贼巢，即著督饬陶茂林等军速筹攻拔，并严檄泾州留防诸营将固原旁窜贼匪实力扼剿，就地诛锄。即可次第规复固原，移军隆、静，疏通驿路。一切军情仍著雷正绾、恩麟随时咨商都兴阿妥筹办理。恩麟请奖折单各三件著抄给都兴阿、雷正绾阅看。将此由五百里谕知都兴阿、雷正绾并传谕恩麟知之。"

（卷116　578页）

同治三年（1864年）十月戊辰

又谕："杨岳斌奏历陈回籍募勇，筹备饷项情形一折。据称甘省逆回党与众多，心志齐一，必得一二万生力之师方能挫其凶锋。惟旧部本属水师，并无陆队。此次来江剿匪，仅由金陵大营抽带千余人，势难远调。筹划再三，计惟有亲赴楚南募勇，拟即舆疾南归，先遣得力营官认真招募精勇七八千人，迅速成军，即可趁此访医调理，就近省亲。至招募经费及制办军械等件所需甚巨，拟于各近省设法筹拨，以济急需，并请饬安肃道蒋凝学、署皖南镇总兵唐义训两军赴甘助剿等语。杨岳斌现已回江西省城，力疾启行，具见勇于任事。所筹各节亦具周妥，著准其回籍省亲，并访求旧医赶紧调治。一面分遣得力营官赴各路募勇，俟募有成数，加以训练，统带赴甘剿贼。蒋凝学、唐义训二员在皖南北带兵素称得力，且蒋凝学系甘肃本任道员，前经官文奏调赴蕲水助剿，著俟成大吉解围后，即饬带所部赴甘。并著曾国藩即饬唐义训酌带劲兵先行赴甘，均归杨岳斌调遣。该二员所需行粮，著曾国藩宽为筹备。其所驻地方应否另派将弁分守，并著酌度妥办。沈葆桢于杨岳斌之行允筹银七万两，谅可不误行期。此外所需仍多，著官文、左宗棠、毛鸿宾、吴昌寿、徐宗干、郭嵩焘、恽世临各于本省筹拨银八万两，恽世临并于东征局拨银四万两，李鸿章筹拨银十万两，均须克期如数解交杨岳斌行营，以便该督迅速募勇起程。该督抚等均当仰体朝廷轸念西陲之意，速为筹解，不得稍有漠视，致误师行。杨岳斌抵甘后应如何源源接济之处，本日已谕户部速筹议奏矣。刘于浔前有旨令署甘肃按察使并令其迅赴新任。著杨岳斌、沈葆桢即饬该员赶紧起程，毋稍延缓。将此由六百里各谕令知之。"

（卷117　588页）

同治三年（1864年）十月庚午

又谕："都兴阿奏逆贼扑犯营垒，官军击剿获胜，并筹议剿办新疆回匪各折片。逆首马叱吽纠集马步贼匪扑犯官军营垒，经杜嘎尔督饬托克屯挥军迎击，毙贼七八百名，剿办尚属得手。第该逆狡黠异常，探知我军地广兵单，难保不再来窥扑。且宁夏之贼复于上游放水，泄浸满城，尤应亟筹宣泄。著都兴阿督率杜嘎尔等严密防剿，毋稍大意。一面催令安定统带练勇抢夺大坝闸口，赶紧设法宣泄水势，以保危城。现在杨岳斌回籍选募精勇七八千名，赴甘尚需时日。都兴阿督军剿办甘回正当吃紧，非俟杨岳斌大支劲旅到甘万难出关剿贼。所请饬派明庆等统带所调马队来甘助剿及请饬僧格林沁抽拨官兵交成保统带之处，届时再降谕旨。将此由六百里谕令知之。"

督办甘肃军务署陕甘总督都兴阿奏："请调陕西延榆绥道常瀚、兵部主事崇绮、陕西试用知县恩元赴营差委。"允之。

（卷117　591页）

同治三年（1864年）十月乙亥

谕议政王军机大臣等："保恒奏乌鲁木齐省垣失守，请派兵出关剿贼，并请于科布多拣员统辖蒙古官兵各折片。览奏曷胜焦愤，乌鲁木齐满城固守数月，仍被回匪攻陷。绥来县城亦被贼踞。哈密汉回又乘势变乱，将关厢等处焚掠。巴里坤汉回闻哈密之变，亦迁移不知去向。南北两路遍地皆贼。乌鲁木齐为新疆扼要之区，今既沦陷，全局震动，必须先将此城克复，再行剿办各路之贼。惟关外既无得力之员，又无熟习战阵之将。杨岳斌回湘募勇，急切不能到甘。都兴阿既不能出关剿贼，穆图善身历行阵，屡立战功，奉命督师援甘，复能激励士卒踊跃前驱，深堪嘉尚，著即统率全部出关剿贼，如兵力不敷剿办，或先驻扎哈密，以为将来进兵地步。该将军现由中部一路进援宁、灵。此时既须出关，自应探明道路前进，俾无阻滞之虞。现在盐、固等处均有贼踪，是否仍须绕赴兰州省城，由凉、肃一带出关，抑宁、罗迤北，关外尚有可通之路，均由该将军探明前进，以期妥速。穆图善改道出关，宁、灵一带之贼著都兴阿就现有兵力妥筹剿办。但兵力实形单薄。绥远、归化等城兵力如果足资防御，即著桂成仍遵前旨，于该二城挑选精壮兵丁一千名，备齐器械，迅赴都兴阿军营听候调遣。从前剿办西路之贼，川、陕兵勇最能得力。雷正绾籍隶川省，能否派员回籍添募若干，即著酌量办理。其各路援兵未到之先，都兴阿须稳慎进取，联络宁夏官兵，力图扼守，不可稍涉大意。穆图善所部已有十二营，本日又谕令官文催调温德勒克西等马队迅赴该将军军营，兵数愈多，粮饷尤须宽为筹备。前据德勒克多尔济奏，山西解到银八万两，委员解往科布多交纳。惟杯水车薪，难敷分拨。此项饷银，陕、甘既不能筹拨，止可于晋省设法腾挪，著沈桂芬无论何款先其所急，迅筹银二三十万两解赴穆图善军营，俾得迅速出关剿办。嗣后仍须源源接济，毋令缺乏。当此时势艰窘，务当力任其难，通盘筹划，并著迅速复奏，以慰廑怀。师行粮随，必须有转运粮台，方可不误饷糈。从前西路用兵多于肃州等处安设粮台，以资转运。著都兴阿、恩麟斟酌情形，何处可以安设，即于得力道府中酌派一人经理，以专责成。穆图善未出关之先，仍著明绪督饬武隆额由库尔喀喇乌苏进兵，先复绥来县城，疏通道路。由昌吉一路进剿，并由保恒飞催惠庆驰赴古城，统带蒙古援兵，星速前进，以期两面夹击，迅复乌垣，毋稍延缓。平瑞不知下落，乌鲁木齐都统著保恒暂行署理。乌垣等处文武下落著查明具奏，一面将现存蒙古官兵并乌、科等处调到蒙兵妥筹调度。科布多地方亦关紧要。广凤已派往办分界事宜，保恒所请由该城大臣拣调一员来古督同办理，著毋庸议。本日广凤、奎昌奏，续拨二起蒙兵起程赴古，嗣后无可再拨等语。自系实在情形。所有科城蒙兵即著毋庸再拨。此项蒙兵到古时，即由保恒等分别调遣可也。将此由六百里谕知都兴阿、穆图善、雷正绾、明绪、保恒、武隆额、德勒克多尔济、桂成、广凤、奎昌、沈桂芬并传谕恩麟知之。"

又谕："新疆各城自库车、喀喇沙尔、叶尔羌、乌鲁木齐汉城被陷后，回氛四起，势极蔓延。本日又据保恒奏，乌鲁木齐满城亦已失陷，并闻巴里坤、哈密一带均有回匪扰乱，是新疆情形极为吃紧。边疆重地亟应及早廓清。惟该处向来用兵必须内地筹调大支劲旅，宽拨饷需方能布置裕如，大张挞伐。现在甘肃军务尚无就绪，道路亦未通畅。而湖北贼氛未净，碍难腾出兵力赴甘援剿。是欲剿关外之贼必须先清甘省，欲清甘省非将窜扰楚、豫、皖三省之贼迅速殄除。则兵力悉为牵掣不能鼓行而西……穆图善一军本日已谕令出关剿贼。甘省兵力不敷调拨，杨岳斌前已奏明回籍募勇赴甘，著即赶紧选募成军，克日起程，毋稍迟误。温德勒克西等及苏伦保等马步各队前经官文奏请暂留楚省，现在西路需兵孔亟，仍著官文、曾国藩饬令迅赴穆图善军营不得借词奏留。甘省军情万紧，四川系属邻疆，派兵赴援，较为迅速。著骆秉章无论如何总须抽调一军派员统带前往，听候都兴阿调遣，毋许再有推诿。将此由六百里各谕令知之。"

（卷117　599页）

同治三年（1864年）十月戊寅

又谕："官文奏，请饬候选道裴德俊暨发往贵州差委之前任直隶清河道鲍桂生赴营委用等语。裴德俊系特旨简放甘肃兰州府遗缺知府之员，旋据捐升道员，自应在部候选。鲍桂生业经有旨发往贵州军营差委，应即遵旨前赴贵州。官文所请调该二员赴湖北军营之处，著不准行。"

（卷118　604页）

同治三年（1864年）十月庚辰

又谕："张集馨奏驰抵泾州侦察贼情一折。逆回自叛陷固原后，麇集泾、平交界之新城地方，欲断平凉各营粮道。又有马步贼万余在泾州之北原肆扰，首逆孙义宝欲将老弱送回白集原，纠众回窜长安。现经留防平凉之总兵周显承等在党原各隘连战皆捷，余贼遁回新城小岘子一带盘踞。泾、平两处计可无虞。粮道尚不至阻塞。惟该逆盘踞北原，必须力筹扼剿，以免旁逸。著都兴阿、雷正绾饬令留防平、泾各营务将此起窜贼就地歼除，杜其窜陕之路。曹克忠已抵莲花城，现与雷正绾、陶茂林三路进攻。著该署提督督率诸军迅图攻拔，以便次第规复固原，兼顾平、泾等处。至逆匪既有窜回陕西省城与城中回民勾结内应之语，尤不可不严为之防。著刘蓉将城守事宜不动声色严密稽查，并派兵于邠州白集原等处实力防范。倘有疏虞，任贼阑入，惟刘蓉是问。兰州道路无径可绕，张集馨拟将办抚不实之杨柄锃一案办结后，道路疏通，再行赴省。著该臬司赶将此案查讯明确，即行前赴兰州，会筹防剿，毋误事机。蔡启二逆自窜陷甘肃阶州后，刘蓉所派追剿之萧庆高等军现在剿办情形若何，何以久未据该抚驰奏。著饬令该员等会同陇、蜀各军实力剿洗，并将现在贼情迅速奏闻。将此由六百里谕知都兴阿、雷正绾、刘蓉并传谕张集馨知之。"

（卷118　609页）

同治三年（1864年）十月癸未

江西巡抚沈葆桢奏："署甘肃按察使刘于浔因病未克赴任，请开署缺调理。"允之，命仍在江西带兵剿贼。

（卷118　614页）

同治三年（1864年）十月甲申

谕议政王军机大臣等："道员金国琛在安徽带兵得力。本日已简放甘肃巩秦阶道，现在阶州失守，该省需员办理军务，著曾国藩即饬金国琛酌带所部迅速赴任，以资得力……将此由五百里各谕令知之。"

又谕："恩麟奏回匪分扰东北各州县，渭源失守，现筹防剿情形一折。盐、固陕回勾结义冈川踞匪分窜靖通（远）、安会（定）、静宁等处，于九月初三至十四等日直扑靖远县城，围攻甚紧。十六日渭源被陷，靖远为省城粮运要路，且通河西三郡。现在城围未解，亟应筹拨劲旅，实力进剿，以保危城。著恩麟督饬派出之王德恒等军重整队伍，出城迎剿。一面酌派兵勇前往援救，以解该县之围。东路州县风鹤时惊，河州剿办仍未得手，诚恐该匪渐逼渐近，窥伺省城。著雷正绾于陶茂林、曹克忠所部内酌拨数营驰赴兰州省城，以备调遣。该署提督惟当赶紧抽拨，催趱前进，力保省垣重地，兼顾河西三郡，毋稍延缓，致误戎机。恩麟仍当就现有兵力将各路防剿事宜妥为调度，并督饬在省文武严密巡防，慎固封守。倘兰州省垣稍有疏虞，必治恩麟以应得之罪。都兴阿督办甘肃军务责无旁贷，应如何统筹兼顾，并分兵进剿以牵贼势之处，即著该将军酌度情形，相机办理。将此由六百里谕知都兴阿、雷正绾并传谕恩麟知之。"

又谕："恩麟奏省城饷需紧急，并筹拨陶茂林军火饷项。数月以来罗掘一空，请饬催各省迅速拨运饷银等语。甘肃饷需竭蹶，呼吁频闻，叠经谕令刘蓉等迅筹协济。陶茂林一军应用军火锅帐尤为刻不可缓之需。现在该军进逼莲花城，攻剿正形吃紧。陕省军务肃清，筹解亦易为力，何得屡催罔应，不顾大局。著刘蓉迅将陶茂林一军所需军火锅帐等项源源接济，毋误急需。并著骆秉章、沈桂芬、刘蓉各将应解协甘饷银星速派委妥员径解甘肃省城，以资支放，毋得漠视，致误事机。将此由五百里各谕令知之。"

（卷118　614页）

以甘肃巩秦阶道林之望为按察使。

以甘肃克复平凉府城出力，赏总兵官高余庆、副将饶得胜、孟玉德、蔡殿甲、参将刘明泰、熊文贵、游击方得元巴图鲁名号，参将吴于城、知州志静等花翎，通判周振绅等蓝翎，余加衔升叙开复有差。

命贝勒伯彦讷谟祜带领侍卫十员往奠故前任陕甘总督熙麟茶酒，予祭葬，谥忠勤。

（卷118　617页）

同治三年（1864年）十月丙戌

又谕："曾国藩奏提督鲍超遵奉前旨请假葬亲一折。已明降谕旨赏假两个月回籍经理葬事矣。鲍超转战数省，所向有功。本年冒暑西征，累获大捷，肃清江西全境，厥功尤伟。前已加恩赏戴双眼花翎，旋复锡封子爵。此次又准其回籍葬亲，所以奖其勤劳而遂其孝思者，想鲍超必知愈加感奋。现在甘肃军务未蒇，新疆回氛日益蔓延，前已命穆图善带兵出关剿贼，而兵力尚单，非得勇略出群如鲍超者前往协力，恐难壁垒一新。著曾国藩传旨鲍超，令其俟假期一满即行由川起程出关剿办回匪。其旧部兵勇及得力将弁，并准其酌量奏调随带同行。川勇向称趫捷，并著该提督挑募成军，妥立营规，带赴关外，以厚兵力。从前回疆用兵，杨遇春即系川省土著，立功边域，彪炳旗常。鲍超务当督率诸军肃清西陲，威扬万里，以与前贤后先辉映。该提督忠勇性成，接有此旨必即钦奉遵行，以副朝廷委任。闽省军务万分吃紧，前曾谕令沈葆桢催令鲍超赴闽援剿，此时鲍超既经赏假回川，其所部如总兵宋国永、娄云庆等皆系勇敢素著，即著分领鲍超之军。由左宗棠、沈葆桢、徐宗干檄令赴闽，会合夹击，痛扫逆氛。援闽各军并著仍遵前旨，统由左宗棠节制调遣，以一事权。将此由六百里谕知曾国藩、左宗棠、沈葆桢、徐宗干并传谕鲍超知之。"

（卷118　618页）

又谕："穆图善奏统兵陆续抵甘，请催山、陕两省军火饷银并行粮原款，即在陕西补解欠饷内扣还归款各折片。穆图善所部黄金山等四营、金顺两起马队先后驰抵花马池地方，并督率孟宗福等克期前进。所陈饷糈艰窘情形，朝廷早经鉴及。前因新疆回氛甚炽，谕令穆图善出关剿贼，或绕赴兰州，或北走草地，均由该将军探明前进。著仍遵前旨，统军出关，暂驻哈密，筹划进兵之策。穆图善既不克在甘剿贼，著都兴阿就现有兵力妥筹防剿。前次请调吉林兵一千名赴甘助剿，本日据景纶等奏存兵无多，无可征调，已允所请。俟湖北军务告竣，僧格林沁马队尚可酌拨数千，届时即当拨交该将军统带，以资调遣。穆图善所需饷项十分紧急，前谕沈桂芬先拨银二三十万两迅解穆图善军营，俾利遄征。该营粮台现无丝毫存款，各军士嗷嗷待哺，几有不可终日之势。著沈桂芬将指拨之款迅速筹解，一面赶紧复奏，毋得稍延。刘蓉相距较近尤应力筹接济，乃叠次奉谕严催，竟敢延不报解，任意宕延，实属不知缓急。著刘蓉懔遵叠次谕旨将欠解之饷按数如期筹解，并将军火帐棚等项按次委解，以供要需，并著穆图善派员迎提，以期妥速。倘刘蓉仍前延玩，致穆图善停兵待饷不克前进，必重治该抚以应得之罪。穆图善所部兵勇，陕省欠饷七八月之多，此次沿途所发面斤等项著刘蓉即在补解欠饷内扣还归款，嗣后该将军行粮仍著刘蓉陆续协济。将此由五百里各谕令知之。"寻沈桂芬奏："遵拨晋省防费银四万两解赴穆图善军营，并督饬藩司再行尽力筹解。"下部知之。

（卷118　　620页）

同治三年（1864年）十月丁亥

又谕："雷正绾奏官军攻克莲花城老巢，现拟分路剿办，并曹克忠助剿得力，请饬陕西接济军饷及图绘攻取要隘呈览各折片。雷正绾自平凉移师而南，叠破逆巢，歼除悍党。此次复督率曹克忠等攻克著名老巢，洵属调度有方，勇略出众，不负朝廷倚任之隆，深堪嘉尚。前因靖远被围，渭源失守，省城防务吃紧，曾经谕令雷正绾于陶茂林、曹克忠所部内酌拨数营驰赴兰州以备调遣。雷正绾现于攻拔莲花城后，即令陶茂林督带马步十七营克日径赴兰州，妥筹堵剿，所办与前旨适相吻合，即著驰赴兰州省城。所有赵必达一军及省城一带各营防剿兵勇悉归陶茂林调遣，即将西路一应防剿事宜相机妥办，迅解河州之围，以冀渐次戡定。嗣后军情事件即由陶茂林与恩麟联衔具奏，俾免稽延。莲花城为四达之衢，且地属秦安，与阶州接壤。现在发逆窜扰阶州，逆踪环逼尤不可不加意防范。曹克忠纪律严肃，所部各营一律精锐，即著饬令暂扎莲花城居中控制。其张华之军即拨归曹克忠调遣，以便进攻秦州盐关等处回匪，迅速扫荡。雷正绾现已回军平凉，即著审度军势，恢复固原，节节北趋，期与都兴阿合兵夹击，肃清宁、灵一路贼匪，底定边陲。所陈要隘图说，具悉一切。以后雷正绾进兵道路仍著将地势贼巢随时绘图贴说呈览。曹克忠一军所需粮饷向由陕省供支，此时虽已入甘助剿，而甘省饷项支绌，难期接济，仍著刘蓉照旧供支，源源运解，不得稍分畛域，致误戎机。秦州捐款厘金业由恩麟拨充雷正绾兵饷。陕饷未到以前，即著将此项归并曹克忠军营应用，以济燃眉。发逆窜往阶州，刘蓉所派追贼之萧庆高、何胜必两军现在行抵何处。一切剿办情形总未见刘蓉详细具奏，实不可解。著即恪遵前旨，迅速复奏，毋得视同隔膜，置军事于不问，自取罪戾。本日据僧格林沁等奏，剿办楚皖贼匪叠获大胜，除斩杀外，各股匪首穷蹙乞降者甚众，已陆续遣散回籍等语。此股降众多有籍隶陕西者，著刘蓉严饬各地方官妥为安插，毋令滋事，致干重咎。将此由六百里谕知都兴阿、雷正绾、刘蓉并传谕陶茂林、恩麟知之。"

以运解粮饷出力，赏甘肃知州张征等花翎，知县刘元绩蓝翎，余加衔升叙有差。

以甘肃攻克莲花城贼巢，赏总兵官曹克忠黄马褂，提督张在德、总兵官仇有道、副将陶世贵、陶生林、参将龚良臣、周有贵、知府陶兆熊巴图鲁名号，余加衔升叙有差。予阵亡副将陈有传等祭葬世职加等，建专祠，参将谢光发等一并附祀。

（卷 118　622 页）

同治三年（1864 年）十月庚寅

又谕："张之万奏参带兵过境之武员骚扰地方，请旨革职等语。提督衔记名总兵直隶昌平营参将李曙堂统带选锋营兵勇，由扬州赴甘剿贼，经过河南虞城等县违例需索骡马车辆等项，复勒折夫马等价。稍有不遂即恃众逞凶，任意哄闹，临行时复勒逼各州县出具并无滥支滥付各结。兵以卫民，似此沿途骚扰，带兵官并不严加约束，实堪痛恨。李曙堂著即行革职，以为带队骚扰者戒。嗣后各路征调官兵经过各州县地方均著住宿城外，不准擅自入城。应给米面等项由地方官先期送至城外。若带兵官不能严加约束，致兵勇索扰商民者，即由该地方官据实禀揭，由该督抚参办，并著各路统兵大臣于出征弁兵严加约束，一体懔遵，不准入城骚扰，以明纪律而肃戎行。"

（卷 119　628 页）

又谕："左宗棠奏臬司查无下落，遴员接署臬篆，请将协济杨岳斌行资抵解甘饷，存库养廉银两作为京饷，汇兑解京及刘典、李榕均请开缺另简各折片……左宗棠所陈浙江筹饷维艰，甘饷无可措拨，请筹银四万两解交杨岳斌应用，抵作甘饷等语。自系实在情形。第杨岳斌募勇赴甘，非集成巨款难以成行。入甘以后，协饷尤关紧要，仍著左宗棠于无可筹划之中极力设法，将欠解之四万两陆续解赴湖南，以符前拨八万原额。其甘省协饷并著源源筹解，以维大局，毋许借词推诿……将此由五百里各谕令知之。"

（卷 119　629 页）

同治三年（1864年）十月壬辰

又谕："官文奏击剿上窜发逆获胜，拟俟楚境肃清，即饬温德勒克西等赴甘援剿，并阵毙蓝城春各折片……官文所称温德勒克西等马步各军，若贼西窜即可跟踪追击，就便入甘等语。该督如令温德勒克西等督军西追，势将纵贼入秦，又成不了之局。官文惟当督饬该员等将黄孝德安等处之贼实力剿办，就近殄除，毋得以邻为壑，致令穷蹙之贼复肆狓猖。俟此股贼匪殄灭，即令温德勒克西等驰赴甘省，以厚兵力……将此由六百里各谕令知之。"

又谕："前因穆图善带兵出关，宁、灵一带兵力单薄，谕令德勒克多尔济、桂成酌挑精兵一千名赴都兴阿军营调遣。兹据奏称，绥远归化防务紧要，口外各厅多与甘境毗连。归化回户众多，良莠混杂，城小而不固，又无堡堑可守。统计两城存营兵仅千余名，缓急尚难兼顾。至沿边沿河驻扎满、蒙等兵，口岸过多，犹虞不敷分布。冬令河冻，防务尤不可稍松，请仍停抽调赴甘等语。所奏自系实在情形。归、绥官兵即著暂缓抽调。德勒克多尔济、桂成惟当饬令在防各军加意戒备，慎固边圉。宁、灵回匪被剿穷蹙，即恐有东窜之意。其驻扎磴口沿河一带之蒙兵官兵防堵尤关紧要，著即于伊克昭各盟内就近添调劲旅，择要分段巡防，毋稍大意。都兴阿亦当就现有兵力联络宁夏官兵，将宁、灵一带之贼妥筹剿办，以期及早廓清。德勒克多尔济等另片奏伊克昭蒙古官兵驻防沿河沿边一带，口粮欠发日久，军械亦不得力。拟由绥远库存鸟枪内拨给三百杆，所需药铅由归、绥道发给。先给一月口粮，于粮饷厅库存储款内暂行动支。即著照所请行。嗣后该官兵口粮并著沈桂芬与防兵一律筹款发给，毋令缺乏，以示体恤。至两盟蒙古自设防以来，筹备驼马口粮等项。该满、蒙旗绿官兵驻防两载，亦不无微劳足录。著准由德勒克多尔济等择尤请奖，毋许冒滥。将此由五百里各谕令知之。"

（卷119　632页）

同治三年（1864年）十月癸巳

谕议政王军机大臣等："都兴阿等奏穆图善督兵到营，拟进攻宁夏，请严催解饷一折。穆图善一军前有旨令其统带出关，驻扎哈密。兹据奏称，该将军所部仅止步队五千，马队两起，难以独攻一路。而前敌兵数更单，且相隔数百里，势难联络，必须合兵先攻宁夏。穆图善已转回定边，克期由草地渡河，会同前敌进剿。所筹尚妥。著即会合杜嘎尔之军进攻宁夏，歼除丑党。俟宁夏克复后，再行整兵出关。都兴阿务当督饬杜嘎尔等随同穆图善奋勉图功，仍随时与宁夏各营联络声势，一鼓成功。当此冬寒，饷糈支绌，兵勇饥困，自在意中。所有山西、陕西每月应解穆图善军饷二万两，著沈桂芬、刘蓉各先拨两个月，飞速运解至都兴阿马队。每月应由山西解银一万五千两。西蒙克西克、陈天佑等营应由陕西筹解月饷，并著该抚等赶紧拨解，毋得再事耽延，致误军食。另片奏请催直、晋官兵军饷。翁同书所带直、晋官兵积欠至两月之久，冻馁不堪言状。著刘长佑、沈桂芬源源拨解。其积欠饷银著一并如数拨解。又片奏山西茅津渡驻防之楚勇一千名，素称精壮，请调拨赴甘。原调之大同兵一千名拟遣撤回晋等语。山西防务已松，著沈桂芬即将派防茅津渡之楚勇一千名拨赴甘肃，归穆图善统带。俟此项勇丁到营即将原调之大同兵一千名遣撤回晋。彼时如尚须防河，再由该抚奏请调派，以期两无所失。楚勇口粮即照该将军等所请，每月加解银六千五百两，务须按月接济，毋得稍分畛域，致有哗溃之虞。雷正绾于攻克莲花城后，令陶茂林督带十七营赴兰垣。前有旨令将赵必达等军归陶茂林统带。该提督是否已到省垣，嗣后兰州一带军情即由陶茂林会同恩麟迅速驰奏。雷正绾回军平凉，著即审度军势，恢复固原，以便节节北趋与都兴阿等合兵夹击，肃清宁、灵一路。曹克忠暂扎莲花城，何路紧要即调派援应，以期早日廓清，用慰朝廷轸念西陲之意。将此由六百里谕知都兴阿、穆图善、雷正绾、刘长佑、沈桂芬、刘蓉并传谕陶茂林知之。"

（卷119　635页）

同治三年（1864年）十月丙申

又谕："张集馨奏敬陈各军分道进剿，并筹划粮饷章程一折。雷正绾一军攻拔莲花城后，现由泾州北原进兵规取盐、固，并调曹克忠八营帮同进剿，分拨六营屯扎秦州天水，以防回逆分窜陕疆。即著都兴阿、雷正绾督饬各军，迅克固原，并攻盐茶，将各村逆窟悉数扫除，疏通驿路，即可由靖远直达兰垣。届时或助剿宁、灵，或进援西宁，如河州逆势鸱张兼可分兵驰应，并著雷正绾随时会商都兴阿等妥筹办理。陶茂林所部各营前经雷正绾檄令由静宁径赴兰州，即著迅解静宁之围，驰赴省垣。将省防布置妥帖，即由阿干、沙泥一带东行，促解河州城围，收复狄道。仍饬该提督步步为营，稳慎进取，毋得稍有疏虞。前据都兴阿等奏称，穆图善已由定边草地渡河，会合杜嘎尔之军进攻宁夏，并著该将军懔遵前旨，与前敌联络声势，奋勉图功，以副委任。都兴阿、雷正绾俟克复固原后，如宁、灵一路兵力尚单，现扎庆阳防守之八营能否调往助剿，并著届期会筹妥办。甘省督标城守六营弁兵千余，均系回籍，中军副将赵秉鉴左右多系回弁。张集馨请俟雷正绾到省后将回弁、回兵调入大营随剿，有无窒碍，抑应作何弹压抚驭之处。著雷正绾、张集馨会同恩麟慎密酌办。张集馨于拜折后驰赴平凉，著将应办一切机宜与雷正绾悉心筹商，布置妥协。仍遵前旨迅赴兰垣，于行抵兰州后即行驰奏。所有简阅兵勇，镇抚回众各事宜并著照所拟商同都兴阿、雷正绾、陶茂林、恩麟等迅筹妥办。甘省需饷孔殷，张集馨与雷正绾商委知县张清济等分赴三水等处劝捐济饷。如能集有成数，即由雷正绾等从速奏奖，以示鼓励。并著恩麟饬宁州、灵台、镇原、正宁四属将曹克忠各营所需粮石妥筹供支。其隆德。静宁各属距盐、固较近，并饬随时解济，以资军食。雷正绾仍当懔遵前旨，迅拔固原，节节北趋，与都兴阿联络夹击，迅歼丑党，克葳全功，以慰悬望。将此由六百里谕知都兴阿、穆图善、雷正绾并传谕陶茂林、恩麟、张集馨知之。"

又谕："张集馨奏通盘筹划饷需一折。据称雷正绾马步二十八营，月需饷银八万数千两，而制造帐房、修理军械等款尚不在内。曹克忠马步十六营，陶茂林马步十八营，每军各月需银数万两，向由陕西供支。该省饷源枯竭，虽有报解，杯水车薪，亦属无济。部拨之款各直省督抚均以自顾不遑，未能如期筹拨。现与雷正绾筹商，自本年腊月起，以半年为率，甘肃腹地军务可期大有起色，不至再累邻疆。查湖北从前协济多隆阿营每月三万五千两，并协拨军火等件，嗣多营裁撤，协饷亦停。请饬湖北督抚仍照协济多营数目筹解半年。山西、河东盐课四十余万两，向系协拨甘饷，自必照章运解。请饬山西每月再筹三万两，四川每月筹解银二万两，直隶、山东、河南每月各筹解银一万两，概以半年为率等语。甘省饷项奇绌，系属实在情形。既据张集馨与雷正绾筹商，自腊月起，以半年为率，甘省军务可期速了。该督抚等自当竭力筹拨，以期众擎易举，力保岩疆。著官文、吴昌寿仍照协济多隆阿营章程，每月解银三万五千两，并将军火等件源源接济。山西除将河东盐课四十余万协拨甘饷外，著沈桂芬每月再筹解银三万两，骆秉章每月筹解银二万两，刘长佑、阎敬铭、张之万每月各筹解银一万两，均以半年为率。该督抚等务当如数筹拨，按月批解甘省，毋令缺乏。将此由五百里各谕令知之。"

又谕："据张集馨奏，前任甘州提督索文雇觅偷挖金沙回民二万余人专备剿捕生番之用。报明总督乐斌，以此项金夫作为官兵，即以金沙变价充为口食。原属一时权宜之策。自索文出缺后，该金夫无籍可归，自必仍以挖沙为业。闻乌鲁木齐滋事逆首即系索文之子参将索焕漳。如果属实，恐勾结共谋不轨，则甘、凉势必鼎沸。现在甘、凉、肃尚属完善，请密饬都兴阿派员潜往访查等语。此项金夫多系亡命之徒，无籍可归，且曾受索文雇用。如乌鲁木齐首逆果系索焕漳，该金夫均系回民，犬羊之性，何知顺逆，难保不煽惑助恶，诚为可虑。著都兴阿不动声色，密派干员往查此项人等是否业经解散，若仍盘踞金厂，即密饬该处提镇道府严密防范，以期消患未萌。并须先行查明该省现任各营员有无回人，方可行文密商。不可稍有泄露，致启猜嫌，是为至要。原片著抄给阅看。将此密谕知之。"

（卷119　641页）

同治三年（1864年）十一月己亥

谕议政王军机大臣等："曾国藩、李鸿章奏请遣撤扬防兵勇，节饷解甘等语。前因甘省饷需支绌，谕令李鸿章设法筹解。兹据曾国藩等奏称，江省各属蹂躏过久，元气太伤。苏、沪厘税及苏皖盐务厘卡等款仍须筹济江、皖两省军食，惟扬防一军可以裁撤，即可腾出江北之饷，半济皖军，半解甘省。所筹尚属可行。现在楚、皖一带贼势浸衰，谅不能肆意北窜，贻害邻疆。扬防一军自可遣撤，以节经费。该处现存兵勇共若干名，著富明阿查明将现有马队裁汰疲弱，拣选精锐，派员管带，驰赴甘省都兴阿军营助剿。所有一切勇队即著分起妥为遣撤，务须查照屡次裁勇章程，严加钤束，并分咨该勇原籍各地方官量为安插，俾安生业。富明阿于遣撤兵勇后，著即驰赴江宁接印任事。将整顿旗营抚绥劳来各事宜次第举行，以重职守。江北之饷计可腾出若干，著曾国藩、李鸿章查明实在数目，以一半分解甘省，以济要需。以一半分济皖军前敌。如甘省待用万分紧迫，即将此有著之款尽力筹拨，不必拘定一半之数，并著妥议章程，迅速具奏。里下河一带现在无事，该处地方本系该督抚等所辖，自应妥筹兼顾，以免疏失。将此由五百里各谕令知之。"寻奏："来年每月计可腾出有著之款五万两，拟以三万两拨赴甘肃，以二万两留供皖军。俟皖军裁撤，即行并解甘肃。"报闻。

（卷120　646页）

同治三年（1864年）十一月庚子

拨山西、陕西帐房各七百架解赴帮办甘肃军务穆图善军营备用。

（卷120　650页）

同治三年（1864年）十一月壬寅

谕议政王军机大臣等："恩麟奏河州镇城被陷，禀报两歧。雷正绾攻克莲花城，陶茂林驰赴河州，暨历陈西宁回匪、汉、番人等解散未可深信，并道员雅尔佳纳查办事件未能妥协各折片。马乜氏等既在河州开导回众，何以州城猝然被陷，可见该回妇办理情形未可深恃。前谕陶茂林一军迅解静宁之围，驰赴省垣，布置妥帖，即解河州之围，收复狄道。现在河州被陷，军情尤为紧要。该提督行抵何处，著懔遵前旨，飞速前进。督饬所部各营并赵必达等现存各兵勇奋力进攻，将河州、狄道次第克复。河州文武禀报与难民供词歧异，并著陶茂林、恩麟详查确情具奏。千总魏智勇等纠党开城，情殊可恶，著查拿讯明，尽法惩治。西宁回汉既称永息纷争，何以回撤仍复焚抢。其犷悍情状非大加惩创，不足以儆其凶顽。惟甘省兵力未集，不敷往剿，著玉通暂示羁縻，妥为抚辑。俟河州收复后，即著陶茂林乘得胜之势，鼓行而西，斟酌剿抚，则操纵在我，易于见功。并著都兴阿、穆图善、雷正绾酌量军情，如有可分之兵，即行抽拨前往西宁，以资镇摄。恩麟奏称西宁一事并未完结，文武员弁亟图立功，怂恿玉通早为出奏。现在给予翎枝者已不下数百人等语。朝廷旌功之典岂容滥邀，是否实有其事，著玉通据实复奏，不准稍存欺饰。该处回匪鸱张日甚，一切军情，著恩麟、玉通随时和衷商办，不得各存意见，致滋贻误。道员雅尔佳纳于奉委事件未能妥筹办理，并与玉通各执意见，互相争持，实属不能得力。即著恩麟查明参办，将此由六百里谕知都兴阿、穆图善、雷正绾、玉通并传谕陶茂林、恩麟知之。"

（卷120　650页）

……以甘肃河州镇城被匪窜陷，护总督恩麟下部严议，摘参将胡飞鹏、游击周玉超、都司熊镇武、守备钟在朝、千总傅坦、从九品赵璧等顶带。

（卷120　651页）

同治三年（1864年）十一月癸卯

又谕："刘蓉奏官军进趋阶州淹迟缘由，暨逆回窜犯徽县，请饬曹克忠兼顾汧、陇之防等折片。蔡启两逆败残西窜，经刘蓉派令萧庆高、何胜必等军分路蹑击，满谓漏刃之匪，不难即日扫除。兹据刘蓉奏称，萧庆高、何胜必、黄鼎等经骆秉章檄调回川，分防要隘，贼遂乘间窜踞阶城，勾结盐关等处逆回，气焰又张。是该处贼势复炽，亟须迅图扑灭，著骆秉章严饬所派之周达武等军协同萧庆高、何胜必、黄鼎等移军迅赴阶州，与刘蓉派出各军并力急攻，迅复阶城，将逆众一鼓聚歼，以免旁窜。并著恩麟、陶茂林严防该逆由岷入巩，窜犯兰省之路，兼断逆回应援。昨谕陶茂林由静宁一路进兵河、狄。该处与阶岷一带毗连，倘阶州之贼被剿北窜与河、狄等处之贼联为一气，则剿办更形棘手。著陶茂林加意防范，毋稍疏虞。盐关回匪猝犯徽县所属之傅家镇等处，或图与阶州发逆相为掎角，或径由两当窜入陕境，必须赶紧剿办，方不至堕其诡计。刘蓉已檄令彭基品等会同驻防凤县之军往剿，著即严饬该总兵等奋力纵击，早图藏事。楚北贼势已衰，仍恐有败残之匪乘虚铤走，著刘蓉饬令陇军镇西各营确探严防，以免窜越。莲花城攻拔后，雷正绾已回平凉，曹克忠暂扎莲花城，该处甫经收复，不能无劲军屯扎，以资镇抚。兵力本属不厚，刻下又万难移动，惟邠、长、汧、陇等处为陕省西路门户，即为平凉等处后路藩篱，诚不可令其空虚。著都兴阿、穆图善、雷正绾等悉心筹划，如就近有可拨之兵即酌量分饬数营前往该处驻扎，以重防务。文煜奏请开缺回旗，已有旨允准，并令杨能格接办庆阳粮台，著俟该臬司到庆时，文煜将应办事宜交付清楚，方准回旗。杨能格抵甘接办粮台后，并著由都兴阿传知，准其专折奏事。甘省军饷多赖陕西协济，刘蓉历陈艰窘，自系实在情形。惟甘省向来地瘠民贫，且近来糜烂情形较陕省为尤甚。刘蓉仍当实心经划，妥为协济。军火等项亦须尽力拨解，毋畏其难。将此由六百里谕知都兴阿、穆图善、雷正绾、骆秉章、刘蓉、文煜并传谕陶茂林、恩麟知之。"

（卷120　654页）

办理甘肃庆阳粮台镶黄旗蒙古副都统文煜因病解职，命候补按察使杨能格驰赴甘肃庆阳接办粮台。

（卷120　656页）

同治三年（1864年）十一月癸丑

又谕："恩麟奏盐关回匪出巢滋扰，秦州戒严，现在筹办情形一折。甘省盐关逆回窜扑秦州，将城外回民裹胁，并纵火焚烧四乡，抢掠民粮，势极猖獗。林之望所部张华一军经恩麟拨往阶州助剿，现仅调到秦安兵勇四百名到城防守，因兵力较薄，迄未大挫凶锋。秦州为甘省富庶之区，设有疏虞，剿办更形棘手。曹克忠所拨四营赴援秦州，尚恐不敷分布。著都兴阿、穆图善、雷正绾悉心筹度。曹克忠一军能否驰赴秦州援剿，并应如何分兵驻扎莲花城，以扼险隘之处，均一并妥筹兼顾。如莲花城布置已妥，无虞回逆纷窜，即饬曹克忠酌带所部星速往援秦州，迅解城围，毋稍延缓。并著恩麟严檄林之望就在城兵力与曹克忠所拨四营，妥筹防剿。或进攻盐关回巢，以牵贼势，毋致稍有疏失。近省会宁、安定一带贼匪时出肆扰，陶茂林一军现已西进，即著懔遵前旨迅解静宁城围，并将安定等处窜匪节节扫荡，再行驰赴省垣，进规河、狄。前据刘蓉奏称，盐关回逆窜犯徽县之傅家镇等处，刻下秦州又复戒严，匪踪滋蔓甚广。如与阶州发逆勾结，攻剿更难著手。著骆秉章懔遵前旨，严檄周达武等军协同萧庆高等移军迅赴阶州，与刘蓉所派各军并力急攻，迅复阶州城垣，以杜纷窜而免勾结。兰州省城防务，恩麟就现有兵力慎密防维，并严饬派援阶州之张华一军，与川、陕援兵联络进剿，毋许稍涉疏懈。雷正绾现在移军平、固一带，如莲花城防兵尚单，即著酌拨兵勇前往协守，以便曹克忠抽调所部驰援秦州，即与恩麟等妥筹会办。将此由六百里谕知都兴阿、穆图善、雷正绾、骆秉章、刘蓉并传谕陶茂林、恩麟知之。"

又谕："恩麟奏军饷万难支持，请催山西并河东道协饷及山东、河南欠饷各折片。甘肃饷需竭蹶，援兵渐集，需用尤属浩繁。著沈桂芬迅饬河东道先将甲子纲奉拨同治三年协甘新饷银五十二万两限日派员径解兰州省城，并将山西藩库应先行筹解之三十九万两，饬司分起驰解庆阳粮台，以供支放。恩麟现派员分赴太原、河东筹办汇兑，并著沈桂芬饬令各地方官妥为办理，以资周转。陶茂林军需，刘蓉前奏陕省尚按月供支，此时该军虽逐渐西趋，仍著刘蓉妥筹兼顾，无分畛域。至甘省旗绿各营并陕省驻甘各营汛，断饷动经数年，兵心怨诽，岂容坐视。著阎敬铭、张之万无论何款各于欠饷内先行筹拨银二三十万两，派员解甘。或解储陕西藩库，由甘省委员迎提，以期力全大局。将此由六百里各谕令知之。”

（卷 121　666 页）

同治三年（1864年）十一月乙卯

谕议政王军机大臣等：“刘蓉奏筹办阶州等处军情，并请严防下游捻匪上窜一折。盐关回匪窜往秦州之马跑泉，阶州蔡、启两逆分路扼守隘卡，竟图堵我进兵之路。必须官军四面环击方可制其死命。昨据恩麟奏，盐关回匪出巢滋扰，秦州戒严，当因匪踪滋蔓，恐与阶州发逆勾结。谕令骆秉章严檄周达武等军协同萧庆高等迅赴阶州，与刘蓉所派各军并力急攻，克复城垣。著刘蓉严饬各军会合周达武等实力扫荡，迅复阶城，毋任逆匪久踞。惟湘果、英毅诸军须由汉郡采办米粮，周达武等军所需粮米亦须由昭剑一带采办，相去较远，转运倍艰。著恩麟即派道府大员由阶州附近一带州县采办粮米接济，其需用粮价银两即在各军应发月饷内扣还。如此办理，并不致贻累甘省。恩麟当妥筹迅办，不得视同膜外，致误事机。由楚西窜之匪窥伺陕疆，著官文等懔遵前旨，严饬马步各军取道郧西，一面绕前截击，一面跟踪蹑剿，以期迅扫逆氛。蒋凝学一军仍饬令取道郧西等处，将发捻各匪就近拦击。俟此股殄灭，即行由陕入甘，兴商防兵甚单，刘蓉务当遵奉前旨，设法添调兵勇，分赴各该处实力严防，毋稍疏懈。正在寄谕间，据张之万等奏，捻匪被击西遁，逼近宛境等语。张、陈等逆在光山县境被击西窜，赖汶洸等亦扰至枣阳南之吴金店，是唐桐各属情形既形吃重，尤恐匪众勾合，绕窜宛境。著僧格林沁、张之万严饬各军，分路扼剿，务将窜宛之匪一鼓歼灭，毋任窜入陕境，又成不了之局。邱沅才以贼中悍党，穷蹙乞降，虽不妨暂事笼络，亦须时防反侧，以弭后患。汝光一带匪踪纷窜靡定，著张之万严饬该处防兵严密堵遏，以重边防。其降众由汝光经过者，人数较众，并著饬令该处文武员弁弹压抚辑，毋令滋事。将此由六百里谕知僧格林沁、官文、张之万、刘蓉并传谕恩麟知之。"

同治三年（1864年）十一月庚申

又谕："杨岳斌奏抵湘日期，并请催各省协饷一折。前因杨岳斌募勇援甘，当经谕令左宗棠等各筹银八万两，恽世临于东征局拨银四万两，李鸿章筹银十万两，克期如数解交。兹据杨岳斌奏，行抵长沙，即拟招勇，无如各省协饷仅准江西解银四万两，彭玉麟解银一万两，恽世临先筹银一二万两，除制办锅帐等项外，所余无几。请饬催江苏等省督抚将应解饷银如数凑交委员解回等语。著官文、左宗棠、毛鸿宾、李鸿章、吴昌寿、徐宗干、郭嵩焘、恽世临按照原拨数目，赶紧凑齐，交杨岳斌守提委员解回，俾得早日募勇赴甘，毋得视为不急之务，任意宕延，致误戎事。各省所奏协饷已有报解在途者，谅陆续均可解到。杨岳斌当懔遵叠次谕旨，迅即招募新勇，如集有成数，或先派妥员带数营赴甘，或自行带赴新任，若俟各省饷项到齐方始开招，则招募训练又需时日，何以济甘省然眉之急。刻下甘省情形，静宁尚在被围，宁夏仍未克复，安、会、河、狄均有贼氛，而盐关回匪出扰，秦州又复戒严，都兴阿、雷正绾所部兵勇各万余人，曹克忠、陶茂林所部亦各数千，兵力并不过薄，再益以杨岳斌所部劲旅，节节攻取，无难绥靖边疆。该督务当妥速区划，部勒起程，用副委任。将此由六百里各谕令知之。"

同治三年（1864年）十一月乙丑

又谕："雷正绾奏，规拔固原，叠平逆垒，曹克忠驰解秦州城围，进捣盐关，请饬佘福象在营效力各折片。雷正绾自克莲花城后，回军泾、平，规复固原，将石家沟等处逆巢平毁，移营进逼东山城。贼复大溃，追至距固城三十里之打河店，并将鹦哥觜等处巢穴踏平，所办甚为得手。此时军威大振，该逆败溃之余，闻风胆落。雷正绾现抽军十五营由瓦亭大道进剿，饬总兵胡大贵等次第滚营大举，不难功收破竹，迅复名城。著即亲督各军，两路夹击，务须严防回逆狡诈，稳慎进兵，将该逆就地聚歼，坚城立拔。其逆首孙义宝尤当设法擒斩，毋令漏刃他窜，又形勾结。曹克忠驰援秦州，城围立解，复将分扰甘泉寺之贼斩馘殆尽，拔营赴天水进剿盐关，毙贼甚伙，著即饬令该总兵乘此声威，鼓行而西，迅将盐关巨巢攻克，以期节节扫荡。该处地连秦、蜀，道路纷歧，尤当防其与阶州发逆勾合联络，致剿办又形棘手。陶茂林现赴兰州，专顾西路，著传谕提督仍遵前旨，先解静宁之围，顺道剿除安、会一带逆匪，再赴兰州，将河、狄一带军务妥筹会办。此时甘省各军分三路剿办，贼势既分，军务不难日有起色。都兴阿、穆图善、雷正绾等惟当通盘筹划，妥为调度，迅殄狂氛，以期肃清西陲，用副委任。佘福象一员，现经雷正绾派令回楚招募精锐六营来甘，俟抵甘后即著该署提督留于军营效力，以资臂指之助。其所募勇丁或分拨数营赴穆图善军营之处，届时斟酌军情与穆图善妥筹调派。雷正绾、张集馨另奏军饷万分支绌，请将部准新疆赎罪章程量为变通，酌减银数，以济要需一折。雷正绾等营饷项异常支绌，自属实在情形。前经奏准已未到戍各官犯文武赎罪银两数目，奉文已届半年，尚无一人捐赎。该提督等以银数仍巨，各官犯力量未必尽宽，是以虽有赎罪之条，并无济饷之实。请照筹饷事例分别已未到戍银数核减五成，定以金限半年，银限一年，以奉到部文之日起限，不准展缓。他省不得援以为例。其中如情节较轻者，捐赎后准回旗籍，如情节稍重者，捐赎后由流减徒，改发军台。呈缴三年台费，方准释回旗籍等语。著即照所请行。其有情节甚重者仍著随时奏请办理，以示区别。本日又据刘蓉奏，副将颜明亮押解饷银五百两行抵城固县，被勇丁刘占洪劫去饷银，将颜明亮杀死等情。刘占洪系曹克忠部下副新中后两营勇丁，胆敢劫夺饷银，杀毙副将大员，实属罪大恶极。著都兴阿、雷正绾等饬令曹克忠迅将该犯刘占洪严拿，解交刘蓉归案审办，尽法惩治，毋任漏网。将此由六百里谕知都兴阿、穆图善、雷正绾并传谕张集馨知之。"

（卷122　690页）

同治三年（1864年）十二月己巳

又谕："玉通奏会剿番贼，追获营马并塔尔寺僧团与回人构衅各折片。青海驻牧之汪什代克族番伙同曲加、洋冲等野番抢劫甘州营马多匹，经玉通调派弁勇会同扎萨克王公探踪驰剿获胜，将马匹全行追回。办理尚属认真。青海驻牧各族野番，族众人繁，良莠不等。玉通惟当设法羁縻，严加防范，毋任滋生事端。塔尔寺阿家呼图克图与回众构衅，未肯散团。玉通现派官绅驰往该寺并小南川各庄善为排解，即著饬令该官绅妥慎办理。回情狡谲异常，甘言就抚殊属未可深恃，仍著玉通妥筹防御，不得因该回暂时相安，遂将团练全行遣撤，致堕狡谋。另片奏请饬甘肃拨解蒙古王公俸银等语。甘省军情吃紧，需饷浩繁，恐无闲款可敷分拨。本日已谕令沈桂芬由山西省迅筹拨解矣。将此由四百里谕令知之。"

又谕："玉通奏青海各旗蒙古郡王等岁支俸银，自同治元年起至本年止，共应支银二万七千三百两，迄今未据甘肃藩司动拨。叠次咨催，均以军饷浩繁，库款告匮，未能设法。该蒙古生计维艰，不免因困苦而生觖望，请饬速催拨解等语。蒙古王公应支正俸，欠发至数年之久，兼之西宁回匪滋事，该蒙古等被抢穷蹙，养赡无资，尤应亟筹体恤，以免别滋事端。甘肃军务未竣，库储已罄，著沈桂芬即将前项银二万七千余两迅速筹款，准于欠解甘饷中划抵，刻即派委妥员解交玉通，以资散放而恤外藩，毋得稍分畛域。将此由四百里谕令知之。"

（卷 123　　700 页）

以甘肃青海剿办番贼出力，予扎萨克郡王乌尔津扎布等奖叙，把总苏有成以守备用。

（卷 123　　702 页）

同治三年（1864年）十二月乙亥

谕议政王军机大臣等："张集馨奏，汇报各路军务并会商筹办情形及金县失守，咨催陶茂林赴省，并曹克忠攻克盐关各折片。甘肃进兵形势须步步防其回窜，与陕省用兵可以一意向前者迥不相侔。雷正绾督军进逼固原，仍分兵回顾邠、长、汧、陇等处，所办甚合机宜。现在雷正绾一军已扎鹦哥觜地方，距固原城不远。即著督率各营节节进扎，分派马队绕出贼前，两面夹击，迅拔坚城，尽歼丑类。曹克忠一军力解秦州之围，并攻克盐关逆巢，则莲花城等处无所用其回顾。正可胜出兵力相机进剿。应如何分兵夹击之处，著雷正绾酌度机宜，妥筹调拨。金县失守，靖远危急，东则清水秤钩诸肆，南则阿干、沙泥等镇一片逆氛。兰州省垣防守吃紧，著陶茂林即由会宁拔营赴省，屯扎省郊，不必入城，庶策应雕剿，可期灵便。其省城守御事宜，恩麟务当严密图维，不可稍涉大意。张集馨拟由隆德、静宁一带赴省。此时计早行抵兰垣，即著与恩麟妥筹防剿，仍一面具奏。所请简查省垣勇数及调回弁、回兵出城助剿之策，并著相机筹办，务令妥协合宜。清水堡攻克后，穆图善等军已逼宁夏，并著都兴阿、穆图善等恪遵前旨，稳慎进取，攻克郡城，毋堕贼计。川省援甘之兵，前据骆秉章奏，颜朝斌尚未回籍，江忠浚未能出省，已饬鹤龄带兵一千五百名前赴都兴阿军营差遣等语。当经谕令迅催前进。本日复有寄谕骆秉章促令速行。此起兵勇到甘后，或令先在阶州会剿踞逆，或视何路紧要就近策应，均著都兴阿、穆图善、雷正绾等妥筹调遣。刘蓉前带各营多系川兵，现在蜀军追贼入甘，陕省防兵无多。各营兵额亦因缺饷未补，关中负天下形势，必须重兵固守，况发捻西趋，骎骎犯陕，尤应亟筹防御，力顾疆圉。张集馨所奏请于省城募兵三千名，仍复总兵旧制。并查明叛绝各产，认佃无人者，按兵授田，收租代饷之议，尚为因时制宜，预筹备御起见，著刘蓉酌量情形，实力办理，不得畏难苟安，致防守空虚，或启贼匪窥伺之念。正在寄谕间，据雷正绾奏，曹克忠攻克盐关情形一折。盐关既克，曹克忠兵力已无后顾之虞，即著饬令迅率所部由秦安北赴静宁，分路夹击固原，以期必克。秦州防务已由曹克忠留拨四营，足资镇抚。其林之望统带之兵即饬驰赴阶州，会合川、陕各军迅速合围攻剿，毋令发逆纷窜，致成蔓延。当此隆冬风雪，北地苦寒，士卒冒险冲锋，艰苦情形，实深廑系。都兴阿等务当激励抚（抚）循，俾将士人人用命，肃清边陲，同膺懋赏。将此由六百里谕知都兴阿、穆图善、雷正绾、刘蓉并传谕陶茂林、恩麟、张集馨知之。"

（卷123　710页）

　　以甘肃攻克盐关贼巢，赏总兵官曹克忠白玉翎管一支、白玉搬指一个、火镰一件、大荷包一对、小荷包两个。参将李奉清、周潮旺巴图鲁名号，按察使林之望等花翎，余升叙有差。予阵亡千总王尊华祭葬世职加等。

　　以骩法营私，革甘肃知县申清鑫职，永不叙用，县丞李国柱、吏目吴莹革职逮问。

（卷123　712页）

同治三年（1864年）十二月庚辰

护陕甘总督恩麟奏："甘省危急，请饬督臣杨岳斌星驰来甘。"得旨："杨岳斌屡经有旨，催令赴任。该护督惟当尽心竭力，支持危局，以期有所补救，不可稍存诿卸之心。"

（卷124　724页）

同治三年（1864年）十二月壬午

又谕："沈葆桢奏，甘肃、福建军情均极吃紧，霆营兵不宜分，并将鲍超原咨抄录呈览一折。所称关外平沙广漠，利在用众。闽地山重水复，利在用奇。西陲军务紧急，鲍超宜统全部西行，方可独当一面。第闽事大棘，江防亦警，若欲肃清康侍各逆，亦须霆营全部兵力，方能摧陷廓清等语。尚属实在情形。惟新疆自库尔、喀喇乌苏失陷，伊犁被围，情形万分岌岌。都兴阿、穆图善、雷正绾等分剿宁夏、固原之贼，正在得手，未能遽尔分兵，非另拨大支劲旅迅速西行，则出关剿贼之说几成虚语。况闽省余氛，已由左宗棠三路援剿，鲍超又分兵万余人交娄云庆等统带会剿闽贼，兵力不为不厚，自可无须再留鲍超全部，致增朝廷西顾之忧。著曾国藩、沈葆桢传知该提督于假期一满，即日率领所部宋国永等各军由川起程入甘，节节扫荡，早日出关，相机进剿。娄云庆等军俟闽贼殄灭后，仍著前赴鲍超军营听候调遣。鲍超请拨川省制兵四千名，并由川中招募步勇数千名之处，著骆秉章即日妥筹办理，毋稍迟误，致滞师行。沙漠地方平原旷野，非马队车营相辅而行，不克有济。应如何添设马队及入甘购马之处，著鲍超咨商曾国藩斟酌情形，实力筹办。其霆营欠饷，并著沈葆桢迅筹清理，俾资行费。将此由六百里谕知曾国藩、骆秉章、沈葆桢并传谕鲍超知之。"

又谕："都兴阿、穆图善奏，筹防回、捻各逆窜扰陕疆，并现在宁夏办理情形，暨西宁撒回大肆猖獗各折片。盐关回匪猝犯徽境，既恐绕道入陕，缀我兵力。现在盐关虽已攻克，而败残匪众势必蔓延，尤应严密扼击，力图扑灭。惟兵力既难分拨，都兴阿等已饬徽县激励民勇会同陕军严防力剿，并饬徽县、两当速办粮米接济，著即照所拟妥速筹办，并咨明刘蓉严饬派出各员，实力杜遏，以固藩篱。雷正绾进逼固原，兼顾邠、长、汧、陇等处，声威颇振，倘能分兵会剿徽境一带之贼，尤为妥协。著即斟酌情形与都兴阿等商酌办理。楚、豫捻匪由邓州窜赴南召一带，陕境防务，著都兴阿咨明刘蓉，懔遵叠次谕旨，设法拦截，毋令捻踪阑入陕疆。宁夏回匪狡诈犷悍，朝廷早经鉴及。前恐庆昀掉以轻心，已谕令慎守满城，不可稍涉疏懈，并谕都兴阿稳慎进取，毋堕贼计。现在该将军督饬各队滚营进扎，距城不过十里内外。逼贼愈近，尤须慎重图维，务操胜算，以期节节进剿，克复名城。西宁撤回假称投诚，仍复到处焚杀。前因玉通奏到，塔尔寺阿家呼图克图未肯散团，已派官绅前往劝导。当经谕令玉通，回情狡谲，未可坠其抚计。与都兴阿此奏相合。现在回氛猖獗，民不堪命，汉民、番僧人等自应集团防范，以备不虞。著玉通遵奉前旨，于抚辑之中隐寓防范之意，务须联络番僧人众，妥为保护，固不可启衅生事，亦不得狃于抚议，堕贼奸谋，俟甘省军务渐定，即著都兴阿等分兵剿办，以靖地方。将此由六百里各谕令知之。"

（卷124　727页）

予甘肃清水堡伤亡提督孟宗福祭葬世职加等，谥勇烈并赏三代封典。

（卷124　728页）

同治三年（1864年）十二月癸未

又谕："玉通奏遵复郡城并未被围，惟汉、番、回民械斗，尚未肃清一折。西宁回民辩教启衅，嫌隙甚深，现虽名为投诚，而寻仇械斗，两造各执一词。其祸源仍未稍塞。玉通惟当恪遵叠次谕旨，将城守事宜妥筹布置，不可稍涉大意。至汉民、番俗人等集团备御，正可借挫回匪之锋，断不可狃于主抚，悉令解散，致堕回匪奸计。现在都兴阿、雷正绾等分剿宁夏、固原之贼，叠获胜仗。陶茂林带兵入省，曹克忠攻克盐关，已与雷正绾合兵一处。甘省军威丕振，贼胆已寒。西宁等处回民度必闻风震慑。玉通务当因势利导，散其党与，息其纷争，以安疆圉。将此由六百里谕令知之。"

（卷124　731页）

同治三年（1864年）十二月乙酉

谕议政王军机大臣等："恩麟奏，陶茂林一军收复金县，进扎省垣分兵进援靖远，会筹布置一折。陶茂林所部由通渭县进剿中林山等处贼匪，沿途乘胜扫荡，叠有擒斩。并解安定县城之围，余匪向会宁一路奔窜。官军正拟分途擒剿。因金县被匪袭陷，省防吃紧，陶茂林亲督诸军由新营、清水驿两路抄入金县，会合恩麟所派之果义营等军，整队环攻，立将金县县城克复，剿办甚属奋勉。陶茂林克金县后，进抵兰垣。因靖远尚被贼围，派提督高余庆等五营与副将王德恒等相机夹击。即著陶茂林檄饬诸军，迅解靖远之围，其分驻金县清水驿、甘草店各营俟各该处稍为镇定，即由陶茂林统带进规河、狄等城，择要进剿。河州回匪闻官军将至，甘词乞抚，缓我师期。恩麟与陶茂林会商，暂予牢笼，以纾兵力。自系一时权宜办法，仍当慎密防维，毋堕狡计。贼踪飘忽靡常，东路静宁、会宁等境要隘，亟须添兵扼守。曹克忠一军应否移扎静宁适中之地，为陶茂林后路声援。著都兴阿、穆图善、雷正绾妥筹调派。都兴阿等督队进攻宁夏，直逼郡城利在速攻。仍著懔遵前旨，稳慎进取，以期万全无失。雷正绾仍遵前旨迅拔固原，即可派兵协同都兴阿、穆图善攻克宁夏汉城，悉歼丑党，以靖地方。将此由六百里谕知都兴阿、穆图善、雷正绾并传谕陶茂林恩麟知之。"

又谕："恩麟奏请饬曹克忠专顾甘境及请饬四川等省协拨省垣饷需，并饬各省速解庆阳协饷各折片。曹克忠一军已将盐关回逆老巢攻克，秦州境内一律肃清，正可乘此锐气，责令进剿。若令回顾陕疆，则陶茂林后劲无人，东路又虞匪窜，著刘蓉就近另筹防兵以顾邠、长、汧、陇一带，俾曹克忠专顾甘境，免致松劲。所有该总兵营军火饷需仍著刘蓉懔遵前旨，照旧供支。金县等处贼匪虽已远扬，兰垣解严，但甘省饷需支绌异常。其大宗饷项不能不仰给于他省，著骆秉章、沈桂芬、刘蓉随时筹款，源源拨解，不得各存畛域之见，以维大局。雷正绾停兵日久，士卒艰窘万状，虽抚驭多方，时虞哗溃。所有前谕令四川、山东、山西、河南各督抚协拨庆阳粮台之款，著骆秉章、阎敬铭、沈桂芬、张之万迅速按照原拨数目。无论何款克日拨解庆阳粮台，源源接济，毋稍延误。并著文煜、杨能格一面咨催，一面派员迎提，以供要需。将此由六百里谕知骆秉章、阎敬铭、沈桂芬、张之万、刘蓉、文煜并传谕杨能格知之。"

又谕："常清、明绪奏，乌垣满城失守，添兵助剿，伊犁紧急，请派员出关会剿，并留明绪商办军务各折片。此次折报递到较迟，所有防剿机宜著明绪懔遵十二月十一日寄谕，妥筹办理。常清等请派大员带兵驰赴伊犁会筹剿抚，并饬部无论何款迅筹饷银数十万两拨交带兵大员。现在署浙江提督一等子鲍超请假回籍，昨已有旨，谕令该署提督于假满后率领所部自川起程，由甘出关剿办。并谕令官文等将鲍超一军月饷迅速筹拨。该署提督勇略过人，战功卓著，前在内地剿匪所向无前。鲍超出关后定能扫荡逆氛，廓清边圉也。都兴阿、穆图善规取宁夏，亦极得手，郡城指日可拔，亦可腾出兵力，出关进剿。明绪惟当懔遵前旨，慎固封守，一俟大兵云集即可大张挞伐，毋得稍有疏虞。常清请将明绪暂留伊犁，自系尚未接奉明绪补授伊犁将军之旨。即著明绪于应办公事及军务事宜实心经理，以副委任。喀什噶尔、英吉沙尔、和阗、叶尔羌等城实在情形，明绪务当设法侦探，是否业已失守，确切查明，方可次第办理，力图恢复。迈杂木杂特带领回兵如能得力，即著明绪责令该已革阿奇木伯克妥为管带，协同剿洗。乌、科二城蒙兵口粮著明谊就近筹划，随时接济。甘肃向存副茶数百万块，此时伊犁饷需万分支绌，而所拨之饷俱未能解到，著恩麟将所存此项副茶派员由北路草地拨运数十万块解交伊犁，以备搭放兵饷之用。口外茶叶贸易极为流通，而科布多一带设立台站，商贾行走，亦无梗阻。据常清等奏，该商民如沿途以茶叶、布匹换易羊畜，实为两便。商贩果能接踵而至，银钱转输于军饷较有裨益等语。著德勒克多尔济、沈桂芬宣谕口内商民，广为招徕令其前往贸易，以资周转。将此由六百里谕知明绪、明谊、德勒克多尔济、沈桂芬并传谕恩麟知之。"

（卷124　735页）

同治三年（1864年）十二月戊子

又谕："刘蓉奏，据总兵陈天佑咨称，东治右、后两营除领过晋省协饷银五千两，借领陕省粮台银二千两外，共欠饷银五万二千有奇，拟请由陕给领。此项月饷曾经沈桂芬奏明由晋省竭力并解。刘蓉亦经咨明沈桂芬，系属晋省欠解之款，请仍由晋省查照原奏按月拨解等语。陕省现在筹拨援甘各饷为数已多，若再以晋省欠解之款移归陕省清解，力难支持。自是实在情形。著沈桂芬查照前奏，将陈天佑一军饷银按月由该抚派员如数迅速径解庆阳粮台，俾此项饷糈得归有著，以供支放而免延误。将此由五百里谕令知之。"

又谕："骆秉章奏，甘省协饷请均解庆阳粮台一折。据称甘省军务吃紧，需饷浩繁，业经拨银二万两汇解庆阳粮台。现叠准恩麟咨催，将饷项解至甘省。文煜复咨催将饷项解至庆阳。又经户部奏明，将川省协甘饷银全数作为陶茂林军饷。此次鹤龄所带援甘征兵月饷亦须由川拨解，似此纷纷咨拨，几于无所适从。请将协甘饷银均解庆阳粮台查收转拨等语。所陈自系实在情形。著照该督所请，所有四川协甘饷银五万两及津贴项下协甘银数万两即由骆秉章督饬藩司勉力筹拨陆续解赴庆阳粮台交纳。文煜、杨能格收到此项饷银，即酌量甘省各营缓急，随时分拨，毋得擅行截留，以济要需。将此由五百里谕知骆秉章、文煜并传谕杨能格知之。"

陕西巡抚刘蓉奏："派援阶州各军现筹会合兜剿。"得旨："著即饬令黄鼎、萧庆高等会合川、陇各军，相机围剿，迅图克复。其阶南窜川要路及北山诸隘尤应严密扼守，毋任纷窜。"

（卷 125　　745 页）

同治三年（1864年）十二月己丑

又谕："前因沈兆霖奏，查明撒匪滋事，大员办理谬妄，其先后调兵动用各款均属虚糜帑项，当降旨令乐斌、多慧、成瑞、和祥分成赔缴。兹据户部奏，查明此案虚糜经费银三万一千九百三十七两零。据恩麟原咨核算，内有多慧办理善后用去司库并厘金局银六千零五十两，自应照数划出，专归多慧一人赔缴。此外虚糜银二万五千八百八十七两零，宝钞二千串，钱一万五千串，是否应行援案著落乐斌等按成分缴之处，请旨办理等语。此案虚糜各款，著乐斌分赔四成，多慧、成瑞、和祥均各分赔二成。多慧办理善后糜费银六千零五十两，并著照所议，专归多慧一人赔缴。均著该部查明著追成案，起限勒追。该省各属尚有垫用官兵口食驮载等项银二万一千九百余两，钱二千六百九十余串，著恩麟严饬属员，迅速查明呈报，遵照此次派定成数一并著追。此外如另有动用之款，并著恩麟详细查明，统行著落乐斌、多慧、成瑞、和祥分别赔缴，以重库款而杜隐漏。其有已故人员即著落该故员子孙赔缴，至多慧尚有应行交出撒匪赔缴赃钱一万串。前据沈兆霖奏，该士民并未领到，现在多慧是否业经全数缴齐，著恩麟查明报部，毋得稍涉含混。"

（卷 125　　747 页）

同治三年（1864年）十二月己丑

以需索滋扰，革甘肃副将胡世英职，与已革总兵官李曙堂并交署陕甘总督都兴阿惩办。

（卷125　750页）

同治三年（1864年）十二月庚寅

又谕："杨岳斌奏，湘勇起程日期并请饬发协饷及派员募勇情形一折。据称接准部咨，知甘省协拨饷银已有成议，而湖北防务已松，即饬安肃道蒋凝学等先期带兵赴甘。该军马步七千八百余人，甘省得此一军可以稍厚兵力。惟该营每月需饷银四万余两，食米四千余石，必须按月接济。请饬都兴阿转饬庆阳粮台，先将部议协拨杨岳斌军营之款暂济该道军饷，至各省协饷已准江西、江苏各解到三万两，饬总兵彭楚汉等招募湘勇，一俟训练成军，即当统带赴甘各等语。前因蒋凝学一军驻扎商城，谕令僧格林沁酌量调遣。复因发捻各逆骎骎西趋，谕令僧格林沁等斟酌情形，饬令蒋凝学驻师荆子关，实力扼扎。是该道员所部马步各队尚未能克期赴甘。杨岳斌惟当赶紧募勇成军，认真训练，并咨催各省欠拨之饷以期资粮稍足，即日成行，迅赴甘省，俾得腾出兵力，出关剿贼，以靖边陲。蒋凝学一军如有赴甘之期，即著都兴阿、文煜、杨能格由庆阳粮台支发饷银，毋稍缺乏。将此由五百里谕知都兴阿、杨岳斌、文煜并传谕杨能格知之。"

又谕："骆秉章奏官军越境攻剿阶州踞逆，叠获胜仗，催兵进剿一折。据称周达武、江忠淑各率所部进逼阶城，该逆分股于城外筑垒抗拒。蔡逆亲带黄衣悍贼出城死斗，周达武督饬各营分兵叠击，奋力冲入贼阵。贼众大乱，蔡逆堕马，被黄衣贼抢护入城。伪巡捕蔡四逆亦被剿奔入城中。其由城西涉浅过河筑垒之贼，经江忠淑督饬各营分路截杀，毙贼无算。该两军虽连战皆捷，而兵力不敷，未能合围。湘果两军并陕省之英毅亲兵各营，严催未到，惟彝字营已驰抵柳坝各等语。阶州踞逆，川军新到，即能力挫贼锋，著骆秉章仍檄周达武等军乘胜进击，务须一鼓作气将踞逆悉数殄除，以清余孽。参将刘鹤龄所部一千七百人由毕口驰赴阶州南岸，并著催令前进，会合汉军，联络兜剿。昨据刘蓉奏，湘果军萧庆高等与右军各营分扎北山诸隘，催英毅一军扼阻旧城冲要，遏贼由柳坝一带出窜之路。而阶南窜川要路现有武字、达字两军分兵扼守。现饬会合川、陇各军相机围剿各等语。是骆秉章具奏时，尚未得陕军到齐之信。有在川、陕各起劲兵，业经云集，著即督饬各将士合力兜击，迅拔坚城。刘蓉尤当严饬湘果等军会同周达武等认真痛剿，不得专恃川兵，稍形疏懈。将此由六百里各谕令知之。"

（卷125　751页）

予甘肃阶州阵亡参将廖德成、游击罗孝徽、守备郑长栋等祭葬世职加等。

（卷125　753页）

同治三年（1864年）十二月甲午

以甘肃筹饷出力，予已革按察使孙治以道员用，发往署陕甘总督都兴阿军营差委。

以筹解甘肃军饷无误，予前任山东布政使贡璜、山西布政使王榕吉优叙，赏山西道员杨宝臣盐运使衔。

以甘肃办理粮台出力，予道员三寿等加衔升叙有差。

（卷125　760页）

《清同治实录（四）》

同治四年（1865年）正月丁酉

谕议政王军机大臣等："张集馨奏攻破积年逆巢大获全胜一折。静宁州高家堡久为逆回盘踞，经张集馨与曹克忠会同进剿，当将高家堡攻克。败贼分窜萧河城、青家驿，另股贼匪在西路十字堡等处屯聚，复经官军进剿歼匪甚众，办理尚为得手。前谕都兴阿等将曹克忠一军应否移扎静宁适中之地，为陶茂林后路声援，妥筹调派。曹克忠现欲进攻萧河城，应如何节节进逼，力图扫荡之处，仍著都兴阿、穆图善、雷正绾妥为调度。张集馨现拟带队进省，即著赶紧前进，与陶茂林、恩麟会筹布置，以固省防。陶茂林一军扎营甘草店一带，该提督务当严密守御，毋得稍有疏虞。获贼供称，该逆因官军围攻固原甚紧，屡遣马百龄兄弟马彭龄赴雷营，捏词诈降，未见听信。曹军已到静宁，我等家属皆在萧河城等处，若被攻击必致受害，是以调齐马步各逆由静宁入隆德，过山即是瓦亭，使雷营腹背受敌。如不得手，即由泾、平回陕。孙义宝仍在固原与雷营抗拒，使彼不疑等语。固原逆谋甚狡，该匪如赴雷正绾军营乞降，该署提督不可堕其诡计，致误戎机。逆匪既有使雷营腹背受敌之说，雷正绾尤当加意备御，毋为所乘。静宁各军每日需面二万余斤，前存四十万斤为该州黄松年别项支销，此时颗粒无存。军士数日不得一饱。雷正绾各营军粮亦极短绌，黄松年概置不问。该州于此项面斤任意支销，实属不知缓急。有无侵挪情弊，著恩麟查明参奏。各军无从觅食，困苦异常，均有停兵待饷之虞。著恩麟设法接济，毋令缺乏，是为至要。将此由六百里谕知都兴阿、穆图善、雷正绾并传谕陶茂林、恩麟、张集馨知之。"寻恩麟奏："遵查黄松年精神委顿，于兵勇应支口食率多贻误，实属衰庸不职，应请革职。"从之。

（卷126　1页）

以甘肃静宁攻克逆巢，赏参将陈尚友巴图鲁名号，副将魏得春等升叙有差。

予甘肃平凉殉难知县郭襄、教谕赵青藜祭葬世职加等，眷属人等分别旌恤如例。

（卷126　3页）

同治四年（1865年）正月庚子

又谕："杨岳斌自补授陕甘总督回楚募勇，业经半载有余，叠经谕令该督速募成军，统带赴甘，以维大局。兹据明绪等奏，伊犁救援巴燕岱之兵中途失利，现在贼众兵单，情形万分吃紧等语。伊犁为统领各城重地，设有疏虞，情形更难设想。该处盼望援兵，诚属刻不可缓。该督募勇一事如已办有头绪，即应整队赴甘，以便都兴阿、穆图善之兵早日腾出，鼓行而西，以收底定西陲之效。倘该督仍以勇未招齐，赴甘稍迟一日，则援剿新疆亦迟一日，关系诚为不浅。著杨岳斌懔遵叠次谕旨迅即料理起程，不得再事稽延，以副委任。将此由六百里加紧谕令知之。"

（卷126　6页）

同治四年（1865年）正月壬寅

又谕："曾国藩奏叠奉谕旨恭折复陈一折。所陈剿办捻匪宜用淮勇，西路军务宜并力先清甘肃，再及关外，并饷源日匮，必须多撤楚勇各条。均于时势军情确有见地。刘铭传等军前据李鸿章奏所用洋炮军火最为笨重，运送颇难，当经谕令毋庸檄调赴豫。并令李鸿章与左宗棠筹商，如闽省应需该营前往协剿，即檄饬刘铭传统军赴闽，听候左宗棠调遣。此次曾国藩所奏各情，均与前旨吻合。现在僧格林沁督兵逼贼立营大获胜仗，军威已振，无须再俟淮勇助剿。所有刘铭传所部即著咨商李鸿章，恪遵前旨，酌量调赴闽省，以资厚集。甘肃军务未清，原不能扬威塞外，第新疆南路各城大半沦陷，乌鲁木齐及古城之汉城先后为贼占踞，北路亦形岌岌，若不迅图扫荡，恐全局沦胥，必至不可收拾。昨因伊犁危急，谕令穆图善迅速带兵出关，并令鲍超即日整队西行，著懔遵前旨赶紧办理。至鲍超赴甘，前因沈葆桢奏到，已有旨准其将所部八千人统带前往。曾国藩所称鲍超回蜀募勇，宜用川北保宁、龙安两府之人一节。保、龙二府兵勇与甘肃风气不甚相远，且皆可径达阶州，自较川东之勇尤为得力，著骆秉章传知鲍超，迅速驰赴川北募勇成军，克期赴甘，一面檄调宋国永等军由江西驰赴川东，管带旧部续行入甘，毋稍迟误。其所需军饷一切仍著骆秉章源源筹解，以利师行。曾国藩以饷源日匮，拟请多撤楚勇，自系目前第一急务。即著将刘连捷、朱南桂、朱洪章三军次第裁撤，以节糜费。至韦志俊等诸降众尤应妥筹安插，善为遣散。庶腾出有用之饷以供留防之勇，济西征之军，于大局实有裨益。将此由六百里谕知曾国藩、骆秉章并传谕鲍超知之。"

（卷126　9页）

又谕："都兴阿、穆图善奏，攻剿宁夏附城贼圩大胜。派员赴楚募勇各折片。宁夏附城贼圩经都兴阿等分路进攻，杀伤逆匪将以千计，大挫凶锋。剿办甚为得手。该逆经此次痛剿，其胆已寒，著都兴阿乘此声威督率各军，将城外各圩迅速扫荡，进拔坚城，肃清边圉。前据张集馨奏，曹克忠一军攻破高家堡逆巢，拟进攻萧河城。是静宁一带驿路渐可疏通。惟固原踞逆，尚在相持。雷正绾近日剿办情形若何，著即妥筹攻取，将首逆孙义宝等设法擒斩，毋令兔脱。其曹克忠一军应如何进剿之处，仍著都兴阿、雷正绾妥为调度。甘省兵力尚单,都兴阿等拟派副将陈东霖等赴湖北募勇八营,以资攻剿。著照所议办理。所需枪炮等项即著咨照官文按照营制给发。前经寄谕富明阿饬令詹启纶选勇三千名赴僧格林沁军营调遣,昨据僧格林沁奏豫省各军已敷调拨,请将詹启纶一军暂缓征调。现在甘省既嫌兵单,如需詹启纶之兵赴甘助剿,即著都兴阿咨商僧格林沁妥筹调拨。杜嘎尔现在随营攻剿,未能兼顾宁夏副都统任内之事,即照都兴阿所请,仍令常升戴罪暂行署理,责令整顿操防,帮同庆昀将城守事宜认真筹办。倘再不知奋勉,即行从严参办。将此由六百里各谕令知之。"

又谕:"都兴阿奏请撤晋省劝捐总局,酌留赎罪一条,变通办理一折。山西一省频年供支各款,为数甚巨,诚不可再事朘削,致令饷源枯竭。即著照所拟,将山西办理甘饷捐局即行裁撤,原派之宁夏道三寿,著沈桂芬饬令该员仍回都兴阿军营听候差遣。其赎罪一条,著仿照同治三年十一月二十八日所奉谕旨,允准雷正绾等奏议核减赎罪章程,归入都兴阿军营报捐。其有就近在晋省呈请捐免赴成者,著沈桂芬代为奏请,奉旨后将此项捐款由山西藩库兑收分批解赴都兴阿军营,作为筹备粮米军装外款。至山西应解都兴阿军营协饷暨直、晋各军月饷并协甘各饷,均著沈桂芬按月如数拨解,不准过期耽延,稍涉贻误。将此由五百里各谕令知之。"

以筹济甘肃军饷,予山西巡抚沈桂芬、按察使钟秀优叙。

(卷126 11页)

同治四年（1865年）正月甲辰

谕内阁:"恩麟奏请将阻挠捐输之代理县丞及把持供应之署知府等革职审讯各折片。据称接据署平凉府知府郑声文详称,奉委前往庄浪会同代理县丞李国柱剿办捐输。该县丞辄借口该署知府带领人数过多,闭城不纳,令其自行赴乡捐办。且据合邑士庶讦控该县丞赃私各款,请将李国柱革职审办。又据雷正绾咨称,曹克忠一军师次庄浪,当饬接署县丞李秾派夫运解军火,并运面五千斤。讵署平凉府知府郑声文从中把持闭城不纳,迨曹克忠面谕绅士派就民夫驮骡,该知府又将民夫放逃,驮骡销禁。其面斤一项,李秾亦并不供支,请将郑声文等一并革职审讯各等语。李国柱于郑声文赴庄浪劝捐,任意阻挠,且有被讦赃私各情,固应彻底根究,而郑声文甫经详揭该县丞,乃于曹克忠统师过境又复率同接署县丞李秾封禁城门，阻持供应，先后如出一辙，殊出情理之外。且其禀揭李国柱各款更难保无另有别情，均应严切根究，以期水落石出。代理庄浪县丞分缺先用典史李国柱、署平凉府知府试用知判郑声文、暂代庄浪县丞分缺先用典史李秾均著先行革职，交恩麟汇案讯明确情，据实定拟具奏。毋稍宽纵。"

谕议政王军机大臣等："恩麟等奏，近省贼踪择要防剿，先顾省城，并会剿阶州获胜，派员督办军粮。河州回族应抚各折。甘肃狄道、河州、渭源、靖远遍地狂氛，无论进剿何路，均应先顾省垣，而省城患靖远之匪较河、狄为尤甚。靖远被盐、固回匪围攻日久，陶茂林前派高余庆带领五营前往援剿，虽连次获胜，究未大挫凶锋。著即添调数营前往剿办，先解城围，再图进取。马步回逆扰及平番之武胜、伏羌等堡，肆意抢劫。西大通之海石湾上碻堡亦有回匪勾结。恩麟已飞调庄浪满、绿营官兵剿办，著严饬该营弁等迅图扑灭，如兵力不敷，再于附近一带酌量添调。所请令穆图善亲督劲旅，或抽拨精兵由草地绕赴平番，并分兵由凉州迎头拦截之处。刻下情形，断难照办。穆图善叠经有旨令其出嘉峪关前往哈密。现在文祺病故，匪众有窥哈密之意，著该将军仍遵前旨迅速整兵出关前赴哈密。必须将哈密保守，将来方有进兵道路。肃州兵不宜多调，西路之防都兴阿务当分兵兼顾，保全甘、凉、肃郡县，未可视为缓图。曹克忠一军前谕都兴阿等妥为调派，应否驻扎会、静适中之地，扼制巩昌、洮、岷一带，著即妥筹分布，期与陶茂林联络声势，会合夹击。雷正绾当力拔固原，殄除孙逆。近日剿办情形著赶紧驰奏以闻。阶州发匪已形穷蹙，著恩麟饬令林之望督同张华会合川、陕各军实力进攻，克日殄除。并令林之望专督办运，就近严催各属采办米粮协济，毋误军食。河州回族众多，现既跧伏不动，自可暂缓剿办。马乜氏办抚前已毫无成效，该护督欲借以羁縻，俟兵力充足再行筹办，尚无不可。此时就计招抚，严定条约，但恐该逆众不能悉遵，仍不免重烦兵力，必须一面办抚，一面严防，毋得稍涉大意。将此由六百里谕知都兴阿、穆图善、雷正绾并传谕陶茂林、恩麟知之。"

又谕："恩麟、陶茂林奏，请饬催四川等省协饷，并恩麟奏官军会剿阶州踞匪获胜各一折。陶茂林所部各营月需饷银五万有奇，仅据陕西解到银八万余两，积欠之饷为数甚巨。虽经恩麟筹商，在秦州厘金捐输等项内酌提接济，而车薪杯水，仍属无救兵艰。该提督所部各军现已驰抵兰垣，将次进规河、狄，若令停兵待饷，坐失事机，饥军哗溃可虞，大局何堪设想。著骆秉章、沈桂芬、刘蓉懔遵叠次谕旨，按照原拨协饷饷银数目，无论何款迅速解交庆阳粮台。文煜、杨能格于各该省饷银解到时，即行酌度各营缓急，分拨陶茂林等营，以资饱腾，毋得再有稽延，致误军糈。川省所派周达武一军，陕省所派萧庆高等军现在先后环逼阶州，本日已谕令恩麟饬林之望督率张华等军会合川、陕援师实力围剿，规复城垣。即著骆秉章、刘蓉飞檄周达武、萧庆高、何胜必等与林之望所统各军协力进剿，迅克阶州，以靖疆围。萧庆高等因朱家沟土匪朱保潮等纠众勾结发匪，图抗官兵，现在设法招降。并著刘蓉檄该总兵等妥慎筹办，毋得轻议招抚，致堕狡谋。将此由五百里谕知骆秉章、沈桂芬、刘蓉、文煜并传谕杨能格知之。"

（卷126　14页）

同治四年（1865年）正月丁未

又谕："前因熙麟奏参前署陕西巡抚张集馨奸邪险诈、谄媚卑污各款，当经谕令刘蓉查明具奏。兹据奏称，张集馨于入陕后即结纳多隆阿左右之人，托以取宠。嗣多隆阿带兵抵省，张集馨独远赴十里铺，执手板迎谒道左，屈膝请安，其谄媚逢迎，众目共睹。提督马德昭在省城捍御回匪有功，张集馨因其贻书曹克忠，有张藩台有饷不给可恶之语，以故怀恨列入弹章。张集馨在署藩司任内，欲派私人署缺，又授意回绅，使主抚议。署臬司凤邠道刘鸿恩不肯判行，且于张集馨之痛诋马德昭，面讦其非。张集馨因此触怒，密具疏稿，送多隆阿会衔具奏。嗣多隆阿未经会衔，张集馨愧赧失措，于大庭中向刘鸿恩屈膝请罪等语。张集馨系叠次获罪弃瑕录用之员，宜如何激发天良，力图报称。乃如所奏各情，巧于逢迎，居心险诈，实属大负委任。陕西按察使张集馨著即行革职，永不叙用。马德昭既据刘蓉奏称二年六月间回匪叠扑省垣，该员奋勇杀贼，力保危城，著有战功。著开复提督原官。刘鸿恩原参之案，既系屈抑，著开复道员原官，仍留陕西补用，以示彰瘅无私至意。张集馨任用之知县李炜等，著刘蓉随时察看，如有劣款，即行严参，毋稍徇隐。"

谕议政王军机大臣等："刘蓉奏，进剿阶州逆匪获胜，并蔡逆被剿受伤，请饬恩麟委员办理阶州粮运。固原、平凉各匪回窜灵台等处各折片。阶州踞匪经刘蓉督饬萧庆高等痛加攻剿，叠获胜仗。据投诚逆匪供称，蔡逆于官军进攻两水逆垒之役，身受重伤，设计图窜。该抚现饬各军会合川、陇各兵相机围剿。该逆凭城踞垒，狡悍异常，即著刘蓉严饬萧庆高等设法诱出，一鼓歼除。倘恃险不出，即当悉力围攻，毋任纷窜。并著骆秉章饬令周达武等军会合夹击，迅歼丑类。据该抚奏称蔡逆欲留启逆于阶，自出银二万两诱买该处番民，冀由南坪窜出。番民赴周达武军营纳款，愿诱该逆深入，官兵伏路要截，冀得分其辎重等情。番民素性嗜利，未可深信，著骆秉章、刘蓉严饬在防各军加意防范，并笼络番民，俾不致为贼所用，方为善策。前据恩麟奏，已派林之望前赴阶州办理粮运事宜，自可源源接济，无误要需。该抚所请饬令恩麟派员办理粮运，自系未接恩麟行知，著毋庸议。平、固逆回窜扰灵台县，扰及独店，分股窜至陇州属之银胡、汧阳属之上店镇等处，焚杀甚惨。刘蓉请饬雷正绾、曹克忠各抽所部三营，分扎邠、长、汧、陇两路，力顾陕境，自以邠、陇为甘省入陕咽喉，又为后路粮运要道，恐该逆乘虚回窜。惟雷正绾现在攻剿固原正在得手，势难分兵前往。著都兴阿、雷正绾酌度情形，如曹克忠一军尚可调拨，即著分拨数营驰赴邠、陇等处，以顾陕防，将此由六百里各谕令知之。"

（卷127　19页）

以逞凶殴官，甘肃参将万通瑞、邹本五革职逮问，革冒领勇粮游击程朝栋职。

予甘肃阶州等处阵亡总兵官萧举臣、参将彭长林、都司欧国和、守备姜福元、把总白春霖祭葬世职加等。

（卷127　20页）

同治四年（1865年）正月戊申

以纵团滋事，革甘肃县丞张岱职，遣戍新疆。

（卷127　21页）

同治四年（1865年）正月壬子

谕议政王军机大臣等："雷正绾奏，攻剿固原，追捕窜贼，会商进兵道路，筹办军食。曹克忠派弁赴楚募勇，请调土司带队助剿，并曹克忠一军，不克回顾潼关各折片。固原城东逆匪分股东窜，雷正绾率亲兵围队穷追，尽一昼夜之力奔驰三百余里。曹克忠亦派马队赶至，逆众窜陷灵台，旋经官军克复，余匪奔泾州南关，亦经该提督派兵剿除净尽。现会商曹克忠急攻萧河城，该提督攻打彰义堡，此二巢系逆匪家属麇聚处所。如固城逆回出救老巢，环币各营即可乘便袭城，所办甚妥。著即督饬诸将并力进攻，使该逆首尾无从相顾，自可处处得手。军粮艰窘士卒岂能枵腹从事，雷正绾前饬隆德县知县李超群预备白面三十万斤，乃该县所备不足三万斤。据该提督奏称其人言语狂诈，不洽舆情。前委赴庄浪催粮，即有绅士控告等语，著恩麟与前次谕查之静宁牧黄松年一并确切查参，不准稍有瞻徇。雷正绾等营口粮并著恩麟严饬所属设法采买运解，以收饱腾之效。如再匮乏，惟该护督是问。洮州土司杨元，既据曹克忠咨称，该土司禀求愿带马队助剿，著准其札调蛮兵马队一千名，令杨元亲自统带，如不得力即行撤回。如果著有劳绩，准其酌量保奏。恩麟即饬该土司迅赴曹克忠军营，毋稍迟延。曹克忠派参将傅先宗前往湖北招募勇丁四千名助剿，经过湖北、河南、陕西等省，著官文、吴昌寿、张之万、刘蓉于此项勇丁到境时，饬属照例供支口粮，以利遄行。官文并酌量拨给每营抬枪、小枪、帐房若干，俾资应用。如招勇之员敢于沿途滋扰，即由该督抚等查明，遵照前奉谕旨奏参惩办。刘蓉以发捻各逆已近潼关，咨调曹克忠十六营回陕，并分防邠、长、汧、陇等处。兹据雷正绾奏，曹克忠除留防秦州、隆德等处外，现在仅存八营，军情甚属吃紧，万难回陕等语。雷正绾所募勇丁已有由楚入陕者，如潼关需兵防剿，著该抚酌量截留，如其无警，仍催令陆续赴甘。汧、陇一股系会宁郭城驿窜逆，有总兵胡大贵等追剿，刘蓉又已派数营屯扎，足敷剿办。著该抚即饬派出各营会同胡大贵等实力兜剿，毋稍松懈。雷正绾另片奏，灵台县城失守，署令祝宾扬全家殉难，外委李培滋缒城先遁，情殊可恶，著都兴阿、恩麟查明按照军法从事。教谕史继尹、典史徐承澍是否出城办粮，并著查明具奏。已革知县吴莹令马万良等率领回民把守城门，不许汉民出入。吴莹全家经回民送至城外礼拜寺，及大兵到境，逆回奔逃，吴莹率领本地回民攫取官衙钱粮、民间积聚与回均分。据该县士民公禀情形，与通匪无异。吴莹侵冒兵粮，前经有旨革拿，著都兴阿、恩麟即将该革员拿问，如通匪各情属实，即行正法，以昭炯戒。雷正绾请调苏伦保、常星阿、温德勒克西、富森保四起马队，本日已谕令僧格林沁酌量调拨。如此项马队尚有留楚者，即著官文派令赴甘，以厚兵力。将此由六百里谕知官文、都兴阿、雷正绾、吴昌寿、张之万、刘蓉并传谕恩麟知之。"

又谕："雷正绾奏，逆回马队凶悍，官军各营皆系步队，而攒集马勇近来马匹倒毙甚多，每次逆回窜败，步队追赶不及，匪徒转多漏网。若非添立马队，秦陇之祸尚未有艾。现在鄂、豫发捻十余万众均已投诚，甘肃逆氛正炽，请饬苏伦保、常星阿、温德勒克西、富森保四起马队赴甘会剿等语。军营冲锋陷阵及追剿窜贼，均以马队为先。此时由鄂窜豫之贼为数不过数千，剿除自易。而甘肃逆回正形猖獗，非得力骑兵，势难蒇事。苏伦保等四起马队著僧格林沁斟酌豫省贼势军情，或全数饬令赴甘，或分拨数起前往，俾西陲军务，早就荡平，均著该大臣妥筹调派，迅即奏闻。将此由六百里谕令知之。"

（卷127　25页）

予甘肃灵台殉难知县祝宾扬祭葬世职加等。

（卷127　28页）

同治四年（1865年）正月癸丑

以甘肃秦安等处办团出力，赏五品封职张龄镜蓝翎，予知县王廷相等升叙有差。

以甘肃西和县城解围，并克复三垒堡出力，赏都司常泰等花翎，知县朱九兰等蓝翎，余升叙开复有差。予阵亡州判杨城、把总马忠臣祭葬世职加等。

（卷127　28页）

同治四年（1865年）正月乙卯

又谕："传谕护陕甘总督恩麟，明绪奏请饬甘肃迅将副茶数十万封赶紧派员解赴伊犁等语。伊犁民食兵粮几至告罄，情形实为危迫。口外茶叶贸易尚为流通，如此项副茶早日运到伊犁，则银钱转输借可采买兵食，以拯燃眉。著恩麟懔遵前次谕旨，即将所存副茶迅速拨运数十万封，派员由北路草地解交伊犁，不得稍有迟延，致误要需。"

（卷 127　33 页）

同治四年（1865年）正月己未

诮议政王军机大臣等："刘蓉奏，逆回分股回窜陕疆派兵截剿并拦袭获胜。逆踪往西折窜及溃勇沿途滋事，暨阶州逆匪暗袭营垒，追剿获胜各折片。回匪勾通逃勇自甘省华亭一带从后山间道窜至汧阳地方，旋向东南窜去。经驻防之彭基品等军由岐山追抵武功，节节蹑剿，屡有斩获，并于新店子等处斩馘多名。该逆西窜醴泉境内，惟贼多马队，飘忽异常，而该处地势平衍无可控扼，非各军会集，不能聚歼。雷正绾现派雷恒等管带马步三营追剿入陕，并著传知曹克忠恪遵前旨，酌拨数营驰赴汧、陇一带，会合堵截，毋令逆氛踵窜陕疆。刘蓉督饬彭基品等实力跟剿，以收夹击之效。其雷正绾、曹克忠所派各营，即著刘蓉妥筹调遣，联络声势，毋得稍分畛域，致令贼势蔓延。王守基所带马队现经陶茂林催调赴甘，第陕省兵力太单，马队尤缺，仍著刘蓉酌量情形，如需此项骑兵协助，即行飞咨陶茂林，赶紧调回，以资得力。参将王泰来经前任陕甘总督熙麟檄令招募楚勇赴甘助剿，乃添收捻匪六七百名，滥招备数。又克扣口粮，领饷不发，以致各勇心怀怨望，中途溃散。该参将竟自带队前行，并不设法安抚，任听沿途抢掠，贻害地方，实属不成事体。著都兴阿、文煜、杨能格查明王泰来招捻扣饷情形，据实参奏，从严惩办。其所募勇丁或归庆阳粮台，或调赴宁夏军营，并著赶筹安置，毋令无营可归，致生后患。已溃各勇即著刘蓉分饬地方员弁团练妥为弹压，倘敢恃众扰害，即行截捕正法。至王泰来添收捻匪，系行至河南所募，并著知照张之万，饬属一体严拿。阶州逆匪由两水绕袭三哨营垒，经官军严密扼剿，毙贼四五百名。现在阶州各隘业经川兵堵截，可无窜越之虞。惟西北两隅路径纷歧，而两水尤为必争之地。著恩麟督饬林之望、张华等军务于两水各路择要扼扎，与湘果等军协力同心，断其旁窜，以期节节进逼，悉数歼除。倘防范不力，致令蔡逆由西北窜逃，必惟恩麟是问。骆秉章仍饬周达武等军会合陕、甘将士迅将蔡逆一股殄灭，毋稍松劲。阶州三路官兵必须择人统率，方免互相推诿之虞，著刘蓉咨商骆秉章，于得力武职大员内斟酌一人。奏闻请旨办理回逆回窜陕疆，已至礼泉境内，若折向东北奔窜，越过泾河，难保不窥伺晋省完善之区。著沈桂芬预筹防范，不可稍涉大意。本日复据都兴阿等奏，官军连获四捷，筹划进攻情形及西宁军事紧要，请饬鹤龄前往镇抚各等语。都兴阿等督带马步各军进剿宁夏贼匪，叠破城南逆垒，移营进逼。即著乘此声威，稳慎进取，攻拔坚城，尽歼丑类。西宁回目马尕三等恣纵肆虐，阿家呼图克图等所禀各节自系实在情形，亟应拣派妥员，前往镇抚。著骆秉章催令鹤龄迅速前进，都兴阿饬令该总兵统带所部前往西宁，妥筹办理，以资镇摄，不准稍涉迟延，致滋贻误。将此由六百里谕知都兴阿、雷正绾、骆秉章、刘蓉、沈桂芬、文煜并传谕陶茂林、恩麟、杨能格知之。"

（卷128　40页）

拨工部火药十万斤，山西抬枪一千杆，鸟枪四千杆，陕西抬枪五百杆，鸟枪二千杆，四川大布二十万匹，解赴甘肃军营备用。

（卷128　42页）

同治四年（1865年）正月辛酉

又谕："张之万奏，甘肃援剿之师现均由河南府行走，西入潼关。西路各州县连年岁歉，惨罹兵燹，诚恐供支无力，贻误军行。查援甘之兵大半调自江、鄂两省，其由江北来者，由归陈入境，取道河、陕，西入潼关。其由湖北来者，由南汝光入境，取道淅川厅，西赴商州，较由河、陕行走，尤为便捷等语。豫西各州县叠遭蹂躏，若再加以兵差苦累，不但应付不及，贻误戎机，且无以苏该州县官民之困。嗣后遇有调兵赴甘，著官文、曾国藩、富明阿、吴昌寿饬知带兵官，各就起身地方，如由豫东入境，仍旧取道河、陕。由豫南入境则令其取道淅川，一面知照豫省就近支应，以利师行而苏民困。将此由四百里各谕令知之。"

（卷128　43页）

同治四年（1865年）正月甲子

谕议政王军机大臣等："雷正绾奏，分筹雕剿逆巢并审逆突入陕疆，现饬截剿一折。会宁郭家驿马贼经官军堵截获胜后分为两股。一股南奔张家川，越莲花城，折回会宁老巢。一股由陇州审入陕境，飘忽异常。前据刘蓉等奏，该逆勾结溃勇已审及礼泉。雷正绾所派雷恒等军适成尾追之势。陕省防兵较单，刘蓉现将新募豫勇过陕之参将段登云等留扎兴平，以顾西安门户，仍著雷正绾檄饬余万明、雷恒两军星驰截剿，探明贼审何处，迅即绕出贼前，会同陕省各军实力兜截，务将此股窜匪就地殄除净尽，毋任旁窜。刘蓉当就现有兵力，妥筹会剿，不得稍涉松懈。甘省悍贼麇聚固原，经曹克忠从静宁夹击，其势已蹙。著雷正绾会同曹克忠稳慎进攻，先行雕剿萧河城、彰义堡逆巢，以孤贼势，即可规复固原州城，尽歼丑党，毋任匪踪续窜陕疆。另片奏，逆回假冒官弁，现饬严防等语。据擒获伪元帅耿怀民供称，贼中尚有凤翔投匪勇丁二三百名，每出冒充官军，现窜岐山县境内。著雷正绾、刘蓉通饬各属，一体认真擒剿，实力盘查防御，毋堕狡谋。并由雷正绾确切查明此项逃勇是否即系投诚复叛之蔡华富等，抑系回逆冒充，迅即据实具奏。蔡华富著先行革职，仍一面严缉务获，查明如果属实，即行正法。蔡华富所管勇丁即著雷正绾札调赴营，妥为安插，以免别滋事端。将此由六百里各谕令知之。"

（卷128　52页）

同治四年（1865年）正月乙丑

又谕："恩麟等奏，巩昌戒严，平番危急，请饬都兴阿、曹克忠分兵会剿一折。巩昌逃回纠约盐关等处残匪及洮、岷、河、狄回民肆扰陇西之何家沟等处，并直薄郡城。经官军击退，现仍在距城四五里屯聚。其米拉沟回匪勾结撒回，纷扰平番县属之苦水堡等处，县城被围，危急万分。恩麟现派军分防苦水堡、秦王川，以保省城粮路，并将都兴阿派令防省之道员黎献暂留平番，由甘、凉拨兵千名及石成器部勇五百名统归黎献调遣。著即催令各军飞速前进，迅解城围。穆图善叠经有旨催令出关，都兴阿逼攻宁夏，兵力无多，势难远顾平番之急。著恩麟即就现有兵力，责成黎献力筹剿洗。陶茂林进攻靖远，如已得手，并著分兵兼顾。恩麟请拨黎献旧部一千名赴平之处，著都兴阿斟酌情形，能否分援，妥筹调派。巩昌之贼，该护督拟请腾出曹克忠一军专力剿办。曹克忠现同雷正绾会剿萧河城、彰义堡之贼，规复固原，军情万难松劲。仍著该护督饬令赵桂芳就原部勇丁二千余名，力筹堵遏，一面分兵兼顾，一面严防省城。恩麟身任地方，责无旁贷，试问该护督自受事以来，究竟肃清何路，剿平何股贼匪。闻警莫展一筹，明知各路兵力难分，徒以呼吁塞责。若再毫无布置，专待客兵，致令地方日遭蹂躏，该护督恐不能当此重咎也。将此由六百里谕知都兴阿并传谕陶茂林、恩麟知之。"

（卷128　56页）

同治四年（1865年）正月丙寅

谕议政王军机大臣等："杨岳斌奏遵旨赶紧募勇，并筹拨各省协饷情形一折。甘省饷需奇绌，都兴阿等军现有兵勇已不能按月给饷。将来杨岳斌募勇赴甘，并益以蒋凝学、金国琛、李鹤章等三军，共计二万余人，其支绌情形更可想见。若不早为筹划，深恐停兵待饷，贻误事机。现在东南数省渐次荡平，商贾百货日见流通。湖北、江苏等省又陆续裁撤兵勇，以节饷需。此后各该省所收厘金自可稍为宽裕。著官文、曾国藩、骆秉章、毛鸿宾、沈葆桢、吴昌寿、恽世临、马新贻、李鸿章、乔松年、郭嵩焘各于该省每月盐厘项下分拨三成，百货厘金项下亦每月分拨三成接济杨岳斌军饷。并著杨岳斌派员径赴各省，按月提解庆阳粮台，以应急需。该督抚等务当不分畛域，极力设法，共济时艰，不得稍存推诿之见，致负委任。杨岳斌另片奏甘省逆党多踞堡寨，非用火器，不能摧坚及远。请饬李鹤章迅速赴甘，并拨给开花炸炮等语。著李鸿章饬令李鹤章速带所部赴甘助剿。该军行粮并著李鸿章宽为筹备，以利师行。至炸炮一项向称得力，能否运往，著李鸿章斟酌办理。如果难于运往，即著拣选精于制造火器之人，饬令酌带工匠，前赴杨岳斌军营，随时制造，以资利用。皖南镇总兵唐义训前经杨岳斌奏调赴甘，兹据杨岳斌奏称，该总兵现因宿疾未愈，恳请赏假回籍，免其从军西征等语。唐义训既称旧疾复发，著毋庸调赴甘省。惟皖南重镇，岂可悬缺待人，即著曾国藩查明唐义训病势难瘳，即行奏令开缺。请旨另行简放，以重职守。将此由五百里各谕令知之。"

（卷128　58页）

同治四年（1865年）二月戊辰

以直隶等省管解甘肃军饷军火出力，予知县周浩等升叙有差。

（卷129　60页）

同治四年（1865年）二月壬申

又谕："刘蓉奏追剿窜回获胜，余逆回窜甘省，会攻阶州踞逆获胜，请派大员总统三路官军，并请留马队防陕各折片。逆回窜往礼泉后，经彭基品等分道进攻，毁平贼垒，余匪昼夜狂奔，由淳化县境返窜甘界。长武县属另有宁州窜匪滋扰。雷正绾派周显承等军由萧镇一带追至白吉原，该逆复由南原绕窜安化地方渡河，意图盘踞白吉原，复肆鸱张。雷正绾现已亲督六营回扎泾州，分扼北原、党原等镇，以顾邠、长门户。著即督饬各营认真扼剿，以遏后股窜匪，并飞檄雷恒、余万明等驰赴长武，段登云等驰赴三水之土桥，分路迎截扼剿。并著刘蓉迅饬彭基品等军由干州进趋邠州，以杜该逆合并之谋。刻下回逆虽已返奔甘境，仍虞不时回窜。雷正绾、刘蓉当严檄各军合力防剿，务将白吉原匪股悉数聚歼，毋任勾结蔓延为患。蔡逆盘踞阶州，凭险死拒，经萧庆高等连日设法猛攻，直逼城根，势已穷蹙。深恐铤而走险，复窜陕疆。现在川、陕援军齐集城下，亟须大员总统进剿，以期迅拔坚城。四川提督胡中和已由广元起程赴阶，计日可到。所有萧庆高、周达武所部援师，暨甘省会剿各军均著归胡中和节制调遣，以后剿办情形即由该提督专折随时奏报，以一事权。如有何路官军不遵调度，致误戎机，并著该提督随时查明，从严参办。林之望一军，屡经谕知恩麟饬该臬司率所部赴阶助剿，并著胡中和飞檄林之望迅即驰赴阶州，督率张华等军会合湘果各营扼扎两水各隘，节节进攻，迅歼丑党。胡中和总统三路援兵责无旁贷，当能协和将弁共奏肤公，以副委任。一切督军防剿机宜仍著骆秉章悉心妥筹，与胡中和会商办理。固原逆回孙义宝现因官军逼攻，拟令回众尽杀家小，乘马纷窜，蓄谋甚属凶狡。非有得力马队，万难追截。陶茂林所募王守基马队一起，虽经刘蓉截留备用，为数究属无多。侍卫讷依楞阿由扬州带领马队一起赴甘，从陕省经过，著照刘蓉所请，暂准截留陕省调遣，以备缓急。仍著与都兴阿筹商如宁夏军营亟须此项马队，而陕省边防较松，不至逆踪阑入，仍即饬赴都兴阿军营助剿，均由该署督等熟商办理。如孙义宝等骑贼纷扰，或至蔓入陕边，并著都兴阿、雷正绾随时酌拨劲旅，兼筹防剿，以遏奔突。刘蓉另片奏，请留已革藩司办理捐输等语。已革陕西布政使毛震寿著准其暂留四川，办理捐输事宜，协济陕饷。一俟经手事竣，仍饬即赴滇省。将此由六百里谕知都兴阿、雷正绾、骆秉章、刘蓉并传谕胡中和知之。"

（卷129 65页）

予甘肃阶州阵亡参将刘厚俊、千总李镇川祭葬世职加等。

予甘肃铁堡山伤亡参将李德高祭葬世职。

（卷129　67页）

同治四年（1865年）二月己卯

又谕："骆秉章奏，官军叠攻阶州踞逆，续获胜仗。胡中和赴阶察看军情，并请饬陕省安设驿站各折。所奏攻剿两水等处贼垒，屡获胜仗。与刘蓉前次奏报情形大略相同。该逆屡次大挫，其胆已寒，亟应痛加剿洗以竟成功。前据刘蓉奏称，四川提督胡中和在川省日久，谙悉戎机。由广元赴阶，计日可到。当经谕令胡中和节制川、陕各军，督剿阶州踞匪。以后剿匪情形由该提督专折奏报。即著胡中和仍遵前旨，督饬周达武、萧庆高等妥筹进剿，迅拔坚城，并飞檄林之望赴阶州督饬张华等军严扼两水要隘，毋任旁窜。一切防剿机宜仍当与骆秉章、刘蓉随时咨商妥办。胡中和赴阶州后，叙南所留七营亦须另择妥员暂行统带。鹤龄一军已由略阳前进，即著骆秉章饬令鹤龄迅赴哈密，毋稍延缓。该督所请先调鹤龄会剿阶州踞匪之处，著毋庸议。骆秉章奏，请饬陕省照旧安设驿站，以速邮传等语。前因陕西驿路梗阻，改由东川递送湖北、湖南，以免阻滞。现在汉南一律肃清，自应仍由陕省接递。著刘蓉查照旧章，饬令各该州县照常安设驿站。凡遇川省文报，仍由川北各州县递至陕西、山西、直隶等省，往返接递，以免稽延。将此由六百里谕知骆秉章、刘蓉并传谕胡中和知之。"

（卷130　76页）

予甘肃阵阶州亡都司高香远、千总戴得胜祭葬世职加等。

（卷130　77页）

同治四年（1865年）二月癸未

谕议政王军机大臣等："雷正绾奏官军攻克固原州城及叠破萧河城一带逆巢，请将已革臬司张集馨留甘商办善后，并粮运匮乏，请饬陕省妥筹接济各折片。固原地势险阻，城池高深，陕逆孙义宝等乘虚窜陷，负隅久踞。经雷正绾督率各军奋力攻克，实属谋勇俱备，调度有方，克副委任。现在固城虽破，而逸出贼匪马队尚有数千，孙逆是否被戮尚无确据，深恐漏网余生，复行勾结煽惑，死灰复燃。著雷正绾实力追捕，务绝根株，以清余孽。甘回

张保龙等既知执梃助阵，保护汉民，即著雷正绾宣布朝廷威德，将降众抚
（抚）循绥辑，责令将马匹、军械等件全行收缴。其萧河城降回并著分别良
莠，酌核情形，妥筹安置，不得苟安目前，草率了事，致贻后日之患。此时
固原已下，雷正绾等军应由何路进剿，并著都兴阿、穆图善、雷正绾妥为筹
划，相度缓急。何处贼势最重，即由何处进兵，迅殄丑类，同膺懋赏。此后
进剿机宜即著雷正绾将地势险要并贼匪巢穴详晰绘图呈览。已革臬司张集馨
著准其留于甘省，由雷正绾督令将抚绥善后各事宜，认真办理，稍赎前愆，
不得粉饰敷衍，有名无实。甘省地瘠民贫，向不产粮。庆阳粮台不惟协饷未
充，即使有力采买亦属转运维艰。现在雷正绾一军已克坚城，势成破竹。若
令停兵待饷，必致贻误事机。著刘蓉督饬藩司林寿图，将雷正绾军营粮食宽
为筹备，并由林寿图督办粮运事务，遴委干员，在陕境设立转运局，严督沿
途州县，源源飞挽，毋许借词推诿，致误要需。雷正绾另片奏，请将成瑞免
罪，施鹏暂缓遣戍各等语。已革提督成瑞从前办理撤回案件，获咎甚重。此
次随同攻克坚城，著准其在营戴罪图功，俟续有奇功再行奏请免罪。已革参
将施鹏，著照雷正绾所请，暂留军营差委，一俟新疆道路疏通即行饬令赴
戍，不准逗留。将此由六百里各谕令知之。"

（卷130　83页）

以克复甘肃固原州城，提督雷正绾得旨嘉奖，赏提督谭玉龙、刘正高黄
马褂，总兵官刘效忠、参将帅合胜巴图鲁名号，参将王泰山花翎，余升叙有
差。予阵亡副将熊观国祭葬世职加等，建专祠。

以运解甘肃粮饷出力，予陕西知府谢质卿等升叙有差，复已革同知罗映
魁职，并赏还花翎。

（卷130　85页）

同治四年（1865年）二月甲申

谕议政王军机大臣等："……另片奏，协甘饷银请免筹解等语。甘省克
复固原州及萧河城等处，军务正在得手，惟饷项奇绌，艰苦异常，必得各省
齐心协力，源源解济，方可收饱腾之效，次第廓清。楚省军务已平，江、皖
亦无须协济，若如所奏，强分畛域，西陲大局将不可问。每月应解甘省协饷
银三万五千两仍著懍遵前旨，筹解半年，不得借词推诿。将此由五百里各谕

令知之。"

（卷130　86页）

同治四年（1865年）二月丁亥

谕议政王军机大臣等："都兴阿、穆图善奏统筹剿办情形一折。宁夏攻剿回匪，现在正当吃紧之时，未能抽兵出关，遽援新疆。自系实在情形。惟乌鲁木齐等处叠就沦陷，伊犁等城岌岌可危。该将军大臣等飞章呼吁，望救甚殷，岂能置之度外。自应速将宁夏一带肃清，以便赶紧分兵出关援应。都兴阿等现攻宁夏城北贼圩，虽小有斩获，而贼势未衰，尚复踞巢坚拒，著即督率将士，实力进攻，速拔坚城，以期先清甘境。雷正绾一军已克固原，必须迅将灵州一带贼氛扫荡，庶可与都兴阿等军会攻宁夏。即著懔遵前旨，实力办理。前经叠谕杨岳斌速赴甘省，以刻下情形而论，非杨岳斌迅速到甘，不能腾出兵力，进援新疆。该督受恩深重，具有天良，谅不至稍事迁延，致滋贻误也。发捻各匪窜扰豫省，势尚鸱张。詹启纶等军现随僧格林沁追剿，正当吃紧之时，未能即赴甘省。都兴阿等惟当就现有兵力，迅速图功，毋得专待增兵，致延时日。哈密防守最关紧要，鹤龄既未能迅往该城，即著都兴阿将派出之官兵五百名，饬令赶紧前往，交护总兵德祥统带赴哈，以资防守。将此由六百里各谕令知之。"

又谕："前因都兴阿奏调山西驻防茅津渡楚勇两营赴甘，并请饬山西筹拨该营军饷。当经降旨，谕令沈桂芬将派防茅津渡楚勇拨赴甘肃，归穆图善统带，并由晋省每月解银六千五百两，以供楚勇口粮之用。嗣据沈桂芬奏，晋省筹防紧要，截留楚勇一营，饬令副将袁复清统带一营赴甘，亦经降旨允准。兹据都兴阿、穆图善奏称，山西仅派袁复清统带一营来甘，晋省应拨该勇月饷浮出一半。穆图善前派总兵陈东霖赴楚招募之两营，月饷尚无着落，拟将陈东霖一营补作晋省截留营数，以符六千五百两两营月饷原数。并请将陈东霖下余一营，一并由晋省筹解月饷等语。宁夏剿匪正在得手，各营军饷均关紧要，著沈桂芬仍遵前旨，将每月应解楚勇口粮六千五百两如数拨解，并将陈东霖下余一营月饷按月筹解，毋稍延缓。都兴阿等另折奏，开春以后，蒙古驼只疲乏，不堪运载采买粮石，请饬山西筹银二三万两交归绥道代办粮米，并饬绥远城将军饬属运解等语。即著沈桂芬督饬藩司迅筹银二三万两发交归绥道代办粮米，并著德勒克多尔济督催归绥各属雇备车牛，运交宁夏军营，以济要需。其运费一项准其作正开销。沈桂芬筹拨代办粮米银两，准其于捐免赎罪项下，或应解庆阳饷银内划扣。将此由五百里各谕令知之。"

（卷131　90页）

同治四年（1865年）二月己丑

谕议政王军机大臣等："恩麟等奏，击退靖远逆匪，县城解围，现筹分兵兼顾西路。平番县城围稍松，请饬曹克忠等赴援，并灵台县被贼攻陷，请饬刘蓉就地筹防各折片。靖远被围，陶茂林督队冲击平毁贼巢，城围立解。连日周历擒捕，附近数十里均无贼踪，惟哀鸿嗷嗷满目。陶茂林已入城安抚良回，即著督饬地方官加意抚绥。仍督率各营将弁剿捕窜逆，毋任四散滋扰。河、狄回匪虽有就抚之说，其心反复无常，万难深恃。著恩麟加意严防，毋稍大意。平番回匪窜入省北秦王川一带，该处为产粮要区，省中民食所赖。陶茂林将靖远大局布置定妥，即酌带劲旅先赴秦王川，会同恩麟所派之宣威各军殄灭窜匪，即赴平番助剿，以顾西路门户。巩昌望援日切，恩麟请令曹克忠率领全部专顾巩昌，俟该处贼匪荡平，即与陶茂林合军规取河、狄。曹克忠一军自萧河城等处剿抚兼施，现在应由何路进兵，能否令赴巩昌之处，著都兴阿、穆图善、雷正绾悉心酌核，一面奏闻，一面檄饬该总兵照办。宁夏未复，匪势正炽。都兴阿、穆图善未能迅拨劲旅援应平番，著恩麟懔遵正月二十九日所奉寄谕，责令黎献调集兵勇，妥筹办理。总须俟宁夏克复后方能分兵兼顾。此时有陶茂林一军前往，情形当可稍松。该护督惟当就各路现有兵力妥筹办法，无庸日事呼吁为也。另片奏，灵台县城被贼攻陷，刘蓉请将曹克忠全部十六营留防邠、长、汧、陇。该护督请留曹克忠在甘省专意剿匪，请饬刘蓉暂行就地筹防等情。灵台被陷，旋经官军克复，前此由宁州窜扰白吉原之匪，想即此股分窜，著刘蓉檄饬彭基品等并雷正绾所派马队迅将白吉原股匪奋力殄除，毋留余孽。雷正绾前奏，曹克忠札调洮州土司杨元蛮兵马队一千名到营助剿，能否得力之处，仍著随时查明具奏。将此由六百里谕知都兴阿、穆图善、雷正绾、刘蓉并传谕陶茂林、恩麟知之。"

（卷131　94页）

以甘肃靖远县城解围，赏提督张在德一品封典，副将张定元、陶万成、鲁光明、游击常守仁巴图鲁名号，守备刘裕升花翎，总兵官陶生林等加衔升叙有差。予阵亡提督高余庆、副将谢万年、游击王继祥、守备吴南云、千总陈策勋等祭葬世职加等。

（卷131　96页）

同治四年（1865年）二月辛卯

又谕："刘蓉奏官军进剿阶州逆匪叠胜，踏平两水等处贼垒，并将窜出股匪追剿殆尽一折。另片奏，鲍超军饷陕省无力协济等语。蔡逆窜踞阶州，负隅掎角，经官军设法攻剿，移营进逼，绝其援应，断其米粮，逆势穷蹙，遽图分股奔窜，以逞狡谋。复经萧庆高、周达武等督率各军奋勇剿杀，使踞逆不敢动移，逸贼悉遭俘馘。剿办甚为得手。著胡中和懔遵前旨，统率三路援军乘此屡捷之威，扫除三官殿等处余垒，攻拔坚城，歼渠捣穴。刘蓉折内奏称，接据萧庆高来函，谓于月底总可奏功等语。是逆势困迫，已同槛兽釜鱼。骆秉章、刘蓉、胡中和务当督令萧庆高等同心协力，稳慎围攻，毋令逆匪纷窜，功隳垂成，懔之慎之。其川省毗连甘境地方，并著骆秉章预派兵勇扼要驻扎，以资策应。陕省兵燹之余，赋税支绌，刘蓉所奏自系实在情形。惟新疆地处沙漠，用兵首重转运，必须陕西等省合力协济方无匮乏之虞。现在鲍超回川募勇，出关尚需时日，指顾阶州事竣，即可斟酌情形，腾出饷银，应鲍超西行之用。仍著刘蓉督饬藩司预筹接济，每月可拨若干，酌定数目具奏，不得畏难推诿。致令他省效尤，贻误大局。将此由六百里谕知骆秉章、刘蓉并传谕胡中和知之。"

（卷131　96页）

予甘肃阶州阵亡总兵官张怡辉、副将雷济泰、都司钟九思、童南山、千总李秉忠祭葬世职加等。

（卷131　98页）

同治四年（1865年）二月壬辰

谕内阁："前因雷正绾奏攻克固原州城，大获胜仗，并攻克萧河城等处逆垒，已明降谕旨宣示，现在甘肃大兵云集，该逆败溃之余，克日可期殄灭，惟念回众良莠不齐，其甘心谋逆，戕官踞城各犯，屡抗天讨，荼毒间阎，实为国法所不容，人心所共愤。惟其中亦有安分良回，或始终未入逆党，或被贼匪胁从，天戈所指。倘致玉石俱焚，朝廷好生之心实所不忍。著甘肃统兵各大员于大军经过各地方，确切查明回民中如有结连善类，固守堡寨，与贼相持者，即行奖勉抚（抚）循，以资观感。其或迫于贼势勉强附从，大兵一临或缴械投诚，或捆献首逆，亦可曲加宽宥，予以自新。该回民等食毛践土数百年，国家一视同仁，与内地汉民原无区别。各统兵大臣务当仰体朝廷法外施仁至意，妥为办理，但分良莠，不分汉回。除积年巨憝，法所不贷外，其余被胁人等果系真心效顺，即毋庸概予骈诛。该回民等于就抚后，各宜荡秽涤瑕，同安耕鉴。该汉民亦须驯顺安分，共泯猜嫌。如回汉各民嗣后再有挟私逞忿之举，朝廷必当尽法惩治，不能屡邀宽典也。”

（卷131　98页）

又谕：“雷正绾奏，现筹进剿机宜分别良莠，安插降回一折。固原地险城坚，甫经克复，弹压抚绥均关紧要。雷正绾已派提督刘正高入城镇抚，著即饬该提督慎固防守。降回张保龙与陕省叛党已成仇敌，踊跃用命，即著饬令将挑出各壮丁作为前队，杀贼自效。如能奋勇出力，据实奏闻，其各处乞抚回众并著雷正绾分别良莠妥为安置。总期恩威并济，毋始后患。目前逆锋大挫，正宜乘势进取，著雷正绾即统带各营由李旺堡、同心城一带节节逼剿，并严饬派出之提督谭玉龙等由黑城子一带扫荡而前。雷正绾务当稳慎进攻，与都兴阿、穆图善会攻宁、灵，以收廓清之效。雷正绾奏称河、狄回尚敛迹，洮、巩军势亦觉稍安，拟饬曹克忠攻剿会宁，合军北向。著都兴阿、穆图善、雷正绾妥筹调度，如令曹克忠联络北行，即饬令先将会宁踞逆攻克，并将窜至盐茶之陕逆殄除净尽，合兵规取灵、宁。或巩昌待援尚急，亦著都兴阿等体察缓急情形，酌度办理。陶茂林一军前曾谕令剿办秦王川窜匪后赴援平番，惟曹克忠之军北向，则甘肃东南一带空虚，如陶茂林能克期将平番逆匪剿灭，即饬令回军扼扎安、会，居中控制，牵缀河、狄、洮、巩贼势，相机进取。总之军情万变，瞬息不同，该将军等必须通筹全局，庶不至顾此失彼，左绌右支也。雷正绾奏盐茶一带回民尚称良懦，请分别良莠剿抚兼施。本日已明降谕旨，剀切晓谕，即著雷正绾于接奉后刊刻誊黄，出示招抚以释猜拟而安反侧。惟仍须随时察看，不可草率迁就，贻患将来。将此由六百里各谕令知之。"

（卷131　101页）

同治四年（1865年）二月甲午

以记名总兵官刘松山为甘肃肃州镇总兵官。

以纵勇滋事，甘肃军营参将周思胜革职讯办。

予甘肃阶州阵亡副将萧庆友等祭葬世职加等。

予陕西军营病故甘肃肃州镇总兵官何胜必祭葬恤荫，谥威悫。

（卷131　108页）

同治四年（1865年）三月丙申

西宁办事大臣玉通奏："拟保翎支，惟杀贼立功及差派开导番回之员先行赏戴，以励观感，其余均系奏明候旨，并未一概率准。"得旨："拟保花蓝翎支已近百支之数，不为不多。既云允其核定酌保，又云并未一概率准，语殊含糊。该大臣虽系为鼓励人心起见，惟翎支为朝廷旌功之典，岂可不待奏请，率意赏给。嗣后务须加意慎重，仍懔遵叠次谕旨，与恩麟随时和衷商办，不得稍存意见，致负委任。"

（卷132　111页）

同治四年（1865年）三月丁酉

又谕："文煜奏，特参贻误军需之知县，请旨革职审讯一折。据称前拨京局火药二万斤由山西委员王士福解赴庆阳，于行抵合水县太白驿守候驮运，耽延月余。该县竟置不理，经文煜派弁马凯等雇备驴骡前往，始行运回火药一万七百斤，其余九千三百斤据该县封钟琪禀称，因匪众猝至，经该县家丁差役自行焚毁，情节支离，请将封钟琪革职审讯等语。军火为行军要需，封钟琪于运解过境时并不赶紧护解，迁延一月，致遇贼氛，已属藐玩。且刘蓉前奏，据鄜州禀报，合水县太白镇存未起解之火药有被逆回掠劫情事，而该县复借口匪踪猝至，自行焚毁，以图掩饰。种种枝梧，显而易见，亟应严审根究，以重军需。合水县知县封钟琪著先行革职，交都兴阿、刘蓉严行审讯，立限赔补。倘有掩饰情弊，再行严参从重治罪。山西委员外委王士福尚非有心玩误，惟究系管解不力，著交部议处。将此各谕令知之。"寻穆图善奏："审明封钟琪解运火药，实因回匪猝至，恐为贼有，自行焚毁。

现如数赔缴，应请开复。"从之。

（卷132　113页）

同治四年（1865年）三月戊戌

谕议政王军机大臣等："杨岳斌奏招勇业已成军，迅即督率赴甘一折。据称总兵彭楚汉、杨明海等招募湘乡、衡山等处壮勇业已成军，各营军装器械一律齐备。现于二月十六日全行抵省，定于二十、二十二、二十四等日分作三起，由湘江水路取道湖北前进等语。办理尚属妥速。即著杨岳斌亲督各军迅速赴甘。将该省滋事各匪次第扫荡，以靖边陲。据该督奏称，勇丁仅止五千，不足原奏八千之数。兵贵精练，不在数之多寡，惟当勤加教练，即可足资剿办。杨岳斌久识军事，谅能克期底定，以慰朝廷西顾之忧。另片奏，接据曾国藩函称，东征局因金陵撤散勇丁回湘，筹还欠饷，俟补足后，拟于本月端节前停撤。现在甘省需饷浩繁，请改为西征局。一切章程，照旧办理，俟撤勇欠饷补清，全归杨岳斌军营，以作西征军士之费。并请饬下曾国藩等遵照办理等语。东征局每年抽收厘金约计七八十万两之多，东南现虽平定，而西北军务方殷。杨岳斌抵甘后，都兴阿、穆图善等军即须出关剿办，需饷均甚紧急，若将此项厘金移作西征之用，则杨岳斌等之军既克饱腾，而征剿关外之饷，亦可借资转运，于军务大有裨益。官文、曾国藩、李瀚章素顾大局，即著按照所奏各节，斟酌情形，妥筹办理，迅速具奏。李瀚章未到任以前，著石赞清认真筹办。将此由六百里谕知官文、曾国藩、杨岳斌、李瀚章并传谕石赞清知之。"

（卷132　114页）

同治四年（1865年）三月辛丑

又谕："恩麟等奏擒捕靖远回匪，拨兵分路防剿，萧河城回民乞降各折。靖远余贼窜踞郭城驿等处，经陶茂林督饬官军分路进剿，将郭城驿附近踞匪擒除殆尽。焚毁中滩贼巢，攻克李家原，进取大小白草原，歼匪甚众。生擒悍贼马幅儿等数十名，讯明正法。剿办尚为迅速。靖远新城堡、会宁王家集处处有贼盘踞，陶茂林等酌留三营扼扎金县，以顾东路。派黄超群一军防堵平番要路，以通省西咽喉，兼防河、狄。该提督即由靖、会一带进剿，所筹均尚周妥。即著陶茂林亲督各军将新城堡等处贼匪节节进剿，扫荡而前，迅奸丑类。固原余逆恐蔓延会宁等处，曹克忠现在整队西行，应如何进剿之处，著雷正绾、陶茂林懔遵前旨，妥筹调度。萧河城回众乞降，既据恩麟奏称，苏上达本系王大桂旧部，赫明堂亦是上次随同张保龙投顺之人，或诚心向善，亦未可知等语。即著恩麟督饬曹克忠严密防范，妥为办理，毋得掉以轻心，致为该逆所绐。曹克忠一军本未令其赴陕，著恩麟咨会该总兵实力剿办，迅殄回氛，廓清甘境。陶茂林、曹克忠自入甘以来，勇往杀贼，叠著战功，朝廷深资倚任。一俟全甘肃清，定当再加懋赏。将此由六百里谕知雷正绾并传谕陶茂林、恩麟知之。"

又谕："恩麟奏遵筹派赴新疆援军应需粮饷一折。甘省用兵岁久，民力凋敝，粮饷支绌。新疆援军所需粮料、车驼等项该省未能兼顾，尚属实在情形。四川等省距甘较近，转输自易为力。著骆秉章、阎敬铭、张之万、刘蓉按月各筹拨银四五万两，遴派妥员星速解赴甘省，以备新疆援师粮饷之用。此系指拨紧要款项，各该省无论如何为难，暨有无欠解甘饷，均须一体迅为筹拨，不得借词宕延，致误军食。其山西省暨河东道欠解协甘饷银，并著沈桂芬迅速查明，除业经解赴庆阳粮台及甘省外，其未解之款尚有若干，即饬藩司及河东道迅行解交，源源接济，毋再玩延。至各该省拨解银两如欠有甘饷省份，即将此次所拨之项照数划抵。如并无欠解甘饷省份，并准在邻近欠解各省按数拨还。将此由五百里各谕令知之。"

又谕："恩麟等奏甘省待饷万分紧急，请饬四川、山西两省将甘省委员所收捐项由各该省督抚就近具奏陆续解甘等语。甘省军饷浩繁，熙麟等前请分派委员前赴四川、山西两省设局收捐，以济急需。惟此时缺饷已久，晋、蜀两省距甘窎遥，若甘省委员收捐之项必仍令详报甘省汇办，不但公文往返有需时日，且恐各捐生未能立时奏奖，不免观望迟疑。恩麟所奏自是实在情形，亟应变通办理，以广招徕。著骆秉章、沈桂芬饬令甘肃派赴各该省劝捐局员就近将捐数详报，即由各该省督抚随时具奏，一面收集银两陆续解甘，庶于军饷大有裨益。将此由五百里各谕令知之。"

（卷132　118页）

同治四年（1865年）三月壬寅

又谕："雷正绾奏请开复革员袁怀忠永不叙用处分等语。已革知府袁怀忠前经李续宜以该员夤缘干进等语奏参，复经郑元善查奏，该员习染油滑，曾经降旨将袁怀忠革职永不叙用。该提督所请将该革员开复永不叙用，仍留革职处分之处，著不准行。"

谕军机大臣等："本日据雷正绾奏，请将已革知府袁怀忠开复永不叙用，仍留革职处分，已明降谕旨，不准开复永不叙用矣。此次克复莲花城贼巢等处，虽著战功，深恐留营日久，故智复萌，未免有妨营务。即著雷正绾将袁怀忠迅即驱逐出营，不准逗留。该革员所部兵勇数百名著雷正绾另行遴派员弁，妥为管带。雷正绾于克复固原以后，由李旺堡、同心城一带节节进剿，现在想已统兵前进，即著仍遵前旨，稳慎进取，与都兴阿等会攻宁、灵，廓清边围，毋稍延缓。现在甘省各路官兵进剿情形，著雷正绾随时驰奏以闻。将此由六百里谕令知之。"

以甘肃攻克张家川等处贼巢出力，赏副将陈正藻、黄得祥、田玉升、参将汪有湘、李华训、游击屠万泰、程加良、胡日盛巴图鲁名号，游击颖大德等花翎，都司鹤龄等蓝翎，余加衔升叙开复有差。予阵亡参将杨宗德等八十一员祭葬世职加等。

予甘肃秦州被戕典史刘芳祭葬世职加等。

（卷132　121页）

同治四年（1865年）三月癸卯

又谕："官文奏，提督鲍超到鄂，起程回川，筹办西征事宜一折。前因新疆回氛日炽，叠经谕令鲍超整队出关。该提督现已由鄂赴川，料理葬亲事毕即可部署起程。惟派员分赴北口、广东采买马匹、洋枪等项，并回川招募勇丁，需费甚巨，著骆秉章先行筹款拨济，俾得及早成行，不得借词推诿。至鲍超一军启行后，每月所需饷项前经谕令湖北等省督抚酌定数目，奏明拨解。仅据沈桂芬奏拨地丁银十万两，陆续批解，其余尚无确数。将来全军西行，若非筹定月饷，源源接济，必至贻误军行。杨岳斌前请以东征局厘金移作西征之用，业经谕令官文等斟酌筹办。仍著官文俟杨岳斌抵鄂后与之熟商，应如何酌量分拨，俾鲍超一军得此有著之款，庶期士饱马腾，剿办不至棘手。官文、杨岳斌素顾大局，谅必能妥筹办理也。甘肃自固原克后，雷正绾、陶茂林等军分头进剿，军威甚振。鲍超抵甘后，如果出关之路已通，即可径赴哈密，克期进剿，以期迅殄逆氛，不必俟甘省全行肃清再行前进，致关外望援孔迫也。鲍超回籍以后，所有筹备西征一切情形并准其专折奏报。该提督当奋勉图功，以副委任。将此由五百里谕知官文、骆秉章、杨岳斌并传谕鲍超知之。"

又谕："瑞云奏凉州郡城内外逆回变乱，剿除净尽一折。凉州回匪结连营中回官谋逆，焚烧关厢，攻扑郡城。经瑞云督饬凉州满、汉文武员弁及绅民团勇人等协力截剿，铲除殆尽。办理尚属周妥。前据恩麟奏，平番扑城回匪击剿渐退，城围稍解。大股仍在城外十里、二十里地方盘踞，当经谕令陶茂林驰赴秦王川，会同恩麟所派之宣威等营合力进剿。平番距凉州并不甚远，设贼匪被击北窜，凉州郡城居回甚众，入伍食粮，亦多回兵，设再勾结煽乱，关系非轻。著瑞云仍饬派出兵勇擒捕余匪，以净根株。并令在事文武将回众、回兵妥为抚辑弹压，毋令滋生事端。其平番一带贼匪著恩麟、陶茂林懔遵前旨，严饬兵勇迅图扫荡，以期早日蒇事，毋任蔓延。将此由六百里谕知瑞云并传谕恩麟陶茂林知之。"

（卷132　123页）

以甘肃凉州截剿逆回获胜，赏佐瓴他蒙阿等花翎，骁骑校额责赓额等蓝翎，予协领图明额等升叙有差。

（卷132　124页）

同治四年（1865年）三月甲辰

谕军机大臣等："骆秉章奏，遵复鲍超回川募勇，所需经费川省无款可筹一折。昨据官文奏，鲍超业已抵鄂起程回川。现派员分赴北口、广东采买马匹、洋枪等项，并回川募勇。需费甚巨，曾谕令骆秉章先行筹款拨济。兹览该督所奏，川省库款本属入不敷出，现在攻剿阶州月饷及此后尚须筹办滇、黔之事，饷源既绌，出款愈多。鲍超募勇经费专恃川省筹解，实属无款可筹等语。自系实在情形。伊犁军事望援孔迫，鲍超一军自不能俟甘省肃清始行出关。该提督所部一万余人将来甘肃稍松，尚可于在甘剿贼兵勇内就近分拨出关。骆秉章自可无庸再行拨兵助剿，其月饷业已于东征局筹划，谅官文等亦必能妥筹协济。惟该提督募勇经费及采买马匹、洋枪等项，需费甚繁，骆秉章自当勉力筹济，以期及早成军，克日启行，解关外倒悬之厄。该督素顾大局，谅能不分畛域，著仍遵本月初八日寄谕，将鲍超一军所需军装器械及一应购买马匹之需，妥速筹款，俾利遄行。其鹤龄所带川勇前已谕知都兴阿饬令出关，改赴哈密防剿矣。将此由五百里谕令知之。"

（卷132　124页）

同治四年（1865年）三月乙巳

又谕："杨岳斌奏带勇起程日期，请派员总理后路粮台一折。据奏彭楚汉等率领募勇已于二月二十、二十二、二十四等日分起启行。该督定于二十八日就道，即著兼程前进，迅速赴甘，次第扫荡贼氛，以副委任。惟军旅远行，粮饷至为紧要，该督统师进剿，于经理粮饷势难兼顾，必须在后路设立粮台，派员总理，方可妥筹周转，无误师行。既据该督奏称，前任江西布政使李桓才识明敏，即著杨岳斌檄饬该藩司总理各省协饷事务，于湖北适中之地设立后路粮台，凡杨岳斌军营督饷一切事宜均归该员酌办，以专责成。并著杨岳斌咨行协饷各省份督抚知悉，一体遵办。杨岳斌接奉此旨即酌带亲兵星驰前赴兰州省城，不必专督后队，致涉迟缓。将此由五百里谕令知之。"

（卷132　127页）

同治四年（1865年）三月己酉

又谕："杨能格奏庆阳粮台兵数日增，请饬催协饷，并将陶茂林军饷解省支放一折。都兴阿等兵数日增，而协饷寥寥，解到者已尽支销，未解者杳无信息。若不亟为筹划，饥军哗溃堪虞，著骆秉章、张之万、阎敬铭、沈桂芬将协甘欠解之款各先筹拨银十万两，务于四月内解赴庆阳。并著沈桂芬饬令河东道将欠解甲子纲盐课赶紧批解，一面将乙丑纲实力催征，源源报拨，以维大局。杨能格奏称，庆台奇窘，陶茂林一军饷项请仍由陕省供支等语。庆台饷需缺乏，陶茂林一军无力支应，亦系实情。所有陶茂林军饷即著刘蓉竭力筹措，每月应如何协济之处，奏明办理。前拨江海、闽海两关及四川专饷即由陶茂林咨催各该省督抚等赶紧报解，并令径解兰州省城，以备供支。恩麟亦当随时接济，毋令陶茂林一军饷需缺乏，致误戎机。陶茂林军饷现在既不由庆台供应，若各省协款批解稍迟，该提督军饷势必一无著落。将士枵腹从事，贻误非轻。陶茂林遇有饷项不继之时，仍著杨能格妥为兼顾，不得因有此奏，意存推诿，置大局于不问。另片奏，粮台欠饷甚巨。杨岳斌入甘，部拨饷银已有成议。请饬该督自立粮台等语。杨岳斌后路粮台已令李桓办理，即著该督于安营处所就近自立粮台，以备收支。其拨定该营饷银即著杨岳斌咨会各该省径解该督粮台。各省欠饷由杨岳斌自行催提。其蒋凝学入甘饷需即由该督粮台支放，以清界限而专责成。将此由六百里谕知骆秉章、杨岳斌、张之万、阎敬铭、沈桂芬、刘蓉并传谕陶茂林、恩麟、杨能格知之。"

（卷133　136页）

同治四年（1865年）三月庚戌

又谕："恩麟奏凉州回匪变乱先后扑灭，窜扰平番贼匪击败回巢及古浪县属回匪滋事，旋即歼灭各折片。凉州府城关回匪勾结变乱。前据瑞云奏报，业已剿灭净尽。回弁马忠亦经击毙。此次恩麟所奏探报各情与前奏大略相同，惟据称回弁马忠并在逃之百余人，尚未弋获。与瑞云所奏剿减净尽情节不同，是否探报之误，仍著瑞云、恩麟查明有无余匪，迅速拿办。并著恩麟饬令道员黎献查明该匪怀疑变乱情由，出示晓谕，以安反侧。其窜平番之匪于官军剿办之后，分踞武胜堡等处。经黎献会同副将张琮督军剿败，退回米拉沟逆巢，并将古浪县属马得彪一股匪徒立时扫荡，以免勾结之患，办理尚属迅速。即著严饬黎献督同各路民团扼要防堵，毋任蔓延为害。前谕陶茂林一军驰赴秦王川会剿平番逆匪，并防该匪北窜凉州。该提督前由靖、会一带擒剿固原余匪，现在行抵何处，能否分兵会合黎献等军将米拉沟贼巢迅图扫灭，并严防该匪北窜凉州之处。著恩麟、陶茂林妥筹办理。署安肃道恒龄接济哈密军食，前已据扎克当阿奏报，尚能竭力筹措，有裨军务。现在德祥及鹤龄各统所部出关，谅已先后行抵哈密，并此外仍有续行出关之兵，应用军食即饬该署道宽为筹备，倘有不敷，准其于近省协拨银内酌量动拨采买，俾利军行。将此由六百里谕知瑞云并传谕陶茂林、恩麟知之。"

（卷133　139页）

同治四年（1865年）三月辛亥

谕军机大臣等："都兴阿、穆图善奏移营进剿获胜情形并请预调马队一折。都兴阿等军进攻宁夏，逐日出队，均有斩擒。现在黄金山等已逼扎东门等处，击破贼卡，挑挖长濠。正当乘此声势，将城贼聚而歼旃，迅图克复，惟盐、灵、中卫贼匪分股窜扰，皆为宁夏贼党外援。虽经都兴阿等派兵防剿，尤当相机妥筹兼顾，庶免贼匪得以勾连，又烦兵力。鄜州、宜君中部等处亦有贼匪滋扰，雷正绾、刘蓉当分筹截剿，毋令蔓延。宁夏肃清后，都兴阿等即须振旅出关。惟所部马队无多，难资剿办。常星阿等各起马队前经雷正绾奏调已谕令僧格林沁酌量调拨，著僧格林沁斟酌情形，一俟军务稍松，即先将此项马队迅饬赴甘，改归都兴阿军营听候调遣。杨岳斌前已据奏起程，即著星速前进，以便与都兴阿等商办一切事宜。杨岳斌入陕时，常星阿等如尚未抵甘，著雷正绾、刘蓉催令该副都统等督带马队驰赴宁夏，其讷依楞阿马队业经刘蓉饬赴都兴阿军营，著即催令前进。鲍超告假回籍，此时想可抵川，著骆秉章迅催该提督赶紧部署入甘。都兴阿等出关后，宁夏北路军情或交鲍超接办，或即由雷正绾兼顾。届时自可酌度办理，不至接替无人。詹启纶一军现随僧格林沁剿办豫捻，都兴阿等请令该员迅赴宁夏之处，著暂缓置议。将此由六百里谕知僧格林沁、都兴阿、穆图善、雷正绾、骆秉章、刘蓉并传谕鲍超知之。"

又谕："都兴阿等奏，请饬直隶总督挑拨提标官兵并按月拨解饷银，采买布匹，运解来营各等语。都兴阿等所部各军攻剿宁夏，正在吃紧。直隶援剿官兵既多缺额，应解饷需复欠至数月之多。兵军饷绌，深恐贻误事机。现在春雨繁多，帐房霉烂，不堪栖止。兵衣亦须更换，均应赶紧筹备，以资战守。著刘长佑饬令古北口提督于提标内挑选年力精壮技艺娴熟官兵三百名配齐帐房、军装、器械，选派得力将弁管带迅赴甘肃花马池军营，借资助剿，并著该督将应解协饷按月如数拨解，不准丝毫蒂欠。积欠月饷，著一并扫数补解，毋稍延缓。甘省购布维艰，直隶为产布之区，购买较易，著刘长佑无论筹提何款，迅速采买坚实大白粗布二万匹，大蓝粗布五千匹，青布二千五百匹分起派委妥员运解都兴阿军营，以供制造帐房兵衣之用。购买布匹价银著准其作正开销。将此由六百里谕令知之。"

以筹办甘肃营务奋勉，赏已革安徽巡抚翁同书五品顶带。

以打仗奋勇，复甘肃军营已革副都统苏彰阿职。

同治四年（1865年）三月甲寅

又谕："崇实、骆秉章奏，遵复屯土各兵未可调派。骆秉章奏，预筹酌留秦州拟撤勇丁，并阶州三路官兵无须另择大员统率各折片。据称屯兵调离本境，水土异宜，又于关外地势不甚相合。且屯兵应调，中多雇替，钤束既难，而需饷尤费。至于土练番兵并未经征调出省，均未可调派各等语。所奏自系实在情形。屯土各兵即著毋庸檄调。前谕鲍超回川后招募川勇数千出关，以厚兵力。骆秉章现以在川开招尚须训练，又多供应跋涉之劳。甘省张华一军既林之望陆续添募之勇，约计五千。秦州筹粮维艰，林之望拟俟阶州得手后即将此起勇丁遣撤，不如酌留归鲍超统带，所筹尚为妥便。林之望所部勇丁颇称得力，又于甘肃地利熟习。阶州现在计日可克，著林之望于阶州克复后将此起勇丁存留，不必遣撤。将来鲍超由川赴甘，道经阶州即拨归统带出关。该提督在川募勇一层即可毋庸开招。著鲍超、林之望遵照办理。前令胡中和统率阶州三路官兵，原以事权归一，庶各路官兵不至互相推诿。兹览骆秉章所奏，以胡中和与各将领素相等夷，若归其节制，恐诸军稍存观望，转于军务无益。著骆秉章酌量情形，所有阶州三路官兵如无庸胡中和统率，即可调回叙南以重边防。阶州各军由该督妥为调度，督饬诸军会同陕、甘兵勇，联络声势，迅殄贼氛，毋令贼匪偷窜。刘蓉前奏，阶州二月必可攻克，现已三月中旬何以尚无捷音，著严饬在事将弁会同林之望迅速攻克，毋再迟延。将此由六百里谕知崇实、骆秉章、刘蓉并传谕鲍超、林之望知之。"

补铸甘肃狄道州知州、州判、儒学、吏目各印信关防条记，从护总督恩麟请也。

（卷133　149页）

同治四年（1865年）三月己未

又谕："曾国藩奏，通筹滇、黔大局并拟裁东征局务，请饬鲍超随同都兴阿等先剿甘省各折片。杨岳斌奏行抵鄂境，分队进发一折。滇、黔两省距川、湘最近，自应由川、湘邻接地方筹划兵勇，接济饷需，就近援应，为力图进取之策。曾国藩拟请令川、湘两省各专谋一方，不必兼顾他省。自系规划大局，扼要立论与朝廷之意亦相吻合。惟楚南尚须东面屯兵，预防闽匪由江西一路窜近。而川省亦须北顾甘境，东防酉秀，南剿叙永。是曾国藩所筹各节，虽属切中机宜，而揆之湘、川两省情形，似尚未能立时举办。总俟该两省防务稍有头绪，著骆秉章、李瀚章即当分任贵州、云南两省之事，筹定饷数。届时或照前次谕旨，川、湘两省督抚并力先清贵州，后攻云南，或分道进兵，各谋一方，专任其事。会商酌定议奏后再行降旨办理。曾国藩所称川、湘两省既专任滇、黔之事，则甘肃之饷应责成江苏、江西、浙江、湖北四省，不至推诿。并据曾国藩已与杨岳斌商定，每月由金陵筹银三万两等语。惟江苏、江西、浙江、湖北四省每月能各接济甘饷若干两之处亦须预为筹定数目，方免临时贻误。著官文、吴昌寿、李鸿章、沈葆桢、孙长绂、马新贻速行复奏。杨岳斌亦须将所需月饷数目究应若干先行复奏。至各省厘金方借以供亿军饷，势难遽行裁撤。前据曾国藩奏，请撤粤东厘务。曾经明降谕旨暂缓停办，嗣据官文、毛鸿宾等亦奏请将楚省并各处厘捐俟数年后再行酌撤，与前降谕旨相符。以目前时势而论，不独甘饷赖以接济，即东南数省善后事宜亦须借此款应用。此事裁撤甚易，复设甚难。即或裁撤，亦须先取有妨民生者酌量减去，其无碍贫民之厘税尚可量予酌留。且东征局前已改为西征局，如果立时裁撤，则江苏等四省供亿甘肃新疆之饷更不可稍有短绌，致误军需。甘肃、新疆现在盼饷甚急，总须筹定数目，确有把握再将东征局裁撤，方为妥善。新疆等处军务自须先将甘省肃清后方可进筹关外，以免后顾之虞。曾国藩所论甚是。惟此意不可宣布，恐致关外各城知无救援之兵，必至人心涣散，匪焰益炽。是以朝廷于新疆请兵之奏，总言大兵即可出关，仍一面密令都兴阿等先清甘肃，即此意也。杨岳斌等当默体此意，毋令军士闻知为要。惟哈密一城为南、北两路进兵要隘，前已谕令都兴阿等派拨德祥、鹤龄等统带兵勇二千余名前往驻守，当与都兴阿等添兵接应，妥筹后路粮饷，力保此城，以为将来进兵地步，毋稍疏忽。前令该督克期赴甘，此时行已抵鄂，即著亲督前队勇丁迅速前进，毋庸俟后队勇丁一同起程，并著遴派将弁将后队妥为管带，分起进发。现有应行交办事件，该督行近陕境，即著飞速驰奏。曾国藩既称鲍超有嗜利等弊，不能独当一面。著俟该提督抵甘时，即归杨岳斌节制调遣。将来甘境肃清后，此军应否出关，即著杨岳斌酌量情形调度。黄冕未尝无才，而人品心术俱不可恃。前在江浙时声名狼藉已久，亦非因其办理东征局朝廷始疑此人也。将此由六百里谕知官文、曾国藩、骆秉章、杨岳斌、李鸿章、沈葆桢、马新贻、吴昌寿、李瀚章并传谕孙长绂、石赞清知之。"

又谕："恩麟奏，筹拨兵勇驻守固原等语。恩麟以州城新复，必须厚集兵力，借壮声威。惟省标存兵无多，难于抽拨，而安、会一带道路仍梗，即凑拨亦难克期抵固。自系实在情形。秦国胜所统三营本随张集馨驻扎静宁。现在张集馨已赴固原筹办善后，静宁又已就廓清，若将秦国胜所部由静宁就近移扎固原，甚为妥便，著雷正绾即饬该员带领所统三营迅速前往，与刘正高等协同防守。恩麟即毋庸由省标拨兵往防。至该处善后事宜，已否就绪，张集馨应否仍留固原办理之处，并著都兴阿等酌度具奏。其营汛各缺，现经恩麟咨由雷正绾委员署理。该提督当于从征人员内选择得力可靠者，酌量委署，期于操防诸事有所裨益。一切军情仍随时与都兴阿筹商妥办。宁夏近日军务若何，都兴阿、穆图善务当督饬各营将弁奋力攻取，及早克复，毋得旷日持久，致误戎机。将此由六百里谕知都兴阿、穆图善、雷正绾并传谕恩麟知之。"

（卷134　157页）

同治四年（1865年）三月辛酉

又谕："雷正绾奏追剿会宁踞逆获胜，驿路畅通，派兵兼顾陕省门户，遵将地势贼巢绘图呈览各折片。二月十七至二十六、七等日，雷正绾派张集馨统领胡大贵等军攻克青家驿，从威戎镇一带追剿直至洛门地方，沿途节节擒斩，歼贼殆尽。通渭、宁远、陇西、会宁境内均无贼踪。巩郡解严，该署提督已咨会张集馨折回会宁，合力进攻。王德胜六营追剿马贼，直趋盐茶。陶茂林已带兵驰抵会宁，该署提督商令陶茂林扼扎安、会控制，兼顾省城。令张集馨镇抚固原，筹办一切。布置均尚周妥。陕、甘两省漏网巨逆均踞黑城子、盐茶、灵州一带，著雷正绾与曹克忠即由二营、三营、李俊堡等处分道进攻，以期一鼓殄除。仍应稳慎进取，不可稍涉大意。贼向宁、灵一带贼巢求救，意图纠约大队拼死一战。著都兴阿、穆图善相机进攻宁夏，毋任窜逸。如贼有分兵救援之信，可于要路设伏邀击。该将军等务当与雷正绾等军声势联络，更易得手。阶州贼势穷蹙，著骆秉章懔遵本月十九日谕旨，督令周达武等军会同林之望等认真剿办，迅图克复。刘蓉所派出之萧庆高等军原系四川派来之队，亦著归骆秉章调度，以一事权。雷恒、周显承等追剿窜陕股匪，著俟鄜州等境一律肃清，由雷正绾等查明保（褒）奖。东路各隘，雷正绾仍当时时兼顾，毋任旁窜肆扰。雷正绾所进地图止绘盐、固一隅，未能十分明晰，著与都兴阿等通筹全局，将现在进兵道路，贼垒情形一并绘图贴说，以备省览。正在寄谕间，据都兴阿等奏，固原窜匪扑犯花马池，立时击退。恩麟奏肃州回匪变乱，现调西路各营官兵驰往援剿及阶州击贼获胜，官兵合围。玉通奏，西宁花寺回匪扰害，攻陷大通县，并扑府城，请派兵援救各折片。花马池贼匪虽经击退，难保不去而复来，且恐该逆以骄兵之计诱我，都兴阿务须通饬所部各营昼夜严防，不可稍有疏失。刻下靖远残匪窜绕河西，中卫县广武一带复形危急，而河东又添固原败逆，自灵州以南，东互红柳沟尽系贼氛。雷正绾必须赶紧将黑城子贼匪剿灭，督军北进，节节扫荡，进规灵州，方可与都兴阿合军，痛歼丑类，即著相机迅进。现在巩昌情形已松，曹克忠仍宜分攻盐茶，以分贼势。该将军即饬令速拔盐茶，毋稍松劲。鹤龄一军叠经谕令赴哈密进援，刻下肃州危急，著骆秉章等即檄赴肃州，疏通道路，以便顺道出关。肃州为关外往来粮运要道，鹤龄军饷著宽为筹备，俾利师行。穆图善能否分兵前往援剿之处，著都兴阿迅速酌度调派。恩麟已调兵一千五百余名赴肃，著就现有兵力认真剿洗。黎献已据恩麟派赴凉州，布置甘、凉防务。所带兵勇若干，能否移拨兼顾肃州，著恩麟酌度办理。恩麟折内所称闻有肃州东关被口外猎户窜入滋扰，焚烧房屋，围困城垣。本地回民亦即变乱等语。究竟肃州曾否失守未据奏明，殊属含混。著即赶紧确探具奏。如肃州有失，致令关内外粮路军情消息阻隔，必治该护督以应得之罪。懔之慎之。西宁花寺回匪变乱，皆由玉通平日议抚撤团，漫无准备，以致县城失守，郡城危急，生民涂炭。该大臣一筹莫展，惟知令马文义等往来调停，断难恃以无恐。蒋凝学一军现已行抵何处。著杨岳斌飞催该道督率所部径赴西宁。该处有兵一二千名，亦即归该道调遣以资得力。肃州、西宁贼势披猖，都兴阿等未能兼顾。杨岳斌当兼程前进，通筹进剿机宜，力维西路大局。蒋凝学如离甘尚远，或由杨岳斌先拨数营前赴西宁，以免疏虞。并著恩麟咨商陶茂林，暂缓兼顾他处，务当先行拨兵援剿。此外如有可拨之兵亦应分拨肃州，以顾全局。西宁郡城人心必须镇定，著玉通妥为激劝，固守待援，毋得一误再误，致干重罪。阶州兵已合围，林之望当即督军会川、陕等军迅克城池，如阶州先已克复，林之望即饬所部迅援肃州。阶州乞降余匪，林之望咨会周达武等妥为安插，毋令再滋事端。鲍超近日已否抵川，著骆秉章飞催赴甘。将此由六百里谕知都兴阿、穆图善、雷正绾、骆秉章、杨岳斌、刘蓉、玉通并传谕恩麟、林之望知之。"

又谕："现在雷正绾一军进剿会宁，踞逆正当吃紧，必须饷项源源接济，方能迅扫贼氛。著阎敬铭、沈桂芬、张之万仍遵前旨，将协拨庆阳粮台之款迅速筹解，毋稍迟延。四川应解之饷于未经谋滇之前，仍应按月解甘。俟江苏、浙江、江西、湖北四省议有协甘饷银成数，再行停解。并著杨能格一面咨催，一面派员迎提，以供要需。将此由六百里谕知骆秉章、阎敬铭、沈桂芬、张之万并传谕杨能格知之。"

（卷134　162页）

予甘肃西宁被戕把总鲁涟清祭葬世职。

（卷134　166页）

同治四年（1865年）三月癸亥

谕军机大臣等："据官文奏称与杨岳斌会商甘省饷需情形一折。另片奏请将湖北协济福建、滇、黔之饷免其拨解，全力移解甘肃等语。所奏不为无见。甘省军务正当吃紧之际，杨岳斌一军人数众多，饷需较巨。将来尚须援剿新疆。官文务当先行筹拨巨款，源源接济。所有甘省设立后路粮台，代办军械火药等件均著由楚省先行筹拨，并著官文迅即咨商江苏、浙江、江西各督抚，即将每月能接济甘饷若干数目赶紧筹划，并湖北协济甘饷定数一并筹定。俟定议后迅即奏明办理。至厘金为饷源所出，前据曾国藩奏称裁撤，系专指湖南一省而言，其湖北厘局自不在减裁之内。官文当妥为经理，以期无误供支。至官文所称湖北每月协济福建、云南、贵州饷银各一万两请即停止，以便专解甘肃。其滇、黔、闽三省军饷请由附近之浙江、四川匀拨一节。滇、黔之饷若照曾国藩所拟，将来自可由川、湘两省份任，惟福建之饷能否专由浙省供支，尚未议及。著左宗棠、马新贻酌定协拨之数，迅速具奏，以便即照官文所请办理。福建近日军情若何，著左宗棠随时奏闻，以慰厪念。将此由六百里各谕令知之。”

（卷134　168页）

同治四年（1865年）四月乙丑

谕军机大臣等：“恩麟奏甘省西路贼氛日炽，请飞催官兵进剿一折。肃州回匪与官互相焚杀，回匪尽扑州城，周围屯扎复勾通猎户将嘉峪关占踞。甘州抚彝厅属黄家湾回匪亦于三月初一日纠众焚杀。各乡回民均有蠢动之信，贼势甚为猖獗。嘉峪关为赴新疆进兵要路，现被逆匪占踞，关内外已梗塞不通。肃州匪已登城，官兵势难持久。甘州回党煽动又成累卵之危，亟须厚集援兵，疏通关路。著陶茂林酌度军情移缓就急，驰赴肃州，会合黎献之军先解城围，仍分兵兼顾甘州，与恩麟所派甘标官兵赴黄沙湾河一带，侦巡堵剿。都兴阿、穆图善当激励兵勇迅将宁夏汉城攻拔，即可腾出兵力，交穆图善统带由甘肃节节进剿。并著雷正绾懔遵前旨，将黑城子一带踞逆迅行殄除，进规灵州，与都兴阿等联络声势，稳慎进取。骆秉章所派援甘之鹤龄一军曾否出关，现在何处，著骆秉章飞催趱赴甘郡肃州一带扼要截击，并著都兴阿等迅提前进。杨岳斌勇队前据奏报陆续起程。此时甘省军情万分危迫，著杨岳斌迅催全军驰赴甘省。其蒋凝学一军并著飞催赴援肃州一带，仍分军兼顾西宁，毋稍延缓。前经谕令成禄总统联捷诸军由陕、甘前进，著联捷探明该提督现在行抵何处，飞速知照进援。联捷接奉此旨，即统带官兵星速西行，会同甘省诸军将肃州、甘郡回逆次第扫荡，即行规复嘉峪关。该关为通新疆要路，必须迅图攻拔，关内外文报始通。德祥一军已赴哈密，如有别路可通消息，即饬德祥之军与关内官兵会期里外夹击，收复要隘。并著都兴阿等会筹妥办。阶州匪势已蹙，著骆秉章、刘蓉橄饬川、陕各军迅克坚城，歼除丑类。即可选派将弁统得胜之师移赴甘郡协剿。恩麟于嘉峪关被匪占踞，事前毫无布置，殊属有负委任，仍著橄饬所派官兵严密堵剿，并激励肃州各乡民勇奋力救援，以解该城之围。并将甘郡回众妥为弹压抚辑，毋任复行滋事。其抚彝、高台等厅县并著饬该地方文武就现有兵团妥筹防御，倘再有疏虞，必惟恩麟是问。懔之慎之。将此由六百里加紧谕知都兴阿、穆图善、雷正绾、骆秉章、杨岳斌、刘蓉、成禄、联捷并传谕陶茂林、恩麟知之。”

（卷135　173页）

同治四年（1865年）四月丙寅

拨直隶、河南火药各五万斤，铅丸各二万五千斤，火绳各五万丈，解赴甘肃庆阳粮台备用。

（卷135　176页）

同治四年（1865年）四月戊辰

又谕："都兴阿等奏逆扰盐场堡后路，官军迎剿获胜，前敌剿贼吃紧，请饬雷正绾拨军一折。固原逆匪窜扰盐场堡、母猪渠等处，叠经翁同书督饬马队迎剿，歼擒悍逆多名。该处为由定边赴花马池大路，逆匪连次扑犯，意图阻我粮道。都兴阿现檄各营步队分行严守，并令西蒙克西克、讷依楞阿等马队分定边、花马池两路梭巡，著即严饬各军实力探剿，以防饷道，无使后路稍有疏失。宁夏攻剿情形，现在挖掘地道，功将及半。惟贼营日益加增，官军兵力过单，前敌后路均形吃紧。雷正绾现与曹克忠分剿黑城子、盐茶、灵州一带之匪，谅已进兵。此时花马池、定边一路危急，著该署提督迅将黑城子等处踞逆攻克，节节扫荡，即亲督大队前赴灵州，期与都兴阿等联络声势，共收夹击之效，毋得顾此失彼。如黑城子攻克尚需时日，即著先其所急，酌量分拨兵队兼程北进，救援宁、灵后路，以期饷道无失。本日又据沈桂芬奏，遵拨茅津渡楚勇一千名，由袁复清、罗承勋统带先后赴甘。请将都兴阿原调大同兵一千悉数撤回。庶此后筹解勇粮，方能周转等语。都兴阿前敌兵勇尚形单薄，其能否将此项大同兵撤回晋省之处，著该将军酌量办理。至沈桂芬所称楚勇业已先后赴甘，请将陈东霖勇粮仍由都兴阿等筹给之处，即著照所请办理。山东逆匪现虽窜赴赣榆一带，去晋稍远，惟逆踪飘忽靡常，且恐分股回窜东豫潞泽一带之防，仍不可稍涉大意。著沈桂芬妥筹调派以备不虞。将此由六百里各谕令知之。"

（卷135　178页）

同治四年（1865年）四月己巳

又谕："……蒋凝学一军，叠次瑜令杨岳斌飞催赴援肃州。……甘肃省遍地贼氛，肃州被匪攻城，尤形危殆。该州为出关粮运要道，关系极为紧要，不能不先其所急，以赏厚集而保危城。蒋凝学一军仍著杨岳斌懔遵前旨，催令迅赴肃州。相机进剿，毋再稍涉迟延。杨岳斌务当督率全军，兼程前进，以解倒悬。如豫省兵力不敷即著吴寿宫调得力楚军，合力会剿。"

又谕："雷正绾奏官军攻克黑城子贼巢，收复盐茶厅城一折。据称官军攻克固原后，由何家沟等处进攻，与张集馨等所部合围黑城子，连日叠有斩馘。三月十五日各军分路环攻，奋勇登城，当将黑城子老巢攻拔，并擒斩逆首黑虎等多名。曹克忠一军移营进逼盐茶厅城，连日将由元套子塘赴援之马三混等贼队击败，乘胜直抵城下。三月十七日，曹克忠亲督马队力攻南门，施放喷筒火箭，先将南门烧毁，各军梯绠登城，擒斩逆首田城吉等多名，遂将厅城克复。剿办甚为奋勉。余逆现踞李旺堡、同心城及何家堡一带，著雷正绾会同曹克忠督饬诸军乘此声威，迅将李旺堡等处匪巢次第扫荡，进规灵州，即与都兴阿等联络进取。惟昨据都兴阿奏称，逆回犯扰盐场堡、花马池等处，图截官军粮道，该处情形紧要。兵勇不敷分布，当经谕令雷正绾拨兵援应。现在黑城子等既经攻克，该逆被剿穷蹙，设铤而走险与宁夏匪徒勾结。都兴阿等营后路兵力较单，若该逆乘间滋扰，则所关实非浅鲜。雷正绾当酌度缓急，分拨弁兵驰赴定边、花马池一带，遏贼奔突，为都兴阿后路声援。都兴阿、穆图善即懔遵前旨，激励诸军，将宁夏汉城攻拔，即可腾出兵力，交穆图善统带先解肃州之围，规复嘉峪关，以通赴新疆各城之路。前经谕令陶茂林如酌拨数营扼扎安、会，足资控制，即带所部驰赴肃州、甘郡一带剿贼。仍著都兴阿、雷正绾等与陶茂林、恩麟会筹迅办。并著雷正绾飞饬魏添应之军严防环、庆，兼饬张集馨等军迅规河、狄，以杜匪踪纷扰。阶州匪势已蹙，著刘蓉檄饬陕省援师与川军迅图克复，以便分兵赴甘。定边一带州县并著刘蓉饬令该地方官妥筹布置防守，严遏东窜贼势，毋稍疏虞。将此由六百里谕知都兴阿、穆图善、雷正绾、刘蓉并传谕陶茂林、恩麟知之。"

（卷135　180页）

以克复甘肃盐茶厅城并攻拔黑城子贼巢，予提督曹克忠优叙，释已革提督成瑞罪，开复已革按察使张集馨永不叙用处分，赏县丞宓遐龄同知衔花翎，余升叙有差。予阵亡千总周文贵、把总余永盛等祭葬世职加等。

（卷135　183页）

同治四年（1865年）四月癸酉

又谕："雷正绾奏、回匪勾结猎户将嘉峪关先行蹂躏，旋窜入肃州东关，勾结城内回民在城上扎定。安肃道恒龄在城内接仗，势甚危急。与恩麟前奏情形大略相同。雷正绾现已飞咨陶茂林于所部三十营内酌拨十余营，亲自督带驰赴西路剿办。与前次寄谕适相吻合，即著都兴阿、雷正绾等飞檄陶茂林星速移军赴甘郡、肃州一带相机进剿，迅扫狂氛。该提督西行后，所有靖远之防并由雷正绾抽拨劲旅会同陶茂林留防各营严为堵御。其安、会适中之地应否移兵扼扎，并著与曹克忠会筹，随时兼顾。俟雷正绾续募楚勇到甘，饬令于安、会及省垣一带扼要布置。即檄遣陶茂林留防各军全数西征，以厚兵力。都兴阿、穆图善、雷正绾当懔遵前旨，迅即规复宁夏、灵州，相机联络，稳慎进取，以次廓清河、狄，攻克关隘。花马池一带为都兴阿进兵后路，关系紧要。前经谕令雷正绾分兵兼顾，并著雷正绾酌量迅速调派。兰州省防及各军粮路，著恩麟妥筹布置，并檄饬肃州民勇赴援，迅解城围。至甘州府崇福所禀，肃州回匪勾结高台等处回匪，围扑甘郡及东乐县丞钱宝仁所禀各情，互相歧异，与恩麟前奏亦不相符。著雷正绾、恩麟等檄饬甘州府县各官齐集兵团，妥筹防剿，并将甘州回匪变乱情形暨肃州城垣曾否解围，随时侦探，迅速驰奏。至所称汉民逞忿起事，回民机变叵测，致令互相残杀，于情事甚为切中。该提督等兵威所及，务在分其曲直，持平办理，庶强横者不能得志，而良懦者不致含冤。所以戡乱者在此，所以弭乱之源者亦在此。将此由六百里谕知都兴阿、穆图善、雷正绾并传谕陶茂林、恩麟、曹克忠知之。"

（卷135　189页）

同治四年（1865年）四月甲戌

谕军机大臣等："都兴阿等奏，肃州、西宁、大通等处紧急情形，请催各路援军赴甘暨请饬庆阳粮台筹拨饷银，请调刘廷鉴差遣各折片。杨岳斌奏，行抵襄阳，遵驰赴甘一折。靖远、固原匪党分股北窜，宁郡贼党复增，屡犯平罗。洪广营及磴口粮路在在堪虞。肃州、嘉峪关既被回匪占踞。恒龄、成桂均经受伤，口外玉门、敦煌亦有回匪变乱之信。肃东百余里外贼势猖狂。抚彝回匪滋扰，甘州城内叛乱，大通失守，永昌亦有回氛。非但关内外音信不通，而肃州一带贼匪又复骎骎东犯。宁夏军事诸多掣肘，若非厚集兵力，分路援应，则糜烂之势已成。西陲大局何堪设想。雷正绾所部自攻克黑城子，收复盐茶后，军威尚振。昨据奏已派数营赴安、会一带，替出陶茂林十数营赴肃、甘等处进剿。当经谕令照办。并令分兵兼顾宁夏后路，并便谕曹克忠兼顾安、会矣。兹览都兴阿等所奏，攻城正在吃紧，而援贼麇集，分扰平罗、宝丰等处，意图牵掣。是贼扰后路情形更紧，即著雷正绾等懔遵昨日谕旨，妥速筹办。都兴阿等仍当稳慎进取，妥筹防范，不可为贼所乘。挖沙金夫虽尚无蠢动情事，仍著饬令该处文武员弁，妥筹防范，以备不虞。肃州被匪占踞后，成桂等受伤赴乡，有无捏饰。恒龄及在城文武员弁下落均著恩麟查明具奏。据都兴阿等奏，肃东百余里外，贼势猖狂，时有东窜之警，情形亦关紧要。陶茂林带兵西进后，即著雷正绾饬令派赴安、会等处员弁与曹克忠督同陶茂林留防靖远各营严密扼扎，截其东窜之路，以免蔓延。并著恩麟派军随同陶茂林进攻甘郡、肃州，毋稍延缓。鹤龄一军现在行抵何处，著骆秉章查明催令前进，迅赴肃州。鲍超之军是否已有成数，著催令赶紧赴甘，以厚兵力。甘、凉、肃连番告警，嘉峪关又被匪踞，情形危急万分。成禄、联捷均系西路大臣，必须设法先清关内，再图整旅出关。叠经降旨严催，著该大臣等星夜西发，不得片刻迟延，致干咎戾。都兴阿军饷前据杨能格奏到，由庆阳粮台支应，现在都兴阿军营用饷甚急，著杨能格查照鄂扬西安等军章程给发。另按月拨银一万两，以备军火、赏恤之用，务须按数汇解，毋得愆期缺乏。其刘廷鉴一员前经刘蓉甄别，降旨革职查办。现在都兴阿营务乏员，著刘蓉饬令该革员驰赴都兴阿军营以供差遣。杨岳斌既已行抵襄阳，著即星驰就道。并檄令员弁勇丁随后继进，迅抵甘省，与都兴阿妥速筹商，以安西陲。一俟行抵陕境，即行驰奏。蒋凝学所部仍在豫、楚之交，著吴昌寿仍遵前旨，催令该道随同杨岳斌兼程西进，以期得力。将此由六百里谕知都兴阿、穆图善、雷正绾、骆秉章、杨岳斌、成禄、联捷、刘蓉、吴昌寿并传谕恩麟、陶茂林、杨能格知之。"

（卷135　190页）

同治四年（1865年）四月己卯

又谕："恩麟奏，甘省西、南两路贼势蔓延，请饬催川、湖等省援军并曹克忠攻剿盐茶厅踞匪获胜各折片。肃州逆势猖獗，经恩麟派兵援应，在沙滩庙与贼接仗，因众寡不敌，登时溃乱。甘州回匪占踞犁园、察汉俄博二营，永固堡城亦被猎户攻陷，洪水营回匪又复滋事，该护督现已添调昆都伦蒙兵二三千名就近助剿肃州。咨商陶茂林抽出数营径赴甘州堵剿，并咨催鲍超等军趱程援应。是肃州逆焰既张，甘郡亦岌岌可危，况该逆勾连撒回欲图大逞，倘援军日久迁延，必至益形糜烂。前据都兴阿等奏，甘州城内叛乱，肃州、嘉峪关被匪占踞，关内外音信不通。肃州之匪又复东犯宁夏，军事掣肘。叠经谕令雷正绾派兵前赴安、会，替出陶茂林十数营赴肃甘等处进剿。并谕恩麟派军会击。即著雷正绾迅饬陶茂林督率所部十数营前赴肃、甘等处，与恩麟调派各军会合进剿，毋稍延缓。都兴阿、穆图善务当督饬相机进取，攻拔宁夏。雷正绾仍遵前旨，兼顾宁夏后路，迅克灵、宁，疏通北路。前据杨岳斌奏业已行抵襄阳，当经降旨催令迅速西进。刻下甘省回氛日炽，关内外信息不通，亟应先清关内，再图进剿。著杨岳斌懔遵叠次谕旨，迅即趱程前进，毋再迟延干咎。鲍超一军谅已部署起程，著骆秉章催令迅速赴甘，以资攻剿。蒋凝学一军已至楚豫之交，著吴昌寿仍遵前旨，饬令随同杨岳斌大军克日西发。并著杨岳斌、李鸿章飞调金国琛、李鹤章各率所部援军，迅由陕西凤翔一路驰赴甘境，毋稍迟缓。肃州等处既有陶茂林等军足敷剿办。蒙古兵历次调赴西路，均不得力。恩麟添调之昆都伦蒙兵，著毋庸调往，以节糜费。将此由六百里谕知都兴阿、穆图善、雷正绾、骆秉章、杨岳斌、李鸿章、吴昌寿并传谕恩麟、陶茂林知之。"

（卷136　200页）

同治四年（1865年）四月壬午

又谕："联捷奏行抵晋省，督兵趱程前进并催调军器一折。前因嘉峪关被匪占踞，肃州、甘州回党变乱，古城失守，叠经谕令都兴阿等拨兵援应。陶茂林驰赴甘州进剿，并命成禄总统联捷诸军星速西行。现在联捷业由晋省起程前进，即著仍遵前旨，探明该提督行抵何处，飞速知照，会师西进，与甘省诸军会合，将肃州、甘郡回氛次第扫荡，规复嘉峪关，疏通要路，以期克日大举，毋稍延缓。该营兵勇起程前进，所需军械，实属刻不容缓，著沈桂芬迅饬该省藩司将未备军械赶紧造齐，派员解交联捷军营，以资攻剿。将此由五百里各谕令知之。"

又谕："骆秉章奏，官军会剿阶州踞逆，续获胜仗，现筹攻城情形一折。阶州城外贼垒叠经胡中和、萧庆高、周达武等督军进剿，攻拔逆垒数处，毙贼无算。蔡逆困守孤城已成釜鱼槛兽，著骆秉章、刘蓉督饬在事各军，会合林之望所部联络一气，迅拔坚城，尽歼群丑。至洮、岷回匪既有窜至西固地界之信，尤当饬令诸军严加防范，毋令得与阶州踞逆勾结为患。前据刘蓉奏阶州城池二月内必可攻克，现已四月中旬何以尚无捷音。甘省回氛遍地，亟应厚集兵力痛加剿戮。前经谕令林之望于克复阶城后即饬所部迅援肃州。若因一隅之地久攻不下，三省兵力悉为牵掣，以致甘省贼氛日炽一日，糜饷老师，恐在事员弁不能当此罪戾也。将此由六百里谕知骆秉章、刘蓉并传谕林之望知之。"

（卷136　204页）

予甘肃阶州阵亡副将毛泰山等祭葬世职加等。

（卷136　205页）

同治四年（1865年）四月乙酉

谕军机大臣等："都兴阿等奏，逆回勾结固原大股窜匪，官军分头剿办大获全胜，阵斩首逆一折。固原窜逆趋平罗、宝丰，欲断磴口粮路。都兴阿等派队迎击，追斩伪帅马生颜，歼毙余逆甚多。宁夏踞逆窥伺营盘，亦经击退。其扑入磨石口之马贼，经阿拉善亲王贡桑珠尔默特派协理台吉阿布哩接仗，颇有斩获。翁同书派令侍卫讷依楞阿等带队由花马池赴红柳沟，途遇逆匪马步多名。官军冲杀，将贼截断，刺杀伪平西王孙义宝。办理均尚得手。宝丰、平罗余贼恐尚不少，当此首逆就诛，贼气已夺，不难乘胜削平。著都兴阿、穆图善、派队擒杀，务将援贼扫除净尽，力克宁夏府城，毋任再有勾结。阿拉善亲王贡桑珠尔默特守卡杀贼，奋勇可嘉。著都兴阿先行传旨嘉奖，仍著饬令严防各口，兼办驮运，以济军需。俟灵、宁一律肃清，定当渥膺懋赏。翁同书自委办后路以来，竭力筹防，相机策剿。讷依楞阿甫经到防，即歼巨逆，均属奋勉可嘉。仍著都兴阿等督饬该员等认真防剿，未可始勤终怠，致误戎机。雷正绾即懔遵前旨迅攻灵州，力图克复，以便与都兴阿等会师宁夏，廓清北路，毋稍迁延。将此由六百里各谕令知之。"

又谕："都兴阿奏，庆阳粮饷军火一切不能应手，请饬各路协拨饷项军火酌定数目，按月径解军营等语。宁夏地处边外，沙碛辽阔，粮饷军火筹备较难。该营除正饷之外，并无闲款，而粮台相隔太远，往往亟需应用，派员赴庆催提往返三四十日，亦不能如数筹拨。种种掣肘情形，深恐贻误军事。嗣后著刘长佑、骆秉章、吴昌寿、阎敬铭、沈桂芬、刘蓉各将应解协拨宁夏军营饷项军火自行酌定数目，按月径解都兴阿军营。即由该营派员经理，以期缓急可恃。各该省既自行斟酌定数，以后务须源源接济，按月筹拨，毋误要需。其五月以前所欠月饷著李鸿章照数找给，归还都兴阿垫款。至新旧礼字等营统共作银三万两及恤赏等银一万两，仍由庆阳粮台按月拨解，即著杨能格妥筹支应，毋稍迟误。将此由五百里谕知刘长佑、骆秉章、吴昌寿、阎敬铭、沈桂芬、刘蓉、李鸿章并传谕杨能格知之。"

又谕："都兴阿等奏，磴口系办粮总汇，平罗、宝丰均属运粮要区。逆贼屡图占踞，截我运道。刻下前敌各营军灶久虚，勇丁多有因饥思溃，而归绥办就米石因无款垫发运脚，亦延不起解等语。都兴阿等督兵进取宁城，攻剿正当吃紧之际，岂可停兵待饷，坐失事机。著沈桂芬迅速筹拨运费解赴归绥，克日将办就米石星夜起运，不得再有耽延。并著德勒克多尔济就近派员督催护解，俾利遄行而资接济。将此由五百里各谕令知之。"

以甘肃黄河两岸剿贼获胜，歼毙首逆孙义宝，予委骁骑校永恰布等加衔升叙有差。

（卷 137　209 页）

同治四年（1865 年）四月丁亥

陕西巡抚刘蓉奏："遵奉谕旨筹拨都兴阿、穆图善、雷正绾、陶茂林、曹克忠各营正二月份饷银、军火，仍竭力筹措，按月源源接济。"报闻。

安徽皖南镇总兵官唐义训因病解职，调甘肃肃州镇总兵官刘松山为安徽皖南镇总兵官，以记名总兵官程兴烈为甘肃肃州镇总兵官。

（卷 137　215 页）

同治四年（1865 年）四月辛卯

谕内阁："恩麟奏请将纵勇滋事借故脱逃之武弁查拿等语。已革参将邹本五前经陶茂林派令赴楚募勇，行抵陕西咸阳、蓝田等处，殴官毁署，肆行抢夺，情节最重。叠经有旨交都兴阿、雷正绾拿办。乃该革弁于所部勇丁鼓噪散去之时，托言带兵追赶，经陶茂林派弁往查，日久并未回营。难保非因所犯情罪重大，借故脱逃，希图漏网。若不严拿惩办，何以饬法纪而肃戎行。已革参将邹本五，著湖南巡抚转饬该犯原籍湘乡县严密查拿，并著各省督抚暨各路统兵大臣一体严拿务获，即行就地正法，以昭炯戒。"

（卷 137　220 页）

又谕："恩麟、陶茂林奏移营追剿贼匪叠获大胜，克复盐茶厅各折片。并阶州剿匪确情扎营形势绘图呈览一折。恩麟所奏陶茂林一军暂驻中滩，将扑营之贼击退，并将王家集贼巢攻克。其围攻陶世贵等营之贼，亦经官兵两次击退，并经陶茂林督兵进攻，将羊营寨、张家营、齐家营三巢平毁，剿办尚属得手。狄、河并撒拉各匪勾通洮、岷各路伙党，潜谋窜陷巩昌，且狄、河大股逆匪倾巢而出，省城即不免动摇。所有省城防守事宜，恩麟自当严密布置，预筹防范。惟肃、甘两郡及嘉峪关、西宁等处一片贼氛，若不早除，恐势成燎原，将来益难收拾。前经谕令雷正绾酌拨数营停扎会宁，以便替出陶茂林之军前赴肃、甘进剿。著雷正绾仍遵前旨办理，陶茂林俟雷正绾所拨兵勇到齐后即统率所部与狄、河一带以次进剿，前赴肃、甘。至西宁一带情形，近日未据玉通奏报，仍著恩麟探明，随时具奏，并著分派兵勇前往援应，不得专顾兰州，置省外州县于不问。盐茶厅回匪经曹克忠剿败窜遁。都兴阿、穆图善当饬令该总兵迅速进拔灵州，以期合兵剿平宁夏，毋稍迟延。至恩麟所奏阶州进剿发匪尚系正月以前情形，前据骆秉章奏陈自正月至三月间攻战军情，贼势渐蹙，旧城山垒贼众出降。教场坝贼垒已经攻拔。惟陇家坝以南尚有贼垒三座，城南尚有贼匪炮台，若不先行攻克则官军为所牵掣，势难严密合围。其旧城坝贼垒六座是否悉已划除，并著恩麟查明具奏。阶州城池究竟何时可克，并著骆秉章、刘蓉、恩麟檄饬在事诸军实力围攻，克期蒇事，不准再涉迁延，致滋贻误。将此由六百里谕知都兴阿、穆图善、雷正绾、骆秉章、刘蓉并传谕恩麟、陶茂林知之。"

（卷 137　223 页）

同治四年（1865年）五月乙未

又谕："成禄奏行抵固原，由雷正绾筹拨六营克日前进，并请饬调穆图善军营马步各队各折片。据称该提督抵李旺堡行营，面晤雷正绾，具悉嘉峪关失守，肃州糜烂，甘、凉二郡岌岌可危。若非厚集兵力先扼甘、凉，则河西贼氛日炽。且关外现无进兵之路，必须节节扫荡，方能振旅出关。所奏情形与都兴阿等叠次奏报相符。雷正绾现于所部各营内抽拨六营并筹给军械、马匹、银两等项交成禄统带，即著如数抽拨，俾资攻剿。成禄派员先赴兰州一带添募新勇，并克日督队进省，所有募勇章程及进剿事宜，即著与恩麟会商妥办。惟甘省回民性情狡诈，良莠难分。该提督新募勇丁务须精加选择，不准夹杂回勇，以杜后患。并著成禄赶紧添练勇丁，星速督队西行。陶茂林一军谅已驰抵西路，即著与成禄之军联络进剿，节节扫荡。并著恩麟严饬地方文武及在防各军合力兜剿。联捷已由晋省起程前进，刻下想已行近甘境。即著探明成禄军营星速前往，会合进剿。联捷所带马队五百名前已谕令统归成禄统带，足资调拨。穆图善所部攻剿宁夏，正在得手，未便分兵西进。成禄所请饬调金顺等起马队之处，著毋庸议。鹤龄统带川军尚未饬赴西路，仍著骆秉章饬令克期飞速前进，毋再迟延，致干重咎。鹤龄到甘后即著成禄妥为调派。成禄俟联捷等军到齐，务当激励将士将关内肃、甘等觉贼匪迅速剿灭，早日带兵出关，肃清边境。至宁夏军情，近日未据都兴阿等奏报，著都兴阿、穆图善、雷正绾分饬各军，迅速攻拔宁、灵，克日出关，大张挞伐，以纾朝廷西顾之忧。该将军等责任綦重，必能迅奏肤公，速行藏事也。将此由六百里谕知都兴阿、穆图善、雷正绾、骆秉章、成禄、联捷并传谕恩麟、陶茂林知之。”

（卷138 240页）

同治四年（1865年）五月丙申

又谕：“雷正绾奏，官军连克官桥堡、李旺堡老巢，擒斩要逆，并成禄抵营，现饬督同鹤龄前进。恩麟奏陶茂林部勇溃散，贼匪图扑安定，曹克忠剿贼获胜各折片。甘省回逆踪伏黑城子迤北东西两山，并坚踞李旺堡，扼守中路。经雷正绾分军三路进剿，叠将沿途各贼巢一律平毁，乘胜攻拔官桥堡、李旺堡老巢，生擒逆首木混等四十余名正法。官军直薄预望城老巢。曹克忠已进兵同心城，剿办谅易得手。惟陶茂林所部勇丁因索取积年欠饷，携带军器号衣纷纷溃逃者约数千名。省垣现已震动，逆匪复乘虚直扑安定县城。陶茂林所余十数营退扎该县城内外，兵力较单。恩麟现已飞咨雷正绾转调曹克忠之军星速驰援。该总兵所部现逼同心城老巢，攻剿正当吃紧，刻下能否抽赴安定一带剿贼。或另有劲旅可以调派前往。著都兴阿、穆图善、雷正绾迅筹妥办。其营内溃勇窜逃何处，难保不为逆回诱煽勾结。著陶茂林、恩麟设法招集，并飞檄各路军营及沿途州县一体遏截，毋任滋扰。陶茂林现存各营务当妥筹镇压，巩固军心，力守安守待援，毋再稍涉疏懈。成禄抵甘后，经雷正绾拨给六营。鹤龄亦已行抵秦州。目前省防吃重，安定危急，著成禄迅带所统六营督同鹤龄所带川兵迅即取道安定，先解该城之围，兼顾省城防务。联捷管带黑龙江官兵前已据报由晋起程，并著成禄飞咨该大臣星速赴甘，会师前进，不准稍涉延缓。俟将安定等处逆匪扫荡，即移师进剿肃州、甘郡回逆，以期次第廓清。雷正绾一军进攻预望正在得手，距灵州仅三百余里，著即乘胜进剿，与曹克忠所部迅拔预望、同心两城，规复灵州，即可与都兴阿等军联络进取。都兴阿等仍当懔遵叠次谕旨，迅筹攻拔宁夏郡城，以牵贼势。雷正绾各营粮运匮乏，著刘蓉遵照前旨将该军所需粮石等项按月如数筹解，源源运济，以期士马饱腾，毋许稍涉延玩，致令停兵待饷，坐失事机。曹克忠带兵入甘屡克城堡，近复将扑营贼匪击败，斩馘甚多，洵属异常出力。著雷正绾、恩麟传旨嘉奖，谕令始终奋勉，以葳全功。将此由六百里谕知都兴阿、穆图善、雷正绾、刘蓉、成禄并传谕陶茂林、恩麟知之。"

（卷138　245页）

……署陕西提督雷正绾奏："已革陕西臬司张集馨病难速痊，可否回京调理。"得旨："著准其回京调理。"又奏："访察庄浪先后闭城拒兵，系绅民各为身家起见，并非由官主使。前署平凉府知府郑声文、代理庄浪县丞李秾办捐有效，应请开复。"批："郑声文、李秾均著开复原参处分。"又奏："遵查洮、岷回务不靖，防剿吃紧，土司杨元马队应请免调来营。"报闻。

……改丁忧甘肃提督陶茂林为署任，仍留营，并赏银三百两治丧。

以纵勇滋事，革甘肃副将陈东霖职，交湖广总督官文审办。

（卷138　247页）

同治四年（1865年）五月戊戌

又谕："都兴阿、穆图善奏，近日剿办情形，请饬晋省筹拨饷银，并都兴阿奏，甘省筹剿机宜各折片。甘省红柳沟等处贼匪为官军击败，宁郡回首伪行乞抚。都兴阿限以时日，令其交械献城，撤圩输粮。该逆仍复诡词乞缓，是其诡诈情形已可概见。现在受降既无把握，自应鼓励将士力行进攻，不准仍许投诚，懈惰军情，致堕诡计。盐茶厅余匪有图窜中卫之信，都兴阿当派兵要路遏截，毋令任意奔突。宁夏攻围日久，尚未克复，深恐师老疲敝。都兴阿、穆图善当设法迅行攻拔，不可再事迁延。雷正绾一军现已攻克盐茶，进图灵州。陶茂林一军本可直取肃、甘，因所部勇丁溃散数营，安定一带贼势较众，尚复阻于西进。曹克忠所部能否兼顾巩昌，移援安定，著雷正绾妥筹商办。恩麟亦当添筹兵勇与陶茂林等互相联络，力顾省垣。俟兰州附近地方肃清后即当鼓行而西，扫除肃、甘并嘉峪关逆氛，以通关外之路。并著恩麟宽筹饷银，以济军食。鹤龄一军前已有旨令骆秉章催令赴甘，仍著恩麟、陶茂林飞速迎提，饬令迅赴肃州。成禄所拨雷正绾六营，亦可由省城次第进取西路，以助声威。至甘省回匪到处皆有，都兴阿等俟宁夏克复后当与恩麟、陶茂林等会商，先择最要处所力行剿洗，其余自可迎刃而解。穆图善亦可于彼时酌量带兵出关。杨岳斌俟抵甘后，兵力厚集，更可分路进剿。陈东霖所募楚勇两营在鄂境掳掠，杀毙六命，业经降旨革职。著都兴阿、穆图善于该革员到营时，勒令将滋事勇丁交出，追出原赃，一并解交官文等审办，以肃军律。所有该两营楚勇月饷仍著沈桂芬按照楚军章程筹拨，务须顾全大局，不准再事推诿，致涣军心。将此由六百里谕知都兴阿、穆图善、雷正绾、沈桂芬并传谕陶茂林、恩麟知之。"

（卷138　255页）

同治四年（1865年）五月己亥

又谕："杨岳斌奏，抵陕催军进发。刘蓉奏，陶营勇丁溃逃入陕，派兵弹压各一折。陶茂林营勇溃散情形，昨已据联捷驰奏。兹据刘蓉奏称，该溃勇等推副将高选清为统领，沿途抢掠，窜近宝鸡县境，分股窜至盩厔县之哑柏镇一带，并有由凤翔城外零星东窜者。该溃勇等聚众至六七千人，甘心叛乱，必将一意东趋，扰及完善。若不及早扑灭，必至蔓延为患。刘蓉已派游击王守基等军驰赴宝鸡、盩厔等处相机筹办。著即督饬各军，实力堵扼，剿抚兼施。将胁从之人分别遣散。南山一带，最易藏奸。若令该匪窜入，剿办又形棘手。刘蓉务当添派兵勇，择要扼截，毋令贼踪阑入。杨岳斌既抵陕省，即著督率亲军先将此股溃勇迎头截击，并催齐后起之勇到陕，分路布置，妥筹剿办。联捷所带之马队亦可由该督商同调派，总须将此起溃勇赶紧就地歼除，断不可令其窜入邻疆，酿成大患。前因直东军情紧要，谕令杨岳斌移师会剿。现在陕西溃勇亟须剿办，著该督即将此事办结后再行候旨遵行。蒋凝学一军，如已行抵陕境，即由该督饬令随同征剿，以厚兵力。其甘肃两当县境内亦有溃勇二千余人滋扰，并著杨岳斌等就近拨军扼剿，仍飞咨雷正绾、曹克忠分兵截击，毋令与前股勾结，续行东窜。将此由六百里各谕令知之。"

（卷138　　258页）

同治四年（1865年）五月癸卯

又谕："德兴阿奏甘省溃勇东犯陕境，暨请饬联捷暂驻陕省各折片。此项溃勇经刘蓉派令彭体道前往招抚，该溃勇要求路票，需索欠饷，种种刁难，现已趋至鄠县迤东，连夜举放号火，居民惊惶逃避，距省城仅七十里，亟应迅图剿办，以伐狡谋。前因刘蓉奏该溃勇甘心叛乱，一意东趋，曾经严谕该抚派兵实力堵扼，并将胁从之人分别遣散。现在勇众已近省垣，刘蓉并不亟思堵剿，辄令其在城西牛洞梁家桥等处地方就抚，是其临事毫无布置，有希图了事之心。无论该溃勇设谋凶狡，不肯甘心就抚，即令诡词驯顺，仍复肆意勾结，必致蔓延为患，贻害邻封。该抚自问其能当此重咎耶。著刘蓉懔遵前旨，饬令派出之王守基等分路兜击，实力剿办。如实系胁从之众。一经惩创，即肯将军械、马匹呈缴者，自不妨分别遣散，以施法外之仁。其省城防守事宜即著德兴阿实力防维，毋稍疏懈。联捷现驻陕西省垣，杨岳斌身任兼圻，尤属责无旁贷。著即整顿队伍会同刘蓉所派员弁合力进击，将不法溃勇尽力殄除，以靖地方。将此由六百里各谕令知之。"

又谕："杨能格奏庆阳粮台存饷拨解罄尽，各省协饷无期，请饬酌拨两淮盐课，江海关税课一折。甘省兵数日增，饷源日竭，虽经谕令四川、河南、山东、山西等省按月拨解，仍属不敷支放。都兴阿一军现在进攻宁夏，雷正绾等军于攻克黑城、盐茶后，进攻预望，剿办正在吃紧，必须士饱马腾，方能迅速蒇事。著曾国藩、李鸿章、刘郁膏于两淮盐课、江海关税课项下查照从前协拨甘饷之数，筹银各数十万两赶紧陆续拨解，并于五六月间先筹银二十万两分作两批迅解庆阳粮台，以应急需，毋稍延缓。将此由五百里谕知曾国藩、李鸿章并传谕刘郁膏知之。"

（卷138　270页）

同治四年（1865年）五月丙午

又谕："官文奏，遵旨筹议月协甘饷数目，并谋胜左右两营勇丁索饷滋闹，分别惩办各一折。前因曾国藩奏称甘肃之饷应责成江苏、江西、浙江、湖北等四省筹解，当经谕令各该督抚等将每月能各接济甘饷若干之处速行复奏。兹据官文奏称，该督督饬省局司道竭力筹措，每月除拨解蒋凝学一军旧欠外，仍按月再筹银三万五千两解交甘省等语。现在甘肃军务正当吃紧，杨岳斌一军人数较多，需款尤巨，自应宽为拨解以济要需。即著照官文所议，每月除拨还蒋凝学一军旧欠二万两外，按月再筹银三万五千两，派员解至甘省交杨岳斌军营分拨接济，并著将协济甘省军装军火等项一并解交杨岳斌转拨各营以归划一。经此次议定章程之后，该督务当督饬局员按月源源筹解，不准稍有蒂欠，致干重咎。总兵李成谋所统谋胜左右两营勇丁索饷滋闹砍伤弁兵，并敢邀约马步各营帮同闹饷，情殊可恶，亟应严行惩办，以肃军律。惟念该总兵先因追剿霆营叛勇未及约束于前，回军后即能设法开导分别正法遣散，不至惊扰居民，办理尚为妥速。李成谋著从宽免其议处，该两营营哨各官或随同惩办或身受多伤，业经分别责处著一并免其置议。仍著官文严饬李成谋将前、后、中三营及马队两营申明纪律，勤加训练，倘敢再滋事端，即著严参惩办，毋稍姑容。将此由五百里谕令知之。"

（卷139　279页）

同治四年（1865年）五月丁未

又谕："杨岳斌奏暂驻西安候旨遵行一折。捻逆蔓延于濮、范、郓、巨之交，时图北窜。黄河北岸防守虽经刘长佑等分路布置，而兵力尚单，不足以制冲突。杨岳斌如能亲统全军迅赴直隶会剿，自足以迅珍贼氛。前因甘省溃勇东犯已至鄠县地方，曾经谕令刘蓉妥筹剿办，并令联捷暂驻西安会兵进击。现在此起溃勇是否剿灭，抑已交械就抚甚深廑系。联捷所带之兵仅五百余名，且器械未齐，难资御敌。陕省兵勇大半前赴阶州，省城兵力无多，亦恐不敷截剿。著杨岳斌酌量情形，如溃勇未能遣散，即留兵会剿尽力殄除，以免顾此失彼之虞。如陕省各军足制溃勇死命，即著亲统全军径赴直隶会同刘长佑合兵进剿，保卫畿疆，尽歼丑类。该督所部勇丁即著随时训练，以期得力。将此由六百里谕令知之。"

（卷139　282页）

同治四年（1865年）五月戊申

又谕："联捷奏请赴直、豫分防黄河并绘具图说呈览一折。联捷所带马队系专派援剿西路之师，刻下甘省待援孔亟。陶茂林营内溃勇已窜近陕西省垣，曾否剿办肃清，抑令其交械就抚，著联捷懔遵叠次谕旨，与杨岳斌会筹妥办，一俟将溃勇办竣，仍带所部西行与成禄等会师，进援肃、甘，疏通关路，次第廓清西陲，以副委任，毋庸赴直东防河转致徒劳远涉，缓不济急。杨岳斌仍遵前旨将近省溃勇与刘蓉等会筹办理，如陕省诸军足资钤制，该督即统所部取道河南径赴直隶，与刘长佑等会筹布置保卫畿疆。将此由五百里各谕令知之。"

（卷139　285页）

同治四年（1865年）五月己酉

又谕："扎克当阿等奏，古城危急，旋探闻满城被陷暨南、北两路防务紧急，特参救援不力各员。伊勒屯奏，古城被陷，奇台势孤各折片。古城失守，奇台危急，前据文麟等奏到情形大略相同，当经谕令都兴阿等派拨德祥、鹤龄等军出关援剿。旋据报德祥之军已抵哈密，本日扎克当阿等折报内称恩麟改委参将成桂护理肃州镇，德祥因等候交卸未即起程，改派署游击尤光组带兵出关，是否系发报日期在德祥未到以前。德祥及尤光组所带援师现在曾否行抵哈密，著扎克当阿、伯锡尔飞速迎提，并著恩麟懔遵前旨，迅速赴援，毋稍迟缓。鹤龄一军久已行抵秦州，前经谕令成禄督同该总兵所部取道安定进剿肃、甘踞匪，即乘胜规复嘉峪关，相机出关督剿。著都兴阿、穆图善迅即飞咨成禄严饬鹤龄一军设法赴援。成禄亦即统带所部相继前进，妥筹援剿。现在哈密、巴里坤两城防务均形吃紧，著扎克当阿、伯锡尔、伊勒屯等各就存城兵勇，慎密防范，以待援军，并檄饬文麟激励兵团固守奇台待援，毋稍疏懈。该二城需饷甚急，前次运存科布多饷银八万两，现经扎克当阿等会派员弁赴科迎提，著广凤、奎昌即将此项饷银提交该二城派来员弁，仍添弁兵沿途护解前赴哈密。一俟解到即由扎克当阿等酌核分拨以济军饷。奇台兵力单薄，并著广凤、奎昌于科属蒙古官兵内酌拨劲旅往援，其新疆南北各城现在情形，并著广凤、扎克当阿等设法侦探迅速驰奏。都兴阿、穆图善仍遵前旨迅拔宁夏，即统带重兵出关剿贼，并著恩麟将所需粮饷迅速宽为筹拨以利军行。其赴援古城不力遽行折回哈密之章京达萨杭阿著即行革职，至带勇由奇台折回之把总赵英杰及被掳之回目苏皮盖等，并著扎克当阿等查明分别惩办。将此由六百里谕知都兴阿、穆图善、广凤、奎昌、扎克当阿、伯锡尔、伊勒屯并传谕恩麟知之。"

（卷 139　290 页）

同治四年（1865年）五月壬子

又谕："杨岳斌等奏，剿抚溃勇分别正法留遣一折。陶茂林所部勇丁溃逃入陕，沿途抢掠，经刘蓉派副将彭体道等驰往晓谕，马队头目张起德、苏兴隆经反复开导尚知悔悟，而步队头目高选青即高汶义桀骜不驯，沿途蹂躏乡村，攻扑村寨。刘蓉会商杨岳斌、德兴阿调派马步兵队分头拦击。张起德反戈相向，贼遁入堡。苏兴隆缚出首犯高选青，逆勇多就歼除，其余呈缴马匹、器械给资分起遣散，办理尚为妥速。高选青即高汶义业经刘蓉等讯明正法枭示，张起德首先就抚随同剿捕，苏兴隆缚献首逆尚知愧奋，均著从宽免议。至窜赴甘肃两当境内及百花川溃勇均已分别缴械就抚，而通渭等处尚有另股溃勇南趋徽县小道，窜向略阳，复被前途拦阻折回。又有后起溃勇一千余名陆续入陕，前队已过凤翔，著刘蓉即督饬刘糈等分头剿办，毋任纷窜。其有欲由栈道入川者并著骆秉章饬属一体防范，毋稍大意。前因直东军情吃紧，谕令杨岳斌剿办此起溃勇后，在西安候旨。现在贼势东趋，刘长佑、崇厚已派兵至山东界上防剿。李鸿章又派潘鼎新带淮勇十营坐轮船北来，兵力渐厚。甘肃军情紧急，都兴阿在宁夏久未得手，恩麟一筹莫展，连失嘉峪关、肃州，而甘州又复告急，省城有坐困之势。杨岳斌若不赶紧西行，恐局势日非，将来愈难著手。著于接奉此旨后克日整队赴甘肃省城接印任事。都兴阿、穆图善等军俟杨岳斌抵甘后即可酌量令其出关。是杨岳斌止须驻扎甘省督办军务，无庸出关。而于关外军务亦有裨益。务将军营恶习、地方积弊认真挽回捕救，焕然一新。并将交查事件秉公办理以副委任。刘蓉另片奏请令成大吉到直东一带扼扎。该提督现在湖北办理金口溃勇一事，尚未十分完结。且楚北空虚，恐将来余贼再行回窜，亦不可不留兵布置。所请著毋庸议。本日据国瑞奏，贼之前队回窜丰沛等语。蒋凝学一军由河南赴陕行尚未远，著杨岳斌迅饬该道仍折回河南，侦探贼踪所向迎头截击，一俟直东等处发捻肃清，此军仍即饬赴甘肃归杨岳斌调遣。阶州贼势已蹙，何以至今尚未克复。本日刘蓉报内亦未奏及，著骆秉章、刘蓉催令各军设法攻拔，毋令日久生懈，致贼匪又行窜逸。将此由六百里各谕令知之。"

又谕："刘蓉奏，讯明陶营弁勇溃散缘由，请派员查办及密陈甘省积弊亟须整顿各一折。陶茂林所部勇丁溃逃入陕，经杨岳斌等调派兵勇迎剿，将勇目高选青等拿获。讯其溃散缘由，金供由于陶茂林贪淫刻薄、短缺勇额、纵掳民粮、捏报战事各情所致。虽系一面之词，惟刘蓉前已访闻该提督前在凤翔收纳回女，所部将领纷纷效尤。其所设营官多派兄弟亲属充当以专其利。勇数实不足额。又于制造旗帜号衣各项均将各勇月饷银两扣除。是高选青等所供各情必非无因。著杨岳斌于行抵甘省时，将刘蓉所奏陶茂林贪污不法各重情逐一密查，据实参办，毋稍徇隐。至甘省吏治军务日久总无起色，据刘蓉奏称其弊实由于地方大吏、督兵大员冒功冒饷，借军功以纳贿，借军功以肆虐等语。所奏不为无见，并著杨岳斌破除情面，认真整顿挽救，务将从前积弊尽力涤除。如该省官吏仍敢故态复萌，不知振作，杨岳斌即当随时严参惩办，不准稍事姑容，致负委任。雷正绾勇略素著，如果吸食鸦片，诚恐贻误事机，著杨岳斌密查具奏。刘蓉折二件均著抄给阅看。将此由六百里密谕知之。"

又谕："恩麟奏，查明肃州失事大概情形，添兵驰剿及宁、灵回逆屡扑中卫，节次堵击获胜各一折。甘省肃州逆回勾结猎户占踞嘉峪关后，纠众攻扑州城。知州陈墉出城弹压，被匪拘执。该逆潜入东关，复勾结城内回弁冯添才劈开东门一拥进城。护总兵成桂拒战受伤落濠，经民勇救护在南乡民庄调治。是否闻警先逃，捏词具报，暨战拒跌落，城外之署吏目刘秀挹有无捏饰具禀情事，均著恩麟确切查明据实参办。署安肃道恒龄是否被戕，暨各武职员弁下落著一并查明具奏。至署肃州知州陈墉被匪拘执，辄用安肃道关防印发禀函揑称肃州现已安静，无庸调兵进剿，并逼令各乡汉民降贼抗拒官兵，甘心从逆，实为法所不容。抑系该逆假冒地方官衔名，思逞狡谋，著恩麟一并确查核办。肃州回氛甚炽，恩麟所派黎献等军由甘州节次擒剿前进，并抽调提属官兵及张掖民团协助，即著檄饬该道等联络进攻，并饬成桂会同刘秀挹激励乡团并力歼剿，以期克拔坚城，毋任逆匪久踞灵州。甯匪叠扑中卫县城及广武、枣园等处，宁郡踞匪因被剿穷蹙亦纠众力争中卫一路，冀图西窜。甘、凉虽经官军节次堵击败走，惟梁生岳所部数止一千五百余名，合之都兴阿所派王赞襄练勇亦仅四千余人，兵力较形单薄。如该匪大股西趋势难抵御。雷正绾一军已由盐茶北进，著即酌度军情抽拔数营径赴中卫驻守，力遏败匪西窜。都兴阿、穆图善当懔遵前旨乘宁夏贼势已蹙，迅图攻拔，即分兵兼顾中卫等防。鹤龄等军已抵巩昌，并著都兴阿、穆图善、雷正绾、恩麟催令迅援肃州与诸军协力进剿，俟肃州克复，仍令星速出关。恩麟请调之昆都伦等部落蒙兵，著仍遵前旨毋庸调往，以节糜费。将此由六百里谕知都兴阿、穆图善、雷正绾并传谕恩麟知之。"

（卷139　298页）

同治四年（1865年）五月乙卯

又谕："成禄奏，安定围急，催兵助援，疏通兰省东路以利西行一折。甘省河西贼氛甚炽，逆回复纠合河、狄之众围逼安定。陶茂林驻扎城中仅止四营，合之分扎金县、靖远之军不足十营之数，倘该匪牵掣安定各军分扑省垣，剿办更形棘手。雷正绾现已分拨赵德正等二营归成禄调遣，并饬刘正高等七营驰赴会宁，以解安定之围。即著雷正绾严饬刘正高等统带马步七营奋力进剿，迅解城围。并著成禄激励赵德正等会合助剿，廓清东路，并飞调鹤龄等军星速西行，以厚兵力。前因陶茂林溃勇逼近陕西省城，谕令联捷俟将溃勇办理完竣即速西行。嗣据杨岳斌奏称业已分别剿抚，刻下成禄所部仅止二营，不足以资攻剿。联捷于接奉此旨后，即著统带所部迅速西进，与成禄会兵一处迅解安定之围，毋得迟延干咎。前已谕令杨岳斌克日由陕赴甘，即著懔遵前旨星速带兵前往，将各路回匪相机剿办，并分兵会剿安定之匪，毋任滋蔓。都兴阿、穆图善、雷正绾迅即攻拔宁、灵，以便督军驰赴西路，将安定一带并肃、甘等处回匪悉数歼除，肃清关内，以靖疆圉。其兰州省城防务，即著恩麟督饬防兵严密防范，毋稍疏虞。成禄所部各军应用粮草各项，恩麟督饬沿途各该地方官妥为接济，倘该地方官不知缓急，玩误军糈，即由成禄知照恩麟查明惩办。庆阳粮台前存应解乌鲁木齐饷银二万两，前据文煜奏称已拨解泾州粮台接济雷正绾营饷。俟各省协饷解到提还归款。现在成禄军营需饷甚亟，即著杨能格迅速妥为筹划，将前项应解银二万两派员解交成禄军营，俾充军实。正在寄谕间，据都兴阿、穆图善奏，各路军情吃紧，援军未至，并前敌后路筹剿筹防情形一折。逆回以就抚佯缓我师，并未献城撤圩，暗于各处挑濠筑垒，从上游各渠放水，希图淹断营路，情殊叵测。经都兴阿严拒受降，并踏勘地形相机宣泄，一面催趱粮米固结军心，办理尚属周妥。惟援宁窜匪勾结宁郡踞匪坚壁死守，分股扑犯广武及石空寺堡、胜金关等处，窥伺中卫甚紧。该将军等札派宁夏道三寿前往驻守，即著严饬该道员督率兵团实力捍御，毋稍松劲。刻下贼情狡诈，尤须加意严防。都兴阿等惟当蓄养锐气，修筑堤堰，换队移营，设计稳慎。其花马池、定边县后路贼匪虽经翁同书等击退向羊圈山一带奔窜，灵州大水坑等匪亦将合股向东南窜回陕西，是后路及东窜各匪均关紧要。即著雷正绾迅即督军由东路前进直取灵州，兼顾庆防，与后路各军联络声势，扼截东窜，以收夹击之效。安定一带情形吃紧，省垣尤为可虑。杨岳斌即迅由南路进省，以资镇摄，并分兵援剿各路，毋事延玩。将此由六百里谕知都兴阿、穆图善、雷正绾、杨岳斌、成禄、联捷并传谕恩麟、杨能格知之。”

又谕：“前因甘肃布政使恩麟办理回务狃和殃民，叠经被人参奏，并据甘省生员胡第甲等联名呈控，先后交熙麟、多隆阿查办。上年五月间复令都兴阿秉公确查据实具奏。甘省回氛遍地，日益蔓延，若地方大吏能于初起之时妥为筹办，何至酿成巨患，不可收拾。恩麟被参各节必须迅查严办，方足惩养痈贻患之咎。都兴阿现在进攻宁夏未能赴省，即著无庸查办。杨岳斌昨已命其驰赴兰州，著该督于到省后，将恩麟被参各款一并详查具奏，不准稍有徇隐。参折五件、绅士信函一件，呈二件均著抄给阅看。将此各谕令知之。”

同治四年（1865年）五月庚申

又谕："杨岳斌奏遵旨移师东向并请开缺一折。前因直东兵力渐厚，谕令杨岳斌克日整队仍赴甘肃省城。该督此奏自系尚未接奉前旨。甘省贼氛甚炽，省城尤岌岌堪虞，亟须知兵大员前往剿办，以支危局。著杨岳斌懔遵叠次寄谕星速统带所部驰赴甘肃省城接印任事，务将该省军营恶习、地方积弊次第整顿，力挽颓风，以副委任。该督所部兵勇惟当选择精锐统带赴甘，如有心志不齐、战守均未能得力者，即著随时裁汰，毋须带往，以免别滋事端。所请开缺简大员以专责成。现在甘肃事机孔棘，前谕该督赴直剿匪，一俟蒇事，仍须前赴陕甘总督之任，俾资镇抚。乃杨岳斌接奉驰赴直隶之旨，率请开缺专办剿匪事宜，未免意存趋避，有负朝廷委任，所请著不准行。随营之知府华祝三等即著该督带赴甘肃以资差遣。将此由六百里谕令知之。"

（卷140　318页）

同治四年（1865年）五月壬戌

又谕："文麟奏，官弁练勇收复济木萨城垣，请催官兵西剿，并擒获贼谍，现筹堵剿，暨请留革员差委各折片。济木萨城为回匪屯粮之地，文麟派令恩锦、陶玥等各带练勇相机前进，出其不意，将济木萨城池收复，得获杂粮一万数千石有奇。惟城西三台一带尚有马贼窥伺，且文麟拿获汉奸，讯有逆回索焕漳纠合党众前往玛纳斯堵兵，并有分扎阜康、吐鲁番、迪化等情。是该逆现虽弃粮逃走，难保不仍图东窜。文麟务当督饬在事员弁严扼三台等处要隘，实力堵剿，毋稍疏虞。东路防守事宜，扎克当阿、伯锡尔仍须严密布置，并知照伊勒屯、何琯一体严防，不可稍有疏失。陶玥、恩锦著照文麟所请暂留营中差委，以观后效，倘始终不能得力，即著仍遵前旨严参治罪，不得曲为解免。前据扎克当阿等奏，德祥等候交卸镇篆，改派署游击尤光组带兵出关，迄未起程等语。本日复据文麟奏，前闻肃州头起官兵已抵哈密，至今并无音信，是德祥之军行抵哈密一节尚系传闻之词。万一贼踪东犯，大局将不可问。著恩麟懔遵前旨迅催德祥、尤光组等由嘉峪关等处扫荡而前，克日出关。所需饷银并著恩麟源源筹济。鹤龄一军前已行抵秦州，著成禄调到该总兵所部取道安定进剿肃、甘踞匪，出关剿贼。西路贼氛甚炽，成禄部众无多，即合赵德正、马天祥二营及鹤龄之军亦恐不敷调遣。雷正绾续派之提督刘正高等七营，若于安定解围后，由成禄统带西行，兵力自可足用。著该提督咨商雷正绾妥筹调派。联捷所带马队五百名并著迅带赴甘，与成禄合兵一处相机前进，不准再事逗留，自干咎戾。昨已有旨令杨岳斌挑带精锐兵勇驰赴甘省接印任事，著该督恪遵叠次谕旨克日赴甘，不得稍有迟误。阶州踞逆至令尚未歼除，著杨岳斌、刘蓉、恩麟严饬在事员弁迅速攻克阶城，尽歼丑类。若再日久无功，必当从重治罪。宁夏郡城久攻未下，著都兴阿、穆图善督饬各军勇猛围攻，迅图克复。宁夏及阶州等城如能攻克，庶可腾出兵力剿办甘回，以期次第戡定。该将军督抚等务当仰体西顾之怀，奋勉图功，毋得稍涉因循，致负委任。巴里坤等城饷银业据明谊等分拨银两由僻路解往接济，其科布多所存饷银，著广凤、奎昌探明道路设法筹解，毋令缺乏。塔尔巴哈台前有回匪变乱之信，数月以来伊犁亦杳无奏报，近日情形究竟若何，并著广凤等随时侦探确情据实具奏。本日据刘长佑奏，擒获贼探，讯知该逆欲由直、豫交界之处伺间抢渡以入山西等语。已谕令沈桂芬先事图维。山、陕界隔一河，潼关等处亦须预筹布置，著杨岳斌、刘蓉选派兵勇扼要驻扎或于杨岳斌带赴甘肃之勇队内酌留数营，并派得力将领统带扼扎潼关，以备不虞，毋得稍涉大意。将此由六百里谕知都兴阿、穆图善、雷正绾、杨岳斌、刘蓉、成禄、联捷、广凤、奎昌、扎克当阿、伯锡尔并传谕恩麟、文麟知之。"

（卷140　321页）

同治四年（1865年）五月癸亥

又谕："刘蓉奏，官军攻克阶州城池，歼除首逆并遣散溃勇完竣，陕境肃清。雷正绾奏，攻克下马关等处贼巢，拟即进攻灵州，并缕陈饷绌情形，暨曹克忠军营缺饷，请饬陕抚拨解各折片。蔡、启两逆窜踞阶州负隅死守，经胡中和、萧庆高等督率兵勇四面合围，攻克城池，将蔡逆及全股悉数歼除。谋勇兼优，实堪嘉尚。至启逆梁城富是否被武字营擒获，抑已乘间逸出，仍著骆秉章、刘蓉督饬在事员弁查明实在下落，据实具奏。川、陕、甘三省兵力为阶城一隅牵掣已久，今既擒渠扫穴，即可分路移兵，俾资得力。胡中和一军前据骆秉章奏俟阶州克复移防叙南一带，现在应如何调遣之处，著骆秉章酌量川省情形，妥筹办理。雷正绾一军饷需异常支绌，骆秉章素能不分畛域，著每月酌量源源协济，以资饱腾。昨因捻逆有渡河窥晋之谋，谕令杨岳斌酌留数营防守潼关，杜贼审扰秦晋之路。此时，萧庆高等军已克阶城，自可调回陕省，于潼关等处择要扼扎，以便替出杨岳斌之兵全赴甘省。林之望所部勇丁叠经谕令，毋庸遣撤，往援肃州。现在安定等处军情吃紧，著杨岳斌、恩麟传知林之望统带张华全军先赴该处会合。成禄、雷正绾所派各军力解安定之围，即行驰赴兰州相机前进。阶州善后事宜，著杨岳斌、恩麟饬属妥为筹办，务令流亡复业，毋得视同具文。半角城、预望城、下马关等处久为回逆巢窟，经雷正绾督饬各军奋勇进攻，叠克坚巢，剿办甚为得手。即著该提督与曹克忠各军分路并进，直捣灵州，肃清北路。都兴阿、穆图善督兵围攻宁夏郡城日久未下，殊属延玩。著即激励兵勇奋力围攻，迅图蒇事，不得再事迁延，致干重咎。昨因成禄兵力太单，谕令雷正绾将派赴安定之刘正高等七营于解围后由成禄酌带西行，第雷正绾先后派拨十二营驻防安定一带。现在雷正绾乘胜进规灵州，兵力未厚，若由川省酌拨数营进驻安定一带，则雷正绾先后派出各营仍可酌量调回策应。著骆秉章斟酌情形，妥筹调拨。陶茂林营中溃勇由两当南趋者，业经汉南地方官弁分别遣散押送回川，后起溃卒亦均遣回原籍。其汉南一带仍著刘蓉严饬各府厅营县随时确探防范，将余匪擒捕净尽，并著骆秉章饬令地方有司将遣散勇丁妥为安插，毋令生事。雷正绾移军北进，转运益艰，必应宽筹粮运，方能源源接济，不至枵腹荷戈。著恩麟杨能格饬属就近筹运粮草，毋令缺乏。前因雷正绾营中粮运紧要，谕令刘蓉饬林寿图派员督办，何以尚未办理，著刘蓉督令林寿图实心区画，妥筹接济，不得稍存畛域之见，致误事机。陶茂林部众溃散所存无多，现在曹克忠一军营数日增，粮饷两绌，该总兵打仗向称勇往，若令饥军无食，哗溃堪虞，著刘蓉即将陕省按月解供陶茂林饷项军火改解曹克忠军营，并制造帐房数百架一并解往，以济要需，毋稍贻误。将此由六百里谕知都兴阿、穆图善、雷正绾、杨岳斌、骆秉章、刘蓉并传谕恩麟、杨能格知之。"

陕西巡抚刘蓉奏："办理甘省溃勇等事与德兴阿意见不合，据实上闻。"得旨："朝廷于各该臣工是非曲直及人品心术自有鉴别，该抚惟当实事求是，为所当为，不矜才，不忮物，亦复何恤人言。"

以克复甘肃阶州城，提督胡中和、总兵官萧庆高得旨嘉奖，并赏白玉翎管各一支、玉柄小刀各一把、火镰各一件、大荷包各一对、小荷包各二个，知州黄鼎巴图鲁名号，余加衔升叙有差。予阵亡参将卢胜祥等祭葬世职加等。

（卷140　323页）

同治四年（1865年）闰五月甲子

又谕："前因曾国藩奏请责成江、浙、楚、鄂等省协济甘饷，当经谕令各该省预筹定数。叠据官文、马新贻等将月协饷数奏明。兹复据曾国藩奏，统计协甘银数除扬防节省项下月解甘饷三万两外，浙江、江苏、湖北、湖南每月可得十万五千两，为数已不为少。请将东征局务裁停等语。杨岳斌现已饬令即日赴甘剿贼，军饷最关紧要。既经各该省自行酌定协饷数目，当必确有把握。该督抚等务须按月源源接济，不得稍涉迟延蒂欠，致有停兵待饷之虞。杨岳斌一军每月得此有著巨款，士饱马腾，惟当激励诸军，奋勉图功，扫荡群丑，方为不负委任。并严饬各营官于领到月饷，实放实销，毋蹈浮冒克扣等弊。东征局务即照曾国藩所请，将局卡概行停止，仍著择货物数种暂留厘金数成，增写本省厘票内，作为协甘之饷，如月收渐旺，仍著李瀚章尽数多解，不必拘定月解一万两之数，于甘省饷需更有裨益。将此由五百里各谕令知之。"

（卷141　328页）

同治四年（1865年）闰五月丁卯

又谕："瑞云奏饷项支绌暂借库款银两济急一折。凉州满洲营官兵应领俸饷未能按季关领，瑞云现将将库储马价银八千两分作两次放给官兵，以济眉急。俟关领每季饷银时，匀作五次归还。系为量时变通起见，著照所请办理。其庄浪城官兵饷糈历年积欠甚多，瑞云所请暂动庄浪库存马价银四千两，分起支放，续筹归还之处，事同一律，亦著照所请行。至甘肃藩库积欠凉州、庄浪官俸兵饷已至数年，该处筹防回匪，将士昼夜辛勤，若任令枵腹荷戈，岂能望其用命。著杨岳斌督饬恩麟赶紧设法筹款，源源接济并严饬武威、平番等县赶办本色口粮，随月供支，毋许稍有迟误。将此由五百里谕知杨岳斌、瑞云并传谕恩麟知之。"

（卷141　331页）

同治四年（1865年）闰五月戊辰

又谕："骆秉章奏官军攻克阶州，斩擒首逆……一折。所陈周达武等军攻克阶州城垣，蔡逆被乱军杀毙。启逆身受三伤，经武字营营官周家盛擒获等情。与刘蓉前奏大略相同。现在阶州城已克……"

（卷141　334页）

同治四年（1865年）闰五月己巳

又谕："杨岳斌奏，甘省吏治需人，查有降调之员尚堪弃瑕录用等语。降调湖南巡抚恽世临著即发往甘肃交杨岳斌差遣委用。"

谕军机大臣等："杨岳斌奏，遵旨赴甘，请饬蒋凝学一军仍归调遣，调拨鲍超所买战马，令唐际盛兼理督饷，请饬甘省暂停募勇各折片。杨岳斌于本月初一、初二等日督率所部西行，拟由东路进省，接印视事。到省后当懔遵叠次谕旨，将防剿事宜、交查案件妥速筹办，以副委任。山东贼股分窜刘口永城，归陈吃紧，豫省现无重兵，蒋凝学一军已叠次谕令赴豫，归吴昌寿调遣。著俟河南肃清再令该道赴甘。杨岳斌此时惟当就现有兵力，力图自振，以期壁垒一新。阶州现已攻克，林之望等军尚能得力。该督抵甘后即可就近檄调。各营勇丁纷纷滋事，自应暂停招募。著该督即行飞咨都兴阿、雷正绾等营一体照办，以节糜费而免滋扰。鲍超所买战马，前准曾国藩调赴军营，本日已谕知理藩院，将蒙古捐输马匹于距甘较近处所挑选一千匹，拨赴杨岳斌军营。著俟解到后认真训练，以资得力。李桓旧病未痊，鄂省后路粮台亦可不必另设。著照所请。派唐际盛兼综其事，该督即咨行官文，饬该司妥办可也。另片奏，甘省吏治需人等语，除李鹤年、卞宝第均系现任大员不准调往外，已有旨将恽世临发往甘省，交杨岳斌差遣委用矣。将此由五百里谕令知之。"

（卷141　336页）

同治四年（1865年）闰五月庚午

又谕："恩麟奏，北路回匪围攻中卫县城及道员黎献督兵西剿获胜，克复高古城等处贼垒情形，并回民阑入大道搜抢，旋经解散。暨筹备雷正绾军粮各折片。中卫县城与省城、西宁、甘、凉等郡处处相通，为兵粮转输要地。现在北路回匪分股围扑该县城池，并扑犯梁生岳营盘，势甚猖獗。万一中卫有失，其患不可胜言。雷正绾全部现已进规灵州，相距中卫较近，著该提督斟酌军情，抽拨劲旅数营迅往援剿，以保危城。成禄及鹤龄等军叠经有旨，谕令进剿安定之围，再行西行。著杨岳斌、恩麟催令前进，如安定业经解围，即著雷正绾将派赴安定之军调回数营前赴中卫接替，借资得力。杨岳斌抵省后并著分拨劲兵前往援剿。至梁生岳营盘有无失事情形，并著杨岳斌、恩麟查明具奏。黎献带兵二千进剿肃、甘等处贼匪，沿途节节获胜，剿办尚合机宜。惟兵力太单，必应步步为营，稳慎图功，方无挫失之患。著杨岳斌、恩麟饬令黎献激励兵团，将黎园、永固等处贼匪次第歼除，再行酌度军情，妥筹进取。大马营千总马国庆甘心从逆，实出情理之外，并著檄令黎献设法捕拿，讯明实情，尽法惩治。高古城回匪经官军攻克后，搜戮无遗。新城堡亦即克复，办理尚属迅速。其署古城千总祁延林是否被贼裹胁，抑系有心从逆，并著饬令黎献访查详确，据实奏参。西路回民借口汉团未散，突入大通县城，大肆抢掠，仓库监狱一并被劫。被伤人命甚多，虽据回目马寿等悔罪投诚，呈交赃物，而监犯及首恶并未捆献，断难凭信。该回民诡诈多端，总欲撤去汉团，得以肆行无忌，万不可堕其术中。恩麟现因兵力不敷剿办，暂准投诚，即著严饬达昌，责令该回目等将起事首恶及劫放监犯立即交出，不准借词宕延，致堕诡计。各乡团练仍应联络整备，不可轻议裁撤。如果该回众尚知悔罪息事，亦不可无端肇衅。著玉通、恩麟随时饬令该地方官，先事预防，妥筹办理。西宁一带防守事宜，并著玉通认真妥办。所有大通县城被扰情形，仍著恩麟确查具奏。雷正绾一军需用口粮麦面，即著恩麟饬令庆阳所属一州四县设法劝办运供。杨能格即就近督同庆阳府知府，严饬所属实力劝办，源源运送，毋令缺乏。雷正绾所需月饷支绌异常，并著杨能格飞催各路协饷，随时拨解，毋稍延缓。恩麟仍当设法接济，以应要需。前据吴昌寿、杨岳斌先后奏称，甘肃派往各省募勇，沿途滋扰等语。著都兴阿、雷正绾查明约束不严各员，据实参奏。现在甘省兵勇已为不少，足敷剿办。所有派往各员募勇之处，即著暂行停止。吴昌寿、杨岳斌原片各一件，著抄给都兴阿、雷正绾阅看。将此由六百里谕知都兴阿、穆图善、雷正绾、杨岳斌、玉通并传谕恩麟、杨能格知之。"

（卷141　　338页）

同治四年（1865年）闰五月壬申

又谕："联捷奏由陕拔营前进，请饬山西按月拨饷各折片。陕陶陶营溃勇业已办竣，联捷自当迅赴甘肃，会合成禄所部克日西征。该大臣现已分队起程，著即督率马队步勇驰赴安定一带，会同成禄及雷正绾所派各军尽力剿办，一俟安定肃清，即与成禄由肃、甘等处节节进剿，为出关之举。不得以在陕坐待军器，稍事迁延。该大臣月饷每月需银八千余两，此后军行渐远，甘省蹂躏之区，筹划非易，著沈桂芬按月拨实银八千五百两，解交联捷军营，务须源源接济，毋使停兵待饷，致误要需。将此由四百里各谕令知之。"

又谕："杨能格奏雷正绾一军进逼灵州，需粮孔亟，请饬陕西省于邻近甘肃各州县动拨仓储，迅解粮台，并请饬陕省邻近北山州县劝捐米麦，解交粮台，转运大营等语。雷正绾所部会合曹克忠、魏添应各军，指日各达灵州。所需军粮一切亟应宽为筹备，著刘蓉迅饬邻近甘省各州县于常平、义仓存储内，无论米麦杂粮每属各拨解一二千石，共作为二万石之数，飞速解交泾州、庆阳粮台，转运至环县分局，收存备支。此项运脚均准其作正开销。其邻近北山州县并著刘蓉转饬各该地方官会同雷正绾委员，妥筹劝捐，实在米麦解交粮台以济要需。杨能格于陕省粮石解到时，即酌核各营所需，源源转运，并著俟甘省二麦登场，粮价稍减，仍设法宽为劝捐采买，留备供支。将此由五百里谕知刘蓉并传谕杨能格知之。"

（卷141　342页）

同治四年（1865年）闰五月乙亥

以神灵助顺，颁甘肃凉州府关帝庙扁额，曰福佑河西。

谕军机大臣等："骆秉章续报克复阶州，擒获启逆各折片，与刘蓉前奏大略相同。逆首梁城幅等著俟解到川省后，即由骆秉章派员将该犯等处以极刑，以申国法。越西夷匪出巢滋事，势颇猖獗。西昌会理等处土匪亦复蜂起。周达武一军著俟松潘番务完竣后，即著骆秉章酌度越西等处情形，何路吃紧，即先调此军驰往何路剿办。前因雷正绾进攻灵州，兵力不敷，而安定被围，又复吃紧。谕令骆秉章酌拨数营进驻安定，以便雷正绾所派各营即可调回。兹据该督奏称湘果右军乏人统带，拟即遣撤。此军素称得力，如现在尚未遣散，即著该督另派得力将弁统带，前赴安定助剿，以厚兵力。昨据给事中赵树吉奏，川省因地方官闭粜，商民受困，幸各处发仓平粜，权济一时。今春又值天旱，米价复腾。自成都至夔巫数千里间，斗米卖至五六千、一二千不等。若不早为之所，深恐激成变故。请饬四川总督酌发仓谷，严禁闭粜，以济民食各等语。即著骆秉章斟酌情形，如果必须平粜，即著饬令地方官酌发仓谷，以平市价，并出示严禁所属各州县地方不得再行遏粜，俾商贾畅行，以资接济。其既发之仓谷，仍俟秋冬后，饬属设法买补。原折著抄给阅看，将此由六百里谕令知之。"

以四川官军克复甘肃阶州出力，赏总兵官周达武白玉翎管一支、玉柄小刀一把、火镰一件、大荷包一对、小荷包二个。总兵官杨占魁一品封典。总兵官黄友忠、副将李成一、王金志、沈迎祥、刘显良、李发祥、参将刘鹤龄、周家盛、宇文秀、何世华、胡国珍、王九龄、江忠诰、游击张华、道员萧德纲、知府江忠淑巴图鲁名号。知州周康禄、守备萧玉田等花翎。主簿周泽昌等蓝翎。余加衔升叙开复有差。予阵亡参将刘德源、游击李文彬、都司李玉发、守备阳振国、千总傅华昌、把总沈炳楚等祭葬世职加等。

以甘肃凉州肃清，赏佐领积忠额等蓝翎，余加衔升叙有差。

（卷142　345页）

同治四年（1865年）闰五月丁丑

又谕："都兴阿、穆图善奏，中卫被围，宁夏满城吃紧，回匪滋扰后路运道，饬军堵截。并青海蒙古王公等呈递禀词。常升奏庆昀因病出缺，逆回围扑满城各折片。中卫为入省要冲，现被逆匪围攻，万分吃紧。都兴阿等拟抽兵由阿拉善草地绕越进剿及派员会同该旗筹运粮米，即著迅筹妥办。雷正绾所部进规灵州，距中卫较近，著懔遵前旨，酌度军情，迅抽劲旅数营，由南路赴中卫援剿。如成禄及鹤龄等军进援安定，业已解围，并著雷正绾将派赴安定之军调回数营前往助剿，以厚兵力。宁夏回逆因庆昀病故，围扑满城，势甚凶狡。本日已将穆图善调补宁夏将军，著都兴阿、穆图善先其所急，抽拨得力数营绕赴满城，将扑城之贼击退，疏通粮路。即由中卫进取，会合雷正绾所派援军节次扫荡。都兴阿等营后路，时有回逆在红柳沟等处四出滋扰，窥伺运道，蓄谋甚谲。虽经官军连日雕剿获胜，仍恐该逆乘隙肆扰，饷道堪虞。著都兴阿等严檄翁同书各军扼要堵截，慎固定边之防，疏通饷运，以待援师，毋稍松懈。杨岳斌前据奏报，于闰五月初一日起程赴甘。著俟到省后，酌拨数营，迅赴中卫助剿。青海蒙古王公及阿家呼图克图等所递禀词，均以西宁狃于议抚。玉通等为逆回钳制，府城情形危殆，请拨重兵往办。著杨岳斌就近派委明干大员，酌带劲兵，驰赴西宁，相机妥办。西宁现在回匪情形及梁生岳营盘有无失陷，均著该督查明速奏。宁夏满城防务仍著常升激励存城兵团严密布置，与都兴阿、穆图善之军联络声势，固守待援，毋得稍涉大意。阿家呼图克图禀词一件，著抄给杨岳斌阅看。将此由六百里各谕令知之。"

调荆州将军穆图善为宁夏将军。

命开复提督马德昭赴钦差大臣曾国藩军营听候差委。

（卷142　349页）

同治四年（1865年）闰五月戊寅

又谕："官文奏，援甘楚勇溃散，现办情形。吴昌寿奏，发捻麇聚亳东，饬兵进剿并函商江皖兜剿各一折。蒋凝学一军，行抵襄阳，复借口索饷，纷纷逃溃，已散至八营之多。现在折回省城，形同叛逆，深堪痛恨。官文现饬姜玉顺督率所部迎头遏截，著即饬令该员相机办理，如抗不就抚，即著痛加剿洗，并将为首滋事之犯速行擒斩，以儆凶顽。被胁逃归各勇，务须妥为抚辑，以安善良。前经叠降谕旨，令官文、杨岳斌饬令此军折赴豫省剿捻，归吴昌寿调遣。是蒋凝学所部各营，业已停止赴甘，现在未散各勇尚有十一营，著官文飞饬传知蒋凝学，将叠次所奉谕旨晓示各勇，以安众心。本日据吴昌寿奏称，拟在豫省添募勇丁数千，无庸借资楚勇，请令蒋凝学一军，即在樊城驻扎，听候朝命等语。豫省既可就地募勇，自无须远调客军。所有蒋凝学一军即著留于鄂省归官文调遣，并著饬令此军移扎鄂省东北边境，以便堵截皖匪窜入楚北之路。并责令蒋凝学将现在未散勇丁妥为驾驭。所有蒋凝学应得处分著暂行宽免，倘再不能约束，致所部勇丁续行逃渎，即著官文将该员严参治罪。其现存未散之十一营欠饷，仍著官文酌量情形筹款补给。姜玉顺一军现办溃勇，未能赴豫。官文已改调飞虎四营援豫，即著饬令迅速起程，并著吴昌寿赶紧迎提，以厚兵力。发捻麇聚亳东，英翰雒河之军四面受敌。吴昌寿现饬张曜等军星夜驰援，并咨商吴棠派兵出濉溪口临涣集一路捣其东北，乔松年派兵由颖上太和攻其东南，合江、皖、豫三省兵力歼此丑类。所筹尚合机宜。著曾国藩迅派锐师相机进剿，吴棠、乔松年各派兵勇分路并进，会同豫省官军，将此起贼匪四面兜围，剿除净尽，毋令乘闲旁窜，又成不了之局。吴昌寿俟募勇成军，即率赴归德一带迎头拦击，杜其窜豫之路。昨据国瑞奏已令康锦文统带郭宝昌旧部赴皖助剿，乔松年务即飞催前进，与英翰一军联络夹击，毋稍迟延。将此由六百里各谕令知之。"

（卷142　351页）

同治四年（1865年）闰五月己卯

又谕："文麟奏，逆回猖獗，请饬催援兵进剿并接仗失利情形各折片。济木萨收复以后，文麟派令兵勇分防三台等处，叠次接仗。旋以寡不敌众，纷纷溃散。大股贼匪现在阜康盘踞，势将东犯。奇台一带情形甚为危急，非得接应之兵迅速前往，大局何堪设想。德祥、尤光组等军叠次催令赴援，现在究已行抵何处。著杨岳斌、恩麟查明飞催前进，不得任意迟延。成禄此时当已行抵安定，联捷亦已督队赴甘，著即催提鹤龄一军，将安定一带道路疏通，会合西行，由肃、甘出关剿贼，毋稍迟延观望，致误事机。黎献一军进剿甘州回匪，兵力尚单。著杨岳斌、恩麟檄令林之望即移得胜之师迅赴肃、甘。联络黎献之兵，合力进击，将该处回匪扑灭。庶以后出关之军不致梗阻。都兴阿、穆图善速将宁夏等处贼匪奋力剿除，以便抽兵出关。该将军等总当力顾大局，迅筹办理，以纾朝廷西顾之忧。援兵未到以前，文麟仍当激励民勇，固守奇台、济木萨等处，毋稍疏失。巴里坤、哈密等城并著文麟随时知照该城大臣等严密筹防，以备不虞。将此由六百里谕知都兴阿、穆图善、杨岳斌、成禄、联捷并传谕恩麟、文麟知之。"

（卷142　354页）

同治四年（1865年）闰五月庚辰

又谕："劳崇光等奏，请将发遣要犯由经过省份依次接解等语。贵州田兴恕案内应发新疆之革员张茂萱即张心培、谢葆龄均系获罪要犯。劳崇光等以道路辽远，经过地方军务未靖，动须绕越。解官未能熟悉路径，深恐疏虞。请援照广西成案，由四川、陕西、甘肃依次接解，自属实情。著照所请。一俟黔省将张茂萱等解至四川省城，即行由川解陕，由陕解甘。骆秉章、杨岳斌、刘蓉务饬各该省所派委员，小心接递押解，毋稍疏忽。嗣后遇有发遣官犯一体照办。俟军务肃清，再照旧章办理。黔省前解赴川之已革武举陈和钧一犯，著骆秉章即行一并赴解。田兴恕是否尚在四川省城，并著崇实、骆秉章将该革员速行起解，毋得日久稽延。将此由五百里各谕令知之。"

（卷142　356页）

同治四年（1865年）闰五月癸未

谕军机大臣等："户部奏遵议都兴阿军营饷需一折。都兴阿一军攻剿宁夏，饷需甚殷。前曾谕令各省自行酌定数目筹解，仍恐虚悬无著。自应指拨专饷以资接济，即著照户部所议，所有宁夏马步各营，除原有定饷者仍照旧拨解外，新募楚勇六营仍由官文、郑敦谨按月拨银二万两。扬州新到两起马队及英字选锋等营，统计十四营，月饷共需四万三千两。两淮盐课项下月拨协甘饷银二万两。著曾国藩、李鸿章、刘郁膏饬令两淮运使即将此项银两径解宁夏军营，无庸解赴江北转拨。山西河东道本有月协甘饷，著沈桂芬饬令该道按月划出二万三千两，径解都兴阿军营，其余仍解庆阳粮台。江苏、山西应解协甘饷银即可将此次所拨银两照数划除，以清款目。都兴阿前请每月筹备赏恤杂费等银一万两，著杨能格仍由庆阳粮台按月筹解。经此次指拨之后，庶饷项既有专供，不至复虞匮乏。著官文、曾国藩、李鸿章、郑敦谨、沈桂芬、刘郁膏、杨能格各将指拨都兴阿所部各营月饷，按月如数解交宁夏军营，毋稍推延，致滋贻误。所有督催转运及支发动用一切事宜，即著都兴阿责成景廉实力稽查，仍饬汇齐总数，详晰造报庆阳粮台核销，以昭划一。将此由五百里谕知官文、曾国藩、都兴阿、李鸿章、郑敦谨、沈桂芬并传谕刘郁膏、杨能格知之。"

又谕："联捷奏遣撤患病官兵回旗并请补调将领一折。黑龙江官兵随同联捷赴甘，内有患病者三十一名，并伤病举发之记名副都统、副管花尚阿未能随营西进。联捷现拟将此项官兵遣撤，即令花尚阿管带回旗，著照所请办理。该管现在带兵需人，请将齐齐哈尔协领扒子、布特哈佐领萨呢布调赴西路。著特普钦即饬该二员迅赴联捷军营听候调遣。现在黑龙江官兵调赴神机营及直隶军营者为数已多。联捷所请调拨黑龙江马队二三百名之处，著俟直东军务完竣时再行酌量拨往。将此由四百里各谕令知之。"

（卷142 360页）

同治四年（1865年）闰五月甲申

谕军机大臣等："杨岳斌奏行抵泾州，未及分兵驻守潼关一折。前谕杨岳斌于带赴甘肃之勇队内酌留数营，扼守潼关。现在该督业已由泾州进发。队伍先驱计程愈远自未便纡道折回。现在发捻各匪扰及蒙亳等处，难保不被击西窜。潼关一带防务紧要。著刘蓉派兵前往扼扎，以固边防，毋稍疏虞。阶州现已克复，萧庆高一军能否调赴东路，并著刘蓉懔遵前旨，酌量办理。安定虽已解围，而甘省逆氛遍地，尚肆鸱张。著杨岳斌统率所部迅赴兰州省城，妥筹剿办，扫荡逆氛，以副委任。将此由六百里各谕令知之。"

（卷143 362页）

同治四年（1865年）闰五月辛卯

又谕："都兴阿、穆图善奏官军驰援宁夏满城，立解城围。杨能格奏庆防官军攻克铁角城，叠获胜仗各一折。逆回纠党筑垒围扑宁夏满城，经都兴阿等亲督官军攻拔贼垒多处，毙贼二千余名，城围立解。其紧靠郡城之西门桥各贼垒复经官军一律平毁，逼城而营，即著都兴阿穆、图善乘此声势，激励兵勇，迅将宁夏郡城克日攻拔，不得再有耽延，致干咎戾。杨能格当设法筹款将宁夏官军粮饷源源转运，毋令缺乏。固原窜逆围扰中卫，此股不除，于宁夏一军终形掣肘。著雷正绾懔遵前旨，督饬援军，迅解中卫之围，扫荡逆氛，以收夹击之效，毋稍迟误。庆防官军分路剿贼，攻克铁角城逆巢，擒斩逆酋哈伏威等，尚属奋勉。所有历次尤为出力员弁，准由杨能格汇案保奏，不准稍有冒滥。回逆诡谲异常，现在东窜保安县境，并图窥伺安化县元城镇，难保不牵缀我师，暗为宁灵掎角。著杨能格督饬魏添应等相度机宜，实力防剿。并著刘蓉添拨兵勇驰赴延安、鄜州、安边、保安等处，扼要堵截，不得稍有疏虞。前据德勒克多尔济等奏称，回匪千余名扰及花马池、定边一带边墙，希图窜越。当经谕令德勒克多尔济等咨明都兴阿兼严后路之防。此时宁夏官军进扎西门，正在得手之际。该将军仍当分拨兵勇，将花马池、定边一带回匪先行剿除，肃清后路。毋任宁夏大营兵势为所牵掣。将此由六百里谕知都兴阿、穆图善、雷正绾、刘蓉并传谕杨能格知之。"

（卷143　374页）

同治四年（1865年）六月甲午

　　直隶总督刘长佑奏："直省需饷甚繁，所有甘肃协饷委难兼筹。请俟库款稍充，再行解济。"得旨："著准其暂缓拨解，一俟库款稍充，仍行源源接济，毋稍推诿。"

（卷144　380页）

同治四年（1865年）六月乙未

　　以凉州协领图明额署西安左翼副都统。

（卷144　381页）

同治四年（1865年）六月丁酉

　　又谕："恩麟奏探查关外回匪变乱情形，并嘉峪关城经民勇收复及狄、河回匪势已穷蹙，亟应攻取老巢。成禄等奏，请饬杨岳斌先派十营交成禄统领，并请饬雷正绾迅檄谭玉龙带兵前来进剿各折片。狄、河回匪前在安定被创穷蹙，自应乘机攻取老巢。嘉峪关虽经收复，而群贼萃于肃州城内，出关之路尚未疏通。是甘省军务在在均关紧要。杨岳斌前已行抵泾州，著即督饬所部驰赴兰州。将各路军情通盘筹划，酌派兵勇进取狄、河回匪老巢，迅将州城克复。成禄等奉旨西征，责无旁贷。著俟杨岳斌抵省后，迅即督同联捷马队进取肃州，疏通道路，乘胜出关剿办，以副委任。如兵力不敷，著杨岳斌拨兵助剿。雷正绾前拨六营，尚有四营未到，仍著该提督速饬谭玉龙管带四营前赴成禄军营，以资进剿。川兵帮办营务处之陈庆有及鹤龄行营亲兵六十余人最为狡猾，留于军营，殊属无益。即著成禄将陈庆有等弁兵遣撤回川归伍。安西、玉门、敦煌等州县回匪变乱，并民勇收复嘉峪关详细情形，著杨岳斌确切查明，据实具奏。陶茂林奏，勇因索饷溃散，贼即乘虚扑营，自请治罪一折。营勇溃散是否因欠饷过多，抑或因该营弁克扣侵蚀所致。仍著杨岳斌恪遵前旨，确查具奏。俟奏到时再降谕旨。将此由六百里谕知杨岳斌、雷正绾、成禄并传谕恩麟知之。"

　　又谕："恩麟奏请饬催各省协饷，开单呈览一折。拨甘并进剿新疆诸军，现已陆续到甘，需用甚巨。该省东西州县多遭蹂躏，捐输既无可劝，厘金所收亦属无几。若非各省力筹接济，饷需匮乏，饥军哗溃堪虞。各该省叠奉谕旨，先拨急需之款，自应赶紧解济，以备供支。著瑞麟、刘长佑、骆秉章、李鸿章、阎敬铭、吴昌寿、沈桂芬、刘蓉、马新贻、郭嵩焘、孙长绂按照恩麟单开，将欠解协甘急饷赶紧筹措，源源接济。毋再迁延推诿，致误戎机。恩麟原单，著分别抄给各该省督抚等阅看。另片奏曹克忠一军，饷项奇绌，帐房军火亦不敷应用。甘省无款可搜，万难筹济，请饬陕西抚臣拨解等语。著刘蓉将应解曹克忠一军饷银，并军火帐房等项，竭力筹划，随时报解，毋令稍有缺乏。将此由五百里谕知瑞麟、刘长佑、骆秉章、李鸿章、阎敬铭、吴昌寿、沈桂芬、刘蓉、马新贻、郭嵩焘并传谕孙长绂知之。"

护陕甘总督恩麟奏："北路降回复谋不轨，现经镇臣曹克忠殄戮无遗。"得旨："仍著饬令曹克忠随时访察，妥为防范，不可稍涉大意。"又奏："查阅陈墉两次禀函，皆以肃城之变由官民激成，恐系逆回授意，诡词缓兵。俟查明再行具奏。"批："仍著确查起事实情，并严拿陈墉到案讯究。"

伊犁参赞大臣联捷奏："体察关内回民情形，似宜随剿随抚，未可专恃兵力。"得旨："著即乘机利导，分别剿抚，妥为办理。惟不可一意主抚，将就了事，粉饰养痈，致贻后患。该大臣仍当迅速赴甘，合力剿办，不准迟延，致负委任。"

以甘肃安定县城解围，予提督刘正高遇缺提奏。署知县胡国栋以知州用，与署守备秦兆祥均赏花翎。余升叙开复有差。阵亡副将胡海万等十一员祭葬世职加等。

（卷144 385页）

同治四年（1865年）六月己亥

又谕："瑞麟、郭嵩焘奏发逆窜入镇平县城，调军进剿。暨霆营叛勇窜扰南雄、信丰地方。现筹剿办及粤省军饷竭蹶，万难协济甘饷各折片。孙长绂奏遵核协甘饷数及现筹防剿情形各折片……"

（卷144 389页）

瑞麟等所奏粤省军饷竭蹶，杨岳斌请拨厘金，目前万难协济等语。自系实在情形。第甘省地瘠民贫，军饷万分支绌，瑞麟等仍当力为其难，设法源源接济，不准稍涉推诿。孙长绂奏每月协济甘饷二万两，尚须俟防务稍松以后。若他省悉皆如此，甘饷终恐无著。仍著刘坤一、孙长绂宽为筹划，随时协拨。不准以本境防务为词，漠视甘饷。将此由六百里谕知瑞麟、左宗棠、李鸿章、刘坤一、郭嵩焘并传谕孙长绂知之。"

（卷144　390页）

又谕："骆秉章奏兵丁途中滋事，请将统兵将官革职一折。鹤龄奉调带兵赴甘，自应纪律严明，迅速前进。乃途中竟有逗留骚扰情事，实属未能得力。著严饬该总兵嗣后务须约束兵丁，毋令滋事。如再不知愧奋，即著据实严参。其纵容兵丁之营弁及滋事之兵丁，即饬令查明按名交出，尽法惩治，毋得稍有徇庇，以肃军律。另折奏安岳县匪徒谋叛，全数扑灭等语。此起匪徒，聚众起事。其勾结党与必多，虽将首从各犯扑灭，尚恐有漏网余匪藏匿未获。著骆秉章严饬该管地主官，会同民团，实力搜捕，以尽根株。将此由六百里谕令知之。"

（卷144　391页）

同治四年（1865年）六月庚子

又谕："成禄、恩麟奏进剿红圈等处贼匪获胜，攻毁贼巢，并请将带兵失利之署总兵梁生岳摘顶各折片。红圈贼氛，距省甚近，经官军进剿，攻毁贼巢。败匪窜至中卫、靖远交界之石硖子锁罕头一带。梁生岳一军又在中卫之胜金关等处接仗失利。中卫之匪一日不除，于宁夏军情终形掣肘。著雷正绾懔遵前旨，迅由中卫节节进逼，扫荡逆氛。并著都兴阿、穆图善懔遵叠次寄谕，迅将宁夏郡城克日攻拔，转战而前，以收两路夹攻之效。恩麟仍督饬派出之鹤龄等军将红圈窜出败匪悉数殄除，毋任一名漏网。中卫带兵失利之署宁夏镇总兵梁生岳未能妥筹守御，虽因贼众兵单所致，究属咎有应得。著摘去翎顶以示薄惩。杨岳斌前已行次泾州，著即懔遵前旨驰赴兰州。将各路军情通盘筹划，妥为办理。将此由六百里谕知都兴阿、穆图善、雷正绾、杨岳斌并传谕恩麟知之。"

（卷144　393页）

同治四年（1865年）六月壬子

谕军机大臣等："恩麟奏岷州回逆变乱，分股窜往洮州，并探闻哈密失陷各折片。甘肃岷州城垣于闰五月初六日突被外来回匪千余人窜入，将署知州增启戕害。旋于初八日出城，窜往洮州。该州回弁李发珍、丁泳安等亦麇聚死党，占踞洮城，甚为猖獗，亟须添拨重兵剿办。前据杨岳斌奏报于闰五月初一日起程，取道泾州。此时何以尚未到省，殊属玩延。著懔遵前旨，星速驰赴兰州，将该省应办军务地方各事宜妥筹迅办，切勿迁延不进，贻误事机。洮州回氛甚炽，陶茂林等军俱为近省贼势牵掣，未能调拨。著杨岳斌、恩麟即饬张华所部阶州得胜之师，会合赵桂芳勇丁驰往洮州并力围剿，迅歼丑类。宁夏贼势已蹙，雷正绾军已逼灵州。著都兴阿、穆图善、雷正绾迅将宁灵各城攻拔，以孤贼势。现在探闻哈密已陷，逆踪愈形蔓延。著成禄、联捷迅带所部进剿肃州踞匪。即行取道出关。兰州省防及各要隘，并著都兴阿、杨岳斌等筹拨弁兵，随时兼顾。仍飞饬成禄等军，克期出关进剿。文麟驻扎奇台一带，距哈密较近。著即探明匪踪，实力防剿。洮州逆弁李发珍、丁泳安等并著杨岳斌督饬各军，严密查拿惩办。署知州增启被戕及泯州文武官绅眷属被胁各确情，著恩麟查明，汇呈杨岳斌迅速驰奏。哈密变乱情形及扎克当阿等下落，并著都兴阿、杨岳斌、文麟等确查迅奏。将此由六百里谕知都兴阿、穆图善、雷正绾、杨岳斌、成禄、联捷并传谕恩麟、文麟知之。"

（卷146　418页）

同治四年（1865年）六月丙辰

西宁办事大臣玉通奏："循例派员前赴玉树番族会盟，并查勘被创番族，妥为抚驭。"得旨："惟当严饬该主事等小心谨慎，毋许有勒索骚扰等事，并会同川省委员，公平审断，不可稍有偏倚，致启该番族等轻视之心。"

（卷146　424页）

同治四年（1865年）六月丁巳

谕军机大臣等："文麟奏贼匪东犯，奇台失守，请将各员分别查办，并闻哈密被陷及回目投诚各折片。逆回纠大股东犯，官军在三台接仗。先胜后挫，旋因众寡不敌，致奇台县城失守。文麟退扎巴里坤，复闻哈密失陷。现在招集兵勇约有三千余众，拟设法先攻哈密，以通粮道。即著文麟与讷尔济会筹进剿，奇台、哈密并陷，文麟一军孤悬坤城，亟须关内重兵驰往助剿。成禄、联捷所部均在兰垣一带为近省回势所牵，必须杨岳斌到省布置，诸军始可克期前行。著杨岳斌懔遵前旨，星速赴省筹办，即飞檄成禄、联捷统带各营进剿肃州踞逆，通道出关，即赴哈密援剿，毋许稍涉延缓。都兴阿、穆图善、雷正绾当懔遵叠谕，迅拔宁、灵两城，即可酌拨兵勇，协同成禄等军节节扫荡，以壮声援。鹤龄等军现在何处，并著都兴阿、杨岳斌、恩麟等檄催前进。文麟自请治罪之处，著加恩宽免。县丞陶玥、署迪化州知州孔昭恒于奇台失守后不知去向。著文麟严密查拿，解交刑部治罪。陆布沁阿喜尔回目等赴文麟军营投诚，并愿帮同打仗。著文麟妥为驾驭，以坚其向化之忱。穆图善奏请将宁夏将军印务交常升暂行护理，即著照所请办理。湘果右军前据骆秉章奏业已遣撤，不能派赴甘省。并据奏称臬司林之望所部勇丁多系秦陇土著，朴实耐苦，进攻阶州等处深资其力。都兴阿、雷正绾、杨岳斌等兵力如尚不敷，即著就地选募，较之客勇尤为便捷。前据刘长佑奏雷正绾派赴直隶招募马勇之总兵魏得春等潜行出口，不服盘查，并纵勇滋扰，当经降旨令雷正绾查明参办。该署提督务宜破除情面，从严惩办，以儆效尤，毋稍回护。扎克当阿等下落仍著文麟查明具奏。将此由六百里谕知都兴阿、穆图善、雷正绾、杨岳斌、成禄、联捷并传谕恩麟、文麟知之。"

以甘肃攻克盐关贼巢出力，赏副将高月桂、赵逢信、张明富、曹金银、参将祝胜祥、傅用金巴图鲁名号。游击保明等花翎。守备姚正高等蓝翎。余加衔升叙有差。

（卷146　425页）

同治四年（1865年）六月壬戌

又谕："讷尔济奏奇台、哈密失陷，巴城孤危，请兵救援，并扎克当阿战亡，现筹攻守各折片。成禄奏新疆事棘，请旨饬拨兵饷，俾得迅速西征一折。奇台、哈密失陷，贼势鸱张。巴里坤满、汉二营兵丁仅有一千余名。文麟招集民勇亦不足一千之数。讷尔济、文麟现拟统带兵勇进规哈密，以剿为防。第兵力太单，若非关内大兵克日赴援，恐情见势屈。巴城亦难保守。成禄已抵兰州，即可督兵西进，赶紧出关。前经谕令雷正绾酌拨刘正高七营归成禄调遣，即著迅速拨往，以厚兵力。该营粮饷并著杨岳斌督同恩麟筹款给发，毋令缺乏。其成禄现带之马天祥、赵德正二营，前曾谕令恩麟筹发饷银，何以两月之久尚未支给分厘。著杨岳斌、恩麟迅筹给发，不准再事延误。联捷行抵何处，未据奏报。著即克期前进，与成禄合兵一处，早日出关，毋得稍涉迁延。都兴阿、穆图善、雷正绾当懔遵叠次谕旨，迅拔宁、灵两城，即可酌拨兵勇，协同成禄等军，节节扫荡，以壮声援。倘该将军等以出关为畏途，致宁夏等城久稽克复，必治都兴阿、穆图善以糜饷老师之罪，决不宽贷。前据广凤等奏蒙古官兵未习战阵，又无应手利器，势难再行拨调等语。所奏系属实在情形。讷尔济拟调乌科蒙兵三千之处，恐亦无济于事。讷尔济、文麟惟当就现有兵力相机防剿，以保危城。其扎克当阿战殁情形，并著查明迅奏。前据恩麟奏称探闻嘉峪关收复，余贼并归肃州。近日黎献一军进剿情形若何。林之望一军现抵何处。杨岳斌、恩麟催令督队前进，会合黎献所部迅将肃州踞匪扑灭，以通关内之路。现在哈密既经失陷，贼氛去关甚近，若再与关内之匪勾结一气，剿办更形棘手。杨岳斌此时计可抵省，著即将关内关外情形熟筹布置，其应如何调拨兵勇之处，咨商都兴阿、穆图善、雷正绾迅速筹办，不得互相推诿，致有顾此失彼之虞。新疆饷银叠经户部奏拨，除山西等省之饷均由绥远城出口解往乌里雅苏台等城转运外，其四川应解饷银十六万两，本令由甘肃解往。著杨岳斌咨催骆秉章迅速拨解，即作出关兵饷之用。至湖北等省协解甘饷，前经奏定数目，即为有著之款。并著杨岳斌分别催提，以资分拨。宁、灵一带贼势甚重，且有东窜之意。定边、花马池一带防务尤为吃重，都兴阿、雷正绾务当先其所急，派拨劲旅，会合翁同书所带之兵实力截剿，不得任其偷窜。能将后路肃清，于进剿宁、灵亦可无虞掣肘。该将军等当善体此意，妥筹办理。讷尔济、文麟另折奏称若欲剿灭新疆回匪，必须数十万精兵，百千万帑项，尚需数年征杀，数年教养，请饬王公大臣九卿科道等熟思妥议应缓、应急之处等语。新疆回匪变乱自应急筹剿办，有何可缓之处。讷尔济等所奏不知其是何居心，实属糊涂冒昧。此后如不尽心竭力，勉任其难，必重治讷尔济等以推诿贻误之罪。扎克当阿四月初二日所发折内，有都司钟龄业经遵旨正法等语，所办甚是。至县丞陶玥、署迪化州知州孔昭恒并著于拿获后就地正法。其乌城失守案内之知县文光、裕厚现在有无下落，并著查拿研讯。遵照前旨办理。将此由六百里谕知都兴阿、穆图善、雷正绾、杨岳斌、成禄、联捷、讷尔济并传谕恩麟、文麟知之。"

（卷146　432页）

同治四年（1865年）七月癸亥

谕军机大臣等："刘蓉奏定边防军叠胜，遵旨添兵防守要隘。回酋赫明堂心怀叵测，派兵分防邠、陇等处，并遵派劲兵前赴潼关防堵各折片。甘省回匪盘踞灵州大水坑等处，时赴定边交界之区，肆行掳掠。经该处防兵截击，殄毙多名。而定、靖一带毗连甘境，路径纷歧，必应添防防守。刘蓉现饬同知鄢太愚督带四营会合段登云等扼要堵御，即著饬令该员弁等加意严防，遇贼即击。其鄜、延一带要隘，并著督饬总兵杨得胜等认真扼剿，毋稍疏虞。杨能格仍遵前旨严饬魏添应等相机截剿，毋为该逆所乘。回首赫明堂招集回众已至八九千人之多。万一日久乏食，必将肆行抢劫，故态复萌。杨岳斌既虑其终为边患，自当预筹防范，随时咨商雷正绾设法钤制，相机解散，以期消患未形。其邠、陇、凤、略一带即著刘蓉檄令总兵刘玉兴等军迅速赴防，扼要驻扎，并令萧庆高分兵严防，借资策应。捻匪窜至许州，径趋襄、郏，距陕渐近。刘蓉现派刘厚基统带五营前赴金陡关驻扎，相机截剿，即著督率刘厚基实力扼防，毋稍懈弛。惟兵力尚嫌未厚，刘蓉能否酌量添拨协守以壮声威之处，著迅速筹办。刘蓉另折奏遵筹雷正绾军食，已饬甘泉等县凑拨仓粮二万石，并饬北山附近州县劝捐米粮，惟运费无款可筹。请饬庆阳粮台自行筹办等语。即著杨能格筹备运脚，自行转解，以裕军粮。将此由六百里谕知杨岳斌、刘蓉并传谕杨能格知之。"

又谕："刘蓉奏雷营军粮需费繁重，请饬催各省协拨月饷，并请饬拨湖南厘金协济甘饷各一折。雷正绾一军进攻灵州，因甘省向不产粮，是以谕令刘蓉督饬藩司将雷正绾军营粮食宽为筹备。兹据刘蓉奏库款竭蹶，积欠累累，若再采办甘省军粮断难筹此巨款。转运之费繁多亦属难办。所奏自系实在情形。惟雷正绾攻剿灵州贼匪正当吃紧，甘省购粮维艰，设因饷需不继，贻误戎机，所系诚非浅鲜。著官文、郑敦谨、王榕吉各将月拨雷正绾协饷按月如数委解庆阳粮台。即由杨能格将此项饷银采买粮石，转运雷正绾军营，以资兵食。至所称陕省凋敝特甚，恳拨湖南厘金协济甘饷，以纾陕力各节。陕、甘两省唇齿相依，理宜竭力援甘。惟陕省自遭逆回之变，地方凋敝过甚，人民多未复业，土地荒废，户鲜盖藏。以频年积困之区，责令强协邻省，深恐力不能支，反滋贻误。从前曾国藩奏请裁撤东征厘局，当以所奏系为体恤商情，培养元气起见，用特允其所请。谕令将东征局卡概行停止，仍酌择货物数种，暂留厘金数成作为协甘之饷。原为甘省需饷浩繁，必须宽为筹备，方可收饱腾之效。现在各省指定之款既不能悉数如期解到，而陕省又不能就近兼筹，短绌情形，深为可虑。刘蓉请仍拨湖南厘金暂资接济，俟两、三年后陇境肃清，再行奏请停止。其通盘筹划，实为大局起见。著李瀚章斟酌情形，实心区划。倘能有裨国用，无损民生，即将东征局厘金照旧抽收，接济甘饷数年。俟陇省军务肃清再行停止，于西北大局甚有裨益。发捻现在西窥秦、晋。本日据刘蓉奏派刘厚基统带亲兵五营驻扎金陡关，兵力尚恐单薄。晋省风陵渡一带，自必设有防兵，著王榕吉饬令在防兵将与刘厚基防军联络堵御，以壮声势。将此由六百里谕知官文、郑敦谨、李瀚章并传谕王榕吉知之。"

（卷147　435页）

同治四年（1865年）七月丙寅

护陕甘总督恩麟奏："哈密贼势猖獗，办事大臣扎克当阿阵亡，安西震动。"得旨："扎克当阿之子，著恩麟饬属妥为护送入关。安西一带防守事宜，著督饬玉斌等妥筹办理，毋稍疏虞。"又奏："曹克忠进剿金积堡获胜。"批："昨据都兴阿等奏，雷正绾一军进攻金积堡失利，已谕令该提督招集陕勇力图整顿。恩麟务当速筹粮运，源源接济，毋得颟顸误事。"

（卷147　444页）

以甘肃河州等处集团防隘叠著战功，赏千总严绍先等蓝翎，余升叙开复有差。

……以遗爱在民，追予甘肃秦州阵亡知州托克清阿谥刚烈，并入国史循吏传。

（卷147　445页）

同治四年（1865年）七月丁卯

护陕甘总督恩麟奏："民团搜获逆回致署武威县知县汪培庆书信，现经撤任查办。"得旨："汪培庆著即调省查讯。惟书信情节支离，显有诬陷情弊，恩麟当督属认真研鞫，务成信谳。"

以甘肃泾州防剿出力，赏参将范铭巴图鲁名号，都司孙登策等花翎，从九品刘振采等蓝翎，余加衔升叙有差。

予甘肃肃州阵亡道员恒龄、护总兵官游击德祥、游击英兰祭葬世职加等。

（卷147　448页）

同治四年（1865年）七月辛未

又谕："杨岳斌奏甘省军务粮饷吏治民生大概情形，并曹克忠接仗失利各折片。甘省用兵日久而匪势愈炽。地方情形日益凋敝，皆由带兵各员习气太深，地方大吏诸事废弛，种种情形实堪痛恨。雷正绾、曹克忠两军近因进剿金积堡失利，弁兵伤亡颇多。现在士气新挫，逆焰必至益张。杨岳斌当责令雷正绾等申明纪律，重振军威，再图进取，以赎前愆。河、狄一带贼势最重。从前总以兵力不敷未暇兼顾。杨岳斌现拟先剿狄、河，再图西北。即著调拨各军妥筹剿办。前因黎献一军进剿肃州贼匪兵力过单，谕令林之望移军助剿。嗣又据恩麟奏调张华一军赴洮州剿贼。该两军现在行抵何处，仍著杨岳斌酌量调派。刘正高、沈大兴等所部淫掳焚杀，经杨岳斌拿获三人正法，所办甚是。该二员何以拔营他徙，并著查明参办。嗣后如有不遵调遣及纵勇骚扰情事，即著按照军法惩办。庶几壁垒一新，于军务方有起色。定边、花马池一带时虞贼匪东窜，并著与都兴阿妥筹兼顾。至该督所陈，于军务则先惩扰害，再汰疲羸。于粮饷则先筹采买，再议转输。于吏治则先儆贪墨，再振因循。于民生则先去烦苛，再谋招垦。均能切中窾（窍）要。该督受朝廷重寄，惟当实力实心，次第筹办，以副委任。曹克忠此次进攻贼堡，因无援失利，情尚可原，著免其议处。前据庄浪城守尉庆志奏参恩麟袒护属员东赡泰砍伤兵丁，玩误饷糈，并陶茂林所部之勇到处扰害等语，著杨岳斌汇入从前交查各案一并查明具奏。原折著抄给阅看。将此由六百里谕令知之。"

又谕："刘蓉奏请催各省协甘军饷，以图补救一折。据称雷正绾、曹克忠等军进攻金积堡贼巢，遇伏失利，退扎预望城。各营挫衄之余，米粮军火等项事事乏缺。必须宽筹饷项，随地采办，随时制造，方能重新壁垒，转危为安。庆阳防军前经雷正绾调去六营，同时挫败。此项饷银到后恐该逆闻而生心。请饬径解陕西藩库收存转解各等语。庆阳粮台支应各营饷项，需用浩繁。现在甘军新挫，粮饷两缺，尤属刻不容缓之需。该督抚等素顾大局，自应设法赶紧筹解，以纾朝廷西顾之忧。即著骆秉章、吴昌寿、阎敬铭、王榕吉迅将协甘欠解之款。各先筹拨银数万两，派员星速解交陕西藩库。此项饷银到后，即著刘蓉随时知照杨能格委员提拨，并派员就陕甘交界州县采办米粮，分拨接济。并著刘蓉将欠解甘饷随时筹解，以赡饥军。将此由五百里谕知骆秉章、吴昌寿、阎敬铭、刘蓉并传谕王榕吉、杨能格知之。"

又谕："刘蓉奏援甘协饷紧要，请饬催各省迅解等语。杨岳斌奉命西征，于行抵西安时先后由陕库借拨银六万两，均议俟各省协饷解到时扣留归款。迄今已逾两月。各省协饷并未解到。陕库本甚拮据，去此巨款已难周转。而杨岳斌统率全军抵甘，正值雷正绾等剿办灵州回匪失挫之后，贼焰甚张。而狄、河等处之匪逼近兰州，尤为肘腋之患。当此局势紧急，非饷项充裕何以激励戎行。著官文、郑敦谨将湖北月协之三万两，李鸿章将扬防节省项下月解之三万两，刘郇膏将江苏月协之一万两，其江西、浙江、湖南等省协款并著刘坤一、马新贻、李瀚章、孙长绂各筹两个月饷银，赶紧委员拨解到陕。由刘蓉转运前进，以济要需。倘敢稍事延宕，致西北大局日就决裂，该督抚等其能当此重咎耶。懔之。将此由六百里谕知官文、李鸿章、刘坤一、马新贻、郑敦谨、李瀚章并传谕刘郇膏、孙长绂知之。"

（卷147　455页）

同治四年（1865年）七月壬申

命甘肃布政使恩麟开缺听候查办，以按察使林之望为布政使，候补按察使杨能格为按察使。

（卷147　459页）

同治四年（1865年）七月乙亥

又谕："成禄奏边疆告急，拟就现有兵力克日西征，请饬迅筹兵饷，并河北贼匪麇集，拨兵助剿各折片。据称敦煌等县告急，拟统马天祥、赵德正二营及新募卫队一营，节节西向，会合黎献之兵规复肃州。请饬杨岳斌筹拨粮饷军火，并拨兵替回川兵三营各等语。前据杨岳斌奏，黎献一军进逼肃州，惟兵力过单骤难得手等语。成禄若能率师西进与黎献合兵一处，规复肃州，则将来大军出关可无后顾之虞。自是目前第一要著，第该提督所领仅有三营，合之鹤龄川兵亦不过六营。现在贼窜蔡家河，鹤龄一军腹背受敌。成禄派令马天祥等拨队往援，而自率卫队一营跟踪继进。是此项兵力尚为河北贼氛牵掣。西征一节仍属纸上空谈。殊为非计。著杨岳斌迅派数营替回成禄各军，俾得克日西发。并将军火帐房等项妥筹接济，毋令缺乏。成禄请饬杨岳斌设立粮台分局转运供支之处，并著该督设法办理，俾免饷糈不继之虞。成禄、联捷仍当统领所部星速西行，不得以待兵待饷为词，任意延宕。雷正绾一军新有金积堡之败，恐难分兵协助。且闻该营将骄卒惰，非力加整顿亦难壁垒一新。前调刘正高七营能否再调，著杨岳斌酌量办理。至刘正高不候调度拔营东去，有无抗违规避情形。即著杨岳斌查明参奏。成禄折内有中卫之贼窜扰大靖之语。该处距凉州不远，河西三郡关系紧要，著杨岳斌斟酌情形，拨兵堵剿，毋稍疏虞。昨已明降谕旨，将恩麟开缺，听候查办。著杨岳斌将交查该藩司前后被参贻误各节认真查办，据实具奏。将此由六百里各谕令知之。"

（卷148　462页）

同治四年（1865年）七月丁丑

谕内阁："杨能格奏雷正绾调魏添应一军相率进剿，该臬司无从阻止，致有挫衄，实缘任重权轻不足以资节制，且于各省咨催饷项亦属呼应不灵，请另简大员前来办理等语。所奏殊不成话。杨能格以废员擢用臬司，命在庆阳办理粮台，兼办防务，并准专折奏事。昨复降旨，将其补授甘肃臬司，不得谓之任重权轻。如果雷正绾调度无方，该臬司何妨于事前参奏。乃因魏添应兵败，既恐朝廷降罪，复以庆阳粮台防务办理棘手，思欲借此息肩。此等肺肝难逃洞鉴。若不加以惩处，何以杜规避而儆效尤。杨能格著交部严加议处。"寻议，杨能格应照规避私罪例革职。得旨："著加恩降为四品顶带，革职留任。仍办理庆阳粮台事务。"

（卷148　465页）

又谕："杨能格奏官军失利，庆阳兵单，请饬陕省防兵助剿，并自陈任重权轻，请另简大员办理各折片。杨能格因魏添应一军，经雷正绾调往助剿，致有挫衄，辄以权轻任重，不足以资节制等词，晓渎不已，悻悻之意，见于章奏。该臬司以废员经朝廷录用，并不力图报称，辄敢借端诿卸，实属大负生成。现在雷正绾军新挫，复由韦州退扎预望城。贼势蔓延，均距庆阳不远，筹饷筹防，至关紧要。该臬司尤当激励士卒，会集民团，力图战守。倘再意存推诿，致庆阳粮台稍有疏失，必将该臬司从重治罪。雷正绾既归杨岳斌节制，该军败后应如何调派劲旅，杜贼旁窜，及庆郡吃重，能否分兵兼顾之处，并著杨岳斌妥筹策应，毋误事机。刘蓉所派驻防定、靖、鄜州各营与庆阳声势，不相联络。著刘蓉饬令总兵杨得胜四营进扎鄜州之王家角，合水之太白苗村，扼要防堵，与庆阳防兵相机截剿，毋稍贻误。将此由六百里谕知杨岳斌、刘蓉并传谕杨能格知之。"

又谕："杨能格以废员起用，不思勉力报称，辄以任重权轻，呼应不灵，借词规避，其为不能得力已可概见。本欲另简大员替代。惟庆阳防务方亟，督饷事宜亦无熟手可以经理，是以仍令暂行管理粮台及庆阳防务。杨能格本系弃瑕录用之员，究竟能否胜任，著杨岳斌详细访查，据实具奏。此外甘肃道府各员内何人可胜两司之任，何人可以办理粮台防务，并著详加考核，酌保数员，候旨录用。将此谕令知之。"

（卷148　467页）

同治四年（1865年）七月戊寅

又谕："德勒克多尔济等奏移添官兵，防剿沿边窜匪，并借银筹给兵食一折。归、绥等处地方辽阔，与甘省边境毗连。现在定边、花马池一带均有回匪盘踞。沿途口隘防堵不可稍松。德勒克多尔济等现将磴口迤东之驻扎蒙兵调赴沿边，与伊克昭盟官兵在花马池一带择要协防，并将乌喇特三旗官兵三百名移扎磴口迤东。另调乌兰察布盟官兵二百名协同防剿。所办尚属认真。惟兵力尚嫌单薄，必须添拨劲兵，方足以资堵剿。著都兴阿、穆图善迅拨精兵数营，出贼不意，从间道疾驰至定边、花马池一带，协同翁同书之军实力剿洗。仍一面佯攻宁夏，使贼不疑。该处系宁夏军营后路，粮运所关。该将军等必须迅速拨兵扫荡，方免延蔓。杨岳斌身任兼圻，责无旁贷，应如何分兵策应之处，并著斟酌情形，通盘筹划，不得顾此失彼。曹克忠一军系属劲旅，倘能权其轻重，酌派前去，尤觉可恃。德勒克多尔济等仍当就现有兵力勤加训练，严密巡防，毋得稍涉大意。蒙兵无管带得力之员，即著桂成酌带归绥等处在防官兵若干前往蒙古地方，会同贝子扎那格尔第等统带蒙兵侦探贼踪，认真防剿。桂成起程后，员缺应否派员署理，著德勒克多尔济酌量奏闻。至大同镇官兵，昨据王榕吉奏已选调一千名，饬赴归化城，听候兴奎调遣等语。即著德勒克多尔济等迅速迎提，俟此项官兵到防，责成兴奎随时操演，相机调遣，以壮声威。本日明降谕旨令庆德来京。大同镇总兵以马升调补。太原镇总兵以蒋临照调补。马升前由熙麟调赴庆阳军营，现在晋省防务紧要，必须实缺专阃大员前往整率。著都兴阿、杨岳斌查明马升现在何处，传旨令其即赴新任，以资得力。马升如统带有兵，即著一面派员接管，一面饬令赴任。庆德须俟马升到后方准来京。即著王榕吉传知，两盟蒙古官兵欠饷日久，饥溃堪虞。德勒克多尔济等现将寄存哈密饷银四万两借款支发口粮马干，亦系万不得已之举。著王榕吉即将此次动拨银两如数筹解归款，以备巴里坤军营提用。其归、绥两城蒙古官兵应需饷银，并著王榕吉源源设法筹款接济，不得稍有缺乏。该蒙古官兵器械如不齐全，并著德勒克多尔济等制备发给。新放肃州镇总兵程兴烈著都兴阿、穆图善催令迅赴新任，毋许迟延干咎。将此由六百里谕知都兴阿、穆图善、德勒克多尔济、杨岳斌、桂成并传谕王榕吉知之。"

（卷148　469页）

同治四年（1865年）七月庚辰

谕军机大臣等："李瀚章奏遵旨裁撤东征局，请酌留盐茶二项，归本省局卡抽收，其余各物酌留四成，作为协饷等语。所筹尚属妥洽。本月初一日，据刘蓉奏请饬拨湖南厘金协济甘饷。当经寄谕李瀚章斟酌情形，倘能有裨国用，无损民生，即将东征局厘金照旧抽收，接济甘饷数年。俟陇省军务肃清再行停止。李瀚章此奏，自系尚未接奉前谕。盐茶为厘金大宗，著照所请，毋庸议减，全数归并湖南本省局卡抽收，其余各色货物，据称拟于向收东征厘税内，一律酌留四成，增写本省厘票内，作为协饷。惟甘省兵多饷绌，待用孔殷，即使以酌留之四成专协甘省，尚恐为数不多，不足济事。著李瀚章仍遵前旨，悉心筹划，倘能照旧抽收，接济甘饷，于西陲大局自有裨益。倘情形实有窒碍或局面系属已成，即著将盐茶两项及各色货物酌留之厘金尽力解甘，俾该省得此有著之款可收实效。万勿稍分畛域，致误师行。将此由四百里谕令知之。"

（卷148　472页）

同治四年（1865年）七月壬午

谕军机大臣等："候选知府龙瑞图，在步军统领衙门呈递封奏，所陈滇省始末情形及汉夷民情，现筹办法及请于滇省事平后设立夷学各折片。详加披阅，虽文理冗长琐屑，而于滇祸始末情形言之尚为详尽。其历陈汉民之困苦，夷民之可用及杨玉衡、杨盛宗、梁士美、李维垣等之堪任驱策，与该督抚等前后奏报，尚属相符。是龙瑞图所言不无可采。至所呈前递萧浚兰三橛办法四十三条，亦系得自亲身阅历，非同臆断。本日已明降谕旨，将该员发往云南交劳崇光、林鸿年差遣。即著劳崇光、林鸿年将伊条陈各节斟酌情形，妥筹办理，以收集思广益之效。马复初、杨振鹏据称实为叛逆首犯，如果属实，即著劳崇光、林鸿年设法严拿，讯明正法，以寒贼胆。至滇事平后请设夷学一节，亦用夏变夷之法。并著届时酌量机宜奏明请旨办理。前据林鸿年奏请饬杨重雅筹办滇饷，已降旨允准。此次龙瑞图所请饬令该员于川东各属拨借银两接济滇饷之处，是否可行，著骆秉章、劳崇光、林鸿年斟酌妥办。另片奏请饬川省捐饷十万余两解济甘饷等语，有无窒碍。并著骆秉章通盘筹划，妥议具奏。甘、滇回氛遍地，非有巨款饷需，军务难望日有起色。骆秉章素顾大局，想必能不分畛域，力任其艰也。龙瑞图折片六件均著抄给阅看。将此各谕令知之。"

（卷148　475页）

同治四年（1865年）七月癸未

又谕："杨能格奏庆防官兵会攻金积堡失利并现在贼情，属令雷正绾稳慎进取各折片。雷正绾金积堡之败叠经都兴阿、雷正绾、杨岳斌先后入奏。本月十五日，览杨能格所奏，魏添应一军，经雷正绾调往助剿，以致失利。雷正绾由韦州退至预望城，距庆阳不远。该臬司此所陈各情系在前次奏报之先。该匪窜踞吴庆镇后，日夜纷窜掠粮。距庆郡八九十里，存城之勇不过数百人。设被该匪乘虚窥伺，关系非轻。著杨能格仍遵前旨，就现有兵力拊（抚）循激励，会合民团实力防守，毋稍疏懈。其陕省所派驻扎鄜州之杨得胜四营，著刘蓉仍遵前旨，檄令进扎鄜州之王家角，合水之太白苗村，会合庆阳防兵相机扼截，以期声势联络。庶剿办较易得手。雷正绾新挫后，所部零落不成队伍，尚须收集训练，蓄养锐气，方可再图进攻。雷正绾既归杨岳斌节制调遣，一切进止机宜即著该督酌量调度，稳慎进取，毋任轻率失事，再蹈从前覆辙。杨能格另片奏请催庆阳饷银等语，已谕令骆秉章等迅速拨解。此项饷银行抵陕境，如道路业已疏通即可径解庆阳粮台，无庸先交陕西藩库再行转运，以免纡折。其陕西应解庆阳粮饷仍著刘蓉妥速筹解，毋令缺乏。将此由六百里谕知杨岳斌、刘蓉并传谕杨能格知之。"

又谕："据杨能格奏庆阳粮台情形危窘，各处协饷或经截留，或解不足数。现在各营五月以后饷银概未支放，群情恟惧。请饬四川指拨月饷，河南、山西、山东等省将欠饷拨解等语。庆阳粮台饷需本极支绌，近因雷正绾等军进剿金积堡回巢失利，该逆时图东犯。各营攻剿正在吃紧之际，若令枵腹荷戈，深恐饥军哗溃，大局更难收拾。必须亟筹有著之款，以资接济。杨能格请饬四川于地丁项下，或津贴项下每月指定径解庆阳粮台饷银五万两，即著骆秉章督饬藩司竭力筹划。酌定数目按月专解庆阳粮台，以供支放。不得以协甘饷银牵混统解，亦不准他处截留。其河南、山东、山西等省指拨庆阳粮台三十万两欠解之款，并著吴昌寿、阎敬铭、王榕吉迅速没法拨解，毋得稍有迟延，致误大局。本月初九日，曾经谕令该督抚等将甘省饷银解交陕西藩库，由刘蓉知照杨能格委员提拨。原因逆踪东窜，陕甘交界道路恐未疏通。此后各该省委解甘省饷银如探明道路并无阻滞，即著径解庆阳粮台，毋稍延误。否则仍解交陕西藩库随时转运。将此由五百里谕知骆秉章、吴昌寿、阎敬铭并传谕王榕吉知之。"

又谕："本日据联捷奏密陈甘省北路现办回务情形一折。据称雷正绾办事任性，所部勇丁，率多骄纵贪残。前次克复固原黑城子、半角城等处皆系回众献城，攻拔预望城亦借降回之力。该提督每入一城一寨辄陵虐降回，纵勇掳掠妇女资财，即本身亦不免此等情事。既不能力诛顽梗，又不能绥抚善良，降众寒心，叛回侧目，以致金积堡乞降之众恐勇丁入堡蹂躏。竟至临时反复各等语。以上所陈该提督贪财渔色各情如果属实，于军务大有关碍。雷正绾本有交查案件，即著杨岳斌汇入前案，确切查明，据实具奏，毋稍徇隐。据联捷奏称该提督所部勇丁为数甚多，甘省产粮甚少，不敷食用。转瞬秋冬，饥寒交迫，哗溃堪虞等情。此项勇丁虽经溃退，杨岳斌仍当督饬该提督选择精壮，认真训练，俾成劲旅，以资攻剿。其淫掠滋事勇丁，即应随时遣撤，免致再生枝节。雷正绾一军前已有旨，交杨岳斌调遣，并著斟酌情形妥筹办理。联捷另片奏雷正绾营中三、四、五品顶带翎支，皆由该提督任意赏戴，实属专擅等语，著杨岳斌一并查明具奏。原折片均著抄给阅看。将此谕令知之。"

（卷149　478页）

伊犁参赞大臣联捷奏："追办会宁窜匪，移军进扎安定。"得旨："即将安定一带贼匪迅速扫荡。仍遵前旨，会同成禄之军前赴肃州一带节节剿洗，以期廓清西路，毋稍稽延。"又奏："遵旨张贴誊黄，将回匪分别剿抚。"批："据奏各情已悉，惟回匪屡以乞抚为缓兵之计，联捷仍应会同杨岳斌分别良莠，相机妥办，不可轻率从事。"

（卷149　480页）

同治四年（1865年）七月甲申

予甘肃宁阳殉难教谕马宾阳祭葬世职，眷属人等分别旌恤如例。

（卷149　484页）

又谕："前因满庆等奏请颁给诺们罕罗布藏青饶汪曲敕印，谕令理藩院查案妥议具奏。兹据奏称罗布藏青饶汪曲并非曾经转世，亦非奉特旨颁给。核与成案均未相符。惟查西藏商上原有承办藏务掌管黄教额尔德蒙额诺们罕印信一颗。历任掌办商上事务呼图克图等均经钤用。嗣经西宁办事大臣将此印呈交到院。今罗布藏青饶汪曲已经协理商上事务，可否即将掌办商上印信颁给等语。即著照理藩院所议，将掌办商上印信先行解交四川总督衙门，著骆秉章会同崇实暂行封存。至罗布藏青饶汪曲是否为徒众所服，其于商上事务能否胜任，并应否接用商上事务印信，著景纹详细察看。确查罗布藏青饶汪曲如能胜任服众，堪以发给商上事务之印。即据实奏闻再行就近派员赴川承领此印转交诺们罕罗布藏青饶汪曲只领，仍俟达赖剌喇嘛及岁接任时，立予撤退。所遗掌办商上印信即由该大臣等会同达赖喇嘛封存商库，以符定制。将此各谕令知之。"

（卷149　485页）

同治四年（1865年）七月戊子

　　又谕："杨岳斌奏甘省防剿吃紧，必须得力人员各赴实任，请饬安肃道蒋凝学、巩秦阶道金国琛迅速赴甘，以重职守等语。蒋凝学因勇溃未能赴豫防剿，曾有旨交官文差遣。嗣因刘蓉奏甘省军情甚紧，请饬蒋凝学一军赴甘助剿。复谕令官文酌量情形办理。兹据杨岳斌奏称已札饬该员另选壮勇千人赴甘，以资调遣。著官文迅饬蒋凝学统带所部星夜赴甘，不得稍有迟延。金国琛假归省墓，现已回营。其所部勇丁于索饷案内有无应行查办之处，著曾国藩、李鸿章迅即查明。饬令金国琛将部勇分别撤留，星速管带赴甘助剿。将此由五百里各谕令知之。"

（卷149　492页）

　　以纵勇殃民，革甘肃总兵官刘车龙职，不准留营。提督刘正高下部议处。

（卷149　493页）

同治四年（1865年）八月乙未

　　又谕："刘长佑奏南路防务较松，拟调臬司回省，并请将旧部将弁暂予留营各折片。贼踪已窜豫省，直境防务较松。既据刘长佑奏称东、西两路水陆声势联络，边防益固，即著照所请调臬司李鹤年回省，以便该督出省督办桥道及巡缉事宜。惟贼踪虽远，防务未可稍弛，仍著严饬大名镇道统带文武各员认真操防，并令杨毓楠管带所部，实力巡防，以期有备无患。黄仁遗等远道来直，自可及时录用，未便阻其报效之忱。惟杨岳斌抵任后，所部仅五千人，不敷差遣。揆度军情缓急，甘省需人尤亟，著刘长佑于黄仁遗等各员弁内择其尤为得力者，酌留数员，以资臂助。其余均著赴杨岳斌军营听候调遣，以遂其奋勇从征之志。谅该员弁等敌忾情殷，必能踊跃前往也。另折奏派兵巡缉马贼等语。朝廷因该督老于戎行，故特简来直，以期整顿营务。壁垒一新，用收杀敌致果之效。迩来马贼于遵蓟一带肆意横行。虽有神机营官兵前往剿办，并有崇厚等所派之兵协同捕缉。究属该督分内之事，不得因各路兵勇渐集，稍存漠视。著懔遵叠次谕旨，迅速派兵，会同地方文武员弁赶紧访拿，悉数剪除。倘敢稍事延缓，致令匪踪任意出没，日益蔓延，该督其能当此重咎耶？懔之。本日据奏善奏马贼入口后，三屯营游击万禄出城迎击，众寡不敌，被执至遵化州属之熁糕店。经该处开店回民杨三巴等说合，始行释放，并有逼劫宝抵县帮银二千两之事。又绿营汛地大半空虚，有阅操临期雇募充数，事毕即行分散等语。著刘长佑确实详细具奏，毋稍徇隐。原片一件，著抄给阅看。将此谕令知之。"

又谕："成禄奏即日西征，堵剿窜匪，迅筹添兵以资接济一折。甘省北路水皇河等处经杨岳斌拨营驻扎，将成禄所部全行替回。成禄现令鹤龄川兵作为头起，于七月十五日拔营，而自率卫队及马天祥、赵德正二营即日向西进发。拟驰抵平番，探贼所向，迎头截击。即著督率各军相机进取，节节扫荡，早日出关。毋得借口兵单饷绌，稍涉畏葸因循。至直隶绿营官兵现因防捻紧要，不能远调。吉林马队征调太多，叠经该将军奏明边地不可空虚，停止再调。成禄请调直隶官兵三千及吉林马队一千之处，均著毋庸置议。本日据刘长佑奏记名提督黄仁遗等二百余员名赴直投效。已谕令酌留数员差委，其余均令前赴甘省听候调遣。俟此项将弁到甘，成禄即可咨商杨岳斌酌量调取，以资得力。成禄另片奏请留遣员差委等语，所有已革之总兵庆瑞、副将王梦麟、参将邹学铺、知县窦型、副将杨永魁、通判秦自德均著准其暂留成禄军营，以供驱策。赴新疆时乘便带往。成禄片奏请饬陕抚制办棉衣裤五千件，迅速解甘等语。已谕令该省巡抚赶办。边地苦寒，自应预为绸缪。此项棉衣未经解到以前，著杨岳斌先饬甘、凉所属各州县，分派迅办无面大皮袄五千件，陆续解送成禄军营。俟陕省棉衣裤解到，即可留作甘省军士之用。成禄请饬山西等省每月筹解银二万两，各该省月协甘饷为数已属不少，岂容增此巨款。本日已谕令该督抚等酌量情形，每月解银数千。至所需火药等件，已谕令王榕吉等筹解矣。将此由五百里各谕令知之。"

又谕："成禄所部各军现由甘省取道西进，克日出关剿贼，需饷浩繁，必须宽为筹备，方不至停兵待饷，致误军行。即著官文、骆秉章、刘蓉、吴昌寿、郑敦谨、王榕吉于各该省按月各筹拨银数千两，酌定数目，一面奏闻，一面迅速派员如期运解成禄军营。源源接济，毋稍延缓。将此由五百里谕知官文、骆秉章、刘蓉、吴昌寿、郑敦谨并传谕王榕吉知之。"

（卷150 506页）

命陕西制办棉衣裤各五千件，山西陕西拨火药各五千斤，解赴乌鲁木齐提督成禄军营备用。

（卷150　508页）

同治四年（1865年）八月丙申

又谕："刘蓉奏击退甘回，进攻吴旗镇，剿办甘省逃勇，探明捻逆窜扰情形，分防潼、商等处，并张家川窜回猖獗各折片。甘省逆回由合水窜入鄜州所属之王家角。经鄂太愚、杨得胜整军进剿，该逆闻风遁回，而吴旗镇大股逆匪尚盘踞未动。该处逼近陕边，定、靖、鄜、保一带均虞窜越。刘蓉现饬杨得胜驻兵河上原，以防贼回窜。鄂太愚率所部四营进攻吴旗镇踞逆。惟兵力较单，必须甘省分兵会合，始能收夹击之效。刘蓉请派魏添应一军会同截剿，惟该军前在金积堡败挫后，能否再振，著杨岳斌督同杨能格斟酌情形，就近调拨一军会同鄂太愚等将吴旗镇踞逆实力剿洗，毋留余孽。灵州、金积堡之匪扰及红柳沟羊圈山等处。刘蓉现派陶茂森带兵千名，驰防柳树涧。著杨岳斌饬令翁同书将宁条梁所驻防兵移扎柳树涧，以资厚集。刘正高所部溃勇由汧、陇窜至鄠县，经邱时成、彭体道等督队剿杀，歼毙数百名，余众七百名弃械悔罪，剿办尚属认真。所有擒获之首犯王得顺等即著刘蓉讯明正法，以昭炯戒。刘蓉以该溃勇等擅敢相率逃逸，复于沿途掳抢，若准其回籍，恐甘省各军效尤，更无固志。现仍勒令文元兴等带此项投诚溃卒回甘归伍。所见固是。但此等溃勇留在军营，徒糜饷需，恐难得力。著杨岳斌酌量驱策，分别去留，毋令再萌故态。张家川逆回前已为雷正绾剿除，此时复有逆回数千窜踞，著杨岳斌派兵驰剿。刘蓉即饬萧德扬、刘玉兴等军迅于汧、陇择要堵御，毋令阑入。河南张总愚等股窜入宛境，蔓延南阳、镇平、邓州等处，内乡、淅川一带俱有边马肆扰。是陕省商南防务尤形吃重。刘蓉已派刘厚基督率五营，驻防武关一带。黄加焜招募两营，扼堵漫川关。著即严饬各员会同该处地方团练，严密布置，毋稍疏虞。其潼关防务并著迅催黄鼎之军，赶紧驰赴金陡关，妥为备御。秦豫壤地毗连，逆踪时虞西窜。豫省各军业经屡谕，吴昌寿迎头堵击，毋令窜陕矣。昨因刘蓉于前次回奏蔡寿祺所参折件，语乖敬慎，已照部议将该抚降一级调用。并简放赵长龄为陕西巡抚。赵长龄到任尚需时日，陕省东、西两路边防吃紧。刘蓉在任一日，即系责无旁贷。倘敢存五日京兆之见，致误疆事，必将刘蓉再行治罪。懔之。将此由六百里谕知杨岳斌、刘蓉并传谕杨能格知之。"

（卷150　512页）

同治四年（1865年）八月丁酉

又谕"王榕吉奏臬司到任，商办防务。陈湜奏驰抵晋省与抚臣商办防堵事宜，请于楚军内择尤为得力之员酌派数员来晋各等语。前据刘长佑奏记名提督黄仁遗等二百余员名由湖南赴直隶军营投效，当以甘省需员带兵，已谕令刘长佑择其尤为得力者，酌留数员，其余令赴杨岳斌军营听候调遣。兹览王榕吉等所奏，请调陈湜旧部楚将到晋教练，自系因共事熟习，易收指臂之效。著刘长佑将前次到直之黄仁遗等二百余员名开单知照王榕吉、陈湜，其中如有陈湜旧部得力之员，准其调赴晋防。此项人员内如无该臬司旧部，即不必勉强迁就调往，致滋冗滥。此外或有尚在本籍及他处军营之员，亦准陈湜与该护抚筹商酌调，以资得力。所陈拟将楚军教练之法，酌采条目，咨行各镇协。分饬所属弁兵于常操外，按照新章认真操演，尚属简便易行。惟须认真办理，方可渐次收效。陈湜将臬司公事稍为料理，即著驰赴泽潞、蒲州等处察看地势、兵情。如有应行更张之处，随时与王榕吉筹商妥办，以副委任。将此谕知刘长佑并传谕王榕吉、陈湜知之。"

（卷150　515页）

同治四年（1865年）八月己亥

缓征甘肃皋兰、靖远、陇西、会宁、安定、泾、崇信七州县被灾、被扰地方上年额赋。

（卷150　520页）

同治四年（1865年）八月庚子

又谕："前因御史丁寿昌等先后奏参护理陕甘总督恩麟等偏听议抚，纵贼扰民，并都察院奏甘肃增生胡第甲等呈控大吏狙和殃民各情。均经谕交杨岳斌秉公查办。兹据杨岳斌逐条确查，分别酌拟具奏。此案撤任甘肃布政使前护理陕甘总督恩麟于陕回变乱之初，既未能严扼边防，迨贼踪窜入甘境，狄、河回匪相继滋事，复轻听革员成瑞、和祥狙于议抚，致宁夏、固原等城叠被沦陷，生民惨遭荼毒。嗣又奏报不实，滥保多人，且平时于升调补署各缺，动辄瞻徇，吏治日就废弛，实属欺蔽昏庸，辜恩溺职，深堪痛恨。恩麟业经撤任著即行革职。已革提督成瑞、开复道员和祥经恩麟委办回务，偏于主抚，迨回众屡叛辄以汉民挑衅为词，饬令各城乡散团缴械，致回逆横肆残杀，村舍为墟。复敢危言恐吓，禀报欺蒙，贻误事机，实难辞咎。和祥业经病故，著仍行追夺官职。成瑞著仍发往黑龙江充当苦差，不准各统兵大员奏留随营。并由杨岳斌即行起解，已革捐职幕友彭沛霖经前署督沈兆霖奏参发往黑龙江充当苦差。历时四年，叠经有旨严催起解，仍敢逗留甘肃省城，往来督署，并夤缘入成禄军营，希图免罪。实属怙恶不悛，目无法纪。彭沛霖著不准留于成禄军营，即行解赴黑龙江充当苦差，永远不准释回。该革员家产并著查封入官，变价充饷，毋庸给还。勒休参将松林、已革护参将李友伏、守备刘建勋、已革署西宁镇总兵杨永魁，以剿贼武弁相率迎合，纵寇殃民，弛备丧师，实堪痛恨。除松林业已勒休，李友伏、杨永魁业经分别革职遣戍，均无庸议外。刘建勋著即行革职，以示惩儆。"

又谕："杨岳斌奏访查劣迹昭著各员，请旨革职等语。甘肃即补知府葛以简逾闲荡检，行止不端。试用通判郑声文，巧滑钻营，声名恶劣。署永昌县知县李廷辅，卑鄙乖谬，众论不齿。署金县知县刘淇夤缘奔竞，志趣卑污。署安定县知县胡国栋贪酷任性，不协舆情，均著即行革职。各该革员中尚有被控之案，著杨岳斌逐案严加审讯。俟定案后再行奏请分别治罪。"

又谕："联捷奏途次接据回民呈词，请饬地方官妥为晓谕开导等语。自陕回滋事以来，延及甘省，该回民等岂尽无良或住居村庄房屋被贼焚毁，或恐其勾结家属被官扣留。兹览生员王家琇等呈词，并具连环保结，请准安业，实堪矜悯。朝廷于汉、回赤子初无歧视，如果实系良回，岂能任其流离颠沛而不为之所。王家琇等著杨岳斌查明，饬地方官妥为安置，并懔遵叠次谕旨，刊刻誊黄，通行晓谕。毋令一夫失所。"

（卷150　521页）

又谕："杨岳斌奏哈密贼众意图东袭嘉峪关，联捷奏剿办会宁、安定股匪，进军救援北路绘图呈览各折片。奇台陷后，文麟退扎巴里坤徐图进剿哈密，已据文麟前次奏报。该逆凶焰日炽，其欲攻取坤城，东袭安西、敦煌、玉门，直趋嘉峪关，自在意计之中。文麟兵力单薄，若关内无兵接应，诚恐一意东窜。匪势日张且嘉峪关前次曾被关外猎户袭踞。又肃、甘一带一片回氛，若内外勾结为患何可胜言。成禄、联捷、鹤龄本系出关之军，现在杨岳斌以宁、灵股匪分窜凉州，商令成禄、鹤龄由凉州进发，即著该提督迅速整军，扫荡而前，克日西剿。并著杨岳斌饬令黎献之军将肃州城垣迅行攻拔。肃、甘一带无警，成禄及鹤龄各军即可取道出关，相机剿办，毋得再事迁延。联捷现因曹克忠失利后经杨岳斌商令进援北路，该大臣已进扎萧河城，收复石山滩等处回村，上下回民百余里均已就抚。著即迅由盐茶厅等处探明贼踪，力图剿洗。惟回逆狡诈多端，甘省诸军屡因议抚偾事，可为前鉴。联捷万不可稍涉大意，致堕狡谋。出关兵力不厚又为肃甘回匪牵掣，而宁、灵自雷正绾、曹克忠败后，匪势又复蔓延。杨岳斌身任封圻，自当统筹全局，应如何添兵北路，腾出联捷一军，会合成禄西行之处，著该督妥筹调度。联捷另片奏，途次接据回民呈词，请饬妥为安插等语。已明降谕旨，交杨岳斌饬令地方官妥筹安插矣。朝廷于回民初无歧视，如果安分良回，地方官何得一概驱除致令相率从贼。但逆回诡谲百出，动以乞抚施其诡计，亦不可不严为之防。惟在地方官办理得宜，庶可望其观感，不致堕其狡谋。嗣后著杨岳斌细心查核，如实系真心向化者方可宽其既往，予以自新。万不可再蹈从前覆辙，其私通逆回之彭庆漳，著该督严饬查拿，即行正法，毋任漏网。将此由五百里各谕令知之。"

（卷150　523页）

同治四年（1865年）八月壬寅

又谕："杨能格奏庆阳各营分布要隘，截贼东窜一折。逆回由吴旗镇下窜鄜州王家角等处，经张得胜等军截击，该逆由铁边城窜回。其灵州大水坑、定边红柳沟之贼，时在元城镇东、西两川民村抢粮，杨能格现派魏添应驰赴元城镇察看地势，会合陕军夹击。惟因雷正绾进攻李旺堡，饬调韦州、红德城各营前往助剿。红德城一带，贼众路歧，仅止智字两营驻防，甚形单薄，著杨岳斌将雷正绾所部各军应留应调，酌量添拨，毋令顾此失彼。宁夏久攻未下，都兴阿、穆图善务当督率各军力图攻拔。仍一面将定边、花马池一带窜匪分军扫荡。肃清后路，何得旷日持久，顿兵坚城。刘蓉前派杨得胜驻兵河上原，防贼回窜。并令鄢太愚率所部进攻吴旗镇，著即饬令会合庆防各军实力攻剿，截贼东窜之路。杨能格亦当督饬各军严扼要隘，不得任令贼踪纷窜，是为至要。将此由五百里谕知都兴阿、穆图善、杨岳斌、刘蓉并传谕杨能格知之。"

（卷150　525页）

同治四年（1865年）八月癸卯

谕军机大臣等："据纳尔济奏击退贼匪，出力员弁开单请奖及饬催大兵出关，并赍信回王伯锡尔令其安抚回众及请将紧要文报由乌里雅苏台专递各折片。又据何瑭奏巴里坤接仗获胜及饷绌情形各折片。巴里坤援兵未至，该领队大臣能督饬现有兵力以少胜多，办理尚属得手。现虽回匪已退，难保不勾结复来。成禄一军著即懔遵前旨，迅由凉州取道进发，并著杨岳斌妥筹调度，腾出联捷之军，催令该参赞迅速前进。其鹤龄之军并著迅催出关。"

（卷151　526页）

同治四年（1865年）八月丙辰

又谕："都兴阿等奏遵保分剿黄河两岸窜逆大胜出力员弁，已明降谕旨照准矣。另片奏请将已革叶尔羌参赞大臣景廉赏还顶带。景廉系告病人员，不候谕旨，私行进关，厥咎甚重。当此新疆多事之时，自未便稍涉宽容，致启效尤之渐。景廉著不准赏还顶带，仍责令总理营务粮台，俟宁夏克复再由都兴阿等奏乞恩施。都兴阿又片奏，到甘一载有余，筹办稍难，自觉心力顿减，精神损耗，请令杨岳斌、穆图善督办等语。杨岳斌身任封圻，不能不在省会驻扎。都兴阿督办甘肃军务，宁夏一城日久未复，未免师老兵疲。姑念该处地偏饷绌，尚非该将军筹策无方，惟该将军总当以军务为重，不得稍存畏难之见，致涉推诿。仍著懔遵叠次谕旨，振刷精神，整饬队伍，与穆图善筹商制胜之策。令西蒙克西克等严防定边等处。令翁同书于花马池扼要固守。仍将宁夏府城迅速克复，力图报效，以副委任。湖北应解月饷二万两，已于七月十五日谕令该省仍照前议筹拨。著都兴阿等即行飞催赶解，以资接济。将此由六百里各谕令知之。"

……以打仗出力，复甘肃军营已革参将李曙堂职。

（卷152　558页）

同治四年（1865年）八月戊午

又谕："骆秉章奏滇省捐输仍由该省设局办理，并据刘蓉奏甘饷窘乏殊常，请饬四川督臣督饬司道会同委员筹办各折片。川省虽屡经捐输，而粮赋轻减，较之陕甘情形迥不相同。前据毛震寿会同川省司道劝办，约可得三十万金，何以忽行停止。谅骆秉章恐各省纷纷效尤，川省民力不支，遂致已成之局中止。惟现在甘省军营日放灰面、榆皮尚不得饱。设有哗溃，即川省岂能安枕，著崇实、骆秉章不分畛域，督饬该藩司等会同毛震寿斟酌情形，妥筹办理。赵长龄甫由川省擢任，于该省情形谅必熟悉。并著会商妥办。至林鸿年于擢任滇抚后迟久始抵叙州，于滇省军情布置从未筹及，屡以索饷为迁延之计。若与陕甘同时并举劝捐，恐川省民情未协，并著崇实等妥商办理。林鸿年即遵前旨赴昭通驻扎，听候崇实等筹办。刘蓉另折奏克复吴旗镇，擒斩逆首惠喜中，并叠次攻剿窜回获胜各等语。此次陕西防军鄢太愚等攻剿尚为得手，著刘蓉仍饬该将领等妥为防范，毋稍松懈。刘蓉又奏陶营溃勇复入陕疆，不服开导，拒杀官军等语。陶茂林勇丁在甘溃散已属目无法纪，迨至宝鸡东关仍敢拒杀官兵，实与叛逆无异。即著刘蓉饬令副将彭体道等实力兜剿，毋稍姑息。其尚有在甘之勇丁并著杨岳斌妥为驾驭，毋得操之过急，致使贻患邻封，是为至要。将此由六百里各谕令知之。"

（卷152　562页）

予甘肃五道岘阵亡副将赛沙春祭葬世职加等。

（卷152　563页）

同治四年（1865年）八月庚申

又谕："都兴阿等奏遵筹后路布置情形，杨岳斌奏香客倡立邪教，督兵剿擒首逆，饬萧庆高赴陇州协剿各折片。都兴阿等因雷正绾等军挫败，抽调西蒙克西克马队前往定边协力堵剿，以遏贼势东趋。旋有山南窜匪千余直扑砖井堡，经西蒙克西克等带队援剿击退。惟宁条梁为商贾辐凑之区，逆回垂涎已久，仅有罗承勋一营驻扎柳树涧，相距四十余里，不足以资屏蔽。著杨岳斌、刘蓉飞檄延绥镇总兵陶茂森统带本标官兵就近前赴宁条梁，督同罗承勋部勇，实力扼剿。刘蓉前派镇西军在靖边一带巡防，即著饬令该军择要扼扎，务与甘军声势联络。严密布置，以期有备无患。雷正绾所部失利，遗失旗帜号衣甚多，恐为逆匪所得，假冒官兵，图逞狡计。著都兴阿、杨岳斌等通饬各营严加防御。该军现扎何处，作何整顿，并著确探具奏。都兴阿等当懔遵叠次谕旨，将宁夏郡城力图攻拔，以孤贼势。仍随时体察东西两岸贼情，抽拨重兵相机剿办，务将窜匪悉数歼灭，毋任蔓延。如探有东窜信息并即随时飞拨重兵前往堵剿。其安定一带踞匪东窜张家川、莲花城等处，意图回窜陕疆。著杨岳斌、刘蓉严饬各州县激励团勇，实力堵剿。一面飞檄萧庆高驰赴陇州，探明贼踪协同兵团，严密抵御，毋任阑入陕境。靖远县香客丁建善等倡立邪教，聚众谋为不轨。经杨岳斌亲督彭楚汉等剿捕，将丁建善擒获正法，余众解散，办理尚为妥速。惟逆目陈忠哮在逃未获，且县城暨省垣各衙门均有伊等细作，亟应慎密搜捕，以绝根株。著杨岳斌遴委员弁务将逆目陈忠哮及城中伙党严密搜缉，毋任漏网。其北山及金县回匪闻官军撤动，时出滋扰。著杨岳斌随时确探，派兵防剿，毋稍疏忽。成禄、鹤龄两军何日西行，并著查明具奏。将此由六百里各谕令知之。"

又谕："杨岳斌奏甘饷万分支绌，请饬催江苏等省迅速拨解一折。甘省需饷孔亟，各该省督抚等自应亟筹拨解，以维大局。著官文、李鸿章、马新贻、郑敦谨、李瀚章、刘郇膏懔遵前旨。将江苏、湖南、湖北、江南、浙江派定协甘之饷，各按月筹解，源源接济，毋许稍有延误。上年户部奏拨有著之款，如四川按粮津贴项下每月协拨银一万两。山东、河南地丁项下各每月协拨银一万五千两。江西地丁项下每月协拨银一万两。并著崇实、骆秉章、阎敬铭、吴昌寿、刘坤一、孙长绂遵照前旨，兼新带旧，均各迅速筹拨，克期解甘，不得稍存漠视。其各该省历年欠解协甘饷银并著酌量按成补解，以济要需。原折均著抄给阅看。将此由六百里谕知官文、崇实、骆秉章、阎敬铭、吴昌寿、马新贻、刘坤一、郑敦谨、李瀚章并传谕刘郇膏、孙长绂知之。"

又谕："杨岳斌奏请饬山东等省将前拨新疆饷银赶紧筹解等语。新疆援师月饷最关紧要。叠经谕令各该省迅速筹拨。现在成禄、鹤龄两军业已西行，克日出关援剿。若不宽筹接济，何以裕军食而利师行。著阎敬铭、吴昌寿、王榕吉懔遵前旨各将应行筹拨银两，无论何款赶紧筹解。仍由草地解交科布多听候分拨，毋稍延缓。其四川指拨安肃道银十六万两分毫未解，著崇实、骆秉章迅速筹措，如数解交甘省司库，以备供支，毋再玩延。至鹤龄一军饷银原系川省接济，该省责无旁贷。并著崇实、骆秉章迅筹解甘，以顾急需。原片均著抄给阅看。将此由六百里谕知崇实、骆秉章、阎敬铭、吴昌寿并传谕王榕吉知之。"

（卷 152　567 页）

同治四年（1865 年）九月甲子

又谕："昨因御史汪朝棨奏参联捷片内有联捷奉旨发往原任陕甘总督熙麟差遣委用之语。何时有此谕旨？令汪朝棨明白回奏。兹据奏称联捷并无发交熙麟差委之旨，委系具折时缮写错误。迨经查出，因系参劾之件不敢奏请更正。疏忽难辞等语。谕旨系宣示中外之件，该御史何得凭空臆撰，任意书写，实属荒谬。非寻常错误可比。汪朝棨著交部议处。"

（卷 153　575 页）

又谕："德兴阿、刘蓉奏甘省军情猝变，陕西局势可虞，请拨兵饷严备，并雷正绾为回酋蛊惑各折片。雷正绾战功素著，受恩不为不深，乃以金积堡一败不支。又平日嗜好太重，致为回酋赫明堂所制，或系部下骄兵悍卒，迫胁至此，亦未可知。刘蓉已选派向与该提督熟识之员持函往谕，开示利害。如果能遽行悔悟是该提督尚有受恩之日。著杨岳斌、德兴阿、刘蓉即行传知该提督，令其约束将弁，共相奋勉。但能显立功效，仍必立沛恩施。如果纵令所部骚扰地方，不能禁止，将来身名俱裂，悔之何及。如此确切开示，看其如何转关，再行相机办理。至平凉、庆阳、泾州、长武等处杨岳斌、德兴阿、刘蓉务当妥筹保护，毋任蔓延为患。此后军情著随时飞速奏闻，以慰驰念。将此由六百里各密谕知之。"

又谕："德兴阿、刘蓉奏甘省军情猝变，陕西局势可虞一折。陶茂林、雷正绾、张华等营先后变乱，溃卒勾结逆回纷窜陕境，围攻泾州，各路同时吃紧。腹地空虚，岌岌可虑。著都兴阿、穆图善迅拨金顺、西蒙克西克两起马队驰赴陕省之邠、长一带，相机扼堵。并著崇实、骆秉章于周达武部下，抽拨总兵李辉武所带步队五营，随赵长龄由川迅速赴陕，以护省垣，而资调拨其口粮即由川省源源解济，毋令缺乏。赵长龄叠经有旨，催赴新任，谅必迅速起程。到陕后著与德兴阿、刘蓉会商防剿事宜。彼时刘蓉应俟边防稍松再行回籍。现在甘省情形杨岳斌知之必悉。雷正绾现在何处，各溃勇能否设法羁縻，俾令剿贼自效。平凉、庆阳有无警报，能否拨兵救援，并著该督妥筹办法，迅速奏闻，以慰驰系。此股溃勇勾结回逆，势甚猖獗，难保不乘间纷窜。王榕吉未可以贼踪尚远稍涉大意。其交界应防处所，著早为布置，免致临渴掘井，贻误地方。蒋临照如已行抵山西，即令驰赴太原镇总兵新任，筹办防务，毋稍延误。刘蓉另片奏穆图善营饷久缺，请再饬川督会同新任陕抚赵长龄将毛震寿前在川省筹捐款项三十万之数，源源解济等语。所奏自系实情。目前甘省军情紧急更甚于前。崇实、骆秉章等务当力为其难，仍饬令藩司会同毛震寿将原筹捐款催齐，陆续解甘，以支危局。赵长龄已简陕抚，于甘省饷需谊应兼顾。著与崇实、骆秉章悉心筹划。崇实、骆秉章等尤当于民间剀切晓谕，务使民生、军饷两无所妨，方为至善。山西应解陕省军饷并著王榕吉无论何项先行拨解若干，以济急需，毋得稍有迟延，致误戎机。将此由六百里谕知都兴阿、穆图善、崇实、骆秉章、杨岳斌、德兴阿、赵长龄、刘蓉并传谕王榕吉知之。"

（卷153　576页）

同治四年（1865年）九月乙丑

又谕："骆秉章奏筹拨甘省粮台及新疆饷项一折。所陈甘省军情统帅不一，新疆事势鞭长莫及。俄兵助剿，国体有关各节，均属洞中窾要。俄兵助剿一节此时已成罢论。惟新疆糜烂，各城日事呼吁，朝廷亦不能置之不理。甘肃遍地回氛，出关之军尚为牵掣，而饷需奇窘，尤为他省所无。若非力筹接济，俾资饱腾，不独回疆无举办之期，即甘省且有沦胥之势。该督此次筹解甘饷二万两，西路用兵之费二万两，于甘省情形仍属杯水车薪，万难有济。著崇实、骆秉章按照历次谕拨甘饷及新疆饷数目源源解济，迅速筹拨，毋误要需。其毛震寿前在川省筹捐款项三十万之数，并著崇实、骆秉章懔遵昨日寄谕，迅速催齐，陆续解济，借资周转。将此由五百里各谕令知之。"

（卷153　579页）

同治四年（1865年）九月丁卯

又谕："杨岳斌奏官军攻克白季村逆堡，并黎献一军进规肃州情形各折片。杨能格奏固原兵勇溃变，平、固、泾、庆情形危急，并雷正绾所部请旨派员统摄各折片。昨据德兴阿、刘蓉奏甘省军情猝变，陕西局势可虞。已谕令都兴阿等调拨兵勇妥筹防剿。现据杨能格奏称固原各营兵勇纷纷溃变，由前敌炭山散回，窜扰固原、平凉，围逼泾州，声言即到庆阳等语。当此回逆鸱张，岂可复令兵勇溃乱，患生肘腋。著都兴阿、穆图善懔遵前旨，迅饬金顺、西蒙克西克两起马队驰赴陕甘交界一带相机扼堵。德兴阿、刘蓉赶紧添拨数营驰往探踪拦截。至庆阳仅止数营，不敷防剿。杨岳斌远在省城，文报往返动逾数旬，深恐鞭长莫及。所有该处防军及陕省派出之杨得胜、鄢太愚等军，均著暂归杨能格就近调遣，以防不虞。雷正绾所部各军在甘剿贼颇著战功，此次因挫败之后号令不行，以致生变。著派总兵魏添应暂行统摄雷正绾所部全营，责令安抚整顿，并著剀切晓谕，如能悔罪归营，必当宽其既往，予以自新。其从前出力未经请奖各案，并准由杨岳斌督饬雷正绾查明，奏请奖励。杨能格当督饬魏添应妥为开导，申明约束，以靖乱萌，毋得敷衍了事。曹克忠一军甫解盐茶之围，即将白季村逆堡奋勇攻克，甚属可嘉。道员黎献督兵进攻肃州踞逆，屡挫贼锋，剿办甚属出力。著饬令该道员迅速攻剿，力拔坚城，期与王斌一军会合一处，肃清出关道路，毋稍迟缓。其成禄、联捷、鹤龄各军并著该督传旨严催迅速出关，不准借端逗留。将此由六百里谕知都兴阿、穆图善、杨岳斌、德兴阿、刘蓉并传谕杨能格知之。"

又谕："昨据德兴阿等奏提督雷正绾在固原兵变各情，当经谕知杨岳斌等传谕雷正绾令其立功自效。本日据杨能格奏，雷正绾自金积堡失利之后革去帮办。所部兵勇本因甘省地极寒苦，粮饷俱缺，视为畏途。惟以保举为奖励之地。该提督于以前克复城寨等案尚有积压未办保奏者，既革帮办则保举绝望，以致纷纷溃变。雷正绾弹压不止，屡思自尽各等语。与德兴阿等所奏情形略异。自是德兴阿、刘蓉相距较远，且系接据州县禀呈，不及杨能格之闻见真确。雷正绾所部兵勇粮饷缺乏，因思哗溃，而该提督辄思自尽，其情甚为可悯。前已严谕崇实等迅速拨解饷需，解到时即可散给。屡次出力员弁并谕杨岳斌查明未经奖叙者即行保（褒）奖矣。该提督自入甘省后屡著战功，朝廷深为嘉许。其金积堡挫败之事咎有应得。该提督膺国家干城爪牙之寄，方当奋勉自效，以赎前愆。从前带兵各员均有身获重咎，后来仍任统帅者。其功罪皆视其人之自取，岂得因一蹶之后遽作自尽之计，甚属有辜期望。著杨岳斌、德兴阿、刘蓉、杨能格传谕该提督拊（抚）循将士，共图奋勉立功，则朝廷许其自新。必当衡其战绩，立沛恩施，如此剀切开导，谅雷正绾具有天良，必能感激图报也。将此由六百里密谕杨岳斌、德兴阿、刘蓉并传谕杨能格知之。"

（卷153　583页）

同治四年（1865年）九月己巳

谕军机大臣等："林鸿年奏请调阶州得胜楚军，并请招商垫办铜厂各折片。阶州周达武一军，昨经刘蓉等奏甘省雷正绾、陶茂林等溃勇麇至，陕边吃紧。请调周达武所部李辉武五营赴陕。业经寄谕崇实、骆秉章将此军赶紧调派入秦。林鸿年此奏自尚未悉前旨，该抚现由叙州进扎昭通，而唐友耕、刘岳昭两军尚为黔匪牵掣，急切尚难入滇。著崇实、骆秉章斟酌情形，如有可调之军即另行抽拨一旅，随同林鸿年进扎昭通，以壮声势。俟唐友耕等入滇再将此军撤回。所需月饷即由川省筹给，毋令缺乏。林鸿年折所称近闻东回派队出迎，诚恐蜂拥而来，无从弹压等语。滇省逆回拒命，惟迤西一带叛迹昭著，其东路如东川昭通等属回民非不可用，此时该抚初入滇境。该地方汉、回团练，自必相率出迎。正当开诚布公，示以坦白，使汉民有所禀承，回民亦不生疑贰，则以后滇事方可着手。古人推心置腹，虽犷悍不庭，犹能抚为己用。惟在莅任之初，群情观听，足以慑服其心耳。该抚其妥思服称，毋得心存畏葸，致误事机。所称云南厂地久废，砂丁失业，流而为匪。藩库又无铜本可放，后患更为可虑。请将东川之厂暂行招商垫办，抽收课厘等语。自系权宜办法。即著照所请行，惟事同创始。尤须慎择廉干公正之员妥为兴办，以免别滋事端。一俟军务竣后仍即行由官办运，以复旧章。将此由五百里各谕令知之。"

（卷153　588页）

同治四年（1865年）九月壬申

又谕："本日据联捷驰奏续收各回村，擒斩首要，并著名回首递禀乞降及历陈雷正绾兵变情事各一折。又据成禄奏堵剿西甯逆回获胜各折片。马化漋前向都兴阿处投诚，该将军以既不献城，又不缴械，恐不可信。是以未准。此次该逆竟赴联捷军营乞降，是否慑于军威，抑或因联捷张贴不论汉回止分良莠谕旨，遂各闻风而至。联捷又何以不将招抚各节，咨商杨岳斌会同办理。恐联捷一意主抚，反为该逆回所绐。杨岳斌身任兼圻，责无旁贷。著即将联捷续收各回村及投诚之马化漋等，细加访察。如果出自真诚，自应准其就抚，妥为安插。如或意存反复，借投诚为缓兵之计，仍当痛加剿洗，以儆凶顽。一切均著杨岳斌斟酌妥办，毋失事机。又据称雷正绾接到公文，知己被人参奏，遂放声大哭，摔弃顶帽。伊弟雷恒制造官逼兵反旗号，拥众退回固原。通判郑声文反复劝导，雷正绾颇有转机，而雷恒犷悍不从，劫杀营官金占元，勾合赫明堂、穆三、马化漋等抢掠。固原已失等语。雷正绾一军滋事，节据刘蓉等奏闻，杨岳斌何以尚未奏到。该督现在作何办法，著即遵照本月初二、初五等日密谕，委派妥员，前往雷正绾营中开诚布公，剀切譬喻。该提督具有天良，应不至被雷恒一人所胁，自取重罪也。陶茂林部勇一溃再溃，殊属不成事体。前据刘蓉奏称该营勇丁，不服杨岳斌委员点验，致又溃变。此风断不可长，著该督确遵前旨迅将该营溃变之由及陶茂林统率不善之处据实参办，以儆效尤。至成禄奏平番逆回滋扰，该提督派兵在碾盘湾剿败后，窜至窑街。复有米拉沟悍回突来接应，杨岳斌函致该提督移军东向，会剿销罕头等语。成禄、联捷本系出关援剿之师，岂可任其借词逗留。所有平番等处回匪即著杨岳斌调派得力兵勇前往截剿。一面催令成禄、联捷等克日拔营，由肃州转战而前。关外各城待援孔亟，毋得再事迁延，致滋贻误。将此由六百里谕令知之。"

（卷153　593页）

同治四年（1865年）九月乙亥

又谕："杨能格奏固原前敌溃营，现经设法安抚，添筹接济，并请留郭炳南募勇两营各折片。据奏雷正绾当兵勇溃变即飞骑追赶，并斩沿途抢夺勇丁十余名及抵泾州，雷正绾复连日泣谕，又得周显承镇静防堵。且见何成蛟等被拿伏法，该营勇始各感畏，陆续折回固原等语。览杨能格先后所奏情形，是雷正绾所部溃变非不力为弹压，实因呼应不灵所致。该提督并无甘心叛逆情事，与德兴阿、刘蓉、联捷所奏迥不相同。著都兴阿、穆图善、杨岳斌确切查明，将雷正绾兵变实在情形迅速具奏。并著刘蓉将前奏因何不符之处据实奏闻。都兴阿等如查明雷正绾尚非意存跋扈，即著向该提督剀切开导，令其会同魏添应安抚士卒，重整部伍，奋勉图功，以赎前愆。一面将该营为首倡乱之勇丁讯明正法，以昭炯戒。杨能格现拟将河东报解在途之饷银三万两全数截留，径解泾州粮台，并饬安化县将日运面斤加倍添拨接济，即著照所请行，并著加意劝勉拊（抚）循，以弭变故。都司郭炳南募勇两营，因不及遣散，赴杨能格营投效，即著准其留营，拣派得力营官统带训练，扼要驻扎，以资攻剿。将此由六百里谕知都兴阿、穆图善、杨岳斌、刘蓉并传谕杨能格知之。"

（卷154　600页）

同治四年（1865年）九月丙子

又谕："刘蓉奏雷正绾营兵勇溃变，现在办理情形一折。雷正绾一军由鄂入陕，叠著战功。转战而西，在甘肃地方屡次摧坚破敌，克复城寨甚多。前因金积堡剿贼失利，当将该署提督革去帮办，用示薄惩。该营将弁自宜愧励交加，立功自效。兹据刘蓉奏称该营部将胡大贵等竟敢因师挫粮缺，哗溃滋事。迫胁兵勇在固原一带肆行杀掠，围逼泾州。经提督周显承等率同在城文武登陴守御，将谋为内应之副将何成蛟正法，并将逆党匡文武等诱擒。被胁兵勇，复经周显承等谕以大义，招抚解散。胡大贵等知众心不附，相率遁去。雷正绾亲至泾州，晓谕兵勇，誓死与贼决战等语。雷正绾于所部将士谋变未能即时惩办，本有应得之咎。惟念该提督平日打仗奋勉，劳绩卓著。著从宽免其置议。此系朝廷破格恩施。该署提督宜知感知愧，倍加策励，以赎前愆。记名提督胡大贵、副将雷恒、李高启乘机倡乱，实属罪不容诛，均著即行革职，缉拿正法，以昭炯戒。"

（卷154　601页）

又谕："德兴阿、刘蓉奏甘回大股图犯陕疆，请分拨马步各军截剿。雷营溃勇逼泾抢掠，经守城文武惩办抚辑，事变稍定，逆回仍扑泾州各折。雷正绾部将胡大贵等乘机生变，经该署提督涕泣开导，不肯听从。时回酋赫明堂、穆三、杨大娃子率大队回众由固原前来。胡大贵等俱与合并。雷正绾未能申明纪律，约束各营，致令所部酿成事端，聚众戕官，将固原廛市抢掠一空，并劫夺饷银军火等项。该署提督统率无方，咎有应得，姑念雷正绾由陕入甘转战而前，素称勇敢。兼之粮饷缺乏，备历艰辛，自应宽其既往，俾得以功抵过。该署提督如能将为首倡乱之胡大贵等立即擒斩，并晓谕赫明堂、穆三、杨大娃子速戢邪心，使就驯服，仍当破格施恩，以示朝廷终始成全之至意。如赫明堂等不服开导，亦惟责成雷正绾重整部伍，痛加剿洗，务将此股叛回迅速殄除。想雷正绾受国厚恩，定当深自愧奋，勇往图功也。赫明堂等现各带马贼千余名，由镇原、宁州、崇信三路图窜陕疆。灵州逆回马化漋又率马步贼各万余，由镇原至泾州之北原，图分南北两路，直犯陕西。逆回与溃勇狼狈为奸，系属意中之事。应如何杜其勾结，分路剿办之处，著都兴阿、穆图善、杨岳斌、杨能格相度机宜，妥为筹办。德兴阿等请饬穆图善赴陕援剿，陕省西路边防甚形吃重。本省兵力不敷分布，著穆图善迅即带领所部马队亲兵督同金顺、西蒙克西克两军，绕由延、鄜，驰赴邠、长协剿，以资厚集，毋稍迁延。穆图善所带步军除卫队亲兵二百名外，其余各营仍留宁夏并归都兴阿统辖调遣。如该回逆已入陕境，著杨岳斌迅派曹克忠统率所部马步由盐茶径趋平、泾，跟踪蹑剿。德兴阿、刘蓉仍当就现有兵力速筹堵御，前后夹击，毋得徒事防守，方为妥善。另片奏周达武所部十五营规剿松潘。该处九月即已大雪封山。来岁春融方可进剿。置劲兵于无益之地，亦殊可惜。请饬周达武赴甘，川省另派妥员赴楚募勇，明年二月可抵松潘。一转移间，于军务较有裨益等语。前有旨令李辉武带步队五营随同赵长龄由川赴陕。此次雷营部勇溃乱，回匪更肆鸱张。甘省东路及陕省之西南路并无劲军抵御。周达武所部十五营能否抽拨赴甘之处，著崇实、骆秉章酌度情形，妥为办理。另片奏陶营溃勇，图由兴商窜回湖北。已谕知官文等派兵防剿。其凤县另股溃勇就抚者尚有二千七百余人之多，虽经派兵押送出境，难保不沿途滋事。著德兴阿、刘蓉飞咨该溃勇原籍及经过地方一体防范，毋稍疏虞。将此由六百里谕知都兴阿、穆图善、崇实、骆秉章、杨岳斌、德兴阿、刘蓉并传谕杨能格、雷正绾知之。"

又谕："刘蓉奏陶茂林营溃勇分股窜入陕疆，并据获贼供称叛勇多籍湖北、江南、河南各省，有由兴商急窜湖北之说等语。此起叛卒由甘窜入陕境，不服开导，屡次抗拒官军。且图回窜鄂疆，蓄谋甚狡。刘蓉现饬驻扎商南之刘厚基一军，扼要截击，并檄兴、汉两镇及宁陕厅派集兵团并力兜剿。著官文、郑敦谨迅即选派得力将弁督带兵勇，驰赴兴、商一带，与陕军会合剿办，毋任扰及鄂、陕交界，致与豫省捻逆勾结，益形滋蔓。并著官文飞咨江南、河南各督抚于此项溃勇回籍时，均须一体严为防范，妥为安插，毋任复滋事端。将此由五百里各谕令知之。"

（卷154 603页）

同治四年（1865年）九月戊寅

兵部以武会试中额请。得旨："满洲、蒙古取中二名，汉军取中三名，奉天取中一名，直隶取中十五名，陕甘取中一名，广东取中十名，河南取中七名，山东取中八名，山西取中七名，湖北取中三名，湖南取中六名，四川取中八名，广西取中二名，福建取中二名，浙江取中一名，江西取中三名，云南取中一名。"

（卷154 609页）

同治四年（1865年）九月戊子

以任性藐玩，革甘肃领队侍卫讷依楞阿职，仍留营。

（卷155 624页）

同治四年（1865年）九月己丑

谕军机大臣等："杨能格奏续陈固原前敌各营溃变情形各折片。所陈雷正绾各营因乏粮溃变，该提督要之以死，跟踪追阻，百计拊（抚）循，始于平凉扎定。复据周显承函称雷正绾于初七日，亲带亲兵马队由泾州追剿北窜李家堡之贼，刻下驻扎平凉各营。又移扎四十里铺等语。是该提督为人所制，尚思剿贼自效，重整军威，力图再举。该提督自金积堡之败，朝廷撤其帮办，稍示薄惩，仍留提督本任，并令剿贼立功。原因雷正绾入甘以来，克复城寨多处，颇著战功，并非即予废弃。即此次各军溃乱，该提督本有应得之咎，而禀报讹传，谓该提督有意为之。朝廷断不能信。雷正绾当如何感激图报，力洗前愆。现在甘省回务鸱张，各营溃卒纷纷思逞。胡大贵等胆敢乘机生变，降回赫明堂又复意存观望。正雷正绾努力自效之时，岂得以帮办既撤，遂思一死塞责。该提督现署固原提督，本有奏事之责。此事即可据实入告，何至函致他人求为剖白。嗣后雷正绾遇有军务紧要事件，即著专折驰奏。即现在收抚溃卒情形亦著据实入告，并将所部各营重加整饬，迅将胡大贵、李高启、雷恒叛弁设法擒斩。赫明堂等首鼠两端，如果生心煽惑亦当设法诛锄。其周显承所招该提督旧部即著并归前敌，统交雷正绾调遣，仍不得与周显承互相抵牾。杨能格前请令魏添应接统该提督所部之处，即著毋庸置议。该提督粮饷两缺，抚驭良难，即著杨岳斌、刘蓉、赵长龄、杨能格迅筹饷糈，径解泾州粮台，转运雷正绾行营，以应急需，毋令再有缺乏。至各营溃卒人数众多，诚恐乘隙纷窜。胡大贵等自知罪不容诛，难保不纠党潜逃。并著杨岳斌、德兴阿等，调派各军严密剿捕，尽法惩办。陕西沿边各隘，刘蓉等务当饬令在防将士实力堵遏，毋稍疏虞。将此由六百里谕知杨岳斌、德兴阿、赵长龄、刘蓉并传谕雷正绾、杨能格知之。"

（卷155　625页）

同治四年（1865年）九月庚寅

又谕："前因刘蓉奏参陶茂林贪污不法各情，并陶茂林营勇溃散情形，叠经降旨交杨岳斌确查具奏。兹据奏称该营所欠口粮，实由饷绌所致。军士因索饷所得无多，借词侵蚀，相率哄散。该提督经过地方收受陋规，州县官往往执贽门下。其心迹贪污已可概见。至收纳回女一节，该营女眷甚多，是回是汉实难明悉。惟该提督于上年赴援靖远，一闻眷属行抵兰州，辄自径回省垣。至本年正月，始行出省。该营勇丁扎营地方抢掠淫虐，不堪言状各等语。陶茂林以专阃大员，辄敢废法营私，以致所部兵勇到处滋扰，始而溃逃，继以挫败，实属咎无可辞。著即行革职以示惩儆。另片奏陶营勇丁往援靖远，道经贡马井，剥取绅民衣服，抢掠妇女，并熏死山洞居民各等语。勇丁肆扰害民，更甚于贼。该营官等毫无防范，殊堪发指。记名总兵借补凉州镇标左营游击李邦英、记名总兵借补西宁镇标中营游击陶生林、尽先副将借补玛纳斯协标左营都司邓洪池、尽先参将班树杰、副将衔即补参将李春海、尽先副将借补肃州镇属高台营都司陈正荣均著先行革职，交杨岳斌严行审办。俟讯明后再行分别参奏请旨。"

又谕："前据都兴阿奏参署甘肃臬司杨柄锃、署总兵穆隆阿，办理抚局不实，当经降旨交杨岳斌查明具奏。兹据该督奏称杨柄锃等办理招抚事宜，虽因兵单饷绌，惟未能妥筹善后，以致固原州城复被贼陷，实属咎有应得。除杨柄锃业经照部议降二级调用无庸置议外，穆隆阿著交部议处。"

（卷155　629页）

又谕："杨岳斌奏接准雷正绾咨称该营兵溃情形一折，与刘蓉、杨能格节次所奏，情形相同。雷正绾入甘以来，颇著战功。此次该军溃乱，该提督以死自誓，将所集各勇力图整顿，是该提督心迹已明，即可毋庸置议。昨已谕令将所部各营，重加整顿，并准其遇有紧要军务，专折驰奏。著杨岳斌仍遵前旨，传知该提督感激图报，简练精锐，相机剿贼，以赎前愆。胡大贵等乘机倡乱，罪大恶极。前已降旨革职，缉拿正法。其刘车龙一员前据刘蓉奏称，在泾州守御出力，已照请开复参将。兹据杨岳斌奏称，刘车龙擅弃韦州，并因雷正绾被议，乱造谣言，与刘蓉所奏请节不符，仍著杨岳斌详悉查明，分别办理。各处回匪近日剿办若何，该督仍当统筹大局，妥为布置。务臻周密以期次第廓清，用副委任。将此由六百里谕令知之。"

又谕："德勒克多尔济、王榕吉奏会商西北边防，就现有兵力分别布置，并请饬察哈尔挑选马队以备征调。杨岳斌奏请饬山西迅拨饷银各折片。德勒克多尔济等所筹西北内外边防，布置尚属周妥。即著严饬在防旗、绿各营员弁统带所部官兵，随时操练，实力防守，毋稍大意。桂成现已统带乌兰察布盟等兵，察看西南边界，择要驻防。著即于由甘入蒙扼要处所择地驻守，以防贼匪窜突。或于石觜子、磴口之间相机防堵。即著德勒克多尔济等酌度情形，随时咨商办理。惟归绥边境及蒙古部落均与宁夏毗连，远戍近防，地方甚为辽阔。该将军虽就现有兵力，内外设防，仍须添备得力马队，方足以策万全。即著阿克敦布、廉至就近挑选察哈尔精壮马队一千名，备齐军械，并随时勤加操练，以备该处征调，毋稍延误。甘省需饷紧要，屡经降旨严催。兹据杨岳斌奏请饬山西拨饷以济眉急等情。即著王榕吉饬令藩司先行筹拨库银五万两，河东道筹拨库银三十万两，迅速解交甘肃杨岳斌军营。如道路尚未疏通即交甘省守提委员，设法汇兑，毋得迟延干咎。将此由五百里谕知德勒克多尔济、桂成、阿克敦布、廉至并传谕王榕吉知之。"

以甘肃河州镇总兵官曹克忠为提督，记名总兵官李助发为甘肃河州镇总兵官。

（卷155　631页）

予甘肃平凉殉难守备夏承惠、教谕王汝揆等祭葬世职加等，王汝揆家属旌恤如例。

（卷155　632页）

同治四年（1865年）十月壬辰

又谕："崇实、骆秉章奏周达武所部未能抽拨，请调湘果等营赴陕等语。周达武一军现已深入松潘夷巢，势难抽拨。著照崇实等所请即饬萧庆高所部之湘果数营并现扎褒沔一带之彝字三营赶紧起程，克日前进。现在陕西边防已松，而甘省军事方亟。著赵长龄、刘蓉于萧庆高等拔营后催令取道入甘，归杨岳斌调遣，以资得力。正在寄谕间，据杨能格奏逆回窥伺庆、环，大股分扑狂窜。经魏添应等督军剿击，连次获胜，克复西峰、曲子两镇，并庙家河等寨。惟逆众数万窜扑庆阳，此次以少胜多仍恐去而复来。著杨岳斌妥筹兼顾并饬令杨能格督率在防兵将认真防守，毋稍疏懈。又据联捷奏近日与贼接仗获胜情形，并列保博多洪武等多员。又奏移军静宁办理招抚溃勇事宜，并雷正绾咨送杨能格折稿，差吴锡龄到营，闻有勾结回目情事等折片。联捷以奉旨出关之员不思前进，辄借词招抚溃勇移军静宁，时而剿贼，时而议抚，不知所称剿贼立功各员果实有其事否。本日已批饬该员即日出关，著杨岳斌确切查明，如果获胜属实，再行奏乞恩施。雷正绾所部现已安辑，如零星溃勇尚有在外滋事者，著杨岳斌责令雷正绾妥为办理，毋得自贻伊戚。马化潓是否有勾结情事，并著查明具奏。联捷折片四件著抄给杨岳斌阅看。将此由五百里各谕令知之。"

伊犁参赞大臣联捷奏亲督各队剿匪获胜，请奖出力人员。得旨；"联捷屡经有旨催令出关，该大臣辄借词剿办甘肃回匪，遂其迁延不进之计，实属疲玩。著懔遵前旨，迅将经手事宜咨交杨岳斌办理，克日整队由肃甘一路会同成禄出关，不准再以甘肃军情拉杂入奏，以图饰听。懔之。"

（卷156　636页）

以甘肃红德城剿贼获胜，赏参将苑清元、都司魏春林巴图鲁名号，同知程卓山等花翎，总兵官魏添应等升叙有差。

（卷156　637页）

同治四年（1865年）十月癸巳

又谕："刘蓉奏堵剿逆回获胜，泾、长情形稍松，追剿陶营叛卒，擒获首犯，歼毙悍党，余匪悉数遣散。杨得胜等军，暂留延、鄜，严防三岔厅等处各折片。甘省逆回盘踞新城、党原两镇，分股由丰台扰及长武等处，经谭玉龙等带队截击。雷正绾所部亦各奋勉图报，堵其窜路。该逆复扑泾河川，又经谭玉龙等克之，败匪一股退窜镇原，一股退窜萧镇。其新城大股亦退回固原及炭山等处。荔家堡之贼亦由萧镇北窜，该逆因陕省边防严密不能遂其东窜狡谋，旋即逡巡败退。著杨岳斌、赵长龄、刘蓉督饬周显承等会合陕军乘胜进攻，分路蹑剿，务将此股窜回就地歼除，毋令再行阑入陕疆。陶茂林营叛，卒经萧德扬等在郝坪等处分路进剿，将首逆王正明等擒获。著赵长龄、刘蓉即饬将王正明等犯解省，讯明正法，以昭炯戒。其遣散余众并著妥为办理，毋令沿途滋生事端。此次追剿叛卒出力之员弁等，著准其汇入彭体道等剿办溃卒案内，择尤保奏。杨得胜、鄢太愚两军既据刘蓉奏称撤赴庆阳，则延、鄜门户空虚，即著照所请，暂留延、鄜防堵，毋庸撤赴庆阳，归杨能格调遣，以固藩篱。刘蓉现派谭玉龙等赴甘跟剿，著杨能格督饬现有兵力会合谭玉龙等军，将北路窜匪两面夹击，迅殄逆氛。甘肃溃勇，窜至三岔厅叛将胡大贵所部千余人，扰及秦州，著赵长龄、刘蓉督饬防军，实力堵剿。杨岳斌一面派兵会击，毋任蔓延为患。雷正绾当懔遵叠次寄谕，将胡大贵等设法擒斩，以赎前愆。刘蓉患病，请俟赵长龄抵陕后交卸就医。现在甘省逆回叛勇纷纷溃窜，陕省边防紧要，刘蓉所部各营必须有得力统将，严明约束，足保无虞，刘蓉方可卸责。所有布置情形及一切应办事宜，著刘蓉与赵长龄悉心会商，务期诸臻妥协，方准起程，不得急图交卸，致有贻误。将此由五百里谕知杨岳斌、赵长龄、刘蓉并传谕杨能格、雷正绾知之。"

（卷 156　　639 页）

同治四年（1865 年）十月乙未

又谕："都兴阿、穆图善奏雷营兵变，布置防范情形及请饬晋省筹银采办米石，楚勇两营难再撤回各折片。雷正绾所部溃变后，该提督不肯从逆，屡思自尽，随时将溃勇设法招集抚定，折回固原。接据刘蓉、杨能格等奏到，已准令该提督单衔奏事。都兴阿等所奏尚系前此未确之信。是目下情形较为安定。都兴阿等现已抽拨西蒙克西克两起马队赴陕，则泾州一带尚可借资防剿，安住所带马队。本日已准吴昌寿奏调赴豫剿捻，势难改令赴陕。都兴阿等当饬令西蒙克西克相机剿办，以遏回氛，并随时知照刘蓉妥筹堵御。段登云一军现拟调援庆阳、宁夏东路既虑空虚，即著桂成酌带蒙兵就近移扎花马池，以壮声势。都兴阿等仍当激励将士规取宁夏郡城，毋稍松劲。甘省粮食缺乏，军士嗷嗷待哺，困苦已极。都兴阿已派色楞额驰往归绥守催仓谷，兼筹采办运解，自系迫不可缓之事。著王榕吉赶紧筹拨银二万两交归绥道尽数采办米石，迅速运解，以济兵食。此项银两准于山西月拨都兴阿军饷项下，分月陆续扣还。并著德勒克多尔济就近督令归绥道将此项米石设法采办，刻即运解，不得借口推诿，致误要需。至都兴阿所部，现在分拨援剿，兵力已单。袁复清一营驻扎宁夏城北，罗承勋一营驻扎定边县境，皆关紧要，即著毋庸调回山西。王榕吉惟当会同陈湜就现有兵力妥为布置，以固边防。将此由六百里谕知都兴阿、穆图善、德勒克多尔济、桂成并传谕王榕吉知之。"

又谕："前据御史汪朝棨奏参伊犁参赞大臣联捷沿途需索逗留，并刘蓉折内所称联捷在沿途勒折钱文，例外需索各节。叠经降旨交杨岳斌详查具奏。兹据刘蓉奏称联捷统带兵勇赴甘援剿。经过陕西州县节节逗留，任意勒索骚扰，致令员弁兵勇倚势作威。该营委员降调县丞懋德在长武逗留三日，捏报勇数，冒支口粮，并串通都司曹鹤先讹诈威逼。曹鹤先明知勇丁窃取饷银，转喝令队伍持械勒令长武县知县张景福赔银一千两。懋德已经联捷咨令回旗，曹鹤先现回泾州，请俟长武防务松后由赵长龄提案审办各等语。案关委员冒领勇粮，并带兵官纵令部勇盗取官银，匿案赔赃，虚实俱应严切根究，以成信谳。即著杨岳斌、赵长龄汇入汪朝棨、刘蓉前参联捷沿途需索各节一并确切查明，据实具奏，毋稍徇隐。原片均著抄给阅看。本日据官文等奏称探闻甘肃溃勇入陕，陕军在宝鸡口接仗失利。陕省已飞撤武关商南防兵回省堵御各等情。此事尚未据刘蓉奏报，是否实有其事，著刘蓉迅速查明具奏。据讷尔济奏称户部议准拨解巴里坤银两至今未到，请饬陕甘总督解由杀虎口经绥远城直达乌里雅苏台备拨，或径由杀虎口先行拨解等语。即著杨岳斌查明，如道路业已疏通即将应解巴里坤饷银，由甘省迅速解往。如道路梗阻，即著改道由杀虎口草地一路解至乌城，以应急需，毋稍延缓。所请先由杀虎口监督先行拨解之处，并著杨岳斌斟酌情形办理。将此由六百里各谕令知之。"

同治四年（1865年）十月己亥

又谕："联捷奏接准雷正绾来文，恳请另赏差使，并请将雷营勇丁移防楚豫，暨饷需支绌未能西行各折片。雷正绾所部溃变，联捷前奏内曾有叛将辜恩，请旨剿办等语。朝廷料知雷正绾受恩深重，不至丧心病狂，至于此极，是以叠降谕旨，责令收集溃散，擒斩叛首，并令其专折奏事。想该提督具有天良必能感激图报，相机剿贼，以赎前愆。今联捷又忽称雷正绾恐与杨岳斌不合，士卒怀疑等语，与前奏雷正绾背叛各情既属自相予盾。于现办情形亦显然相背，著毋庸议。至称雷正绾所部勇丁请调赴楚豫防剿一节尤属自逞私见，越分妄陈，著不准行。杨岳斌当传知雷正绾令其知感知奋，收合散卒，简练精锐，重振军声，力图报称。果能杀贼立功，朝廷仍当宥其既往，沛以恩施，正不心自怀疑惧另求差使也。联捷因军粮不继，将队伍分赴收降各村，令降众等轮替输粮，殊属非计。倘兵勇征求不已，必至降回怨望，激成事端，尚复成何事体。著杨岳斌即将该军饷需军火等项筹定数目，源源接济，俾得赶紧西行。联捷有此军饷即当懔遵叠次谕旨迅速前进，不得借口迁延，致干重咎。将此由六百里各谕令知之。"

同治四年（1865年）十月丙午

又谕："都兴阿、穆图善奏先后准咨雷军情形歧异，请旨饬查，并提督周显承招抚溃勇筹办防剿及攻剿宁夏情形各折片。雷正绾招集溃勇情形，叠据杨岳斌、杨能格等先后奏报。均经谕令杨岳斌等传知雷正绾收集溃卒，擒斩叛首，以赎前愆。此次都兴阿等因周显承禀称溃军业已设法安抚，均各悔罪，驻扎平凉，与前次德兴阿等咨报溃变情形两歧，恐办理不善，激成事端。请饬妥为查办等语。与叠次所降谕旨适相吻合，即著杨岳斌等督饬雷正绾、周显承将已收溃勇妥为安抚，责令将赫明堂一股拦头截击，迅殄逆氛。至雷正绾所部尚有二十余营，粮米军火万分缺乏，倘不迅筹接济难望其踊跃前驱，著杨岳斌、刘蓉、杨能格就近赶紧设法筹解饷需，以定军心而维大局。宁夏踞贼经都兴阿等督饬马步各队分头雕剿，并诱贼出城，歼毙数百名，踏毁贼圩数处。仍著都兴阿、穆图善激励诸军奋勇攻剿，力拔城池，毋得旷日持久，虚靡饷项。大同镇总兵马升前据都兴阿奏请暂留宁夏军营养伤。本日据王榕吉奏磴口等处防务紧要，请饬马升速赴山西统带归绥防兵，如一时未能赴晋，即令带兵就近会同桂成防守边要等语。著都兴阿即将马升所带川勇一营另行派员接统，迅饬该总兵克日赴晋。或即令其统带所部会同桂成力扼边隘之处，并著酌量办理。将此由六百里谕知都兴阿、穆图善、杨岳斌、刘蓉并传谕杨能格知之。"

又谕："杨岳斌奏巩昌、宁远被围，调军援剿，请饬陕西、四川捐办粮石，派兵接替成禄等军，饬文麟随同西征各折片。巩昌、宁远两城被逆回围扑甚急，杨岳斌已调曹克忠统带所部前往援应。该军素称勇往，即著饬令迅速进兵力解城围，将巩昌一带回匪次第扫荡，以固省城屏蔽。一俟南路军务稍松，即行分兵兼顾中卫之金胜关，以遏贼匪窜路。甘省粮饷缺乏，朝廷早深廑念。兹览杨岳斌所奏各营至以面水充饥，情形至此，殊为可悯。陕西本年秋收既尚丰稔，即著刘蓉按照杨岳斌折内所请各情，体察该省上中二等州县，设法捐办麦粮运至甘省，源源接济。并著于邠、乾、凤翔、鄜州各属先提仓粮四万石运交秦州、泾州、庆阳等处，俟该省捐有成数再行归款。四川之保宁一郡毗连阶州，运粮较近，著崇实、骆秉章于该府所属筹捐米粮一万石运赴阶州，以资军食。该将军等当力顾大局，迅速筹办，不得稍有推诿。杨岳斌折著抄给崇实、骆秉章、刘蓉阅看。静宁、平番等处已经杨岳斌派兵扼扎，即可腾出成禄、联捷两军会同西行。著杨岳斌飞催成禄等克日起程，由肃州一带扫荡而前，出关剿贼，不准再有逗留。镇迪道文麟以催兵为名，擅离职守，著交部议处。并著杨岳斌饬令该员随同成禄等迅即出关，协同剿贼，以赎前愆。将此由六百里各谕令知之。"

（卷 157　659 页）

同治四年（1865年）十月戊申

谕军机大臣等："昨据杨岳斌奏静宁、平番等处已经派兵扼扎，即令该督飞催成禄、联捷克日起程，由肃州出关剿贼，不准再有逗留。关外待兵甚急。察哈尔、土尔扈特等兵因官军未到仍复散归游牧。联捷屡次催令出关，迄今年余，尚复徘徊观望，借甘省兵事为名迁延不进，实属不知缓急。现在静宁等处俱经杨岳斌派兵扼扎，无须成禄、联捷等在彼剿办，著杨岳斌严行传谕，迅催成禄、联捷克期出关，不得再事迁延。倘仍前玩忽，即著该督据实具奏，候旨惩处，不准稍有回护。已有旨将联捷调补哈宁办事大臣，荣全补授伊犁参赞大臣。联捷等务懔遵叠次谕旨，奋勉出关，节节进剿，驰赴哈密任事。勿谓言之不预也。懔之，慎之。本日据杨岳斌奏回匪阑入马厂，抢掠孳生马匹，戕害牧兵及省城粮价日增，请酌定面斤银数，扣除勇丁月饷各一折。甘州回匪变乱，该马厂员弁自应加意防范，何以任令该匪由大俄博窜入，抢马至三百余匹之多。虽经把总韩天福追回一百余匹，而所失仍复不少，非寻常玩忽可比。代办甘肃提督印务署中军参将张敬、总理甘州孳生马厂大马营游击杨逢春、把总韩天福均著交部分别议处。其被抢马匹即著责令疏防之将弁分成赔补，以示惩儆。甘肃省城粮价昂贵，若将勇丁日支面斤照时价扣还，士卒不免苦累。著照杨岳斌所请，自本年九月初一日起，所有各营应支白面每斤作银三分三厘三毫，即于月饷内扣还。其不敷价值并准作正开销，该军士沐朝廷格外体恤之恩，自当倍加感奋。著杨岳斌激励诸军分头剿洗，务将各路回逆克日歼除，毋得坐耗饷需，致辜委任。杨岳斌请调道员王嵩龄差遣，已谕令李鸿章知会彭玉麟速饬该道赴甘。其副都统金顺能否赴营教练，并寄谕都兴阿酌量调派。如金顺不克前往，由该将军另派妥员训练。至请饬陕西拨解曹克忠月饷及请饬湖北、湖南运解火药等项各片，已分饬该督抚迅速筹解矣。将此由六百里各谕令知之。"

（卷157　662页）

同治四年（1865年）十月庚戌

又谕："传谕署陕西提督雷正绾。雷正绾奏缕陈被诬，并溃勇未有围扑泾州情事各折片。雷正绾所部因饷缺思变。前据德兴阿、刘蓉具奏，接据地方官禀报有捆杀固原州知州蒋牧及围攻庆阳之语。德兴阿、刘蓉疑非事实，于折内陈明雷正绾平日性情尚非强横之比，何至狂悖至此。是刘蓉本无偏信地方官禀报率行陈奏之处。朝廷亦深鉴该提督积功擢至专阃，必思保全令名，断无跋扈情事。嗣据刘蓉等驰奏，代为剖析各情，俱已明白谕知。何以雷正绾积怀疑虑，哓哓陈辩。想因旁人挑唆所致。该提督本系武员，亦即毋庸深责，嗣后惟当懔遵叠次谕旨，约束兵丁，奋勉图功，不准稍有成见。其营中疲乏勇丁，亦当酌量遣撤。庶饷需易于供支，不至再生事端。回目赫明堂既据该提督奏称打仗奋勇，即著饬令奋勉立功，倘或仍怀异志，亦毋许稍涉回护。其义子马泳和假称赫明堂之名，率众窜扰，甚属可恶。即著雷正绾设法擒拿，毋任窜逸。正在传谕间，据刘蓉奏擒获叛将胡大贵，供称雷正绾兵变时，雷恒首先勒令开队，李高启倡制大旗，胡大贵亦随同谋叛。嗣觉事体不好，乘间脱逃。固原州官并未戕害各等语。固原州知州蒋方直未经溃勇戕害，是雷正绾心迹已明，惟胡大贵所供雷恒、李高启倡乱各情，虽系一面之词，但不讯明办理，则浮言愈多。此事关系该提督声名，谅必急于剖析。刘蓉已经交卸，即著将雷恒、李高启二员解交陕西，听候赵长龄质讯。则胡大贵之狡饰无可置办。若稍有回护之心，则必至议论纷纷。雷正绾尚属明白事理，必能深体此意也。"

又谕："雷正绾奏自陈感激图报并饷缺兵溃情形。暨周显承等架词捏陷各折片。刘蓉奏逆回窜扰平、泾，抢劫粮饷，派兵剿办情形。并拿获叛将胡大贵，暂行监禁各折片。逆回孙义洪等窜扰平、泾，抢劫粮饷。虽经周显承派兵击退，而该逆党与既众诡谲异常，且占踞固原，密布营叠，势必伺隙旁窜。著刘蓉饬令周显承等督率各营，认真防堵，并饬刘玉兴五营与泾防诸军联络声势，以资备御。至周显承招抚十余营，人数过多。刘蓉动拨杨岳斌解存泾库饷银三万两，暂资散放。并由刘蓉、杨能格各拨饷银、面粮运济，嗣后应源源筹解，至雷正绾平凉各营饷绌，日久亦恐难支，著杨能格赶紧筹拨饷银，陆续接济，并制造帐房若干，运泾备用，以利攻剿。雷正绾自陈感激图报，情词甚为恳挚。惟历陈被人诬陷，尚多怀疑过虑之处。本日已谕令奋勉杀贼，以赎前愆。并将雷恒、李高启等迅速交出解陕，交赵长龄秉公审办，借明心迹。著赵长龄于雷恒等解到后认真研讯，务得确供。胡大贵一犯即照刘蓉所请，暂行监禁。胡大贵供内声称逃赴隆德，将情形禀知总督杨岳斌，派秦国胜收抚等语，是否确实，并著杨岳斌查明具奏。成禄奏率师西行一折，已谕令迅速前进。鹤龄一军著杨岳斌派兵接替，令其随同成禄出关。成禄等军饷需，杨岳斌随时接济。前据泾州知州林发深禀报固原州知州蒋方直被杀各情，本日刘蓉奏查明蒋方直并未被害，是该员前此禀报不实。林发深所得以道员补用之案，著即撤销。将此由六百里谕知杨岳斌、赵长龄、刘蓉并传谕杨能格知之。"

（卷157　669页）

同治四年（1865年）十月辛亥

谕军机大臣等："本日已明降谕旨令赵长龄署理山西巡抚，刘蓉仍带革职留任处分署理陕西巡抚。刘蓉受朝廷倚畀重恩，当益加奋勉，于军务地方各事宜实心办理，以图报称。刘蓉前有回籍修墓之请，此次既命署理陕西巡抚，即著毋庸给假回籍，以专责成。昨有旨令雷正绾将叛将雷恒、李高启等解交赵长龄审办。现在赵长龄署理山西巡抚，所有雷恒等犯即著杨岳斌传知雷正绾，径解甘肃省城，由该督审明具奏。其胡大贵供词即著刘蓉咨明杨岳斌查核办理。将此由六百里各谕令知之。"

（卷157　672页）

同治四年（1865年）十一月壬戌

以甘肃庆阳剿贼获胜赏总兵官欧得胜、参将朱光斗巴图鲁名号，副都统巴克坦等花翎，同知麟祥等蓝翎。予阵亡参将张保安等二十二员祭葬世职加等。

（卷159　695页）

同治四年（1865年）十一月辛未

谕军机大臣等："杨能格奏营员狡诈把持，侵匿帑项，请旨严行惩办并请饬驻泾各营迅速前进各折片。据称陕西宁陕营参将周显承经雷正绾派办营务，支放饷需，辄敢遇事把持，与知州林发深狼狈为奸，致溃军纷至泾州索饷。该员复恐雷正绾参办，辄架词陷害，诬以叛逆重情。嗣见朝廷洞悉其枉，复以饷绌兵哗，雷正绾泣谕截回各实情，四路上禀，自相予盾，情节显然。林发深庸懦无能，惟周显承之命是听，是以同词禀报。周显承又截回饷银欲使各军激变，以实前言。雷正绾奉命整顿诸军，周显承谓廷寄系属假造且以泾州粮饷有着，不肯前赴平、固。该参将经手饷项数逾巨万，辄称固原兵变文案遗失，掌管文案之知县孟树森查无下落，借词捏饰，预为冒销地步。又咨称拨解饷银一万二千两送至泾州二十里铺，被回匪抢失无存。而查询并无其事。平日收支册籍均交子侄收用，委员不敢过问。周显承复带兵摊派宁州百姓捐解麦粮，民情惶惑，将致变端各等语。周显承办理营务粮饷，既敢狡诈把持，侵蚀帑项。复敢带队勒捐，实属大干法纪。著赵长龄暂缓前赴山西，先赴庆、泾一带将此案秉公查办。如果讯有端倪，即著据实具奏，将周显承革职归案，严行审讯。其知州林发深有无通同侵捏情弊，亦著一并查明，请旨办理。该抚甫抵陕西，无所用其回护，务当核实审办，以成信谳。原折著抄给阅看。至知县孟树森，据杨能格奏称于溃营之先已赴兰州，并未遇害，亦无遗失文案情事。著杨岳斌饬令孟树森迅赴庆、泾一带，听候赵长龄查办，不得任其逗留。周显承招集溃勇前已有旨仍归雷正绾统带，著杨岳斌、刘蓉严催泾州各营迅速前赴雷正绾军营听候调遣。雷正绾一面另拣妥员接办营务。该提督受朝廷如此厚恩，倘再不痛自涤洗，奋勉立功，则国法具在，不能屡邀宽典也。将此由六百里谕知杨岳斌、刘蓉、赵长龄并传谕雷正绾、杨能格知之。"

（卷159　703页）

同治四年（1865年）十一月癸酉

谕军机大臣等："赵长龄、刘蓉奏遵拨仓谷，劝捐麦粮，暂济甘军并请饬川省协筹捐款，山东迅筹协饷各折片。前因甘军饷粮乏缺，饬令刘蓉等先提仓谷四万石解济。兹据奏称，陕甘仓粮实就罄竭，现已竭力凑拨二万石，分解秦泾交纳。仍一面委员分劝绅粮，以济军食。即著刘蓉遴派妥员认真劝办。惟各军艰窘，待食甚殷，必须别筹巨款，以供采买转运之资，方可源源接济。所请由晋蜀两省每月各协饷银二万两之处，即著崇实、骆秉章、赵长龄、王榕吉等照数协拨，以明年正月为始，按月措解，不得稍有迟误。至陕省在川劝捐一节，叠经崇实、骆秉章历陈，难与川省捐输一例并举。惟甘省窘急情形日甚，且与川境毗连，唇齿相依，未可漠视。崇实、骆秉章凤顾大局，应于万难设法之中，力筹措办。即著督饬江忠浚、吴镐等会同毛震寿妥筹劝捐，即不能如刘蓉前奏三十万两之数，总须尽力办理，务使民情军食两无妨碍，方为妥善。山东应先解协陕饷银十万两，仅据解到一万，实属延玩。即著阎敬铭督饬藩司如数筹拨，交陕省派往守提委员陆堃等分批领解，以济要需。将此由五百里谕知崇实、骆秉章、阎敬铭、赵长龄、刘蓉并传谕王榕吉知之。"

（卷160　710页）

同治四年（1865年）十一月庚辰

又谕："都兴阿、穆图善奏官军进剿，夺获要隘，并历陈联捷办理招抚情形。杨岳斌奏曹克忠进援巩昌，城围立解，并探悉雷营陆续安抚各折片。宁郡踞逆，恃其南路各贼堡运粮接济，现经都兴阿等督率将士，攻拔贼圩两座，刻下贼粮垂尽，攻剿正易得手。著该将军激励各营兵勇并力进攻，迅拔坚城，毋再迁延干咎。联捷自请宁专差佐领德清额带有回人持函来至都兴阿军营，声称固原等处回人俱经联捷招抚。现又据灵州马朝清递禀亦愿投诚。德清额先到金积堡与马朝清面议就抚，又到宁郡与贼目相见。都兴阿因马朝清即马化漋乞抚缓军，是其故智。且德清额系西安逃兵，投效雷正绾军营，何以又持联捷信函入宁城与贼目会商。种种可疑，且恐别有情弊。一面飞咨联捷详细声复，一面将德清额摘去顶翎，押送平罗县看管，办理甚属认真，可嘉之至。著俟联捷咨复到日，由都兴阿查明德清额所持信函，如系该佐领勾通回逆捏造，懈我兵心，即应就地正法。如系联捷不识事体轻重，妄发信函，即著将联捷据实参办。联捷屡有严旨催令出关，不过欲借办抚名目为羁留地步。前奏马化漋投诚各情，朝廷知其不可深信，当经谕令杨岳斌确查具奏。仍著该督遵照前旨，严密访查，迅速奏闻。仍一面催令联捷督带所部迅速西行，毋令逗留甘省滋事，致与该将军、该督办理两歧。巩昌城围已解，而该逆尚在郡城附近，分股盘踞。正西四十里外贼巢林立，难保不乘间再犯。著杨岳斌严饬曹克忠一军裹粮前进，务将各处贼巢扫除净尽，廓清腹地，以副委任。前据杨能格奏参营员周显承狡诈把持，侵匿帑项各款。当派赵长龄驰赴庆、泾一带秉公查办，并令杨岳斌速饬知县孟树森前赴庆、泾，听候赵长龄查讯。兹据该督奏泾台粮饷，异样奇绌，请饬陕西抚臣及庆阳粮台力筹饷项解赴泾营等语。折内所叙周显承出力各情，与杨能格前奏大相歧异。该督此奏，自系尚未接奉前旨。现在赵长龄计已起程，著懔遵前次寄谕，将周显承被杨能格奏参各款，有无冤抑，逐一查明。如何持平办理之处，并著赵长龄会商杨岳斌据实具奏，毋稍偏徇。周显承招集溃勇，前有旨仍归雷正绾统带。泾州存兵无多，所有刘蓉、杨能格接济之饷应否解赴泾营，抑或径解雷营之处，著该抚等会商杨岳斌、雷正绾斟酌分别遵照妥办。固原州城现为杨大娃子所踞。雷正绾务当奋勉立功，克期攻拔，以赎前愆。

并著恪遵前旨将雷恒、李高启迅速解赴兰州，交杨岳斌审办。该提督如敢瞻徇亲故，抗玩不遵，则是自外生成，断不能稍从末减也。再杨岳斌请将道员黎献记名以臬司简放。核与吏部新定章程不符，著交军机处另行存记。将此由六百里谕知都兴阿、穆图善、杨岳斌、赵长龄、刘蓉并传谕雷正绾、杨能格知之。"

……以甘肃剿办平番贼匪出力，赏城守尉庆志等花翎，知县余士谷等蓝翎，余加衔升叙开复有差。

（卷160 718页）

同治四年（1865年）十一月癸未

成都将军崇实等奏："请将攻剿阶州踞逆节次阵亡将弁勇丁，于阶州建祠合祀。"允之。

……以甘肃克复阶州城出力，赏副将刘洛望、参将李士青巴图鲁名号，游击邓有德等花翎，千总滕得胜等蓝翎，余加衔升叙开复有差。

（卷161 723页）

同治四年（1865年）十一月乙酉

又谕："杨岳斌奏探闻雷营兵溃，现筹布置，并请调邻省援兵一折。雷正绾所部溃变退回固原，叠据刘蓉、杨能格等将大概情形驰奏。曾经谕令杨岳斌妥筹办理，并因甘省兵力单薄，谕令崇实、骆秉章酌度情形，将周达武所带十五营抽拨赴甘。兹据杨岳斌奏称，雷营兵溃，探报传闻不一。曹克忠一军兵饷不继，该督带赴甘省各营亦不敷分拨，请调周达武援甘等语。周达武带兵，向称得力。四川各路军情，现尚安谧，自应先其所急，调赴甘省，力顾西陲。著崇实、骆秉章即饬周达武统带所部，迅速前赴甘肃，交杨岳斌调遣，毋稍迟误。其应用饷银即由川省源源接济，不得稍有缺乏。雷正绾溃勇现在是否一律安辑？仍著遵照叠次寄谕，妥为筹办。成禄、联捷已否起程，并著催令星速前进。昨据广凤、奎昌奏古城奇台济木萨等城，业经民勇收复，亟应乘机迅赴也。将此由六百里各谕令知之。"

（卷161 724页）

复甘肃军营病故已革安徽巡抚翁同书原官，予祭葬恤荫，谥文勤。

（卷161 725页）

同治四年（1865年）十二月癸巳

又谕："赵长龄奏遵旨驰赴庆、泾一带查办事件。杨能格奏营员带队抢掠，枪毙生员，攻堡淫掳，逼毙多命，并带队抢夺粮台饷银各折片。览奏实深诧异。前因杨能格奏参周显承狡诈把持，侵蚀帑项带队勒捐等情，当经谕令赵长龄先赴庆、泾一带查办，如讯有端倪，即将周显承奏请革职严审。兹据杨能格奏，周显承亲带三营马队至宁州，亲兵各入民家抢掠淫掳，无所不至。枪毙增生栗承祚，复分队驻酒头堡及太昌城外，将两处百姓抢掠一空。经该州知州张抡文哀求撤兵，周显承不允，令游击张润槐往东乡良平镇店头堡。堡民闭门不讷，委员裴辅晋在彼办粮，启门放兵勇入。百姓逃避，死伤无数。凡近店头堡之庄堡多处，均被抢掠，并路劫布客，声言即往北乡。闻雷正绾到泾，周显承始行折回，仍留二营分扎南北乡。又将河南解存陕西藩库协饷银三万两，在长武县库内，带队劫去。似此丧心病狂，倚势虐民，大为地方之害。若不严行惩办，何以肃军律而儆效尤。周显承著即行革职，交赵长龄拿问。其同恶相济之游击张润槐、把总裴辅晋均著革职，一并归案审办。赵长龄现由西安赴庆、泾一带，著即将周显承等提解，秉公逐款审办，毋稍宽纵。周显承如有不服拘拿情事，或至激成祸变，著杨岳斌、雷正绾、杨能格派兵严密防范。雷正绾现已到泾，著将周显承招集之溃勇并所带各营妥为抚驭统带，相机进剿。其留宁州之二营，著即撤回，毋任别滋事端。杨能格折片。著抄给杨岳斌、赵长龄阅看。正在寄谕间。据杨岳斌奏请派刘蓉节制泾州各营，驻扎长武等处一折。刘蓉现已仍署陕西巡抚，岂能出省远驻长武。周显承所招溃勇本系雷正绾旧部，仍归雷正绾统带，自无兵将不习之虑。雷正绾受朝廷倚任之重，务当振刷精神，力图报称。固原、平凉、泾州等处均须兼顾。若有疏失，惟雷正绾是问。杨岳斌另片奏曹克忠一军未能调赴东路。伊犁军械请俟驿路通畅再行补制解往各等语。均著照该督所请办理。又片奏请将甘省秦州一带叛产变卖充饷，著即督饬藩司遴派公正员弁认真经理。期于兵民两有裨益，毋任吏胥舞弊。其陕西各处叛产如何办理之处，著刘蓉迅速妥筹具奏。杨岳斌片著抄给刘蓉阅看。将此由六百里谕知杨岳斌、赵长龄、刘蓉并传谕雷正绾、杨能格知之。"

又谕："寄谕陕西巡抚赵长龄，本日据杨能格奏周显承劫饷扰民各节，业经有旨将周显承革职拿问。谕令该抚秉公查办。正在寄谕间，复据杨岳斌奏雷正绾部下精兵健卒均经泾州收集，若使军械足用，即可责其立功。惟与雷正绾互有猜疑，暂难合并。若迫使听雷正绾调遣，军心惶惑，哗溃堪虞等语。与杨能格所奏词多歧异。杨能格所参周显承各节如果属实，必须秉公执法严惩。雷正绾业已回驻泾州，该提督旧部能否恪遵调度，抑或军心涣散，雷正绾竟难挽回。赵长龄现赴泾州，著即将雷正绾军营近日情形严密访查，据实具奏。如雷正绾挟回自重，该将领等无所适从，则泾州各营自应另行派员统带。曹克忠威望颇著，如能接统其众，即著知照杨岳斌一面奏闻，一面调派。如曹克忠不克赴泾，杨岳斌即当另派妥员前往接替，毋误事机。该抚于此事务当妥滇办理，不可稍涉偏执，以顾大局。杨岳斌折著抄给阅看。将此由六百里密谕知之。"

（卷162　743页）

同治四年（1865年）十二月乙未

谕内阁："前据汪朝棨、刘蓉先后奏参联捷沿途需索各款，当经谕令杨岳斌秉公查办。兹据杨岳斌奏称联捷在陕需索各节，该督已拔营在途，无从深悉。迨联捷抵甘肃境内，在会宁勒索供支，拆毁庙宇、衙署，纵令兵勇将牲畜牧放民田，残害禾稼。领去草料变价入己，被控之案不一。泾州送差车辆牛只两旬之久，并未发还，任听兵丁宰杀牛只，弃置车辆，殴逐送差夫役各等语。联捷奉命带兵出关，到处借词逗留，已属怯懦无能，大负委任。复敢肆意需索，骚扰地方，可恶已极。此等劣员，朝廷不难按律惩办，惟将该员立予严谴。联捷转得自便私图，置身事外。伊犁参赞大臣调任哈密办事大臣联捷，著无庸帮办成禄军务，降为蓝翎侍卫，交成禄差遣。仍著迅带所部，克期出关剿贼。倘敢再事逗留，或另有骚扰不法情事，即将该员按照军法治罪，决不宽贷。"

（卷162　746页）

又谕："杨岳斌奏遵查联捷被参各情，暨西路告急，请催大兵出关各折片。哈密办事大臣联捷奉命出关剿贼，乃敢沿途骚扰，逗留不前，实属可恶。本日已明降谕旨，将联捷降为蓝翎侍卫，无庸帮办成禄军务。著杨岳斌传知联捷迅赴成禄军营，听候调遣。其所带马步各队均著交成禄节制。至西路军情，正当告急，成禄总未带兵出关，亦属懈弛，著懔遵叠次谕旨，克日西行，如不知力图报称，有意迟延，则联捷覆辙具在。必当一并执法严惩，不能稍从宽贷也。联捷前次奏称在好水川一带，招抚四十四村回户。匪首马化漋亦来乞降等语。朝廷虑其为该逆所绐，曾谕令杨岳斌斟酌妥办。现在联捷已令西行，自不敢借词抚回，再稽进发。所有一切剿抚事宜著责成杨岳斌妥为筹划，务当分别良莠，相机而行，不得稍有贻误。都兴阿等前因联捷专差佐领德清额持函议抚，情节可疑，曾将该佐领摘顶拘留。现在联捷咨复已否到宁，并著都兴阿、穆图善详察情形，与杨岳斌妥商办理，毋堕回匪狡计。至雷正绾一军，叠次谕令收合溃卒，重整军声，力图剿贼。此时若令统兵出关，则朝令夕改，非特无所适从，且恐滋其疑惑，殊为非计。杨岳斌所请量为变通之处著毋庸议。鹤龄一军缺饷，军士困苦颠连，甚为可悯。著杨岳斌宽筹饷项源源接济。催令随同成禄出关，毋任逗留。其成禄等军并著杨岳斌设法济饷，俾资饱腾，不得稍有缺乏，致令有所借口。将此由六百里各谕令知之。"

（卷162　749页）

同治四年（1865年）十二月己亥

谕军机大臣等："杨岳斌奏黎献营勇溃散，并陈甘凉贼势。成禄奏凉州剿贼情形，派队驰援永昌，请饬文麟督办粮台。联捷奏回目投诚各折片。黎献一军向尚得力，此次进剿肃州逆匪因火药失火延烧，后路粮台又被贼攻破，军心不固，旋即溃散。该道员督率无方，著先行摘去翎顶，以示薄惩。现在官军新挫，逆焰愈张，该营存兵仅止二千余名，难成劲旅，著杨岳斌一面责成黎献收抚溃卒，会合各军协力堵剿，重整军威。一面即饬总兵王仁和管带之军迅速由平番一路节节进剿，以为西军后路声援。此时河西三郡贼势日益蔓延，若不早筹扫荡，恐与关外之贼连成一气，收拾更难。杨岳斌务当统筹全局，选派得力将弁，添调劲兵，实力进剿，毋误事机。成禄一军叠次剿贼，不无微劳。该提督现在已抵凉州，著即督率所部迅速西行。倘再借词逗留，定行从重治罪。联捷所部各营前已有旨并归成禄统带，著即催令前进，毋任迁延。鹤龄一军前经杨岳斌奏请留于甘肃，未经允准。著杨岳斌仍遵前旨，严催鹤龄一军随同成禄星速启行。所有成禄等军饷需除已饬四川、山西筹解外，杨岳斌亦当设法源源拨济，俾利遄行。毋令该军士等有所借口。南山贼匪窜逼永昌，成禄已饬马天祥等军拨队赴援，并著杨岳斌分兵兼顾，毋使滋蔓。降调镇迪道文麟前已令其随同成禄出关，兹据成禄奏称请于甘肃藩臬中派一人总理该提督粮饷事务，并令文麟督办行营粮台，设局转运等语。著杨岳斌酌量办理。宁灵攻剿亦甚紧要。成禄所请饬都兴阿派拨马队之处著毋庸议。至联捷所称甘肃回目穆生花、陕西回目孙义漳率领各路回目递禀投诚，并宁、灵两城回民禀请求抚，由联捷将各回首禀词抄录进呈。著都兴阿、穆图善、杨岳斌斟酌情形办理。此等回众如系甘心倡逆，或曾经踞城戕官，焚掠残杀及屡经投诚反复难信者，罪在不赦，断不可轻行议抚，致贻后日无穷之患。若其中果有畏祸被胁，出于势不得已者，自应准其投诚，以示区别。总须详加察看，分别良莠，不可预存成见。联捷所呈回禀七件均著抄给都兴阿、杨岳斌阅看。将此由六百里各谕令知之。"

（卷162　755页）

又谕："杨岳斌奏酌定川省月协饷银数目，请饬照数筹拨等语。川省应拨甘肃、新疆等处月饷合计不下二十万两，为数甚巨。该省现在防务未清，厘金减色，若令将叠次准拨之款全数筹解，固属力所不能。而甘肃、新疆等处需饷甚多，若每月仅解银一万两交杨岳斌酌量匀拨，杯水车薪，其势万难分给。杨岳斌现在酌定数目，请饬月拨甘省三万两，在川省既易于筹措，而甘省亦得稍资转输。著崇实、骆秉章按照杨岳斌所定饷数，除鹤龄军饷照旧由川省筹解外，每月再筹银三万两解交秦州，由杨岳斌斟酌庆阳、新疆等处情形分拨提用。甘省新疆各处用兵甚亟。该处地方瘠苦，每以协饷未到致令军士枵腹荷戈，时虞哗溃。川省若再不力顾大局筹济饷需，则各营势将瓦解，必至决裂不可收拾，则川省亦不能辞咎也。崇实、骆秉章务须按照此次酌定数目源源接济，不得稍有减少，致误要需。至鹤龄一军现亦因川饷久缺不能西进。该营亦极形困苦。崇实、骆秉章即将应解该营军饷迅速筹解，毋再迟延。将此由五百里各谕令知之。"

又谕："传谕护山西巡抚王榕吉、成禄奏军饷运道阻隔，请饬山西抚臣由草地转运等语。成禄一军现由凉州进扎肃州，饷项既虞支绌，运道尤恐阻滞。著王榕吉将应解成禄之饷，查明数目，按期报解，即由草地迅速解赴成禄军营，以免阻隔。联捷现已降为蓝翎侍卫归成禄调遣，并所部兵勇均归成禄统带。所有山西应解联捷之饷即著统交成禄以资支放。其各省应解联捷、成禄两军饷银由山西经过者，俟行抵该省时即由该护抚传知各省委员改由草地赶紧解赴成禄军营，毋稍濡滞。另片奏东路梗塞，请将军火由山西出口行走草地等语。著王榕吉嗣后将应解成禄军火等项并各省应解军火概由草地径解成禄军营，俾免耽延而资利用。"

（卷162　757页）

以甘肃凉州剿贼获胜，赏副将马天祥巴图鲁名号，都司谢长春等花翎，余加衔升叙有差。予阵亡都司涂安邦、守备周定邦祭葬世职加等。

（卷162　758页）

同治四年（1865年）十二月壬寅

谕内阁："御史张观钧奏统兵大员纵兵殃民，情节较重，请旨革职拿问一折。前因杨岳斌查明联捷在甘肃境内逗留骚扰各节，声明该员本月应得之咎，如何置议俾不脱身事外等语。是以将联捷降为蓝翎侍卫交成禄调遣，仍令克期出关，并严谕该员再敢逗留滋扰即按照军法治罪。朝廷于联捷加以降黜，而仍令其出关者，所以杜其趋避。此中自有权衡，并非曲法以行也。兹览张观钧所奏，深以联捷罪重罚轻，无以肃戎行而儆贪劣，请即革职拿问，以为带兵不法者戒。联捷之罪即予革职亦所应得，惟将该员拿问来京，转得令其置身事外。联捷著即行革职暂缓拿问，仍交成禄差遣。饬令迅即出关，倘再有不法情事，不难将联捷按照军法从事，以昭炯戒。"

（卷163　764页）

同治四年（1865年）十二月甲辰

谕军机大臣等："杨岳斌奏官军接仗大获全胜并会宁肃清各折片。巩昌府城于十月间解围后，该逆仍麇聚于城西四十里外熟阳城地方，复经曹克忠督饬所部张在山等跟踪追剿，生擒逆匪马魁等多名，并将董家堡等处贼巢一律平毁，剿办尚属得手。现在该逆被剿穷蹙，讯据贼供有率众东窜之语，著杨岳斌饬令曹克忠迅率各军分头追剿，务期扫尽逆氛，毋留余孽。会宁虽已肃清，各路余匪恐仍乘间窜扰，并著杨岳斌檄令李助发等认真擒捕，务绝根株。将此由五百里谕令知之。"

以甘肃平毁董家堡贼巢，予提督张在山等优叙。

予甘肃盐官阵亡游击吴德富等祭葬世职。

（卷163 766页）

同治四年（1865年）十二月壬子

又谕："赵长龄奏札调已革参将周显承等赴陕审办，并密陈雷正绾军营近日情形一折。周显承被参各款经赵长龄叠派妥实员弁驰赴泾宁一带明查暗访。据称周显承狡诈把持，侵匿帑项，尚未得确实证据。而于带队抢掳滋事酿命各节，则众口一词，怨声载道。是周显承劣迹业已昭著，亟应逐款查办，以肃军律。赵长龄因泾州系周显承等屯兵处所，现驻西安省城，札调周显承等查讯，自系为慎重起见。周显承本系革职拿问之员，如已遵调赴陕，赵长龄自不难向其严切根究。如该革员托故逗留，或抗不遵调，赵长龄仍应遵照前旨，驰赴庆泾，提集人证，秉公查办。该抚如虑到泾州时或有掣肘之处，即酌带阎文忠亲兵一营前进。督同谭玉龙，传旨将周显承拿问，谅不至有他虞。此时务须持平办理，兼顾大局，使兵民之心，均皆折服，方为妥善。周显承现在泾州督办各营粮饷，著杨岳斌迅即另委妥员前往泾州接替，并著该督严饬周显承恪遵谕旨，听候赵长龄查办，毋得借端狡展，自干重咎。雷正绾亲随队伍。据赵长龄奏现止雷恒马队二三百名，李高启步队四五百名分驻金积堡等处。雷恒、李高启二员前经降旨交杨岳斌审办。雷正绾总未将该二员交出，亦未将作何办理情形据实具奏，殊不可解。著杨岳斌、刘蓉等传谕该提督，务将雷恒、李高启设法押赴兰州，交杨岳斌审明办理。如敢任意抗延，或有心庇护，即著从严参办。西安距兰州甚远，赵长龄奏称文报往返动需四五十日。中途尤虑遗失，请将查办事件一面据实奏闻，一面飞咨杨岳斌查照核办等语，著照该抚所奏办理。将此由六百里各谕令知之。"

予故江苏徐海道朱善张、直隶阜平县知县罗仰镰、邹尚易、甘肃秦州直隶州知州托克清阿、四川绵州直隶州知州刘印全入祀名宦祠。从总督刘长佑、骆秉章、护总督恩麟、护巡抚刘郁膏请也。

（卷164 783页）

同治四年（1865年）十二月丙辰

谕军机大臣等："昨因盛京将军恩合于马贼猖獗，莫展一筹，又复始终讳饰，降旨将其革职留营。本日复经明降谕旨，以都兴阿调补盛京将军，其甘肃军务即令穆图善督办矣……穆图善既督办军务，责无旁贷，务即激励兵勇，迅将宁夏府城克日攻拔，以期次第剿除，廓清群丑，毋使兵力为一隅所牵，致滋劳费，并著随时与杨岳斌联络声势，会商妥筹，以期无负委任。将此由五百里各谕令知之。"

（卷164　788页）

又谕："瑞麟、郭嵩焘奏贼伏嘉应，现筹添军会剿，请将黄武贤等仍留潮州各折片……甘肃军务紧要，防剿需员。西宁镇总兵黄武贤著仍遵前旨，饬令速赴新任。瑞麟等所请暂留潮州办理防堵之处，著毋庸议……将此由六百里各谕令知之。"

调督办甘肃军务西安将军都兴阿为盛京将军，未到任前，以正黄旗汉军都统福兴署理。命宁夏将军穆图善督办甘肃军务。

（卷164　789页）

同治四年（1865年）十二月己未

又谕："杨岳斌奏请将贪鄙妄为之已革知县发遣等语。甘肃会宁县知县陈继虞被该县绅商以殃民冒饷勒捐等词，纷纷禀控。经该督传集绅商人等逐加研讯，均系众供确凿。其冒饷一节，该县营勇实数止三百名，而造报勇册则捏报七百名之多。该员到任未及数月，而勒收捐输房租等项钱文已逾一万二千余串，复收地丁钱三千余串。而正项开销不过数千串，泾台委员解饷路过会宁县境，该员竟敢短交银六百两。其应缴捐办面斤一万五千余斤，延至数月之久，始行缴出银一千四百余两，面斤全未缴清。似此贪鄙不职，胆大妄为，若不从严惩办，何以挽积习而儆官邪。该员前经因案革职，著即发往黑龙江充当苦差，永不叙用。以示惩儆。"

（卷164　793页）

又谕："杨岳斌奏熟筹甘省分道进剿布置情形并陈雷营兵变始末，遵保堪任粮台各员，派员赴川、陕及本省分路劝办捐粮各折片。甘省贼众兵单，回匪占踞三城，地势广袤，自应统筹全局。会合陕省兵力，分别缓急情形，以定进剿先后。杨岳斌拟令曹克忠等先行会攻宁夏，令张在山、谭玉龙等分路进剿灵州，俟北路平靖后再行南剿狄、河等处，并请饬令陕省各营分路移扎甘省防剿。所筹均合机宜。杨岳斌俟布置稍定后，拟即出省，先赴北路，自应首往灵州一带，将此路肃清，则宁夏、固原两处之气可通，南北援应，均可灵便，仍著该督察度情形，何路吃紧，即先驰往何路援剿。至陕省各营兵勇与其防守本境，何如进剿甘回，肃清邻疆？即以自固藩篱。著刘蓉即饬鄜、定一带防兵进驻庆阳，并饬泾、平各营归谭玉龙统带，由固原进剿灵州。俾回匪各路均有牵制，不得四出蔓延，阻止官军进攻之路。该督所陈雷正绾营兵溃始末，情形较为详尽。雷正绾前在军营带队奋勇，屡克坚城，歼除巨股贼匪。朝廷因该提督为部下李高启、雷恒所误，屡经降谕明白开导，曲意保全，并令赵长龄驰赴泾州，将周显承与雷正绾交涉各案讯明办理，著赵长龄即行驰往该州，就近查办，并剀切晓谕雷正绾，令其将雷恒、李高启速行交出，听候讯办，不可代人受过，致负朝廷始终成全之至意。至雷正绾与周显承同在一路附近军营，积不相能，互相讦告，势必激成事端。若令雷正绾前往宁夏军营随同穆图善办理军务，该提督与穆图善前曾同隶多隆阿麾下，共事有年，谅可合力同心，共为国家出力。此系朝廷曲意保全之苦心，著杨岳斌、刘蓉斟酌情形，速行复奏。如果事属可行，即著先将朝廷恩谕宣示雷正绾，令其酌带随身弁勇，迅赴宁夏军营。仍著将朝廷委曲保全之意，向该提督宣示，令其感激图报，并传谕该提督不可专事招抚，懈于防剿，致为回匪所乘，贻误事机。至周显承前在泾州力行防堵，并招抚溃勇回营，转危为安。若目以图谋兵柄等情，何以明赏罚而服人心。周显承现已亲赴西安听候查讯，尚无跋扈情节，其把持诬陷各情，有无确据。赵长龄驰抵泾州后不难逐细访查，以期折中至当，并著杨岳斌绕赴庆泾一带，会同赵长龄秉公查明，据实具奏。现在泾州军士议论沸腾，赵长龄若不从公剖断是非，但以颟顸了事，希图速离陕省，设或贻误大局，咎将谁归。至周显承在泾州以搜括粮米为劝捐，恐闾阎被害者多，或至激而生变。杨岳斌请令周显承劝办粮米，殊非所宜。该革员现已赴陕听候查办，所有劝办粮米事务即著责成谭玉龙办理。如谭玉龙不能得力，并著杨岳斌另派妥员接办。现据杨能格奏称周显承前在宁州有带队抢掠，枪毙生员，攻堡淫掳，逼毙多命，被害绅民一千余户之多等语。是否确实，并著赵长龄会同杨岳斌查明复奏。杨岳斌所参杨能格于支放各营月饷不分劳逸缓急，于庆阳防军粮饷无缺，而雷营前敌不过稍为点缀。于泾州各营竟隔膜相视，以致泾州各营势将再溃。本日复据刘蓉密奏杨能格不顾国家公义，罔上行私，淆乱黑白等款。粮台支放饷需总宜相度缓急，秉公匀拨。该臬司如果有挟私偏袒及与泾营专事抵牾，不顾大局各情，即著认真确查，严参惩办。现在泾州军心危疑，恐激事端。杨岳斌、赵长龄务当秉公密查，不准稍涉含糊泄露，致贻后患。懔之慎之。至粮台支发军饷关系军心安危甚重，如杨能格实有偏袒误事之处，并著杨岳斌、刘蓉随时参奏。泾营缺饷甚久，仍著杨岳斌、刘蓉设法筹济，以安军心。魏添应所部虚伍甚多，此军既归杨能格节制，何以如数给饷，不行查核。著杨岳斌查明具奏，一面将魏添应勒赴本任，如查有劣迹，再行严参。一面另派得力之员统带该营将士，至泾营将士既不愿归雷正绾督带，著杨岳斌即饬谭玉龙统率，以释群疑而服众心。杨岳斌折著抄给赵长龄阅看。刘蓉折并杨能格片，均著抄给杨岳斌、赵长龄阅看。杨岳斌所派道员英奎等，分赴川陕办理捐输粮饷事宜，并委员在甘省分路筹办军粮等务，均著如所请行。都兴阿昨已有旨补授盛京将军，现尚未经启行。所有雷正绾随同穆图善办理军务于大局有无窒碍之处，并著都兴阿、穆图善会商复奏。将此由六百里各谕令知之。"

又谕："杨能格奏饷需支绌，请严催各省协济庆阳专饷，并请先拨晋省饷银一折。甘肃庆阳粮台饷需，前经熙麟、文煜奏准指拨四川、山东、山西、河南四省各解银三十万两，以资协济。各该省于奉拨后总未能源源接济。经杨能格屡次咨催，仍复视为故常，宕延不解。现在雷正绾已招集三十余营，并归前敌，迅图进剿。各该营甫经安辑全赖饷需充足，方足以固军心。且溃散新集之后，一切军械等件，均须整顿，需用倍增。而庆阳马步十余营积欠之饷又已数月，士卒饥寒交迫，枵腹荷戈，情形甚为可悯。甘肃各营屡因饷需不继，致有哗溃之事。此时，庆阳粮台万分竭蹶，各该省若再不顾大局，漠视饷需，必至再有哗溃，关系非浅。山西省距甘较近，拨解较速，著王榕吉即将奉拨庆阳粮台专饷三十万两欠款内迅速拨银十万两。务于明年正月内解到庆阳。并严催河东道将乙丑纲欠饷亦于正月内赶解两批前赴庆阳，不得稍有迟缓。并著崇实、骆秉章、阎敬铭、吴昌寿各将该省奉拨庆阳专饷三十万两内欠解之款迅速筹措，克期起解，不准再有推诿，贻误要需。将此由五百里谕知崇实、骆秉章、阎敬铭、吴昌寿并传谕王榕吉知之。"

陕甘总督杨岳斌奏提督陈开泰呈请归宗复姓为梅开泰，下部知之。

（卷 164　794 页）

《清同治实录（五）》

同治五年（1866年）正月甲子

又谕："本日据穆图善奏宁郡回匪悔罪投诚，郡城业经收复，现因办理不善，恐酿事端一折。另片奏都兴阿因病请假调理，宁郡善后事宜仍当妥筹办理等语，并据都兴阿奏收复宁夏郡城，现将查办大概情形驰奏一折。回目马万选等恳请投诚，经都兴阿会同穆图善批准，勒限献城缴械。据穆图善奏称该回众于十二月初二日俱已遵批，将城池圩卡全行撤空，各堡回人俱移往纳家闸一带，缴出枪炮刀矛多件，并陆续呈缴银米，将倡乱之千总纳万有送营正法。是该回等已属真心悔罪，何以都兴阿将留营办缴银米之回目保立等十一人诛杀，并于十五日督带陈天佑等入城，各兵勇肆行抢杀，殊不可解。都兴阿是否因该回等逾限至初七日始将圩卡撤退，献出郡城，且城内尚有回民逗留，迹涉可疑，是以督队入城诛洗，以杜后患。抑系另有别情。著即将前后办理实在情形明白回奏。都兴阿前已调补盛京将军，兹据奏称病势较前尤增，恳请赏假调理等语。现在奉省马贼猖獗，都兴阿当恪遵前旨，速赴新任，毋庸给予假期，以重职守。穆图善现任宁夏将军责无旁贷，所有纳家闸等处回众如何妥筹善后之处？著即责成穆图善妥为办理，毋令已成之局又生他变。其宁夏郡城防守事宜仍应认真筹办，以备不虞。所请另简大员来营查办之处，著毋庸议。将此由六百里各谕令知之。"

又谕："宁夏一城久未攻拔，兹因回目马万选等悔罪投诚，经都兴阿会同穆图善批准，该回目于十二月初二日将城圩献出，并呈缴器械军火等件。该回等暂移住城外之纳家闸，听候安插。自应乘机利导，予以自新。兹据穆图善奏都兴阿于十五日卯刻派员提拨该将军所部队伍，并将递禀之回目保立等悉行诛戮。是日酉刻，兵勇又复入城，焚烧杀掠。提督黄金山等弹压不从。宁夏城内火光烛天，居民烧毙者无数，并将已交银米抢掠殆尽等语。而都兴阿折中并未将兵勇入城情形声叙，是否回情中变，抑因各营兵勇彼此猜疑，致相攻杀。此次回众投诚系都兴阿、穆图善会同办理，其情节不应参差若是。兰州距宁夏尚近，杨岳斌谅有所闻，著该督迅将该处情形详细驰奏，以慰廑系。穆图善折片、都兴阿折均著抄给杨岳斌阅看。将此由五百里谕令知之。"寻奏："查由兰州以至宁夏中间多为回氛阻隔，传说无稽，俟得确耗，再行具奏。惟纳家闸事关紧要，恳专饬穆图善布置。"得旨："纳家闸安插事宜屡有寄谕，责成穆图善妥办。其都兴阿、穆图善办理宁郡回匪投诚，剿抚两歧，仍著确查据实具奏。"

（卷165　4页）

同治五年（1866年）正月戊寅

库尔喀喇乌苏领队大臣李云麟奏："赴任道阻，请绕赴甘省大营，随同出关。"得旨："著俟道路疏通，即行进发，不准绕由甘省行走，借词延宕。"

（卷166　20页）

同治五年（1866年）正月庚辰

谕军机大臣等："赵长龄、刘蓉奏犯陕回逆回窜平、固，泾防缺粮，庆台勒掯不解一折。据奏前窜陇州逆回经官军夺击叠胜，该逆已由灵台、崇信一带窜回平、固，惟泾州粮饷缺乏，杨能格将绅民捐定粮石勒解庆阳，不准运解泾州。庇护雷正绾，通同一气，专与谭玉龙龃龉等语。杨能格自参劾周显承后，与泾州营将积不相能，若仍令管理庆阳粮台，恐难得力。本日业经明降谕旨，杨能格毋庸办理庆阳粮台，即著林寿图迅速驰赴庆阳，接办粮台事务，并准其专折奏事，将各营粮饷酌度缓急，均匀拨解，以利军行。其陕西藩司一缺，著刘蓉派员署理，以便林寿图交卸前进。并著杨岳斌檄饬杨能格，俟林寿图到庆阳接替后，即赴甘肃臬司本任，仍一面听候杨岳斌等查办，毋许逗留。宁夏府城虽已收复，穆图善尚须督兵规取灵州及金积堡等处，自应厚集兵力，借资攻剿。雷正绾应否调赴宁夏军营随同穆图善办理军务之处，著杨岳斌、刘蓉遵照前旨，迅速核奏。前据刘蓉奏雷正绾马步不过千余，兹据赵长龄奏谭玉龙将迅字五营拨交雷正绾带赴平凉，统计雷正绾所部仍不下二三千人。若竟断其接济，是激之使变也。林寿图仍当斟酌情形，量为解济，俾免哗溃滋事。赵长龄另折奏查讯大概情形，飞咨杨岳斌前赴庆、泾，会查具奏等语。逆回逼近兰州，防剿正当吃紧，杨岳斌一时恐难出省。赵长龄若必俟杨岳斌到泾会查，转恐耽延时日。著恪遵叠次谕旨，迅赴泾州，将周显承被参各款及所供各节，秉公查办。近来外省积习，往往偏执己见，回护前说。赵长龄务当破除情面，认真查讯，一秉大公，毋得稍涉瞻徇，致负委任。正在寄谕间，据雷正绾奏陈甘省现在情形，并布置前敌。灵州回众乞抚各折片。所奏先取灵州，以翦河、狄之羽翼各情。不为无见。灵州回众能否将马化漋父子捆献投诚，雷恒、李高启曾否解到，著将雷正绾折片抄寄杨岳斌阅看，由该督酌度现在情形，妥筹办理。杨岳斌奏联捷因病出缺，所部马步各军暂行分别管带等语。除联捷系革职之员毋庸议恤外，所有黑龙江马队，即著照杨岳斌所请檄调来省，借资训练。如查有疲乏不堪策应者仍当随时遣撤，以节糜费。其定字营勇现已就食泾州，著暂归谭玉龙兼管，以资钤束。所需饷项仍著林寿图酌量接济。将此由六百里谕知杨岳斌、赵长龄、刘蓉并传谕林寿图知之。"

命办理庆阳粮台甘肃按察使杨能格回任，以署陕西布政使林寿图办理甘肃庆阳粮台事务。

（卷166 21页）

同治五年（1866年）正月癸未

又谕："刘蓉奏复陈雷正绾情形，饬令前赴穆图善军营并击退窜扰陇州回匪，筹济甘省军粮，请催四川筹解捐银。杨能格误事情形各折片。逆目马泳和假冒官兵，由固原绕路回至陕边，扑扰泾州。经泾防将士勠力同心，立时击退，剿办尚属认真。现在固原等处回匪盘踞数万，意欲乘此春融气暖纷窜陕疆，著刘蓉督饬防边将士，实力堵御，毋稍松懈。固原、平凉一带为陕省赴甘大路，回逆麇聚其间，声息阻隔。兰州省垣米粮因此奇窘，势成坐困。刘蓉现拟派兵由平凉进剿，疏通甘省粮路，实能不分畛域，力顾大局，并著杨岳斌酌带亲兵数营督饬曹克忠巩昌之军进捣固原，与刘蓉所派刘玉兴、谭玉龙进剿平凉之师前后夹击。先清东面以期疏通粮路。雷正绾既经刘蓉传知，令赴穆图善军营。所有该提督部下将士及逃赴泾州之亲兵并平凉赴泾之勇丁均著杨岳斌、刘蓉饬令并归谭玉龙统带，俾有约束，免致散而无纪。刘蓉所参杨能格分拨各营粮饷不均，并营私侵蚀各情，著杨岳斌确实查明，会同赵长龄复奏。刘蓉原片著摘抄给阅看。昨已有旨，令杨能格回甘省臬司本任。庆阳粮台事务令林寿图接办。现在泾州需饷甚急，即著刘蓉迅饬林寿图拨解饷银接济，毋稍延误。四川前办劝捐援甘银两，本日已寄谕崇实、骆秉章迅解十万两赴陕。刘蓉所请撤去庆阳粮台，由该督择员经理，以免分歧之处，著杨岳斌、刘蓉会同酌度情形奏明办理。原片著摘抄给杨岳斌阅看。刘蓉仍当由陕省随时筹拨银粮，源源接济，不得稍涉推诿。所陈穆图善偏于主抚情形，本日已密谕该将军，令其详慎斟酌，不可偏听误事。将此由六百里各谕令知之。"

（卷 167　26 页）

又谕："前因甘肃军务紧急，需饷甚殷，曾经谕令江苏、浙江、湖北、湖南等省，按月派定协饷数目，源源接济。兹据刘蓉奏称杨岳斌所部亲兵，断炊饥困，且泾州防军以及穆图善、曹克忠、成禄等营皆须量为兼顾。乃半年以来各省欠解甘饷积至四十余万两之多，各军饥困，不堪言状。若再不筹解济，哗溃立见。请饬催各省迅解等语。即著官文、曾国藩、李鸿章、马新贻、李瀚章、郑敦谨迅将同治四年欠解甘军月饷及本年按月应协之款，赶紧解陕，俾资转运。现在甘省军饷万紧，非寻常饷项可比。该督抚等务当统筹兼顾，毋得稍分畛域，观望迟延，贻误大局。劳崇光现已行抵平彝，云南地方事宜在在需人办理，著李瀚章传知赵焕联，迅赴需南臬司本任，以重职守。将此由六百里各谕令知之。"

（卷 167　28 页）

同治五年（1866年）正月甲申

陕甘总督杨岳斌奏："军务未平，请将同治元年大计展缓举行。"从之。

（卷 167　30 页）

同治五年（1866年）正月己丑

谕内阁："本月二十八日，杨岳斌递到报二件，一系上年十二月十七日，一系本年正月初九日，均由五百里于甘肃省城拜发。前后两报相隔二十余日，何以同日递到。现当军务吃紧之际，岂容驿站任意延玩，著兵部查明上年十二月十七日杨岳斌所发军报，系何站迟误，即行从严参办，以肃邮政。"

又谕:"杨岳斌奏甘肃岁征额粮,拟请概复旧章,以备军食一折。甘省岁征起存上下色粮四十八万余石,耗羡粮七万一千余石。前经已革护理陕甘总督恩麟奏明,于兵少粮多之抚彝、张掖等厅、州、县,分别改征折色,以备转拨。兹据该督奏称近来甘省粮价昂贵,每麦一石,视前所定折征二千之价,已增至十数倍。以此价估拨,兵丁不能糊口,而州县侵渔中饱,掊克愈重,届期转拨则又任意枝梧,以至兵粮不给,储积全无等语。甘肃地方瘠苦,军民乏食,自酌征折色而后,公私交困,储峙一空,民赋军糈,两受其弊。自应迅复旧章,以图补救,著照该督所请,自同治五年起,额征正耗粮石仍归本色,并不分上下两忙,并著该督严饬各州县洁己奉公,务使惟正之供概入仓储,用备缓急。倘有不肖牧令,仍敢勒折侵挪,狃于积习,即著该督按照违误军需例,严参治罪,以重军食而供效尤。"

谕军机大臣等:"杨岳斌奏甘肃贼众兵单,不敷分布。查有曹克忠旧部明字四营,现在楚省,请饬调赴甘协剿等语。曹克忠一军不及万人,若令兼顾各路,实属不敷调拨。该四营系其旧部,恩义相习,防剿必能得力。著官文、郑敦谨即饬蓝斯基、欧阳春、李玉麟、魏元禄各率所部速赴甘省,协同剿匪,以资厚集。其沿途口粮等项即著官文、郑敦谨筹款给发,俾利军行。罗惇衍奏各营勇纷纷拜会,名曰江附会,又一名帼老会。其匪首则称为老帼,出入营盘,官不敢禁,恐致养痈贻患,请饬拿办等语。著官文、郑敦谨督饬带兵员弁及地方官严密访查,认真究办,以杜乱萌。原片著抄给阅看。将此由五百里各谕令知之。"

又谕:"杨岳斌奏甘省兵力不敷分拨,请调朱南桂、刘连捷迅统所部赴甘援剿等语。前因李瀚章奏刘连捷等军劳勚日久,当经谕令准其陆续裁撤。现在甘省贼匪未平,亟应添调劲兵以资援剿。著刘坤一、李瀚章查明朱南桂、刘连捷两军是否已经裁撤,抑仍在江境防堵,即饬该二员迅统所部星驰赴甘援剿,毋稍延缓。其沿途口粮一切费用并著江西、湖南两省从宽筹拨,俾利军行。将此由五百里各谕令知之。"

又谕:"杨岳斌奏酌拟分拨宁夏军营饷项并请饬催江苏协甘饷银等语。杨岳斌所带各军需饷甚巨。雷正绾等军约五十余营,而宁夏军营尤为甘肃要地。现据杨岳斌奏称各营月饷业已积欠数月,即令各款按月解到,尚属不敷分拨。所奏自系实情。江苏财赋日充，其情形迥非甘省之比，所有都兴阿前奏请在两淮盐课项下月拨银二万两，即著李鸿章按月筹拨银六千两，由陕解赴宁夏军营。其不敷银一万四千两仍著李鸿章设法筹措，派员径解山西藩库，转解宁夏军营，毋再延诿。其江苏江海关第月协甘饷银二万两日久未解，该营支发罄尽，无款可筹，并著刘郁膏查照部议按月如数拨解杨岳斌军营以应要需，毋得借词推延，致误戎事。原片著抄给阅看。将此由五百里谕知李鸿章并传谕刘郁膏知之。"

陕甘总督杨岳斌奏："遵查胡大贵供称于雷营勇变后率所部八百人请派秦国胜管带，实有其事。至所称哗溃之时力为阻止，则系一面之词，尚难遽信。"得旨："著即咨会赵长龄催提雷恒、李高起及蒋方直等归案质讯，毋任狡展。"

以贪黩营私，甘肃知州陈履谦、知县联凯革职讯办。

予甘肃李家堡阵亡总兵官余华龙等祭葬世职加等。

予甘肃岔口阵亡千总尤诰等祭葬世职。

（卷167　36页）

同治五年（1866年）二月辛卯

谕军机大臣等："前因广东嘉应州发逆全股殄灭，东南各省大局虽已肃清，而豫、楚捻匪奔突靡常，蔓延数省。特经谕令左宗棠等将江、闽各军暂行停撤，听候曾国藩函商，将得力将士拣调北路江、皖、豫、楚各营助剿，并令鲍超先统所部驰赴鄂、豫听候曾国藩调遣，以期厚集兵力迅扫捻氛。因思甘省宁夏虽经收复，而回匪到处肆扰，灵、固及秦、凉、狄、河等处盘踞勾结，其势甚炽。杨岳斌所部兵勇颇单，不敷防剿之用。现在江闽各军除应拨鄂、豫、江、皖助剿外，尚余若干名可以调赴甘省军营将领中何人可以派令带往，总以精锐得力为主。此时江、闽、粤东军务已平，浙江、江西、湖南亦应撤防，自可将各该省饷项移作甘肃军需之用。嗣后江西、浙江、湖南每月可协济甘省饷银若干两，并协济调赴鄂、豫、江、皖助剿勇营饷银若干两。鲍超一军调赴鄂、豫约有若干名，楚北可协济此军饷银若干两。江苏省能否于现协甘省月饷外再行筹添若干两，均著官文、曾国藩、左宗棠、李鸿章、刘坤一、马新贻、李瀚章妥筹速奏。从前南省勇丁以甘肃地方瘠苦多不愿往，此时若将调赴甘省勇丁酌增饷银若干，或再将员弁勇丁之从征西路者变通章程，从优保举，当可乐于从事，益加奋勉。曾国藩、左宗棠、李鸿章识见素优，此举是否可行，即著详晰奏闻。倘南勇以水土异宜难于调赴甘省，此外如有嘉谟硕画可以统顾全局者亦当各抒所见，以期谋出万全。早葳军事，有厚望焉。广东发逆虽平而土客匪徒互斗，蔓延纠结，为患方长。且降众土匪散处各州县，伏莽甚多。嘉应新隆匪徒亦须筹划安插，均不可无得力兵勇弹压。左宗棠仍当酌留闽军在粤，不可概行遣撤，并著该督仍留粤东办理善后事宜，毋庸遽回闽省。肇庆等处慈事匪徒即由左宗棠派兵剿办，分别良莠，惩劝兼施，豫遏乱萌，以副殷望。嘉应州前助发逆戕害官兵之土匪，亦应分兵搜捕，净绝根株，毋留余孽。将此由六百里各谕令知之。"

（卷168　41页）

同治五年（1866年）二月乙未

调西安左翼副都统金顺为宁夏副都统。以凉州协领图明额为西安左翼副都统。

（卷168　48页）

同治五年（1866年）二月丙申

谕军机大臣等："林寿图奏俟交替后驰赴庆阳并请收回成命，无庸专折奏事各折片。所奏雷正绾固原三营陆续溃散数百人，其迅字五营随拨随逃，平凉之营逃至泾州者亦众。雷正绾仅存百余人。该提督咨文仍有十六营之语，多寡相悬，奚啻倍蓰。该提督之咨固不足信，即秦国胜等之函亦恐有传闻之误，仍著杨岳斌、刘蓉确切查明，以昭核实。据称固原回逆聚众数万，将由新城奄至镇原，绕出泾州，东趋邠州北集原，窥伺陕疆等语。不可不预为之防。杨岳斌现已出省，即著督饬所部相机前进，遇贼即击，毋令阑入陕疆。并著刘蓉严饬防军，认真堵剿，毋得稍有疏懈。林寿图拟俟交卸藩篆后，驰赴庆阳。声称粮饷转运恃西安为后路，而庆阳系偏隅僻壤，请饬接署藩司通筹妥办，俾免跋前疐后之虞。庆阳粮台前经刘蓉奏请裁撤，当交杨岳斌等酌度情形具奏。该粮台是否可以裁撤归并，西安省城能否兼顾，仍著该督会商刘蓉奏明办理。至林寿图奏称综榷台者不宜专折奏事，嗣后拟请督抚代为具疏，以一事权等语，所见亦是。即著照所请行。杨能格奏粮饷两竭，急筹补救，请推广捐输章程，以拯危局。并将所拟条款开单呈览一折。著杨岳斌核议奏闻，再降谕旨。原折单著抄给杨岳斌阅看。又片奏军粮紧急，请饬陕西抚臣饬属按月运解仓粮，并筹拨脚费银两等语。著将原片抄给刘蓉阅看，即由该抚妥筹办理。将此由五百里谕知杨岳斌、刘蓉并传谕林寿图、杨能格知之。"

又谕："林寿图奏甘肃粮饷缺绝，请饬催各省亟筹接济一折。甘肃饷需奇窘，各军因饥溃变者不一而足。现在固原回逆势甚鸱张，屡图分窜。杨岳斌拟于春间分道并举，而各营饷糈匮乏，枵腹从事，岌岌堪虞。四川等省协饷，前经屡次饬催，而报解者殊属寥寥。何以固军心而维大局。著崇实、骆秉章、阎敬铭、吴昌寿、丁宝桢、王榕吉各饬藩司无论何款迅速凑拨银十万两，并著王榕吉于河东盐课项下速提银十万两，即日派委妥员解交陕西藩库。由林寿图妥筹解济，以应急需。其四川、山西两省自本年正月为始，每月各应解银二万两交陕设局，为采办甘省军粮之用。并著该督抚等源源协济，俾资饱腾。将此由五百里谕知崇实、骆秉章、阎敬铭、吴昌寿并传谕丁宝桢、王榕吉知之。"

（卷168　48页）

同治五年（1866年）二月丁酉

谕内阁："已革提督田兴恕，业据崇实等委员于上年十月间，押解带病起程，取道川北，解至陕西，转解甘肃。现在行抵何处，著四川、陕甘总督、陕西巡抚等迅速催令押赴戍所，不准借端逗留。"

谕军机大臣等："明绪奏孤城军民饥困日久，各路援兵不至，危在旦夕一折。前因伊犁军情危急，叠经谕令成禄等迅速出关援剿。现在该回匪于伊犁城外四面环攻。该城东、北两面尚可勉强支持，而西、南两路空虚，直无兵可以分拨堵御，局势万难久支。亟应添兵援救，以解倒悬。著杨岳斌严催成禄、鹤龄懔遵叠次谕旨，各率所部赶紧出关，兼程前进，协同剿洗，速解伊犁之围。经此次谕知之后，倘成禄、鹤龄仍前玩泄，再行托故逗留，迁延不进，必治成禄、鹤龄以贻误之罪。和阗办事大臣奎章简放已久，迄今尚未到任，著杨岳斌严催该员迅赴新任，毋再迟延干咎。将此由六百里谕令知之。"

（卷168　50页）

同治五年（1866年）二月壬寅

谕内阁："德懋奏请迎养、生母来京一折。据称出继以后，伊父病殁，伊兄阵亡，伊弟德元亦在京当差，止伊生母一人在凉州防所。旧病复发并无亲丁侍养，请赏给德元假期，迎养来京等语。三等侍卫德元著赏假九个月迎接伊母来京，并准其归入京旗，俾得就养。"

（卷169　55页）

同治五年（1866年）二月癸卯

谕军机大臣等："……朱南桂前经杨岳斌奏调统带旧部赴甘，现在该总兵所部，既经遣散，能否前赴甘肃？或由曾国藩另派一军赴甘之处，著斟酌情形，妥筹办理……将此由五百里谕令知曾国藩、李鸿章、吴棠、阎敬铭并传谕丁宝桢知之。"

又谕穆图善奏："通筹甘省军务全局，并陈都兴阿杀降失信及马队四营无庸赴奉，拟令杜嘎尔赴任各折片。纳家闸回民具禀投诚，灵州金积堡回目马化漋亦曾两次具禀求抚，真伪尚未可定。即著穆图善懔遵叠次谕旨，妥为筹办。务令将首要各犯设法缚献，方准投诚。断不可专意主抚，致为奸回所绐。现在宁、灵尚未大定，甘肃近省之秦王川水北河一带，肃、甘、凉等州郡均有匪踪肆扰。该将军所称甘省军务宜先宁、灵，而后河、狄，先内地而后新疆，自系一定办法。穆图善务当将宁夏善后事宜妥为办理，并将灵州回匪迅速办竣，再图移师进剿。雷正绾前经谕令驰赴宁夏军营，兹据穆图善奏称宁郡各部兵勇已足镇抚，请饬雷正绾剿办甘肃近省回匪，免致勾结为患等语。即著穆图善与杨岳斌体察情形，斟酌办理。新疆需兵紧要，成禄一军著杨岳斌仍遵前旨催令出关。穆图善奏责令曹克忠剿办巩昌股匪，俟省南安堵，再行移师平、固一节。现在巩昌业已解围，著咨商杨岳斌妥筹调派。杨岳斌现已出省赴泾，务当督饬各军将各路回氛次第扫荡，以期肃清关内，毋稍延缓。前已降旨，谕令都兴阿将马队四营仍留宁夏，并将杜嘎尔开缺，谕令随同都兴阿前赴奉天。宁夏副都统已著金顺补授，即著穆图善将马队四营妥为调派。宁夏一切事宜俟金顺到任后会商妥办。将此由六百里各谕令知之。"

（卷169　59页）

同治五年（1866年）二月乙巳

又谕："传谕护山西巡抚王榕吉，玉通奏接准王榕吉咨称，前奉指拨青海蒙古王公俸银，现在无款可筹，俟库款充裕再行拨解。惟该蒙古自同治二年西宁回匪变乱后，道路梗塞，外被野番剽劫，内受回匪抢杀，贫民生计维艰。该王公俸项未便虚悬，亟应变通拨济，用资安抚等语。所奏自系实在情形。著王榕吉即将积欠该蒙古俸银二万七千三百两委员解赴西宁，交玉通转给该蒙古王公收领。此系晋省欠解甘饷划抵之款，王榕吉务当设法筹解，如一时未能全解，即先措解一年全俸，不得再有延误。再据都兴阿片奏前由鄂尔多斯贝勒扎那格尔第运营之前明万历年间所造熟铁千斤大炮一尊。自回众投诚后交大同镇总兵马升照管。现在宁、灵渐就平静，此炮无庸存于边疆之外，请饬运交绥远城暂存等语。著王榕吉饬知马升简派妥员即将此炮自横城河路顺至包头，运赴绥远城，交德勒克多尔济收存，听候调拨。并咨行德勒克多尔济遵照办理。"

西宁办事大臣玉通奏："汉回仇衅相寻，议抚恐难了事。"得旨："玉通惟当会同委员钟瑛等妥筹办法，抑强扶弱，恩威互用。不可意存迁就，为目为苟且之计。"

予甘肃红崖沟阵亡都司李澍等祭葬世职。

（卷169　63页）

同治五年（1866年）二月丁未

又谕："穆图善奏大营饷糈不继，请饬催各省蒂欠一折。甘省地瘠民贫，米粮昂贵，各营每月拨饷若干，皆系计口授食，实为刻不容缓之需。各该省积欠饷银为数过多，若再迟延不解，深恐饥军哗溃，于西北大局甚有关碍。著官文、崇实、骆秉章、李鸿章、阎敬铭、郑敦谨、刘蓉、丁宝桢、王榕吉严饬该管司道，迅将各该省每月应解宁夏军营饷银按照数目源源批解。并将以前积欠各款一并设法筹解，毋得稍存漠视，致误要需。将此由六百里谕知官文、崇实、骆秉章、李鸿章、阎敬铭、郑敦谨、刘蓉并传谕丁宝桢、王榕吉知之。"

（卷169　68页）

同治五年（1866年）二月庚戌

谕军机大臣等："户部奏各省欠解新疆饷银，并历年积欠甘饷请饬催筹解一折。新疆地处边陲，自回匪滋事以来，饷源早经柘竭，全赖内地源源接济，方可维持大局。乃各省奉拨之饷已解者仅止四十七万六千两，未解者尚有一百六十三万四千两之多，实属任意延玩，著崇实、骆秉章、刘长佑、阎敬铭、丁宝桢、王榕吉、吴昌寿迅将前项奉拨未解银两赶紧筹措，不得再有玩误。除山西应解银两仍由绥远城转解乌里雅苏台外，其直隶、山东、河南应解银两即著解交山西，由该护抚派员递解乌里雅苏台。四川应解银两即著解交甘肃，由该督派员转解成禄军营交纳，毋稍延缓。至各省自军兴以来拖欠甘饷为数甚多，叠经该督奏催令各该省先筹二三十万两及数万两解甘，乃至今报解仍复寥寥。甘省地方瘠苦，现在攻剿正当吃紧，饷需甚形缺乏。各该督抚等理应竭力筹措，共济时艰。著曾国藩、李鸿章、瑞麟、郭嵩焘、刘长佑、阎敬铭、丁宝桢、吴昌寿、刘郁膏、乔松年、马新贻、刘坤一、刘蓉、王榕吉各将同治五年协甘新饷，迅速筹款委解甘省。其历年积欠甘饷，虽一时不能全数起解，亦当各先筹一成解往。至广东、天津关所欠无多，即著尽数筹解，均不得饰词诿卸，致误要需。户部原折，著摘抄给阅看。将此由五百里谕知曾国藩、李鸿章、刘长佑、崇实、骆秉章、阎敬铭、乔松年、马新贻、刘坤一、瑞麟、郭嵩焘、刘蓉、吴昌寿并传谕丁宝桢、王榕吉、刘郁膏知之。"

（卷169 71页）

同治五年（1866年）二月癸丑

陕甘总督杨岳斌奏："遵查雷正绾自愿带领降回进取金积堡等处，以赎前愆。"得旨："前据穆图善奏，宁郡各部兵勇已足镇抚，请饬雷正绾剿办甘肃近省回匪，免致勾结为患。已寄谕该将军与该督酌办，即著该督遵照前旨，会商穆图善相机调遣可也。"

（卷170 77页）

同治五年（1866年）二月甲寅

又谕："杨岳斌、刘蓉奏庆阳粮台请移设西安。杨岳斌奏遵催成禄等军出关各折片。庆阳粮台僻处偏隅，难资转运。杨岳斌等拟撤去庆阳粮台，于泾州、秦州、庆阳等处设立分局，派员转递。而以西安为后路总汇，并将制造采买转运等局归并粮台，提纲挈领。所奏系为因时制宜起见，即著照所请行，并责成林寿图即在西安办理甘肃后路粮台，认真擘划，以期呼应灵通，有裨大局。所有庆台裁汰委员及接统兵勇各事宜著杨岳斌派员妥为办理，毋稍稽迟。成禄、鹤龄两军，杨岳斌已酌分饷银，催令迅速出关。仍著遵旨严催，毋许稍涉延玩，至该军出关以后，需饷尤关紧要，杨岳斌务当设法源源接济，毋令稍有缺乏，致误师行。本日据杨能格片奏发饷均照旧章办理，并无漠视前敌之事。谭玉龙挟奏参周显承之嫌，屡次蒙禀，现已咨禀督抚各等语。著杨岳斌、赵长龄秉公详查，据实具奏。杨能格请饬陕省力筹粮饷接济庆、泾之处，著杨岳斌、刘蓉督饬林寿图竭力筹办，陆续解济，以拯饥军。杨能格片一件著抄给杨岳斌、赵长龄、刘蓉阅看。将此由六百里各谕令知之。"

　　又谕："杨岳斌、刘蓉奏庆阳粮台请移设西安一折。庆阳粮台仅顾陇东一路，而防兵委员糜费颇多。经该督抚等通盘筹划，拟撤去庆阳粮台，于泾州、秦州、庆阳等处设立分局。而以西安为后路总汇，请饬协拨庆阳月饷各省，移解陕西藩库等语。自系为关陇全局起见，所奏尚属可行。嗣后协饷各省，自应将饷银移解陕西总局，以免纷歧。著崇实、骆秉章、阎敬铭、吴昌寿、丁宝桢、王榕吉按月将庆阳粮台协饷，委员径解陕西藩库。西安距各省道里较近，且免绕越之虞。各该督抚等务当随时解济，毋稍缺乏。将此由六百里谕知崇实、骆秉章、阎敬铭、吴昌寿并传谕丁宝桢、王榕吉知之。"

（卷170　78页）

同治五年（1866年）二月丙辰

　　又谕："崇实、骆秉章奏筹拨采办甘省军粮银两，请解至本年五月停止，并请将协甘饷银，每月改为二万两各折片。所称四川每月解陕银二万两为采办甘省军粮之用，计每岁需银二十四万两。川省库储罄竭，不能筹此巨款，且尚须按月拨解协甘饷银。陕省现已复业，钱粮日有起色，且营田次第开垦，计四五月间麦秋丰稔，办粮较易。请将此项银二万两，自本年正月起解至五月止，少纾川力。虽系实情，惟陕省自五月后于甘省军粮，能否竭力筹措，无误要需，朝廷实难悬揣。著崇实、骆秉章、刘蓉妥为筹商定议，以恤邻封。至杨岳斌前奏酌定川省每月协甘饷银三万两，崇实等以力难兼顾，请将先后奉拨甘肃及新疆各饷，除按月已解一万两外，每月再筹银一万两，自本年正月为始，按月共拨银二万两，解至秦州，交杨岳斌酌量分拨之处。并著杨岳斌斟酌情形与崇实、骆秉章商定数目，奏闻办理。将此由五百里各谕令知之。"

（卷170 80页）

同治五年（1866年）三月癸亥

以陕西官军剿办甘肃溃勇出力予提督萧德见等优叙，赏副将彭体道巴图鲁名号，千总张成贵以守备用并赏花翎，把总戴福禄等蓝翎，余加衔升叙开复有差。

（卷171 90页）

同治五年（1866年）三月丙寅

谕内阁："前因刘蓉、杨能格先后奏称雷正绾部众变乱，回扑泾州，经雷正绾极力阻截，兵勇始回防所。复据刘蓉奏称拿获叛将胡大贵，供系雷正绾之弟雷恒及李高启等首先谋逆，当经降旨令雷正绾将雷恒等解赴泾州交杨岳斌、赵长龄讯明办理。兹据杨岳斌、赵长龄奏称，讯据已革总兵雷恒等供称，上年八月间，因雷正绾革去帮办军务，心怀忿恨，起意率领兵勇先到泾州向周显承索饷，乘势直入西安。因营官金占元不从，将其杀害。适已革提督胡大贵亦因失守城池恐雷正绾治罪，遂与雷恒商议同叛，率同已革副将李高启同赴泾州。嗣因雷正绾誓死阻拦，兵勇逃回。该革员等亦俱转回防所各等语。此案雷恒、李高启、胡大贵等胆敢因雷正绾革去帮办军务，顿起逆谋，沿途杀掠人民，焚攻堡寨。实属罪大恶极。业经杨岳斌等讯明，将雷恒、李高启正法枭示。实足以彰国法而肃军律。胡大贵一犯，即著刘蓉提出正法，其余同溃各弁勇均系雷恒等威胁所致，情尚可原。著一并免其查办。雷正绾入甘以后，颇著战功，乃因金积堡失利，不能自振，咎无可辞。惟于兵勇溃变之时以死自誓，阻截乱军，且业将雷恒等交出讯办，尚知愧悔。著加恩免其治罪，仍责令整饬营伍，实力剿贼，以赎前愆。营官金占元拒乱被戕，颇知大节。著杨岳斌查明请恤。"

（卷171 91页）

又谕："杨岳斌、赵长龄奏查办雷营倡乱之员，讯明正法一折。本日已明降谕旨宣示，并将被胁之员弁兵勇概予宽免。雷正绾亦免其治罪矣。胡大贵现在西安监禁。杨岳斌等已咨令刘蓉将该革员就地正法，即著刘蓉赶紧办理。泾州军营士卒，经雷恒等正法之后，顺逆已明，军心当已镇静。其被胁溃乱之将士现均邀恩免罪。杨岳斌等当剀切晓谕，令其各释危疑，以安众志。将此由五百里各谕令知之。"

（卷 171　93 页）

同治五年（1866年）三月戊辰

谕内阁："前因杨能格先后奏参陕西参将周显承把持侵蚀带队勒捐纵勇掳掠等款。当经降旨将周显承革职拿问，交赵长龄会同杨岳斌查办。兹据将周显承被参各节，逐款严审，定拟具奏。此案周显承原禀雷营溃变，事属真情，并非架词诬陷，亦无狡诈把持侵蚀饷项等事。惟劝办军粮，带队前往，以致勇丁骚扰，实属办事卤莽，约束不严。该员业经革职，著责令随营立功自赎，以观后效。已革游击张润槐虽讯无滋扰不法情事，惟于裴辅晋私卖军粮，擅作威福责打捐户等事，徇隐不禀，致令裴辅晋蒙禀周显承，激使带队勒捐酿成巨案，著从重发往军台效力赎罪。千总王丕承带领马队乘机抢掠，同恶相济，著革职发往黑龙江充当苦差。外委罗钰为勇丁引路肆掳，虽中途折回，究属多事，著革职逐回本籍。已革把总裴辅晋擅责捐户，复敢蒙禀，激成衅端。业经杨岳斌等讯明，与不守营规奸掳毙命之队勇王长懊等先行正法枭示，足以申军律而昭炯戒。记名提督刘正高于部下兵勇骚扰，事前失于约束，副将李凤冈、刘心灼、游击王新元不能严驭勇丁，致多扰害，咎无可辞，均著革职，暂行留营效力。倘不知愧奋，即著严参治罪。候选知县孟树森遗失文案，系因雷营溃变，猝不及防，且并非收支饷册，无关报销。署泾州直隶州知州林发深，被参各款查属不实。均著免其置议。"

（卷 171　93 页）

又谕："前因刘蓉奏参甘肃按察使杨能格各情，叠经谕令杨岳斌会同赵长龄确查核奏。兹据奏称杨岳斌将泾军部署后，即驰赴庆阳严密查察。赵长龄拟回西安候旨，再赴新任等语。杨能格被参之案，本系交赵长龄会同杨岳斌查办，该抚毋庸折赴西安，仍著会同杨岳斌查明该臬司粮台收支各款有无浮冒，侵蚀情弊，据实具奏。赵长龄俟此案办结，一面奏闻，一面前赴山西本任，毋庸候旨，至泾州地方，招集兵勇，人数过多，著杨岳斌妥筹布置，毋令滋生事端。将此由五百里各谕令知之。"

（卷171　96页）

同治五年（1866年）三月庚午

湖南巡抚李瀚章奏："遵查湖南东路撤防，匀出饷项供本省留防暨援黔各军尚虞竭蹶，甘肃协饷实难骤增。至协济鄂、豫、江、皖各营更力有未逮。"得旨："协甘饷银仅能月解一万，务须按月拨解，不得短少蒂欠。以后如款项稍裕，仍须酌量增拨，以重边陲。其协济鄂、豫、江、皖助剿各营军饷并应通盘筹划，分拨兼顾。"

（卷172　103页）

同治五年（1866年）三月癸未

谕军机大臣等："本日据杨岳斌驰奏省城兵变大概情形一折。览奏曷胜焦急。甘肃省城因粮饷缺乏，督标兵丁竟于本月初三日五，鼓拥众至督署及军需局肆行抢劫，将督署幕友及留省委员概行杀害。该督留省亲兵百余人均行被戕。所存炸炮、洋枪、火药并标营库械悉为抢尽。连日紧闭城门肆杀，官民被伤甚多。城上皆为叛兵安置炮位，并勾结回逆赴省，盘踞北关黄河对岸之庙滩。此时贼氛猖獗，占踞兰州，势必全省震动。杨岳斌亟应督兵星夜兼程驰回省垣，速将兰城克复，以期力顾大局，镇定人心。此外各路兵勇何处可以檄调，即著酌量情形，先行拨往助剿，以厚兵力。杨岳斌于省垣重地并不小心防范，以致标兵谋变毫无见闻，咎无可辞。著先行交部议处，倘再漫无布置，不将省城速行克复，自问当得何罪。林之望及省城文武各官下落，著杨岳斌迅即查明具奏。平凉、固原军务情形现在若何？该督作何布置？并著随时具奏。泾防各营军心已定，杨岳斌自当分拨诸军前往该二城相机剿抚，毋令东路回匪闻风响应，与省垣叛兵勾结，致成燎原之势。仍一面设法疏通陕西粮运，分济甘省各营军食，毋稍大意。庆阳查办粮台事务即著该督专交赵长龄办理，所有庆阳留防事宜仍著杨岳斌分派将士，严饬防守。本日复据林之望奏称副将罗宏裕办理不善激变营兵一折。罗宏裕分拨各营粮米，有无勇多兵少偏袒激变情事，即著杨岳斌确实查明，秉公严参惩办，不可稍涉偏徇，以平军心。林之望此折即系本月初三日所发，所陈营兵仅称因械斗杀伤数人，督署门尚未启，旋即解散。与杨岳斌所奏情节迥不相符。其所称饬令各营照旧分守城门，严防外贼窥城等语。是否省城各门已为叛兵占踞，该藩司有无为叛兵所胁饰词具奏情事。杨岳斌即行查明核奏。倘该叛兵逼胁藩司，饰词奏事，难免不伪用印文，分向各路军营并各郡县逞其诡计。该督务当檄饬各该文武，严密防察，并著于回抵省城时设法将被胁滋事营兵，先行招抚解散，以孤贼势。务当随机应变，谋勇兼施，不可稍执成见。林之望原折著抄给阅看。将此由六百里谕令知之。"

又谕："传谕甘肃布政使林之望。林之望奏甘肃省城营兵因军粮缺乏，向副将罗宏裕求拨粮食，被其斥逐。各营兵复与该副将之勇分诉忿争，彼此械斗，各杀伤数人。现经林之望安抚解散等语。甘省粮饷短绌自系实情。惟该营兵等不应结众忿争，遽思滋闹。且恐所奏尚有不实不尽。杨岳斌现经出省，所有省城防守事宜，林之望岂能辞责，著即将各营兵丁妥为弹压，查明为首滋事之犯，严行惩办。并筹措粮饷均匀放拨，以定军心。一面严防城外贼匪勾结窥伺，毋稍大意。罗宏裕支放军饷，是否有办理不公之处，并著查明实在情形禀知杨岳斌严行参办。其余一切应办事宜，著俟杨岳斌回省后妥商筹办。"

（卷173　115页）

同治五年（1866年）三月甲申

又谕："王榕吉奏晋省南路边防吃紧，分筹守御情形，请饬穆图善将原调晋兵遣回各折片……前因王榕吉奏晋省河防兵单，请调回赴甘助剿之楚勇千名。曾谕都兴阿酌量调拨。兹据该护抚奏称，晋防吃紧，如前项楚勇，业经饬赴前敌，即请将原调晋兵八百名遣回等语。现在宁夏回匪投诚，兵力谅敷分布。惟兰州省城兵变，又虞各处响应，著穆图善酌量情形。如兵力已敷，即将此项晋兵八百名遣回本省，以资防剿。将此由四百里谕知穆图善并传谕王榕吉知之。"

（卷173　119页）

同治五年（1866年）三月丁亥

又谕："庄浪城守尉庆志奏兵丁口粮缺乏，贼匪鸱张，情形窘急一折。庄浪满洲营兵口粮前经谕令杨岳斌严饬平番县赶办本色粮石随月供支。兹据庆志奏称平番县知县吴鼎元并不遵旨办理，仍有勒掯折价情弊。复假济兵为名，捐输粮石银两。平邑叛产亦被该县侵蚀。前署平番县知县东瞻泰亦有拖欠口粮情事。刻下兵丁日不举火，奄奄待毙。一旦逆回逼城，恐致贻误。请饬查办各等情。该营兵粮缺乏以致饥寒交迫，死亡相继，情殊可悯。回匪现在平邑距城不远，尤应筹拨兵丁口粮以资捍御。即著杨岳斌速饬平番县赶紧筹办本色口粮并料草等项，按月供支，不准稍有蒂欠。知县吴鼎元、前署知县东瞻泰所欠口粮等项，如查有侵蚀肥己等弊，即著严行参办，毋稍徇隐。该城满营兵丁，著庆志随时妥为拊（抚）循。将此谕知杨岳斌并传谕庆志知之。"

（卷173 123页）

同治五年（1866年）四月庚寅

谕内阁："都察院奏图观呼图克图遣报告以呈请事件未蒙理藩院转奏等词，赴该衙门呈诉。据称呼图克图头一辈住京曾蒙。圣祖仁皇帝恩赏绣龙黄伞等件，此次该图观呼图克图系第五辈，于同治二年来京，所有前蒙恩赏对象是否准用，并因西宁一带回逆滋事，该图观呼图克图请即回西宁，带领汉、番徒众保守庙宇。或随特派大臣调集番兵，剿贼自效。叠次呈报理藩院等处，俱经驳斥。恳乞转奏各等语。康熙年间，恩赏该呼图克图各件是否历辈应用，著理藩院详查例案，奏明办理。该图观呼图克图现在住京当差，所请驰回西宁带兵剿贼之处，著不准行。"

（卷174 127页）

又谕："传谕甘肃布政使林之望。林之望奏再陈省标兵丁索粮激变，详细原委并地方危急情形。请旨迅赐查办及越分陈奏，自请察议各折片。甘肃省标各营兵丁，因平日楚勇饷厚差轻，积怀不平。又以饥饿索饷为署副将罗宏裕喝斥，激成变端。自系实在情形。惟该兵丁等与楚勇械斗，竟将道员吴炳昆等戕害，实属不法。著林之望迅速查明，将为首滋事之犯严行惩办，其余被胁各营并著晓以大义，告以叛逆之人无不诛灭之理。洪逆倡乱，窜踞金陵，马荣叛踞云南省城，现俱次第铲削，全数诛夷。况甘省标兵本属无多，指日杨岳斌统兵回省，倘不及早擒缚首逆，解散党与。将来大兵一到，必至玉石俱焚。该兵丁等如能悔过自新，朝廷亦当宽其既往，不事穷究也。贼骑千余，直抵黄河北岸，距城止一二里。省城防守紧要。林之望当约束各兵严行守御，不得稍有疏虞。参将马福、游击陈应春等是否足恃，中军副将各缺。林之望现派何人接署？片内未将该员等姓名叙明，殊属含混，均著详细复陈，被戕各官，并著一一查明具奏。此次省城兵变，督臣出省，林之望未能先事预防，实难辞咎，著先行交部议处。近日省城防守情形，杨岳斌未到以前仍著林之望随时据实驰奏。"寻奏："中军副将赵秉鉴先期出省办粮，兵变后即催调回任。城守营参游各缺委陈应春、易滕甲、马福、马继祖、德恩署理。已令将为首滋事兵丁，按册密拿惩治。被戕各官查系道员吴炳昆等共十四员名。报闻。"

又谕："据刘蓉驰奏甘肃省城兵变情形，酌筹缓急，权宜办理，并将林之望此次驰奏折件，由驿递呈一折与朝廷所办情形多相符合。兰州文武各员多为叛兵戕害，四门已设炮位闭守。林之望两次所奏折件，显系被胁捏饰。刘蓉以杨岳斌移师回省，恐各路回逆并起以蹑其后，前阻坚城，后迫强寇，粮道中梗，非制胜之策。请先将平、固扫荡，疏通粮路，然后鼓行而西，不宜以孤军愤进等语。所奏亦不为无见。此事本由楚勇与标兵领饷厚薄不均，楚勇又从而陵蔑之，以致标兵积不能平。劣将张玉春等从中播弄，遂至陡生变乱。杨岳斌当分别首从，剿抚兼施，不得概行杀戮，致叛兵闻风畏惧，益坚其抗拒之心。并须将偏袒不公之武员查明参劾，以平其心。此等叛兵仓卒起事，急则合而缓则分。总宜设法解散，以省兵力。省垣城池坚固，洋炮火药均为叛兵所掳，该督当自度兵力如何，倘能克期克复则兵贵神速，自应迅回省城办理。如探明贼中守备已固，兵力未能遽克，或如刘蓉所筹。先将平、固回匪剿平，疏通粮路，再行西进之处，均著杨岳斌酌度缓急情形办理。林之望此次所奏折件，词旨与前次所陈，大略相同。其所称督标各兵与楚勇不能同处省城，请令曹克忠带所部赴省等语。是否叛兵有悔罪望抚之意，抑或欲诱曹军入城，图谋戕害。杨岳斌当察访明确，相机调遣，不可坐失事机，亦不可冒昧从事。林之望折一件、片二件均著抄给杨岳斌阅看。传谕林之望旨一道，并著抄给杨岳斌、刘蓉阅看。刘蓉另片奏请于林之望折报过境时，由该抚先行拆阅，以便豫悉情形真伪，著暂照所请行。如杨岳斌业已抵省，刘蓉即可向杨岳斌询问情形，不必再行拆阅林之望折报。兰州城内无粮，杨岳斌当分兵要路，杜贼勾结外援，断其粮路，势将不攻自溃。将此由六百里各谕令知之。"

（卷174　129页）

同治五年（1866年）四月辛卯

又谕："曾国荃奏查明湖北营务大概情形，拟请添调良将，整齐兵勇，以收实效一片。鄂省与豫、皖毗连，捻匪一日不平则鄂防一日难弛。惟该处兵数虽多，而将领不得其人。有守御之名，无整军之实。安静之时多糜饷项，寇至之日无计决胜。自应裁兵并饷，选择良将，分营统领，以期壁垒一新，同心御侮。所有曾国荃请调之记名布政使刘连捷、前福建汀漳龙道彭毓橘、前河南归德镇总兵朱南桂、福建陆路提督郭松林，现在湖南原籍，即著李瀚章饬令该四员即日前赴湖北听候官文曾国荃调遣，不准稍有耽延。至朱南桂、刘连捷二员，前经杨岳斌奏调赴甘，曾经谕令李瀚章饬令前往，该员等因病暂缓起程。现在甘肃省城兵变，军事方殷，如鄂省营务整顿有效，接统有人，即著官文、曾国荃斟酌情形，令朱南桂、刘连捷仍遵前旨赴甘，毋稍迟误。安肃道蒋凝学回湘募勇已逾半载，计已成军。何以久无消息，并著李瀚章催令迅速启行。鄂省节饷练兵各事，不外严核勇数，申明纪律。官文、曾国荃务当振刷精神，认真经理。新裁十三营尤当善为遣散，毋令借端滋事。将此由五百里各谕令知之。"

（卷174　133页）

同治五年（1866年）四月甲午

谕军机大臣等："刘蓉奏甘省逆回东窜，派兵会剿并靖边等处防军剿贼叠胜各一折。西路大股贼匪，马队数千，挈眷东窜，势将由莲花城故关陇州一带入陕。杨岳斌已饬谭玉龙派队剿捕。刘蓉复檄令萧德扬等各率所部就近堵截。添派邱时成等两起马队驰赴凤、陇，会同泾防各军相机截击。即著该督抚严饬在防将士，实力兜剿，悉数歼除，不得稍有松懈，任令窜越。靖边等处防军，截剿窜匪叠获胜仗，尚属出力。惟该匪粮食缺乏，时图窜陕。现在各路股数及木瓜城一带，盘踞甚多，均距陕边不远。刘蓉务当饬令段登云及鄂太愚等严密堵剿，以固边围，毋稍疏虞。金积堡、灵州一带陕回窜踞平、固。杨岳斌前由庆阳折回，现在行抵何处，著即督饬诸军将平、固两城迅图克复，毋任久踬。省垣近日情形如何，该督作何办理之处并著随时驰奏，以慰廑注。将此由五百里各谕令知之。"

吏部奏："遵议甘肃省标兵变，总督杨岳斌、布政使林之望疏于防范，均应先照不应重公罪例降二级留任。事关军务，不准抵销。"从之。

（卷174　134页）

同治五年（1866年）四月乙未

谕军机大臣等："传谕甘肃布政使林之望。林之望奏近省回匪环伺省垣，请饬催官军进援，并军粮缺乏及省东官军接仗情形，并代奏标兵诉词各折片。甘肃省城自兵、勇互斗后，北路回匪马士彦等率众逼近省垣。西南各路贼首马阿浑、谢二、崔三等亦四出纷乘，意图窥伺。因城守严密均以乞抚为词，暂行撤退。林之望因内无粮草，外无援兵，权宜安辑，固属万不得已之举。惟回性狡诈，每以投诚懈我军心。林之望仍当督率在城文武加意防范，不得稍涉疏虞，致堕诡计。张玉春等三营，业经林之望调回省城，驻扎要隘。第为数过少尚不足丕振军声，前已谕令杨岳斌飞饬曹克忠等军回援省城。林之望接此旨后，即可一面禀商杨岳斌，一面函催曹克忠等，以期援兵速到，保全根本重地。林之望所陈省城饥困情形，览奏实深矜恻。著照所请即于陕省运秦粮内，先划拨一万石设法运解赴省，以济危急。杨岳斌不得坚执成见，仍将运秦粮石存储静宁，致令省城兵民饥困难支。兵、勇同为国家出力，朝廷本无歧视。罗宏裕何得捏造裁汰兵丁之言，激成众怨。此等劣员贻误边隅大局，实堪痛恨。已谕令杨岳斌查明严行参办。林之望仍遵前旨，剀切晓谕众兵各守营规，毋怀疑惧。果能杀贼立功，自当宽其既往。予以自新也。"

又谕："林之望奏省城粮道久梗，请拨陕运粮石并兵丁具禀申诉，暨近省股匪环伺，兵、勇接仗情形各折片。已传谕该藩司善为抚辑，固守待援矣。省城兵丁滋事，变起仓卒。此事本由杨岳斌厚勇薄兵，所部将士又从而陵侮之，以致兵心不服，积愤日深，一发莫遏。现在该标兵具禀向林之望申诉，是尚有悔罪畏法之心。杨岳斌当设法抚定，查明激变之楚将及为首滋事之标兵，持平办理，并晓谕胁从附和之众，毋怀疑惧，以安其心。尤须先将省外附近股匪剿平后再行察看情形，相机查办，不可卤莽轻发。并不可轻听所部楚勇愤激之言，不察启衅情由，概行诛戮。此次林之望所奏各折片，朝廷详加披览，似属实在情形，未必皆系被胁捏饰之词。罗宏裕以朝廷欲裁撤兵丁之言，捏造激变，咎实难辞。杨岳斌务将罗宏裕激变情由查明参办，不准稍涉偏徇。省城以外附近地方跬步皆贼，借乞抚之名为断绝粮路之计。鹤龄现率通判郑声文等将河北回匪先行开导，权宜安辑。并调张玉春、文象奎等三营回省，以壮声势。惟兵力仍形单薄。该藩司请将雷正绾、曹克忠所部调回省垣助剿，著杨岳斌遵奉前旨，迅速酌调曹克忠一军赴援。巩昌军务，该督另派得力之员前往督办。省城以外各股匪环伺，该督亦当分派将弁，疏通粮路，以顾根本。林之望所调之春奎等三营饷缺过久，困惫几不成军。省城粮路久梗，兵民饥困难支，至有刲食人肉之事。惨迫情形，实堪悯恻。著杨岳斌、刘蓉迅将陕省运秦粮内划拨一万石，绕道运赴省城，以救燃眉之急，毋稍歧视，致误事机。刘蓉于陕省粮石，仍当广筹采买。派委妥员源源接济。不准推诿稽延。林之望原折二件、片二件、呈一件并传谕林之望谕旨一道，均著抄给杨岳斌阅看。将此由六百里各谕令知之。”

（卷174　135页）

同治五年（1866年）四月丙申

又谕：“杨岳斌奏曹克忠进剿南路逆回，连获胜仗，平毁城垒并收复洮州厅城一折。曹克忠一军，自移扎马营以来屡次获捷。洮州缴械献城，兵不血刃。布置善后亦颇有条理，所办甚为妥速。所有此次收抚洮州降回及华家岭牛营沟等处剿贼获胜，并前次鸳鸯觜等处胜仗，在事出力文武员弁兵勇，均准杨岳斌汇案择尤保奏，毋许冒滥。昨谕杨岳斌将曹克忠军调赴兰州援剿，巩昌军务，另行派员接办。即著迅速调派。兰州标兵因饥生变，省外各回眈眈窥伺，情形十分危殆。而杨岳斌本日来报绝未提及，实堪诧异。该督务当懔遵叠次寄谕，赶紧进兵，先剿省外各回，再行进省。设法抚定，持平办理，不得稍存成见，以副委任。另片奏粮台事宜，仍令林寿图专折奏报等语。林寿图前辞专奏，业经降旨允准。以后粮台事宜仍由杨岳斌具奏。如该督已回兰州，遇有粮台急应入奏之事，即就近由刘蓉奏报，以期事权归一。将此由五百里各谕令知之。”

以四川劝办甘肃军饷出力，予已革布政使毛震寿开复道员，余加衔升叙有差。

同治五年（1866年）四月丁酉

　　谕军机大臣等："官文奏整顿鄂军并明字四营，骤难抽调赴甘一折。张赖等逆现审曹单、丰沛一带，距鄂境虽远，而贼踪剽疾，总须先事筹划，以备不虞。官文、曾国荃现拟整顿各营，将杨朝林等军分别遣留，腾出饷源。由该抚另选良将，添募精壮，俾成劲旅。所筹尚是。即著该督抚和衷商办，将新募各营，认真训练，务使战守有资，毋得空言了事。杨岳斌前调之蓝斯基四营，想即系蓝斯明所部，该督以鄂省兵单，拟请仍留防剿，惟甘省贼势蔓延，又无得力将弁，事机倍形吃紧。朱南桂、刘连捷等前经杨岳斌奏调，又为曾国荃调赴鄂省。甘省更无可恃之军，仍著官文、曾国荃于该数员内酌量分拨赴甘，毋得稍分畛域，以顾大局。鲍超一军，亟盼北来，何以尚在江西。著该督抚赶紧咨催赴豫，不准任意逗留。并将该军饷需妥为解济，以利军行。将此由五百里各谕令知之。"

同治五年（1866年）四月庚子

　　又谕："前因刘蓉奏参杨能格于各营粮饷分拨不均，营私侵蚀各情。谕令杨岳斌、赵长龄查奏。兹据奏称，粮台收支有无浮冒，全以支发底簿及历任报销册为凭。杨能格以前办粮台之熙麟、文煜两任报销册籍，均未移交。该臬司本任粮台收支各款，业已奏准自行报销。所有底簿不肯交出。庆防弁勇兵饷较之发给前敌及泾防各营，多至数倍，显有捏词偏袒匀拨不公情事。其支发庆防亲兵马队饷项则照楚军章程。八营弁勇则照熙麟等旧章减扣发给。于魏添应新招马队，又照楚章支给实银，办理均属两歧。请旨先行交部严议等语。杨能格自接办粮台后于支发粮饷，意为轻重，以致物议沸腾，实难辞咎。著先行交部严加议处。其经手粮台收支款项著杨岳斌严饬赶紧造册，报部核销，以杜弊窦而昭核实。"寻吏部议："杨能格应降四级调用，不准抵销。"从之。

同治五年（1866年）四月辛丑

　　谕军机大臣等："据林寿图奏称接管庆阳粮台，雷、谭各营勇数增多，需饷甚巨。现在兰州兵变，所需粮饷军火，俱由该粮台转运，而各省协饷日减，无可支放。其准拨山西、山东、河南、四川等省之款，仅据山西拨解二万两。请饬催迅筹解济等语。庆阳粮台改设西安，关系甘省全局，若不亟筹接济则各营停兵待饷，哗溃堪虞。著崇实、骆秉章、阎敬铭、李鹤年、王榕吉按照前数，督饬各该藩司迅筹拨解，以应急需，并著王榕吉迅饬河东道，将划拨兰州之乙丑纲银二十万两，如数筹措，遴派妥员解赴西安交纳，毋稍玩延。杨岳斌、林寿图仍当于各该省协饷解到时，权衡缓急，均匀搭放。毋得顾此失彼，贻误事机。林寿图另片奏荆子关分局，前经杨岳斌派委严德芬经理，现查该处已有湖北道员陈丕业驻扎，请将严德芬撤回，以节糜费等语。著官文转饬陈丕业，嗣后于襄阳解到饷银军火等项，即由该员设法运交西安粮台。由林寿图随时察看情形，运甘应用。其该关局费运费，并著官文饬知陈丕业自行支销，以专责成而清款目。将此由五百里谕知官文、崇实、骆秉章、杨岳斌、阎敬铭、李鹤年并传谕王榕吉知之。"

又谕："讷尔济奏侦探东西两路贼匪情形，请饬成禄等出关进剿，并请饬拨兵饷各折。木垒、奇台古城等处均已无贼。讷尔济派委佐领百喜等带兵前往，并招募民勇防守地方。该防御等往济木萨攻夺逆匪粮草，如得大兵出关，回子郡王伯锡尔等均可协同攻剿。成禄一军现在何处，著杨岳斌迅檄该提督带兵出关与伯锡尔等联络声势，不得再有畏葸迁延，致干重咎。鹤龄一军前次叠经降旨，令其会同成禄一军出关剿贼。嗣因兰州兵变，调鹤龄驻省防剿。现在省城情形能否安静。如曹克忠军到省，能否替出鹤龄之军？仍令会合成禄出关。并著杨岳斌妥筹调度。巴里坤领饷委员张积功等，在兰州守候五年之久。甘肃积欠巴里坤饷银为数甚巨，著杨岳斌于欠解巴城俸饷内，迅速筹拨十数万两，陆续派员拨解。并传知张积功等，由北路草地解至乌里雅苏台，由讷尔济派员迎提接济，以重兵食而固边陲。将此由六百里各谕令知之。"

（卷174　143页）

同治五年（1866年）四月壬寅

谕军机大臣等："杨岳斌奏复陈省城兵变情形，并陈上年整顿营务及现在筹办缘由。隆德县城猝被回陷，请调鲍超全军赴甘各折片。甘省营伍积弊，原应次第整理，惟须体察事势缓急，相度办理，不可偏执重勇轻兵成见，一味操切从事。此时事变已成，枪炮火药俱为叛兵抢夺，城门又为所踞。该督现率所部折向省垣进发。自宜先将胁从各兵晓谕解散，使其党与离心，方可次第查拿首犯，按律惩办。若先扬言督兵剿洗，必至该叛兵闭关拒守，攻克需时。现在省外各路回匪均已逼近省城。倘官军顿兵坚城之下，内为叛兵所拒，外为回匪所乘，进退失据，恐大局益形窒碍。该督现已由泾州起程，并令曹克忠一军先回省城，著即饬令迅速前进。杨岳斌务须审度机宜，谋定后动，不可徒逞愤兵，轻于一掷。北山来贼较前倍加，河、狄大股围扑省城，并分股绕至车道岭等处，阻截官军进援之路。著杨岳斌分饬将领疏通道路，将省外回匪击退。隆德县城为回匪袭陷，杨岳斌当分兵迅图克复。该县文武下落，查明具奏。鲍超所部兵勇，现因捻匪滋扰，亟须前往鄂、豫助剿，断难调赴甘省。朱南桂等前经曾国荃调赴鄂省，当谕该督抚等酌量派员带勇援甘，尚未据该督抚复奏。因思宁夏此时已无军务，即著穆图善分拨得力将士，前往灵、固一带剿办，腾出雷正绾、谭玉龙等军，由杨岳斌相机调遣，互相援应，以厚兵力。林之望前奏彭楚汉等所部十营屡次挫败。该督所报彭楚汉等在车道岭获胜情形，是否确实，并著查明具奏。叛兵谋变既有三更后沿街呼人之事，罗宏裕何以未经立时集勇弹压。该叛兵蓄谋既非一日，林之望固未能预筹解散。罗宏裕岂竟漫无见闻，并著杨岳斌确切查明，持平办理。将此由六百里各谕令知之。"

……予甘肃水家坡等处阵亡副将张定元、参将曾国福、游击刘南瑞、祭葬世职加等。

（卷 174　145 页）

同治五年（1866 年）四月乙巳

谕军机大臣等："穆图善奏宁、灵次第安定，探闻省城危困，靖远失守一折。靖远县城于三月十四日失守，尚未据杨岳斌奏报。著即将被陷情形及该城文武下落查明具奏。一面抽拨劲旅将隆德、靖远两城迅图克复。现在该将军檄调曹克忠驰赴靖远，剿除踞匪。惟该提督一军前有旨谕令驰援省城，自当先其所急。著穆图善、杨岳斌速饬该提督赶紧援省，毋令展转贻误。昨因兰州军情危急，谕令穆图善分拨得力将士，前往灵、固一带剿办，腾出雷正绾、谭玉龙等军由杨岳斌调遣。兹据该将军奏俟宁、灵事局大定。侦探何路吃紧，即行移师前进，会合歼剿，与前旨吻合。即著迅速调派，毋误事机。窜陷靖远之匪是否系回逆马生彦、杨文智等，抑系河、狄回匪乘间窃发。孙义宝投诚后，雷正绾派令孙义漳接统其众。现在雷恒正法，该回众麇集固原、会宁、韦州、半个城一带，是否尚属安靖，抑或窜赴靖远，著穆图善、杨岳斌确切探明，星速驰奏。将此由六百里各谕令知之。"

陕西布政使林寿图奏请开缺专办粮台。得旨："该藩司现办甘省后路粮台，当随时妥筹接济，若开藩司之缺转恐呼应不灵，况迎养在署，可尽人子之职。林寿图受恩深重，惟当勉图报称，毋许言辞。"

（卷175　150页）

同治五年（1866年）四月丙午

浙江巡抚马新贻奏："遵查浙江月协甘饷二万两，闽饷十四万两，现将协闽一款奏明停止，移为海塘之用。惟甘肃军务正紧，不能不兼筹并顾。拟自本年六月为始添拨银三万两，共五万两，按月解运。"下部知之。

（卷175　151页）

同治五年（1866年）四月辛亥

又谕："前据吴棠奏称捻匪窜扰淮徐，当经谕令李鸿章将总兵刘士奇驻扎东坝等处各营，驰赴清江援剿。兹据李鸿章奏捻众南窜，现筹会剿情形一折，与吴棠所奏大略相同。清淮为里下河各州县屏蔽。刘秉璋等军现分扎宿迁及台庄、韩庄等处，会同欧阳利见等水师力扼运河。而清江防兵尚嫌单薄。李鸿章现已调派刘士奇所部七营，由东坝北渡，即著饬令迅赴清江，听候吴棠调遣。此外江南如有可调之兵，著仍遵前旨迅筹调赴淮、徐，以厚兵力。刘铭传由曹县进解丰县城围，现已进扎虞城。李鸿章当饬令刘秉璋等军由东南进剿，与刘铭传等会合夹击，以收聚歼之效，并随时与曾国藩、吴棠妥筹调度，相机布置，以副委任。本日据杨岳斌奏领饷委员曾广照在江苏办买铜帽并洋火药等。派于召喜解送湖北，转解甘肃军营。由上海雇船装运起程，行抵棉花堤。因火药轰发，将铜帽火药焚烧净尽。业经降旨将曾广照革职矣。该革员领办火药等项，需费甚巨，所禀火药轰发各节，有无别情。船户曾广长不戒于火，曾据李鸿章奏报，即著该署督提集曾广照等严切讯究，从重惩办。原片著抄给阅看。将此由五百里谕令知之。"

（卷175　157页）

又谕："杨岳斌奏谭玉龙难胜统领之任，请以曹克忠接统所部等语。谭玉龙自当统领后，性情疲玩，不洽众情，以致陇州四营，相率哗溃，焚毁帐房，遗失器械。似此骄纵偾事，岂堪再令统带，贻误戎行。曹克忠威望素著，谭玉龙所部各军，著即交曹克忠统带，以期得力。谭玉龙才力平庸，若再不知奋勉，即著杨岳斌据实参办，毋稍瞻徇。罗得胜、余炳忠所部各营溃散甚多，不能约束。正忠营本系革弁刘正高管带。此次拔往陇州乃交与罗得胜代管，而自居住西安，难保非知情先避。罗得胜、刘正高均著交刘蓉就近严切讯究。如有主使情弊，即著按照军法从事，毋稍轻纵。将此由五百里各谕令知之。"

（卷175　158页）

以甘肃兰州道英奎为按察使。

以甘肃张家川等处叠克贼巢出力，予总兵官仇有道以提督用，赏都司屈国香等花翎，把总王占春等蓝翎，余加衔升叙有差。

以甘肃兰州勇丁溃散，革副将罗得胜、余炳忠职。

以运解甘肃军火船只被焚，革候选知县曾广照职。

（卷175　159页）

同治五年（1866年）四月壬子

谕军机大臣等："刘蓉奏甘省大股回匪并力回窜，请饬督臣先清东路并请饬穆图善拨营驻扎灵州等处各折片。河、狄、固原、会宁诸逆相率蠢动。隆德、靖远既已先后失陷，庄浪、华亭并形危急。现复扰及庆阳府属之西峰镇焦村等处，将入陕疆。逆酋孙义漳等将前所收降之马德馨及总兵刘玉昌等数人戕毙，复逼胁静宁萧河城等堡降回随同起事。为今之计当专用力于东北。杜平、固出窜之路，通庆、泾馈运之途，后顾无虞方可节节前进。即著杨岳斌派拨兵勇，先将华亭、宁州等处力图保护，以次克复隆德、靖远，翦除强寇，引军而西。向平、固、静、会以规皋兰。林之望呼援甚切，曾谕令杨岳斌调派曹克忠督兵赴援。军情变幻无常，该督老于行阵，惟当通筹大局，稳慎进取，方为不负委任。刘蓉现拟赴泾州一行，该督抚将进止机宜，妥为商酌，务出万全。陕西汧、陇等处逼近回氛，并著该抚督饬在事将弁实力防剿，毋稍疏忽。穆图善前奏马化漋投诚，呈缴军械马匹各情，是否尚有隐匿。该将军派员查勘，必须核实办理，毋任再有构煽。穆图善拟俟宁、灵一律肃清，察看贼势何路吃重，移师遄征。著即懔遵前旨，派拨马步各营驻扎灵州、盐茶交界之地，与杨岳斌东路各军遥为声援。既以绝陕回马生彦等勾结之路，亦以坚甘回马化潡等归顺之诚。据刘蓉奏甘回素多愚懦，此次构难实为陕回所迫。陕回狡悍性成，屡抚屡叛，此时甘回可抚，陕回尚不可抚等语。并著穆图善详察情形，分别办理，毋得一味姑息，致贻后患。将此由六百里各谕令知之。"

（卷175　160页）

同治五年（1866年）四月丙辰

又谕："麟兴奏蒙兵不能凑集，请由内地派拨劲旅并拟来京请训，请另简员与俄国立界各折片……前谕令杨岳斌于曹克忠军到省后替出鹤龄之军，会合成禄出关援剿。即著杨岳斌严催成禄带兵出关，倘该提督再有畏葸迁延即行严参惩办。至鹤龄一军能否替出，并著妥筹调派……将此由五百里谕令知之。"

（卷175　164页）

同治五年（1866年）四月丁巳

谕军机大臣等："杨岳斌奏抵泾先后筹办情形一折。杨岳斌行抵泾州，因庄浪被围，隆德失守。炭山股匪已窜宁州。东路事急未便抽身西去。著即懔遵前旨速饬曹克忠带队回援，将近省回氛次第扫荡，再进兰垣。杨岳斌现在督率诸军剿清东路，而省城粮食万分缺乏。该督务当严饬张瑞珍等赶办粮石，分运曹克忠军营，兼顾省城，毋稍贻误。曹克忠业已启行，该督应否另赴巩昌督办军务兼筹粮运之处，并著酌度机宜，妥筹办理。刘蓉前奏甘回可抚，陕回不可抚。此次陕目孙义漳等由固来泾递禀乞降，求归原籍，业经杨岳斌批准。如该回等委系真心求抚，自应网开一面。但人数尚多，既不便复令回陕，别滋事端，而浮住甘境亦非长久之计。刘蓉计已到泾，即著该督抚悉心筹划，妥商安置该回之策，毋令失所，毋贻后患，方为不负委任。将此由五百里各谕令知之。"

（卷175　165页）

同治五年（1866年）四月戊午

又谕："刘蓉奏逆回大股分窜陕疆，现筹剿办并陈拆阅林之望章奏所述情形，拟筹办法各折片。林之望奏击退省外贼匪，固守待援。请饬曹克忠等军剿办省贼，杨岳斌所部楚军并图泾源，并陕回投诚各折片。本日已传谕林之望妥筹防守矣。陕省逆回盘踞甘省日久，现复勾结各路大股，扑犯陕境陇州、汧阳两城，均经防兵击退。现由小路窜至凤翔境内。边马已至岐山。该逆自三月以来徘徊于华亭、崇信、灵台、庄浪之间，窥伺陕疆，已非一日。非厚集兵力不足以遏狂氛。刘蓉现饬各路防兵分头堵截，并调潼关驻扎各营驰往凤郡。一面咨令杨岳斌派拨马步诸军截前蹑后，即著杨岳斌、刘蓉合力会剿，尽歼丑类，毋令扰及陕疆。林之望折内所陈击退逼城逆回各情，据刘蓉奏称陕中并无所闻，西安距兰州较远，该藩司所奏情形是否确实，著杨岳斌就近探明具奏。该督所部楚勇为兰州兵回所共忌，而于百姓则素无积怨。林之望所请将楚军各营全数调往泾源，而以省城左右防剿。责成曹克忠等办理，显系被叛兵所胁，饰词入奏，并非该藩司本意。惟陕回近已悉萃陇东。据刘蓉奏，以曹克忠分军移护省城，而拨楚军并力东剿，以通粮道。尚协此时权宜等语。即著杨岳斌统筹全局，酌度情形，妥为调派。省城粮米告罄，势颇岌岌，并著杨岳斌飞饬曹克忠购办麦面杂粮，随时接济，毋稍迟误。马士彦由陕入甘，屡抚屡叛。此次复向林之望投诚，该藩司给予顶带等件，以纾省垣之急。惟请归并宁夏一带与马化漋一律办理，难保不与该处回匪勾结，复生枝节。著穆图善、杨岳斌妥商，另择甘省回居旧地暂为安插，以示羁縻。林之望原折二件、片一件均著抄给杨岳斌阅看。刘蓉另折奏陕省火药局被焚一折，本日已谕令湖北、河南、山西各督抚迅速如数拨解矣。火药被轰至十余万斤之多，该管司人员漫无防范，非寻常疏忽可比，著刘蓉迅即查明，严参惩办。将此由六百里各谕令知之。"

又谕："传谕甘肃布政使林之望。林之望奏击退逼城逆回，固守待援并陕回倾心投诚，恳恩准予安抚各折片。甘肃省城粮食久缺，狄河回匪数万环逼省垣，焚抢滋扰。经鹤龄等督军奋击，张玉春、文象奎等军，分路兜剿，叠获胜仗。贼众败退，剿办甚属出力。即著林之望激励兵勇扼要严防，遇贼即击，毋得稍有疏虞。省城粮米罄尽，饥困情形，实深廑系。前已叠谕杨岳斌等迅速设法解济，并令其檄调曹克忠一军赴省救援。现闻曹克忠已购办麦面杂粮，随时解送兰垣。而林之望折内则称仅接曹克忠三次函复，而于运粮一节并未声明，究竟有无接济，现在如何筹办，并著林之望随时具奏。陕回马士彦等既据林之望奏称倾心投诚，并将所捐粮石陆续运省，是其悔过自新，尚属出于至诚，自应宽其既往，另予安置。本日已谕令穆图善、杨岳斌择地安插。林之望当静候该将军等筹商妥协，札饬遵行。马士彦等现经林之望饬赴东北一带助剿，如能将省城粮食源源解运，尤足征向化之诚。林之望当激励马士彦等勉图报效，力赎前愆。至逼城回匪诡言投诚，其居心殊不可测。林之望惟当就现有兵力认真堵剿，不得稍涉大意，致堕诡计。杨岳斌现在泾州，办理甘省东路军务。所部楚勇自应调赴东路，以厚兵力。已谕该督迅速调派。其曹克忠一军距兰较近，业经叠次谕令进援。林之望俟该提督到省即可将防剿事宜与之妥筹办理，密片一件著留中。"

又谕："林之望奏川军饷银久缺，请饬速解等语。鹤龄所带川兵三营，由平番调防兰州省城。因粮饷缺乏，饿毙甚多。川省应拨之饷何以一年之久未经解到？该军现在兰州剿贼，颇能得力，亟应源源接济以固军心。著崇实、骆秉章即将鹤龄一军饷银迅速拨解，不得稍存漠视。现在由川入甘之路时虞梗塞，并著咨会杨岳斌、刘蓉添派兵勇，协同解饷委员探明道路，护送前进。仍一面知照林之望于川饷抵甘时派兵迎提，务须设法解到，毋得畏难坐视，致误要需。将此由五百里各谕令知之。"

（卷175　167页）

同治五年（1866年）五月己未

谕军机大臣等："成禄奏官军移扎甘郡，前军进逼肃州并连日获胜情形各折。甘凉一带贼垒林立，经成禄派拨已革知县窦型等带队陆续由凉州前进。先解永昌城围，进扎距肃州六十里之黄泥铺。已革总兵庆瑞等进扎双井子，互为声援。将叠次扑营之贼先后击败，追杀甚多。该提督亦拟督队由甘郡驰赴肃州前敌。著成禄乘此声威激励诸军，迅将肃州城垣攻克，毋稍迁延。伊犁被围日久，危急万分。该提督于攻克肃城后，即当星夜督军出关，驰援新疆各城，以解倒悬，不得稍存观望。道员黎献前已有旨令杨岳斌察看。现据成禄奏称该员被肃、甘两属绅耆控告，有受贿缓师纵勇殃民等事，情节较重。著杨岳斌确切查明，据实严参，不得稍事徇隐。所有黎献前辖之南北两营，均著专归成禄调遣，即由该提督派员管带。其黎献所领之马步六营，即著交署肃州镇总兵黄祖淦代领。申明纪律，严加钤束。该提督前次奏请以降调镇迪道文麟督办行营粮台。文麟现已简放哈密办事大臣，著杨岳斌赶紧另派妥员前往经理该军营粮台事务。并饬甘凉两属地方官，将该军营日食面斤草料就地设法供支，源源协济，不得稍存玩视。将此由六百里各谕令知之。"

（卷 176　170 页）

复甘肃肃州阵亡已革副将王梦麟原官，予祭葬世职，把总秦飞龙祭葬世职加等。

（卷 176　171 页）

同治五年（1866年）五月丁卯

谕军机大臣等："户部奏山西、河南、湖北、四川、陕西应解成禄军营月饷各数千两。前经奉旨令各该督抚酌定数目筹解。四川应解甘肃、新疆等处月饷，除鹤龄军饷外，每月再筹银三万两，解到时由杨岳斌分拨。至成禄出关后饷银拟再由山东地丁项下按月拨解五千两各等语。该提督现在进攻肃州，需饷堪急，若令停兵待饷，势必哗溃堪虞。即著官文、崇实、骆秉章、李鹤年、曾国荃、刘蓉、赵长龄、王榕吉将应解该营月饷数千两赶紧筹定数目。一面奏闻，一面派员按月解赴成禄军营交纳。并著崇实、骆秉章仍遵前旨，将每月解甘之三万两迅速按期拨解。杨岳斌于川饷解到时务当酌量缓急，与成禄分拨应用，毋令缺乏。该提督出关后军饷尤关紧要，著阎敬铭于山东地丁项下，按月拨银五千两解交成禄军营以济要需。将此由五百谕知官文、崇实、骆秉章、杨岳斌、阎敬铭、赵长龄、李鹤年、曾国荃、刘蓉、成禄并传谕王榕吉知之。"

（卷 176　179 页）

同治五年（1866年）五月戊辰

谕军机大臣等："穆图善奏收复灵州并省城变乱，通筹西北大局情形各一折。灵州回弁马朝清捐交银米，缴械投诚。经穆图善派令佐领丰绅等前往收复州城，委知县尹泗等代理知州参将等缺，并查明该回民金积堡并无私藏器械。现在汉民归业甚众，均各安堵如常，办理尚妥。即著穆图善、杨岳斌督饬该处地方文武，将抚恤难民，清查地亩，一切善后事宜妥速筹办，以期各安生业。所陈省城标兵因饷哗变各情与杨岳斌前奏大略相同。其河、狄各回扑犯省城，亦经林之望奏及。叠经有旨。谕令杨岳斌催督曹克忠带兵进援。并据奏称曹克忠业已启行，该督新赴巩昌办粮接济，即著催令该提督径赴兰州，抚定群情，次第将省外回氛实力扫荡，绥靖岩疆。穆图善所称陕甘回众宜分别招抚。杨岳斌前赴泾州时，陕回于途中递禀投诚，该督不肯批准。该回众逾数万，到处剽掠，以致盐、固等处逆氛遍地等语。朝廷于回众，本无歧视，如果真心悔罪，自当予以自新。惟陕回窜甘者，陕省既不能相容，甘省自当妥筹安插。著杨岳斌、刘蓉恪遵前旨，悉心筹办，以期节饷休兵，毋得偏执。平凉各县回民均由马朝清代递禀呈乞抚，穆图善拟委曹熙带马朝清驰赴各路相机妥办，并著该将军总督等和衷商办，毋致剿抚两歧。将此由六百里各谕令知之。"

（卷176　180页）

同治五年（1866年）五月辛未

谕军机大臣等："杨岳斌奏崔逆分窜陕疆，分军会击并陈现在局势一折。逆匪崔三窜扰凤、歧，经陕军击退，旋复回窜甘境。现又有回逆马队，由华亭所属马峡口小道横突而过，势复东趋。该逆食匮计穷，时思窜扰陕疆，以图狂逞。汧、陇一带，前经刘蓉派令萧德扬等分头防守，蒋凝学所部楚军前由邠、长径趋泾州，计已到防。著杨岳斌、刘蓉即饬各军联络声势，探明贼踪，合力兜击，毋令阑入陕疆，复形滋蔓。并著杨岳斌责令谭玉龙迅速进兵，将隆德县城力图攻拔，节节扫荡，疏通粮路。孙义漳、马淀甲等既有反正之意，自当暂示羁縻，俾免与各股逆匪勾结。杨岳斌仍当妥筹防范，毋稍大意。平凉地方虽有沈大兴数营扼扎，恐兵力尚单。现在灵州回弁马化漋已经投诚。东北一路渐次绥定。著穆图善仍遵前旨，酌拨兵勇，分扎盐、固等处，与平凉官军互相策应，以免贼匪再图窜伺。曹克忠一军现在曾否进省。杨岳斌现赴巩昌筹运军粮，务当源源解济，俾免匮乏。省城一带群回环伺，应如何分兵防剿之处并著妥筹布置，毋稍疏虞。将此由六百里各谕令知之。"

予甘肃西峰镇阵亡守备杨正兴祭葬世职加等。

（卷176　183页）

同治五年（1866年）五月甲戌

又谕："前因西路军务紧急，叠经谕令成禄整队出关，迅速应援。兹据广凤、奎昌图库尔等先后奏到，塔尔巴哈台城被回匪攻陷。厄鲁特人众逃至科城并风闻伊犁大城有失守之信，关外情形日益糜烂。成禄奉命西征为日已久，乃因肃州未复，节节逗留。杨岳斌身任兼圻，剿办回匪是其专责，并不选派劲旅，协同成禄规复肃州，以致关外各城援绝被陷。杨岳斌、成禄均著传旨严行申饬。杨岳斌计已行抵巩昌，著即饬曹克忠驰赴兰州妥筹布置，并选派得力兵勇前赴肃州一带剿洗，催令成禄迅速出关将各路回匪次第扫荡。倘再玩延必将成禄重治其罪。懔之。本日有人奏杨岳斌人甚朴忠，办事认真，惟风闻甘省兵变为杨岳斌发饷不均，偏袒楚勇所致等语。该督身膺重寄，所部营兵自当加意拊（抚）循，推诚布公，方可收同心御侮之效。断不可稍存歧视，致众兵解体，贻误事机。将此由六百里各谕令知之。"

（卷177　186页）

同治五年（1866年）五月乙亥

又谕："总理各国事务衙门奏接据荣全咨称伊犁大城于正月二十二日失守，合城官员殉难，现筹恢复等语。伊犁大城困守已久，终以援兵不至，为贼攻破。明谊等坐视邻封之危不思设法援救，实堪痛恨。现在荣全文称俄国来文，俄官不日带兵数千名同往收复，并有俄兵数十名结队陆续前来之语。该国于伊城危急之时未允借兵，忽于伊城失陷之后慨许助剿。其居心已可概见。若非中国力图自强迅速派兵前往会剿，不足杜其觊觎之心。本日已令库克吉泰督办新疆北路军务，并令神机营王大臣、直隶总督挑选旗、绿各营精兵数千前赴科布多，听候库克吉泰调遣。惟道路辽远，库克吉泰由广东副都统升任西安将军，一时尚难行抵新疆。明谊、麟兴、车林敦多布、广凤、奎昌、明瑶务当就现有兵力将乌、科两城防守事宜妥筹布置。麟兴并遵前旨将调到蒙古官兵赶紧训练，克日统带前赴李云麟等军营，妥筹规复伊、塔各城。现在事势已急，所调蒙兵亦不拘定六千之数，致滋迟误。伊犁将军已令荣全署理。荣全未回以前，即著李云麟暂行代办。将伊城溃散兵勇设法拊（抚）循招集，重振军威。塔尔巴哈台城即责成李云麟、图库尔等督同呼图克图棍噶扎勒参统率厄鲁特等蒙兵迅即前进力图攻拔。一俟塔城收复，即行合兵进规伊犁，为次第扫荡之举。广凤、奎昌、明瑶仍遵昨日谕旨，将图库尔等粮食军饷筹划拨给，毋稍歧视。至各省指拨伊城饷银已谕令户部咨催各该督抚，迅解乌里雅苏台，由明谊等酌量缓急，均匀拨用。毋庸再行借由俄站转解致有他虞。新疆全局糜烂，非南北两路合力进剿，不足大挫凶锋。著杨岳斌懔遵昨日谕旨，迅派得力兵勇前赴肃州一带剿匪，以便成禄迅速出关，将各路回匪以次扫除。倘成禄仍事稽延必当重治其罪。鹤龄一军本为出关之用。曹克忠抵省后即可腾出此军西行助剿。著杨岳斌相机调派，毋稍玩延。将此由六百里各谕令知之。"

又谕："昨据广凤等奏塔尔巴哈台失陷，本日复据总理各国事务衙门奏接据荣全咨称伊犁大城失守等语。新疆回匪变乱以来，几及两载，各城困守待援。前调成禄等军出关剿贼，又因甘省肃州一带回氛未靖，节节扫荡，未能克期前进。且即出关以后尚须将哈密一带贼匪剿除，方能西进，亦属缓不济急。因思乌、科两城为北路屏蔽，现在伊、塔两城既经失陷，若不迅调劲旅前往剿办，难保该逆不骎骎东犯，大局益难收拾。库克吉泰前经简放西安将军，现在行抵何处，即派该将军督办新疆北路军务，取道草地由乌、科两城进发。神机营兵及直隶绿营官兵素经训练，剿贼必能得力，即著神机营王大臣、刘长佑商同将旗、绿各营共凑调兵二三千名，派员管带由北路草地前赴科布多，听候库克吉泰调遣。所需军火器械等件著该王大臣及该督妥筹应付，以便遄行。甘肃宁、灵现已安定，情形稍松，著穆图善先其所急，挑选精兵一二千名，遴派得力将领，即由宁夏北路取道出口驰赴科布多会齐，一并归库克吉泰调遣，不得稍有延误。穆图善办理招抚事宜，何时可以竣事，能否酌留兵勇弹压宁、灵等处降回，而自率精兵与库克吉泰会剿，并著该将军通盘筹划，奏明办理。将此由六百里各谕令知之。"

（卷177　188页）

同治五年（1866年）五月辛巳

又谕："刘蓉奏回逆大股复窜陇州，另以骑贼绕窜凤翔，请饬穆图善等派兵会剿，请将出力之镇西军汇案保（褒）奖各折片。逆回马生彦、孙义漳等纠集靖远、静宁等处巨股，众约三四万人，陆续窜至陇州。经刘蓉派令萧德扬、黄鼎等迎击，屡获胜仗。该逆马队分股由麟游绕至凤翔，势颇蔓延。

陇州各军被贼隔断，骎骎有内窜腹地之势。刘蓉现饬刘厚基率亲兵五营，折赴凤翔，并令萧庆高率湘果三营赶赴宝鸡，著即催令该二军赶紧前进，迎头截剿。陇州贼众兵单，该抚务当督饬萧德扬等奋力堵剿，毋稍大意。此次贼众倾剿犯陕，计图大逞。较之各聚一隅，似易殄灭。惟陕省止此兵力，若任其内窜又将不可收拾。著穆图善先拨金顺带领得力马队，由定边取道邠、长，驰赴凤翔。随即分拨步队继进。窜甘逆回现俱弃城，挈眷回窜陕境。甘省情形稍松，著杨岳斌先拨驻秦州之王得胜一军由莲花城趋赴陇州，仍抽调各路得力劲旅亲督会剿，务须趁各逆酋麇聚之时，合力兜剿以收聚歼之效。刘蓉另片奏甘回董幅祥等窜踞安化属之枣子碥等处，同知鄂太愚等越境会剿，屡次获捷。镇西军叠次冒险远征，劳绩尤著。所有尤为出力员弁，著刘蓉汇案核实保（褒）奖，毋许冒滥。将此由六百里各谕令知之。"

（卷177　194页）

予甘肃陇州阵亡参将萧玉田、参领恩祥祭葬世职加等。

（卷177　195页）

同治五年（1866年）五月丙戌

谕军机大臣等："杨岳斌奏营官倡乱，率众东溃，请分别严办并王仁和等军接仗李助发败挫情形。览奏曷胜焦急。提督谭玉龙收领饷银二万九千两，仅发给各营一万一千两，其余银数概行克扣入己，以致众论沸腾。又复纵令勇丁掳杀良民，经杨岳斌派令王得胜接统其众，谭玉龙辄以奸诡之言，耸动众听，倡议向西安溃走。总兵陈义挺身倡乱，参将焦万海等同声附和，谭玉龙遂乘夜率领各营一并溃走。雷正绾所部人数无多，泾防各军兵力未厚，势难阻遏。此时恐已窜入陕境。陇州、凤翔一带本有回匪窜扰，防剿当更吃重。刘蓉务当督率兵勇严密堵截，毋任纷窜各处，蔓延为患。陕省防兵本形单薄，此时亟须添兵助剿。前经谕令穆图善调派金顺马队，并拨得力步队驰赴凤翔一带应援。著该将军懔遵前旨，迅即分拨驰往，并于拨发金顺等马步各军外添拨数营驰援陕省，以厚兵力，不得推诿延误。庆阳张在山所部尚有十余营，能否酌拨数营赴陕。著杨岳斌、刘蓉酌量情形调拨。泾防各营将士仍著刘蓉就近调度，应如何阻截追剿，与陕军夹击援应之处，均由该抚相机办理。谭玉龙于所属营官各给银百两，将弁虽为所惑，而勇丁则因其克扣饷银积愤甚深，未必尽甘心反叛。刘蓉当分遣明干委员驰赴各溃勇营中，剀切晓谕，令其缴械解散，各归原籍。一面将附逆死党分别剿办。至谭玉龙等业已煽众溃变，且有至西安另图大事之语，岂肯听刘蓉传讯。余炳忠、焦万海系怂令谭玉龙谋反之人，亦岂能仅以发遣了事。记名提督谭玉龙、总兵陈义、参将焦万海均著即行革职，并已革参将余炳忠均著刘蓉设法擒获，就地正法。秦州为粮运要路，杨岳斌务须饬令在防将士严密防守，不可再有疏虞，致断省垣生路。现在兰州情形究竟如何？该督并未奏及。东路情形又复决裂如此，实属漫无布置。若再不力图补救，挽回全局，自问当得何罪。总兵王仁和一军护粮赴省，于镇羌等处叠次接仗。虽弁兵颇有伤亡，而粮石尚无疏失，著杨岳斌饬令该总兵会同凉州镇派援各营合力堵击，畅通粮道，不得稍有疏虞。李助发督剿张家堡一带贼营，业经获胜。乃于收队之后突被另股贼匪横冲。该营官等不察号令，临阵慌乱，以致李助发受伤，兵勇伤亡不少，实堪痛恨。所有营官李春海、陈正荣即著杨岳斌严行参办，以肃军令。都司云从龙著即行革职，暂准留营效力，以赎前愆。曹克忠现由马营前赴兰省，即著杨岳斌严饬该提督迅将省城收复。曹克忠到省后，鹤龄一军即可饬令西行，会合成禄所部星速出关，毋任延缓。将此由六百里各密谕知之。"

（卷 177　199 页）

同治五年（1866年）六月戊子

谕军机大臣等："瑞云奏凉州、庄浪满营粮饷不继，请借拨银两，并补造枪械，请拨兵粮各折片。凉州、庄浪两营数年兵饷久未支领，月饷亦复不继，兵丁相继饿毙。又值贼氛逼近，万难支持。瑞云现于本营公库存项内暂动银二千两，杯水车薪，岂能济事。著赵长龄于山西协饷内由归绥道库借拨银五六万两，以济急需。如归绥道库无款可借，即由山西藩库照数拨给，一俟瑞云领饷委员到晋，即交该员迅速领解回营，毋得稍分畛域。瑞云所称照折章核实支放及借款俟甘肃藩库充裕，分年抵充官兵俸饷，扣留藩库之处。均著照所请行。至两营枪炮缺失甚多，各官兵愿于借拨俸饷内捐制一半。派员赴晋采办铁斤，殊恐缓不济急。著赵长龄先行拨给抬枪、鸟枪、刀矛若干件，以资操防。该管兵月饷关系紧要。河西贼氛尚炽，设有警急，岂能枵腹荷戈。著杨岳斌严饬镇番县，将历次指拨兵粮解运凉州满营四千石，并于庄浪附近州县积欠兵粮内，勒限解运庄浪满营二千石，妥为存储，以备不虞，毋许私挪偷漏。将此由四百里各谕令知之。"

（卷178　204页）

同治五年（1866年）六月己丑

又谕："崇实、骆秉章奏援甘川兵月饷已经拨解一折。鹤龄一军月饷节经崇实等由川陆续遴员解往。而甘省遍地回氛，饷道梗阻，所解饷项难期运赡饥军，且难保无贼匪及游勇截抢情事。著杨岳斌迅委妥员节次迎提，俾川省饷银早日到甘，拨解鹤龄军营应用，免致迟误。再川省运甘军米，亦经崇实等派员解至略阳，因甘省无人接运，复溯流而上运至白水江一带，惟该处运夫甚少，每日起岸无多。米艘停泊水次，日久恐致霉变，并著杨岳斌札饬藩司酌量情形，遴派干员赶紧运甘，分运各营，以资军食。嗣后川省应解甘饷崇实等仍当源源接解以济要需。将此由五百里各谕令知之。"

（卷178　206页）

同治五年（1866年）六月庚寅

又谕："左宗棠奏现拟试造轮船，并陈剿捻利用车战各折片。中国自强之道，全在振奋精神，破除耳目近习，讲求利用实际。该督现拟于闽省择地设厂购买机器，募雇洋匠，试造火轮船只，实系当今应办急务。所需经费即著在闽海关税内酌量提用。至海关结款虽完，而库储支绌，仍须将此项扣款按年解赴部库，闽省不得辄行留用。如有不敷，准由该督提取本省厘税应用。左宗棠务当拣派妥员，认真讲求，必尽悉洋人制造驾驶之法，方不至虚縻帑项，所陈各条均著照议办理。至所陈剿捻宜用车战等语。捻踪剽疾异常，飘忽靡定。日前鲍超曾有拟用独轮车放炮之奏，能否合用制胜，尚未据该提督续陈。行军之道全在因地制宜，将来仍须谕令曾国藩斟酌办理。所论调派习战营官，令赴豫秦一带，挑选土著散丁，练成队伍，赴甘听用之处，事属可行。即著该督遴选得力营员奏明调派。将此由五百里谕令知之。"

（卷178　208页）

同治五年（1866年）六月丁酉

又谕："穆图善奏遵筹现在军情并盐、固回众求抚一折。甘肃省城兵变以来，迄今已逾数月。曹克忠一军驻扎巩昌马营监，尚未前进。杨岳斌于马峡口被回逆崔三攻扑，折回华亭。是省城竟无一支援兵，危急曷堪设想。该督迁延城外，不敢进师，不知是何意见。现在谭玉龙一军变而东溃，是所谓先清东路之说已成画饼。若再不将省城根本重地力图保全，倘有疏虞，致为逆回占踞，该督岂得诿过于人，以为事不干己耶。前屡据林之望奏报，河、狄回匪攻扑省城，势甚危急，是穆图善所称叛兵勾结河、狄回匪之说，恐亦系意料之词。该处急盼曹克忠等军赴援，若竟置之不理，又复绝乏粮食，饥变之卒，不至勾结回匪踞城不止。著杨岳斌迅即催令曹克忠督兵前进，将省外逆回扫荡，入城将叛兵妥为抚定，晓以祸福，毋令疑惧。擒斩首恶数人，以图补救。该督亦即整队继进，为曹克忠后路声援，毋得跋前疐后，偏执成见，贻误地方，致干罪戾。宁、灵现在安谧，而穆图善所部尚称完整，屡经有旨，谕令该将军拨兵前赴盐、固剿办。杨岳斌此次又咨令由中卫进兵会攻河、狄，以顾省城。该将军辄借口饷需，反欲于夏禾收后，始令周文翔、曹熙等赴盐、固办抚。又屡次奏报，均云俟探明何路吃重，再由何路进剿。试问甘省军情，此时尚有何路不吃重耶？该将军身膺督办，岂得株守一隅，日以空言敷衍。穆图善此奏未免沾染军营观望迁延习气，殊属非是。现在盐、固回众既拟投诚，著该将军一面派员办理，一面分兵由中卫进剿，与杨岳斌、曹克忠之军互为声援，将省外逆回早日廓清，毋再延误干咎。谭玉龙东窜后，叠谕穆图善派金顺马步数营驰援凤翔，曾否调拨，著该将军迅即驰奏。省城情形及现办情形若何？久未据杨岳斌奏报，并著该督迅速奏闻，以慰厪系。本日复据讷尔济等奏巴里坤等城待援孔亟，成禄屡经催令出关，曾否拔队起行，著该督咨催该提督迅赴戎机，毋得畏葸不前，致干严谴。将此由六百里各谕令知之。"

（卷178　212页）

同治五年（1866年）六月己亥

诼军机大臣等："前据杨岳斌奏谭玉龙等率众东溃，当经密谕杨岳斌、刘蓉等调拨各军追剿阻截，并令刘蓉将倡乱各统将擒获正法。兹据刘蓉奏陇州保安各军击败回匪，并谭玉龙深自引咎，现办招抚溃勇情形。览奏均悉。回逆大股东窜陇州，经萧德扬等军分路攻击，叠获大胜，斩戮甚多，踣毁贼巢数十处，逆势大蹙，正可乘机剿洗。该逆现退踞陇州西北故关一带，即著杨岳斌迅饬王得胜统率所部，由马鹿镇驰往陇州，杜截逆匪回窜之路，与陕军会合夹击，以收聚歼之效。保安一带回匪蓄意东窜。鄢太愚、段登云等均能用计设伏，屡次截击获胜。著刘蓉饬令该统将等随时扼要严防，不可稍形疏懈。尤须截其窜往陇州之路，毋任与马生彦等股匪勾结蔓延。至东窜溃散勇丁已据雷正绾将陈义、阎定邦七营收留，其余五六营行至泾州驻扎，尚未滋事。若操之太蹙，恐不免激成事端。然一味姑容则相率效尤，日后益难听约束。此次各营哗溃，实由谭玉龙等蓄谋煽惑众心所致，自当设法将为首倡仪之人拿获惩办，其余被胁勇丁姑免深究。谭玉龙曾有前赴西安共图大事之语，此时又欲赴陕西剿贼，立功自赎，恐非出于至诚。刘蓉仍当遵照前旨斟酌办理，不可堕其术中，致贻后患。陈义系首先倡议溃散之人，所部勇丁既经雷正绾招收，陈义应如何设法惩办之处，著杨岳斌就近咨会雷正绾相机妥办。总兵陈德隆八营由邠乾赴陇助剿，并著刘蓉妥为调遣，迅扫回氛。将此由六百里各谕令知之。"

（卷178　214页）

同治五年（1866年）六月辛酉

　　谕军机大臣等："成禄奏官兵合围肃州并叠获胜仗及请饬杨岳斌迅解马匹炮位，黎献一军交黄祖淦管带各折片。肃州匪众经官兵于二月间击败后，该逆退走入城。复经庆瑞等三面围逼，叠次获胜。四月初六等日逆众率党扑犯，又经官军击败。该逆闭关不敢复出。成禄派守备吴定山赴关外安敦玉一带招勇，以防窜逸，办理尚属妥协。贼势既已穷蹙，自可克期攻拔，著成禄迅饬庆瑞等，将肃州城力图克复，以期节节扫荡，鼓行出关，以副委任。黎献一军所存无几，而横悍扰民，不可不急加钤束。前有旨令归黄祖淦管带，以资攻剿。即著杨岳斌速饬遵行。凉属贼氛甚炽，署总兵杨占鳌因兵单饷绌，未能展布。而道途梗阻，饷源匮竭。肃州一带前有强敌，后无接应，殊深廑系。并著杨岳斌懔遵前旨赶紧回省，以固根本，而资兼顾。成禄需用马匹炮位最关紧要，著杨岳斌挑选精壮马三百匹，大小炮位二十尊解赴肃州军营以资应用。将此由六百里各谕令知之。"

　　又谕："成禄奏请将部拨文麟军饷解营，并请饬蒙古王贝勒添设军台转递文报等片。文麟一军前在济木萨等处剿贼，经部议请由科布多现存饷银内，先拨十五万两以资接济。现在文麟随同成禄出关，此项饷银自应归并成禄军营支放。即著广凤、奎昌、明瑶照数拨解，毋稍迟误。其由山西奉拨伊犁军饷二十万两内，划解文麟军饷之四万两，业经山西巡抚先筹一万两，由绥远城递解。著德勒克多尔济于此项饷银到后转解科城，由成禄派员迎提，以济要需。目前甘、凉一带道路梗塞，文报每致失落，军情紧要，自应如该提督所请，改由草地行走。已谕令理藩院檄饬蒙古王贝勒等遵照办理。并著德勒克多尔济星速行知该蒙古王等，于阿拉善界内直抵旧土尔扈特界，中间添设蒙古军营按站转递军报，所需台费，即由该将军酌量拨给，俾免赔累。将此由五百里各谕令知之。"

又谕："成禄奏营数渐添，饷需愈巨，请饬各省迅筹拨给等语。现在肃州合围，待饷尤亟，著官文、崇实、骆秉章、曾国荃、刘蓉、赵长龄、李鹤年仍遵前旨，按月筹款派员解由草地交成禄军营应用，免致耽延。又片奏枪炮火药等件各省尚未解到。赴豫募勇各员亦未到营等语。所有火器营发去之火箭炸炮及成禄咨拨河南省枪炮等件，山西省拨解之火药铅丸，即著赵长龄、李鹤年饬令赶紧起解，径由草地运赴该营。其前赴豫省募勇之游击丁文学、守备王瑞等如已招募启行，即著赵长龄、李鹤年、刘蓉转饬该员等迅由草地行走，毋许逗留。如丁文学等尚在豫省，并著李鹤年严催该员等迅行招募，不得任意迁延。将此由五百里各谕令知之。"

（卷178　216页）

予甘肃肃州阵亡把总王斌祭葬世职加等。

（卷178　219页）

同治五年（1866年）六月庚戌

谕军机大臣等："刘蓉奏官军剿贼获胜，蹂平老巢，追逐出陕，并谭玉龙一军剿回情形，催调穆图善等营，各军分路布置各折片。穆图善奏派兵赴陕会剿，并拨兵赴援新疆一折。逆回盘踞陇州之故关一带，并力抗拒。经陕省官军攻克故关，分途追杀甚多，其续由华亭窜至上关一带。另股回匪亦经刘厚基会同谭玉龙击败，将上下关贼巢攻毁。窜陕回匪悉数追逐出境。所有出力员弁著刘蓉择尤保奏，阵亡将士查明请恤。此次逆匪既受大创，刘蓉自当乘胜饬令萧庆高等军将盘踞华亭尖骨山余匪殄除，即由清水一带节节进剿，以清甘省东路。静宁回匪万余东窜，张家川逆匪复勾结固原党与数万，图窜陕境。固原、华亭等处续有股匪分窜铁马河等处。陇州兵力未厚，备多力分。穆图善现派总兵李曙堂等管带楚勇一千五百名驰赴陕省吴旗镇，并派西蒙克西克马队赴陕助剿，即著饬令星速起程，毋稍迟缓。至甘省回窜陕境各匪，半系当日胁从窜甘之众，刘蓉自当分别良莠，剿抚兼施，不得概行截杀，致令党与日固，防剿益形棘手。著杨岳斌、刘蓉遵照前旨，另筹安插之法，以期日久相安。穆图善亦当相机进驻盐、固一带，疏通甘省东路，与陇州各军互为声援。张在山一军即著杨岳斌饬令拨出三营移扎鄜州之河上原，联络陕军，互相援应。谭玉龙率勇东溃，叠经谕令刘蓉查办，何以尚未复奏。此次该革员复率勇剿匪，究竟该革员有无谋变，所部各营是否尚思溃散，著刘蓉迅速查明，斟酌情形办理。穆图善拟将在营之直隶官兵一千名饬回直隶，交刘长佑派赴口外，归库克吉泰带赴新疆，即著照所拟办理。将此由六百里各谕令知之。"

又谕："刘蓉奏甘省军务实因饷源枯竭，军无斗志。现在逆回饥窘窜陕，如能就陕边剿灭一股，即可为甘省减除一股。惟添募马勇，厚集兵力，而饷需无出，莫遂远图。请饬浙江月协饷银六万两，广东月协饷银四万两，即从六月为始，按月委解湖北藩库，转解赴陕，酌量分拨陕甘各营等语。前据马新贻奏浙江月协甘饷银二万两，目前闽饷停止，本欲移为海塘之需，惟甘肃军务紧要，不能不兼筹并顾，请自本年六月为始添拨银三万两，共银五万两，按月解鄂转解等语。此次刘蓉所奏添兵增饷与甘省通力合作剿办回逆，实系目前至急之务。马新贻能否于月协五万两之外，每月添拨若干两，务当不分畛域，极力筹拨。其已经奏定饷数仍当源源运解，不得稍有迟延。广东军务已竣，刘蓉请拨之月饷四万两，著瑞麟、蒋益澧设法筹措。自本年六月起按月如数派员解赴湖北，转解陕西，毋许借词推诿。刘蓉于各该省解到协饷，当督饬林寿图酌量缓急，分拨陕甘各营，以赡饥军。一俟陕边军务稍定，仍将此项协饷拨归甘省，俾收饱腾之效。将此由五百里各谕令知之。"

（卷179　227页）

予甘肃上关阵亡副将方得元、参将余炳忠、游击殷得高、都司邵至咸等祭葬世职。

（卷179　228页）

同治五年（1866年）六月乙卯

　　谕军机大臣等："杨岳斌奏回省日期并现筹情形一折。曹克忠督率所部十余营于五月初四日驰赴兰州。该标兵安静如常，并无闭城抗拒情事。其为因事启衅并非有心谋逆已可概见。杨岳斌现由安定回抵省城，乱兵查拿惩办，止应将为首倡乱及著名积恶之犯擒获正法。其被胁附从诸人自应概免株累，俾众心各释疑惧，不可逞愤妄行肆戮，致已定人心，复行摇动。省城被戕各官准由该督查明，汇案请恤。在城弹压抚绥各员并出城击贼之弁勇，并准分别酌保，毋许冒滥。谭玉龙率勇东溃，前据该督奏，请饬刘蓉将谭玉龙擒获，追缴侵扣饷银即行正法。昨据刘蓉奏称该革员率勇在陇州与回匪接仗获胜，余炳忠力战阵亡。与该督所奏事属两歧，究竟谭玉龙有无谋变情形抑或因身获重咎，为立功赎罪之举。并著杨岳斌确实查明，迅速复奏。不准稍有回护。河、狄回匪时出滋扰，阻隔粮道，若不亟加痛剿，官军困于分防，必至坐受牵掣。杨岳斌现咨雷正绾督饬各营，专顾平、庆等处，腾出张在山十三营赴省会合各军，进剿狄道，次及河州，亦是先其所急之策。即著督饬张在山等迅速进兵，疏通粮道，以苏兵民之困，并将河狄踞匪次第扫荡净尽，毋再迁延，致负委任。曹克忠平日带兵勇往，所向有功，于甘省诸将中最为出色。兹因疾请假就医，倘不允其所请，不足以示体恤。著赏假两个月并发去人参四两，交该提督只领。即在兰州城内安心调理，毋庸远道就医，以省跋涉。伊所部各营著照杨岳斌所请，令王得胜等分统。提督印务即著邓全忠暂行护理。将此由六百里谕令知之。"

（卷179　230页）

同治五年（1866年）七月戊午

　　又谕："曾国荃奏布置西北防务情形一折。捻匪全股由汝阳等处西趋，意图窥伺鄂边。襄樊随枣一带与信阳、南阳等府州处处毗连。官文、曾国荃现已通饬水陆各营实力防堵，并派郭松林等军先赴德安，再进随州。扼要驻守，布置尚属周妥。该抚拟俟捻踪窜至鄂境，即驰赴德安督办军务。具征勇于任事，甚属可嘉。惟此时捻氛业已逼近鄂疆，曾国荃若先期前赴德安，预筹防剿，于布置调度机宜，尤为便捷。著即酌度办理。曾国藩亦宜严饬周盛波等军与鄂军互相援应，会合夹击，毋任该匪肆行蔓延。鲍超一军自粤东撤回后，节节逗留，数月以来尚未与贼接仗，任意迁延，坐耗饷项，殊属不成事体。仍著官文、曾国藩传谕该提督迅赴豫境，会同各军合力剿办，毋得玩视军务，自干重咎。前据御史朱镇奏请饬刘连捷帮办杨岳斌军务等语。杨岳斌所部多系水师。刘连捷于陆路机宜颇称熟悉。该员此时应已病愈，著曾国荃于该员到鄂时即饬令赴甘，归杨岳斌调遣。将此由六百里各谕令知之。"

（卷180　234页）

同治五年（1866年）七月壬戌

又谕："何琯奏官军会合回众克复哈密城池，并请免伯锡尔罪名各折片。哈密外为贼踞，经何琯派兵前往，会同伯锡尔所派回兵将逆回击败，克复城池，毙贼甚多，所办甚妥。著讷尔济传谕伯锡尔协同凌祥等各饬所部合力搜剿，务将逃散余匪殄尽，毋令余烬复燃。尤须分别良莠，不可滥杀无辜。并著何琯饬令凌祥等严防该匪回窜，毋稍疏懈。现在该城甫经收复，亟须地方大员前往镇抚。文麟系哈密办事大臣，责无旁贷。著即由肃州军营，星夜驰赴该城，会同伯锡尔将善后事宜妥为筹办。奎章昨已改补哈密帮办大臣，自应赶赴新任，以重职守。并著刘蓉查明奎章行抵何处，催令迅速前进，毋任逗留。伯锡尔本有应得之咎，既经会合官军剿贼克城，著加恩免其治罪。伯锡尔当倍加感激，抚绥回众，力捍贼踪。若再不知愧奋，国法具在，宽典不可屡邀也。成禄督兵围逼肃州，贼势已蹙，著乘势迅图攻拔。统率鹤龄等军，星夜出关，由哈密一带节节西进。现在关外自巴里坤以东渐次安定。李云麟计已行抵乌里雅苏台，即著遵奉昨日谕旨，调派各军赴古城取齐，与巴里坤、哈密联为一气。庶进攻乌鲁木齐可无后顾之虞。巴里坤饷需奇绌，何琯请饬陕甘总督筹拨银数十万两，固属甘省应解之饷，惟关内饷银亦未充足，著杨岳斌赶紧先拨数万两，交巴里坤委员张积功解赴何琯军营，以济眉急。其余欠解各款仍当随时接济。敦煌、安西等州县素为产粮之区，并著杨岳斌严檄各该地方官，拨运仓粮数千石赴巴里坤，以资兵食。山西应解新疆饷银，前已谕令赵长龄由绥远城解往乌里雅苏台，著即懔遵前旨办理。其直隶、四川、山东、河南应解新疆饷银，仍著赵长龄飞催各该省解赴山西，由赵长龄递至绥远城，转解乌里雅苏台。此项饷银到后，并著李云麟商同麟兴匀拨各路军营，并分济巴里坤应用。将此由六百里谕知李云麟、杨岳斌、刘蓉、赵长龄、讷尔济、成禄、文麟、奎章并传谕何瑢知之。"

（卷180 239页）

同治五年（1866年）七月戊寅

谕军机大臣等："杨岳斌奏筹办南路军务，请饬穆图善移师西向，复陈彭楚汉等军并无讳败为胜情形各折片。回匪被陕军击退折窜入甘。秦安、清水等处贼骑纵横，渐逼秦州。该督现调蒋凝学统带安字营勇赴省，俟此军到时即拟出省剿办秦州附近一带回匪。惟省垣兵变甫经粗定，且附近各处贼匪尚未殄除，正须大吏驻扎，借资镇摄。该督甫还兰州即思出省，能否无忧内顾。务须统筹全局，妥协办理，不得顾此失彼，又蹈从前覆辙。秦州一带现既檄令王得胜等相机堵剿，并调张在山、傅先宗等前往助剿，著即严饬各军，极力剿办，毋令完善之地致有疏虞。平番迤至凉州俱为逆回出没，亟应分兵剿除贼匪，疏通省垣粮路。现在宁、灵一带业已安定，无须多兵驻扎，著穆图善酌度情形，督率所部由中卫鼓行而西，直赴平番，节节进剿，毋稍延误。该将军仍酌留兵勇镇守宁、灵等处，以备不虞。其平、固一路防剿事宜，即著杨岳斌饬令雷正绾妥为办理。杨岳斌所称彭楚汉等军在车道岭等处击贼获胜，并无讳败捏报情事，仍著督饬彭楚汉等认真剿贼，奋勉立功。杨岳斌另片奏截留林之望折报拆阅，自请议处，并将林之望折补行呈递。该藩司由驿驰递折报，杨岳斌辄于中途截留，擅行拆阅，且迟至数旬之久始行补递，实属不晓事体。杨岳斌著交部议处。将此由六百里各谕令知之。"寻议："杨岳斌应照不应重私罪降三级调用例上加等降五级调用，毋庸查级纪议抵。"得旨："著加恩改为革职留任，降为三品顶带，以示薄惩。"

又谕："据林之望奏称督臣杨岳斌办事认真，持身勤俭，惟于封疆大体未甚谙练，辄至为人所误。雷正绾等军转战多年，熟悉地利贼情。该督由陕入甘，因刘蓉先入之言，以雷正绾为不可用。周显承等窥伺其意，遂从而倾陷之，致令一败涂地。又仿刘蓉远兵亲勇之法，以省兵为不可用，省标及外镇将备陆续罢退，以随营楚人代之。诸事更张，怨望之徒遂谓该督引用私人。本省升途断绝，各营愤恨。省标特首发其难，省城源源仓存粮一万数千石，兰州道英奎设局专供客军，并纷纷捐罚，将城内搜括无遗。因将源源仓之粮全供楚军，纵令地方官挪移借发标兵额粮，致官民蓄积一空。秦王川撤防不守，粮无来源。英奎复请派员弁赴乡，凡民间窖藏悉行查封，给以贱价。该员并巧于趋避，自请赴陕购粮，迄无颗粒运甘。本省委提晋饷七万两，行至东路复被督臣全数截留，以致省城粮尽兵溃。并据杨岳斌奏参，粮台支放，由该藩司主持，何以毫无稽核。率尔敷陈，并称林之望所参英奎各情均系得自传闻，全无影响及查明彭楚汉等军在车道岭获胜属实各等语。杨岳斌与林之望所奏均有偏袒之处，持论未得其平。著穆图善将甘省营兵每月粮额多寡，楚军勇粮多寡及欠饷日月久暂详细查明，并将林之望所参英奎、周显承各情确切查明，秉公据实复奏，毋稍偏徇。彭楚汉等军在车道岭获胜情形是否讳败为胜，著一并查明具奏。林之望折一件、杨岳斌片二件均著抄给阅看。将此由五百里谕令知之。"

以甘肃巩昌府城解围，暨平毁贼巢出力，予总兵官邓全忠、彭忠国以提督简放。赏副将包荣道、何发相、印大文、王芳朝、严文广、胡世彦、参将陈富有、袁景魁、杨珍稳、李保安、胡金林、易文举、李占春、傅连升、魏绍珍、田大胜、许圻和、满万亭、陈化兴巴图鲁名号。同知祁兑、游击彭得胜等花翎。守备徐世全等蓝翎。余升叙有差。

（卷181　253页）

同治五年（1866年）八月丁亥

予甘肃古水营阵亡佐领扒子祭葬世职加等。

（卷182　265页）

同治五年（1866年）八月庚寅

予甘肃红城被戕云骑尉李逢春祭葬世职。

（卷182　269页）

同治五年（1866年）八月己亥

谕军机大臣等："有人奏督臣调度乖方，请饬查办一折。陕甘总督杨岳斌前因在江南督带水师，叠克坚城，特畀以兼圻重任。原冀其调度合宜，肃清回务。乃如所奏，偏厚楚勇，捏报胜仗，致有童谣流传。并任用参将周显承、知府张瑞珍，而以谗言参劾署宁州知州张抡元、秦安县知县刘元绩，是非倒置，岂能胜此重任。杨岳斌前因藩司林之望揭参，业经降旨交穆图善查明，据实复奏。兹复有人列款纠参，并著该将军按照折内所陈逐款查明，秉公具奏，毋得稍有偏徇。又有人奏刘元绩在甘肃十余年，所莅各任俱有政迹。何以杨岳斌正月间参奏内有肆行贪酷，绅民呈控劣迹甚多之语。著穆图善一并详细确查具奏，以昭核实。原折片及杨岳斌前参刘元绩折，均著抄给阅看。将此谕令知之。"

（卷182　273页）

同治五年（1866年）八月庚子

又谕："李云麟奏遵旨进规乌鲁木齐，请旨预定节制，请饬后路征兵径赴奇古，并催兵出关，兼筹甘肃拨兵情形各折片。李云麟所筹将三路之兵合攻乌鲁木齐。在古城安设粮台，按兵给饷，并乌、科、塔三城现调蒙兵四千名，定期前进各节。均著照所请行。成禄一军前谕令杨岳斌另行派兵围攻肃州，以便腾出该提督出关，乃阅时甚久，该督并未派兵更替，嗣据成禄奏报贼势甚蹙，围剿正当吃紧。是以仍令成禄一军迅速攻拔肃州，俾出关后不至有所阻滞。兹据李云麟奏甘肃省城令杨岳斌拨兵驻守，饬鹤龄一军与黄祖淦共围肃州。惟黄祖淦所部不过千余人，而成禄续招之南北两营二千余人，俱系本地练勇，出关未必得力。若将此项练勇归并黄祖淦，与鹤龄共围肃州，则成禄一军可以更替出关等语。所筹亦尚周妥。杨岳斌回省布置，计已大定，著即速饬鹤龄督兵西进，会同黄祖淦接办肃州攻剿事宜，毋再任意抗违，自干罪戾。成禄于鹤龄等抵肃州后即赶紧起程，鼓行而西，驰赴奇、古一带，会同李云麟等军相机剿办，不准借词延宕。李云麟现在督兵进剿，即著恪遵叠次谕旨，调派各军奋勉立功，以副委任。奇、古民勇进攻逆回，先胜后败。散粮虽为贼踞，而该处民勇志切同仇，自属可用。李云麟务当迅速前进，招集练勇，鼓舞而振作之。因粮于贼，当可协助官军共歼丑类也。将此由六百里各谕令知之。"

（卷182　276页）

同治五年（1866年）八月癸卯

谕内阁："杨岳斌奏查明标兵变乱始末并现在办理情形一折。本年三月间，甘肃省城弁兵王占鳌等因粮饷不继，起意聚众索粮。借口于裁兵乱伍之说，诱众抢杀，并欲勾通回匪入城。初三日子刻，后营兵丁下城求粮，前、左、中各营纷然响应。副将罗宏裕等闻变亟往拦截，该弁兵即入城沿街赶杀，追至该副将衙门。守备席光斗督队直入，刀矛并举，游击李玉安、副将罗宏裕、参将王金阶俱受重伤。幕友委员尽遭戕害。乘势拥至督署及军需局，将幕友委员亲兵等一律杀毙，并分掠督协各署，军需厘金各局。守备汪棠另立野马队剽掠皋兰、金县居民，实属目无法纪，亟应分别严办。该督现将首先谋乱之王占鳌、带队抢杀之席光斗、汪棠等一百二十三人分别正法，以昭炯戒。在逃之马魁、马文等仍著该督饬属严密查拿，务获惩办，毋任漏网。"

（卷183　278页）

又谕："杨岳斌奏各路军营叠获胜仗，凉郡解严，请饬四川添解军饷并出省剿贼各折片。南字明字两营在大营川、清水驿、赵家岔、盐沟各处获胜。提督王仁和、署总兵杨占鳌、副都统瑞云等军亦叠次获胜。凉州解严。张在山庆防一军，将土匪苏存鸿等股击败，剿办均属出力。在事员弁兵勇著杨岳斌择尤酌保，毋许冒滥。省垣变乱甫定，正须大吏驻扎，借资镇摄。前据杨岳斌奏拟出省剿贼，当经谕令该督妥筹全局，妥协办理。此时该督业已出省驰赴南路剿贼。虽经派令罗进贤等督带各营留扎省关内外，而根本重地关系非轻。该督仍当迅饬蒋凝学一军，赶紧进省严密布置，毋得顾此失彼，再蹈从前覆辙。秦州一带回匪即著该督迅速扫除，不可稍涉延缓。鹤龄所部川军因粮饷不继，饥毙阵亡，余存无多，不成队伍。著即饬令鹤龄将所存川兵全数遣撤归川，以示体恤。惟肃州围剿正当吃紧，必须甘省另拨一军会同黄祖淦剿办，方可替出成禄督军出关。著杨岳斌懔遵前旨，迅即选派得力数营前赴肃州会剿。所有川省应解鹤军饷银，著崇实、骆秉章按月筹拨一万两解交成禄军营，由成禄就近添募勇丁。出关剿贼，则兵力较厚，剿办自易得手。该将军、总督等均受朝廷厚恩，务当遵旨迅速筹办，毋得稍有推诿，贻误事机。成禄接奉此旨，赶紧料理起程，驰赴奇、古一带，会同李云麟等军剿办回匪，不准借词延宕。陕甘总督已令左崇棠调补。闽省距甘遥远，左宗棠到任尚需时日。杨岳斌仍当振刷精神，将地方吏治军务认真经理，不得存五日京兆之见。倘任意废弛，贻误地方，必重治该督之罪。懔之。将此由六百里各谕令知之。"

又谕："本日据杨岳斌奏才力不及，病势日增，恳请开缺。业经明降谕旨，令左宗棠调补陕甘总督。其闽浙总督令吴棠补授。所遗漕运总督令张之万调补。并令苏廷魁署理河东河道总督矣。陕甘为边陲重镇，现当回氛甚炽。杨岳斌于人地不甚相宜，办理未能有效，眷顾西陲，实深廑系。左宗棠威望素著，熟娴韬略。于军务地方俱能措置裕如，因特授为陕甘总督，以期迅扫回氛，绥靖边圉。该督于接奉谕旨后，即将闽浙印务交与英桂兼署，迅即驰赴新任，悉心经理，以慰系怀。闽浙现虽平靖，而营务吏治废弛已久。吴棠到任后务当认真整顿，毋稍松懈。现在洪泽湖等处盛涨，疏泄甚关紧要。而捻逆纷窜，河防亦宜严密。张之万、苏廷魁膺此重任，均宜加意整理，不可稍有延误。将此由五百里各谕令知之。"

（卷183　279页）

陕甘总督杨岳斌因病解职，调闽浙总督左宗棠为陕甘总督。以漕运总督吴棠为闽浙总督，未到任前以福州将军英桂兼署。调河东河道总督张之万为漕运总督，以河南布政使苏廷魁署河东河道总督。

……以甘肃省城疏防兵变，革副将罗宏裕、参将王金阶、游击李玉安、千总史瀚、把总左域等职，仍留营。

予甘肃达家庄阵亡千总杨楚达祭葬世职加等。

（卷183　281页）

同治五年（1866年）八月甲辰

又谕："成禄奏请将指拨文麟饷银饬令运解，并请饬催各省协饷等语。前次指拨文麟军饷银十五万两，除由成禄委员赴乌迎提过银一万两外，应存银两著德勒克多尔济将前项拨款陆续分批运解成禄军营。其已解交乌里雅苏台者，并著知照该城转为拨运，俾资军用。至河南、山西、陕、甘等省每月应解成禄军营协饷及前调该营军械军火，即著杨岳斌、刘蓉、李鹤年、赵长龄迅速筹拨，均归山西巡抚。由绥远城将军设法从草地转解成禄行营，毋再迟延干咎。肃州业已合围，官军直逼城濠，贼势已蹙。成禄当激励诸军迅图克复，赶紧料理出关，以副委任。成禄另片奏请将打仗受伤之已革总兵庆瑞免其发遣等语。庆瑞著加恩免其发遣。将此由五百里各谕令知之。"

（卷183　283页）

调甘肃按察使英奎为陕西按察使，以前任浙江按察使刘典署甘肃按察使。

（卷183　284页）

同治五年（1866年）八月己酉

谕军机大臣等："李云麟奏统筹西北路进兵机宜一折。据称口内现调征兵，由军台进至科城听调，有不便者四，似速实迟，似省实费，似静实扰。且恐军台支应大兵则一切饷银、军火、文报全行阻隔。更可忧者，回逆若知大兵进剿，分党数千，由奇、古迤东商贾大路径窜归化城。十一月可到绥远，则三路官兵饷道皆断，坐溃堪虞。方今之计莫如即令口内征兵由大西路起营前进，则今冬必能抵古。谨将应行事宜开单呈览，请饬军机大臣会同户、兵两部并咨行该统兵大臣速议施行等语。大西路为商贾买卖行走之捷径，由巴里坤迤北之三塘湖直趋古城。途径直捷，兼有水草，冬令较暖，可利师行。如此一转移间，既可迅速会剿，又可杜该逆间道东窜之谋。所奏不为无见。若待会议施行，恐致耽延时日。著刘长佑、皂保、庆爱速行传知直隶察哈尔各带兵官，即照李云麟所请由大西路一带行走。该兵丁行抵归化，沿途西进。著福兴、德勒克多尔济、赵长龄、穆图善、杨岳斌等各饬所属妥为照料，并催趱前进，径赴古城，毋任逗留。李云麟单开请动款采买驼只、米石等项，著福兴等妥速办理，毋误军行。库克吉泰行抵何处，即著来京陛见。德兴阿速赴古城与李云麟会筹进剿。李云麟折单著抄给库克吉泰等阅看。车林敦多布患病，已有旨准其开缺调理。其捐输马匹著即赏收，发交李云麟军营听候调拨。应得奖叙，著理藩院核议具奏。现调之兵由李云麟另行派员管带。锦丕勒多尔济现授乌里雅苏台参赞大臣，著麟兴催令迅速赴任，以重职守。李云麟奏采买战马二千匹，准于新疆饷银内动款采买，解赴古城，备此次所调兵丁乘骑。讷尔济、伯锡尔奏查看哈密情形，请催成禄分兵出关赴哈，并安西等处各派兵一千名由伯锡尔垫银迎调各折片。哈密汉城拆毁，讷尔济等现带兵暂驻回城，一切口粮盐菜均由伯锡尔垫办，急公可嘉。所有应办善后各事宜，著讷尔济、伯锡尔悉心筹办。死事各官弁仍著详细查明请恤。伯锡尔垫银五千两，派员迎提。安西、敦煌、玉门所派之兵，著于到哈后妥为调遣。成禄屡经有旨催令出关，此时肃州如尚未攻拔，著杨岳斌懔遵前旨，速派数营前赴肃州，会同黄祖淦攻剿。成禄仍赶紧料理带兵出关，由哈密驰赴古城，毋稍延误。内地征兵现不由乌、科二城行走，系为体恤蒙古台站起见。所有蒙古应调之兵仍著麟兴、锦丕勒多尔济、奎昌、明瑶等迅速催集。其俄国解回饷银及陆续解到新疆饷银，并著该大臣等源源报解李云麟军营，用收饱腾之效。将此由六百里谕知库克吉泰、李云麟、德兴阿、穆图善、德勒克多尔济、福兴、皂保、刘长佑、杨岳斌、赵长龄、麟兴、车林敦多布、锦丕勒多尔济、奎昌、明瑶、讷尔济、伯锡尔、成禄并传谕庆爱知之。"

（卷183　287页）

同治五年（1866年）八月癸丑

陕甘总督杨岳斌奏："官军进剿张家川逆股获胜。"得旨："张家川大股回逆虽经击退，难保不分窜平凉一带，仍著督饬王得胜等乘势追剿，毋令蔓延。"

（卷183　292页）

同治五年（1866年）八月甲寅

又谕："杨岳斌奏曹克忠现赴陕西，请催还甘省一折。览奏殊堪骇异。曹克忠系现任甘肃提督，职守攸关，且正当军务吃紧之际，何得擅行弃置，径赴邻省。前因该提督患病，曾经降旨赏假两个月，令其在兰州城内安心调理，毋庸远道就医，并赏给人参四两，以示体恤。乃该提督不候谕旨，遽已赴陕，来去自由，实属不晓事体。曹克忠著交部议处，并著刘蓉严催该提督星夜折回甘省。倘再不知轻重，任意迁延，致所部将士相率效尤，擅离汛地，该提督自问当得何罪。兰州为省垣重地，变乱甫定。文武大员相继出省，空虚可虑。杨岳斌务当饬令王得胜等分统曹克忠所部各营，恪守纪律，不得任意妄行，并饬令暂护提督邓全忠经理营务，毋任散漫无纪。一面严催蒋凝学统率所部赶紧赴省弹压抚绥，穆图善督率兵勇由宁夏起程，前赴中卫一带，即著相机剿办。省垣近日情形若何？饷路是否通畅？并著该将军就近妥筹兼顾。将此由六百里各谕令知之。"寻兵部议："曹克忠应照擅离汛守革职私罪例革职，无庸查级纪议抵。"得旨："著加恩改为革职留任，仍著迅速赴甘肃省垣，毋得任意逗留，再干咎戾。"

（卷183　294页）

同治五年（1866年）八月丙辰

谕军机大臣等："成禄奏肃城未克，亟筹募勇拨兵，请饬赶办皮衣，派兵前赴哈密。文麟丁忧，请旨办理各折片。成禄官军围攻肃州。由东门等处分路进剿，叠有斩擒。因游击张起龙等阵亡，功败垂成，以致坚城未克。成禄屡经有旨催令出关，此时肃州尚未攻拔，著杨岳斌懔遵前旨，速拨数营，前赴肃州会同黄祖淦设法围攻，迅图规复。成禄仍赶紧部署一切，带兵出关，毋稍延误。黎献所部马步六营，前已有旨交黄祖淦代领，著杨岳斌、成禄传知黄祖淦，即将黎献所领六营妥为管带，以资厚集。黎献能否胜任？尚未据杨岳斌查奏。兹据成禄奏黎献自去冬溃走后，现派熊占魁驻扎总寨，距肃州三十余里，不肯前进。并骚扰乡民，十室九空等语。著杨岳斌一并详查参奏。曹克忠假期将满，著该督恪遵前旨，责令该提督折回甘省。成禄所请曹克忠西行助剿之处，著该督酌量情形，相机调拨。成禄以伯锡尔请兵会攻吐鲁番城，当派精锐一营，并安西兵勇一千五百名，令明春统带前往。惟哈密新克，必须重臣镇抚。文麟本日已有旨改为署理哈密办事大臣，仍著文麟赶紧出关前赴新任，会同伯锡尔将一切事宜妥为办理。文麟所管粮台事务，著成禄就近另派委员接管。塞外地方苦寒，成禄带兵出关，拟于凉、甘、安、肃各属赶办无面长皮袄统一万件。所需价值准其作正开销等语。著杨岳斌即照成禄所请饬属妥速办理。将此由六百里各谕令知之。"

又谕："成禄奏山西、归绥由草地运解军饷迟延，请饬迅速转运，并请拨各省火药各一片。据奏晋省于新疆兵饷内，筹借成禄军营饷一万两，除拨给王瑞等赴豫募勇银三千两，实解银七千两，已于本年正月二十九日，由晋起解，赴归绥道衙门交纳转解，至今尚无音耗，殊属迟滞。著福兴、赵长龄查明系在何处耽延？催趱前进。至各路应解成禄营饷均系由山西出口，转由草地运解。若皆似此迟缓，必至有误师行。并著福兴、赵长龄严饬归绥道及蒙古台站地方，遇有该营军饷务须随到随解，不准稍有延阁。成禄所请于凉标库存火药内调取一万斤，甘标酌取二万斤，著杨岳斌转饬所属照数拨解。其所请饬河南、陕西各拨火药三万斤，山西拨火药四万斤，著李鹤年、刘蓉、赵长龄如数拨解，均由草地运赴，以资应用。又据成禄奏派员赴豫募勇，请饬豫抚遵照办理等语。即著李鹤年督饬成禄所派委员王瑞、丁文学在归、杞、襄、郏一带招募数营，迅速赴甘，并由河南协饷内拨银数千两为制造军械帐房之用，仍酌拨枪炮火药，以期得力。此项募勇经过各地方应支口食，并著李鹤年咨行各该省督抚饬属照例供支，毋令缺乏。将此由五百里各谕令知之。"

……复甘肃肃州伤亡已革总兵官庆瑞原官，予祭葬世职加等。阵亡游击张起龙祭葬世职如副将例。

（卷183　296页）

同治五年（1866年）九月丁巳

谕军机大臣等："讷尔济、伯锡尔奏伯锡尔捐输巴里坤满汉兵粮，请饬陕甘总督筹拨军饷粮石一折。本年六月巴里坤官兵督同回兵进剿，克复哈密。该郡王筹备犒赏银物、牛羊、米石等项并散放逐日盐菜口粮，所费甚巨。又安设东北二路军台九处，递送文报。在该郡王出于至诚，力图报效，甚属急公可嘉。惟念大兵出关进剿，所需口粮甚多，若不预为筹划，诚恐临事周章。著杨岳斌无论何款，先行筹拨军饷银十万两，并令敦煌等县迅速拨运仓储粮食十数万石，以顾征兵要需。其哈密驻扎兵勇口粮仍著伯锡尔暂行垫办，俟饷项解到，酌量归款，以示体恤。讷尔济另片奏，哈密贼踪远扬，缠头各安本业，该大臣拟即起程回任。著照所请，迅即回任。所有哈密一切善后事宜，著伯锡尔于文麟到任后，商同办理。至所称哈密协副将及都司通判关防，巡检印信，前于回城缠头处寻出，已交付凌祥等接收开用等语。关防印信既落贼手，岂可仍行开用，漫无稽考。著即咨照礼部另行颁给，如恐一时不能颁到，不妨先刻木质关防印记，以昭慎重。将此由五百里各谕令知之。"

（卷184　299页）

同治五年（1866年）九月己未

谕军机大臣等："前因杨岳斌奏曹克忠遽赴陕西，请催还甘肃一折。当经谕令刘蓉严催该提督星夜回甘，并将该提督交部议处矣。兹据曹克忠奏，历陈患病并历年军务情形一折。曹克忠带兵剿贼，战功卓著。筹垫军饷，激励军士，尤能以公事为重。现在甘省军务未竣，正赖得力大员督兵剿办，岂可遽赴邻疆，置甘省军事于不顾。且该提督仅系暂时给假，并未开缺，又岂可擅离职守。著即恪遵前旨折回甘省，俾所部将领有所禀承，奋勉立功，以副委任。其各营勇丁著杨岳斌责成王得胜等妥为约束，申明纪律，不得滋生事端。至饷银粮米为军营最要之需，何得久任缺乏。陕甘唇齿相依，所有曹克忠旧部饷需军火，著刘蓉赶紧筹款拨解，源源接济。并著杨岳斌迅筹米粮运解各营，均匀散拨，不得借词推诿，致误事机。将此由六百里谕知杨岳斌、刘蓉并传谕曹克忠知之。"

（卷184　301页）

同治五年（1866年）九月庚申

以陕西官军克复甘肃阶州出力，赏总兵官彭盛世、赖礼学、传定升一品封典。曾正学、彭佑益、卢胜照、曾连升、陈攀仙、副将赵名魁、萧呈祥、唐本朋、何叙海、赵云凤、参将张映衡巴图鲁名号。都司曹有章等花翎。知县俞大锦等蓝翎。余加衔升叙有差。

（卷184　302页）

同治五年（1866年）九月己巳

陕甘总督杨岳斌奏："各军会剿陕西窜匪连获大捷。"得旨："该逆现窜平凉、隆德一带，著杨岳斌严檄各军分头截剿，迅歼丑类，毋令回犯陕疆。"

……以甘肃克复阶州等城出力，擢游击张玉春等以副将用。赏同知王佐、守备龙沛泽等花翎。知县卢锡绅等蓝翎。余加衔升叙有差。

（卷184　312页）

同治五年（1866年）九月辛未

以劝办军粮予甘肃道员豫师等加衔升叙有差。

以甘肃巩昌府城被匪袭陷，旋即克复，总督杨岳斌下部议处。革游击江成万职，仍留营。予总兵官傅先宗以提督简放。赏总兵官张志心、副将雷长庚、左世亨、丁全德巴图鲁名号。游击陈得胜花翎。县丞左秉忠蓝翎。余升叙有差。殉难署知县孟钟瀛、训导武濂祭葬世职加等。

（卷184　317页）

同治五年（1866年）九月乙亥

又谕："据何琯奏阜康官兵溃散，巴里坤吃紧，亟盼大兵出关等语。阜康为巴城屏蔽，失守后贼复窜至济木萨。巴里坤存兵无多，情形紧迫，自系实情。前因讷尔济奏闻，已谕令李云麟迅速进兵惟恐缓不济急。而成禄一军叠谕克期出关，并令杨岳斌酌派数营，会同黄祖淦进攻肃州，腾出成禄之军即日西征。谆谆训谕不啻三令五申，至今尚无出关消息，殊属任意延玩。著杨岳斌、成禄懔遵前旨，迅图出关，毋得借词耽延。并著何琯于大兵未到之先，悉心布置，毋令巴城稍有疏失，以副朝廷超擢之恩。将此由六百里谕知杨岳斌、成禄并传谕何琯知之。"

（卷185　322页）

同治五年（1866年）九月丁丑

谕军机大臣等："杨岳斌奏布置东、南两路，现拟回省筹办军食，兼通西路粮运，并请催曹克忠回甘，成禄出关各折片。回匪分窜庆、固一带，杨岳斌正在督军剿办，乃因驻省各营粮食缺乏，于九月初九日自带亲兵取道通渭晋省，赶紧筹备军食。即著该督于回省后妥为镇抚，筹划军粮，以定人心。毋任因饥哗溃，致酿事端。该督现饬雷正绾、张在山等马步各军，防剿窜陕之路，又派彭楚汉等军进扎隆德属境，以杜西奔。令王德胜等往静宁一路堵剿北路逆匪旁窜，兼顾南路门户，并拟将省防各军酌量抽调，带赴西路平番，节节进剿，疏通粮运。即著严饬各军认真防剿，不得任贼窜突，致干重咎。省垣为根本重地，必须布置妥协，方可无内顾之忧。杨岳斌此次回省必须熟思审处，以期计出万全，毋蹈前辙。逆众现扰及固原、庆阳两属，诚恐复窜陕疆，著刘蓉督饬防军出境剿洗，务期会合甘省兵勇尽力追剿，毋任再有回窜。曹克忠已屡有旨催令折回甘省，现在已否启行。著刘蓉即行咨催回任，以重职守。成禄屡经谕令出关，何以尚未启行。肃州有黄祖淦一军足可敷剿，著成禄即率所部出关会剿。鹤龄一军前已有旨遣撤，所有川省应解鹤龄军饷，杨岳斌添成一万两按月改解成禄军营。该提督既增营饷，自可于关内添募数营，用期厚集，借资得力。该提督务当约束兵丁，迅即出关剿贼，不得需索居民。倘任意逗留，致有扰累等情，必当治以应得之罪。懔之。将此由六百里各谕令知之。"

（卷185　323页）

以甘肃巩昌等处防守出力，赏参将缑连魁巴图鲁名号。千总陈禧守备衔花翎。训导李畅等蓝翎。余加衔升叙有差。

予甘肃张家川阵亡参将陈复胜等祭葬世职加等。

同治五年（1866年）九月戊寅

又谕："前据成禄奏派员赴豫募勇，请饬豫抚遵照办理。当经降旨谕令李鹤年督饬成禄所派委员招募数营赴甘。兹据李鹤年奏称河南归、杞、襄、郏民虽强劲，素重农业，不愿荷戈。其乐于应募者无非旧日散勇，一经招集，必至恃众骚扰。况平、固道路未通，应由草地行走。倘阻滞中途，非因饥溃散，即扰害地方。请饬停止招募各等语。所奏自系实在情形。即著成禄饬令委员丁文学等迅速回营，毋庸赴豫招募。如必须添兵，即著成禄于近甘地方另行募勇，以资得力。将此由五百里谕令知之。"

同治五年（1866年）十月丁亥

谕军机大臣等："刘蓉奏请饬晋、蜀协甘饷银按月解陕一折。甘肃贼氛遍地，正值剿办吃紧之时，各营军食全借陕省购粮运甘，而陕库情形又属异常支绌。四川应解该省月饷二万两，自本年正月起至五月止，仅解到八万两，著崇实、骆秉章将未解月饷即行筹拨补解。其自五月以后仍著崇实、骆秉章按月筹解二万两，源源接济。川省库藏虽未充裕，较诸陕省情形自不相同，该署督等务当设法筹款拨解，以济眉急。不得强分畛域，漠视邻封。至山西应解陕省采买月饷银二万两，自本年正月至今仅解银六万两，亦属迟缓。著赵长龄速将前欠饷银按数补足，并著嗣后按月将应解之款迅筹拨解，毋得任意延宕，致误要需。将此由五百里各谕令知之。"

同治五年（1866年）十月戊子

又谕："李云麟奏需饷急切，请饬催各省协拨等语。现在派赴西路征兵渐次云集，必须饷项充足，方足以资进剿。所有河南、山东、山西三省，前由丙寅年地丁项内划拨新疆饷银四十万两，即著李鹤年、阎敬铭、赵长龄各按部拨数目，迅速筹拨派员克期管解，以济急需，毋得稍涉延宕。李云麟另片奏请饬山西派员赴营差委等语，著赵长龄于晋省候补人员内拣派知县三四员，佐杂五六员，借委解饷银军火之便，星速前赴李云麟军营。到营后即著作为甘肃候补人员，遇有缺出酌量委署。将此由五百里各谕令知之。”

（卷186　336页）

同治五年（1866年）十月戊戌

又谕：“前因甘肃军务紧要，特授左宗棠为陕甘总督，并谕令将西征兵将预为部署。檄催甘肃臬司刘典先行赴任，酌拨数营交刘典管带，令其迅速入甘。兹据左宗棠奏称，该督与刘典共事最久，相知最深，请饬迅速赴任，以资赞助等语。著李瀚章传知刘典即行销假起程赴任，一面听候左宗棠调拨兵将统带入甘。该员受朝廷厚恩，当思竭力图报，不得借词迁延，致负期望。将此由六百里谕令知之。”

又谕：“左宗棠奏浙江即补知府张树荄，籍隶陕西潼关厅，先已赴秦听候调遣。翰林院庶吉士谢维藩，原籍湖南，寄籍陕西，请饬该员等赴营等语。左宗棠向来用兵所部率多南人，于北方地势人情不甚谙习。既据称该员等均有干略，自应饬令赴营，听候差遣，以收指臂之效。著乔松年、刘蓉即饬谢维藩俟左宗棠由陕赴甘时，迅赴该督军营。张树荄到陕后亦即饬令前往，毋稍延误。将此由五百里各谕令知之。”

（卷186　341页）

命署甘肃按察使刘典帮办陕甘总督左宗棠军务。

（卷186　342页）

同治五年（1866年）十月己亥

谕军机大臣等：“刘蓉奏捻、回两路扰陕防剿各情，请饬曾国藩拨兵赴援，暂留程兴烈军驻陕各折片。览奏曷胜焦急。捻匪由灵宝、阌乡西趋，折由嵩崤小路，分股窜入华阴、朝邑等处。雒南一路又有贼马滋扰，陕省东北、东南两路均有贼踪。逆首张总愚又有欲由鲁山窜扰汉中之说。甘省回匪大股已踞泾州北原，分股窜至宁州所属地方。宜君、白水、三水各邑均有逆回、溃勇纷扰边境。陕省东、西两面同时吃紧。该省兵力本单，彭体道之师又在华阴被挫，若不厚集兵力痛加剿洗，恐贼势益成燎原。刘蓉现抽调邱时成等各队暂赴省东，著即激励诸军奋勇堵剿，力遏凶锋。商雒一带仍筹防军妥为遏截。省垣防务紧要，务须严密布置，不可稍涉大意。鲍超一军即著曾国藩迅速催令入关助剿，并赶紧添派湘、楚各军赴援陕境。陕州、洛阳一带，李鹤年当分拨豫军堵截，以防贼踪回窜。襄、郧一带，官文、曾国荃亦宜迅拨兵勇扼要驻守，以防贼由商雒回窜鄂疆之路，并著相机出境越剿，不可画疆自守。同州、朝邑一带与晋省仅隔一水，黄河堤岸绵长，防务尤关紧要。赵长龄当抽拨兵勇，交陈湜妥筹堵御，毋稍松懈。倘任令贼匪东渡黄河，惟赵长龄、陈湜是问。汉中一带毗连川境，著崇实、骆秉章迅即挑派得力兵将，严防边境，毋令阑入。至曾国藩总统师干，身膺阃寄，各路将士均归调度。从未筹及陕、洛防务，办理一载有余，贼势益形蔓延。现在关中又复被扰，大局糜烂至此，不知该督何颜以对朝廷。若再不速筹援师赴陕，将此股捻匪设法殄灭净尽，则始终贻误，咎将谁归。陕省西路回匪现俱麇聚甘境，杨岳斌当飞檄省东各军实力剿办。与陕省防军两面夹击，以期迅灭回氛。倘任听泾州踞逆窜入陕境，毫无布置，恐不能当此重咎也。程兴烈一军著穆图善饬令仍驻吴旗镇，防堵鄜延，毋庸调回甘省。并著穆图善抽拨宁灵防兵，先顾陕省。乔松年现在行抵何处？著即赶紧驰赴新任，妥筹防剿。刘蓉俟乔松年到任后，仍当与之会办军务，不得遽行回籍，置身事外。刘蓉另折奏查明谭玉龙等所部勇丁哗溃情形，请将该革员等罪名宽免等语。谭玉龙欠拨勇丁饷银，既无克扣肥己情事，且能深自引咎，屡著战功，尚知愧奋。著撤去统领，暂免治罪。仍责令戴罪随营自效。焦万海一员既经屡次打仗出力，业已革职，著从宽免其置议。陈义一员仍著杨岳斌会商雷正绾查明核办。将此由六百里各谕令知之。"

（卷 186　343 页）

同治五年（1866年）十月庚子

又谕："给事中征麟奏请将候选道员桂昌发往陕西差委一折。桂昌著发往甘肃交左宗棠差遣委用，科道为朝廷耳目之官，职司弹劾。其各省发往差委人员或经该省奏请拣发，或由该督抚指名奏调，岂烦科道越俎代谋。且指省差委尤属非是，此风一开，恐钻营请托者纷纷干进，尚复成何事体。嗣后有言责各官务当秉公纠劾，不得滥行保荐，干誉市恩，以肃官常而正言路。"

（卷 186　346 页）

同治五年（1866年）十月乙巳

又谕："穆图善奏驰抵中卫，相机进剿，裁兵节饷，并请调西蒙克西克等军各折片。马生彦、杨汶智递禀投诚，恐其别有诡谋。著懔遵前旨，酌度情形，如果真心悔罪，当先收缴马匹、军械方可择地分别安插，毋为该逆所绐。昨据刘蓉奏捻匪由灵宝、阌乡折由嵩峪小路窜入华阴、朝邑等处。雒南一路又有贼马滋扰。甘省回匪大股已踞泾州北原，分股窜至宁州属境。宜君、白水、三水各邑均有逆回溃勇纷扰。陕省东、西两路同时吃紧。刘蓉势难兼顾，且该省兵力甚单，亦属不敷分布。穆图善现在中卫，自应先其所急，回顾陕省西路，即著该将军暂缓前赴兰州，仍与刘蓉悉心会商，先将陕甘毗连窜匪迅图殄灭。如陕省兵力空虚，该将军所部有无就近可以抽拨援应之处，并著相机调度。西蒙克西克、程兴烈等军均经刘蓉调赴各路防剿，此时万难抽动。穆图善请调该二军赴甘之处，暂无庸议。靖远一带贼氛麇集，穆图善此时又暂难赴省。所有镇远、兰垣及靖远一带剿匪机宜均著杨岳斌统筹兼顾，不可稍涉疏懈。甘军现须协助陕省，精锐右营及晋省官兵能否裁撤之处，著穆图善、赵长龄、乔松年、刘蓉会商办理。陕省东、西两路军情并近日如何布置？著乔松年、刘蓉随时奏报以闻。宁夏满营兵丁困苦异常，穆图善现裁精锐左营，腾出饷需，为挹彼注兹之计。嗣后赵长龄即将遣撤勇营饷银抵拨宁夏满营兵饷，仍筹款补足每年应解十万两之数，毋令缺乏。将此由六百里各谕令知之。"

（卷187　354页）

同治五年（1866年）十月丁未

谕军机大臣等："成禄奏官军攻剿肃州情形，请拨粮石，催解协饷军火各折片。肃州一城围攻日久，未能克复。历次进剿斩获亦属寥寥。总兵杨广德又复力战阵亡。前据该提督奏称设法攻剿，旦夕克复。此次又奏称贼势穷蹙，均系徒托空言。若再任意延误，惟该提督是问。其由肃城逸出股匪并未截剿净尽。现由番地散逸，难保不复纠番党回扰大营后路。成禄当慎加防范，毋稍疏虞。前据李鹤年奏称豫省勇丁应募赴甘未能得力。当经谕令成禄饬令丁文学赴甘，就地另募勇丁赴营。该提督所请催令丁文学在豫募勇之处，著毋庸议。王佐臣现随都兴阿在奉天搜剿余匪，未能赴甘。所请调往之佐领奎光，本日已有旨令该旗都统并兵部，饬令该员由驿前往成禄军营。知州凌振家即著李鹤年饬令前赴肃州，听候成禄调遣，无庸在豫省等处募勇。

肃州在营兵勇，天寒衣单，殊形困苦。著杨岳斌饬令甘、凉、肃所属，将分办之皮衣赶紧办齐。该营需粮甚殷，并著杨岳斌于甘、凉、安、肃就近州县本年额征粮石内，分拨十余万石交前敌粮台存储，并著杨岳斌添派精锐数营迅赴肃州，以便成禄交替西行。成禄未起程以前仍当将肃州军务认真督办，克期克复。若因循畏葸，不能攻克肃州，又不能奋勇出关，任意逗留。该提督自问当得何罪。肃州军火采办甚难，每有停战待用之虞。著河南、山东、山西、陕西、湖北各督抚，将每月协济成禄军营火药铅丸各数千斤，议定数目，速行奏闻。即按月解交山西藩库，交成禄委员迎提。至山东、山西、河南三省饷银并经户部议定，已专拨李云麟军营应用。成禄月饷即著官文、曾国荃、刘蓉遵奉前谕，设法凑解，源源接济，毋稍缺乏。四川欠解该提督军饷甚多，且已停解新疆月饷，即著崇实、骆秉章赶紧筹解成禄军营饷银数万两，不得借词延宕。以上各处饷银均著解交山西藩库，由成禄委员提解。署阜康令裕厚既无畏逃情事，平日民情爱戴，著准其留于肃州军营带团剿贼，戴罪自效。将此由五百里各谕令知之。"

（卷 187　　356 页）

以勇队溃败，革甘肃参将杨德正职，仍留营。

予甘肃肃州阵亡总兵官杨广德祭葬世职加等。

（卷 187　　357 页）

同治五年（1866 年）十一月庚申

谕军机大臣等："刘蓉奏汇报东、西两路防剿情形，请改拨刘秉璋等军入关，催穆图善赴泾，请拨队分扎渭水北岸。甘肃粮台事务请暂由林寿图陈奏各折片。陕省东、西两路防军均各获胜捷。西路回逆渐已窜向甘境，著杨岳斌、刘蓉即饬鄜、延各属集团扼要驻守，与程兴烈等军协力防堵，并令刘效忠等严扼邠、长一带，与湘果三营联络声势，以截该逆窜陕之路。汉中镇总兵萧德扬恃勇轻进，致有损伤，著撤销提督并摘去翎顶，以示薄惩。捻逆仍在华州一带，即著督饬刘厚基等相机进剿。至鲍超一军既未入关，即著曾国藩、李鸿章檄饬刘松山一军由商州前进。刘秉璋、杨鼎勋两军由潼关前进，如能扼之于潼关南原潼峪、嵩峪、涧谷之间，当可痛歼丑类。即著催令该提督等分道迅进，万勿迟延观望。鲍超一军即令分扼阌乡卢氏及淅川之荆子关一带，务须痛加剿洗，毋再与贼相左致误戎机。前谕穆图善暂缓赴兰垣，急顾陕省西路。即著率领马步各军，迅由盐、茶趋平、固，进扎泾州。督饬雷正绾等军截剿东窜逆匪，以防回、捻勾结合并之谋。并督令张在山等军竭力保护庆阳完善之地，以便刘蓉专意剿捻。乔松年谅已到陕，著与刘蓉随时筹商，并将省防妥办，以副委任。陈湜办理河防，甚属奋勉可嘉。刘蓉请令该臬司派拨步队四营分扎渭水北岸，并令将炮船上、下梭驶，敲击河冰。著赵长龄即传知该臬司妥为照办，务期兵团协力，水陆相依。不可稍涉疏懈。豫境边防李鹤年务当督饬各军认真堵截，毋任再行狂窜。甘肃粮台事务既系林寿图一手经理，凡关涉粮台事件即由林寿图陈奏，并责成将经手支发各件造册报销，以归划一。杨岳斌片奏请将三寿调补镇迪道等语，本日已明降谕旨将三寿调补镇迪道，所遗之宁夏道一缺已简放书龄矣。书龄到任需时，三寿既属得力，即著暂留宁夏道任，俟书龄到甘，再行交卸可也。将此由六百里各谕令知之。"

又谕："刘蓉奏请严催各省欠解协甘饷银，分别开单呈览一折。杨岳斌所部各军饷项，前谕由湖北、湖南、江西、江苏、江海关、浙江、江宁各省按月拨解。乃自上年闰五月至今，各省欠解竟至一百六十余万之多。又庆阳粮台，由四川、河南、山东、山西各协银三十万两，本年以来解者寥寥。河东盐课项下，岁拨之数丙寅纲全未解到。甘省粮缺饷匮，势成坐困。即使各省源源接济，已觉分润无多，若再不克如期，大局何堪设想。著官文、曾国藩、崇实、骆秉章、李瀚章、赵长龄、阎敬铭、马新贻、曾国荃、刘坤一、郭柏荫按照单开，各将欠解数目即速筹拨，派员迅解，以济饥军，毋得再分畛域，致误大局。并著左宗棠委员分头迎提，以期迅捷。原单二件著分别抄给阅看。刘蓉另片奏陕西汉南军饷，自同治二年七月起至三年十月止，河南应解十六万两，仅解银六千两。山东尚短银五万两。著阎敬铭、李鹤年速将此项欠饷尽数筹解。乔松年取道河南，并著与李鹤年竭力筹划，先行凑拨四五万两以济急需。又据杨岳斌奏派委臬司英奎在汉中设局采办米粮，请饬四川划拨饷银，并令湖北督臣饬令藩司，兼司陕甘后路粮台各折片。川省采米入甘转运维艰，著崇实、骆秉章除川省每月应解成禄军营饷银一万两外，即将该省按月协甘饷银二万两，派员径解汉中，交英奎采办，以省糜费。并著官文即将湖北设立之陕甘后路粮台附入湖北军需总司，仍令藩司何璟兼司其事，俾专责成。将此由五百里谕知官文、曾国藩、崇实、骆秉章、左宗棠、李瀚章、赵长龄、阎敬铭、马新贻、李鹤年、曾国荃、刘坤一、乔松年并传谕郭柏荫知之。"

（卷188　371页）

予甘肃西宁阵亡知府钟瑛祭葬世职。

（卷188　373页）

同治五年（1866年）十一月丁卯

又谕："前因成禄奏请饬曹克忠西行助剿，当经谕令杨岳斌酌量调拨。兹据该督奏称曹克忠自调赴巩昌以来，泾、庆各军统归节制，若调令西行则所部甚众，统摄实难其人。亦系实在情形。即著照杨岳斌所请，迅催曹克忠赴甘剿贼，暂缓西行。成禄攻剿肃州为时已久，究竟何日可以克复？著即实力进攻，迅图恢复。现在杨岳斌既无接替之军可派，肃州城围事宜，即责成成禄办理。俟收复后再行出关。但不准因有此旨借端迁延。杨岳斌总督甘省肃州军务亦当据实奏报，不可扶同徇隐也。将此由五百里各谕令知之。"

予甘肃省城被戕翰林院侍讲钟启峋等祭葬世职加等。

（卷189　384页）

同治五年（1866年）十一月辛未

又谕："福兴、德兴阿奏查明西征兵丁请由陕甘进发，并挑选直隶官兵以备进剿各折片。大西路及军台大路既难行走，自不得不由陕甘进发。惟从前赴甘兵勇，每多中途溃散，此次西征各兵取道甘肃出关，路途尤远，更当格外慎重。著库克吉泰、德兴阿务于各项官兵内认真选择，贵精不贵多，则沿途易于钤束。而饷需不至短绌，可免哗溃之虞。其余不得力兵丁徒糜饷项，即行遣撤归营，以照核实。库克吉泰等行过肃州，如郡城尚未克复，即会同成禄进攻，于收复后会合出关，以免后顾之虑。该将军等出关后或驻扎哈密，或驻扎巴里坤。即著酌度情形办理。如李云麟有赴古城之信，即分头前进至古城会合，俾得进攻乌鲁木齐，以图恢复。此项官兵如能道出甘肃，所需车辆等项，著杨岳斌饬属妥办，以利师行。李云麟现回科布多收集溃兵，徐图进剿。即著懔遵前旨，认真整顿。先顾科城，以为立足之区。所带兵丁务期实在可用，不得轻于尝试，致损军威。将此由五百里各谕令知之。"

（卷189　388页）

同治五年（1866年）十一月甲戌

谕军机大臣等："左宗棠奏请拨西征的饷以支危局一折。据称陕甘兵事，难在粮饷不继，转运维艰。筹办行粮等项现已略有筹划。然窃计西征大局，非增练马队车营别无胜算。其上口买马，招募土著，制造轮车，安置炮械火器。挑练骠马等项需费不赀，西北地多斥卤，有水草可牧之地半遭蹂躏，势不得不择地兴屯。而筹给口食、籽种、农器、牲畜等费需款尤巨，两省制兵欠饷，并甘省兵勇百余营，宜分别留撤，一切经费均不能不预为筹策。频年部拨甘饷解到无几，若不预筹的饷，恐西事益形决裂。除闽省每月协济甘饷四万两无庸另筹外，从前曾国藩奏停西征军饷时，江苏每月协甘银三万两，派浙江每月协甘银二万两，马新贻更请每月增解银三万两，共银五万两。嗣浙江又议解曾国藩马队协饷每月一万两，此项浙江协济江南之饷，应即划抵江苏月协甘饷银一万两方为允协。广东于前已定拨甘饷一万两外，再筹解银二万两。又广东、浙江本议轮船经费每月各一万两应并划解陕甘后路粮台。请饬照准拨解等语。左宗棠督军入甘，所筹银两均属万不可缓之需。即著瑞麟、英桂、吴棠、马新贻、蒋益澧、周开锡将福建协饷银四万两，浙江协饷银七万两，广东协饷银四万两，按月源源解济，以应急需。其江海关每月应济甘饷并著曾国藩、李鸿章、郭柏荫严饬该监督按月接济，按季具奏。经此次拨定之后，各该督抚等务当认真按期拨解，不得稍存漠视，致干重咎。其江西等省应济甘饷，即著左宗棠于道出江西、湖北、河南时，与该督抚商酌筹办。江苏、湖南、四川、山东应协甘饷，即由左宗棠咨商各该督抚妥为筹拨。将此由五百里谕知曾国藩、李鸿章、左宗棠、瑞麟、英桂、吴棠、马新贻、蒋益澧并传谕郭柏荫、周开锡知之。"

又谕："鲍超奏遵赴秦境，预筹粮运事宜一折。陕省华阴等处久为捻匪滋扰。鲍超一军现由内乡、淅川一带驰援关中。山路崎岖，难于裹粮而行。秦川米面昂贵，临时采买维艰，非由各地方官就地先备米面及马匹所需豆料等项，不足以利师行。著李鹤年迅饬豫省地方官，将应需粮米等项宽为预备。此军粮米转运事宜本系鄂、豫两省共相筹办，且荆子关本有鄂省设立粮台，转运甘省饷需，如该军经过淅川、内乡山路，中有须设局转运之处，即著官文、曾国荃与李鹤年会商筹办，以便就近分运鲍超军食。总期办理迅速，不可互相推诿，致误师行。并著乔松年、刘蓉于该军经过秦省地方，豫行筹备粮面等项就地发给，毋任缺乏。所有运脚等项即由秦省筹发。其沿途师行经过及驻扎处所，应如何设局节节转运及预行屯粮给发之处，并著乔松年、刘蓉按照鲍超江粤设局转运之法，斟酌陕省情形妥速筹办。并著曾国藩、李鸿章檄令鲍超即行起程入秦，穷贼所向，尽力追剿，毋再延误。原折著各抄给阅看。将此由六百里谕知官文、曾国藩、李鸿章、曾国荃、李鹤年、乔松年、刘蓉并传谕鲍超知之。"

（卷189　391页）

同治五年（1866年）十一月己卯

谕内阁："杨岳斌奏甘省差遣需员，请饬部拣发知府三员，知县十二员，佐杂二十员，俾资差委等语。著吏部照例办理其所请变通借给盘费之处著照所拟办理。"

（卷190　400页）

又谕："杨岳斌奏请催新任督臣左宗棠及提臣曹克忠迅速来甘一折。昨据左宗棠奏报，该督现已由闽起程，不日即可赴甘。该省军务紧要，杨岳斌现未交卸总督印务，责无旁贷，惟当振刷精神，力疾从公。不得以病势日增为词稍存觊卸。该前督受恩深重，谅能妥筹布置，以纾朝廷西顾之忧。曹克忠回陕以后，诸军无人总统。杨岳斌往来调度有顾此失彼之虑。前已叠谕该提督迅速回甘，即著杨岳斌檄调该提督迅即驰回甘省，总统各军，以资臂助。不准迁延贻误，致干重咎。杨岳斌另片奏遵旨察看黎献等员并查明黎献被参各款，请交部议处各等语。甘肃平、庆、泾道黎献前被绅民控告受贿扰民各节，所收钱文实系充饷，并未私受入己，尚无不合。惟还攻肃州，部勇滋扰，该员失于觉察，咎实难辞。著交部议处。黎献于地方情形尚称熟悉，著准其暂署安肃道印务。黎献及知府佑昌、总兵魏添应能否始终勤慎，仍著杨岳斌随时留心察看。将此由五百里谕令知之。"

（卷190　401页）

实授刘典甘肃按察使。

（卷190 402页）

同治五年（1866年）十一月癸未

谕军机大臣等："穆图善奏历陈军营情形，兵丁难于拨撤，请暂留直隶防兵，拨河东道库饷银，并留景廉在营。乔松年、刘蓉奏剿办回捻情形，请拨大支劲旅赴陕，并曹克忠续假及请饬湖广等省拨饷各折片。中卫地方逼近贼氛，四面受敌。穆图善当督饬所部赶紧剿办，不可迁延观望，贻误戎机。阿拉善旗边界头道湖地方有贼匪滋扰，经穆图善率兵往剿，该匪闻风远扬。此股匪徒均由边内窜出，自应就边内匪巢设法搜捕，以清其源。仍著饬令阿拉善等处蒙古防兵，与该将军派出洋枪队官兵分路防守。马生彦、杨汶智等回目，如能缴出马匹、军器，真心悔罪，即著该将军体察情形，择地安插，不可中其诡谋。程兴烈、西蒙克西克两营，著遵奉前旨留于陕省。程兴烈营军饷即著乔松年、刘蓉就近筹拨。精锐右营及驻花马池晋兵饷银，并著赵长龄仍前筹拨。直隶官兵驻防宁夏等处。既据穆图善声称难以遽撤，著暂留该处，俟军务稍松，即行量撤归伍，并著刘长佑将此军饷需设法筹拨。宁夏满营饷顶缺乏，难于归还拨款，著赵长龄即饬河东道，将宁夏饷银三万两速为拨解补足。部议每年二十万两之数，其河东道未奉部议以前，拨过宁夏满营银三万两，即由山西藩库就近抵扣。原片二件著分抄给刘长佑、赵长龄阅看。哈密地方紧要，著穆图善迅饬景廉赴任，不得借词留营。库克吉泰、德兴阿当速由归化城前进。现在调集之兵著库克吉泰等督带，由归化城、包头、磴口一带取道，前抵宁夏、中卫等处。沿甘省边界西至肃州，会同成禄一军出关。如宁夏中卫一带需兵助剿，即著穆图善商同会办。库克吉泰、德兴阿当即日起程，毋许托故逗留，致干重咎。张总愚股匪经陕军在华阴等处分路剿击，该逆窜聚灞桥，逼近省垣，复折向蓝田，意图窜入南山。乔松年、刘蓉现已调集陕兵并力合剿。著即激励将士奋力剿洗。贼果窜入南山即当扼险堵御，分路追击，不得纵令再入腹地。捻在陕省盘踞已久，难保不与回匪勾结。西路回匪虽经官军在邠、泾、鄜、宁等处进剿获胜，仍须严加堵截，毋任与捻股合并。陕军力本单薄，捻股人数众多，情形万分危急。著曾国藩、李鸿章严饬鲍超一军就近兼程入陕，确探捻踪力剿，并著将该军饷需迅速筹拨，以利遄行。该提督当立意前进，奋勉图功，以副委任。如中途迁延，且前且却，借故逗留，则贻误大局，咎有专归。懔之，慎之。鲍超一军兵力颇厚，足敷剿办，毋庸另调淮军、皖军，致稽时日。乔松年、刘蓉当就现有兵力提催鲍超全军妥筹防剿。曹克忠病未痊愈，著赏假两个月在西安调理，以示体恤。假满即仍赴甘省……将此由六百里谕知曾国藩、李鸿章、穆图善、库克吉泰、德兴阿、刘长佑谭廷襄、曾国荃、乔松年、刘蓉、李鹤年、赵长龄并传谕鲍超知之。"

（卷190　404页）

同治五年（1866年）十一月甲申

谕军机大臣等："德兴阿奏请饬拨山西协饷，并请饬归绥道先行拨解银两各折片。据称西征马步各队于十一月二十七日分起间日进发。并德兴阿所部官兵及亲军马队等酌给口粮，拟于山西月拨新疆军饷银三万五千两内，每月拨解银二万五千两等语。西征兵丁粮饷缺乏，亟应速筹接济。著赵长龄督饬藩司，自本年十二月起将山西月拨新疆军饷银三万五千两内每月拨银二万五千两，解赴德兴阿等军营。尚有一万两仍按月解赴归化城，转解乌里雅苏台分局。务须源源接济，毋令缺乏。德兴阿奏需饷甚迫，前发驼价急两尚能如数取回，惟恐缓不济急。请将张家口解到银一万两，晋省解到茶布银一万两，先行拨给应用等语。著德兴阿知会福兴，饬令归绥道即将前项银二万两，先行拨解德兴阿军营，以济兵食。一俟该商呈缴驼价即行归款，俾免缪辇。德兴阿当遵昨日谕旨，橄饬官兵，由归化城包头磴口一带取道前抵宁夏中卫等处。沿甘肃边界行走，由肃州出关，毋误师行。将此由五百里各谕令知之。"

（卷190　407页）

同治五年（1866年）十二月丙戌

又谕："福兴奏西路防务紧要，请留吉林马队及筹备吉林官兵月饷。讷尔济奏哈密吃紧，请饬催李云麟等军，并饬乌绥两城拨解火药各折片。回匪由中卫窜至包头，该处商民辐凑，防兵疲乏，又无将领统率，实非所宜。著福兴即咨调总兵马升移扎包头以资镇率。其未到以前，即令全福管带吉林马队五百名前往扼扎。该官兵所需月饷准于该商缴还驼价内支放。著福兴移咨德兴阿、赵长龄等分别办理。此项西征官兵将来由包头、磴口取道甘省出关。马升到防后，库克吉泰等即统率西行，毋许迁延……将此由六百里谕知库克吉泰、福兴、德勒克多尔济、麟兴、德兴阿、李云麟、讷尔济、成禄并传谕何珺知之。"

又谕："林寿图奏甘饷急迫，鄂台正值更替，恐误要需一折。据称接刘蓉行知，据左宗棠咨开，湖北、江西、江苏、江海关月协甘饷各先提一月，分咨各督抚解交湖北省城后路粮台王加敏点收，抵作该督到任后一月协饷。其现在应解杨岳斌协饷，仍由各省按月筹济，并据何璟咨称，该藩司收过协饷，仅存银三万八千余两，汇至三原，十二月方能交清。此外毫无存剩。现由左宗棠委湖南补用道王加敏总司台务。该道未到，已移交汉黄德道接办各等情。陕省自捻匪入境以来，营垒日增。杨岳斌借用陕省地丁银两，亟须提还，以济本省之用。其杨岳斌年内所需非催解八九十万两，不能救急。现值转运粮台交卸之际，来源断绝，扣还转解，无项可筹。若不饬令该藩司等分别筹解，必至贻误要需各等语。湖北后路粮台，虽经左宗棠札委王加敏接办，何以王加敏未到。该藩司遽行移交办理，殊属草率。且该督仅提一月备用协饷，此外仍应设法拨解，以济现在陕省粮台之用。倘借端延误，致令饥军哗溃，则西北大局决裂，必至不可收拾。即著谭廷襄、曾国荃督饬藩司，将各省欠解甘饷银一百六十余万两内，迅速催提银八十万两，赶解陕省粮台，交林寿图收接转解。此外尚有欠解数十万两，即先提一月饷银交汉黄德道等，以备左宗棠提用。左宗棠未到任以前，各省解甘饷银应否仍由何璟收解，抑或会同王加敏等筹办之处，著谭廷襄等斟酌情形，妥速办理。将此由五百里谕知谭廷襄、曾国荃并传谕林寿图知之。"

（卷191　411页）

同治五年（1866年）十二月庚寅

又谕："库克吉泰奏西征官兵遵旨改道，并请酌带随员。德兴阿奏请以察哈尔蒙兵更替全福所部马队及由内地赴甘各折片。库克吉泰等所部官兵月饷，已由户部指拨。该将军拟与皂保等筹商，兼顾李云麟军饷，颇能力顾大局。即著会商办理。其应派员经理营务事宜，并著该将军会同德兴阿妥商具奏，所请随带之城守尉奎英等既由库克吉泰带往，但其中不尽足恃，该将军务当留意，不可为所欺蒙，致误戎机。包头镇回匪窜扰之事既不尽确，福兴前奏留扎该处之全福所部吉林马队五百名，著即随同德兴阿等西行，所有达尔济管带察哈尔兵四百名并伊克昭、乌兰察布、蒙兵三百名，即留于包头防守，以壮声势。现在包头一路碍难行走，即著改由内地赴甘。德兴阿务当实力稽察，不准稍有滋扰。倘或有扰累情事，惟德兴阿是问。所有该官兵经过之山西、陕西、甘肃各省，于应付一切。即著照例支应，毋许稽迟。如有于例外需索滋扰者，并著杨岳斌、乔松年、刘蓉、赵长龄据实严参，以利师行，而肃军律。将此由五百里各谕令知之。"

又谕："讷尔济奏哈密复失，巴里坤危急，请饬催援兵。并请饬福兴等筹粮接济。何琯奏哈密失守情形各折片。览奏曷胜愤懑。此次吐鲁番回匪攻犯哈境，官兵接仗失利，以致哈城复陷。巴里坤虽在北路，而相距不远，情形自必危迫。成禄一军屡催出关，至今未报起程，而哈城又失。该提督迁延之罪万不能辞。著即赶紧克复肃城，迅速出关，保护巴城，以赎前愆。倘如前玩忽不遵，必当并治其罪。李云麟有帮办之责，现在西路情形如此，该参赞亦当思良策援救，不得漠视。库克吉泰、德兴阿所带官兵本日已准其由山西行走，即著克期出关，前赴巴城，会同讷尔济等认真防守。讷尔济、何琯务当同心协守，不得专待援兵，致误事机。巴城口粮匮乏，无路可采，亦系实情，即著福兴、李云麟筹备粮石，克期运赴巴里坤，以苏涸辙。李云麟奏西征官兵，请改由商路行走一折。现在库克吉泰等所统征兵已准令由甘肃出关。该将军等亦已遵旨起程，未便朝令暮改，致涉纷更。所奏无庸置议。将此由六百里谕知库克吉泰、德兴阿、李云麟、福兴、讷尔济、成禄并传谕何琯知之。"

（卷191　419页）

同治五年（1866年）十二月辛卯

又谕："前因左宗棠奏请来京陛见，当经批令来见。原冀面授机宜，询问方略，而现在甘省东路平、庆一带陕回肆扰，西路河、狄为甘省大股回匪所聚。杨岳斌既一筹莫展，穆图善亦不能派兵援救，加以哈密失陷，巴里坤危急，关内外情形同时鼎沸。眷言西顾，竟无人能为朝廷分忧者。左宗棠娴于韬略，素所深知，著即驰赴甘肃督办军务，暂时毋庸来京，俟甘省军务事竣再行奏请。将此由六百里谕令知之。"

又谕："穆图善奏历陈军营情形，并筹陕省军务一折。回目马生彦等递禀投诚，欲移黄河南岸。该将军现已移知杨岳斌筹地安插，惟该回目并未呈缴马匹军械，是否真心悔罪？该将军仍当确切查明，不可为其所绐。杨岳斌亦当随时留心体察，与穆图善商酌办理，不得意存偏执，致误事机。中卫等处既有贼氛，穆图善自应力筹剿办，不得借词逗留，拥兵观望。鲍超一军专办剿捻事务，并非令其久驻陕境，办理回匪，如捻匪窜出陕境，该提督即当追剿出陕。穆图善剿办中卫一带土匪事竣后，如遇陕省军务吃紧之时，仍当分兵兼顾。包头、归化城一带为该军后路饷道。德兴阿已派察哈尔马队并蒙古兵共七百名赴包头防守，替出全福马队赴甘进剿。著福兴即督饬此起官兵实力防堵，如无贼踪即饬此军赴甘，以助攻剿。赵长龄即饬总兵马升遵奉前旨迅赴包镇，毋稍迟缓。将此由五百里各谕令知之。"

（卷191　　423页）

同治五年（1866年）十二月甲午

又谕："前因皂保奏称新疆征兵改由陕甘进发，前拨月饷，无庸由归化设局转解，当经降旨交户部速议具奏。兹据该部议复新疆征兵饷项应解至陕省递解李云麟军营应由归化转解，并请饬库克吉泰等将存营兵数报部。归化转运事宜即由福兴就近经理，所筹尚属周妥。库克吉泰统带直隶等处征兵，德兴阿统带察哈尔等处征兵，现既改道由陕、甘进发，并有旨令库克吉泰等将所带征兵裁汰老弱，挑选精锐带往。所需月饷无多，即著赵长龄自本年十二月起，在原定新疆内饷内按月划分二万五千两，径解陕西藩库，由陕西委员递解甘肃。探明库克吉泰、德兴阿军营投交。此项征兵出口后，仍由陕、甘二省查明饷道转运。即著杨岳斌、乔松年妥为办理。此项新疆月饷尚余银七万两，即作为李云麟军营月饷，著赵长龄、阎敬铭、丁宝桢、李鹤年、刘长佑各按原定数目按月径解归化城转运。所有归化转运事宜，著福兴就近经理。皂保著即回京。库克吉泰、德兴阿、李云麟现在存营兵数并每月需饷若干，均著迅速查明，分别报部，以凭核办。将此由五百里谕知库克吉泰、德兴阿、李云麟、福兴、刘长佑、杨岳斌、李鹤年、阎敬铭、赵长龄、乔松年、皂保并传谕丁宝桢知之。"

（卷191　　432页）

同治五年（1866年）十二月戊戌

又谕："穆图善奏甘省军务吃紧，未能移师赴陕一折。回目马生彦、杨汶智等具禀投诚。叠经谕令穆图善审察真伪，饬令呈缴军械马匹，毋为所绐。现在该回目等虽迁移糜子滩、三角城地方听候安插，而马匹军械均尚未缴。穆图善务当审察情形，与杨岳斌妥商筹办，不得草率因循，致堕该回目诡谋。镇番一带既有饥回勾结土匪出边掳掠，该将军自应派兵驰赴镇番，认真搜捕，以清其源。惟当分别良莠，慎毋妄戮良回，再致骚动。陕省已有西蒙克西克、程兴烈两军赴援，即著乔松年、刘蓉饬令分路防剿，并与泾州等处防军联络声势，杜贼东窜。穆图善著暂缓驰赴泾州，该将军所统各营，兵数已不为少，惟当力筹甘省北路防剿，毋得拥兵观望，借词坐镇，虚糜饷项。捻匪是否尚在蓝田一带滋扰，乔松年、刘蓉半月以来未经奏报。现在军情贼势如何，著乔松年等随时具奏，以慰廑系。将此由五百里各谕令知之。"

（卷192　　439页）

同治五年（1866年）十二月己亥

以神灵显应，颁甘肃省城城隍庙扁额，曰灵昭陇右。

谕军机大臣等："杨岳斌奏请将谭玉龙等惩办等语。谭玉龙擅自赴陕，咎有应得。惟尚奋勉，行间前已降旨，撤去统领，暂免治罪。此时谅杨岳斌亦可接奉转行矣。其营官陈义亦当暂免惩办，以泯猜疑。已革参将李春海经李助发调赴南路，辄敢拔队东走。记名提督傅先宗遇贼回窜，逗留不前，以致挫败。复又擅自截留粮石，实属玩法。李春海著即饬令雷正绾派员拿解赴省惩办。傅先宗著撤销记名提督，即行革职，留营效力，以示惩儆。本日复据杨岳斌奏收复平凉，请将雷正绾等优奖。已明降谕旨，将雷正绾赏还黄马褂，并赏还勇号矣。著即传知该提督，令其奋勉立功，再膺懋赏。将此由五百里谕令知之。"

又谕："杨岳斌奏甘省需饷急切，请饬催各省协款，并请催四川按月协饷各折片。各省协甘饷银解赴兰州司库者日少。晋省河东道库，部拨协饷亦未解到。该省米价昂贵，司库异常支绌，各营兵勇待饷甚急，情形万分危迫。著崇实、骆秉章、李鹤年、阎敬铭、赵长龄、丁宝桢将应解甘省协饷迅速派员解往，源源拨济，以免哗溃之虞。并著赵长龄将河东道库旧欠及部拨新款协甘饷银如数拨解，毋稍迟延。其四川应解甘省月饷除成禄一军，应按月拨解一万两外，仍著崇实、骆秉章每月协济银二万两，按月派员解往汉中，改交杨柄锃查收备用。并著杨岳斌饬令杨柄锃于川陕近甘地方，查明可通舟楫处所，设立仓廒，以便转运。将此由五百里谕知崇实、骆秉章、杨岳斌、李鹤年、阎敬铭、赵长龄并传谕丁宝桢知之。"

（卷192　439页）

以甘肃平凉府城被贼窜陷，旋即克复，赏还提督雷正绾黄马褂勇号，复已革提督周显承职，予知府李超群以道员用。革在逃游击刘玉昌职，拿获正法，千总文天麟革职审办。

以甘肃省城防剿出力，赏副将张玉春、文象奎、都司潘金安巴图鲁名号，道员华祝三等花翎，把总文永春等蓝翎，余加衔升叙开复有差。予阵亡都司刘全顺、守备王进廷，祭葬世职加等。

（卷192　441页）

同治五年（1866年）十二月辛丑

又谕："前谕左宗棠即行驰赴甘肃督办军务，毋庸来京。该督由江西、湖北行走，计已将次入鄂。现在陕西贼匪已窜南山，叠经谕令刘蓉出省调度。该前抚高卧省城，毫无布置。诸军互相雄长，督率无人，以致二华、蓝田、渭南、临潼等处俱被扰窜。半月以来未见奏报，不知情形究竟若何，殊深西顾之忧。左宗棠带兵由湖北入秦，著即确切侦探，觇贼所向，迎头扼堵，杜贼窜鄂之路。如贼尚在秦，即著该督迅赴陕西，督饬诸军先剿南山一带之贼。俟此股办有眉目，再赴甘肃督剿回逆。刘典一军曾否启行，并著催令赴营，以资得力。将此由六百里谕令知之。"

（卷192　443页）

同治五年（1866年）十二月甲辰

又谕："刘典奏因病不能即日起程，并募勇尚需时日，请赏假五个月等语。甘肃情形待援孔亟，前因陕西贼势鸱张，督率无人，令左宗棠由鄂入秦，先行督剿陕西贼股。惟左宗棠兵数不多，必须刘典赶紧料理到营，兵力始能稍厚。若迁延数月，则军情贼势变幻靡常，局势何堪设想。刘典著赏假两个月，一面赶紧调理，一面募勇训练，克期启行。并著左宗棠、李瀚章催令该臬司迅速筹办，不得稍事逗留。左宗棠懔遵本月十六日寄谕带兵迅即入秦，杜贼窜鄂，督同该抚等肃清陕境。将此由六百里谕知左宗棠、李瀚章并传谕刘典知之。"

（卷192　447页）

同治五年（1866年）十二月丙午

又谕："库克吉泰奏请拨察哈尔炮位银两及请调随员德勒克多尔济等，奏请饬催后路大兵赴巴里坤。福兴奏遵将察哈尔官兵留防包头及请饬宁夏商民赴包头均给执照。赵长龄奏请留马升驻扎碛口各折片。察哈尔所存劈山炮五尊，尚堪使用，即著裕瑞等拨解库克吉泰军营应用。其库存银两并准库克吉泰提取五千两以为支放口粮皮衣之用，余剩银两即仍存察哈尔都统衙门，以备北路军饷。佐领伊什贡布等，库克吉泰既能深知著准其行文调赴军营当差。哈密失守，巴城危急，已严谕库克吉泰等迅即由甘肃会同成禄出关。成禄攻剿肃州至今杳无音耗，殊堪骇异，著该提督迅图攻克，会同库克吉泰、德兴阿克期驰赴巴里坤，以资镇率。全福所部吉林马队前因福兴派赴包头，现经福兴将察哈尔官兵六百五十名，分防舍太昭君坟渡口，即著照所拟办理包头为商民辐凑之区，汉回贸易者不少，难保无奸民溷迹。福兴所请由宁夏道、府、州、县发给执照，尚为妥协。即著咨商穆图善转饬该地方官详慎办理，但不准吏胥借端需索致滋扰累，务当于稽查之中。寓体恤之意方为妥善。前谕马升驰赴包头驻扎，赵长龄以碛口紧要未便移动，惟该处已有蒋临照一军足资守御，仍著赵长龄饬令马升赴包头扼扎，以保要区。将此由六百里各谕令知之。"

（卷193　451页）

同治五年（1866年）十二月己酉

谕军机大臣等："林寿图奏甘军失利，庆郡被围，请催穆图善督师援救各折片。庆阳逆回自寺沟窜入安化之西峰镇北，至合水之西华池等处，绕近驿马关。大股贼马千余攻扰府城西门。雷正绾、周显承等移师赴援，周显承奋不顾身中炮阵亡，深堪悯恻。现在逆首号召马步贼众数在六七万，府城危急，著雷正绾激励所部兵勇，疏通运道，督同张在山等进解庆阳城围，并著穆图善督率劲旅赴陕甘毗境，殄灭逆氛，援救庆郡。该将军曾否由中卫移师，即著赶紧驰报。左宗棠到甘需时，杨岳斌责无旁贷，即著料理出省，抑或派兵先行驰援，务须振刷精神，悉心筹划，以支危局。不得存五日京兆之见，致干重咎。库克吉泰、德兴阿本应驰赴肃州，即著先赴庆阳调度各军，迅解城围，不准稍有迁延观望。陕西鄜延一带，乔松年、刘蓉务当严为防范，以免阑入完善。如有兵勇可分，并著妥筹调拨。庆阳应需粮饷军火，著林寿图设法筹解，绕道接济。穆图善营饷由江宁、河东等处解济。该将军当派委员赴产粮州县购办麦面。雇觅骡脚，兼以营中长夫运送。庶军行粮随不至匮乏。将此由六百里谕知库克吉泰、穆图善、德兴阿、杨岳斌、乔松年、刘蓉并传谕雷正绾、林寿图知之。"

（卷193　455页）

予甘肃庆阳阵亡提督周显承祭葬世职加等。

拨直隶、河南、山东、山西火药各五万斤，火绳各五万丈，铅丸各三万斤解交甘肃后路粮台备用。

（卷193　456页）

同治五年（1866年）十二月庚戌

署塔尔巴哈台参赞大臣德兴阿奏，请以提督鲍超帮办新疆军务。得旨："鲍超现在楚豫之交，剿办捻匪，正在吃紧。俟入关后再行斟酌办理，候旨遵行。刻下德兴阿惟当与库克吉泰等懔遵叠次谕旨，星速赴甘剿办，以便会同成禄出关，节节扫荡，不准稍存推诿致负委任。"

（卷193　456页）

同治五年（1866年）十二月癸丑

谕军机大臣等："成禄奏肃州踞逆攻扑金塔，官军掩袭获胜，请催督臣拨营攻剿，迅派妥员接办粮台。哈密复陷筹拨兵勇，防堵关外门户，请仍准丁文学募勇赴营，并于河南、山东各镇分调马步官兵各折片。肃州逆匪勾结土匪围攻金塔，经成禄派兵援救，大获胜仗，保护粮路，尚称得手。所有此次在事出力员弁及守城文武，著准成禄择尤保奏，毋许冒滥。哈密复陷，安西告急，业由成禄设措饷项交文麟制备军装行粮，进扎安西。著即催令文麟克期拔营，驻扎安西，协同防堵。并催令黄祖淦将前调安、沙、靖官兵撤赴安西，俾免哈密乱回四出窜扰。叠次谕令杨岳斌拨营接替成禄，围攻肃州。兹据成禄奏，该督已改派署凉州镇杨占鳌拨队五营赴肃，即著催令杨占鳌迅速前进，会同成禄、黄祖淦攻拔肃城，俾成禄得以出关会剿。成禄军粮支绌，著杨岳斌妥筹接济，并派妥员专办粮台，转饬各属制造皮衣，赶为运解。其指拨火药、炮位、马匹均照成禄所请，妥速筹办。成禄亦当振刷精神，就现有兵力设法攻克肃城，毋徒借口兵单饷绌，为迁延时日之计，方为不负委任。前谕库克吉泰、德兴阿由内地行走。先赴肃州，会同成禄出关。彼时肃城如尚未得手，库克吉泰等大兵齐集，自可合力办理。该提督所请仍令丁文学募勇到营及调河南、山东镇兵，碍难准行。著懔遵前旨，仍迅饬丁文学回营，免令在豫滋事。将此由六百里各谕令知之。"

（卷 193　　462 页）

予甘肃金塔阵亡千总黄赞序祭葬世职加等。

（卷 193　　463 页）

同治五年（1866年）十二月乙卯

谕军机大臣等："乔松年奏官军败溃，省城危急，请调援军，并请饬穆图善赴援庆阳。刘典、库克吉泰等先剿陕捻各折片。览奏曷胜焦急。捻匪久距陕境，逼近省垣。官军从新丰追至灞桥，被匪兜围，悉行溃散。各营将领均不知下落。省城文报阻隔，危急万分。此时非有大支劲旅，星夜赴援，陕事将不堪设想。曾国藩、李鸿章于捻匪窜陕以后，将及两月所调各军，并未到陕。鲍超一军屡经谕令赴秦，迁延逗留，致令陕省糜烂。致于此极，现在陕军俱已溃散，别无可调之兵。捻匪到处窜扰，几于无地非贼。著曾国藩、李鸿章严檄鲍超、刘松山等军兼程赴陕，赶紧救援。倘再任意观望，借词不进，即著严参照军法从事，毋稍宽贷。昨据鲍超奏称，已定于本月二十一日由鄂省安陆起程，取道樊城荆子关入陕。乔松年奏已在商州等处购备该军粮米。鲍超若再以无粮借口或中途迟延折回，该提督自问当得何罪。懔之。刘松山一军即著曾国藩、李鸿章遵奉前旨，迅催此军驰赴同朝，并著库克吉泰、德兴阿督率所部先办陕省剿捻事务，再行相机赴甘。左宗棠前已有旨令其先行赴陕，无庸来京。著即兼程驰往秦中，与乔松年整理戎政。陕省军律废驰已久，此次溃散将领，即著乔松年查明，严参重办。此后如有不听号令，进战不力，擅行溃退者，即著左宗棠、乔松年奏明，在军前正法，以肃军律。并著左宗棠严催刘典速募湘勇成军，立限驰援陕省。郭宝昌一军，著英翰饬令星驰赴陕，听候乔松年调遣，并将该军饷需速为筹拨足用，以便即时拔营，不准片刻停留。并不准英翰奏留，致误大局。商城要路即由英翰另拨一军镇扎，以防捻匪回窜豫境。庆阳、宁州回势猖獗，郡城被围一月，紧急万分。著穆图善统率所部即日起程赴援，并将回匪力行遏剿，毋任回窜陕疆。穆图善若再拥兵无贼之地，借词观望，延不赴援，必当重治其罪。刘蓉在陕有年，一味宽纵，致令将士毫无畏惮。屡奉谕旨出省剿贼，并不亲临前敌督战，以致诸军进止不齐，有此大挫，深堪痛恨。本日已将刘蓉革职，即著乔松年饬令回籍，援军未到以前，乔松年当就现有兵力认真防守省垣，以固根本。将此由六百里谕知曾国藩、李鸿章、左宗棠、库克吉泰、德兴阿、穆图善、英翰、乔松年并传谕鲍超知之。"

（卷193　465页）

同治六年（1867年）正月丙辰

谕军机大臣等："赵长龄奏晋省防务吃紧，咨调豫军渡河协守，并林寿图奏请饬左宗棠先清秦境，疏通粮路各折片。捻匪窜过渭北，扰及三原、高陵，势将东逼同朝。该处与晋省仅隔一河，防务异常紧急。赵长龄现在分布水陆诸军于蒲州等处，要隘驻扎，即著督饬陈湜严密扼守，并著曾国藩、李鸿章、李鹤年懔遵前旨，分饬刘松山、保英两军兼程驰赴同朝，与陈湜所部晋军联络声势，互相援应，毋任捻踪东渡黄河。鲍超一军著兼程入秦，痛剿逆氛，援救省会。不可再稍迁延，亦不可以驱贼入晋为卸责。奋勉图功，毋干重罪。并著李鹤年筹运粮米，接济援陕诸军，毋得稍分畛域。左宗棠前已有旨令其迅速赴陕，复明降谕旨令督办陕甘军务。此时陕省情形更为吃紧，军政废弛已极，著即星夜驰赴，严申纪律。将玩法将领从重惩办，以冀肃清陕境，乘胜入甘。左宗棠未到以前，陕省防剿事宜仍著乔松年勉力督办。将此由六百里谕知曾国藩、左宗棠、李鸿章、李鹤年、赵长龄、乔松年并传谕鲍超知之。"

又谕："林寿图奏贼犯省垣，旋绕鄠鄂。甘军无路转运，请饬山西解饷

一折。湘果各军失利，贼逼陕省，势甚危急。粮饷缺乏，道路梗阻，必须赶
筹接济，以资军食。著赵长龄督饬王榕吉、杨宝臣无论何款，筹拨兰州、庆
阳协饷各五万两。就近探明道路，解交粮台。毋得视为泛常，稍涉延误。将
此由六百里谕令知之。"

又谕："李云麟奏布置乌、科、塔三城防剿事宜一折。李云麟现因内地
诸军，改由甘省前进。所调蒙兵久候，虚糜饷糈。当与奎昌等商酌，将扎萨
克图汗盟兵责令缴回驼马器械，散回各旗。而酌留赛因诺颜盟兵千名，专防
乌城。所需饷银准由乌城操防经费项下支给。即由德勒克多尔济核实报销。
该将军务将此项蒙兵勤加训练，不得有名无实。科、塔蒙兵现均扎乌陇古
河。李云麟拟即前赴奇古（台），招集民勇，简练成营。暂扎博里冈与科、
塔两城蒙兵掎角，先固乌科门户。所筹虽是，但须择其实在可用者，整顿教
练，以备将来进剿。毋蹈从前覆辙，科城蒙兵现虽稍就范围。李云麟赴奇古
（台）后，奎昌、明瑶仍当认真防范，随时约束，毋稍大意。此项蒙兵调齐
后需饷甚巨，著福兴迅筹款项，源源接济，不得稍存漠视，致误军食。将此
由五百里各谕令知之。"

命陕甘总督左宗棠督办陕甘军务。

（卷 194　　469 页）

同治六年（1867年）正月庚申

谕军机大臣等："穆图善奏请募补陕甘绿营兵额，酌撤直隶官兵及请饬
陕甘举行坚壁清野各折片。前因刘长佑、赵长龄先后具奏，请撤回调赴甘肃
防兵。当经谕令穆图善酌办。兹据奏称，直晋官兵分防宁夏、磴口、宁条
梁，地当要隘，难遽遣撤。该将军所部无多，不能拨营前往接替。必须先将
本省额兵补足，方能遣撤客兵，自系实在情形。宁夏镇绿营兵额约七千人，
陕西定边协绿营兵额亦不下千人，自回匪变乱后，宁夏镇标及定边协标存兵
均不过百余人，营伍空虚，全赖客兵借资捍御，殊非长久之计。左宗棠入甘
后，著即将宁夏镇标兵丁查照原额，迅募土著民人入伍，勤加训练，并先会
同乔松年将定边协额兵，依法照数补足，以本地粮养本地兵。既免转输之
劳，亦系自强之策。况穆图善即须克期进剿，兵勇难久驻河西。宁夏各属及
陕西边境，该督抚须自固藩篱，则营额尤当早补，方足以壮声威。著左宗

棠、乔松年认真筹补，以维全局。穆图善现将直隶提标兵二百余名撤回。其余直隶官兵及精锐右营楚勇，俟营兵招有成数再行遣撤。即著咨明刘长佑、赵长龄知悉。至坚壁清野，为制贼之要法。陕甘逆氛遍地，受害甚深。若此法一行则民可稍安，贼无所掠。实为此时急务。第小民可与乐成，难与图始，必须善为劝谕，方能一律举行。著左宗棠、乔松年迅饬地方官实力兴办，不得畏难苟安。各路统兵诸臣剿办贼匪是其专责，若堵御不力，任贼窜扰，仍至蹂躏地方，则穆图善等不能辞咎也。穆图善另折奏请饬催四川等省月饷，已谕令崇实等迅解。所请调金顺来营一节，著俟宁夏将军印务接署有人，再行酌量办理。又片奏请饬黑龙江先期拨兵二百名，亦谕令特普钦照数挑拨，俟此项兵丁到营后，穆图善即将存营老弱量加裁汰，以节縻费。将此由六百里各谕令知之。"

又谕："穆图善奏马队不敷分拨，请饬黑龙江挑派兵丁，以资防剿等语。黑龙江马队前经穆图善陆续送回甲缺三百五十副，咨明该省按数挑补。现在穆图善所部马队遣撤甚多，自应赶紧添拨，著特普钦即于该营送回甲缺已经挑补之兵丁内，先期挑派二百名。备齐军装，以便穆图善委员迎提。特普钦务须择其年壮力强实在可用之兵，应拨前赴。毋得以羸弱充数，徒縻饷项而误师行。将此由五百里谕令知之。"

又谕："穆图善奏军营需饷，万分紧急。请饬四川等省遵照奏案拨解一折。穆图善军营奏定月饷十五万两有奇。原系核明每营兵勇若干，每月需饷若干，不容稍有缺乏。乃自上年正月起，至十二月止，四川省丝毫未解，两淮、湖北、山东、山西、陕西等处，通共解到银四十万两零，下欠未解银一百十余万两。积欠饷银尚不在内。现在该将军所部各营兵勇，一年之久仅领过三个月饷银。包头、磴口两处采办米面，积欠价银约计在三四十万两之数。山西碾运仓谷，至今并未报解。当此边防吃紧，饥卒待哺嗷嗷，所奏自是实在情形。著崇实、骆秉章、谭廷襄、曾国荃、阎敬铭、赵长龄、乔松年、丁宝桢各遵照奏案，每月应解该营饷银若干两，迅速拨解。并著曾国藩、赵长龄各转饬两淮盐运使河东道等处，遵照奏定章程，按月拨解，源源接济。俾收士饱马腾之效，不准稍有延误。库克吉泰片奏请提用山西前解新疆饷银二万六千两等语。此项饷银现存大同府库，听候批解。该将军行营需饷孔亟，著赵长龄迅饬拨解，以济要需，毋稍延缓。将此由五百里谕知曾国藩、崇实、骆秉章、谭廷襄、曾国荃、阎敬铭、赵长龄、乔松年并传谕丁宝桢知之。"

（卷194　472页）

同治六年（1867年）正月壬戌

又谕："穆图善奏渡河查看回匪情形，分别剿抚，预筹防守后路，并请将罗承勋严议各折片。回目马生彦等众屡次具禀投诚，现已陆续渡过河南，并将靖远县城腾出。是否真心悔罪，抑或缓我师徒，尚难预定。穆图善现酌带兵勇渡河，察看情形，分别剿抚。即著该将军于渡河后严密确探，如该回等实系真心悔罪，即饬令先将马匹、军械全数呈缴。并遵叠次谕旨，分良莠不分汉回，妥为分别剿抚。投诚回众即会同杨岳斌择地安插。惟该回性情狡诈，穆图善当计出万全，不可草率受抚，致贻后患。中卫地方紧要，并著该将军派兵严防。陕西捻匪肆扰，恐其勾结回匪东窜。泾、庆等处均须妥筹布置。穆图善当严饬派出各军实力严防，宁条梁关系饷道，尤须预为防范。该将军已咨雷正绾等军堵截，并饬程兴烈分兵驻守，兵力尚单。其直隶提标兵丁，并准照该将军所请，交参将徐祥林管带，星夜驰赴宁条梁地方驻扎，以资捍御。前请奏撤之驻定续调直隶提标官兵，即著暂缓遣撤。靖远现已腾出，该将军即咨商杨岳斌迅派地方文武前往镇抚。副将罗承勋于拔营起程之先并未将奉调回晋缘由具禀报穆图善，听候派兵更替，径行带队东归，殊属冒昧。惟系奉赵长龄檄调，著改为交部议处。赵长龄檄调罗承勋并未知照穆图善，亦属轻率。著一并交部议处。嗣后该抚如须檄调各路兵勇，务当预行知照该处统兵大员，以期周密，不得轻忽从事，致滋贻误。将此由五百里各谕令知之。"

（卷194　475页）

同治六年（1867年）正月甲子

谕军机大臣等："前因陕西军务紧急，各军溃败，降旨将刘蓉罢斥。令左宗棠督办陕甘军务并令库克吉泰、德兴阿先赴陕省剿贼，再行入甘。又叠谕鲍超带兵入陕，谅已遵旨分道赴援。兹据陕西绅士车顺轨等奏，上年十二月贼扑省城，官军三十余营行至灞桥被贼围裹，伤亡大半。省外四五里内俱系贼营。官军降贼者亦复不少。加以西路回匪窜越汧、陇，万一勾结，势更滋蔓。省城粮断援绝，若不飞调劲旅救援，断难保守。请飞饬鲍超迅速赴援等语。刻下陕西各军新溃招集未齐，捻踪分股窜扰，无兵扼截。蹂躏自不待言。专盼各军入关，方能重整军威，力图扫荡。著曾国藩、李鸿章迅即催令鲍超、刘松山等军兼程赴陕，相机进剿。仍兼顾山西河防，慎毋驱贼入晋。左宗棠已到何处，未据奏报，著即星速入关，统率各军，与乔松年力加整顿。毋庸俟刘典募勇致稽时日。左宗棠未到以前，乔松年责无旁贷。著即招抚各军，保全完善，慎卫省城。鲍超一军前谕径行入关，无庸回鄂，不得再有观望，致干重咎。库克吉泰、德兴阿由山西赴陕，道途非远，即著迅速拔营。先剿陕西贼匪，俟左宗棠到后各兵齐集，再行斟酌进止，赴援庆阳。陕西各军粮饷著左宗棠督饬王加敏妥筹报解，以赡饥军而维大局。车顺轨等原折一件均著抄给阅看。将此由六百里谕知曾国藩、左宗棠、李鸿章、库克吉泰、德兴阿、乔松年并传谕鲍超知之。"

（卷194　476页）

同治六年（1867年）正月己巳

又谕："杨岳斌奏甘省饷需军火等项，以鄂台转解为大宗，经左宗棠改派道员王加敏接办台务。左宗棠未到任以先，该委员等如不能将各省协饷随时径解甘肃，则饷源断绝，饥军哗溃堪虞等语。自系实在情形。著谭廷襄、曾国荃懔遵上年十二月初一日寄谕，督饬道员王加敏等速将各省协甘饷银军火，随时解赴陕省粮台，接收转解，以济急需。并著知照左宗棠遵照办理。另片奏湖北月协饷银三万五千两，自四年三月起，至五年五月止，所解不及十分之三。江宁协款又停止未解，著曾国藩、谭廷襄、曾国荃、郭柏荫将各该省协甘饷银，仍照原定数目，源源筹解，毋稍迟延。又片奏请饬山西巡抚转饬拨解新疆饷需等语。著赵长龄督饬藩司河东道于应解甘饷内，无论何款，先行筹拨银二万两。委员解赴绥远城。一面知会哈密办事大臣文麟派队迎提，不得迁缓。将此由五百里各谕令知之。"

（卷194　482页）

同治六年（1867年）正月癸酉

又谕："左宗棠奏敬陈筹办情形，请将刘典开缺另简。杨岳斌奏回、捻势将勾结，请饬鲍超入陕，刘蓉赴泾。西宁回匪日逞奸谋，大臣受其挟制各折。左宗棠所称进兵陕西必先清关外之贼。进兵甘肃必先清陕西之贼。驻兵兰州必先清各路之贼，实为动中綮要。所称采买马匹，练习马队，先造独轮车应用。俟所调各营取齐，由襄樊出荆子关赴陕。抵陕后制造双轮炮车，兼雇买车辆。俟采口马到陕，增练马队，并习车营。一面开设屯田总局，汰遣各营，均著次第办理。陕西已有刘松山一军在彼，并收集湘果各营鲍超一军，亦已令其入陕。该大臣若以所部先驻西安，不虑无兵调度。若必俟刘典等到营一同入关，深恐有稽时日。著即就现有兵力取道入关，妥为筹办，以副期望。左宗棠未到以前，乔松年务须懔遵叠次谕旨，认真防剿，毋稍大意。刘典已开缺，赏三品卿衔，帮办军务。著左宗棠催令即日募勇到陕，毋任逗留。张岳龄已授甘肃按察使，并著飞咨刘坤一，饬令该司督率所部三营赴任，借资坐镇。杨岳斌请饬鲍超速行入陕，已叠经传谕该提督星速进关援剿。著左宗棠等再行严催。刘蓉借病不肯出省，任意抗违，致有灞桥之挫。湘果各军损伤大半。现复与乔松所龃龉不合，业经降旨将刘蓉罢斥，断难冀其得力。杨岳斌所请令刘蓉赴泾之处，著不准行。并著乔松年酌度军情，派军赴泾驻扎，毋得视为缓图，致回、捻勾结，为患益深。西宁回匪日逞奸谋，玉通将汉团全行撤去，受其挟制。将来必难自保。杨岳斌现令孟柏林等仍行练习旧卒，招募新军。著密饬妥为预备。此折著抄给左宗棠阅看。杨岳斌在任一日，务须尽一日心力，不得稍存退缩之见。俟左宗棠将陕省底定，方能息肩也。将此由六百里各谕令知之。"

（卷 195　489 页）

陕甘总督左宗棠奏："请饬杨岳斌、刘蓉悉力支持，勿因事权不逮，稍涉推诿。"得旨："杨岳斌叠经有旨，责成将甘肃军务妥筹整理，准归该督调遣。刘蓉于捻踪入陕后屡次催令出省，终始抗违。去冬灞桥之挫，已降旨将其革职，著毋庸留陕，以为疲玩者戒。"

命陕甘总督左宗棠为钦差大臣，督办陕甘军务。开甘肃按察使刘典缺，赏三品卿衔帮办钦差大臣左宗棠军务。

以记名道张岳龄为甘肃按察使。

予甘肃狄道等处阵亡提督罗进贤等祭葬世职加等。

予甘肃阶州殉难知州沈凤才、护游击蒋荣等祭葬世职加等。沈凤才眷属
旌恤如例。

（卷195　491页）

同治六年（1867年）正月乙亥

谕军机大臣等："讷尔济奏哈密现在情形，击退窜扑巴城回匪，请饬李
云麟派兵拨饷，催成禄出关救援各折片。何璮奏哈密情形，并请催援兵各折
片。哈密回匪猖獗，西扑巴城，经讷尔济、何璮督率兵勇击退。该逆现复纠
集党与希图回扰，著讷尔济、伊勒屯、何璮激励兵勇，严密防剿。现在巴里
坤情形紧急，著李云麟飞催棍噶扎勒参整齐蒙兵驰赴巴城，先保完善，以固
根本，并酌拨军饷解往应用。成禄围攻肃州日久未下，甚属疲玩，著即克日
将肃城攻克，星夜出关，恢复哈密。先清东路，与巴城声势联络，再图西
进。毋再玩延，致干重咎。讷尔济因目疾失明，本日已明降谕旨，准其开缺
回旗矣。将此由六百里谕知李云麟、成禄、讷尔济、伊勒屯并传谕何璮
知之。"

（卷195　492页）

同治六年（1867年）正月丁丑

谕军机大臣等："杨岳斌奏病势增剧，恳恩赏假调理，请饬催左宗棠等
入甘一折。杨岳斌所陈患病情形，览奏实深廑系，著赏假一个月安心调理。
惟秦省匪势鸱张，左宗棠先须入关剿办，俟秦省底定，方能移师入甘。左宗
棠未到以前，杨岳斌责无旁贷，仍著懔遵叠次谕旨，力疾从公，将甘省兵
事、饷事及各路防剿机宜妥为调度。倘有疏虞，仍惟杨岳斌是问。曹克忠前
因患病赴陕，现在计可就痊。该员所部各营久无将领统率，军心不固，时有
溃散之虞。著乔松年檄饬曹克忠迅即驰回甘省统带旧部，扫荡逆氛。倘该提
督有托病迁延情事，即著乔松年据实参奏，以儆骄悍。甘省军事孔棘，粮饷
两绌，应如何全局统筹，妥为兼顾之处，著左宗棠相机办理。将此由六百里
各谕令知之。"

（卷195　493页）

同治六年（1867年）正月戊寅

又谕："前有旨授左宗棠为钦差大臣，督办陕甘军务。因思山西与陕西毗连，防堵甚关紧要。捻匪业已渡渭，沿河一带尤须加意严防。该省现派臬司陈湜带勇防堵，兵力尚单。惟恐与陕西各军声势不能联络。左宗棠到陕后当妥筹兼顾。所有山西在防各军即著归该大臣节制调遣，与陕西兵勇合力防剿，以期联络声势，互相援应，力保完善。兵行饷随，并著左宗棠咨商赵长龄于陕、甘、新疆应解各饷筹款源源接济。将此由四百里各谕令知之。"

（卷195　494页）

同治六年（1867年）正月辛巳

又谕："林寿图奏甘省东路回氛猖獗，分股西侵，运道益梗。陕台移置汉中，办理报销。并陈庆、泾可虑情形各折。庆阳被困已久，穆图善尚在中卫，库克吉泰等亦一时不能赴援。雷正绾势力不支，泾、长均遭蹂躏。该匪复挟同游勇，从宜君、耀州、富平、三原窜扰蒲城、渭南、临潼等处，至大荔之八女井、王阁村，盘踞潘驿、同朝完善之区，人民惶乱，邠、长门户空虚，未筹防堵。本日已谕令穆图善迅赴庆阳，乔松年派兵赴邠、长一带防剿。惟捻、回踪迹已近，难保不暗中勾结。穆图善、乔松年均恐不能抵御。著左宗棠统筹全局，入关调度，务须保固同、朝等处，兼顾山西完善之区。毋令回氛肆扰。鲍超一军已在钟祥地方大获胜仗，鄂军足敷剿殄。该大臣即督同鲍超入陕，以资得力。林寿图折内所称雷正绾闻被捉放回及乔松年议加厘改捐，每遇署缺，不由司拟，辄先授意，而于诸将未有指挥各等情。著左宗棠于到陕后，密查具奏。林寿图所陈粮台既改汉中，各省应解庆阳协饷，甘省应支庆、泾月饷，应统归陈丕业办理。请饬陕甘总督、湖广督抚迅催候补道陈丕业，限二月初旬，由荆子关驰抵汉中，督办各局事务。即著左宗棠咨行湖广督抚，催令该员克日前往，悉心妥办，毋稍迟延。陕甘待饷孔亟，并著左宗棠照林寿图折内所称，咨行鄂台，将六年三月以前已解到鄂各饷均兑运西安。并前次准拨之山西、河东各五万两，由左宗棠飞催该抚，饬司道如数速解，以救眉急。林寿图另片奏请饬左宗棠审量进兵之路，先筹粮运之区，庶免临时掣肘等语。著左宗棠竭力筹划，以期军食有资。林寿图折二件、片一件均著抄给左宗棠阅看。将此由六百里谕令知之。"

又谕："前因庆阳被围，谕令穆图善率师前往剿办。近闻回匪益肆蔓延，马步数万，屯踞郝家寺、贾家、黑庄、东华池、梁家扁等处。泾、长均遭蹂躏。雷正绾进剿势力不支，庆、泾被困已久，亟须拨兵救援。穆图善是否尚在中卫，著即统率所部前赴庆阳，节节扫荡，迅殄回氛。倘再迁延观望，顿兵不进，致庆、泾或有疏失，恐穆图善不能当此重咎也。懔之。回匪挟同游勇，从宜君、耀州、富平、三原窜扰蒲城、渭南、临潼等处，至大荔之八女井、王阁村。盘踞潘驿、同朝完善之区，人民惶乱。邠、长门户空虚，乔松年身任陕抚，责无旁贷。当此回捻交炽，势甚危殆，何以并无一字奏报，实属不知缓急。著乔松年星速派兵驰赴邠、长一带，妥筹防剿，以固藩篱。应如何分路剿办，杜其与捻匪勾结之处，著该抚相机布置。并闻雷正绾有被回匪拥去，复行送回情事，著该抚一并查明。将近日军情据实奏报，毋得一味颟顸，致负委任。回匪既窜大荔等处，晋省防务又形吃重，著赵长龄督饬臬司陈湜整顿水陆各军，严密备御，毋令阑入晋疆。将此由六百里各谕令知之。"寻乔松年奏："据委员程维雍等禀称，回逆围攻泰昌时，雷正绾自带亲兵数名出营探贼，突遇大股猝至，遂入洪家堡固守。次日贼退，始行回营，并无被掳之事。报闻。"

（卷195　　498页）

同治六年（1867年）正月壬午

又谕："穆图善奏官军渡河进剿，连夺要隘，现在移营剿办，并请留景廉襄办一切各折片。杨汶智股匪经官军剿败，势已穷蹙，向盐、固一路窜去。马生彦一股仍踞半个城地方。靖远、镇番及中卫黄河两岸肃清。该将军拟将中卫大营移过河南宁安堡驻扎，以杜该匪回窜，即著体察情形，妥筹布置。现在庆、泾被困已久，亟须拨兵救援。昨有旨令穆图善统率所部，速赴庆阳，即著酌带兵勇迅趋泾、庆一带，节节扫荡，殄灭回氛，毋令与陕捻勾合，致滋贻误。宁夏地方紧要，必须得人镇守，方可无虞，仍著金顺护理将军印务，毋庸随同前往。穆图善移师东上，宁、灵地方，不能兼顾，即著杨岳斌慎选贤能守令，遇有汉回交涉事件，秉公酌办，宽猛相济，毋得稍存偏袒，致生事端。哈密办事大臣景廉著准其暂留穆图善军营，襄理军务。俟军事稍松即饬速赴新任，不得借词逗留。将此由六百里各谕令知之。"

又谕："穆图善奏请饬催各省协饷等语。穆图善军营饷需久绌，叠经谕令各该督抚源源拨解。兹据该将军奏称各省协饷四月之久均无报解信息。该营粮饷两绌，呼吁无门，情形甚为急迫。自应迅筹接济。著崇实、骆秉章、谭廷襄、曾国荃、阎敬铭、丁宝桢、赵长龄、乔松年各将该省应协月饷迅速报解，并著曾国藩、赵长龄转饬两淮运使河东道，各将应协饷银源源批解穆图善军营，以应急需。其以前欠解之款，著一并陆续起解，不得少有延误。将此由五百里谕知曾国藩、崇实、骆秉章、谭廷襄、曾国荃、阎敬铭、赵长龄、乔松年并传谕丁宝桢知之。"

又谕："成禄奏肃城未下，后路窜匪突至，情形日紧，并请拨兵援应各折片。肃州一城围攻日久，迄未能克。成禄督率无方，殊属疲玩。现在东路窜匪扰逼高台，围攻城池。若不赶紧剿除，官军必前后受敌，势不能支。成禄当振刷精神，督率兵勇，先将高台贼匪殄尽，以清后路。并著克期攻拔肃城，毋得再事迁延，致生他变。肃城攻克后，仍著整顿军旅，料理出关。现在该营兵力甚单，著杨岳斌迅速多拨兵勇数营驰援肃州，不可稍分畛域，致省西一路又形糜烂。将此由五百里各谕令知之。"

（卷195　503页）

予故署甘肃凉州镇总兵官瑞琳祭葬恤荫。

（卷195　504页）

同治六年（1867年）二月乙酉

又谕："乔松年奏陈近日军情，并回逆窜陕，派兵剿办情形一折。张逆在秦渡镇一带纠贼抗拒，刘松山等军并力进击，已移营逼近贼巢。而甘省逆回突由宜君窜及耀州、蒲城等处，乔松年派令总兵刘厚基、副将何玲必各军从同州、临潼两路分头截剿。著即严饬刘厚基等实力扼堵，毋任此股贼匪与捻股合并，肆行蔓延。其长武、大荔各境亦有回逆窜扰，此股贼匪恐非宜君同伙，究系由何处窜至？据实察核具奏。所称库克吉泰、德兴阿前队已抵朝邑，该处近连大荔，当可乘机掩击。惟该将军所部仅有马队一千，该抚自当酌派队伍交库克吉泰合力堵剿，以厚兵力。蒲城、富平一带贼复远扬，仍著饬令刘厚基一军跟踪追剿，毋令喘息。陕甘交界处所，回匪麇集，终恐勾合捻逆，牵掣官军。左宗棠未到以前乔松年责无旁贷，务当振刷精神，激励诸军，实力防剿，毋得贻误事机。陕西情形紧迫，左宗棠务须迅筹入关，以资督剿。刘松山一军近日曾否接仗，仍著属令稳慎进攻，以期节节扫荡。大荔与晋省仅隔一河，并著该抚咨会赵长龄妥筹防范，毋稍疏虞。将此由五百里各谕令知之。"

（卷196　507页）

同治六年（1867年）二月丙戌

又谕："本年轮应查阅直隶、山西、陕西、甘肃、四川五省营伍之期。直隶著即派刘长佑，山西即派赵长龄，陕西即派乔松年，甘肃即派左宗棠，四川即派崇实逐一查阅，认真简校。如查有训练不精，军实不齐，即将废弛之将弁据实参奏。该督抚等务当加意整顿，毋得视为具文。"

（卷196　507页）

同治六年（1867年）二月丁亥

谕军机大臣等："乔松年奏陕省需饷万紧，请于两淮运库指拨协济一折。据称陕省回捻纷扰，钱粮无出。刘松山等军采买米粮筹办转运等事，皆属刻不可缓。请于两淮协甘专饷内，每月拨银二万两以应急需等语。所奏尚属实在情形。著曾国藩转饬两淮运司，自同治六年正月为始，于协甘专饷内，按月筹银二万两，专解陕西藩库，以供支放。此项银两准其划抵积欠甘饷。该督当饬该运司源源报解，毋稍延误。将此由五百里谕令知之。"

（卷196　509页）

同治六年（1867年）二月辛卯

谕军机大臣等："杨岳斌奏哈密失守，请饬催成禄出关。伊勒屯奏巴城危急，请饬催援兵及筹拨月饷各一折。成禄一军前已叠谕克期出关，只因肃州无兵接替，迁延年余。现据杨岳斌派令王仁和、黄祖淦两军前往，成禄自无牵掣之虞。著即懔遵前旨，迅速出关，先行克复哈密，再候大兵云集，相机进剿，毋许再有借口，致干重咎。巴里坤饷绌兵单，情形甚可悯念。该处兵民于困苦之中尚能坚守，洵属难得。若不亟筹接济，必至贻误大局。著自本年正月为始，每月拨给银六千两，即于各省解到新疆饷银内，由福兴、桂成提解乌里雅苏台，交德勒克多尔济转拨，毋稍短缺。此次伊勒屯请领正、二两月饷项，并著德勒克、多尔济照数拨给，以资接济。巴城关系甚要，李云麟谅亦筹及，其应如何援救之处，即著酌量办理。伊勒屯原折著抄给李云麟阅看。将此由六百里各谕令知之。"

又谕："杨岳斌奏哈密失陷，请催成禄出关，并请饬穆图善暂缓东行各折片。前据讷尔济等奏称哈密失守，叠经谕令成禄出关，并谕杨岳斌添派兵勇前赴肃州，以便成禄交替西行。本日复谕令成禄督率所部出关。成禄起程后，肃州兵力益单，不敷攻取，著杨岳斌遵奉前旨，迅即添派兵勇归并王仁和、黄祖淦统带，速图攻拔肃城，毋稍迟缓。庆阳被围日久，势甚危急。前经叠谕穆图善移军东援。现在甘省回匪又复窜扰陕境之耀州、三原、宜君、同朝等处，捻股窜踞鳌鄠，势将与回匪勾合。陕疆兵力甚单，军事益棘，著穆图善斟酌陕甘两省情形，先其所急。如不能亲行援陕，即著分兵东顾，先解庆阳之围，仍驻防甘陕之交，以杜回匪东窜。陕境西路防兵力甚单薄。周显承又复阵亡，著杨岳斌迅拨重兵扼截泾州等处，毋任回匪续窜陕境。前据林寿图奏称雷正绾被捉放归，是否实有其事，著杨岳斌确切查明，毋稍隐饰。平固一带军情仍著随时具奏。将此由五百里各谕令知之。"

又谕："据杨岳斌奏请将玩视邮政之知县革职，并陈藩司偷安溺职各等语。前因杨岳斌奏参藩司林之望贻误公事各节，当经降旨交左宗棠查明具奏。兹复据该前督奏参该藩司于理财察吏诸端，久已废弛。赵国栋盘游省城并不催令回任，委署各员逗留数月，均置不问。地丁仓粮厘捐，任听州县中饱。各军饷绌，营官屡次往催，概拒不见。奉拨庄浪满营粮石亦未运解，以致军士离心，吏治益形败坏各等情。所奏是否属实，即著左宗棠于到任后确切查明，并将前次该藩司被参各节汇案具奏，毋稍徇隐。原片著抄给阅看。甘肃署金县知县赵国栋于所属定远驿遗失折报。迟至二十余日始行禀报。平日安居省城，驿站来往夹板公文多致延误，实属玩视邮政。赵国栋著即革职，以示惩儆。杨岳斌另片奏甘省兵单饷绌，请饬左宗棠多带精兵，预筹有著之饷，迅速赴甘。著左宗棠斟酌情形妥筹办理。将此由五百里谕令知之。"

又谕："杨岳斌奏前派总兵龚良臣往湖南募勇十营，赴甘助剿。请饬经过省份给发军火银两各项等语。龚良臣于上年夏间赴楚募勇，日久尚未到甘。刻下甘省剿贼需兵孔亟，著李瀚章查明该员曾否如数招募，催令迅速起程。所需帐房军火等项即由湖南军需局发给。其募勇之资并沿途费用，湖南、湖北各发银一万两，并著谭廷襄、曾国荃、李瀚章于协甘饷银内，即行拨给，俾利遄行。该军行抵陕西境内，著乔松年即饬所属经过州县支给面斤，毋令缺乏。将此由五百里各谕令知之。”

以甘肃华亭等处叠获胜仗，予提督雷正绾优叙，赏参将滕世耀、钟本起、张有富、游击皮昌魁巴图鲁名号。知府刘校书等花翎。余加衔升叙开复有差。予阵亡副将钱葆恩祭葬世职加等。

（卷196 513页）

同治六年（1867年）二月癸巳

以神灵显应，颁甘肃合水县关帝庙扁额，曰洛盘保障。

（卷196 515页）

又谕：“乔松年奏雷正绾击贼获胜，并请调军兼顾西路一折。回逆由泰昌扑雷正绾营，分窜泾州、邠州一带，经雷正绾于正月十九日督军苦战，将泰昌等处踞贼击退。著乔松年飞咨雷正绾乘胜进攻，务将此股逆匪就地歼除，毋令再肆蔓延。庆阳、宁州贼踪遍地，且有另股分扰鄜州及邠州之长武，若该逆悉数南窜，剿办更形棘手。前有旨谕令库克吉泰、德兴阿就近击剿大荔等处回逆，现在西路军情更紧，即著该将军等统率所部由邠、长大路前赴泾州，与雷正绾各军合力夹击。如贼已南窜，即著迎头拦截，扫荡贼氛。三原等处之匪，著乔松年檄饬刘厚基等分股追剿。捻逆近窜何处，刘松山等军是否业已接仗，著该抚随时奏报。将此由六百里各谕令知之。”

以甘肃靖远等处剿匪出力，赏副将葛东庭、周保和、陈致祥、安万全、吴学富、赵占魁、许吉祥、参将黄益瑞、李明泰、周文翔、祝胜祥、彭胜发、颜其发巴图鲁名号，副都统瑞云等花翎，县丞刘祥汇等蓝翎，余加衔升叙开复有差。

（卷196 516页）

同治六年（1867年）二月甲午

谕内阁：“库克吉泰奏请将革员留营效力等语。已革二等侍卫讷依楞阿前因带队不恤官兵，藐视统将，并玩视营规，滥刑肆虐，先后经都兴阿、穆图善奏参革职，勒令回旗，永不叙用。此等劣员即令留营亦安能得力。所请著不准行。"

（卷 196　516 页）

甘肃提督曹克忠因病解职。调广东提督高连升为甘肃提督。以安徽皖南镇总兵官刘松山为广东提督。记名提督潘鼎立为安徽皖南镇总兵官。

（卷 196　517 页）

同治六年（1867 年）二月乙未

又谕："库克吉泰奏带兵追剿捻匪一折。捻匪由秦渡镇鄠县一带窜扰郿县，库克吉泰现由同州派兵驰赴西安。著于到省后与乔松年商度情形，会同刘松山先行追剿。惟回氛业已逼近，库克吉泰未便久留陕省。著酌度形势，遵奉前次谕旨驰赴泾州一带，会合雷正绾进剿并扼要防守，以杜甘回续窜陕境。毋得迁延贻误。将此由六百里各谕令知之。"

又谕："左宗棠奏筹拟购练马队，请免马税，并请调喜昌赴营各折片。左宗棠现在督兵剿办捻回。必须先练马队，以资得力。吉林所属地方猎户平素习骑耐劳，火枪有准，颇属可用。著富明阿、德英于旗民台站各丁内，挑选枪马娴习年力精壮炮手二千五百名，并购办鞍韂三千盘作为六起。每起编成五扎兰，并著德英于通省实缺协佐领内拣委得力营总，并于实缺及即补防御骁骑校官内，选派扎兰正副各官权为管带，以资约束。每马队百名，另募长夫四十名。所有挑选事宜即由德英专办，并著富明阿饬令地方各员帮同办理，务期迅募足数。不可推诿迁延，致滋贻误。所需战马三千匹，著裕瑞于张家口各处，如数购买，务择口轻膘壮之马，精益求精，不得以疲瘵老羸充数。如张家口各处一时不敷采买，即著裕瑞移咨福兴、桂成在归化城就近精为选购。足数，统由裕瑞亲为验别，毋许稍有含混。此项马匹俟吉林所募炮手行过京师时，由裕瑞解交该营总验收，转解左宗棠军营。其应需鞍马价银及选募炮手经费，即著富明阿、裕瑞于该处库项暂为划拨，由左宗棠解还归款。如不敷拨给，即著户部先行筹拨，于山西协甘月饷项内提拨归款。经过地方马税均著免其交纳。吉林佐领喜昌，现在告假回旗，著富明阿饬令于假满后，统带新募马队，仍赴左宗棠军营听候差委。将此由五百里各谕令知之。"

又谕："前据左宗棠奏于浙、闽、广东酌派西征的饷，并令浙江划拨江苏月饷，当经谕知曾国藩等遵照办理。兹复据左宗棠奏称，欠解甘饷，各省督抚亦有难于兼顾者，请饬就各省情形拟定实数，按月委解。其用兵省份酌减人数饷数，匀出十成之一，协济甘饷。其无军务省份，或将该省防军酌减，协济甘省兵勇。仍按月匀加甘饷，以期通力合作各等语。甘省饷项支绌，必得各省协济，第军务未平，派解较多，各省亦难兼顾。莫如由该省督抚就各省情形酌定数目，按月报解，较有实济。左宗棠所陈亦系权宜办理。即著曾国藩、崇实、骆秉章、谭廷襄、曾国荃、阎敬铭、赵长龄、刘坤一、李瀚章、郭柏荫、丁宝桢酌量情形，每月究能拨解若干，据实具奏，按期拨解。其或裁减兵勇，匀出月饷，或派拨得力之军赴甘助剿，均著酌量妥筹办理，毋许徒托空言。左宗棠又奏称四川嘉陵、白水两江上下游素称产米，与甘肃之巩秦接壤，若于保宁、顺庆设立米局，雇船由广元、昭化换船上沂，或雇夫运解，于甘省军食有裨。自系为甘省采粮艰难起见。第闻该处水陆崎岖，转运甚属不易，而甘省采粮维艰，亦不可不多方筹备。著崇实、骆秉章督同江忠浚悉心筹划，迅即兴办，以资接济。其米价运脚仍由左宗棠按数拨还，免致偏累。左宗棠原折均著各抄给阅看。将此由五百里谕知曾国藩、崇实、骆秉章、谭廷襄、曾国荃、阎敬铭、赵长龄、刘坤一、李瀚章、郭柏荫并传谕丁宝桢知之。"

（卷196　517页）

同治六年（1867年）二月丁酉

又谕："穆图善奏回匪势穷乞抚，筹划布置，遵旨前赴庆阳一折。马生彦、杨汶智悔罪投诚，情词恳切，并情愿带领马队数百，随同剿贼赎罪。马生彦等久向官军乞抚，现在如果真心悔罪，日内呈缴马匹军械，自应乘机收抚，予以自新。所有择地安插事宜即著杨岳斌委员妥为办理。庆郡困守无援，殊形危殆。穆图善以杨汶智系陕西回酋，为同类所畏惮，拟即饬令随带数骑，前赴庆郡开导陕回，俾各悔罪输诚，借以暂解城围。穆图善一军，现在进止两难，自不得不暂示羁縻，为一时权宜之计。惟杨汶智是否可用？总当持以慎重，谋定后动，毋为该逆所给。泾、庆窜匪逼近陕疆，应如何调拨兵勇？严密堵击，以杜该逆东窜之处。著乔松年、穆图善会商办理。穆图善军粮缺乏，拟派员先行驰赴花定、宁条梁一带筹办粮米。著杨岳斌与穆图善妥为筹划，俾该将军得以拔营前进，迅解庆郡之围。将此由六百里各谕令知之。"

又谕："瑞麟、蒋益澧奏剿办惠、潮、嘉各州县匪乡，歼除首逆一折。广东土匪伏莽甚多，经提督高连升督率所部剿办，将黄陂、径口等乡，乌池、合水冈等处及嘉应所属并和平河源土匪，次第铲平。歼斩首逆。惠、潮、嘉水陆行旅渐通，办理甚为得手。该提督现因曹冲客匪猖獗，经瑞麟等檄令移缓就急，驰往会剿，谅不难即日蒇事。高连升现调甘肃提督，饬令入陕。曹冲客匪如一时未能办竣，即著该督等另派将弁妥筹剿办，并将各路土匪净绝根株，是为至要。至此次在事文武员弁不无微劳，著归入查办恩平、五坑土客完竣案内，择尤报奏，毋许冒滥。将此由五百里各谕令知之。"

（卷196　523页）

同治六年（1867年）二月戊戌

又谕："乔松年奏刘松山等军击贼获胜，并复陈回逆窜扰情形各折。刘松山等军稳慎进扎，渐次逼近贼营。先将扑营之贼击退，并将吕兆集等处贼巢攻破，复续破秦渡镇花园集等处老巢，歼毙散解甚多。办理颇合机宜。现在贼已遁向螯屋，难保不窜入南山，著乔松年即激励将士，催令刘松山等各率所部乘胜穷追，毋任喘息。汉中为陕省膏腴之地，且系川陕咽喉，尤须妥筹兼顾。库克吉泰一军著乔松年催令径赴长武、泾州一带击剿，毋任甘回续行东窜。三原、咸阳之贼既经乔松年派兵击退，著即饬谭玉龙、刘厚基等分路尽力追剿，务将回匪殄尽，以清腹地。雷正绾已在邱家寨获胜，仍著乔松年饬令各军将士与雷正绾联络声势，以期互相援应。另片奏请催湖北饷银等语。陕省援兵云集，需饷浩繁。雷正绾与谭玉龙均皆缺饷，所有湖北粮台报解汉中银十九万余两，著谭廷襄、曾国荃饬令何璟、陈丕业仍将此款解交林寿图酌量支放。原片著抄给谭廷襄、曾国荃阅看。将此由六百里各谕令知之。"

（卷196　525页）

同治六年（1867年）二月庚子

谕军机大臣等："乔松年奏甘回窜至鄜州，请饬库克吉泰等先剿鄜州之贼，并催左宗棠赴陕各折片。另股回匪由三水东窜，前股已至三原滋扰。乔松年已饬刘厚基会同刘效忠等合击。复有大股逆回数万勾结土匪溃勇，同时窜至鄜州境内。段登云一军不能抵御。该逆已深入滋扰。中部宜君边境皆见贼踪。库克吉泰、德兴阿已抵同州，著即带兵赶赴鄜州，毋庸再行进省，致多纡折。并著乔松年饬令刘厚基等军迅将西路一股击退，移军往鄜州协剿，以厚兵力。其由盩厔西窜郿县之贼，该抚当催令刘松山等蹑剿，仍须步步为营，未可稍涉大意。另片奏陕省既患兵弱，尤患财殚，请饬左宗棠携银带兵到西安徐图规划等语。左宗棠现驻汉口，慎重筹划，未便轻进，朝廷亦深知其本心。惟现在陕省万分紧急，若非该大臣就现有兵力宽筹饷项，迅赴西安调度，恐军心、民心日形涣散。设如乔松年所虑，该大臣将来挽救更多棘手。该大臣务当先其所急，迅往镇压，并以屏蔽晋豫。断不令遽行入甘，致碍该大臣种种布置。鲍超一军现已留鄂剿贼。湘淮诸军亦俱到鄂，后路尚可无虞。该大臣即酌度援应，以纾廑念。乔松年片一件著抄给左宗棠阅看。将此由六百里各谕令知之。"

（卷197 527页）

同治六年（1867年）二月癸卯

又谕："前经叠谕库克吉泰驰赴泾州一带堵剿回匪。兹据库克吉泰、乔松年奏会商先剿捻逆，现办情形一折。库克吉泰一军业已行抵西安，所派马队已赴盩郿，距鄜州路远，未便再行折回。著库克吉泰即日出省，亲赴盩郿，会同刘松山追剿捻逆，痛加歼戮。鄜州一路，乔松年已派刘厚基一军，由富平、耀州之间，驰赴该处防剿。惟陕境内地回匪尚未肃清，而甘回大股数万，复勾结土匪溃勇同时窜至鄜州。段登云一军不能抵御，该逆已深入中部宜君边境。刘厚基兵力颇单，恐未足敷剿办。库克吉泰一军，未便专顾捻匪，致令北路空虚。著库克吉泰、乔松年斟酌情形，如北路情形紧急，仍著该将军懔遵前谕折赴鄜州，将该处回匪击退，即赴泾、邠一带堵剿，不得借口剿捻，致令顾此失彼。库克吉泰等另片奏现拨副将王其发、吴得胜两营步队归该将军调遣，著即照所拟办理。德兴阿谅已就痊，著即赴营迅图会剿。将此由六百里各谕令知之。"

（卷197 529页）

同治六年（1867年）二月庚戌

署湖广总督谭廷襄奏筹定湖北协甘军饷每月二万两，如期委解，不再虚悬。报闻。

（卷197　535页）

同治六年（1867年）二月辛亥

谕军机大臣等："杨岳斌奏病势甚笃，请派员暂署督篆，并恳回籍调理各折片。情词恳切，览奏具悉，若再勉强挽留，朝廷亦有所不忍。惟穆图善剿办东路回匪并安抚已降之众，在在均关紧要，一时能否遽赴省垣？尚须斟酌情形，悉心筹办，不至顾此失彼，方为妥善。杨岳斌俟穆图善到省接署督篆后，将一切情形详细告知，再议起程，毋得遽行回籍，致误公事。穆图善西赴兰州后，其东路防务关系紧要。马生彦等甫经投诚，尤当妥为驾驭，应派何人驻扎，即著该将军酌量办理，毋得稍涉疏懈。杨岳斌又奏洮州回匪叛踞城池一折。回弁丁泳安乘机复叛，踞城抗拒，实属罪不容诛。洮岷协都司丁泳安著先行革职，于擒获后即在军前正法，以昭炯戒。洮州在河、狄之西，该处回氛遍地，势悍人多，其应如何进剿之处，著穆图善于抵省后妥筹剿办，用副委任。将此由六百里各谕令知之。"

又谕："前据左宗棠奏抵甘需时，请暂留杨岳斌在甘办理。本日据杨岳斌奏称，八旬父母患病沈（沉）重，而该督病亦增剧，请饬穆图善暂署督篆。览其情词恳切，实不忍再行挽留。因令穆图善驰赴兰州暂署督篆，以便杨岳斌交替回籍。惟穆图善西赴省垣，东路防务恐无人认真堵御。该大臣到陕后，尚须经理关中回、捻各匪，方能赴任。则东路防务实为陕省门户要区。左宗棠此时计可起程入关，著于驰抵西安后，斟酌情形，相机办理，免致掣肘。将此由五百里谕令知之。"

又谕："富明阿等奏遵办挑募炮手，并请拨饷银等情一折。吉林挑募炮手赴左宗棠军营。前经谕令德英专司其事。现据富明阿奏称，德英熟悉挑募事宜，即著该副都统酌量情形，迅速筹办此事。总须挑选材力精壮，技艺娴熟之人。雇募足额，不得以老弱充数。仍著富明阿、富尔荪拣派委员帮同办理。所须管带勇丁之协佐防骁等官，即由德英选派，以期得力。其采办鞍韂及军械整装等项需银七万两，并著照左宗棠所奏，由部库迅拨吉林应用，仍由山西应解左宗棠甘饷项下，拨还户部。协领喜昌即系湖北军营告假回旗之员，著富明阿于该员回籍后，迅即饬令管带新募炮手，前赴左宗棠军营听候调遣。吉林缉捕土匪及防边事宜，仍著富明阿等妥为筹划，备预不虞，毋稍疏忽。将此由五百里各谕令知之。"

（卷197　535页）

以甘肃洮州城复被贼陷，革署同知府经历熊其光职，遣戍黑龙江。副将周潮旺、魏绍珍、参将田大胜、都司张廷秀均革职留营。予殉难副将冯光明、都司雷兴隆、教授刘升岳祭葬世职加等。

予甘肃巩昌殉难署知府王锡龄等祭葬世职加等。

（卷197　537页）

同治六年（1867年）二月壬子

谕军机大臣等："乔松年奏陈近日军情一折。甘省回逆分股扰陕，经乔松年派令刘厚基等驰往剿办。柳林、同官之贼向北狂奔，窜出陕境。乾州、醴泉另股贼匪，亦经刘效忠击败出境。又有一股自灵台窜赴凤翔，游骑已至岐山、扶风。该抚现饬谭玉龙等前往剿办。鄜州已无贼踪，令刘厚基一军分驻宜君等处。何路有警即向何处开拔，所筹尚妥。著即督饬谭玉龙等认真迎剿凤翔一股。刘厚基随机策应，以资得力。柳林、同官、乾州、醴泉之贼，虽出陕境，未受大创。该匪股究向何路窜去，折内未据声明，嗣后奏报，务将贼由何处窜入？何路窜去？贼首何人？贼数多少？详查具奏，不准疏略含混，致干咎戾。折内所称察看回逆股数甚多，仍必续窜入境，著督饬地方文武军练，确探严备，毋令肆扰。鄜县之贼仍在齐家寨盘踞，刘松山现已移营槐芽镇，遏贼之冲。著知照该提督步步为营，见可而进，毋稍大意。该军战状仍随时详细奏报，以慰驰廑。将此由五百里谕令知之。"

又谕："成禄、文麟奏会商驰赴哈密筹办军装行粮，并请饬山西拨解饷银。文麟奏哈密失陷，拟即进扎安西，并剿办高台窜贼获胜各折片。哈密失陷，前经成禄、杨岳斌等叠次奏报，成禄等此次所奏筹办招徕镇抚等事，尚系未经失陷以前情形。文麟现拟制办军装行粮，进扎安西。即著赶紧布置起程，惟目前哈密贼匪分扑巴里坤甚急，若待成禄出关会同进取，诚恐巴城有失，则哈匪之势更张。况昨据伊勒屯等奏，据获贼供称哈城贼匪均得财偷走，其势稍分，攻取甚易。文麟当迅带所部乘此机会攻取哈密。其原派驻守哈密之兵勇三千名是否溃散，并可沿途招集，以厚兵力。巴里坤被围，已谕令李云麟派蒙兵星速往援。若文麟兵至哈城，则贼匪前后受敌，似可得手。成禄久攻肃州不下，殊属疲缓。务须立攻攻拔，赶紧出关，不得再事迁延，致负委任。哈密回王伯锡尔避往何处，著文麟探明所向，仍与联络声势，会筹办法。文麟出关后军饷极为紧要，著赵长龄饬藩司无论何款迅拨银十万两解交乌里雅苏台，以备文麟派员迎提。如一时筹运不及，即咨行德勒克多尔济、李云麟等先在新疆协饷内提拨四五万两，以应急需。俟晋饷解到，划出归款，其指拨仓谷筹捐军饷等事，并著文麟咨明该地方官办理。南山、高台等处窜匪叠经威仪营勇击剿获胜。出力弁勇著文麟暂行存记，仍饬该营勇等加意防剿。将此由六百里各谕令知之。"

（卷 197　537 页）

同治六年（1867 年）三月丙辰

谕军机大臣等："成禄奏击退援贼，高台、金塔解围一折。肃州踞匪勾来西宁援贼万余人围攻高台。成禄派王兰谱、黄祖淦等军驰援获胜，贼遂西扑金塔。成禄复派窦型等与王兰谱等会剿，逆众大败，分股散布九莲寺等处。复经窦型等奋力攻袭，共毙贼五千余人，救出难民、妇女二千余名。肃州踞贼探知官军远剿，亲率悍贼扑营。杨永魁开枪将伪帅马汶录击毙。窦型旋师夹击，共毙贼五六百人。当此饷缺逆炽之时，均能奋勉力剿，尚属可嘉。目前肃逆援绝胆寒，亟宜乘此声威，立图攻拔。著成禄激励将士，勉益加勉，以期迅奏肤公，同膺懋赏。将此由六百里谕令知之。"

（卷 198　544 页）

予甘肃肃州阵亡从九品张际午等祭葬世职加等。

（卷 198　545 页）

同治六年（1867 年）三月辛酉

谕军机大臣等："前据左宗棠奏请于吉林挑募炮手，叠经谕令富明阿等妥筹，并令德英专司其事。兹据德英奏旗丁不敷招募，势难踊跃。招募民勇，重利轻功，诸有窒碍。且吉林库款不充，实难再行划拨此项经费各等语。自系实在情形。此项炮手亟须选练成军，为折冲御侮之用。著德英于丁勇内，酌择精壮妥实可靠者编列队伍，不得推诿。其采买鞍�及军械整装等项银七万两，前已谕令户部拨款解吉林应用，著即遵旨迅解，以应急需。仍由山西应解左宗棠甘饷项下拨还户部归款。该将军等即先行拨款垫办，慎勿视为缓图，致滋贻误。左宗棠于此项炮手到营后，陆续教练成军，以资得力。将此由五百里各谕令知之。"

（卷198　549页）

同治六年（1867年）三月壬戌

又谕："前据林之望奏参兰州道英奎署理甘肃臬司，创设粮运局，专供客军，任用不肖官绅纷纷捐罚，将省城搜括无遗。旋值督臣杨岳斌莅任，希图见好，将源源仓存粮一万数千石，全供楚军，并纵令地方官挪借标兵额粮，省垣蓄积一空。秦王川撤防不守，粮无来源。英奎复派员赴乡，凡民间窖藏悉行查封，给以贱价。官吏借此渔利，扰累百端，以致粮绝兵变，贼匪乘机窃发各等情。当经谕令穆图善秉公查办，迄今尚未复奏。现在左宗棠业已起程西进，计日可抵陕境。所有林之望奏参英奎种种贻误各情，即著该大臣明查暗访，务得确情。英奎现任陕西臬司，能否胜任？一并据实复奏，不得稍涉徇隐。将此由五百里谕令知之。"

（卷198　550页）

同治六年（1867年）三月癸亥

又谕："乔松年奏近日军情，并段登云所部溃扰一折。甘省大股回逆势将尽与捻合，左宗棠现已起程，著即兼程前进与乔松年会商剿办。段登云所部勇丁在鄜州劫狱掳库，该总兵既不能御贼，又约束无方，著即革职，不准留营，以示惩儆。署知州田景瀛疏于防范，著一并革职，暂行留任。陕省军政久弛，左宗棠、乔松年当申明纪律，严定赏罚，以挽积习。所有滋事勇丁即著严拿惩办，并将此军勇丁应留应撤酌量妥办，毋令从逆生事。鲍超一军前已谕留鄂、皖剿捻，左宗棠带兵入关后，腾出陕省兵力，合并郭宝昌、刘松山两军，计敷目前分布。该大臣当遵前旨，坐镇关中，妥筹剿办。陕省探报多有为从逆之溃勇所误，该大臣等宜详慎审察。将此由六百里各谕令知之。"

（卷198　551页）

同治六年（1867年）三月乙丑

补铸甘肃灵台县儒学条记，从总督杨岳斌请也。

（卷 198　552 页）

同治六年（1867年）三月丁卯

谕军机大臣等："穆图善奏回众呈缴马匹、军械，移军东赴庆阳，并请饬山西筹拨月饷各折片。回目马生彦等呈缴马匹、军械，为数不多。虽据声称不敢藏匿，究亦难于轻信，著穆图善再行酌量情形，妥筹办理，务使勿堕诡计，以靖地方。庆阳被围甚急，穆图善所带马步兵力不为不厚，即著于行抵该处后奋力攻剿，不许稍有迁延。其宁安堡地方关系紧要，并著杨岳斌抽拨一军前往驻扎，派委妥员，点验降回户口，办理安插事宜。穆图善所陈陕回不难收抚而难安插，甘回未离故土反正较易。陕回则田园庐墓无存，在甘择地安插，究属时怀觖望各等语。甚为有见，陕回人数尚多，被剿窜甘，而地方瘠苦，觅食无资。其怀思故土，亦属至情。虽从前不无罪戾，而尽数剿除，亦非仁者之用心。甘省土地硗瘠，断难久容。而陕省汉民积衅已深，又恐不能相安。左宗棠向来善于谋划，著即察看民情地势，妥为经理，或令壮勇者随营，老弱者给以耕种，俾得生聚安乐。同为率土良民，乔松年身任地方亦著悉心咨访，认真办理。穆图善移军东向，采粮较难，陕省北山各州县额征粮石，著乔松年饬令听候该将军酌量提用，即在陕省应解穆图善月饷内折银抵扣。山西清水河仓谷即可暂时停运，著赵长龄仍按月拨解银四万两，以一万两解交宁夏，三万两解赴穆图善行营。直晋官兵月饷该省久未拨解，并著赵长龄迅筹拨解。倘一时不能接济，即著于宁夏所属各州县额征粮石内提用，以应急需而赡军食。将此由六百里各谕令知之。"

又谕："李云麟奏民勇变乱，办理情形一折。李云麟所募勇丁三营分防巴里坤，因参将富贵营中被裁之勇潜与孔才营中勇丁勾结，围攻富贵营盘于察罕同古，并将官厂及孔哈沁游牧附近牲畜抢劫。李云麟现派蒙兵分扎乌陇古河等处，著与奎昌、明瑶相机堵剿，并知照乌里雅苏台一体严防，以固北路门户。前据伊勒屯、何琯奏调孔才所部勇丁赴援巴里坤，并称李云麟扣除勇营盐菜银两，以致勇丁意存劫夺牲畜，是李云麟之措置乖方。早兆衅端。此时，该勇既经溃变，伊勒屯等亦当慎加防范，不可稍涉大意。能将此项溃勇酌量招集，妥为驾驭，更可免意外之虞。关外敦煌、安西等州县并著成禄分兵往守，以防溃勇东窜。一面迅克肃州统兵出关进剿，毋稍迁延。将此由六百里谕知李云麟、奎昌、明瑶、成禄、伊勒屯并传谕何琯知之。"

（卷198　552页）

同治六年（1867年）三月己巳

谕军机大臣等："库克吉泰等奏贼踪东窜，各军追剿情形一折。捻股为刘松山等追军所阻，全股向东北狂奔，窜往醴泉一路。凤翔回逆亦同时东窜。据获贼供称，该两逆会商，欲以捻逆窜同朝，回逆犯省城，使官军首尾不能相顾。甘回何学得等股均将下窜，陕省情形甚为吃重，著库克吉泰、德兴阿、乔松年督饬刘松山等会师进击，毋任勾合分扰，兼顾省垣门户。甘回股数众多，皆欲乘虚东犯，著穆图善、杨岳斌督饬雷正绾等认真截剿，牵制贼众，毋任并力下注。左宗棠现已带重兵入关，计日可到西安。即遵前旨在省坐镇，酌度何路吃紧，迅即添兵前往，节节扫荡，务当统筹全局，妥为调度，以纾朝廷西顾之忧。晋省完善之区，该逆久生窥伺，著赵长龄督饬陈湜悉力严防，不可稍涉大意。将此由六百里谕知左宗棠、穆图善、库克吉泰、德兴阿、杨岳斌、赵长龄、乔松年并传谕陈湜知之。"

（卷198　555页）

同治六年（1867年）三月乙亥

谕军机大臣等："林寿图奏庆、泾运道梗阻，并雷正绾营募勇冒滥各折片。甘回窜扰凤翔，图与捻合。庆、泾饷道梗阻。林寿图所设转运分局在乾州城内，现在乾州被贼攻扑，情形甚紧，著乔松年迅即派兵援乾，速解城围。左宗棠到陕后，布置调遣各事宜自必与乔松年妥为筹办。惟陕省良奸淆迹，雷正绾营募勇素多冒滥。该提督现派游击余万明等赴汉中招募六营新勇。著乔松年饬令确查精选，并著左宗棠格外留心，免为所误。林寿图原折片各一件著抄给阅看。将此由六百里各谕令知之。"

（卷199　561页）

同治六年（1867年）三月戊寅

谕军机大臣等："崇实、骆秉章奏陕捻意图南窜，请饬左宗棠先趋兴汉一折。捻股麋聚鳌鄂等处，意图窜扰兴汉。惟现在甘省大股回匪勾合捻逆，东扰岐、郿、兴、乾，凶焰颇炽。陕省兵力较单，左宗棠定已兼程入关，镇压调度，能否分兵先趋兴汉，著左宗棠相机酌量。鲍超一军已叠谕该提督在鄂助剿，势难即时入秦。川省边界与陕省南山在在毗连，崇实、骆秉章当速派兵勇分路扼要守御，毋令阑入川境。原折著抄给左宗棠阅看。将此由六百里各谕令知之。"

（卷199　564页）

同治六年（1867年）三月己卯

谕军机大臣等："左宗棠奏行抵德安，拟俟淮霆各军赴鄂，再行入陕一折。现在鄂捻西窜，而淮霆各军尚未赶到。左宗棠拟在德安稍停数日，视贼所向再定进止。洵能力顾大局，不分畛域，著该大臣探明，如贼由臼口西窜，即行督军会剿，以收夹击之效。惟秦中捻回交讧，势甚猖獗。而乔松年等布置未能裕如，如淮霆各军赶到，左宗棠仍即入关进驻西安，妥为调度。左宗棠另折奏拟援照成案，于上海洋商借银一百二十万两，由各关税项下拨还等语。陕甘需饷孔殷，各省协解恐不能如期。停兵待饷，于剿贼机宜未免延缓，自应照该大臣所请，迅筹巨款，以期集事。即著曾国藩等督饬各海关监督，按照左宗棠所定数目出给印票，发交道员胡光墉等向洋商支借，兑付山西解州。一面将汇票解赴该大臣军营提用。所借银两自本年七月起分六个月，于各关税项下拨还。仍饬各该省藩司将应解甘饷按月拨交各关，以清款项。其余息银等项均著照所议办理。原折著抄给曾国藩等阅看。另片奏江海关协济甘饷，请仍照原拨续拨数目，每月解银三万两。或该省未能遵拨，即于江宁应解甘饷内，划拨二万两各等语。即著曾国藩、郭柏荫遵照办理。其穆图善月饷即由左宗棠拨给。原片并著抄给曾国藩、郭柏荫阅看。将此由六百里谕知曾国藩、左宗棠、英桂、吴棠、瑞麟、谭廷襄、曾国荃、马新贻、蒋益澧、郭柏荫并传谕周开锡知之。"

又谕："库克吉泰等奏报近日军情一折。捻匪勾结回逆，麇聚乾州、临平镇一带，前股窜至醴泉。经郭宝昌率兵迎剿，将回匪所踞之傅家庄攻破，并将后股援贼击败，追至乾州，续获胜仗。刘松山、黄鼎等军亦均至乾攻破贼堡。谭玉龙、刘孝忠等军分路进逼，以期三面合攻，直捣临平。此时，贼匪不患其合而患其分，该逆既麇聚一处，即著乔松年商同库克吉泰等，督饬诸军合力攻拔贼巢，将该逆就地聚歼，并分派各军严扼纷窜。其由甘省续窜长武回匪，并著乔松年分兵迎剿，严密堵截，以固腹地。将此由六百里各谕令知之。”

（卷199　566页）

驻藏帮办大臣瑞昌因病解职。赏前任甘肃布政使恩麟三等侍卫为驻藏帮办大臣。

（卷199　567页）

同治六年（1867年）三月辛巳

又谕：“杨岳斌奏拿获会匪正法，请饬各省一体严拿等语。甘肃委员候选知县郭祖汉竟敢约党烧香，充当会首，劫财闹饷，罪恶多端，实为法所难贷。郭祖汉即郭沤林，业经拿获正法，并将同时倡会之都司李桂芳等一并正法，足以戢凶党而遏乱萌。各路军营员弁每有设立江湖哥弟会名目，散布党与，挟制把持。此风一开，实与军务大有关系，不可不严行查禁，以肃营规。著各省统兵大臣随时认真稽查，如有前项弊端，立即严拿惩办，毋令相率效尤，致滋隐患。”

（卷199　568页）

又谕：“杨岳斌奏请催左宗棠等入甘等语。左宗棠督兵由湖北入秦，不能越陕西而至甘省。昨据该大臣奏称湖北军情紧急，不得不稍缓前进。曹克忠病势沉重，前已降旨准其开缺回籍。授高连升为甘肃提督。俟高连升到营，自当催令先行赴甘防剿。前谕穆图善赴兰州暂署督篆，尚未据该将军复奏，现在已否移军赴庆，能否进省接署督篆，即著妥速筹议具奏。穆图善未到省以前，杨岳斌责无旁贷，总当力图振作，以支危局，毋稍推诿。又据杨岳斌奏甘省剿抚两局正形吃紧，兵力委难遽分，请仍饬穆图善暂缓东行一折。据称现在剿办狄、河逆匪，穆图善一军若一轻撤，必至前后受敌，决裂堪虞。且杨汶智等降众过多，恐一旦乘虚起事，不特抚局无成，即宁郡已定之降回亦不免闻风震动。安插事宜将无从著手等语。自系实在情形。著穆图善斟酌目下军情，与杨岳斌妥筹办法，务须处处兼顾，不得稍有疏失。庆阳地方亦关紧要，穆图善、杨岳斌即督饬雷正绾、张在山就近率队援剿，毋误戎机。将此由六百里各谕令知之。”

又谕："甘肃平庆泾道黎献、宁夏府知府孙家珏，著左宗棠、杨岳斌悉心察看，如竟不能胜任，即行据实参奏。本日复据杨岳斌奏，总兵王仁和在甘峻堡剿贼，商调黎献尚未交出各营。令由水龙堡援剿，乃自辰至亥竟不果来以致贼众扑营，官军挫失等语。黎献各营因何延不交出？此次援剿甘峻堡是否意存观望？贻误事机，并著该督等据实查明参奏，不准稍涉徇隐。将此各谕令知之。寻穆图善奏，遵查甘峻堡一军失利时，黎献各营进剿水龙堡，势难飞调，并非观望不前。现在肃州业经收复，该员著有战功，应请赏还翎顶，并开复处分。从之。"

以浙江镇海协副将王得胜为甘肃河州镇总兵官。

以甘肃克复洮州厅城出力，赏总兵官李汉卿、副将曹振海、胡光仁、梅开先、萧金彪、彭天瀛、胡高升、张绍林、参将王光富、车绍堂、欧全胜、白万明、周宏胜、吴玉华、郭万福、林得胜、傅用金、程廷桂、王大胜、游击沙得贵、邓学魁巴图鲁名号。知府潘肇铺、游击陈治泰等花翎。教谕吕恕等蓝翎。余加衔升叙开复有差。

以甘肃督办军需并守城运饷出力，赏按察使英奎等花翎，教谕蓝毓青等蓝翎，余加衔升叙开复有差。

以甘肃洮州番、土弁兵节年剿匪出力，赏土司杨元巴图鲁名号，指挥金事杨作霖等花翎，余加衔升叙有差。予阵亡土司杨绣春等四百五十六员名，分别优恤，并附祀卓居地方昭忠祠。

以甘肃李家堡剿匪失利，革总兵官李助发职，永不叙用。予阵亡参将钟钦安祭葬世职加等。

以甘肃甘峻堡剿匪失利，夺总兵官王仁和勇号。予阵亡副将黄益瑞、守备蒋凤翔祭葬世职加等。

（卷199　569页）

同治六年（1867年）三月壬午

谕军机大臣等："玉通奏筹办西宁汉、回一折。西宁汉回连年不靖，叠经玉通设法解散，总未安辑。南川汉团与回民甫经和息，而河州回逆马占鳌又复纠众扑入碾伯，扰及西宁，大肆焚掠。虽经丹金扎布等晓谕退去，难保不复图窜扰。玉通现饬汉民绅商及回目马桂源设立总局协同防守，务当妥为弹压。汉团人等固不得有意寻衅，致令回民疑惧，亦不可偏听回民之词，复堕诡计。参将孟伯林办抚既无成效，且有骚扰情事，著玉通咨令杨岳斌将该员撤回参办。西宁饷项支绌，情形甚迫，著赵长龄即饬藩司在协甘饷内拨银五万两，迅派妥员径解西宁，以资接济，毋稍迟误。玉通另片奏该衙门需用办公朱红纸笔，例银不敷，请于羡税内添拨银一百两，永为定例等语。著照所请。咨行杨岳斌饬藩司照数拨给。将此由五百里各谕令知之。"

（卷199　570页）

同治六年（1867年）三月癸未

两江总督曾国藩奏："遵查已革江苏按察使查文经管理粮台尚无浮冒，应请开复原衔。"允之。又奏："遵筹西征军饷，请仍照原奏三万两之数按月以二万两解甘，一万两解陕。"下部知之。

（卷199　571页）

同治六年（1867年）四月丙戌

又谕："杨岳斌奏请调王仁和一军回省防剿等语。甘省河、狄一带回氛逼近省垣。李助发一军在红土窑失利。盐、固、静、会诸逆扰及通渭马营等处。南路防军不敷分布。省城附近要隘无营可扎，势甚空虚。王仁和一军本由杨岳斌派往肃州，替出成禄所部迅速出关。现在成禄围攻肃城，即日可拔出关。既须暂缓。著该提督即与黄祖淦专意攻取，其王仁和六营改调回省，以固本根。肃州镇总兵员缺，即著黄祖淦暂署，俾专责成所有黎献移交王仁和之六旗勇丁，并著成禄另行派员统带防剿甘州一带逆匪。杨岳斌俟王仁和一军回省后即行相机分布。将近省回逆剿除。疏通粮路。毋稍延缓。将此由五百里各谕令知之。"

前任陕甘总督杨岳斌奏："军务未竣，请展缓本年甘肃武闱乡试。"从之。

（卷200　574页）

以甘肃克复巩昌府城出力，赏副将王克昌、张得胜、秦知和、周正恺、宋先修、参将毕成升、刘恒德巴图鲁名号。同知唐绳武、都司苏家荣等花翎。知县童增锦等蓝翎。余加衔升叙有差。予伤亡总兵官程尚友祭葬世职加等。

（卷200　575页）

同治六年（1867年）四月戊子

谕军机大臣等："何琯奏击贼获胜，收复哈密城池一折。哈密既经收复，地方关系紧要，文麟、景廉皆系该城办事大臣，若再托故迁延，不即赴任，万一再有变故，即系该员等贻误，著穆图善、成禄迅催该二员星夜兼程赴哈。将防守及善后事宜认真经理，倘敢规避不前，定当从重治罪，并著成禄迅拔肃城，刻即带兵赴哈，布置西征事宜，毋失机会。成禄等未到以前仍著伊勒屯、何琯随时防范，以杜贼匪回窜。巴城粮食短缺，前已谕令杨岳斌饬安西、敦煌等处筹拨仓粮运解，何以何琯屡次催提，该县等竟以未奉总督文檄为词，借端推诿。著杨岳斌严饬该州县等赶紧拨解，不得再有延误，并著成禄就近檄催敦煌县筹拨京石粮一万五千石，解送伊勒屯何琯军营，以赡兵食……将此由六百里谕知穆图善、福兴、桂成、杨岳斌、李云麟、成禄、文麟、景廉、伊勒屯并传谕何琯知之。"

（卷200　577页）

同治六年（1867年）四月癸巳

又谕："穆图善奏驰赴省垣接署督篆，请饬左宗棠迅速赴任，并陕回具禀投诚情形一折。兰州为根本重地，四面贼氛。杨岳斌患病甚笃，非得人前往镇抚，大局实难维持。穆图善现令总兵胡世英统带所部暂扎宁条梁，兼顾陕甘毗境，并亲率马队驰赴兰州，暂行接署督篆。所筹尚合机宜。惟马生彦等甫经就抚，半个城地方为四达通衢，宁安堡之防亦关紧要。该将军务当督饬黄金山等密筹防守，并将马生彦等加意羁縻，不可稍有疏失。左宗棠入陕后，尚须剿办捻股，再议西征。甘省庆、泾、洮、河等处回匪充斥，穆图善于省垣布置事宜，稍有头绪仍当相机出省，悉心调度，剿抚兼施，毋得株守省垣，滋多贻误。陕回于彦禄具禀投诚，经该署督批令呈缴马匹、军械，即著妥为开导，俾知反正归诚。其河、狄各处亦著饬令曹熙等乘机办理。现时在甘、陕、回不无怀思故土之意，惟与汉民积衅已深，日后恐难相容。前谕左宗棠察看民情地势，于投诚匪众妥为安插。该大臣谋划素裕，务当体验情形，毋拘成见，熟筹办法。惟此次与捻逆勾结已经窜陕各回，将来势穷求抚，仍不得率行收受。乔松年有地方之责，其于陕回应如何抚插之处，亦著随时咨访，与左宗棠咨商妥办，用靖边陲。原折呈著抄给左宗棠、乔松年阅看。将此由六百里各谕令知之。"

湖南巡抚李鸿章奏："遵查湖南援黔留防各军需饷甚巨。西征军饷万难筹拨。拟将原派每月协甘一万两按月解足，以资接济。"得旨："所奏自系实情，此后如可通挪拨给，仍著随时设法协济。"

（卷200　582页）

同治六年（1867年）四月辛丑

谕军机大臣等："杨岳斌奏庆阳围解，并缕陈东路军情，请饬穆图善暂缓东行一折。前因杨岳斌奏病体难支，老亲皆在病中盼望，情词哀切，是以准令回籍。饬穆图善驰赴省垣，接署督篆。兹据杨岳斌奏称庆阳踞贼东趋，城围已解，泾州亦无贼踪，惟甘省西、南、北三路剿抚均须重兵。省城存兵无多，势难分顾。马生彦等股甫经就抚，宁安堡弹压之兵实无可拨。其办理安插各务，若遽易生手前去，必至猜隙丛生。请仍饬穆图善暂缓东行，并原办委员，无庸随带前进等语。所奏自系实情。穆图善此时计抵兰垣，责无旁贷，著将杨岳斌所筹，体察现时情形，妥为布置，不可稍涉疏虞。河、狄等地方应如何防剿安抚之处？并须设法兼顾，以固省垣。甘事糜烂已极，左宗棠公忠素著，抵陕之后，谅必能统顾全局，以纾朝廷西顾之忧也。原折著抄给左宗棠、穆图善阅看。将此由六百里各谕令知之。"

又谕："杨岳斌奏请将原拨四川、山西协陕代甘买米银两，径解甘省一折。上年刘蓉奏请由晋、蜀两省按月拨银二万两解陕，采办米粮运甘。复经杨岳斌奏请于川省应解甘饷内除每月划解成禄军饷银一万两外，按月拨银二万两解往汉中，设局买米。均经照请饬行。兹据杨岳斌奏陕省近来捻逆为患，赴甘路径梗塞。晋、蜀协款既无咨报明文，陕省买粮亦无转运实事。饥军嗷嗷，有不堪设想之势。自系实在情形。即著骆秉章、赵长龄各将原定每月协陕代甘买粮银二万两及上年短解之数一并补足，径解甘肃秦安粮台交收，毋庸转解陕台，致滋贻误。其川省月拨成禄军饷银一万两，汉中米价银二万两，仍须按月分解，均不得延宕蒂欠，以济要需。将此由五百里各谕令知之。"

（卷201　588页）

予甘肃甘浚堡等处阵亡总兵官杨甫宜等二十七员祭葬世职加等。

（卷201　589页）

同治六年（1867年）四月壬寅

又谕："库克吉泰等奏官军击贼大胜情形一折。捻、回各逆窜扰同州，经刘松山等军追及于晋成堡姜彦村等处，叠获胜仗，大挫凶锋。剿办甚为奋勉。逆胆已寒，势必急谋铤走，著乔松年督饬刘松山、郭宝昌等军严扼东路，毋任扰及河岸。库克吉奏德兴阿亦当严饬马队，会合刘松山等军实力兜剿，以期一鼓歼除。并著赵长龄督饬陈湜严密布置，加意防范，以杜贼踪偷渡。乔松年另片奏陕、甘两省在川省设局劝捐济饷，请将所收捐项凡甘省发照之捐统解甘省。陕省发照之捐统解陕省，以清眉目等语。著骆秉章、穆图善、杨岳斌饬令局员遵照办理。惟甘省所捐止有翎支一项，恐收数较少。如陕捐收项较多，仍著乔松年随时拨济甘省，列款作收，以昭平允。原片著抄给骆秉章、穆图善、杨岳斌阅看。将此由六百里谕知库克吉泰、德兴阿、骆秉章、穆图善、杨岳斌、乔松年、赵长龄并传谕陈湜知之。"

（卷201　590页）

同治六年（1867年）四月丙午

谕军机大臣等："前因哈密收复，无人镇抚，叠经谕令文麟、景廉迅赴新任，以重职守，并催成禄迅复肃州，以便统领大兵出关。兹据伊勒屯奏称，查明伯锡尔被害情形。地方大事，现无大员统辖等语。哈密甫经收复，抚绥弹压，在在均关紧要。该大臣等任意逗留，延不出关，殊属不知缓急。且难保非有心规避，著文麟、景廉懔遵叠次谕旨，赶紧出关，驰抵任所。将应办事宜极力整顿，毋再迟延。成禄被肃州贼匪牵掣，竟无出关信息，尤属疲玩，著即振刷精神，激励士卒，迅将肃城攻拔，以便振旅出关，毋得再行迁延，致干重咎。伊勒屯现任领队大臣，文麟等未到之前务当尽心防守，以固疆圉。将此由六百里各谕令知之。"

（卷201　593页）

同治六年（1867年）四月戊申

又谕："前因左宗棠奏陕甘需饷孔殷，请于上海洋商借银一百二十万两，由各关税项下拨还。当经谕令曾国藩等督饬各海关监督，按数出给印票，遵照办理。兹据左宗棠奏此次行粮，仅止五万余两。入关后军饷专恃洋商借款，暂资接济。现闻山西运城商银尚多，可供汇兑。请饬应协各省速发印票，交上海转运局道员胡光墉领取，交洋商兑取现银，付与票商，即可换取票商银票，至运城收兑等语。左宗棠现在整队西进，不能停兵待饷，自应照该大臣所请，迅集巨款，以利师行。著曾国藩、英桂、吴棠、瑞麟、谭廷襄、曾国荃、马新贻、李福泰、蒋益澧、郭柏荫、师曾各懔遵前旨，按照左宗棠所定数目交胡光墉领取，向洋商兑取现银，付与票商，即换取票商银票，至运城收兑，解付该大臣军营提用。所借银两仍著各该省自本年七月起，分六个月于各关税项下拨还。并于应解甘饷按月拨交各关以清款目。将此由五百里谕知曾国藩、英桂、吴棠、瑞麟、谭廷襄、曾国荃、马新贻、李福泰、蒋益澧、郭伯荫并传谕师曾知之。"

成都将军崇实等奏："应补宁远府四届岁科考试。现拟变通办理。"得旨："所奏虽系实在情形，然非甘肃口外可比。业经寄题考试，姑如所请，此后不准援以为例。"

（卷201　597页）

同治六年（1867年）四月庚戌

又谕："杨岳斌奏贵德厅回匪叛乱情形一折。本年二月间，贵德厅回民突起叛乱，将同知承顺及家属杀害，踞守厅城，览奏实堪痛恨。西宁回民就抚，本不足深恃。玉通主抚而毫无防范，以致匪党益无忌惮。此次贵德既为贼踞，势难再事羁縻，著杨岳斌即饬提督邓全忠等督带所部勇丁，联络该处乡团设法进剿，迅将贵德厅城攻拔，毋任久踞。玉通亦当督率兵团严密防守，毋再轻信奸回诡词，致为所误。所有死事员弁著杨岳斌查明请恤。千总乜生春潜逃出城，著先行革职交杨岳斌查办。其余听贼指使捏词禀报之文武员弁，著一并查明参办。另片奏甘省饷粮军火万分缺乏，请饬速解等语。甘省困乏情形实深焦灼。陕、甘唇齿相依，岂容坐视，著乔松年督饬林寿图将陕台现存饷银、军火、帐房等项，迅速派员探明路径，绕道解甘。并著谭廷襄、曾国荃督催湖北后路粮台，将饷银、军火源源运至汉中分局，转解赴甘，以济眉急。原片著抄给谭廷襄、曾国荃、乔松年阅看。将此由六百里谕知谭廷襄、杨岳斌、曾国荃、乔松年、玉通并传谕林寿图知之。"

（卷201　598页）

同治六年（1867年）五月甲寅

谕军机大臣等："成禄奏哈逆东窜旋退，并副将凌祥失利情形各折片。哈密回匪由安西东窜玉门，冀援肃州。经成禄派令窦型迎击，多设疑兵，贼众旋即惊退。惟该逆虽经暂遁，难保不去而复来，仍当勤探严防，不得稍形松懈。并督兵迅拔肃城，速为出关之计，毋再稽迟干咎。已革副将凌祥前在哈密接仗失利，本应治罪，现据成禄查明该革员于接仗时身受矛伤，著从宽暂留军营，责令出关效力自赎。将此由五百里谕令知之。"

前任陕甘总督杨岳斌奏："军务吃紧，请将本年秋审展缓办理。"从之。

（卷202　601页）

同治六年（1867年）五月丙辰

谕军机大臣等："何琯奏哈密现在情形，并请拨仓粮各折片。何琯现派孔才等所部分驻了墩等处。其余兵勇驻扎哈城。哈密境内渐次肃清，即著该总兵会商伊勒屯等妥筹镇抚，一面仍将窜匪相机进剿，迅殄逆氛。巴里坤、哈密两城米粮万分缺乏，又兼本年荒旱，难望收成。兵勇枵腹堪虞，亟应速筹接济。何琯前经奏请于敦煌县指拨仓粮一万五千石，著穆图善、杨岳斌严饬该县赶紧采办，解运巴城，以济眉急。成禄著懔遵叠次谕旨迅将肃城攻拔，振旅出关，毋再迁延干咎。将此由六百里谕知穆图善、杨岳斌、成禄并传谕何琯知之。"

（卷202　602页）

同治六年（1867年）五月己未

又谕："据杨岳斌奏称楚军粮台欠发饷银，并动借商民司库等项，为数甚巨，请将穆图善未到署任以前，各省具报起程协甘饷银，仍归楚军粮台核收，以清欠款。内有应拨宁夏军营月饷仍照旧拨解等语。楚军欠垫各饷固应清还。若如杨岳斌所请，将已报起程者皆作旧饷，岂穆图善带兵赴省皆可枵腹从事乎。所奏殊属非是。甘省地方瘠苦，筹饷不易，所有该署督未到任以前已报起程协饷，著仍饬总理粮台司道，通融妥办。如楚军酿成别故，惟杨岳斌是问。穆图善于到任后，斟酌情形妥筹支发，毋稍偏袒。将此由五百里各谕令知之。"

（卷202　607页）

以甘肃凉州全境肃清，予署总兵官杨占鳌优叙，复已革记名提督总兵官傅先宗职，余升叙有差。

以甘肃张家川等处剿匪出力，赏提督彭楚汉一品封典，副将傅仁清、邓德祥、参将陈德荣、游击王正耀、裴德成、黄洪魁巴图鲁名号，副将向良启等花翎，通判邓维钰等蓝翎，余加衔升叙有差。

（卷202　608页）

同治六年（1867年）五月辛酉

又谕："富明阿奏前拨饷银，请饬迅解一折。据称招募炮手赴陕，前准户部已由协甘项下拨解吉林银七万两。现在炮手募有成数而逐日口食及各外城所领口粮需用甚巨，无款可筹。请饬催顺天府迅将部拨饷银转解到吉，以备支发口食，办理军械等语。此项银两已据户部发交顺天府转解，而吉林又待用孔殷，著万青藜、胡肇智迅委妥员悉数起解，仍一面报明户部，并著都兴阿即日派员迎提。于饷银到时迅为转解，毋稍迁延。富明阿、富尔荪务当严饬富成阿等将此项炮手赶紧训练，催集成军。一俟饷银解到，即行置办军械分饬起程，以资攻剿。将此各谕令知之。"

（卷202　610页）

同治六年（1867年）五月己巳

以甘肃凉州等处剿匪出力，赏都司钱魁元等花翎，知县孙有绎等蓝翎，余升叙开复有差。

（卷203　621页）

同治六年（1867年）五月辛未

又谕："玉通奏筹款拨发蒙古俸银，请饬山西将未解俸银迅速解湟，并番贼扰害蒙古各折片。青海蒙古王公贝勒等应领俸银积欠至三年之久，该处叠次被匪滋扰，蒙古生计维艰，若不将积欠俸银量为筹发，不足以示体恤。所有由晋领到饷银一万五千两，除归还商民借款等项外，下余银一万八百两。即著照玉通所请先提银九千一百两暂为垫发该蒙古王公等一年全俸，以资糊口。所余银两著俟山西凑借一年全俸银两解到时再行凑还提借等项。如有不敷，俟续请拨饷，再为归款。据玉通奏称山西凑借一年全俸银九千一百两，接准山西巡抚来咨，已于上年二月委员解赴归绥道衙门转解，何以至今尚未解到，著赵长龄查明行抵何处？饬令迅速解往，毋任延玩。其余未解俸银并著该抚随时筹拨。察汉诺们罕旗番子逃往他受族番，勾通外党，抢掠扎哈细里地方，伤毙蒙古台吉等多人，实属不法已极。著玉通严饬该镇道厅营暨该盟长等认真蹑缉，务获究办，毋稍宽纵。将此由四百里各谕令知之。"

（卷203　622页）

乌鲁木齐提督成禄奏："遵查安、玉一带现无贼踪。哈密城池经巴里坤兵勇收复，该逆已返乌鲁木齐故穴。肃州贼势愈蹙，王仁和一军即令移扎近城西南，联络合围。"得旨："肃州贼势既蹙，著与王仁和一军迅筹攻围，毋得日久淹滞。"

（卷203　623页）

同治六年（1867年）五月乙亥

又谕："穆图善奏抵省接印，并甘肃军务地方情形及请饬金顺随营，派道员总统诸军各折片。甘肃瘠苦情形久萦廑念。穆图善现署督篆，务当悉心经理。营官既无统领，州县悬缺不补，军务、地方何由整顿。该署督任杨岳斌久病之后，当取其长而矫其失，不存成见，方能有益。前交查办事件并著持平办理。金顺素能办事，著准其调赴省垣，所有宁夏将军篆务即著丰绅护理。丰绅所署副都统并著三寿署理。道员蒋凝学久历戎行，素为杨岳斌所任用。穆图善派令总统诸军，惟才是用，必可使属员悦服。现在左宗棠到任需时，穆图善务宜振刷精神，竭力整饬，以副委任。将此由六百里谕令知之。"

又谕："穆图善奏甘省军饷奇绌，请将各省协饷变通办理一折。甘肃楚勇军饷，前经杨岳斌奏定。江宁、江苏、江海关、浙江、湖北、湖南、江西、广东每月共应协银十五万五千两。自本年正月以前已经陕西粮台截留四十余万两归还欠款，现在甘军粮、饷两绌，嗷嗷待哺，情形甚为迫切。若再将三月以前援甘协饷截留陕台，必致哗溃堪虞。著各该督抚将每月应协之饷源源拨解。所有本年三月以前及续解饷银仍由湖北径解汉中，交陈丕业经收转解，林寿图不得擅行截留，致误大局。惟前据左宗棠奏称，借用洋商银一百二十万两，自本年七月起分六个月于各关税项下拨还。由各省将应解甘饷拨交各关。是本年七月以后各省协甘之饷已归左宗棠收款。此后，甘省军饷左宗棠即当遵照前旨，酌定数目，按月拨给，以资接济。又山西、山东、河南各应协饷三十万两，四川应协饷三十三万两及河东道乙丑纲应解庆阳协饷十二万两。各该省究竟解过若干，河东乙丑纲应解兰州协饷二十万两，将此报解完竣，何以并未解到。丙寅纲应解兰州协饷尚未报解，实属延缓。著山西、山东、河南、四川各督抚即饬查明数目，将欠解之银迅速拨解。其山西、山东、河南三省及河东道协饷径解宁夏粮台。四川省协饷径解汉中粮台，均由穆图善催提分拨。至所奏陕军在甘剿贼归甘省拨饷，甘军在陕剿贼归陕省拨饷。即著照此办理，以清界限。将此由五百里谕知两江、江苏、浙江、湖北、湖南、江西、广东、陕西、甘肃、山西、山东、河南、四川各督抚，并传谕林寿图知之。"

（卷204　629页）

予甘肃安定阵亡知县多龄等祭葬世职加等。

（卷204　630页）

同治六年（1867年）五月戊寅

又谕："前因成禄奏请分拨月饷，当交户部速议具奏。兹据户部奏称，前于议复李云麟条奏，将山西、山东、河南、直隶已拨未解新疆专款改作月饷，共九万五千两，均由归化转运。将山西、山东、河南原协该提督月饷分别停撤。其专款内四川欠解银十七万两，核与归化城，道路较远，拨令转解该提督，作为未出关以前之饷。此外四川、湖北、陕西各按月数千，又四川按月一万，并据李云麟奏准，由该提督自行派员赴乌城、古城提用。前定之新疆月饷九万五千两未便再行分拨等语。成禄一军围攻肃州正在吃紧，所称协饷不足自系实在情形。著骆秉章将原欠新疆专款改归该提督之十七万两。无论何项，先行措解十万两，限两个月派员解交该提督军营，以资应用。其余各省应解该提督月饷均由户部咨催，源源报解。此外，李云麟奏准分拨之款即由成禄自行派员迎提。成禄得此有著之款，即著激励将士，克期攻拔肃州，迅速出关，毋再迟延。将此由五百里各谕令知之。"

（卷204　635页）

同治六年（1867年）五月庚辰

又谕："穆图善奏陕西甘泉失守，延郡吃紧，保安等处贼势狡猖，现筹剿办情形一折。陕西甘泉县于三月二十八日被贼围攻，县城失守。延长、肤施等处均有贼踪。延郡戒严，其保安、安定、靖边各属复有贼酋袁炳等纠众肆掠。该省北山一带年来尚属安堵，何以逆踪麇集，遂至万余。乔松年于所辖地方贼势猖獗，何以并无奏报。该处地当冲要，且为甘省运解粮饷、军火冲途，著穆图善迅即饬令总兵胡世英督带所部十营进扎延安。将甘泉县城力图克复。库克吉泰、乔松年著即速拨兵勇，会合甘省所派之程兴烈各营痛加剿洗，迅殄逆氛。渭北捻踪尚炽，若延安一带再任贼纵横，势将不可收拾。乔松年能当此重咎耶。宁条梁为山陕门户，穆图善饬令副都统敦奇祥阿等严密设防，著添派劲旅，妥筹堵御，毋稍大意。宁夏甫经安辑，如贼踪窜近又形吃重。前请调金顺进省之处，著穆图善再行妥酌，以重边防。并著桂成将绥远城与陕省毗连地方迅筹预备，以防被剿北窜。甘泉文武下落及此股窜扑之匪究系何股，贼首何人，均著乔松年查明具奏。将此由六百里各谕令知之。"寻奏："贼匪董幅详一股自鄜州败遁，窜陷甘泉，旋经知县陈泽农等集团收复，该逆复窜回甘省界内。已严催胡世英等会合击剿。"得旨："著即督饬胡世英等实力进剿，并懔遵前旨，严防绥德等处，以杜回匪偷渡黄河，毋稍松懈。"

（卷204　639页）

同治六年（1867年）六月乙酉

又谕："库克吉泰、乔松年奏近日军情。回逆屡窜陕境，现筹剿办，整顿城防，请停挑黑龙江官兵，甘饷暂缓协解各折片。捻逆由兴平南窜鄠县大王镇，经官军迎击，该逆仍由旧路回奔兴平。现在刘松山等军均已过河蹉击，即著库克吉泰、乔松年督饬各军实力剿办，就地歼除，毋令再肆蔓延。甘回分路窜陕，络绎不绝。泰昌一带复有大股回逆分扰雷正绾等军后路，图截粮道。凤翔之回窜近咸阳，游骑已近省城，著库克吉泰、乔松年迅将省防布置严密，不可稍涉疏懈。并著檄饬刘厚基等军分路进剿，迅殄逆氛，毋任捻、回勾结，致办理愈形棘手。甘省异常瘠苦，陕省应协穆图善月饷仍著乔松年勉筹接济。俟左宗棠到陕后再行酌量办理。左宗棠此时计可行抵潼关，著即赶紧前进，将该省军情饷糈统筹全局，妥为调度。黑龙江官兵即可无庸挑补，著库克吉泰、乔松年咨会黑龙江将军即行停止。将此由五百里各谕令知之。"

（卷205　644页）

同治六年（1867年）六月丁亥

又谕："林寿图奏甘饷由汉中转解，西安粮台应否裁撤，并陈庆、泾等营饷无可措一折。甘省军饷，前据穆图奏请将本年三月以前各省饷银，仍由湖北径解汉中，交陈丕业经收转解，林寿图不得擅行截留。当经降旨允行。兹据该藩司奏称庆、泾等军，月需饷银为数尚巨，若因粮饷不济恐致哗溃等语。此时，左宗棠计可入关，著于到省时与乔松年通盘筹划，于应解汉中饷银酌提若干交西安粮台，仍责成林寿图设法转运。该处粮台毋庸裁撤。穆图善亦当于汉中粮台收到之款，先行酌拨庆、泾，分赡各军，不得专顾兰省。林寿图折著抄给左宗棠等阅看。本日据刘长佑奏，捻逆穷蹙，请饬左宗棠悉力截剿，毋使东向等语。捻匪凶焰已衰，自应就地殄灭，著左宗棠、乔松年懔遵叠次谕旨，即将此股就陕省地方迅图剿灭，毋令他窜。刘长佑折著抄给左宗棠、乔松年阅看。将此由六百里谕知左宗棠、穆图善、乔松年并传谕林寿图知之。"

（卷205 648页）

同治六年（1867年）六月己丑

又谕："何琯奏巴、哈两城防务吃紧，请饬催成禄等军出关布置一折。哈密虽经收复，地方糜烂不堪。而巴城粮道又复阻塞，非有大兵出关不足以资镇抚。成禄一军屡经谕令西行，何以叠报胜捷，而收复无期，未免意存观望。著即迅复肃城以便克期出关。文麟、景廉均有地方之责，并著穆图善严催起程，毋得再事迁延，致干咎戾。哈密地方应办各事，何琯随时办理，以副委任。将此由六百里谕知穆图善、成禄并传谕何琯知之。"

（卷205 649页）

同治六年（1867年）六月甲午

又谕："文麟奏布置出关，前赴哈密，并请调文武各员随营各折片。哈密城池业经收复，亟须大员带兵前往镇抚。文麟身任该城大臣责无旁贷。叠次谕令出关，为日已久，尚复逗留高台，实属迁延观望。现在军装业已齐备，著即赶紧起程，统带所部驰赴哈密新任。倘再借词延玩，恐不能当此重咎也。懔之。所需车辆、驼只、粮草等项即著穆图善严檄沿途地方各官妥速协济，毋误供支。并著文麟咨催麟兴、李云麟于新疆协饷内提拨银四五万两交现派往之委员领归该营，以顾急需。成禄围攻肃州久未蒇事，疲玩殊甚，著迅拔坚城，续行出关，为文麟后路声援，毋再迟延干咎。文麟请调之副将萧青云、总兵张玉春、知县卢锡绅、前署秦州知州缪宝均，均著穆图善饬令前赴该营听候差遣。侍卫诚庆，本日已谕该管大臣饬令前往矣。将此由五百里各谕令知之。"

（卷205　653页）

同治六年（1867年）六月丁酉

署陕甘总督穆图善奏："通筹甘省全局，并吏治营务亟须整顿。"得旨："览奏各条均悉，该署督务当加意抚（抚）循，实力整顿，以期日有起色，毋得徒托空言。"

（卷205　657页）

同治六年（1867年）六月壬寅

又谕："成禄奏攻剿肃城情形，并催运敦煌县粮石各折片。肃州贼匪屡次出扑官军营盘，经把总刘玉江阵斩首，贼气大索。该提督正可乘此机会督军进攻，迅图克复坚城，毋再迁延贻误。王仁和所部六营前经杨岳斌改调回省，现在肃城攻剿吃紧，著穆图善即饬令该军仍扎肃州助剿。所有黄祖淦、王仁和两军均著归成禄节制，以一事权。两军既如所请归并节制之后，所称哈密各处尚可分营兼顾，自当实力筹拨，不准徒托空言。文麟久驻高台，屡经降旨严催，尚复逗留不进，殊堪痛恨。著懔遵叠谕克日驰赴新任，倘再借词观望，自问当得何罪。敦煌县仓谷著穆图善、成禄迅饬该地方官运赴巴里坤，以资接济。将此由五百里各谕令知之。"

又谕："成禄奏饷需不继，窘迫堪虞，请饬催迅速筹解等语。现在成禄肃州军务正在吃紧，并整顿出关，需饷尤亟。四川欠解成禄军饷为数甚巨，著骆秉章遵照叠次谕旨，迅速筹款，赶解肃州军营，以济急需，不可迟延。湖北应解月饷著李瀚章、曾国荃查照去年九月二十二日谕旨，设法筹解。其陕西应解之饷，虽经乔松年奏请暂缓起解，但肃州军饷支绌，仍著乔松年审度情形，酌量接济。其李云麟分拨之款俟成禄出关时，再行咨明李云麟均匀分拨。至所称拨解仓粮仅准甘省藩司指拨安、敦、玉三万石，半载有余，尚未解到等语。著穆图善督饬藩司迅速催拨，其未派之七万石能否于本年秋收项下在甘、凉两属就近各州县分拨之处，并著穆图善斟酌办理。左宗棠计可入关，务将各军饷需详确妥筹，毋使匮乏。将此由五百里各谕令知之。"

同治六年（1867年）六月癸卯

又谕："穆图善奏西路剿匪获捷，并华亭县失守各折片。米拉沟回匪素称强悍，动辄滋事。此次官军虽经获胜，尚未能捣穴擒渠。该署督当俟其穷蹙悔罪时再行议抚，不可预设招降之见，草率了事。华亭县城失守，已据乔松年奏称克复。该县为赴陕孔道，甘回屡由此路窜陕。穆图善当速筹添兵驰往扼守，严密堵截，不可以邻为壑，被害绅民，并经制孟宗孔伤死情形，均著查明具奏。将此谕令知之。"

予甘肃华亭殉难知县张衍福、典史哈庆云祭葬世职加等。

同治六年（1867年）七月癸酉

又谕："昨日穆图善奏报米拉沟胜仗一折。拆封时于黄纸内白纸外夹有讦帖一件，殊堪诧异。其字句不成文理，意系讦告穆图善办理未妥起见，穆图善必非眼同封折，致奸人施其技俩。文案营务等处竟容若辈溷迹，实非敬慎办事之道。著即密察奏明严办，原帖著抄给阅看。将此由五百里密谕知之。"寻奏："折内夹有讦帖，疏忽之咎实有难辞，当即密查严办，以杜奸人溷迹之弊。"得旨："著仍遵前旨迅速查明，从严惩办，毋稍姑息。"

宁夏将军穆图善奏："官兵收复洮州厅城。"报闻。

以甘肃攻克米拉沟贼巢，提督梅开泰得旨嘉奖。赏副将白万明巴图鲁名号，余加衔升叙有差。

同治六年（1867年）七月丙子

又谕："成禄奏官军截夺贼粮获胜，现拟移营匝围一折。肃州贼匪偷越城南金佛等一带掳掠粮草。成禄所派各营于新墩子滩地方将护粮悍贼数百击毙，夺获贼粮甚伙。该逆食尽援绝，机有可乘，正当实力围攻，以图迅拔。著成禄亲督各营克期进逼，不准再有稽延。所请饬穆图善酌拨数营助剿之处，著穆图善酌量妥筹。成禄亦不得借词延待。该提督围攻肃州为日已久，前请将王仁和、黄祖淦两军统归节制，可将肃城围困周匝，并称关外及哈密各处均可兼顾。此时又以合围难周成功莫必，两军皆难得力等词，哓哓推诿，是何居心？朝廷洞见肺肝，岂能任该提督一意反复，贻误军事耶？若再不振刷精神，徒以顿兵坚城，为延缓出关之计，国法具在，不能再为该提督曲从末减也。懔之。将此由六百里各谕令知之。"

（卷208　697页）

同治六年（1867年）八月壬午

又谕："左宗棠、赵长龄奏遵议山西河防事宜一折。山西河防经左宗棠行抵潼关，与陈湜晤商筹划，分段设防。情形尚为详尽。惟地段绵长，必须择要扼堵，水陆相依，方足以昭严密。著该大臣传知陈湜悉心经理，力保晋疆，不可稍涉疏懈。一应增兵筹防各事宜均著照该大臣等所议办理。其保德、河曲河岸即责成马升，就近派该标将弁兵丁协防，归陈湜节制。并著饬令陈湜于汾州一带择地驻扎，居中调度策应。凡属内地文武兵勇概归堤湜节制调遣，如有粉饰疏忽，抗玩军令者，即由陈湜禀知左宗棠、赵长龄从严参奏。南岸垣曲以下界接河南，著李鹤年仿造炮船百余号，选派员弁驾驶。自济源境起延扎至直隶界上，与山西水师相连，节节布置，以期周密。至山西增募勇丁月饷及船炮、军装一切制造之费，著赵长龄责成署藩司胡大任筹款举办，毋误事机。保德、河曲以抵西北边外萨拉齐厅一带河岸，汉蒙回商民杂处，防范宜周。前因甘肃回民有赴归化购买马匹、军装，伪造文书护照情事。当经谕令裕瑞、桂成一体防范。著该将军等懔遵前奉谕旨，实力督办。所有在防各镇道等均归该将军节制，以一事权。将此由五百里各谕令知之。"

（卷209　704页）

同治六年（1867年）八月乙酉

谕军机大臣等："本年三月二十五日，据杨岳斌奏称贵德厅回匪叛乱，将同知承顺及家属戕害，踞守厅城，逼胁官民书写官逼民变等词，捏禀玉通。已饬邓全忠等督勇率团设法进剿。于四月二十七日奏到，当经谕令杨岳斌即饬邓全忠等迅将贵德厅城攻拔。玉通亦当严密防守，毋再轻信奸回，致为所误。本日接阅玉通四月十一日奏报，回众变乱戕官劫库等情，与杨岳斌前次所奏尚属相同。是回匪之甘心为逆，万难宽贷。玉通一意主抚已误于前，此时，尚不省悟。另片奏邓全忠等来宁进剿，有碍抚局，实属偏执己见。就目前情形而论，邓全忠等既经收复米拉三沟，能否督率所部先抵西宁入城镇抚，再将贵德厅城相机攻取，著穆图善妥筹办理。回逆聚众扰乱，固不可不慑以兵威，但兵勇进剿之时往往妄行杀戮，乘机抢掳，致良回无以自存。朝廷办理回务止分良莠，并不使其玉石俱焚。左宗棠、穆图善务当饬知带兵各员随时约束兵勇，毋得滥及无辜。良回既安，办理自易为力。杨岳斌前奏参千总乜生春潜逃出城，革职查办。该千总虽无捏报情事，而先时潜逃，实有应得之咎。著左宗棠、穆图善查明惩办。西宁地方紧要，玉通仍当懔遵前旨，悉心筹办，毋为奸回所绐，贻误戎事。甘省回势蔓延，必须安抚良回，毋使惊疑。剿除逆回，以锄稂莠，舍此别无良策。左宗棠如有所见，即商同穆图善迅筹布置，用靖边陲。将此由六百里各谕令知之。"

（卷209　708页）

同治六年（1867年）八月戊子

予甘肃陇州阵亡游击刘魁福等祭葬世职。

（卷209　712页）

同治六年（1867年）八月丁酉

又谕："伊勒屯奏巴里坤西路贼情一折。乌鲁木齐逆回与伊犁等处溃散兵勇打仗，该逆叠次失利。如此时大兵前进，剿办较易得手。文麟威仪营头起马步军一千八百名业，已行抵玉门，即著文麟统率所部克日赴哈，相机进剿。成禄一军叠经严催该提督迅速出关，现在关外需兵甚亟，著成禄懔遵叠次谕旨迅将肃城攻克，统带兵勇，赶紧出关，毋再迟延干咎。伊勒屯、何琯另奏驻哈兵勇口粮自本年二月起，均系伯锡尔福晋捐办。惟逆回数次蹂躏，财物粮石劫掠殆尽。现在口粮均归无著。请饬拨乌城现存哈密饷银等语。著麟兴、荣全、锦丕勒多尔济将该城现存哈密饷银二万两解赴巴城，以资接济。其所称此项银二万两仍属不敷支放，请饬嗣后遇有解到新疆军饷银两，无论何款再为拨给银数万两，并据何琯奏请饬在于新疆军饷内，与哈密驻防兵勇每月拨给银数千两，著李云麟、麟兴、荣全、锦丕勒多尔济斟酌缓急情形，与伊勒屯、何琯会商办理。前因巴城饷绌，谕令自本年正月为始，每月拨给银六千两，由各省解到新疆饷银内提解。著裕瑞遵旨于各省解到后，如数提出，解交乌里雅苏台转拨巴城，务期按月源源接济，毋令缺乏。军功孔才一营既在巴城异常出力，自难令其枵腹从事。著李云麟、麟兴、荣全、锦丕勒多尔济于新疆军饷内，自本年三月起，每月拨解孔才一营饷银五百两，以拯饥军。巴城官员廉俸及各项公费久经无款支放，亟应迅筹协济，并著李云麟、麟兴、荣全、锦丕勒多尔济除拨解巴城兵饷外，每月再为筹拨官员俸廉并营中各项公费银二千两，俾供支给。将此由五百里谕知李云麟、裕瑞、麟兴、荣全、锦丕勒多尔济、成禄、文麟、伊勒屯并传谕何瑄知之。"

（卷210　721页）

同治六年（1867年）八月壬寅

先是凉州副都统瑞云奏："凉州空缺马甲七十四副，幼丁多未及岁，请暂停挑补。庄浪现空甲缺五百四十五副，无人挑补，请饬移拨。"下兵部议，至是议上。凉州甲缺应准其暂停挑补，并请饬八旗都统会议，能否于京旗兵丁内酌拨？移往庄浪驻防。候旨遵行。得旨："著暂缓移拨。"

（卷210　729页）

同治六年（1867年）九月辛亥

又谕："文麟奏行粮催办不齐，拟分两起出关一折。文麟带兵出关前赴哈密，所需行粮等项诸形缺乏。该办事大臣已由抚彝、高台赶办白面三万斤，钱一千余串。派副将萧青云先带中右各营出关，进驻玉门。飞催署甘凉道崇福赶运行粮，再由抚彝、高台设法筹措，并筹办饷项若干。即于七月初六日亲自拔营前进。哈密地方瘠苦，必须裹粮而行。文麟现饬抚彝等处赶为设措，惟恐不敷应用。即著左宗棠、穆图善迅饬安西、敦煌、玉门三州县赶紧协济行粮饷项，俾利遄行。成禄进攻肃州日久未下，以致稽延时日。著即赶紧激励兵勇迅图攻克，克日带兵出关，与文麟所部联络进扎，以壮声威。不得仍前延玩，致干重咎。景廉是否业已起程前进，并著穆图善饬令迅赴哈密新任，不准逗留。其筹办文麟粮饷官绅，准由该办事大臣咨明穆图善择尤请奖。将此由六百里各谕令知之。"

（卷211　737页）

同治六年（1867年）九月壬子

谕内阁："左宗棠奏会匪随处煽结，请饬严办等语。近年哥老会匪结盟聚党，凡官军驻扎处所潜随诱煽。江、楚、黔、蜀所在皆有。陕甘尤炽，竟有军营武职人员保至二三品者公然入会，瞥不畏法，殊可诧异。本年三月间，曾据杨岳斌奏拿获约党烧香充当会首之知县郭祖汉及都司李桂芳等一并正法。当经降旨谕令各路军营严拿惩办。兹览左宗棠所奏，复有游击马幅喜绰号苍蝇子，本系川省会匪，潜迹陕西，与其党副将阳明溃、千总唐思幅等做会结盟，徒与众多。经该营拿获，与入会勇丁十余名一并正法。可见该会匪潜滋暗长，实为乱阶。若不严行查禁，养痈贻患，为害曷可胜言。各路军营武职大员以积功历保官阶，俨厕冠裳之列，乃竟甘心入会，形同叛逆，实属罪不容诛。除将犯官马幅喜、阳明溃、唐思幅保案撤销外，嗣后军营武职人员如有入会为匪及所犯情节按照军令应予斩决者，无论所保官职大小，如现系充当勇丁，即照勇丁一律科罪。各营统领查讯严办，咨禀督抚核奏。其游勇随营勾结为匪者，无论有无官职，获讯确实，即行正法。都司、守备以下咨部查销保案，参将、游击以上汇案奏明。各路统兵大臣及地方督抚大吏，务当随时认真查察，以杜乱萌。倘或姑息养奸，酿成巨患，定惟该统兵大臣督抚等是问。将此通谕知之。"

（卷211　739页）

又谕："左宗棠奏请调因病回籍之前甘肃提督曹克忠速赴陕甘等语。曹克忠前在甘省剿贼，素称得力。因病回天津本籍，现在谅已就痊，著刘长佑传知该提督先行来京，陛见后即驰赴左宗棠军营统带旧部随同剿贼。将此谕令知之。"

（卷211　740页）

同治六年（1867年）九月丁巳

谕军机大臣等："穆图善奏河、狄、西宁各路回众投诚大概情形，并安插南八营降回及靖边县城失守各折片。甘肃河、狄二州回众最为强悍。近因米拉沟等处之捷，该回众震慑军威，具禀求抚。而西宁、洮州等处均有可乘之机。穆图善拟派员先赴河、狄，责以献城缴械各条刻示晓谕，再行分咨西宁办事大臣等，将米拉沟等处相机办理。惟回众旋抚旋叛性情殊难揣度，穆图善务饬所派之员乘机开导，如该回众真心悔罪，不妨予以自新，随时妥为防范。其西宁一路亦著会商办理。总之受降非易，万不可因其势穷乞怜遂至掉以轻心，转为奸谋所误。马生彦等股仍当善事羁縻，毋稍大意。至南八营李得仓各部之十六万人据称现皆乞降，可以择地安插。但该股人数过多，萧河城附近处所，可否令其居住就近垦种之处？即著饬令张瑞珍前往妥办，谕知该回众缴清军械、马匹，以消乱萌。静宁州一带并著檄饬王得胜督率数营，严为控驭。陕西宁条梁地方突经回匪窜踞，实为陕甘巨患。该署督当懔遵前次谕旨，严饬敦奇祥阿等，会同陕省各军迅图收复，毋任蔓延。将此由六百里谕令知之。"

又谕："前据杨岳斌奏定江宁、江苏、江海关、浙江、湖北、湖南、江西、广东每月共协甘饷十五万五千两，由湖北径解汉中转运。嗣因林寿图奏陈庆、泾营饷无措，复谕令左宗棠等于应解汉中饷银酌提若干交西安粮台，分赡各军。兹据穆图善奏称，此项协饷留陕愈多，济甘愈少，嗣后请毋庸酌提解陕。庆、泾各营饷需当由秦安粮台匀拨，毋庸林寿图兼顾，以免镠辖等语。即著曾国藩等各将每月应协甘饷解到湖北粮台后，即饬转交穆图善委员史敬铭守领，径运汉中分局解甘，不必拨解陕省。庆、泾各军既统由甘省匀拨，穆图善务当均匀协济，毋使匮乏。西安粮台应否裁撤，并著左宗棠等酌度奏闻办理。将此由五百里谕知曾国藩、左宗棠、瑞麟、穆图善、李瀚章、马新贻、曾国荃、刘昆、刘坤一、蒋益澧、郭柏荫并传谕林寿图知之。"

（卷211　744页）

同治六年（1867年）九月辛酉

谕军机大臣等："前据麟兴等奏筹办安插厄鲁特游牧事宜，续又据棍噶扎勒参奏带兵西进剿逆获胜，请拨马匹、箭枝。土尔扈特等捐输剿贼请奖，李云麟奏安置厄鲁特无须会议安插游牧善后事宜，拟赴归化城就医各折片。并军机大臣呈递棍噶扎勒参请领令箭、军需则例咨文，先后降旨令惇亲王等会议具奏。兹据奏称，李云麟于安插厄鲁特事宜一面奏闻，一面移咨该喇嘛照办，似已确有把握。请责成该员等妥为筹度等语。该游牧现在情形既据李云麟奏称业已得有牲畜，又贪额尔济斯河水草，在彼安插游牧。虽逐之亦不肯去，自不能不照该署参赞所拟，因势利导。著李云麟、麟兴将所筹厄鲁特、土尔扈特各旗游牧事宜认真办理，务须计出万全。将棍噶扎勒参妥为驾驭，俾为我用，毋得敷衍了事，致贻后患。其请照西宁例岁赐该喇嘛采买茶、布银两一节，虽据该王大臣等奏称，俟该处办事大臣简放有人，再行酌办。而该喇嘛报效情殷，不可不量加体恤。未经定议之先，仍照李云麟等所拟，由新疆饷银项下，从本年冬季起按季拨银三千两，暂资接济。绿营回子等既能出力杀贼，著即传知棍噶扎勒参督率该回子奋勉图报，如能续行立功，不妨随时鼓励。惟该差官等所称绿营回子出力剿贼，其事是否真实？其心迹是否相符？亦不可不详细审度。总以不误事机为要。策林喇普坦、拉特那巴咱尔均著加恩即行开复。其图布新克西克从前兵溃时，如该员有应得之罪。著李云麟等查明奏请开复，如无应得之罪，仍著另行请奖。其余各员著理藩院酌量办理。棍噶扎勒参请拨箭枝、令箭及军需则例，战箭一万枝已令武备院如数拨给，所需火箭已令火器营及山西巡抚酌量拨解，军需则例即著由户部颁给。其令箭一项即传知该喇嘛自行办理，仍应先行呈明乌里雅苏台将军存案备查，以资应用。李云麟于安插厄鲁特事宜首先倡议，自应始终其事。乃甫经筹办，遽以抱病为辞，希冀置身事外。迹涉规避取巧，且不候谕旨。擅赴归化尤属不成事体，所请赴归化城就医之处著不准行。无论行抵何处即行折回，会同麟兴妥办。其应行传知棍噶扎勒参各节著李云麟等摘录谕旨，传知该喇嘛钦遵筹办。折片二件著抄给李云麟、麟兴阅看。将此由六百里各谕令知之。"

（卷211　747页）

同治六年（1867年）十月丙戌

又谕："穆图善奏击退扑省回匪，并请拨马队。洮州等处回民投诚各折片。河州东乡回匪胆敢纠众扑犯省垣，经穆图善督饬文武各员将贼击退。该匪势尚鸱张，亟须厚集兵力早日翦除，方免心腹之患。现在穆图善抽调各营分路进取，著即妥速调度，迅殄逆氛。彭楚汉等各员著暂行存记，俟续立功绩，再行奏请奖励。甘省匪炽兵单，自系实在情形。惟陕省剿办捻逆，正须马队与之角逐，势难分拨来甘。东北重地不可空虚，著严檄延安一带防军就现有兵力认真防剿，不可大意。胡世英是否可恃？并著查明妥筹调遣，毋得稍涉迁就。宁州贼匪窜陷陕省宜君等处，经陕军击退回巢，著穆图善饬令甘军尽力剿洗，毋令再窜陕境。雷正绾现调来省，即著留心察看，如果堪备任使再行奏明请旨。洮州回民投诚，若非诡词乞抚，自不妨予以自新。穆图善当确切查办，不可堕其术中。参将范铭著暂行存记，俟办有成效再行请奖。回弁丁永安曾否为逆，仍著穆图善确切查明，秉公核办。道员豫师应得处分，著免其查议，毋庸再加布政使衔。张瑞珍著开复降调处分，仍以道员留于甘肃补用。本日据左宗棠等奏，贼扰宁条梁，副都统敦奇祥阿不肯分兵御贼，经萨斌图与萧明发合队，始行击退。著穆图善将该员等功过核实确查，分别奏明办理。将此由六百里谕令知之。"寻奏："遵查副都统敦奇祥阿于贼扰宁条梁时，会同冲勇营帮办萧明发击退，复调营总萨斌图会剿窜匪，调度尚属合宜，并无不肯分兵御贼情事。"报闻。

又谕："穆图善奏请饬催各省协甘饷银，并筹拨雷正绾军饷各等语。甘省地方瘠苦，粮面昂贵，全赖各省协饷接济兵食。乃本年三月以前，各省解到甘饷已不及奏额之半。四月十五日以后并未报解丝毫。兵勇枵腹荷戈，情形万分苦累。现在河州东乡悍贼扑犯省城，军事危迫。穆图善拟派大队兵勇前往剿办，非裹带半月军粮，势难轻动。狄、河地方早寒，弁勇深入搜剿，亟须多制棉衣。亦非大批协饷解到，不能速办。著左宗棠、李瀚章、曾国荃、乔松年分饬陕西藩司及湖北后路粮台，遇有协甘饷银随到随解，不准停积截留，致误军食。并著曾国藩、郭柏荫、刘坤一、马新贻、刘昆、李瀚章、曾国荃迅将各该省奏定协甘饷银，按月如数拨解，以收饱腾之效，不得存畛域之见，坐视不顾，致干重咎。山西河东道库每年应解协甘银五十二万两，蒂欠尚多，本年之款亦未解到，即著赵长龄严饬该道迅将上年欠款并本年协饷赶紧分批拨解，毋稍延误。雷正绾军饷向由庆阳粮台支放，刻下进剿东路等匪，需饷甚迫。穆图善现将河东道应解协甘饷银五十二万两内原定分拨庆阳粮台之十二万两专归雷正绾军营支用，由该提督派员赴晋提解，并著赵长龄饬令河东道赶紧筹拨交该委员领解，以济要需。将此由五百里各谕令知之。"

（卷 213　　774 页）

以叠著战功，复甘肃已革总兵官陈义职。

予甘肃兰州阵亡提督周保和、总兵官彭文林、参将常泰、守备吕松尧等祭葬世职加等。

予甘肃巩昌阵亡知县长林祭葬世职加等。

予甘肃平凉殉难教谕王汝揆祭葬世职。

（卷213　776页）

同治六年（1867年）十月辛卯

四川将军崇实等奏："遵筹甘省军米，于重庆等府产米较多之近水州县，采买转运。川省协甘饷银现定每月二万两，即以此项拨归米价，以省周折。"报闻。

（卷213　778页）

同治六年（1867年）十月己亥

又谕："伊勒屯奏哈密现无大员镇抚，请饬催文麟赴任一折。前据文麟奏行粮等项，诸形缺乏，业经筹办粮饷，该办事大臣于七月初六日，亲自拔营前进，何以至今未抵哈密，殊不可解。文麟自简放以来，催令赴任，不啻至再至三，乃竟百端借口坚不肯前，不知是何居心。著即克期进发，不准片刻逗留，倘敢仍前玩忽，必治以应得之罪。并著成禄查明文麟行抵何处，飞速咨催，若再迁延，即著奏闻惩办。成禄围攻肃州愈久愈疲，似此泄沓从事，何日是出关之期，著赶紧整顿士马，迅将肃城攻拔，振旅出关，与文麟联络以壮声势。景廉是否启行，前经谕令穆图善饬赴新任，著原廉迅即赴哈密接印任事，以重职守，毋得迟延干咎。穆图善亦不准借端奏留，再行渎请。将此由五百里各谕令知之。"

（卷214　788页）

同治六年（1867年）十月壬寅

乌鲁木齐提督成禄奏请将已革副都统色楞泰留营差委。允之。

（卷214　792页）

同治六年（1867年）十月癸卯

谕内阁："穆图善奏遵保贤员各片。据称署甘肃兰州府知府舒之翰沉毅有为，好谋能断。署宁夏府知府李宗贤才识宏通，克襄艰巨。署甘凉道甘州府知府崇福卓识超群，才堪匡济。补用知府铁珊有为有守，通达治体。泾州直隶州知州余士谷才德兼优，诚心任事。署秦州直隶州知州邓承伟器识沉潜，有为有守。候补知府朱百川才优识裕，办事勤能。补用同知直隶州知州，张掖县知县姚近斗精明稳练心地朴诚。升用直隶州知州大通县知县刘存仁持躬端谨，处事安详。前署灵州知州尹泗才明守洁，躁释矜平。庄浪茶马同知韩梅磊落光明，才堪肆应。洮州同知景春端详谨慎，悃愊无华各等语。以上各员均著俟甘肃军务完竣再行送部引见。"

又谕："穆图善奏特参庸劣之员请旨革职一折。甘肃署永昌县知县邹文蔚年少轻浮，嗜好过重。署西和县知县陈光宗才具平庸，办事迟钝。署金县知县胡应泰心地糊涂，不谙吏治。邹文蔚、陈光宗、胡应泰均著一并革职。"

谕军机大臣等："前任陕甘总督杨岳斌，前任浙江提督鲍超从前办理军务素著功绩，均因患病开缺调理。国家需才孔亟，如该二臣者若令投闲置散，殊为可惜。著骆秉章、刘崐察看杨岳斌、鲍超曾否调治就痊。如果病体已愈，即著迅速奏闻。将此各谕令知之。"

（卷214　792页）

又谕："穆图善奏甘省协饷久缺，历陈情形一折。甘肃现驻各军应归该省发饷者共有一百四十余营之多。所需粮石既难就地采办，应需饷银本省亦无从筹款。省台及秦台所收川、湖等省解到之款，杯水车薪，计尚不敷一月支放之数。现据该署督胪陈兵勇并应需粮饷数目及缺饷危迫情形，所奏自非虚饰。甘省饷缺已久，饥军哗溃堪虞，若再不速筹接济，其势将不可收拾。著左宗棠按照穆图善折内所陈各情量筹接济，并著迅速拨银前往，以维大局。左宗棠身任甘督，自应及早赴任，未便久驻陕省。著将陕省捻匪速行殄灭，俟军务办有头绪，即行驰赴甘境。穆图善原折著抄给左宗棠阅看。穆图善另片奏请将记名提督杨占鳌迅赐简放等语。杨占鳌筹解粮银，接济省垣，固属急公。惟尚未卓著战功，著俟著有劳绩时再行续请奖励。将此由六百里各谕令知之。"

又谕："成禄奏官军移营扼扎情形，暨催解皮衣，另调各员等折片。新疆到处糜烂，亟盼大支劲旅早日出关。为各路声援，叠次催令成禄攻拔肃州，克日出关。乃该提督忽称合围，忽称兵单饷绌，百端借口，希图宕延。此次又称合围周币，王仁和、黄祖淦等军同心杀贼，果如所奏，肃城可有克复之机。著即严督各将士锐意进取，迅速攻拔，整顿出关。倘再事迁延，定将成禄等重治其罪。前谕四川先筹银十万两限两月解到成禄军营。现在解到之银为数甚属寥寥。著该部严催骆秉章赶为拨解，以济饥军。肃州边地寒冽，士卒无衣御寒，殊形苦累。甘、凉、安、肃所属各州县摊派无面大皮袄一万五千件，著穆图善严催各属，如数购办解营，以济急需。知府佑昌随营出关，既难得力，著穆图善另委一员迅赴成禄军营接办粮台事务。平凉县知县徐杨文保并著该署督饬赴成禄军营以资差委。成禄另片奏高台、金塔解围案内各员再请恩施等语。此案于三月初二日谕令成禄将出力各员暂行存记，俟肃郡克复后汇案保（褒）奖。现在肃州未复，该提督何得先行渎请，著仍遵前旨办理。将此由六百里各谕令知之。"

（卷214　794页）

予甘肃肃州阵亡都司匡茂通等祭葬世职加等。

（卷214　795页）

同治六年（1867年）十月甲辰

又谕："文麟奏行抵玉门，通盘筹备情形，请饬拨军火帐房，副将萧青云请旨革职各折片。文麟于八月初二日督率后起马步自高台启行，十五日已抵玉门，著即激励将弁相机前进。惟军饷万分缺乏，器械锅帐均须添制，待用尤迫。而乌里雅苏台所拨之饷迄今数月尚未解到，著麟兴、荣全、锦丕勒、多尔济、李云麟将从前指拨饷银，赶紧如数筹措，交迎提委员迅解文麟军营，以济眉急。文麟应办军装皮袄，后路粮运及目前饷糈等项，既难在哈密就地设措，而遇事咨商陕甘总督又恐缓不济急。文麟拟请将安西、敦煌、玉门三处暂归该大臣节制，以期呼应较灵，自不得不从权办理。即著照所请行。穆图善务当饬令该州县于文麟应办一切事宜认真经理，毋得迟延推诿，致误戎机。一俟军务稍松仍复旧章，以示限制。文麟由蒙古台站驰递折报等件屡有迟误，著即照所请，由北路蒙古台站巴里坤一带往来接递。麟兴、荣全、锦丕勒、多尔济、伊勒屯务饬各台站遵照办理，以期迅速。肃州逆匪分窜玉门等处。意在阻截文麟进兵之路，著成禄懔遵叠次谕旨迅克肃城，疏通道路，俾利师行。文麟所部军火帐房均形缺乏，著麟兴、荣全、锦丕勒、多尔济、李云麟在于库储内分拨五子炮二十尊，抬枪八十杆，抬炮四十杆，鸟枪二百杆，帐房二百架，火药一万斤，喷筒火弹火箭量为多拨。务须星速照数解运，以利攻剿。副将萧青云扰民侵饷，险诈妄为，著即行革职，仍责戴罪自效。如再怙恶不悛，即在军前正法，以肃军律。近日文武各员皆以新疆为畏途，一经指调率皆推诿不前。嗣后遇有指调出关人员倘有借词规避，应如何议定处分以杜取巧之处？著吏部、兵部妥议章程具奏。景廉现在行抵何处？著穆图善等催令趱程前进，迅赴新任。将此由六百里各谕令知之。"

以甘肃玉门县城解围，予通判恒龄以直隶州知州用，并赏花翎。知县汤铭等蓝翎。余加衔升叙有差。革临阵不力参将白世泰职，予阵亡军功李东阳等赏恤加等。

（卷214　796页）

同治六年（1867年）十月己酉

又谕："左宗棠等奏捻逆窜入北山，分股狂奔，官军截剿叠胜，并各军剿回获胜，宁州解围，正宁等县甫失旋复情形各一折。捻逆由鄜州境折向洛川，经提督刘厚基连番追剿，突围刘厚填营盘。刘厚基出队击退，遂分窜甘泉，扰及宜川县云岩镇等处。其西路捻股勾结回逆攻犯耀州州城及窜近同官县各地方，亦经提督刘效忠等分驰掩击，毙贼甚多。现在刘厚基等由宜川、洛川等处分路前进，正可乘此声威痛歼丑类。著左宗棠、库克吉泰、乔松年、刘典严饬刘松山等各率所部分头剿截，使该逆不得喘息，就地殄除。惟捻踪飘瞥靡常，鄜、延所属各邑在在与晋毗连，转瞬冰桥凝结，难保其不合并东趋，过河犯晋。左宗棠等仍当懔遵叠次谕旨，督饬各营将士实力堵扼，毋任阑入晋疆，更形延蔓。甘肃回逆攻扑宁州州城，都司李广珠出奇击贼，追毙多名。宁州得以解围。泾州一带踞回复经张在山分剿获胜，正宁、宝鸡两城失陷。谭玉龙、杨和贵等先后分道援剿，旋经收复。此次回匪叠为官军摧挫，其焰渐衰，著左宗棠等饬知雷正绾、张在山等分督各军相机进剿，以期早靖逆氛。陕甘回患已深，自应随时变通办理。左宗棠等呈递晓谕回民分别剿抚告示两件，尚合机宜，著即广行张示，以消反侧。将此由六百里谕知左宗棠、库克吉泰、乔松年并传谕刘典知之。"

（卷214　803页）

同治六年（1867年）十一月壬子

又谕："张之万奏六塘河分段扼守情形及贼窜赣榆，并请拨清淮饷需各折片……清淮协饷无著，张之万以金陵厘局月协甘饷三万两之款于本年十二月可将江海关借项抵清，拟自明年正月为始，于此款内匀拨一万五千两以顾清淮饷需。下余一万五千两仍协甘省。著曾国藩斟酌缓急，妥为筹拨，以保完善……著李鸿章、丁宝桢、将齐河下游妥筹备预，以专责成。将此由六百里各谕令知之。"

（卷215　809页）

同治六年（1867年）十一月庚申

又谕："左宗棠奏复陈甘肃饷事，通筹陕甘全局，俟军行入甘，即当接篆任事，并西宁抚局难恃各折片。据称穆图善现饬林寿图撤西安粮台，悉以饷事归秦安粮台。又分拨山西、河东协饷归雷正绾委员守催，而以泾军饷事寄之雷正绾。恐泾军先存疑虑，若令庆、泾各军概取给于秦安粮台，又鞭长莫及。且用兵西北必多筹运道，以备不虞。似此专注汉中、秦安一路，设有梗阻，必至贻误等语。所筹深中窾要。现设西安之甘肃后路粮台，即著左宗棠饬令林寿图妥为办理，毋庸遽议裁撤。其甘肃改设之台即责令就近转输川、湖饷米，以资拨运。穆图善务将甘军核实察验，撙节支用。综计每月约实需饷粮若干，咨明左宗棠商办。左宗棠亦当彼此兼顾，源源接济，俾免哗溃之虞。甘军虽有一百四十营之多，据左宗棠奏称杨岳斌去甘之先，多已逃溃，现在存勇断不及半，著穆图善切实查核，毋任各营官按籍索饷，致涉虚冒。各营兵丁缺额，暂时毋庸添募，以节饷需。左宗棠速将捻逆剿除，并陕、甘交界之回节节扫荡，驰赴甘境。将该省兵饷剿抚各事宜实心筹办，以副委任。并著穆图善俟左宗棠入甘后即将总督关防派员赍送该督军营。八月十六日，河、狄回逆叛围兰省情形，著穆图善据实查奏。仍随时与左宗棠函商妥办。左宗棠奏乔松年接据总兵黄武贤函称，西宁危殆情形，抚局已有不能敷衍之势。著穆图善查明据实具奏，仍一面咨照玉通会筹办法，以遏乱萌。黄武贤原信著抄给穆图善阅看。将此由五百里各谕令知之。"

（卷216　821页）

同治六年（1867年）十一月癸亥

又谕："左宗棠奏捻逆连陷延川、绥德两城，回逆同时狓猖，自请严议，并续陈筹办米捐情形各一折。捻匪由延长窜陷延川县城，前股由清涧直趋绥德，州城亦被窜陷。凤、汧一带回氛复炽，亟应迅筹剿办。刘松山等军已由宜川、延安进剿，即著左宗棠、乔松年、库克吉泰檄饬刘松山等分途截剿，将失守各城迅图攻克。刘典亦当派兵进剿，力遏贼氛，延、绥各属与晋省仅一河之隔，处处可渡，著赵长龄仍遵前旨，严饬陈湜兼顾。督率在防各军加意防范，将西岸船只尽数提过东岸，毋令扰及晋境，致干重咎。河曲、保德一带尤关紧要。左宗棠已饬总兵马升拨兵一千名与陈湜所部亲兵前往防守，并著赵长龄饬令该臬司等勤加侦探，加意严防，毋任一匪窜越。其阑入安塞之匪现向真武洞窜走，恐由宁条梁边外窜犯包头，与花马池等匪互相勾结。左宗棠已饬令陈湜腾出大同防军前往包头堵御，并著裕瑞、桂成、赵长龄檄饬带兵各员，确探贼踪，妥筹布置，毋任该匪阑入。左宗棠务当妥为布置，责令带兵各员由东北逼向西南，以期力保完善。凤、陇等处回氛猖獗，甘肃回匪乘机窜扰，意在与捻匪相结，牵掣官军。著左宗棠严饬杨和贵等，与黄鼎等军合力夹击，并将凤翔及洛川、白水等股迅筹剿灭，毋任蔓延为患，致剿办更难得手。左宗棠统兵剿捻，任令该匪窜陷延川、绥德两城，殊难辞咎。著加恩改为交部议处，所请筹办捐米章程，即著照所请办理。将此由六百里谕知左宗棠、库克吉泰、裕瑞、桂成、乔松年、赵长龄并传谕刘典、陈湜知之。"寻吏部议，左宗棠应降二级留任。事关军务，不准抵销。从之。

（卷216　827页）

同治六年（1867年）十一月甲子

又谕："前据穆图善奏，已革甘肃河州镇总兵李助发守城击贼，请撤销永不叙用字样，仍革职留营，当经降旨允准。兹据兵部奏称，凡永不叙用人员前已奉旨不准开复，若此端一开，必启劣员钻营之渐等语。所有李助发永不叙用之案著毋庸撤销，以符定例。嗣后各路统兵大臣及各省督抚仍著懔遵历次谕旨，不得将此等永不叙用人员，违例滥行保奏。"

（卷216　829页）

同治六年（1867年）十一月丁丑

又谕："左宗棠奏邠州等处剿匪情形等语。回逆及溃勇土匪窜扰邠州、三水、宜君中部洛川一带，经谭玉龙等军由邠州之红崖堡等处分路进剿，由正宁犯邠之甘回及另股回匪均经击败。著左宗棠檄饬谭玉龙等军乘胜进攻，务将邠州等处之匪节节扫荡，以期渐次廓清。宜君、洛川之匪经刘典等军进剿亦有斩馘，贼俱败遁。鄜、宜之路渐通。著左宗棠会商刘典激励将弁，合力兜剿，毋令该逆阑入晋疆，扰及完善之区。陕、甘毗境，贼势鸱张，库克吉泰曾否带兵出省，著即懔遵前旨，实力剿办，毋再迁延干咎。左宗棠、乔松年务当悉心筹商，妥为布置，迅殄逆氛。其绥德州失守之总兵陶茂森、署知州沈际清本日已批谕均著革职拿问。即著左宗棠按律惩办，以肃戎行。黄河冰冻，陕省之贼处处可以窜晋，且匪踪已及葭州，逼近河干，防务极关紧要。著赵长龄督饬陈湜将沿河一带严密布置，连环侦探，毋稍疏虞。将此由六百里谕知左宗棠、库克吉泰、乔松年、赵长龄并传谕刘典、陈湜知之。"

（卷217　848页）

同治六年（1867年）十二月壬午

又谕："成禄奏围攻肃州被挫情形。文麟奏肃州股匪窜扑玉门各一折。成禄剿办肃州踞逆日久未下，此次一经接仗即损一武职大员，不知平日布置者何在。官军失挫后，贼势愈张，成禄若再不激发天良，勉力进攻，何时是灭贼出关之期。著即激励各将士迅图攻拔肃城，毋得任意迟延，致干重咎。黄祖淦所部既交马天祥管带，务当饬令该员认真整顿，以作士气。肃城之贼，成禄既称移营扼扎，三军声势联络，何以大股窜出关外，若罔闻知，其为形同聋聩，已可概见。现在虽经文麟击退，而该逆纷窜靡常，仍须时加戒备，期免疏虞。著文麟严饬文武员弁设法扼剿，毋任该逆窥伺，以保岩疆。安、敦、玉一带既形吃紧，著将玉门应办事宜妥筹布置，即往安西勉图兼顾。哈密地方最关紧要，仍著文麟将关内外办理就绪，迅赴该城任事，以资镇抚。将此由六百里各谕令知之。"

又谕："成禄奏请将四川协饷汇至山西藩库等语。四川应协成禄军营饷项均系指拨专款，与甘省无涉。若抵甘时即为甘省截留借用，肃州饷需势将更形缺乏。著骆秉章即将五月间指拨银十万两并按月应拨补足川兵口粮银一万两径汇兑至山西藩库，毋庸由甘省转解。赵长龄于此项协饷汇到时，即饬藩司妥为存储，俟成禄迎提委员到晋交其转解，并饬经过地方官多拨兵役护送，毋稍疏忽。将此由五百里各谕令知之。"

予甘肃肃州阵亡总兵官黄祖淦、游击钱魁元等祭葬世职加等。

（卷218　857页）

同治六年（1867年）十二月乙酉

又谕："左宗棠等奏官军进剿宜君回匪，叠获大胜，并分军剿办谭家湾等处回巢情形各折片。此股回匪马壮沅等图陷米子营垒，经刘端冕筹以少击众，首逆伏诛，洵属异常出力。谭家湾等处回巢亦经高连升筹军蹴毁，回逆叠受大创，半回甘境，事机尚为顺利。第马壮沅虽已伏诛，而苏万沅、郭阿浑等未尽殄除。甘省无粮可采，难保不乘隙回窜，仍著左宗棠严饬各军认真防剿，毋稍松懈。其由宜川窜入山西之匪，亟应迅速聚歼，毋任延蔓。该省兵力单薄，而地方富庶，京协各饷尤赖以接济。该大臣身膺统帅，自当权衡缓急，即著懔遵前旨，迅饬刘松山等军绕赴山西迎头截击。左宗棠亦即酌量情形，督军入晋，就地歼除。不准稍涉迁延。库克吉泰于何日出省？乔松年责任封圻，亦当同心协力，不得坐视，致误事机。庶左宗棠无顾此失彼之虞。将此由六百里谕知左宗棠、库克吉泰、乔松年并传谕刘典知之。"

（卷218　859页）

同治六年（1867年）十二月丁酉

谕内阁："协办大学士、四川总督骆秉章忠诚亮直，清正勤明。由翰林洊擢卿阶，以廉介持躬，仰蒙宣宗成皇帝特达之知，先后命赴山东、河南等省查办事件，旋简授臬司，擢任封疆。在湖南十年，练兵训士，甄拔人才，东南巨寇，赖以殄灭。复荷文宗显皇帝知遇，特加头品顶带以示宠眷。嗣命督办四川军务。朕御极以后，即擢授四川总督，统军入蜀，赏罚严明，所向克捷。滇、粤各逆悉数歼除，并越境攻克甘肃、贵州各州县。因石逆被擒，川境肃清，论功行赏，晋加太子太保衔。旋以江宁克复，东南扫荡，念其昔年在湖南任内，识拔将帅，克振军威，忠荩咸孚，勋劳夙著，复赏戴双眼花翎，赏加一等轻车都尉世职。本年夏间，简任纶扉，老成硕望，方冀克享遐龄，长资倚畀。昨因旧恙复发，赏假调理，遽闻溘逝。披览遗章，良深震悼。骆秉章著追赠太子太傅，即照大学士例赐恤，任内一切处分悉予开复。应得恤典，该衙门察例具奏，并加恩予谥，入祀京师贤良祠。并于四川湖南两省建立专祠。其生平政迹事实著即宣付史馆。伊子骆天保著赏给郎中，服阕后分部行走骆天诒著赏给举人服阕后，准其一体会试。伊孙骆懋湘、骆懋勤、骆懋仁、骆懋勋均著交部带领引见。伊侄孙候选县丞骆肇铨，著以知县分发省份即补。其灵枢回籍并著沿途地方官妥为照料，用副笃念荩臣至意，寻予祭葬，谥文忠。"

（卷219　879页）

同治六年（1867年）十二月辛丑

又谕："左宗棠奏捻、回土匪合扰郃阳等处，先筹痛剿，以免续窜晋境。官军入晋后，剿捻屡胜，贼向西南败窜。归绥边防无警，已调马队由河南赴晋剿捻。穆图善奏河州东乡回匪图抄官军后路，现在布置情形各折片。黄河西岸各匪纠合窜扰郃阳、澄城、洛川等处，意图内犯。左宗棠现饬周绍濂等营分头防剿，即著檄饬派出各军协力兜剿，务将此股捻回土匪就地殄除，毋令续渡冰桥，更增晋境之贼。其窜晋捻匪前据赵长龄、李鹤年先后奏报，该匪由曲沃南扰垣曲，并已窜近河南济源县境。河北军情甚形吃紧。著左宗棠仍遵前旨，兼程赴晋。惟匪踪现已南趋，应如何择地驻扎居中调度之处，并著妥筹办理。左宗棠当激励官军分路截击，以期一鼓聚歼，毋令四出蔓延，又成不了之局。该大臣赴晋后并著库克吉泰、乔松年、刘典督饬各军严遏匪踪，毋稍松劲。左宗棠以西路空虚，库克吉泰若复北行，无军援应，著即照所请，库克吉泰暂缓前赴陕甘毗境。该将军现在咸阳，即体察情形相机布置，以壮声援。贼踪距宁条梁虽远，包头等处防务仍著裕瑞、桂成妥筹兼顾，严防回窜，毋稍疏虞。董、高二逆老巢在花马池一带，必须捣其巢穴，方能制贼死命。该处距宁夏甚近，金顺带队尚称勇敢，著即挑选所部精骑并统带沿边马步各队及胡世英各营克期东征，迅歼丑类。甘肃河州东乡回匪纠党抗拒官军，穆图善以兵力未齐尚难进取，先将前敌事务布置，暂行旋省。即著严檄王得胜等赶紧拔队前进，不准托故迁延。穆图善俟各军进发仍即出省督剿，以赴事机。正在寄谕间，据左宗棠等奏雷正绾等军进援庆阳，沿边叠获胜仗，攻拔回巢，收抚土匪。雷正绾已抵盘客地方，距庆阳仅八十余里，著左宗棠等严饬雷正绾统带所部与孟玉德等防军互相联络，扫荡而前，迅解城围，肃清疆圉。将此由六百里谕知左宗棠、库克吉泰、穆图善、裕瑞、乔松年、金顺、桂成并传谕刘典知之。"

又谕："左宗棠奏请饬湖广迅拨应解协饷，采办军米等语。本年陕西米粮昂贵，军粮缺乏，采办维艰。据左宗棠奏湖北欠解五、六两月协饷银四万两，湖南欠解尤多。亟应筹解采买，以资接济。著郭柏荫、李瀚章、刘昆、何璟各饬该藩司，由湖北迅拨银四万两，湖南迅拨银二万两，均解交陕甘后路粮台王加敏等委员采办军米，分批转运。由汉江泝流而上，入甲河至陕西山阳县之漫川关，陆运至西安，以供军食，毋稍迟误。正在寄谕间，左宗棠奏饷项将罄需用繁急，请催提江南等省协饷，援案拟借用洋商银两，开单呈览，并请饬河南巡抚仍按月协解各折片。左宗棠新旧各营饷项积欠三、四、五月不等，需用浩繁，必须及早宽备。所有江南、浙江、湖北、广东应解同治七年正二两月协饷及本年未解协饷，著曾国藩、瑞麟、马新贻、郭柏荫、李瀚章、丁日昌、李福泰、何璟各照单开如数筹拨，务于明年正二月间解到该大臣军营，以应急需。本年三月间，左宗棠奏借洋款，借资接济，深有裨益，自可援案办理。所有续拟借用洋商银二百万两，除已谕总理各国事务衙门办理外，著曾国藩、瑞麟、英桂、马新贻、郭柏荫、李瀚章、丁日昌、李福泰、卞宝第、何璟传谕各关监督，按单各出印票，由各该督抚加盖关防，发交道员胡光墉迅速筹办，会同应宝时与洋商交割，分批起解。左宗棠原单均著抄给阅看。河南部定协甘饷银该省未能照解，著李鹤年仍照部议，按月筹拨银一万五千两，解交左宗棠军营，毋稍稽延。将此由五百里谕知曾国藩、瑞麟、英桂、马新贻、郭柏荫、丁日昌、李瀚章、刘昆、李福泰、李鹤年、卞宝第并传谕何璟知之。"

（卷 220　888 页）

同治六年（1867 年）十二月甲辰

又谕："穆图善奏进取河州东乡回巢情形各折片。据奏因南路兵力未齐，业已暂行回省，著仍遵本月二十二日谕旨，严檄王得胜等前进。俟各军进发，该将军即出省督剿，将河州东乡等处回匪次第歼除，毋任再行滋扰。成禄围攻肃城久无功效，现在关外兵力甚单，望援甚切。成禄著即统带原部克期出关，剿办哈密等处贼匪，毋庸办理肃州军务，致阻师行。所有西路各营著交杨占鳌总统，以专责成。甘州提督即著杨占鳌署理。穆图善务饬该署提督激励各营，将肃城迅速攻拔，痛扫逆氛，并将甘、凉各属防守事宜妥为筹办，以副委任。倘日久无功，即著穆图善据实参奏，毋稍回护。甘肃西路军务已交杨占鳌接办，穆图善仍随时知照左宗棠会商妥筹，期臻周密。黄祖淦剿贼阵亡。前据成禄奏到，已将该总兵照提督阵亡例议恤矣。穆图善请准黄祖淦灵柩驰驿回籍，沿途照料之处殊于体制未合，著毋庸议。将此由五百里各谕令知之。"

（卷220　894页）

同治六年（1867年）是年

会计天下民数、谷数，除江苏、安徽、福建、广西、陕西、甘肃、云南、贵州未经册报外，奉天等省通共大小男妇二万三千六百六十三万六千五百八十五名口。存仓米谷二百九十七万一千六百十石七斗七升四合八勺。

（卷220　902页）

《清同治实录（六）》

同治七年（1868年）正月乙卯

谕军机大臣等："穆图善奏定边等处剿贼获胜，金顺带兵东剿等语。贼匪攻扑定边、安边、砖井各城堡，均经官军击败。虽受惩创，尚未远扬。金顺现在带兵驰赴东路会剿，著即将定边等处股匪迅速扑灭，毋稍稽迟。前有旨令金顺挑选所部精骑，并统率沿边马步各队及胡世英各营克期东征。该署将军现统各军不下二十余营，兵力较厚，自当遵奉前旨，先将花马池一带董、高二逆老巢攻克，拔其根株，再赴延安所属督饬各营，节节扫荡，以保晋、甘门户。并著库克吉泰、乔松年、刘典调派陕军，与金顺联络会剿，毋得稍分畛域。花马池一带距晋省包头等处不远，裕瑞、桂成尤须加意防范，毋令该匪阑入边境。张总愚股匪现已由怀庆窜至卫辉所属各邑，左宗棠带兵入晋，现在行抵何处？著即迅速取道绕前截剿，毋任蔓延。穆图善另片奏正宁县城被回匪攻陷，宝鸡回匪退窜回巢等语。著穆图善速派兵勇将此两股逆回实力扫除，并著库克吉泰、乔松年、刘典派兵严防陕省边境，与甘军会筹剿办，毋任再行东窜。将此由六百里谕知左宗棠、库克吉泰、穆图善、裕瑞、乔松年、金顺、桂成并传谕刘典知之。"

又谕："前据穆图善奏历陈甘省饷缺情形，常经谕令左宗棠按照折内所陈，量筹接济。嗣据左宗棠复陈甘肃饷事，复经谕令该大臣彼此兼顾，并令穆图善切查勇数，免涉虚冒。兹据穆图善奏各省协甘之饷多为陕西截留，甘军日形苦累等语。左宗棠身任兼圻，甘省饷糈自应由该大臣分款拨济，以归划一。惟陕、甘相距较远，分拨难免愆期。甘军一百四十余营，固难保无缺额，而现存营数谅尚不少。今据穆图善奏称仅拨交汉中转运局三万两为数无多，实属无济于事。著左宗棠懔遵前次谕旨妥筹拨解，并查明从前陕台截留各省协甘饷银，究有若干及如何分别动用之处？详核办理。现在江宁等省协甘饷银既经左宗棠提用，自当遵照前议，每月匀拨若干解交穆图善随时支放，以顾全局，不得坐视哗溃，致军事益形棘手。穆图善亦当遵奉前旨，查明实在兵勇数目月需饷数，咨商左宗棠酌办。其谭玉龙、吴国富两军应需饷银，著乔松年由陕发给。刘效忠及胡世英所部兵饷即于陕省应解甘省月饷内分拨接济。至河东道嗣后应拨甘饷，著赵长龄派员径解甘肃秦安粮台。此项收到后所有庆、泾各营饷需，即著穆图善均匀协济。将此由六百里各谕令知之。"

以操演疏懈，革甘肃军营委参领庆春职，仍留营。

（卷221　5页）

以甘肃正宁县城被贼窜陷，知县黄绍薪革职逮问。予阵亡署训导李蓬峰、署典史彭觉祭葬世职加等。贡生于腾辉赏恤加等。

（卷221　7页）

同治七年（1868年）正月丙辰

又谕："玉通奏西宁府属汉回互斗，北川失陷一折。此次北川新城地方被十三庄回匪攻陷，又复勾结撒拉回众，焚掠威远堡附近汉庄。情形甚为猖獗。玉通因兵力不厚，暂且办抚。而西宁郡城并无道府大员驻扎，玉通遇事无所咨商，著穆图善迅催蒋凝学前赴西宁与玉通随时商酌，以期有济。其新降回目马潮青，并著穆图善催令前往，毋稍迟缓。将此由六百里各谕令知之。"

（卷221　9页）

同治七年（1868年）正月丁巳

谕内阁："前因代办甘肃镇西厅同知照磨钱昆墀拖欠满营粮石银两，叠经降旨，将该员革职，并派伊勒屯等审讯。兹据伊勒屯等奏称该革员前在镇西厅同知任内所欠满营粮石，实因逃户过多，未能征齐，尚无侵吞情弊。所欠银两无款支发各等语。钱昆墀于满营粮饷亏短甚多，虽属民欠，究系催征不力，业经革职，著毋庸议。其所得军功翎顶，著一并注销。"

又谕："左宗棠奏泾州解围，攻克邓家堡等处一折。谭玉龙等军攻拔窑店镇回巢后，旋将袅袅山土匪歼毙，泾州得以解围。该匪虽经击败，难保不再图窥伺，著库克吉泰、乔松年、刘典檄饬谭玉龙、黄鼎两军分驻邠州瓦云驿、窑店镇等处，严密布置。务将该匪节节扫荡，迅就殄除。雷正绾一军进攻邓家堡等处，叠有斩擒，庆阳道路已通，该郡为运粮要道，并著严檄雷正绾统率所部转战而前，直捣坚巢，毋令庆阳再被匪围，致粮道复形梗阻。库克吉泰等仍当与左宗棠随时咨商，将一切机宜会筹办理。将此由五百里谕知左宗棠、库克吉泰、乔松年并传谕刘典知之。"

又谕："伊勒屯、何琯奏请饬拨哈密饷需，催兵援应，并请饬催文麟赴任各折片。哈密兵勇口粮若专恃回户捐输，力难为继。自是实在情形。著赵长龄于未解新疆经费项下，迅速筹拨银十数万两，解交归绥。即由裕瑞、桂成解至乌里雅苏台。如晋饷一时未能解到，著麟兴于库存新疆经费内，酌拨银两，听候伊勒屯、何琯派员迎提，以应急需。伊勒屯、何琯于饷到后务期撙节动支，俾饷归实用，不至虚糜。成禄前已谕令出关剿贼，著即懔遵前旨统带原部，克期赴哈密剿办。该提督在肃州日久无功，致阻师行，若仍复迁延不进，自问当得何罪？文麟简放哈密办事大臣为期已久，现在行抵何处？著伊勒屯催提迅赴本任，以重职守，毋再稽延。安、敦、玉三处应解巴哈二城军食，即由文麟迅饬拨解，源源接济，毋令缺乏。将此由五百里谕知麟兴、裕瑞、桂成、伊勒屯、赵长龄、成禄并传谕何琯知之。"

（卷221　10页）

同治七年（1868年）正月己巳

以打仗出力，复甘肃军营已革总兵官马洪胜职，赏还副将胡先胜顶翎。

予甘肃巩昌阵亡殉难游击常德、知县罗星点、学正王林桂、张正蒙祭葬世职加等。王林桂等眷属分别旌恤如例。

（卷222　33页）

同治七年（1868年）正月癸酉

又谕："成禄奏官军围逼肃州，逆势渐形解散一折。肃州在城逆党见官军攻围日紧，乘夜潜逃。经马天祥等军追至惠回堡地方杀贼不少。城中踞逆因外来逆股势多离散，负隅抗守。此次官军围逼肃城，逃匪复经追杀，逆势渐衰。成禄仍当檄饬王仁和等设法环攻，迅图规复。肃州一城顿兵日久，屡有旨令成禄将该城迅拔，整队出关。该提督非以贼情穷蹙为辞，即以围逼日紧自解，关外紧急情形置之不顾。该提督岂复有天良耶？前有旨令杨占鳌署理甘肃提督，著穆图善即饬该署提督赶紧驰赴肃州接办西路军务，以便成禄克期起程，毋稍延缓。成禄俟杨占鳌到时即著统带原部出关，剿办哈密等处贼匪，毋庸办理肃州军务。倘再借词迁延，定将该提督从重治罪，决不宽贷。将此由五百里各谕令知之。"

（卷223　38页）

予甘肃肃州阵亡守备王得胜、把总许文元祭葬世职加等。

（卷223　40页）

同治七年（1868年）正月乙亥

湖南巡抚刘昆奏："遵查前任陕甘总督杨兵斌回籍就医，怔忡咯血等证时或举发，尚未全痊。"报闻。

命钦差大臣左宗棠总统直隶各路官军。

（卷223　43页）

同治七年（1868年）二月辛巳

又谕："穆图善奏官军攻克渭源，现筹进剿狄道、河州一折。甘肃渭源县久经回匪窜踞，穆图善派知府舒之翰会同提督王得胜、傅先宗等由巩昌进剿，直薄城下，合力冲杀，毙匪甚多。贼向官堡奔窜，当将县城收复，剿办尚为得手。惟官堡为狄道咽喉，该逆大股尚踞其中，亟应乘胜攻克，以便节节进兵。著穆图善迅饬各军，立将官堡贼巢扫荡，以次进规狄道、河州。该署督即相机出省督剿，迅殄逆氛。将此由六百里谕令知之。"

以克复甘肃渭源县城，复已革总兵官高月桂、副将周潮旺、魏绍珍、江成万、参将田大胜职。

（卷224　51页）

同治七年（1868年）二月甲申

又谕："前据成禄奏军饷万难敷衍，请在新疆协饷下分拨数万两，当交户部速议。兹据奏称新疆饷项支绌，未便再行分拨，请仍饬四川等省拨解等语。四川原拨成禄饷银十七万两，前谕先行凑拨十万两，仍著崇实、吴棠懔遵前旨，无论何款赶紧拨解，毋再延误。其另拨四川月协饷银一万数千两，陕西、湖北月协饷银各数千两，著崇实、吴棠、李瀚章、郭柏荫、刘典、何璟按月协拨，源源接济，毋稍漠视。将此由五百里谕知崇实、吴棠、李瀚章、郭柏荫、刘典并传谕何璟知之。"

又谕："文麟奏、安、玉一带吃紧，请暂驻防剿，并击贼获胜情形一折。肃州逆匪由南山边绕至安西三道沟一带，经文麟督军迎剿，该逆败向东窜，官军追至赤金堡、沙冈墩等处，斩获甚多。所有此次出力弁勇著暂行存记，俟文麟抵哈密后，续有胜仗，再行汇案请奖。玉门东接肃州、安西、敦煌，又系进兵后路，固应设法严防。惟哈密回踪麇聚，岂可顾此一隅，使之望援念绝。著文麟懔遵叠次谕旨，统带所部赶紧赴任，不得借词观望。其安、玉各路应如何拨兵兼顾之处？并著相机办理。景廉现在行抵何处？即著该大臣迅速咨催前进，毋任逗留。前有旨令穆图善严饬杨占鳌迅赴肃州，接办西路军务，以便成禄克期出关。杨占鳌此时如未起程，著穆图善催令星驰前往，妥筹剿办。借顾出关诸军后路，不准再涉迁延。成禄俟杨占鳌到后即遵前谕，统率原部迅赴哈城，会同文麟等实力剿贼。如仍前玩泄，致误戎机，该提督能当此重咎耶。将此由六百里各谕令知之。"

又谕："文麟奏军营需饷紧要，现由乌城解到之项为数无多，亟须源源接济。请饬山西巡抚设法拨解，并请饬麟兴等赶拨军火饷银等语。著郑敦谨迅将文麟军营月饷陆续筹拨转解，并著麟兴、李云麟于解到新疆饷银及所调军火等物内先就所急，随时拨发，交文麟所派委员领解，以济要需。将此由五百里各谕令知之。"

（卷 224　56 页）

同治七年（1868年）二月壬辰

又谕："穆图善奏遵复甘省兵饷情形，并官军进剿官堡，乏粮不继及拾获匿名讦帖各折片。甘省本系瘠苦之区，饷需奇绌，各处回匪扰乱，防剿兵勇不能不多。朝廷素所深悉。即河、狄未能肃清，西宁一带不得不暂示羁糜。亦系实在情形。所有协甘饷银即著左宗棠、刘典仍遵前旨，饬令径解汉中粮台，毋庸解交陕省，致多周折。并著穆图善知照湖北督抚遵旨办理。左宗棠前拨海关洋税银两为数较巨，现在该大臣提师入直，需用虽殷，而甘省为该大臣统辖之地，谅不忍漠视。并著于解到时饬令酌量拨给，以济甘省之急。穆图善固不可哓哓置辩，左宗棠亦不必稍分畛域也。河、狄为兰州西路门户，穆图善前拟出省剿办，即著迅速进兵，次第廓清。其官堡地方正在得手之际，并著穆图善饬令王得胜等乘胜攻拔，毋稍观望。所需饷项著该署督迅筹拨给。军中捏造谣言，鼓惑众心，亟应惩办。著穆图善将缮写讦帖之人密行查究。惟现在月饷久欠，兵心易滋怨望，当于查办之中，妥为拊（抚）循，使兵心爱戴。虽困苦不至生变，方为妥协。其上年防守省城及收复洮州，克复渭源出力各员弁，准其由该署督查明保奏，以作士气。将此由六百里各谕令知之。"

（卷224　68页）

同治七年（1868年）二月癸巳

以甘肃洮、河剿匪获胜，平毁贼巢，予记名提督梅开泰、记名副都统善山保尽先简放。

（卷224　71页）

同治七年（1868年）二月丙申

谕军机大臣等："穆图善奏官军攻克官堡贼巢，进剿渭源大捷。景廉奏驰抵甘州筹办情形各折片。回逆自渭源被创后，恃官堡险隘，负隅自固。经副将范铭督军前进大挫凶锋，立将该堡攻克。洵属不避艰险，奋勇可嘉。仍著穆图善檄饬该副将会同各军进攻狄道，迅殄贼氛。该副将营米粮缺乏，并著穆图善饬巩昌分设粮台，源源接济。所有此次出力各员弁著准与前次克复渭源等处各军汇案择尤请奖，以示鼓励。提督傅先宗追贼于火儿寨地方，生擒贼首马四等正法。王得胜等又叠平贼垒，夺回一杆旗要隘，著饬令该提督等乘胜进兵，会攻狄道，毋稍懈弛。其伤亡弁勇著由穆图善查明奏请议恤，以慰忠魂。景廉既已驰抵甘州，所筹应行制办皮衣各件为该兵丁御寒要需，著照所请，将穆图善发交部颁各照及藩库实收发给该地方官妥为劝捐，迅速筹备。安、玉、敦三州县前有旨暂归文麟节制。景廉与文麟同办一事，所有各军口食应由该州县拨解供支之处。著会同文麟体察情形办理。文麟叠奉谕旨，催令赴任，计可行抵哈密。景廉将一切制办齐备，即当克期出关与文麟尽心筹办，毋稍玩延。景廉请刊木质关防，著准其刊刻开用，以昭信守。所请饬晋省筹拨银两，著郑敦谨迅拨银五万两解交归绥道库，由该处派员从阿拉善旗旧土尔扈特游牧运送玉门县，交文麟、景廉军营应用，以资接济，毋得延误。将此由五百里各谕令知之。"

（卷225　75页）

以甘肃甘州剿匪出力，予总兵官杨作霖等升叙有差。

（卷225　77页）

同治七年（1868年）二月壬寅

又谕："崇实奏筹拨成禄军营协饷二万两，派员协同肃营催饷委员管解至甘省秦州转解等语。成禄军营待饷孔殷，著穆图善即派妥员迎提迅速转解成禄军营以应急需，毋得率行截留，致滋贻误。将此由五百里谕令知之。"

（卷225　85页）

同治七年（1868年）三月壬子

又谕："刘典奏请饬库克吉泰兼顾省防，并请将随营人员留陕。库克吉泰、刘典奏回逆窜扰鄜州各折片。陕省回逆飘忽无常，意图分扰腹地。刘典现驻三原，著即督饬各军加意防剿，毋稍疏虞。省城重地防范宜严。刘典一时未能晋省，著库克吉泰妥筹兼顾，督率在省司道等严密布置，慎固城防，不得稍有疏懈。刘典所请将知府喻步莲、张沄、知县罗重熙、周豫刚留陕补用之处，均著照所请分别班次留于陕西补用。已革知县向世永，著准其留营差遣。回逆大股窜陷鄜州，并由张家川窜至汧阳属境。又由泾河川什字道一带向南分窜，势甚剽疾。著库克吉泰、刘典严饬刘端冕等军分路进剿，迅将各股歼除净尽，以靖疆圉。其鄜州城内文武员弁，并著该署抚查明具奏。现在陕省东西路均形吃紧，左宗棠务将窜直捻匪迅速扫除，以便移师回陕，免致有所牵掣。将此由六百里各谕令知之。"

又谕："户部奏遵议乔松年奏请拨海关四成洋税济饷一折。陕西回逆纷扰，需饷浩繁。庆、泾各营亦须力筹接济，亟应赶紧筹拨，著照该部所议，自本年三月起即著英桂、瑞麟、郭柏荫、李瀚章、李福泰、何璟、师曾于闽海等关四成洋税项下，按月各拨解一万两。其广东、江苏原定每月协饷一万两，仍著瑞麟、曾国藩、丁日昌如数拨解，以济要需。刘典于各该省饷项解到时务须撙节动用，均匀拨济，毋令缺乏。原折著抄给阅看。将此由五百里谕知曾国藩、英桂、瑞麟、郭柏荫、李瀚章、丁日昌、李福泰、刘典并传谕何璟、师曾知之。"

（卷 226　96 页）

同治七年（1868年）三月庚申

以四川筹办陕甘军饷出力，予布政使江忠浚等升叙加衔有差。

（卷 226　109 页）

同治七年（1868年）三月癸亥

又谕："崇实奏抽调川北防兵移顾建南边防一折。滇省回势方炽，崇实虑其复窥川边，勾结越嶲等处夷匪滋扰建南，现调周达武抽带武字八营，先赴越嶲剿办夷匪，以清内患。著即饬令该提督将越嶲等厅夷匪实力剿除。总兵刘宝国前解盐源城围，克复盐井，颇属奋勇。所有南路防剿事务并著责成该总兵认真办理，以期得力。陕省虽无捻踪，而回匪股数甚多，兵力不敷防剿。李辉武所部三千人现驻宝鸡一带助守，而襃沔为宝鸡后路，且当秦陇之冲，倘被甘回阑入，川北边防又形棘手。崇实现留武字数营防守襃沔，仍恐兵力尚单，该署督当另拨数营添扎该处，以资周密。倘遇除南军务紧急，仍著饬令周达武回顾汉中，毋得顾此失彼。将此由五百里谕令知之。"

（卷 226　112 页）

同治七年（1868年）三月甲子

又谕："伊勒屯、何瑁奏请饬乌里雅苏台派兵赴巴城北界防剿，并伊勒屯奏请饬拨马匹暨修补军械、银两各一折。巴里坤之北界三塘湖地方为巴城往来要道。本年二月间有回匪百余人审往该处，肆行杀掠。巴城兵力甚单，不敷防剿。著麟兴等迅即派拨蒙兵一二千名前赴该处游牧，以遏贼匪东西审伏之路。俟大兵出关后再行撤回，并著伊勒屯等飞咨成禄、文麟严饬安、敦、玉等处文武，一体防范，毋稍疏虞。巴城战马短少，自应赶紧筹拨，即著麟兴等在北路拨给膘壮马四五百匹，以资应用。至所需修补军械、银两并著麟兴等筹拨银一二万两，解交巴城，俾得将残破军器随时修补。如无款可筹，即催山西将应解新疆军饷，迅速拨解，由麟兴等分拨，以应急需。将此由五百里谕知麟兴、锦丕勒多尔济、伊勒屯并传谕何琯知之。"

又谕："伊勒屯奏请饬催成禄、文麟速赴哈密一折。成禄顿兵肃州，老师糜饷，屡经谕令迅往哈密剿办，乃仍借词延宕，实属不知振作。文麟既经行抵安、玉一带，自应懔遵叠次谕旨，克日赴任，何以至今逗留。哈密地讨防守紧要，岂可日久无人镇抚。成禄、文麟均著星速遄行，倘再事迁延，以致哈密复有疏虞，贻误大局，朝廷惟有执法从事，决不能为该提督等曲原也。懔之勉之，将此由六百里各谕令知之。"

（卷 227　114 页）

同治七年（1868年）三月己巳

予甘肃肃州阵亡参将宋有年祭葬世职加等。

（卷 227　121 页）

同治七年（1868年）三月甲戌

礼部以会试中额请。得旨："满洲取中七名，蒙古取中二名，汉军取中五名，直隶取中二十名，奉天取中三名，山东取中十六名，山西取中七名，河南取中十七名，陕甘取中五名，江苏取中二十四名，安徽取中十五名，浙江取中二十五名，江西取中二十二名，湖北取中十一名，湖南取中十四名，福建取中二十名，台湾取中二名，广东取中十五名，广西取中十二名，四川取中十六名，云南取中四名，贵州取中十名。"

（卷 227　125 页）

同治七年（1868年）三月丙子

谕内阁："前据杨岳斌、林之望互相参奏各款，当经降旨交穆图善秉公查办。兹据该署督详细查明并抄录杨岳斌、林之望亲供呈览。据奏杨岳斌原参林之望于粮台支放毫无稽核一节。甘肃省城设有楚军粮台，与该省标兵分局支给。迨兰州兵变以后，林之望等禀明，就所入银米一律支领，并非漫无稽核。原参林之望奏参英奎各情均无影响一节。前任甘肃按察使英奎办理粮运局务，所派委员颇有需索亏挪情弊。兵变时借为口实，不得谓无影响。彭楚汉赴援省城时，督军冲入车道岭获胜。因距兰州较远，省中无由得知。实与援省之事无涉，并声明杨岳斌洁己奉公，战功久著。林之望殚尽血诚，克保危城。陈奏事件尚属因公，请均免议各等语。此案杨岳斌等互相奏参，虽经穆图善查明，俱属因公。惟以总督、藩司意见未能和协，均有不合。前任陕甘总督杨岳斌、现任甘肃布政使林之望均著交部议处。"寻议，杨岳斌、林之望均照不应重公罪降二级留任。得旨："准其抵销。"

（卷227　126页）

又谕："穆图善奏延安防兵叠次剿匪情形，并调金顺赴陕，暨请饬山西巡抚筹解原定协拨各饷。江南等省拨解甘饷，四川、山西筹拨军火各折片。胡世英一军驻扎延安，止以防陕省北路，而逆首董幅详率股分扰盘龙川一带，扰及安寨边境，势甚狈猖。虽经该总兵叠击获胜，难保不于宁灵、花马池等处复行煽惑。著穆图善严饬该总兵乘机扫荡，以期渐次肃清。前因陕西榆林各境逆回，势渐北犯，曾谕金顺迅赴宁条梁剿贼，绕赴东路截击。计该副都统此时当由定边前进，仍著该署督咨令迅速进兵，将宁条梁赶紧收复，毋任贼势蔓延。胡世英是否捏报邀功，并著懔遵前旨切实查明，毋稍瞻徇。河州东乡等处应否添兵会剿，著该署督悉心筹办。左宗棠现在直省带兵，于甘事势难兼顾。该省剿办事宜，穆图善责无旁贷，其派兵扼扎北山，调回旧部之处。即著咨商刘典妥为办理，惟不得偏顾甘境，致陕地又患空虚。山西应解穆图善军营月饷三十六万两，著郑敦谨迅饬藩司设法筹拨，遴派妥员径解甘垣，毋庸由陕省转拨。其原定协拨宁夏、新疆及富勒珲各饷，亦著该署抚仍照前数按月筹解。江南等省欠解甘饷甚多，著曾国藩、崇实、郑敦谨、丁日昌、李瀚章、郭柏荫、刘昆、何璟各将上年七月以前应拨甘饷，如数迅解。所有各该省协拨饷项，刘典务当遵奉前谕饬令径解汉中，不得由陕解交，致多周折。甘省剿回正亟，军火等项不可稍形缺乏，著崇实、郑敦谨赶拨火药各二万斤，火绳各二万盘，抬鸟枪子各五千斤，派员解赴穆图善军营，以利攻剿。甘饷奇绌，各该督抚务须随时筹措，以济军食，不得视同漠外，使甘事益形棘手也。将此由六百里谕知曾国藩、崇实、穆图善、郑敦谨、丁日昌、李瀚章、郭柏荫、刘昆、刘典并传谕何璟知之。"

（卷227　127页）

以运送甘肃军粮出力，予阿拉善亲王贡桑珠尔默特优叙，赏佐领策林等花翎，余赏赍有差。

以甘肃秦安剿匪获胜，赏总兵官陈德隆白玉翎管一支，白玉搬指一个，小刀一柄，火镰发件、大小荷包各一对。

以甘肃收复平凉府城出力，赏副将李洪春、萧孝祥、参将郭万春、洪联魁、黄湛润、余国荣巴图鲁名号，游击梁国栋等花翎，外委赵连科花蓝翎，总兵官孟玉德等加衔升叙有差。

以甘肃进攻狄道，蹋平贼卡，予提督王得胜优叙。

予甘肃安定被戕通判陶埙等祭葬世职。

（卷227　129页）

同治七年（1868年）四月己卯

又谕："伊勒屯、何珼奏击退哈密回匪，请饬催成禄出关，文麟、景廉等赴哈，并催拨乌城等处银米一折。西路逆回勾结哈密缠头攻陷驻扎五堡之定西营盘。经已革都司赵英杰等带领勇队与勇目孔才所部合力夹击，该匪始行退去。惟匪踪飘忽靡定，难保不去而复来。哈密城池久无大员带兵镇守，人心涣散，势必另生变故。前经叠次严谕成禄带兵出关。文麟、景廉驰赴哈密。谕词严切，至再至三。该提督等一味疲玩，屡次饰词逗留，深堪痛恨。著即赶紧驰赴哈城，不准以后路粮饷为名，托故迁延。倘再畏难观望，致哈城复为贼踞，必将该提督等执法从事，决不宽贷。该提督等当懔遵叠次谕旨，毋贻后悔。肃州军务并著穆图善催令杨占鳌迅速驰往该处接办，毋稍迟误。巴里坤、哈密军饷缺乏，待用孔亟。著麟兴速拨银数万赶紧筹解，并著文麟将安敦玉粮石速行挽运，源源接济，以救眉急。不得视为具文，致干咎戾。将此由六百里谕知麟兴、穆图善、成禄、文麟、景廉、伊勒屯并传谕何珼知之。"

（卷228　136页）

同治七年（1868年）四月辛巳

以护送甘肃军粮出力，赏蒙古章京巴拉丹巴布多尔济二品顶带，拉希等花翎，色楞等蓝翎。

（卷228　140页）

同治七年（1868年）四月庚寅

又谕："成禄奏官军围剿紧急，逆党分窜，连日掩袭情形一折。肃州踞匪屡经官军剿败，势渐解散。存城逆党仅止数千，正可乘机攻剿。著成禄赶紧激励将士设法环攻，迅图规复。南山居民串通窜逆，煽动五堡户民，戕官滋事。该提督亲往剿办，阵擒土逆首恶傅三冒料等正法，其余金佛寺各堡户民仍当设法安抚，慎重妥办，毋再激生事端。其逃出关外各匪即飞咨文麟、景廉并地方文武沿途截剿。关外待援孔亟，叠经严谕成禄带兵出关，该提督一味迁延疲玩，饰词逗留，置边外军情于不顾，殊堪痛恨。著即赶紧带兵出关，将哈城等匪迅图剿办，毋稍迟缓，倘再畏难苟安，致边外稍有疏虞，必当执法从事。署甘肃提督杨占鳌现在是否起程，著穆图善懔遵叠次谕旨，迅饬该署提督赶紧驰赴肃州接办西路军务，毋再迟延。将此由五百里各谕令知之。"

（卷229　153页）

以约束兵丁不严，革甘肃游击王礼和职，仍留营。

予甘肃肃州阵亡都司王瑞、千总韩占元祭葬世职加等。

（卷229　154页）

同治七年（1868年）四月壬辰

又谕："库克吉泰、刘典奏甘回窜扰陕疆，连日剿办获胜，暨庆阳府城失守，随即克复各折片。甘回窜扰陇、泾一带，经总兵萧群魁暨黄鼎等军分剿叠胜。谭玉龙在邠州剿贼，忽被贼股包抄，相持一昼夜之久，援兵未至。谭玉龙等力战阵亡，知县喻兆奎等率队追剿，杀贼甚多。贼向正宁奔窜邠、泾毗连处所，回踪猬集，若非痛加剿洗，不足以靖陕疆。北路鄜、延一带土匪甚多。回逆尤剽疾异常，仍须防其东窜。著库克吉泰、刘典严饬刘厚基等各率所部相机兜击，毋任窜入北山，复形延蔓。谭玉龙一军即著饬令胡日盛妥为钤束，并将邠、长一路实力严防。庆阳府城失守，当经雷正绾派兵收复。该处地方紧要，防剿未可稍松，应如何拨兵堵御遏贼入陕之处？著穆图善、库克吉泰、刘典悉心筹商，毋得临事周章，频烦兵力。将此由五百里各谕令知之。"

（卷229　155页）

同治七年（1868年）四月甲午

谕军机大臣等："穆图善奏官军会剿回匪，克复狄道州城，并秦州剿贼。肃州激变各折片。狄道州回逆甘心倡乱，肆逆已久，经穆图善派兵会剿，屡获胜仗，力将州城攻拔，擒斩靡遗，实足申天讨而快人心。河州援匪尚有数千潜至北庄，其非真心悔罪，已可概见。该署督当细加察度，不可为其所绐。总须先将凶悍滋事逆回痛行殄尽，再准胁从各回投诚，不可将就了事。秦州回匪本系狄、河悍党，在山沟内伏劫粮运，并图扑犯秦城。经道员豫师探踪会督各队驰往追击，力行压退，克保州城，尚属奋勇。所有在事出力员弁准穆图善汇入克复狄道案内，酌保数人，毋许冒滥。仍饬豫师速会各军将秦州回匪殄灭。肃城久未攻拔，成禄、王仁和所部兵勇又复互相争斗，并激变金佛寺堡居民，纵勇在河西各村堡焚掠肆扰。成禄前已叠次严谕催令出关，著穆图善迅饬杨占鳌驰抵肃州接办成禄营务，以便该提督克日起程，毋任借词延宕。至王仁和营勇与成禄所部彼此接仗，屡抚屡溃，漫无约束。现在逃至甘州驻扎。著穆图善查明启衅情由，据实参奏。并将逃至甘州溃勇分别遣抚约束，毋任滋事。其激变金佛寺等堡居民，并骚扰清水堡等处之统将委员等，均著饬令杨占鳌确切查明实情，由穆图善严参重办，不得稍存姑息。将此由六百里谕令知之。"

又谕："穆图善奏甘省需饷甚急，请饬各省督抚将协甘专款，径解甘肃等语。前因穆图善奏请分拨甘饷，设立后路粮台，并由汉中采办兵米各折片，当交户部速议具奏。本日据该部奏称，甘饷十分竭蹶，请饬匀拨分解，并请饬王文韶办理穆图善后路粮台各等语。甘省军务紧急，饷项十分匮乏，必须各该省分别拨济，方免哗溃之虞。即著照该部所拟办理。左宗棠身任甘督，本属责无旁贷，岂得坐视甘饷缺乏，置之不顾。著于前项借款解到时，饬令粮台酌度分拨。穆图善所部军士尚有一百数十营之多，杯水车薪，断难有济。所有山西、山东、河南等省应解月饷，著郑敦谨、丁宝桢、李鹤年查照穆图善原奏，分给一半，径解甘省。湖南、江西两省饷银著刘崐、刘坤一分给一半，解由穆图善新设粮台转解。署湖北布政使王文韶本系办理甘肃后路粮台，即著何璟传知该员分头催提，赶紧转解，以济急需。河东道所欠六年兰州常饷，著郑敦谨饬令如数径解兰州，毋庸由陕西转解，以免纡折。至四川月协采米甘饷，既经解至六年十月为止，著崇实嗣后按月源源解至汉中，交甘省转运局，自行采买米石，运甘接济。户部折著抄给左宗棠、穆图善阅看，并著该督等行知各该省迅速筹解，毋得稍有蒂欠，致误要需。阿拉善亲王贡桑珠尔默特解运麦石、牛只接济甘省，甚属急公。著穆图善传旨嘉奖。将此由六百里谕知左宗棠、穆图善、崇实、郑敦谨、敦柏荫、刘坤一、刘昆、丁宝桢、李鹤年并传谕何璟知之。"

（卷229　156页）

以克复甘肃狄道州城，赏副都统善山保、常顺、玉柄小刀各一把，大荷包各一对，小荷包各二个。提督李奉清、高月桂、饶得胜、副将苏家良一品封典。总兵官吴于城、副将田魁元、胡光胜、潘昌胜、吕得祥、罗启祥、委营总常明、参领正福、参将王长胜、林万春、陈富隆、叶占魁、游击樊保泰、张世才、余东旺、张政顺、孙铦、康达、佐领莫依托、都司王仕奎、守备李正荣、王德隆巴图鲁名号。守备胡玉升等花翎，训导马纪等蓝翎，知府舒之翰等加衔升叙有差。予阵亡副将陈长安、参将关得胜、刘锡海、游击周得顺、都司刘才栋祭葬世职加等。

（卷229　158页）

同治七年（1868年）四月丙申

谕军机大臣等："穆图善奏各军渡河西剿获胜，进捣河州东、南二乡一折。官军克复狄道州后，渡河而西，续获胜仗。现在进捣河州东、南乡贼巢，著穆图善即饬派出各军乘胜进攻，节节扫荡，以期次第廓清。河东一带仍酌派劲兵扼守，以防该匪抄袭后路，至牟弗谛及燕脂川各部回众，如果真心向化，将器械、马匹全行呈缴。原不妨网开一面，予以自新。惟该回性多反复，难保不首鼠两端，别生诡计。著穆图善驰赴狄道察看情形，妥筹办理。仍一面督饬官军将河西布置机宜，悉心调度毋稍疏虞。将此由六百里谕令知之。"

以甘肃甘州守城御贼，暨捐办事粮出力，赏道员崇福布政使衔，予知县钱宝仁等以同知直隶州知州用，并赏花翎，余升叙有差。

（卷229　162页）

同治七年（1868年）四月丁酉

以神灵助顺，颁甘肃甘州府关帝庙扁额，曰福佑河西。

（卷229 162页）

以甘肃克复安定县城，暨各军剿贼出力，赏总兵官周模善、副将翁九良、黄飞熊、白新州、刘道明、程高升、李大发、周三元、陈得胜、龚文恺、苏家良、张栋祥、王铭忠、参将田得胜、李占超、向科德、郑万兴、李金发、杨元亮、陈政明、彭宏连、刘玉、吴全胜、张秉五、林金兰、程德升、刘兴发巴图鲁名号。游击任得胜等花翎。守备徐登朝等蓝翎。余加衔升叙开复有差。

予甘肃各属阵亡殉难都司蒋得魁等官弁绅团七十一员名分别赏恤如例。

（卷229 164页）

同治七年（1868年）四月辛丑

又谕："伊勒屯、何琯奏巴里坤哈密军务紧急，请催援兵一折。西路贼匪勾结哈密缠头攻扑哈城，虽经伊勒屯等派勇会同驻哈员弁，将贼击退，而据获贼供称，乌垣踞逆已会商吐鲁番各处回贼拟于三四月间分路东犯。该逆等蓄意大股内扰，巴城等处兵力孤单，势甚危急。文麟、景廉已抵安西、玉门，距哈密甚近，何以屡次催令赴任，犹复顿兵不救，实属大负委任。著文麟、景廉接奉此旨后，即日驰赴哈密。将防守事宜妥为布置。倘再意存观望，必将该大臣等军法从事。成禄一军围攻肃州久无成效，朝廷未加严谴。特令移师出关，至今尚未成行，尤属有意延玩。署提督杨占鳌现在是否抵肃？即著穆图善催令该署提督速将肃州军务接办。成禄交卸后，即日带兵赴援关外，不准稍事逗留。如仍前玩泄，贻误戎机，必重治其罪，决不宽贷。原折著抄给文麟、景廉、成禄阅看，将此由六百里谕知穆图善、文麟、景廉、伊勒屯、成禄并传谕何琯知之。"

（卷230 171页）

同治七年（1868年）闰四月壬子

谕军机大臣等："库克吉泰、刘典奏各军剿贼连获胜仗，并现筹防剿情形一折。回匪窜扰陕境，奔突靡常。道员黄鼎一军于四月初六日击贼于泾州，毙匪甚多。当将城围立解。提督刘厚基等军复在甘泉获胜。甘省回逆土匪先后窜至洛川等处。总兵周绍濂一军大获胜仗，剿办尚为得手。该省西北一带逆踪麾定，而西路回逆四五千人方由灵台绕窜麟游境内，亟应严檄各军分途进剿。著库克吉泰、刘典督饬黄鼎等觇贼所向，力图扫荡。并饬刘效忠等由岐山等处进剿。其宜君、白水一带逼近北路，虽系残匪，尤应加意严防。并著库克吉泰、刘典迅将该匪殄除净尽，以清丑类。将此由五百里各谕令知之。"

（卷231　181页）

同治七年（1868年）闰四月庚申

又谕："穆图善奏亲抵前敌，先将狄道州境熟筹布置，仍相机伒剿一折。狄道州克复后，巩、兰一带道途俱已畅行，惟河州东南乡之泰子寺巨巢未下。其燕脂川、黄家湾、三甲集又路径崎岖，匪巢环扎。康家崖、新添铺、沙楞等处则为入省最近之路。贼匪于各该处对岸设有渡船，随时可至。东岸官军进攻之路止恃狄道附城之永宁浮桥。穆图善拟将各军相度要隘，分头扼堵。著即督饬将士相机规取，以杜该匪后袭旁抄之计。痛扫贼氛，并将康家崖一带妥为防范，以固省坦。狄道甫经收复，民气未苏，该署督仍当责令该地方官，将善后各事宜悉心办理，毋滋事端。据称甘省粮饷奇窘，各省协济饷银数月未到，该署督即遵奉本日批谕，飞咨四川等省督抚，迅将应解协济饷银如数筹解，以济军食。将此由五百里谕令知之。"

（卷231　190页）

同治七年（1868年）闰四月癸亥

又谕："库克吉泰、刘典奏陕军剿贼获胜，并筹堵窜匪情形一折。隆坊、白水等处贼匪经周绍濂、周金品等军连日获胜，并将败窜中部之贼悉数歼除。其窜扰宜君之贼复经高连升叠次获胜。刘厚基克复延长。刘端冕将鄜州、洛川之贼击败。旧县槐柏镇等处贼势最重，亦经周绍濂奋力痛剿，大挫贼锋。剿办尚属出力。总兵周绍濂、周金品等所部，尤为出力员弁，准库克吉泰等择尤汇保，毋许冒滥。回逆大股由灵台窜至凤翔，众约数万。刘典现拟驰赴凤郡督战，著即檄调各军痛加剿洗，力遏狂氛，毋任蔓延。至陕境北路回匪前据德勒克多尔济等奏称，复将神木县城攻陷，扰及镇羌一带，意图窜出口外。现在晋省萨托清各城防务甚形吃紧，著库克吉泰、刘典迅速筹拨兵勇，将延、榆一带回匪实力剿洗，严扼沿河沿边要隘，毋任窜入晋境，致成不了之局。将此由六百里各谕令知之。"

（卷232　195页）

同治七年（1868年）闰四月乙丑

又谕："成禄奏遵旨部署出关，请催杨占鳌赴肃接替，暨酌拨甘、凉米石，迅催川省协饷及请饬派员办理粮台各折片。关外盼援甚亟，叠经谕令成禄俟杨占鳌到肃即赶紧出关。杨占鳌奉旨已久，何以尚未到营，著穆图善催令迅速带队驰往，接办防剿，毋许迟延。成禄著一面赶紧部署，俟杨占鳌到肃后，即行拔队驰往哈密等处尽心剿办，不得借词逗留，自干重咎。镇西一军著准其统带出关，以厚兵力。该提督出关后自应多备饷糈，所有前请饬拨仓粮十万石内未经解到七万石，著穆图善在甘、凉属下再行分拨数万石，并著先期筹备裹带，以裕兵食。上年谕令四川先措银十万两解交成禄军营，迄今尚未解到。著崇实查照前拨饷数克期解交，毋稍延缓。并著穆图善遴派得力道府一员前赴该提督行营办理粮台事务，以资臂助。将此由六百里各谕令知之。"

（卷232　199页）

同治七年（1868年）闰四月己巳

谕军机大臣等："库克吉泰、刘典奏西北两路官兵剿贼叠胜，甘回窜陕，现筹防剿。林寿图奏宁州、合水失陷情形各折片。提督刘端冕在鄜州道左铺等处督军进剿，毙贼甚多。贼向西窜，其分扰汧、陇、麟、凤之贼，亦经萧德经、罗洪德等迎击获胜。董志原回逆与土匪溃勇连陷庆阳、宁州各城，悉由灵台南窜。武功、渭河一带亦有贼踪。刘典现由醴泉移扎咸阳，系为兼顾陕垣起见。惟逆众倾巢窜陕，意图就食凤境，而中、宜、鄜、洛等处贼焰方张，若不亟图扫荡，势必联成一片，进剿愈难。著库克吉泰、刘典严檄刘端冕等军分头拦击，迅殄逆氛。刘典即由咸阳督饬魏光焘等并力西向，毋得株守一隅，致贼势日形延蔓。林寿图奏称宁州仍为贼踞，庆郡守城官兵败遁各情。署宁州知州凌光汉于州城失陷时，隐忍偷生，实堪痛恨。著穆图善迅速查明，从重参办。署合水县知县杨炳华力战捐躯，亦著查明请恤。逆酋禹得彦等纠党图逞，并著穆图善等咨令雷正绾实力堵遏，毋稍疏虞。雷正绾军营粮饷，林寿图务当随时接济，以赡军食。庆阳地方紧要，知府员缺岂可久悬？穆图善亦当遴派妥员前往莅事，以资抚辑。将此由五百里谕知穆图善、库克吉泰、刘典并传谕林寿图知之。”

（卷232　202页）

同治七年（1868年）闰四月庚午

又谕：“伊勒屯、何琯奏请饬拨巴里坤军饷一折。巴城自军兴以来，满汉官兵饷项每年共需银十四五万两，方可敷衍支放。乃自同治三年后，由乌城领到饷银每年或一二万两、二三万两不等。自上年八月以来由安、敦拨到军粮亦属不敷支放。本年由乌城领到饷银五千两，杯水车薪，无济军食。兵丁嗷嗷待哺，困苦难支，实属可悯。亟应速筹拨解，以赡饥军。著郑敦谨迅速筹拨新疆专款银二十万两解至归绥道库，即由归绥道派员转解乌里雅苏台将军收纳。此项饷银解到后，即著麟兴迅即知照伊勒屯、何琯派员迎提，并著文麟将安、敦、玉等处粮石每月筹拨京石粮四千石，按月解交巴城，毋稍延误。将此由五百里谕知郑敦谨、麟兴、文麟、伊勒屯并传谕何琯知之。”

（卷232　205页）

同治七年（1868年）闰四月壬申

谕内阁：“文麟奏请将借病逗留之已革游击议罪等语。甘肃已革游击希朗阿前经文麟奏带出关，辄敢托病，延不赴营。该革员本系获咎参革投营效力之员，仍复意存规避，实属胆玩。希朗阿即著交部照例议罪，并著穆图善饬查该革员现在何处？责令回旗听候部议。各路统兵大臣均不得率请留营，以杜取巧。”

谕军机大臣等：“文麟、景廉奏请简放都统，并委署道缺及吉恒解饷情形。阿底尔勾逆复仇，并文麟奏亲督队伍前进，击败安、玉窜匪，暨请饬伊勒屯等迅解截剩军饷各折片。乌鲁木齐都统统辖各城，当此军务吃紧之时自应派员总统，方可呼应灵捷。惟文麟等既未能前进，而伊勒屯亦有巴里坤应办事务，未便简派。所请著毋庸议。其镇迪道员缺，准其即以黎献暂署。著穆图善催令出关赴任，接办催运事宜。其屯田都司把总并准以魏忠义、徐天智署理。主事钟贵既于人地相宜，即著准其接署主事原缺。所有伊勒屯派往之笔帖式伯恒，著即撤回。哈密地方辽阔，文麟等拟分兵筹办尚属可行，著文麟即行前赴哈密新任。景廉暂驻后路，以防安、敦、玉并催运一切。所有西路窜贼著文麟等饬令魏忠义确探情形，随时防剿。伯克阿底尔先经拿获，何以复被回逆抢回，致令纠众复仇。所称回子小玉素普与郭凤贤将阿底尔酷刑拷打，勒逼谋杀贿纵等情，文麟等既经据伯恒所禀咨询，何以伊勒屯等并未具复。即著伊勒屯、何珺查明阿底尔原案复奏。其伊勒屯等截留饷银，前因巴城待饷孔亟，文麟等又无出关消息，是以准其提用。惟哈密亦属支绌，著伊勒屯、何珺遇有饷到，即行拨还。嗣后不得再行截留。各分畛域，致干咎戾。并著文麟等迅派妥员，前赴山西乌里雅苏台迎提，以济急需。吉恒催饷不力，著暂行革职。安、敦、玉一带物产有限，现在文麟各军筹粮甚艰，所有肃州各军著穆图善饬令毋庸前赴关外筹办粮饷，俾文麟等饷糈得以宽为接济。其沁城一带能否兴办屯田，并著文麟、景廉等察度情形，妥为办理。将此由六百里谕知穆图善、文麟、景廉、伊勒屯并传谕何珺知之。"

（卷232 208页）

同治七年（1868年）五月辛巳

谕军机大臣等："库克吉泰等奏遵复筹兵会剿及土匪悔罪投诚，并饬刘厚基等派兵会剿。穆图善奏北路剿匪情形，并河州回匪畏惧乞降各折片。榆林属境回匪既经库克吉泰等抽兵会剿，即著饬令前敌各军迅速痛剿，尽歼丑类。胡世英留驻延安之两营，并著金顺饬令归并进剿，以厚兵力。土匪董幅详是否真心投诚，该将军等自能酌度，即著会商金顺妥为办理。不可堕其诡谋，致贻后悔。其收抚之后著金顺严禁兵勇攫取财物，俾得资生，以免反侧。北路定、靖一带回逆窜陷梁镇，扰及宁条梁，复有回窜之信。又有土匪乘间窃发，亟宜保护宁条梁要地以免肆扰。著金顺督率胡世英等军相机堵剿，毋令该逆得以逞志。第闻胡世英从前颇知奋勉，近来渐形骄纵。其原带各营已不能精选，以致多有家室，不守纪律，未便再令管带程兴烈旧部。著穆图善另派妥员接管，并著该署督会同金顺檄饬胡世英裁汰老弱，严加钤束，毋任兵勇肆意妄为，以归实用。河州东南乡回匪畏慑兵威，恳请乞降。其中诚伪，朝廷无从遥测。该署督既称马占鳌所禀尚非虚语，即著相机妥办，收缴器械马匹，补纳钱粮，并兴办布种以济军食。其彭忠国等军并著饬令严密扼堵，毋任窜逸。所有隆、静土匪即著饬令陈德隆等会剿。该署督断不可因河州逆回已抚，稍涉大意，致滋贻误。将此由六百里各谕令知之。"

（卷233 215页）

甘肃肃州镇总兵官程兴烈休致，以记名提督黄金山为甘肃肃州镇总兵官。

以甘肃攻克米拉沟贼巢出力，赏副将李年松、杨文宝、王腾蛟、王尚兴、参将尚兆嘉、郭国廷、游击杨得胜、刘璞巴图鲁名号。游击王大发等花翎。都司曹文元等蓝翎。余加衔升叙免罪有差。

（卷233 216页）

同治七年（1868年）五月庚寅

又谕："林寿图奏请裁撤甘肃后路粮台一折。据称山西等省应协甘饷业经奏明径解甘省。湖南等省甘饷已由湖北粮台转解。河东常饷亦径解兰州。其由王加敏分运到陕之饷，左宗棠委知县朱瑛经收。泾、庆各军现由道员彭思曾支发饷项。该藩司并无经手甘军饷事，请将粮台裁撤，以节糜费等语。西安粮台本为转运甘省军饷而设，屡次议撤议留，办理殊觉歧异。著左宗棠将林寿图所奏各情详细酌度，所有西安粮台应否裁撤之处即著奏明办理。原折著抄给阅看。将此谕令知之。"

又谕："林寿图奏平凉失陷，游击李承万遇害，知县陈日新并未殉难。据禀出城弹压，且千总张维有通匪情事。又风闻陈日新与张维私分饷银，与之龃龉等语。弃城通贼，罪名均重，虚实均应彻底根究，以肃纪纲。著穆图善按照林寿图所陈情节，遴委妥员确切查明，严参惩办。遇害游击李承万，著穆图善查明请恤。林寿图片著抄给阅看。将此谕令知之。"寻左宗棠奏："遵查张维隐匿饷银，挟李承万勒令全缴之嫌。勾引匪目苏存鸿黄夜入城，戕害李承万。陈日新闻信赴援无及，现拿获张、苏二犯正法。陈日新并无弃城先遁及私分饷银情事。惟城池被陷咎有应得。请革职留营。"从之。

（卷233 223页）

同治七年（1868年）五月壬辰

以陕西官军叠次防剿甘肃回匪出力，赏总兵官钟开南巴图鲁名号，余升叙有差。

予甘肃、延安等处阵亡副将刘文华等四十三员祭葬世职加等，与总兵官文星明合建总祠。

（卷234 226页）

同治七年（1868年）五月庚子

又谕："成禄奏官军剿贼叠胜，收复各处屯庄，并总兵营勇溃变，请旨惩办一折。甘肃肃州踞逆因党与渐散，潜于肃、高两属各处勾煽，以致逆匪同时蠢动。经该提督派总兵马天祥等统军由营儿垧进攻，连战皆捷，先后歼毙逆回三四百名，奸匪千余名。自营儿垧以及石灰窑、东洞子、金佛寺等处各屯庄全行收复。我军进扎上、下河清一带，军威大振。高属之红崖子等处从逆各屯庄亦望风反正，剿办甫经得手。讵总兵王仁和一军陡因粮绌变溃，各营继起，众心惊惶。旋经健锐镇西两军多方拊（抚）循，始得相安无事。该总兵等统率无方，自应严行惩办，以肃军律。署肃州镇总兵王仁和著即行革职，仍留署任。责令带营立功赎罪。如再不知奋勉，即著从严参办。已革游击王礼和著发往新疆效力赎罪。游击石子成、守备潘禹久克扣军粮，以致众心溃变，实属大干军律，均著在军前正法，以昭炯戒。"

（卷234 230页）

又谕："库克吉泰等奏回逆窜扰邠、长，甘省灵台境内击贼获胜，请饬晋兵渡河夹击，并请将知府成定康留于陕西各折片。长武、三水等处经阎定邦等分路进剿，叠获胜捷。该逆现由邠州折窜。库克吉泰等檄道员黄鼎迅赴长武会剿，即著该将军等催令该道员星速前进，会同阎定邦等觇贼所向，迅殄逆氛。甘肃回目马艳魁等窜踞灵台，扰及麟游，经吴士迈等进剿，大获胜仗。即著库克吉泰等严檄官军乘胜扫荡，悉数歼除，毋留遗孽。晋省西路沿河地段绵长。昨据郑敦谨奏称兵力甚单，未能抽调防兵过河进剿，自系实在情形。著库克吉泰、刘典懔遵昨日谕旨，就陕省现有兵力分路布置，将匪股次第扑灭，以期渐就廓清。候选知府成定康著准其留于陕西，以知府归候补班补用。该将军等拟令该员募勇千五百人进驻绥德，并署理绥德州知州事务均著照所拟办理。库克吉泰等当饬令成定康将安民剿匪事宜，实心办理，毋得有名无实。将此由六百里各谕令知之。"

又谕："成禄奏官军剿匪情形，并商同杨占鳌先顾肃军前敌大局，再行部署出关，暨筹办溃勇各折片。官军进攻肃州连获大捷，克复屯庄多处。而王仁和所统仁字一军因饷匮变乱，以致前敌各军众心惶惑，全行掣动。著穆图善传谕杨占鳌一面督军进攻肃城，一面将金塔毛目一带溃勇或剿或抚，相机妥办。此起溃勇将来即使收抚回营，已成无纪之师。并著该署督饬令杨占鳌加意拊（抚）循，仍须实力整顿。并此后放粮严禁各营官私行克扣，以肃营规。成禄叠奉严谕催令出关剿贼，乃肃城既日久未下，复致有营勇溃变之事，该提督现在驰回高台，已与杨占鳌会晤，即可将肃州军务交与杨占鳌接办，不得以溃勇滋事，饷绌兵单，借口迁延，自干咎戾。其前奉指拨川饷十万两，著由成禄专弁飞催，以作料理出关之用。并著穆图善饬令甘、凉各属筹捐粮石，预备该军出关裹带，由成禄派员催趱，星驰挽运，毋稍延缓。前据都兴阿保奏之尽先协领富勒珲、记名副都统托克屯，著穆图善查明该二员现在何处军营？即饬令来京听候谕旨。将此由六百里各谕令知之。"

（卷234　232页）

予甘肃高台阵亡游击杨永先等祭葬世职加等。

（卷234　234页）

同治七年（1868年）五月甲辰

谕军机大臣等："穆图善奏军粮缺乏日甚，大局万难支撑，请饬催各省协饷一折。据称狄道各军后路毫无接济，四十余营断炊四五日或六七日不等。该军纷纷泣恳移营就食，退扎后路，万难再为驾驭。巩昌粮台委员胡世彦以粮缺恐误大局，有情急服毒解救得苏情事，请饬催协饷等语。览该署督所奏，情殊可悯。前据户部遵议分拨甘饷，当谕令郑敦谨等迅速筹解。山西、山东、河南等省应解月饷，著郑敦谨、丁宝桢、李鹤年查照穆图善原奏，分给一半，径解甘省。湖南、江西两省饷银，著刘昆、刘坤一分给一半，解由穆图善新设粮台转解。河东道所欠六年兰州常饷，著郑敦谨饬令如数径解兰州。该抚等务当竭力筹措，赶紧解甘，以济眉急。其已经起解之款，即著憬遵四月十六日寄谕解交。至续解饷银著照穆图善所请，迅解湖北粮台，交王文韶等转拨道员琫武、史敬铭等收运到甘，以归迅速。前据左宗棠奏以洋款半给甘肃。现饬王文韶、王加敏于洋款过鄂时，先提银二十万，交甘肃委员解甘。下存之银仍统解陕西，交林寿图将甘肃饷项核算，酌留若干，就近匀拨。一面将长存之项陆续解甘等语，著郭柏荫、何璟督饬王文韶等如数提拨，速交甘肃委员解甘。林寿图务于洋款解陕时，照左宗棠所拟迅速匀拨，毋得稍涉迟误。将此由六百里谕知郑敦谨、郭柏荫、刘昆、刘坤一、丁宝桢、李鹤年并传谕何璟、林寿图知之。"

又谕："穆图善奏派员在川督催饷银，并买就米谷，请饬四川总督迅速运解等语。四川省原定每月协甘饷银二万两。自左宗棠咨明由川采买谷米十八万石，该省遂将上年八月以前未解饷银一概抵还谷价。其八月后至今应拨甘饷二十万两，报解寥寥。办就米谷亦未解到。穆图善现派在川办捐之道员杨柄锃就近督催。自为需饷孔亟起见，著崇实查明欠解甘饷若干两，迅速补解，仍按月源源筹拨。其办就米谷并著严催各属赶紧起运。所需运费暂由川省筹垫，一俟运竣，再于协饷内划扣，以清款项。甘军粮饷两绌，专恃邻省接济，该署督素顾大局，必能赶紧运解，不稍贻误也。将此由五百里谕令知之。"

又谕："穆图善奏已革总兵守城击贼，恳请撤销永不叙用字样，仍革职留营，并自请议处等语。已革甘肃河州镇总兵李助发前因会剿狄、河，在红土窑遇贼失挫。杨岳斌奏参革职永不叙用。嗣据穆图善奏请开复。经部议驳，并令将该总兵永不叙用之案，毋庸撤销，以符定制。兹据该署督奏请将李助发撤销永不叙用之案，仍革职留营。自系为军务得人起见。军营永不叙用人员，不准开复，原以杜钻营滥保之渐，惟既据该署督奏称，李助发尚未犯赃私重罪，又无恇怯骄纵各情。上年贼扑甘垣，经该署督派令守城，专管炮位，借保危城。若令其废弃终身，似属可惜。甘肃现当用人之际，览该署督所奏，尚无见好之心，自应俯如所请，李助发著准其开复永不叙用处分，仍革职留营，以观后效，嗣后不得援以为例。倘该总兵始勤终惰，或查有别项劣迹，仍著该署督随时奏参，毋稍瞻徇。所有该署督自请议处之处著交部议处。将此谕令知之。"

以甘肃甘州、平番等处叠次剿匪出力，赏都司陈桂章、千总王庭胜巴图鲁名号。守备张俊炳等花翎。千总杨玉堂等蓝翎。道员黎献等加衔升叙开复免罪有差。

以甘肃徽县等处防剿发逆出力，擢知县古一忱以知府用，并赏花翎。外委刘生义等蓝翎。余加衔升叙有差。

以甘肃会宁、高台等处办理城防出力，赏云骑尉马正明等蓝翎。余加衔升叙有差。

（卷234　236页）

同治七年（1868年）六月戊申

又谕："库克吉泰、刘典奏秦楚各军连获胜仗，回逆退窜董志原，仍饬各军严防一折。回酋马正和纠合泾河川踞贼，窜扑长武。经总兵阎定邦会同刘正高等迎剿获胜。适黄鼎、雷正绾各军乘势夹击，贼皆败窜。长武城围立解。其窜扰三水之贼亦经知县喻兆圭击败，窜向正宁。知县刘倬云等复击之于万家村原上，并会商高连升分道直追。该逆悉回窜董志原老巢。此次管带甘军之阎定邦会同长武官绅固守城池，击贼获胜。所有该军出力将士及该县官绅，著库克吉泰等择尤汇保，毋许冒滥。现在三水边境虽臻安谧，而宜川之云岩镇有捻逆余孽勾结土匪溃勇，势甚狡狯。库克吉泰、刘典务当严饬刘端冕等各率所部跟踪进剿，以期就地殄灭，毋任蔓延。其陇、凤、邠、鄜各属地方贼氛尚炽，并著檄令在防将士严加堵扼，不准稍有疏虞。将此由五百里各谕令知之。"

（卷235　241页）

以甘肃灵台剿贼获胜，歼毙首逆马艳魁，赏副将谢盛楠、参将刘厚福巴图鲁名号。参将苏志贤等加衔升叙有差。

（卷235　242页）

同治七年（1868年）六月己酉

又谕："穆图善奏甘省兵力不敷，请仍由陕西拨兵，会防边内东路并泾州危急情形，咨催杨占鳌赴肃州，请以谦禧署副都统各折片。前谕穆图善饬金顺一军绕赴东路以保完善。兹据该署督奏称陕回渐已绕越入甘，不惟磴口、包头等处最关紧要，且恐宁、灵已抚之回被其逼胁。金顺一军专防陕西北境，难令分赴东路。请饬陕军分出数营驻防东路，所奏尚系实在情形。著库克吉泰、刘典迅即抽调劲旅，就近绕赴东路。并饬令刘厚基、高连升等于延安、榆林、绥德、鄜州等处兼筹防剿。穆图善仍当严饬金顺相机夹击，转战而前，毋得株守一隅，意存诿卸，倘完善之区稍有损失，恐不能当此重咎也。金顺军已入陕，所需粮饷军火即著库克吉泰、刘典随时拨济，毋令缺乏。仍在陕西应解宁夏军营月饷抵扣，以清款项。回匪吕得彦等叠陷镇原、庆阳、宁州等城，大股围扑泾州，势甚猖獗。著穆图善迅即添拨劲兵，会同雷正绾力图扫荡，并著库克吉泰、刘典饬令黄鼎并力剿洗。雷正绾总统庆、泾诸军，责无旁贷，著穆图善传知该提督务须振刷精神，早奏廓清之效，毋得纵贼蔓延，致干罪戾。镇原县城收复有无捏饰情弊。庆阳、宁州已否收复，各城文武官员下落，均著穆图善确查分别参奏。前据成禄奏杨占鳌已行抵高台，即著该署督飞咨杨占鳌，迅将肃州军务接办，以便成禄克日出关。宁夏副都统一缺，著准其以谦禧暂署，仍著穆图善详细查看，能否胜任，据实奏闻。俟善山保一军接替有人，即著前往署理，以重职守。将此由六百里各谕令知之。"寻奏："谦禧久随军营，才识兼优，勇于任事，且熟悉宁夏情形。现署副都统实堪胜任。"报闻。

（卷235　243页）

同治七年（1868年）六月甲寅

予甘肃玉门殉难知县于铨祭葬世职加等。

（卷235　249页）

同治七年（1868年）六月丙辰

谕军机大臣等："库克吉泰、刘典奏北路官兵剿贼获胜，移营进逼城根，现督军力筹剿洗，并三水、邠州等处剿贼叠胜情形各折片。白水、澄城一带叠经官兵搜剿已无贼踪。其盘踞云岩镇之贼，经知县余观瑞随同刘厚基等所部分路进攻，连破贼卡木城，直逼城根。逆首袁大魁率党拌拒，城难猝下。现已添兵围攻。云岩镇为该逆老巢，若能乘势攻拔则宜川晴路冀可肃清。著库克吉泰、刘典即饬刘端冕、魏光焘等激励士卒，并力规取，以期就地歼除，毋稍松劲。该处逼近黄河，应如何添兵分扼之处，并著随时知照郑敦谨妥为办理。回匪纷窜三水、邠州等处，经提督高连升等暨黄鼎各军追击，颇有斩擒。陇州火烧寨地方复有回逆土匪乘机掳掠，总兵罗洪德先后督勇追杀，贼众败走。现在贼股盘跨正宁、泾州、宁州一带。泾州情形尤为吃紧。雷正绾虽由长武窑店前进，兵力尚单，著即檄饬刘效忠迅率所部先顾泾城，会合雷正绾一军痛加剿洗。并著饬令黄鼎相机夹击，迅殄逆氛。将此由五百里各谕令知之。"

（卷235　249页）

同治七年（1868年）六月乙亥

又谕："前因林寿图奏请裁撤西安粮台，当令左宗棠酌度具奏。兹据左宗棠奏称，西安所设甘肃后路粮台，原为支应庆、泾诸军而设。西安粮台一撤，秦、陇饷道中断。平、庆、泾、固一带实两省孔道，粮台专设秦安，远道转输亦有鞭长莫及之虞。西安所设甘肃后路粮台断不可撤等语。左宗棠身任兼圻，自应总权两省，通盘筹划。既据酌度定议，即著林寿图仍遵前旨，将西安粮台各事宜照旧妥为经理，毋许推诿。并著左宗棠随时提拨协甘各饷，通融接济，俾得饷项有著，克赡饥军。甘省荒瘠情形既为该大臣所深悉，且现存兵数尚有百四十余营之多。军士待哺嗷嗷，岂能枵腹荷戈？虽先秦后陇，势有固然，而唇齿相依，实为安危所系。该大臣务当妥筹兼顾，以济急需，不可稍存歧视，致虞哗溃。山西原协泾、庆之饷，著郑敦谨照旧拨解西安粮台。以归简易。穆图善即行转饬林寿图于协饷到时随时提拨，以资接济。将此由六百里谕知左宗棠、穆图善、郑敦谨并传谕林寿图知之。"

（卷236　265页）

同治七年（1868年）七月戊寅

又谕："穆图善奏派队剿办东南各匪及秦州土匪一折。土匪刚八即张贵在静宁州地方纠众倡乱，党羽至一万余人之多。徽、成各县境界突有东来股匪滋扰，粮道梗塞，自应迅速剿办，以免蔓延。穆图善现已派令善山保、傅先宗等分头剿洗，著即严饬该副都统等激励将士实力奋击，以靖乱阶。徽、成一带回匪尚未踞有巢穴，尤当乘其立足未定，并力捕诛，毋留余孽。刚八虽系迫而为盗，而麇聚称乱，与回匪等。其被胁难民固不必概行诛戮。该匪首甘心叛逆，岂得曲从宽宥，著穆图善饬令派出各员分别妥慎办理，毋得将就了事，贻患方来。将此由五百里谕令知之。"

署陕甘总督穆图善奏："署肃州镇总兵王仁和营勇溃变，经提督杨占鳌剿抚竣事。请将王仁和革职，撤去统领，留营差遣。"得旨："前据成禄奏参，已明降谕旨将王仁和革职仍留署任。兹据穆图善奏称，王仁和统率无方，不胜重任，著毋庸再留署任，撤去统领，交杨占鳌军营差遣，以观后效。"

以甘肃灵州拿获盗犯，予副将衔回目马潮青以副将用，并加提督衔。余升叙有差。

（卷237　274页）

同治七年（1868年）七月庚辰

云贵总督刘岳昭奏请调前任甘肃巩秦阶道金国琛赴营差委。允之。

（卷237　277页）

同治七年（1868年）七月辛巳

又谕："库克吉泰、刘典奏甘回分途内犯，各军接仗叠胜，暨文家川等处击贼获胜各折片。甘省回逆由灵台窜至麟游，经中书吴士迈等击退，其大股图窜耀州、三原。提督周绍濂、高连升等追至雷原，合军夹击，毙贼尤多。黄鼎、刘倬云等军复在邠州、世店等处击败马正和回党。而回逆仍由三水内犯，设伏原下。刘倬云督军鏖战，贼始败走。赫阿浑、马伪元帅一役窜至中部之王村一带，亦经魏光焘、高连升等四面抄击。该逆众淹毙殆尽，现已檄饬高连升各军相机进剿。所筹尚属妥协。惟三水以北，宜君以西贼踪麇集，若不将甘回痛加剿洗，则陕境何日得安。著库克吉泰、刘典迅饬高连升由同官一路乘胜前进。其洛川中部等处并著分饬刘端冕、周绍濂拦头截击，毋任该逆喘息，复肆蔓延。所有洛东败贼即责令魏光焘实力跟追，以期悉数歼灭。回目杨汶治率党窜踞文家川、红崖河及正宁之三家原一带，刘倬云派队分击，杀毙极多。该逆踞堡抗拒，复经喻兆圭等督队围攻，连破贼垒，贼向正宁北原上败去。仍著檄令刘倬云严饬所部，随时侦探，不得以逆踪远扬，稍形疏懈。将此由六百里各谕令知之。"

（卷237　278页）

同治七年（1868年）七月壬辰

又谕："林寿图奏甘饷紧急，请饬查鄂台洋款确数，以凭运解，并请饬晋省速拨河东协饷各折片。左宗棠前奏借款合洋款二百万两，除划提赴直楚军经费外，曾谕令一半给陕，一半给甘，并令王文韶等先提银二十万两解甘，余银仍解陕交林寿图酌留匀拨。兹据林寿图奏称，自左宗棠入关以来，该藩司未经收领甘饷。询据留陕委员称借款业经用竣，并查阅湖北咨文，洋款亦兑过三十四万两。若并由鄂解甘之二十万两开除，约止剩银四十余万两，尚须留供左宗棠等楚军经费等语。现在甘省需饷孔亟，林寿图于鄂台洋款有无可拨，难以备知底蕴，自是实在情形。著郭柏荫、何璟就近饬王文韶等查核原奏留拨左宗棠、刘典及径交甘省委员外，有无余银可分解陕台。约得确数若干，即由郭柏荫等具奏。一面迅催随收随解，毋稍延误。其部议专协庆阳之河东岁饷距陕较近，著郑敦谨速饬河东道于戊辰纲应协银十万两内，先筹银三万两克期解陕，余银仍按月陆续起解，由林寿图分拨接济。将此由五百里谕知郭柏荫、郑敦谨并传谕何璟、林寿图知之。"寻郭柏荫、何璟奏："奉拨甘饷洋款银二十万两，业经如数提解甘台交收，并饬该司道等查明欠解银两赶紧筹解陕台。"报闻。

（卷238　296页）

以甘肃泾州筹办军粮并叠次守城出力，赏知府刘校书、都司王秉寅等花翎。县丞张仕达等蓝翎。予总兵官刘明泰等加衔升叙有差。

（卷238　297页）

同治七年（1868年）七月辛丑

谕军机大臣等："刘典奏派员赴晋办理陕甘米捐分局一折。陕甘两省米捐分局，以章程参差，捐务有碍。业经由刘典等合为一局办理，所有山西省分局向设太原省城及河东运城等处，该抚以原派道员苏彰阿等不能得力，改派甘肃甘凉道董文焕等，会同藩司胡大任等分办太原等局。著郑敦谨督同晋省司道暨各该委员等认真劝办，以济饷需。至陕省分设广东捐局，经刘典现派降调道员李羲钧等前往会办，著即知会广东督抚饬令臬司梅启照等会同妥办。将此各谕令知之。"

又谕："成禄奏北路溃勇歼除净尽，南山肃清，现合诸军攻取肃城一折。据称仁字军溃众盘踞金塔附近之旧寺墩等处，偕立伪号。经该提督饬令杨占鳌率队围攻，擒获逆首乔钟岳，余党悉就歼除。其南山一带屯庄，亦经马天祥等次第攻拔等语。该提督正当乘此声势，懔遵叠次谕旨，振刷精神，激励将士，勒限将肃城克期收复，星速出关，以赎前愆。倘仍玩误迁延，借词支饰则是自取咎戾，国法具在，决不能再邀宽典也。杨占鳌业经调集各队行抵下河清，滚营前进，即著穆图善传知该员迅速会合诸军，立将肃城攻克，接替军务，毋许延宕，致该提督有所借口。将此由五百里各谕令知之。"

（卷239 308页）

予甘肃肃州等处阵亡参将黄达源等祭葬世职加等。

（卷239 310页）

同治七年（1868年）七月壬寅

谕军机大臣等："文麟、景廉奏修筑营寨，堵击出关回匪，并委员沿途被劫等情各折片。哈密地方紧要，亟须大员带兵前往镇守。叠经谕令文麟等迅赴该城，该办事大臣等稽迟日久，又借口于城垣坍塌，欲于哈密附近蔡巴什湖一带安设营寨，另图修筑。其畏难苟安之心已可概见。著文麟、景廉懔遵前谕，即行督队先后驰赴哈密，暂驻蔡巴什湖一带，将哈密城垣赶紧择要修整。为振奋坚守之计，不得苟且粉饰，致懈众心，自干咎戾。肃州逆匪屡次出关窜扰玉、安所属地方，经文麟等派兵击退，仍须加意严防，不可稍形松懈，并著成禄会同杨占鳌速行攻拔肃城，不准再事迁延，任令该逆到处滋蔓。安、玉等处打仗阵亡并出力弁勇及捐办军饷各员名，均著文麟等查明汇案奏请奖恤。都司龙腾光由关外起程前赴归化城迎提山西饷银，行至毛目地方为该处变勇掳劫行李，并将公文护照一并掳去。龙腾光亦被变勇拥入堡内。前据成禄奏称肃州城外变勇业已歼戮殆尽，何以毛目地方，尚有分股肆掠。著即赶紧派兵搜剿，并将龙腾光下落查明。其被掳公文护照，恐为变勇执持，前赴归化城冒领军饷。著郑敦谨、桂成详细查明，并著将此项饷银五万两迅派妥干弁兵解赴文麟、景麟军营交纳，以应急需。将此由五百里各谕令知之。"

（卷239 311页）

同治七年（1868年）八月戊申

以捐运甘肃口粮予陕西知州汤敏等加衔升叙有差。

予甘肃松树庄沟等处阵亡游击李三元等祭葬世职加等。

（卷240 317页）

同治七年（1868年）八月癸丑

又谕："库克吉泰、刘典奏陕甘各军剿贼叠胜，董志原回逆仍图窜陕一折。泾河北岸贼匪窜至长武县境，经雷正绾督令陈义等率队追击，斩获甚多。提督刘厚基所部复于解清涧城围后叠获胜仗，贼向老君殿一带窜走。其窜洛川、宜君等处之贼亦经高连升、刘端冕两军击败。此时贼势虽衰，而大股仍踞正宁北原。崔三一股逼近陇州北路土匪麇聚安定、保安，蔓延怀远、绥、榆一带，防务尚未可松。仍著库克吉泰、刘典檄饬高连升等督率所部会合雷正绾一军前截后追，将董志原逆股痛加剿洗，毋任四出饱掠。并一面严饬知州成定康迅赴绥德，与榆林镇兵联络声势，加意严防，不准稍涉疏懈。将此由五百里各谕令知之。"

（卷 240　323 页）

予甘肃长武阵亡都司张金学祭葬世职加等。

（卷 240　324 页）

同治七年（1868年）八月庚申

又谕："户部奏遵议提拨甘省饷银，并办理甘肃后路粮台大员无庸改派一折。甘省饷需，前经户部奏准，饬令左宗棠酌度匀拨。嗣据左宗棠复奏前借洋款及四成洋税二百万两，除划提赴直军饷外，余应分平解甘，并饬王文韶等先提洋款二十万两交甘省委员领解。业经户部行知遵照办理，现在九江关协甘常饷二十万两及江苏等省协甘半饷十万两已据湖广总督奏报，分起解赴汉中转解，计此时必可陆续到甘，自足以资接济。著郭柏荫等即饬署藩司王文韶于洋款到鄂时迅即提出二十万两交甘肃委员琫武等领解，并将以后解到饷银分半给甘。其湖南、江西解到协甘饷银亦即按月分半解往，毋许迟滞，致误要需。至左宗棠前奏赴直军饷于洋款二百万两内划提支用，所余洋款仍著左宗棠估计甘省应分一半之数报部备核。甘肃后路粮台著照该部所议，仍责成王文韶兼办，无庸改派，以期呼应较灵。再陕甘军营保奏记名提镇人员，其中如有晓畅戎机，长于训练，能实心实力整顿营务者，著左宗棠、穆图善悉心查访，出具切实考语，随时奏闻，候旨录用。将此谕知左宗棠并由五百里谕知穆图善、郭柏荫传谕何璟知之。"

（卷 241　333 页）

同治七年（1868年）八月戊辰

又谕："成禄奏肃军接仗情形，请饬催总兵带队会剿一折。肃州踞匪经杨占鳌、马天祥等连番剿击，已形穷蹙。惟该城西面尚属空虚，必须厚集兵力四面急攻，方能得手。总兵陶生林所统十营现仍留驻凉州。该提督以攻剿正亟，请饬催该军赴肃会剿，自应迅速抽调，规复坚城。著穆图善即将陶生林一军分出五营，留在凉州护送省粮，其余五营令该总兵亲身统带，前赴肃州，毋稍延缓。成禄于此军到后并著率同杨占鳌等会合环攻，将该城迅图克复，不得以贼匪拌命抗拒，借词耽延。成禄另片奏部署出关，请饬户部指拨银两，并山东等省汇解铅丸火药，暨请饬穆图善派定粮台等语。著户部于山西、河东、湖北等处欠解新疆协饷项下议定指拨银一二十万两，以资周转。其前据山东、山西、湖北、河南、陕西按月协济之铅丸火药，并著户部咨令各该省解交山西藩库，以便该提督委员赴归化城提取。成禄统军出关，应由何路安设粮台，著穆图善先期派定。所需车马驼只等项并著饬知该省军需局妥议章程，随时接济，以利师行。该提督仍当懔遵叠次谕旨迅复肃城，整军西向，毋借口于饷绌兵单，观望迁延，自干咎戾。将此由六百里各谕令知之。"

（卷241　342页）

予甘肃肃州阵亡游击邓德祥、守备冯元杰等祭葬世职加等。

（卷241　343页）

同治七年（1868年）八月己巳

谕军机大臣等："前因左宗棠奏请议拨实饷，当谕令军机大臣会同户部速议具奏。兹据奏称拟由各海关六成洋税内凑拨银一百万两为该督西征军饷，并由该督酌量协济甘省等语。著曾国藩、马新贻、丁日昌于江海关拨银五十万两，英桂于闽海关拨银二十万两，郭柏荫、何璟于江海关拨银十五万两，师曾于粤海关拨银十万两，李瀚章于浙海关拨银五万两。各该将军、督抚、监督等务当迅速如数解往，以济要需。广东、福建、浙江、湖北、江苏五省每月共计协拨左宗棠饷银十九万两，扣至本年十一月止，月饷全行扣抵借款。著各该督抚等自本年十二月起各照原拨数目按月协济。此外山东、山西、河南、湖南、四川、江西、河东等处每月共计协拨左宗棠饷银十万三千五百两，各该督抚等尤当按照奉拨之数源源报解。左宗棠返斾西征，需饷极为迫切。该将军、督抚、监督等其各竭力筹措星速解交，以维大局。其河南、陕西、湖北、湖南、四川、江苏、江西、山东、山西等九省协拨穆图善饷银每月共计十二万八千余两，著该督抚等各按原拨数目赶紧筹解。甘省粮饷两缺，兵勇困苦难堪，该督抚等毋得视甘饷为缓图，以致饥军哗溃，贻误戎机。左宗棠前奏借洋商银一百二十万两及续借续拨各海关银二百万两。曾据左宗棠奏此次银两陆续解到陕甘时，均匀分支。现在已支若干，尚存若干，著左宗棠查明具奏。陕甘专请协饷之营尚有数处，应如何归并支发？及该督军饷究竟每月实需若干，著左宗棠统筹全局，奏明办理。前据御史吴鼎元奏请裁并厘局等语。各省厘局接济军饷而设，势难遽议裁撤，如有分设局卡较多之处，亦应量为裁并。著瑞麟、李福泰、李瀚章、刘坤一斟酌情形办理。至局员局绅罔利侵渔等弊尤当严加查核，务令涓滴归公，毋任中饱。原片著抄给瑞麟、李福泰、李瀚章、刘坤一阅看。广东、浙江、江西记名提镇人员中如有晓畅戎机长于训练，能实心实力整顿营务者，著瑞麟、李福泰、李瀚章、刘坤一悉心查察，出具切实考语，随时奏闻，候旨录用。将此由六百里谕知左宗棠、曾国藩、马新贻、丁日昌、郑敦谨、穆图善、崇实、吴棠、英桂、卞宝第、瑞麟、李福泰、郭柏荫、刘昆、李瀚章、刘坤一、丁宝桢、李鹤年、刘典并传谕何璟、师曾知之。"

（卷241　343页）

同治七年（1868年）九月己卯

又谕："前因成禄奏部署出关，请饬指拨银两，当经谕令户部议定指拨。兹据户部奏称山东、山西、河南、直隶四省欠解新疆月饷为数甚巨。直隶、河南均经奏请缓解，若再提拨成禄军饷，殊难望其速解。现经议定，除直隶、河南无庸提拨外，拟请在山东、山西提拨二十万两等语，即著郑敦谨于山西欠解新疆月饷二十四万四千两内，提银四万两，丁宝桢于山东欠解新疆月饷八十七万五千两内，提银十六万两，均著迅饬各该藩司如数措齐解交成禄军营应用，毋稍延缓，致误要需。至成禄出关应由何路安设粮台，著穆图善妥筹办理。前拨山东、山西、湖北、河南、陕西按月协济成禄军营之铅丸火药，著户部咨催各该省迅速筹解，不得迟延。将此谕知户部并由五百里各谕令知之。"

（卷242　353页）

同治七年（1868年）九月壬午

谕军机大臣等："穆图善奏复陈官军克复庆阳郡城，并宁州失守情形。暨库克吉泰、刘典奏请饬山西拨解饷银护送军火各折片。庆阳甫经克复，著穆图善严饬在事各员实力防范，并将善后事宜妥筹办理，毋稍疏忽。宁州贼氛正炽，又有赴泾州南原分窜汧、陇、邠、长之说。雷正绾既难分兵，甘省现驻各营亦难抽调，著左宗棠、库克吉泰、刘典酌拨各军会同雷正绾两面夹击，迅将宁州城池克复，毋任贼匪久踞。黄鼎一军现驻邠州，能否移营进剿，并著该大臣等妥筹办理。晋省按月应解陕西军饷银一万五千两，自上年十一月以后屡有短绌，并未照原定数目报解。陕省前借洋税现将用尽，军营支款短绌，需饷甚亟。著郑敦谨仍照前定数目，每月解银一万五千两，以一万两解交左宗棠军营，五千两解交库克吉泰军营，不得再有短绌，致误要需。其从前欠解之项仍著郑敦谨分起补足搭解，以资接济。左宗棠、库克吉泰于晋饷解到时亦当撙节支放，毋稍虚糜。陕省北山一带土匪甚多，道途梗阻。所有驻扎榆林、绥德各军饷银军火等项仍须绕由山西解往。著郑敦谨饬令所属各地方官遇有陕省解往榆、绥饷银军火过境时，照例供支护送。刘典仍当拣派妥员押解，以昭慎重。再行军必先熟悉地势，著左宗棠、穆图善、刘典将各该省驻兵及有贼处所详细绘图具奏。将此由六百里各谕令知之。"

以故青海扎萨克辅国公察哈巴克子罗布桑端多布袭爵。

以甘肃宁州等城被贼窜陷，革总兵官孟玉德职，仍留营。都司秦登藩、千总石永清、把总杨光宏、曾占魁、卯廷华均革职讯办。副将徐定邦、把总黄守元均革职遣戍新疆。

予甘肃庆阳等处阵亡总兵官沈大兴、游击赵金标、千总陈凤鸣、典史李遇春祭葬世职加等。

（卷242　354页）

同治七年（1868年）九月甲申

又谕："文麟奏择期驰赴哈密，并请饬巴里坤兴办屯田各折片。肃州贼匪窜扰安西，旋攻扑敦煌城垣。经该城防守员弁将贼击退，复经文麟派员追剿获胜，贼匪遁回肃州。敦煌军事已松。文麟著即克日起程驰赴哈密，将该处抚绥防剿各事宜悉心筹办，以固边圉，毋再迁延干咎。安、敦、玉三处为哈密粮饷所关，难保肃州踞匪不再来肆扰，著景廉严饬在防将弁实力堵剿。文麟亦当与景廉随事咨商，以期兼顾。所有军粮转运章程并著妥筹具奏。安、敦、玉三城奉拨巴里坤兵粮无可筹措，自系实在情形。惟巴城待饷孔殷，所有敦煌县欠解巴城之粮三千石，仍著文麟饬催速解。安、玉二处能否通融协济？文麟当通筹全局，斟酌办理。惟巴城专待外来粮饷终恐拮据。该城既向有屯田地亩，又有逆回遗业，亟应就地开垦屯田，以尽地利而济兵食。即著伊勒屯、何琯熟筹兴办，毋得畏难苟安，坐以待食。已革副将萧青云系戴罪效力之员，乃仍不知愧奋，经文麟派员押解，辄敢闻风逃遁，实属怙恶不悛。即著文麟咨行各处严缉，务获正法，以昭炯戒。将此由六百里谕知文麟、景廉、伊勒屯并传谕何琯知之。"

（卷242　357页）

同治七年（1868年）九月乙酉

谕军机大臣等："库克吉泰、刘典奏官兵击退董志原回逆及北山土匪一折。提督刘端冕等军在鄜州、羊圈等处追剿董志原回逆连获胜仗，其窜扰延川土匪亦经刘厚基等击退。前据穆图善奏宁州贼匪又有赴泾州南原分窜汧、陇、邠、长之说。已谕左宗棠等酌拨各军会同雷正绾夹击。并令黄鼎移营进剿，谅经妥筹办理。逆酋马新沅等现虽窜退董志原，而粮尽势穷，意在窜踞长武、三水饱掠秋粮，分途肆扰。北山山路纷歧，土匪又复麇聚，若不痛加剿洗，则回逆土匪四面沓来，必至乘机东犯。仍著左宗棠、库克吉泰、刘典檄饬刘端冕等军分头剿击，将各逆逐渐歼除，毋稍松劲。据报回股窜踞灵台地境，扰及汧、麟，另股至宜君地界。张岳龄等军战状何似，并著饬令该臬司等互相策应以期痛扫逆氛，肃清陕境。将此由六百里各谕令知之。"

（卷242　357页）

同治七年（1868年）九月庚寅

兵部以武会试中额请。得旨："满洲蒙古取中三名，汉军取中二名，奉天取中一名，直隶取中十四名，陕甘取中一名，广东取中九名，河南取中五名，山东取中四名，江苏取中三名，安徽取中二名，山西取中五名，湖北取中三名，湖南取中三名，四川取中七名，广西取中一名，福建取中四名，浙江取中七名，江西取中六名。"

（卷243　365页）

同治七年（1868年）九月壬辰

谕军机大臣等："前据穆图善奏请饬左宗棠拨还甘饷，当交户部速议具奏。兹据该部奏称，查左宗棠前借洋银二百万两，系因酌拨甘省，津贴陕军，酌济晋防等处客兵，散放庆、泾一带甘饷，并移徙汉民，安抚降回饥民起见，又系在左宗棠各省协饷内划抵，本非协甘专款。本年左宗堂追捻入直，既未另立粮台，亦未另筹协济，不得不提用甘饷。军需不能预定数目，余款即不能预知多寡，自不得不先提二十万两解甘。其去陕较近之甘军亦不得不于前款内酌提，就近拨给。该署督所陈各节系于左宗棠奏借洋款及援师赴直各缘由未能深悉。若令左宗棠将此项拨还甘省，则左宗棠入直之饷又归无著各等语。穆图善所奏虽未洞悉源委，而甘省兵饷支绌情形朝廷久深厪念。左宗棠现已赴陕，即著将前借洋款及关税银二百万两，除入直提充军饷外，余存若干迅速秉公核算，以一半解甘，一半留陕，毋得稍分轩轾。本年八月间，户部奏准于各海关六成洋税项下指拨左宗堂军饷一百万两，亦著分半解甘，毋稍短欠。现据湖广督臣先后奏报，管理鄂台王文韶已将九江关协饷二十万两，江苏等省协甘半饷十万两，洋税提拨银五万两分起解赴汉中转解，即著穆图善派员迎提，以资应用。并著左宗棠严饬王文韶等将应解甘省半饷随到随解，不准迟延。其河南、山西、陕西、湖北、四川、江苏应解专协穆图善月饷及山东、山西、河南应解协甘半饷，每月共银十一万三千余两，著户部开单严催，专解穆图善军营，借资接济。左宗棠入直提用洋款数目并著查明咨部备核。将此由五百里各谕令知之。"

（卷243　367页）

同治七年（1868年）九月丙申

哈密帮办大臣景廉奏："暂留安西，办理防守催运事宜，并肃逆出关窜扰，邀击获胜。"得旨："该大臣出关后，即能督军截击窜匪，尚属能事。所有出力及阵亡员弁，著即会同文麟查明，汇案奏请奖恤，并著督饬各地方官及各粮台设法催运，以济前敌，毋稍松劲。"

（卷243　374页）

同治七年（1868年）九月戊戌

又谕："玉通奏汉、回构怨日深，请饬穆图善迅赴西宁筹办及阿家呼图克图出口勾结野番各折片。西宁回众滋事以来，屡与汉团构衅，近则十大庄等处不法回众勾致撒拉各回焚掠沙塘川一带，凶焰颇张。复因阿家呼图克图与之结怨，攻屠汉团，大肆杀戮，情形狂悖已极。玉通现在亲身劝解，责令两造毋再仇杀，但须确有把握，俾汉、回稍息争端。不得一味姑息，致该回众愈抚愈骄也。玉通当咨商穆图善妥为筹办。该处难民招抚既有头绪，著玉通设法抚恤，以安众心。西宁地方变乱若此，一切剿抚事宜亟应认真整顿，著穆图善妥筹兼顾，相机办理。阿家呼图克图未能保护地方，致寺院烧毁多处，复潜行出口，勾结野番，欲与回众报复。该野番犬羊成性，易生事端，著穆图善、玉通传知该呼图克图迅即回寺梵修，毋许冒昧从事，致贻后患。将此由五百里各谕令知之。"

（卷243　375页）

同治七年（1868年）九月辛丑

以甘肃镇番县城解围并收复裴家营堡出力，赏提督陶世贵一品封典，总兵官潘福廷、副将周思胜、潘玉春、尹中顺、张庆云、曹冠斗巴图鲁名号，知府蒋德钧、参将韩廷芝等花翎，通判张斌等蓝翎，余加衔升叙有差。

（卷243　381页）

同治七年（1868年）十月丁未

谕军机大臣等："库克吉泰、刘典奏西路各军追剿贼匪情形一折。雷正绾、黄鼎所部在灵、泾一带剿贼叠胜。总兵黄超群亦于甘泉境内击败董志原窜匪。余贼纠党攻扑宜川县城，复蜂聚于绛桃村，经库克吉泰等檄令张云松严守要隘，扼贼南窜之路，并饬刘端冕等分道援剿。著即催令该员等迅速前进，务将此股贼匪尽数歼除，毋令窜逸。泾、灵境内现无贼踪，邠、三、中、宜等处防范虽严，尤当格外慎重，免致逆股寻隙内犯。至鄜、延一带兵力尚单，董志原回逆粮尽计穷，难保不图窜往，肆行掳掠。该处防剿均当妥筹兼顾。左宗棠已饬卓胜军先行入关，即著库克吉泰、刘典檄饬该军迅赴宜川，将该处贼股剿尽，即会同刘端冕所部扼要驻扎，毋任匪踪东窜。左宗棠仍当督率各军克期入陕，相机剿办，以竟全功。将此由五百里各谕令知之。"

（卷244　391页）

同治七年（1868年）十月己酉

谕军机大臣等："有人奏江西水勇虚糜饷项，请查明裁撤等语。据称前甘肃臬司刘于浔在籍管带炮船。水勇口粮均系该绅一人经管，藩司无从过问，弊端不可枚举。著刘坤一饬令刘于浔将历年支销款目详细造册报销。如有侵冒浮开情弊据实参奏……原片著抄给阅看。将此谕令知之。"寻奏："遵查刘于浔历年支放勇粮皆造册报明善后总局，并无侵冒浮开情弊。该员先曾因病告退，已另委道员何应祺接统水师。泉港等处厘局业经酌量裁撤归并。"报闻。

（卷244　393页）

同治七年（1868年）十月辛亥

谕军机大臣等："前经军机大臣会同户部议奏筹拨左宗棠西征实饷，当经谕令曾国藩等于各海关六成洋税项下凑拨银一百万两。兹因左宗棠奏请增拨巨款，复据军机大臣会同户部具奏，分别筹拨。左宗棠奉命西征，饷项刻不容缓，所有前拨之洋税一百万两，著两江、闽浙、两湖各总督，江苏、浙江、湖北、各巡抚、福州将军、粤海关监督懔遵本年八月二十五日谕旨，将奉拨左宗棠军饷。江海关银五十万两，闽海关银二十万两，江汉关银十五万两，粤海关银十万两，浙海关银五万两，共银一百万两。统于本年年底扫数解齐，毋得迟延蒂欠。左宗棠所请借贷洋银一节，自可毋庸再议。陕西现在无款可筹，遇有急需实难设措，著山西巡抚于河东盐课项下，提拨银二十万两，四川总督于川省盐课项下，提拨银二十万两，迅速解陕。仍于四川欠解协甘饷银并采买甘粮等款及河东欠解甘饷内分别划除。左宗棠于各路协饷到齐后仍将此次提拨河东、四川银共四十万两分协甘肃，以抵欠款而免辗辗。至左宗棠所称陕西每年缺饷一百四十余万两，甘肃每年缺饷三百余万两，请自明年为始，每年提拨实银四百万两，分解陕甘一节。历次户部奏令各省月协陕甘两省军饷，统计不下七百数十万两。此次左宗棠通盘筹划，仅请拨银四百万两，自系为事必求实，饷归有著起见。现在正供之外，各项收款以厘金为大宗，尤以江苏、安徽、江西、浙江、湖北、广东、福建七省厘金为最旺，著各该督抚等速行定议。各该省厘金除必需之款酌留接济外，每省每月究可提存若干，迅速复奏，听候指拨。现届捻匪肃清，陕甘军情正急。剿贼之任责在统兵将帅，筹饷之事责在东南疆臣，均属无可推诿。各该省督抚等受恩深重，务当秉公酌议，力全大局，以纾朝廷西顾之忧。倘敢各存私见，以本省用项较多为辞，一奏塞责，置西北大局于不顾，则是有心贻误，必不能曲为宽宥也。将此由六百里谕知曾国藩、左宗棠、文煜、马新贻、吴棠、英桂、瑞麟、郑敦谨、郭柏荫、丁日昌、卞宝第、李瀚章、刘坤一、李福泰并传谕吴坤修、何璟、师曾知之。"

又谕："穆图善奏进剿河州回匪获胜，请饬速解饷银一折。河州回匪投诚后，延不呈缴马匹等项，意存反复，自难稍事姑容。现经穆图善派令总兵范铭攻克绿麻、景古城等处贼巢，叠挫凶锋，剿办尚为得手。穆图善现在亲赴狄道督军进剿，著即激励诸军奋力攻击，迅图扫荡。如有畏罪投诚者，当察其是否真心悔悟，不可轻堕术中，致误战事。大军后路尤宜妥筹兼顾，其西宁回匪仍当会商玉通相机办理。甘省饷需支绌，军士枵腹荷戈，殊深廑念。据穆图善奏称各省应解甘饷除江西九江关协济银二十万两，山西、河东、四川省城解到银数万两外，其余由鄂台经收各省协饷，数月之久仍未解到。著户部迅即行令应协甘饷省份各督抚赶紧筹解，源源接济。并饬鄂台将匀拨甘省饷银速即拨解，毋再延缓，致误大局。将此由五百里谕令知之。"

（卷244　395页）

同治七年（1868年）十月丙辰

谕军机大臣等："穆图善奏官军渡洮，击贼获胜。现饬诸军由高家集进剿一折。河州踞匪与甘肃省垣仅一洮河之隔。经穆图善亲督诸军渡河会剿，将高家集坚巢攻拔，以次平毁邓家湾、大草滩、清水沟、苏家集等处贼堡，共毙贼数千，救出难民甚多，夺获军粮器械无算。剿办尚为得手。所有出力各员弁准穆图善存记，俟续有战绩再请奖励。阵亡将士并著查明请恤。贼匪现奔窜泰子寺，势渐穷蹙。该处城大而坚，山高路险，必须先将附近各贼垒扫荡，以全军四面围攻，乃可一鼓歼灭。即著穆图善激励各将弁乘此声威，由巴池沟等处转战而前，迅复河州，为扫穴擒渠之计。其投诚良回并著穆图善妥为安抚，以示招徕。将此由五百里谕令知之。"

（卷244　397页）

同治七年（1868年）十月庚申

以克复甘肃贵德厅城暨北川新城，赏同知明良、都司衔马本源等花翎。余加衔升叙开复有差。

（卷245　403页）

同治七年（1868年）十月乙丑

又谕："穆图善奏部驳保举人员战功卓著，仍恳加恩奖励等语。甘肃署兰州府知府舒之翰随营转战，历有年所，叠次督军攻克渭源、狄道等城，尚属出力，著准其免补知府，遇有陕西道员缺出，奏请补授，并赏加布政使衔。"

谕军机大臣等："穆图善奏官军击退徽、成逆回，遣散静宁土匪，并清水县城解围，请将办事回目酌保各折片。徽、成两县回股经敖天印、傅先宗等合力剿击，贼众纷走，境内一律肃清。其静宁土匪亦经舒之翰等将首犯樊帼涓擒拿正法，余匪分别遣散，办理尚属认真。该州与清水相距甚近，无兵防守，仍恐为窜匪所乘，即著檄饬舒之翰等责令张贵率领所部，分驻水洛城等处，并令善山保带领安桢桐二营分驻石城一带，以资保卫。崔三大股猝扑清水县城，副将敖天印亲督各营乘夜潜袭，毙贼甚多，城围得以立解。惟讯获贼供，该逆意欲直犯秦州，以图饱掠。该处尚称完善，久为匪党垂涎，仍著严饬该副将督率兵勇相机堵御，毋得稍有疏虞。匪首杨生魁等在同心城滋扰，经回目马潮青、马忠海等将首伙各犯枪毙，救出难民，地方赖以安靖。该回目等居心朴诚，甚属可嘉。所有此次出力绅民，著准其择尤酌保数人，以昭激劝。将此由五百里谕令知之。"

（卷245　406页）

同治七年（1868年）十月丙寅

谕军机大臣等："曾国藩奏老湘营军饷仍归江苏接济。英翰等奏筹拨西征军饷酌定转运章程各折片。刘松山所统老湘营饷项向由江南供支，该军现在西征，所有饷项自应仍归江苏接济。即著马新贻、丁日昌每月协拨该军饷银六万两，以咨饱腾。惟灵、宝等处粮台及清江转运局均将次第裁撤，此后协拨该军月饷，著丁日昌委员解交湖北省城甘肃后路粮台接收。江苏每月尚有应协左宗棠、穆图善军营饷三万两，刘典军营饷一万两，著一并解赴湖北均交陕甘委员转运。由襄阳老河口登陆入关，著郭柏荫、何璟查照办理。其从前积欠刘松山军饷银九万九千余两，曾国藩已饬湖南督销淮盐局每月筹解银一万两，解交甘肃后路粮台，转解该军，分作十个月解清。仍著马新贻随时督催，以清积欠。至郭宝昌西征月饷除山西月协一万两，湖南月协五千两外，英翰等现拟于皖省月协该军饷二万五千两，暨随时找捕不敷之数，均解交湖北甘肃后路粮台，转解潼关，由郭宝昌派员接收，并著郭柏荫等督饬局员遇皖饷解到，即行转运入关，以期迅速。山西月协之一万两由左宗棠随时催解郭宝昌军营兑收。至湖南每月应解之五千两何以奏定后并未拨给，著刘昆于本年十月起按月照数迅解湖北转运局，运赴前敌，不得再有迟误。其十月以前应解之数仍著解赴安徽，俾吴坤修得以找发欠饷，毋误要需。将此由五百里谕知曾国藩、左宗棠、穆图善、马新贻、郭柏荫、丁日昌、刘昆、英翰、刘典并传谕吴坤修、何璟知之。"

（卷245　408页）

同治七年（1868年）十月己巳

又谕："何琯奏恳恩借拨养廉银两，并请饬拨营员俸廉公费等语。据称该总兵自出征以来，转战数省，历升巴里坤镇总兵，迄今十载，并未关领俸廉，以致家属养赡维艰，负累甚重。所奏自系实情。著麟兴等于解到新疆军饷内即行借拨养廉银数千两，由该总兵派员领取，俾资接济。此项银两俟军务稍松，仍由甘肃藩库扣留归款。至该镇标各营将备等应发俸廉及公费银两，除已由乌里雅苏台拨过一千两零外，仍著麟兴等遵照前旨，每月筹拨银二千两，以示体恤。将此由五百里谕知麟兴、荣全、锦丕勒多尔济并传谕何琯知之。"

（卷245　411页）

同治七年（1868年）十一月丙子

又谕："穆图善奏官军接仗获胜，进扎刘家坪督剿一折。河州贼匪凭山踞险抗拒官军，经穆图善饬军分道进攻，将清水沟贼营并党川堡逆巢攻拔。善山保等军叠败大股贼匪，攻克段家坪等处老巢。穆图善已进扎刘家坪，相机调度，著即分饬善山保等军由田家沟进，梅开泰等军由清水沟进，两面夹攻，先克复新路坡要隘，以次进攻泰子寺、三甲集，再图规复河州，毋稍松劲。据获贼供称，该逆现勾结撒拉回股，俟洮河冰结，窜扰官军后路。又有约董志原陕回先抢巩昌粮台，次扰狄道并知会米拉沟回目分扰平番、古浪之说。与各营详报略同。该逆等纷纷蠢动，无非为图扰河州起见，若能将河城及早收复，则各路之贼自将闻而裹足。即著穆图善一面严饬各军奋勇进剿，迅拔坚城。一面飞饬敖天印、苏家良等迎剿陕回，妥防南路，并饬张万美、黄有才力顾西路，疏通运道。其省城防务及狄道后路该署督并当妥筹兼顾，务臻严密。将此由五百里谕令知之。"

（卷246　418页）

同治七年（1868年）十一月己卯

谕内阁："刘典奏请将调任道员暂留川省办理援甘捐项并新章捐输等语。四川川东道调任云南迤南道吴镐著准其暂留川省，将经理援甘捐项，迅速造册报销，限于半年内完竣，即行前赴新任，毋得借词逗留。所有陕甘推广新章捐输，著四川总督另行派员办理。"

（卷246　420页）

同治七年（1868年）十一月壬午

谕军机大臣等："景廉奏击败窜匪，现拟移扎敦煌一折。肃州回逆分股窜入安西州境，筑垒盘踞。经景廉派令总兵张玉春等驰往攻剿，破垒直入，贼众败窜，追杀二十余里，复获大捷。其窜扑敦煌县境之贼亦经官军击败，剿办尚为得手。惟安、敦、玉一带地广兵单，贼踪飘忽异常，难保不乘隙复来，肆行焚掠。必须择要扼扎，方足以遏贼氛。景廉以敦煌地方较安、玉为完善，拟即带队亲赴该处驻扎。仍酌留数营分扎安西，以为犄角。所筹尚妥。著即将安、玉挽运事宜布置就绪，即行驰赴敦煌，以资镇抚，毋任该逆往来自如，致地方复遭蹂躏也。将此由五百里谕令知之。"

（卷246　425页）

同治七年（1868年）十一月己亥

又谕："穆图善奏官军攻克新路坡等处，现在进剿情形一折。河州逆匪久踞新路坡，经穆图善督军攻拔，乘胜收复太子寺汛城，并蹋平祁家集逆巢，办理尚为得手。河州悍贼俱在大东乡，而三甲集为大东乡咽喉，必须将该处攻克，方能次第扫荡。著穆图善檄饬各军稳扎稳进，将三甲集回匪克日歼除，以期节节进剿，廓清河州全境。甘省兵食久罄，各营刈草为羹，借资果腹，困苦情形殊堪矜悯。著左宗棠懔遵九月十八日谕旨，将甘饷源源分拨，以济饥军。傅先宗前已补授凉州镇总兵，该员现在请假回籍，著穆图善催令迅赴新任，以重职守。傅先宗简放是缺能否胜任，并著穆图善查明复奏。将此由六百里各谕令知之。"寻奏："遵查傅先宗久历戎行，堪胜凉州总兵之任。"报闻。

（卷 247　440 页）

同治七年（1868 年）十一月癸卯

谕军机大臣等："林寿图奏粮台饷项不继，请饬催欠饷一折。雷正绾一军驻扎甘肃平、泾一带，防剿极关紧要。现在粮饷万分缺乏，兵勇困苦情形不堪言状，亟应迅筹接济。著郑敦谨饬令河东道于户部奏定协拨庆阳戊辰纲盐课项下筹拨银五万两，赶紧批解，限十二月内到陕，毋稍迟误。林寿图于此项饷银解到时，务当权衡缓急，妥为支放。左宗棠身任兼圻于甘军筹饷事宜责无旁贷。该大臣当统筹兼顾，源源接济，以拯饥军。将此由五百里谕知左宗棠、郑敦谨并传谕林寿图知之。"

追予甘肃庆阳阵亡知县倪之经祭葬世职加等，建专祠。

（卷 247　444 页）

同治七年（1868 年）十二月甲寅

以甘肃安西等处叠剿窜匪暨筹办城防出力，予总兵官张玉春以提督简放。赏副将蒋富山、范如松巴图鲁名号。侍卫诚庆等花翎。县丞张厚庆等蓝翎。余加衔升叙开复有差。予阵亡守备唐清海、千总陈大宾等祭葬世职加等。

（卷 248　457 页）

同治七年（1868 年）十二月己未

谕军机大臣等："左宗棠等奏官军剿贼叠胜情形一折。高逆余党张万飞等纠合内窜，经成定康痛剿获胜，余贼向清涧窜逸。周绍濂一军复将中部宜君窜贼击退。董志原逆回突入甘肃正宁县城，并分扰邠州、三水北境，均经刘倬云、黄鼎两军击败，其窜扑泾州之贼亦经雷正绾驰援解围，剿办尚为得手。惟洛川、澄城、郃阳、白水等处尚有贼骑出没，著仍饬周绍濂实力搜捕，悉数歼除，并饬成定康将窜向清涧之贼迅速追剿。董志原贼匪虽已被击回巢，而来去无定，仍当督饬各军分头堵剿，遇贼即击，毋令深入。陕境其榆林一带及边外窜匪虽经金顺督军追剿，而后路必须有兵策应，杜其续窜之路，使边外之贼势成孤立，较易歼除。且延、榆、绥沿河一带尤必随处有兵截击，庶不至窜越邻疆。左宗棠、库克吉泰、刘典务当妥筹兼顾，以维全局。回目禹得彦等递禀乞抚，未必可恃。该大臣等当严饬诸军奋力进剿，慑以兵威，察其真心悔罪，酌量收抚，方为一劳永逸之计。陕甘贼匪头绪纷繁，应如何入手次第翦除之处，著左宗棠等熟筹方略，迅图大举，毋稍迁延。左宗棠另片奏彭玉麟于水师月饷赢余项下拨解该督军营银二万两，尚属能顾大局。又片奏游击丁汰洋所部勇丁缺额甚多，意图冒饷，著即于军前正法，以肃军律。将此由六百里各谕令知之。"

又谕："玉通奏请饬筹拨蒙古王公俸银等语。青海蒙古王公等俸银自同治二年以后均未放给。该处生计维艰，困苦情形日甚一日。自应迅筹拨解。著郑敦谨无论何款，迅将该王公等二、三两年全俸设法筹解归绥道衙门，暂为收存。一面咨会玉通，遴派妥员迎提，以供支放。其四、五、六等年俸银，山西省应如何筹解之处？并著郑敦谨迅速筹款，源源接济。将此谕令知之。"

（卷249　462页）

同治七年（1868年）十二月庚申

谕内阁："御史游百川奏请饬严禁栽种罂粟以济民生一折。栽种罂粟之害有妨民食，始于甘肃，延及陕西、山西，近复江苏、河南、山东等省亦有渐行栽种者。小民贪利忘害，仅顾目前，势必至膏腴之产尽种无用之物，于百姓生计大有关碍。前曾严行申禁，著各该督抚迅饬各地方官，再行剀切晓谕，一体禁止。倘有不法匪徒故意抗违，即治以应得之罪。各州县官如不能认真办理，任令吏胥饰词蒙蔽，并著各该管上司从严参办，毋稍徇隐。将此通谕知之。"

（卷249　463页）

同治七年（1868年）十二月乙丑

兵部奏："遵议宁夏将军穆图善于畏罪潜逃之已革副将敖天印，奉旨饬令押交河南审讯，抗不遵办，辄为蒙保。应照徇庇私罪例降三级调用。"得旨："著加恩改为革职留任。"

（卷249　468页）

同治七年（1868年）十二月庚午

又谕："前据左宗棠奏请饬催军饷，当交部速议具奏。兹据该部奏称，左宗棠前奏陕甘缺饷数目，暨请增拨巨款，并未明晰。前拨六成洋税一百万两未尝无裨于陕饷。其各省厘金应由各该省定议，再行复核筹拨于拨饷之期，并无迟误。陕省缺饷数目据刘典奏明每年需银三百万两，除本省所入及江广、粤海、闽海、江汉协饷外，仍不敷银一百四十万两，自应酌量添拨。甘省情形虽据穆图善陈奏月需饷四十万两，未据逐款分晰等语。陕甘常年军饷及现在用兵饷需必须逐款分明，方免轇轕。陕省据刘典所奏，缺饷已有确数，著该部迅即酌度情形，汇案添拨，以资接济。甘省每年实需饷若干，除本省入款及各处协款外，缺饷若干。各省专协甘肃之款何处尚能协济？何处并不协济？著左宗棠、穆图善会同核议，缕悉陈明，再由该部酌核办理。其提拨六成洋税一百万两，除浙海关已全数解清外，闽海关尚欠解银十万两，江汉关尚欠解银七万两，江海关据报年内筹解一二批，而筹解银数及欠解银数并未声明。粤海关奉拨银两既未筹解，又未登复，更属疲玩。著英桂、马新贻、郭柏荫、丁日昌、何璟、师曾各将奉拨未解银两迅即扫数解清，不准稍有蒂欠。各省抽厘收捐情形本令各该督抚于年内具奏，安徽、浙江、湖北业经奏到。昨据刘坤一奏明江西裁撤厘卡各情，较往岁收数十减三、四。请自明年二月始按月协济陕省二万两。此外江苏、广东、福建均未复奏，著马新贻、丁日昌、瑞麟、英桂、卞宝第懔遵前旨，迅速详查复奏，不得再有延误。其提拨河东饷银二十万两与晋省司库款项无涉。所有山西欠解郭宝昌及左宗棠两营四个月饷银十四万两，著郑敦谨赶紧如数补解，不得因河东已拨前项银两，即行借端推诿至吴棠前奏。各省赴川劝捐委员无庸分赴各属。陕省筹饷较他省情形尤亟，如陕省委员赴川省各属劝捐尚无流弊，仍可照旧举行。著吴棠察度情形秉公酌办。其提拨陕饷二十万两，仅据解过三万两，所有欠解银十七万两，并著该督迅即筹解，毋误急需。郭宝昌一军现已增募马队三千余，于陕饷有无窒碍，著左宗棠悉心酌办。户部原折著抄给左宗棠阅看。将此由六百里谕知左宗棠、穆图善、郑敦谨、马新贻、瑞麟、英桂、吴棠、郭柏荫、丁日昌、卞宝第并传谕何璟、师曾知之。"

（卷249　475页）

同治八年（1869年）正月己卯

谕军机大臣等："穆图善奏回匪窜扰南路州县，筹办防剿一折。陕回由渭河偷渡阑入秦州、清水、秦安地面，勾结附近游匪四出滋扰，且与董志原贼巢相距甚近。省城黄河，狄道洮河正在结冰之际，设竟蹋冰直渡，则到处滋蔓，势成燎原。省垣空虚，大局尤为可虑。穆图善现饬前敌各军扼要分扎，相机进捣三甲集，作步步为营之计。一面单骑旋省，筹备刍粮，整理附省各营，以防河州东南乡回匪渡冰东窜。即著严檄各将士将窜甘陕回迅图攻击，力解秦安之围，并飞催驻陕各路官军一并设法截剿，毋得推诿观望，贻误事机。穆图善将省防布置稳固，仍须出省督师，以期调度较灵。金顺现在榆林剿办陕西北路窜匪，正在得手之际，势难抽调回甘。穆图善仍须就现有兵力认真激励，以资攻剿。将此由五百里谕令知之。"

又谕："定安、桂成奏豫军追剿河西窜匪叠胜。成禄奏请饬催指拨银两各折片。张曜一军在十里长滩击贼获胜后，即由乌兰布拉一带向北进剿，行至达拉特旗地方，贼众列队抗拒。经张曜督军纵击，马步各贼纷纷败窜，乘胜由小古城一路西进，连蹋贼踞村庄三十余处，斩获甚伙。败匪复敢纠合骑贼数千回扑，各营并力剿击，擒斩悍匪贼目多名，余贼均向西南逃窜。河西及准噶尔贝子境内均无贼踪，剿办甚为得手。现在此股贼匪穷蹙已极，亟应乘此声威，尽力追剿。著定安、桂成催令达尔济、乌尔图那逊各队与张曜所部互相联络，三面还击，务将此股丑类聚而歼旃，毋令回窜。沿河一带防兵仍当实力堵御，不可因贼踪较远稍涉松懈。著定安等知照杜嘎尔飞饬马升认真防范，以免疏虞。并著郑敦谨随时妥筹兼顾。前因成禄军营饷缺，曾令户部于湖北、山西、河东欠解新疆协饷项下，指拨该军饷银一二十万两。山西、河东应解指拨成禄军营饷项著郑敦谨赶紧措解，务于春间解到成禄军营，以应急需。将此由五百里各谕令知之。"

又谕："成禄奏肃军连日攻剿，请于凯撤各军内挑拨马步西征，拟派道员办理转运各折片。肃州东北两面及南面甫经官军围攻，旋因南山扁都口回股出窜，硖口等处叠陷，我军失利。成禄剿办肃州逆匪日久无功，似此逡巡畏缩。军务尚有了期耶！著成禄会合诸军实力进剿，将肃城迅图克复，以期振旅出关，毋再托故迟延，自干罪戾。归化城距肃州相去甚远，若在该处设局转运，程途纡折，一切诸多掣肘。所请令归绥道兴奎办理后路转运之处，著毋庸议。直东凯撤各军，左宗棠各营现已回秦剿匪，李鸿章所部亦尚留防各路，一时均难抽调。况成禄军营饷项本属不敷，岂可再添兵勇。该提督当就现有兵力节节扫荡，迅殄逆氛。前因营勇溃变，经成禄将王仁和筹奏参，当降旨将王仁和革职，仍留署任。王礼和发往新疆。又据穆图善奏称，王仁和统率无方，不胜重任，复降旨将王仁和毋庸再留署任，撤去统领。该革员等情节较重，成禄请将仁字一军仍令王仁和统带。王礼和暂缓赴戍留于军营之处，均不准行。将此由六百里谕令知之。”

又谕："成禄奏请调军火以资攻剿等语。现在成禄围攻肃州，需用炮火紧急。甘省地方素无纯铁，堪以造铸。现捻患肃清，湘、淮各军所有开花大炮等件正可抽调赴甘，以利攻剿。该提督现已派员赴江南领运，即著马新贻酌拨头号开花炮二尊，二号开花炮二尊，头二号开花炮子各二百颗，洋药数千斤，即交该委员运解回营，以期迅拔坚城，毋误要需。将此由四百里谕令知之。”

又谕："前因已革副将敖天印杀害孙之友一案。谕令穆图善将该革员解交河南归案审讯。兹据穆图善奏，该革员禀称，前在赵家川剿贼，因闻营官敖明恺等与孙之友勇队互斗，致孙之友受伤身故，当即回营弹压。将滋事弁勇查出，禀请惩办。旋经张之万将敖明恺等正法，并据副都统善山保等联衔具禀，力辩该革员杀害孙之友之诬，请免解讯等语。敖天印前在河南带勇，于杀害孙之友一案是否主谋下手，所禀各情，有无捏饰，著李鹤年详细查明，据实具奏。原折著抄给阅看。本日又据成禄奏，请饬催直隶州知州凌振家赴营差遣等语，著李鹤年即饬该员迅赴肃州军营，毋稍延缓。将此谕令知之。”

（卷 250　483 页）

同治八年（1869年）正月丙戌

以甘肃洮州剿办回匪出力，赏提督张万美一品封典，副都统谦禧、总兵官叶广胜、方德湘、许耀文、副将姚正高、张兴元、石在位、梅天海、杨永成、张胜元、彭清胜、桂兴得、吴甲申、参将吴定安、徐炳元、何元明、张万成、李成林、张金魁、游击姬伏信、委防御满达里、都司康学连、赵谦士、胡炳南、刘大顺、张从志巴图鲁名号，佐领莫尔根布、知州周浩等花翎，千总李盈发等蓝翎，余加衔升叙有差。

（卷251　492页）

同治八年（1869年）正月庚寅

又谕："成禄奏克复肃州城池一折。肃州业经克复，成禄当懔遵叠次谕旨迅带所部，克期出关，奋勉图功，以副委任。杨占鳌带兵尚能得力，即著随同成禄出关，剿办贼匪。肃州地方不可无兵镇摄，著成禄酌留数营以顾后路。成禄出关后所部军火粮饷必须源源转运。穆图善当斟酌情形，派员在肃州地方妥为经理，俾免缺乏。肃州善后事宜并著穆图善饬令地方文武悉心筹办，务臻妥协。安肃道蒋凝学如尚未能赴任，即著遴派妥员前往接署，毋令员缺久悬。成禄另片奏现派马忠良等充当回民头目，请先行奖励等语。马忠良著赏给三品花翎，马金贵、苏海麟、韩忠国均著赏给四品花翎，仍责成该回民等将该处回务妥为料理，不得滋生事端。至此次克复肃城，成禄由六百里加紧驰奏，并附红旗，殊可不必。嗣后遇有克复地方止须照常入奏。俟新疆全境底定再行驰报红旗。将此由六百里各谕令知之。"

以克复甘肃肃州城，赏提督成禄、杨占鳌黄马褂，守备任凤翔、千总石成器、把总刘玉江巴图鲁名号，都司张贤等花翎，复提督王仁和、副都统色楞泰职，免已革知县窦型遣戍，并赏四品顶带花翎，余加衔升叙有差。予阵亡从九品熊奎、把总杨润春、外委陈廷相等祭葬世职加等。

以甘肃高台、金塔等处解围出力，擢游击谢长青以副将用，千总王兰谱、王有著均以都司用，把总黄祖沔以守备用，王有著、黄祖沔并赏花翎，免已革副将杨永魁、知县房廷华遣戍，并赏还顶翎，余加衔升叙有差。

（卷251　495页）

同治八年（1869年）正月癸巳

又谕："穆图善奏官军击退窜扰南路陕回，秦安等城解围，并请饬金顺前往定边等处剿办各折片。陕回马镇和、崔三率领马步贼众数万围扑秦安县城，经敖天印等分路抄击，斩馘甚多。该逆复直趋清水县地面，官军夜袭贼垒，贼向东路纷窜，由秦州北路分道进逼，四面仰攻。叠经敖天印等追杀，贼势不支，退窜关山、陇州一带。此次贼股窜扰南路意在救援河州。敖天印各军均能踊跃用命，将秦安、清水、秦州城围立解。所有出力员弁著准其择尤汇案奏保。惟秦州为该省完善之区，该逆股素所垂涎，现虽经官军剿退，难保不声东击西，乘间分扰。仍著穆图善督饬敖天印等侦探贼踪，乘胜压剿，以杜回窜。河州地方紧要，并著严檄在事将士奋力截击，毋任此股前往救援，复形棘手。定边、花马池等处直达归化、包头，固应严密防范。第金顺现在榆林一带剿贼，正属得手，未便拔队前往。著俟该处贼匪扫除净尽，再行相机移扎。此时花、定一路应如何保护粮道，穆图善仍当妥筹办理。前据左宗棠奏官军叠获胜仗，贼势渐衰。刘松山等已由绥德西进，即著该大臣等檄令各将领，与金顺等军联络声势，迅将榆绥等处踞贼痛加剿洗，用竟全功。将此由六百里各谕令知之。"

（卷251　498页）

同治八年（1869年）二月丙午

谕军机大臣等："林寿图奏清厘粮台报销，并筹雷正绾军饷一折。林寿图现将交卸粮台清理经手事件。据称年来所管甘饷止筹供雷正绾十数营，因此一军而留粮台，似觉糜费。惟该军逼近前敌，艰窘异常，饷项必须有著。应否简员接办粮台，抑或裁撤归并等语，左宗棠总统师干。陕甘两省兵饷事宜，均应该大臣通筹调度。自本年三月起，雷正绾一军如须仍设粮台，即著左宗棠派员接办。若酌度情形可以裁撤归并，则应归何处支饷？每月应给粮饷若干，亦即妥为核定并须予以的饷源源接济，不得徒托空言。该大臣其统筹全局，迅速奏闻。将此由五百里谕令知之。"

（卷252　508页）

同治八年（1869年）二月丁未

又谕："户部奏遵查各省厘金，酌定添拨西征军饷，并请饬各省整顿厘金各折片。左宗棠前请按年筹拨陕甘实饷四百万两。现据户部将各省厘金核明，通盘筹计，奏请酌量添拨。西北饷源素绌，本仰给于东南。陕甘现又军务方殷，不得不宽为筹备。即著照户部所议，安徽省除接济郭宝昌饷需军火外，无论厘、捐输项下，著吴坤修每月添协陕甘军饷银二万两，每年共添协银二十四万两。浙江省除每月原协左宗棠军饷银七万两外，著李瀚章每月再添协陕甘军饷五万两，每年共添协银六十万两。该省每年协济云贵军饷十余万两，仍著照常筹解。该抚前奏每月再各拨五千两，即著毋庸添拨。其应协山西清淮各饷不得借口停免。该抚当将该省防兵如何裁遣，或酌补兵额之处认真筹办，以节经费。现办塘工捐输及外省收捐分局，仍著照旧办理，毋庸议改。湖北省每月除原协陕甘各饷外，著李鸿章、郭柏荫每月再添拨陕甘军饷银四万两，每年共添拨银四十八万两。该省岁入各款较前征收短少，该督等当随时逐款整顿，并将用款酌量缓急，以资周转。本省及外省捐输仍著照常办理，毋庸议改。江西省除地丁项下每月原协陕甘军饷银二万两外，著刘坤一每月再添拨陕甘军饷四万两，每年共添拨银四十八万两。江省厘金仍须认真经理，毋令减色。福建省除每月原协陕甘饷银四万两照常筹解外，著英桂、卞宝第每月再添拨陕甘协饷四万两，每年共添拨四十八万两。江苏省除曾国藩前奏由该省每月协济陕甘军饷十万两，每年共一百二十万两。照数按月批解外，著马新贻、丁日昌每月再添协陕甘军饷银三万两，每年共添拨三十六万两。该省厘金仍当整顿。其各属捐输著照常劝办，毋庸议改。至留防直东江鄂各军食饷尚巨，应如何渐次裁减，著会商李鸿章妥筹办理。至瑞麟前奏广东省提存厘金五成，协拨外省军需未据酌定准数，著瑞麟、李福泰于原协陕甘饷银每月四万两照旧筹办外，每月再添拨陕甘饷银三万两，每年共添拨三十六万两。该省添支各项经费著瑞麟等力求撙节，以省虚糜。其本省及外省捐输事宜仍著照旧办理。以上添拨银两著该督抚等自本年正月始一律照数筹拨。遇闰加算，按月各解交湖北省陕甘后路粮台交收，均不准稍分畛域，偶有蒂欠，致误要需。该督抚等总当顾全大局，妥速筹办。左宗棠于接到饷银时，著按照陕、甘两省缺饷多寡分别接济匀拨，以昭公允。其各省原协陕甘各路军营饷银均著照旧支应，毋稍牵混。各该省报解陕甘新旧拨款及左宗棠、刘典、穆图善等营收到各省拨款并各路捐局所收捐款，均著随时奏报，以凭查核。西征军饷竭各省之力以供应用。左宗棠当撙节支发，毋稍糜费。该大臣前请拨四百万两，现已酌拨至三百万两，不为不多。合之原协各饷及收捐款目，每年统计九百五十余万两。该大臣原请银数能否核减，即著迅速复奏，并将各营需饷实在数目分别详细奏闻。厘金一项，现据各该省奏报，每年减收已不下数百万两。若办理不善，经费将何所出？各该督抚仍须悉心酌核，力除中饱，毋得徒博虚誉，率行减免。遇有局卡太密重复征收者，仍随时裁汰惩办。其厘金报部章程仍照两淮盐厘半年奏报一次。著马新贻将开报式样抄录咨行各该省查照办理。原折片均著抄给阅看。另片奏遵议穆图善请催拨饷等语。湖北省奉拨甘肃饷银二十万两，据郭柏荫奏报已如数批解，著穆图善查明此项拨款是否收到，专案报部查核。如尚未收到，即著派员迎提。左宗棠前借洋款二百万两，除已提拨银二十万两解甘外，其余应分甘省若干，著左宗棠赶紧核算，将应分甘省之款陆续拨给。其指拨各海关六成洋税一百万两，业据各关奏报批解过半，并著该大臣分半匀给甘省，毋稍延欠。四川应解甘肃盐厘银二十万两，现在解到若干，著左宗棠、穆图善查明迅速报部，并著吴棠迅将此项银两扫数解清，毋许推诿。其河南等省应解协甘饷银，即著户部开单分头严催，毋任延宕。将此由六百里谕知左宗棠、李鸿章、穆图善、马新贻、英桂、瑞麟、吴棠、丁日昌、刘坤一、李瀚章、卞宝第、郭柏荫、李福泰并传谕吴坤修知之。"

（卷252　509页）

又谕："左宗棠、刘典奏甘省委员赴兴汉一带招募勇丁，如穆图善派田玉升、成禄饬杨开榜等所招之勇往往沿途抢劫滋事。汉南一带毗连陇、蜀，不无溃勇会匪呼朋引类，募勇之员辄向该处开招，概为收留，百弊丛生，无裨军事。请饬甘省不必拘定汉南一带招募等语。汉南现尚安靖，若在该处招勇，恐溃勇会匪，借端应募，转致滋生事端。著穆图善、成禄嗣后招募勇丁不必执定陕西南山一带，亦不得任听营官滥行招勇，以肃戎行。将此各谕令知之。"

（卷252　512页）

以四川官军援剿甘肃徽县回匪获胜，予知州周振琼、副将宇文秀、周莲生升叙有差。

（卷252　513页）

同治八年（1869年）二月戊午

补铸甘肃安肃道关防，从乌鲁木齐提督成禄请也。

（卷253　521页）

同治八年（1869年）二月乙丑

又谕："穆图善奏收复肃州大概情形，请将出力员弁奖励，并抄录肃州回目原禀，暨遵绘地图，附陈甘省兵势贼情饷事。拟由川省招募兵勇，请饬成禄自设粮台。金顺回驻花、定各折片。所陈收复肃城情形与成禄前奏大略相同。前谕杨占鳌随同成禄出关剿贼，惟现在肃城新复，一切善后事宜亟须布置。该署督即饬杨占鳌暂驻肃州，会同该镇道等悉心筹办，毋令再生事端。甘州、金塔等处匪踪未净，并著该署督饬令李守愚等相机布置，以靖地方。至回目禀内所称，沙洲口外各回民奉乌鲁木齐妥老阿浑送书来肃，寄来帅印二颗。其中有无别项情弊，成禄现在出关即，著就近查明斟酌办理。其余禀诉各情，亦著穆图善随时体察，以消反侧。成禄统军西行本无定所，应于何地安设粮台便于呼应之处，仍著该提督自行派员督办。该军应需粮饷，著左宗棠于拨给甘饷内分筹该军的饷数成，毋令缺乏。穆图善亦当于甘饷解到时，按照左宗棠所筹成数径解成禄粮台，不可意存歧视。四川等省每年应协成禄粮台，即著户部查照原拨省份，迅速咨催前解。金顺现已移扎定边、花马池一带，即著督率所部兵勇实力防守，遏贼东趋。磴口粮台是否被回匪全抢，著左宗棠、库克吉泰、穆图善、定安、郑敦谨、刘典查明实在情形具奏。委员乌勒西布等下落，并著穆图善饬员查办。甘省兵勇缺额太多，由四川招募兵勇能否得力？粮饷能否接济？著该署督酌度办理。甘民困苦已极，该署督自当妥筹良策，用就敉平，不得以饷绌兵单马辞稍存诿卸。左宗棠已行抵乾州，于甘省情形知之较易，该署督便可将兵势贼情彼此和衷商办，迅奏廓清，以纾宸系。穆图善奏磴口粮台被抢片，著抄给左宗棠、库克吉泰、定安、郑敦谨、刘典阅看。将此由六百里各谕令知之。"

（卷253　524页）

以甘肃克复洮州厅城，并攻拔官堡贼巢出力，赏总兵官荣立茂、郑开发一品封典，副将吴康达、刘天云、参将李华锦、黄泽峰、余瑞义、杜学凯、游击李大成、管得发巴图鲁名号，都司姚举等花翎，千总王兴等蓝翎，余加衔升叙开复有差。

以克复甘肃肃州城，予县丞杜辅臣以知县用，并赏同知衔花翎，余加衔升叙有差。

（卷253　526页）

同治八年（1869年）二月丁卯

谕军机大臣等："前据左宗棠奏请于陕甘饷项外专款指拨西征实饷，当交户部议奏。兹据该部奏称，各省专协左宗棠、刘典、穆图善军营月饷皆同治六年以前奏定数目。此外另协之款如指拨洋税一百万两，接济左宗棠军饷及刘松山、郭宝昌协饷尚不在内。本年二月间添拨安徽等七省厘金三百万两原系归并核议，令各省转解左宗棠军营兑收，酌协陕甘两省之用，未便另分西征实饷等语。各省报解协饷迟速多寡难免参差，若必区定协饷界限，彼此不能通融，则各路军营饷需必至此绌彼盈，中多轩轾。左宗棠总统师干，陕甘两省皆该大臣管辖，自应将两省军需通盘区画，随时匀拨接济，不必强分界限，亦毋庸稍避嫌疑。嗣后各省关前后奉拨陕甘军饷，除专解穆图善军营及秦州银每年一百二十万两仍解甘肃外，其原拨左宗棠协饷每年三百三十余万两，刘典协饷每年六十万两及本年添拨各省厘金三百万两，均仍由左宗棠兑收，以一事权。该大臣务将各军一切饷需，酌量缓急拨济，并分助甘肃之用，不得置穆图善军营于不顾。至各该省关原拨陕甘两省各路军营饷项及安徽等七省本年添拨陕甘军饷银两，著户部咨催各该省力筹报解。倘任意延欠，即由该部指名严参。原折著抄给左宗棠阅看。至郭宝昌一军月饷不敷，已照户部所议，谕令吴坤修、郑敦谨按月筹解。该大臣当督饬郭宝昌奋勉图功，毋得糜饷老师，是为至要。将此由五百里各谕令知之。"

（卷253　　526页）

同治八年（1869年）二月壬申

谕军机大臣等："定安等奏请将神机营天津马步各队暂停撤回，并左宗棠奏请饬绥远城将军等严杜逆回接济各折片……此次左宗棠奏夺获逆首于彦禄所骑之战马。据逆侄于驴儿供系马化漋馈送。又据探报董志原贼巢粮食将绝，马化漋于二月间用驼运粮接济，嗾其入犯。马化漋阳虽就抚，阴实助逆。是京师前此拿获置买军械之犯，据刑部所奏恐有济贼情事，已属确实。著该部即提丁良溃、马大平二犯严刑审讯，取有确供，即行照律惩办，以昭炯戒。逆回粮械等项既自金积堡贩运而来，必由归化城、包头一带转运。前此包头曾盘获逆匪买马，是其明证。著定安、桂成严饬各厅于所管地方认真盘查，遇有甘肃采买粮食、战马、枪炮等项非持有穆图善委员印文一概禁止转运，以断逆匪接济之路，毋稍疏忽。将此由六百里各谕令知之。"

（卷253　531页）

以甘肃正宁等处迎剿回匪获胜，赏副将赵兴隆、刘治均、游击黄虎臣、都司朱兰亭巴鲁（图）鲁名号，县丞青胜蓝蓝翎，总兵官徐占彪等加衔升叙有差。

（卷253　532页）

同治八年（1869年）三月丙子

释遣戍黑龙江已革甘肃提督成瑞、已革科布多参赞大臣广凤回旗。

（卷254　537页）

同治八年（1869年）三月己卯

谕军机大臣等："左宗棠、刘典奏官军荡平董志原贼巢，果军叛勇戕害统将，并绥德勇变情形各折片。董志原回匪叠经官军惩创，潜谋窜遁。经雷正绾、黄鼎等督军追剿，自太昌荔家堡起直抵庆阳府城，斩馘盈万。沿途贼巢一律肃清。现在贼踪径趋金积堡，正可乘其喘息未定痛加剿洗。著左宗棠、刘典饬令各军节节进剿，毋稍松劲。追军既经深入，仍当策应后路，以助声援。不可稍涉大意。所有各军获胜情形并著详细奏闻。果军营勇变乱，提督高连升被戕，本日已明降谕旨照请予恤矣。此次变起仓卒，经周绍濂等扼之同官、古泉，叛党歼除殆尽，办理尚为迅速。首逆丁玉陇是否在逃，必须严拿务获，尽法惩治，毋任漏网。绥德州叛勇情形前已据金顺、郑敦谨先后奏报，谕令左宗棠等速筹戡定。现在郭宝昌、宋庆等军均已前进，兵力甚厚。著左宗棠、刘典饬令刘松山会合各军迅速围剿，毋任旁窜。其军渡一带，著郑敦谨饬令陈湜严密守御，以防偷渡。陕省各营旬日之间勇、丁两变，殊属不成事体。左宗棠身统师干，责无旁贷。应如何整顿营规？抚驭将士？预筹弭变之方？务当悉心筹划，以固军心而杜后患。全福马队计已行抵直隶境内，著曾国藩、郑敦谨催令由山西汾州、永宁州过河，随同刘松山进剿，毋稍迟延。将此由六百里各谕令知之。"

以直隶宣化镇总兵官马德昭为甘肃提督。

（卷254　538页）

同治八年（1869年）三月乙酉

谕军机大臣等："寄谕直隶总督曾国藩。据御史宋邦傅奏陕省营勇变乱，请饬左宗棠详察情形等语。营勇因闹饷滋事，已属乱萌，而此番刘松山所部，留防绥德州之四营，踞城以叛。高连升所部竟至戕其主将，实为各营所未闻。虽据左宗棠奏称因查拿哥老会启衅，而勇丁之好乱乐祸，难以有功，亦可概见。该御史所称勇丁因地瘠觖望起见，谅亦有之。而召募土勇能否奏效？亦难确有把握。削平粤匪以来，楚勇暮气已乘，此时应如何变通以弭后患？著即悉心筹度，据实以闻，用副畴咨之意。原片著抄给阅看。将此谕令知之。"

又谕："前因刘松山、高连升所部楚勇相继变乱。曾谕令左宗棠整顿营规，抚驭将士，以弭后患。兹据御史宋邦傅奏称，楚勇因秦地瘠苦，易于觖望。一军叛乱，恐各军效尤。如不可用，或分起遣散，另行就地召募。请饬该大臣详察办理等语。楚勇在秦两次变乱，实为用兵以来所未闻。左宗棠从前曾有南人用之西北，本非所宜，拟将陕甘各营兵勇分别汰留之语。现在各营楚勇仍多，倘各营效尤，俱有离叛之心，则变生肘腋，其患何可胜言。该御史所陈亦或变通之策，著该大臣虚心体察，斟酌办理，以杜后患。原片著抄给阅看。将此由五百里谕令知之。"

（卷254　543页）

同治八年（1869年）三月丁亥

又谕："前据穆图善奏，已革副将敖天印于杀害孙之友一案，经善山保等联衔具禀，力辨其诬，请免解预审讯。当经谕令李鹤年将此案详细情由查明具奏。兹据奏称，前讯敖明恺供，该革员以统带之员亲身在场，并不拦阻，反以将来报复为词，供证明确。此案凶犯虽经正法，而狱仍未结。连年以来叠据孙之友亲属将惨杀情形呈控，请饬仍将敖天印解预审办等语。甘肃军务现尚未平，该革员随营剿贼，一时未能解案。著穆图善于军务稍松时仍懔遵前旨，将敖天印解赴河南交李鹤年归案讯办，以成信谳。将此各谕令知之。"

（卷254　545页）

同治八年（1869年）三月癸巳

谕内阁："瑞云奏请将抗不解粮之知县严议等语。甘肃署镇番县知县黄昶于藩司每岁估拨镇番县满洲营兵粮，历年欠解至一万四千石之多，又于指拨未运防城口粮二年之久，尚欠三千二百石。叠次严催，抗不遵解，实属玩延。黄昶著先行交部严加议处，并著穆图善勒限四个月严饬该员协同新委镇番县知县詹芝祺迅将防城粮石及历年估拨兵粮扫数清解，毋任延宕。"

（卷255　552页）

同治八年（1869年）三月甲午

谕军机大臣等："文麟奏搜剿贼匪情形，请将出力各员奖励各折片。七道沟逆首胡尔板胡里勾结吐鲁番贼匪图犯哈密。文麟督兵于沙窝子、鸭子泉等处搜剿叠胜，擒获胡尔板胡里等正法，余匪现已远遁，办理尚为得手。惟吐鲁番逆首苏布尔盖既有窥伺哈密之意，自应严加防范，著文麟督饬官兵扼守要隘，勤加侦探，遇有贼踪窜近即行痛加截击。其本地良回并著妥为安抚，以靖内患。现在哈密防务紧要，景廉当懔遵前旨即行赴任，会商办理，毋再迁延。前因肃州收复，谕令成禄即行出关，此时，计已部署起程。著即迅速前进，相机剿办，不得借词逗留。文麟另片奏逆首索焕漳遣人面称，意欲投诚，现已派员会同成禄委员前往招抚等语。该逆狡诈性成，是否真心归顺殊难凭信。文麟等务当酌度情形，妥慎办理，不可轻率从事。即该逆果能就抚，其党羽众多，亦止可于吐鲁番等处设法安插，断不可使其移近哈密，致滋事端。将此由四百里各谕令知之。"

（卷255　553页）

同治八年（1869年）三月辛丑

又谕："穆图善奏各军剿匪获胜，现仍相机进取，并查明高台溃勇情形各折片。河州三甲集踞匪，负隅日久，经副都统善山保等分路进攻，该逆胆敢迎拒。其东西两梁之贼势尤凶悍。提督王得胜等乘胜追击，直抵三甲集堡边。洮河边贼亦经黄金山等击败，此次各军会同进剿，尚为得手。即著穆图善檄饬善山保等各率所部，趁此天气融和，迅图扫荡，并将大东乡一路相机进取，以竟全功。高台勇丁溃变，该署督所闻，虽核与成禄原咨情形相异，惟副将黄应斗所招勇内，究竟有无仁字军脱逃游勇及驻高勇丁因何哗溃之处，仍著该署督详查惩办，毋稍含混。前据文麟奏称，逆首索焕漳投诚各节，当经谕令成禄即行出关，该提督此时计已起程，著即克期前进，并将所部勇丁分别汰留，严行约束，毋任沿途滋事。索焕漳等是否真心归顺，该提督即会同文麟等派员妥办，不可轻率议抚，致贻后患。将此由五百里各谕令知之。"

又谕："穆图善奏甘省军务吃紧，请调吉林、黑龙江马队赴甘助剿等语。现在甘省河州巨寇未平，陕西回匪窜入秦州等处日见鸱张，该省各营马队无多，难资征剿。穆图善请由吉林、黑龙江各调马队一千名，拟令副都统温德勒克西、总管双福分起管带赴甘，以资剿贼。著富明阿、德英酌度情形，如能各挑选精壮马队一千名，即酌齐军械马匹，并传谕温德勒克西、双福二员兼程管带赴甘，听候穆图善调遣。此项马队二千名每月饷银约需二万两，应由何省协拨供支，著户部速议具奏。将此由五百里各谕令知之。"

又谕："穆图善奏请饬四川筹拨银两，采买籽种等语。甘肃频年被贼扰害，田地荒芜，经穆图善在阿拉善旗借办籽种牛只发给乡民，稍资接济。现届青黄不接，民食维艰，该旗垫款尚未清还，殊难再行商办。四川毗连甘省，自应力顾邻封，著吴棠于月协甘饷外另行筹拨银三万两，星速解甘，毋误该省播种之期。所拨银两仍准其在协甘月饷内扣还，以清款目。将此由五百里谕令知之。"

予甘肃安定阵亡州判刘习之、吴翊联祭葬世职加等。

（卷255　558页）

同治八年（1869年）三月壬寅

予甘肃河州阵亡协领德隆阿祭葬世职加等。

（卷255　560页）

同治八年（1869年）四月己酉

谕军机大臣等："左宗棠等奏，官军克复董志原回巢，庆、泾各属一律肃清，现筹布置情形一折。董志原地居秦陇要膂，久为回逆老巢。经官军此次痛剿克复，庆、泾各属一律肃清。该逆由环县、固原两路北窜下马关等处。左宗棠等因裹粮将尽，仍令各军回驻原防，拟择要兴屯，徐图进取。固属老成持重。第当此得胜之余，军威大振，回情涣散，甘肃各匪经此惩创，自必大为震慑，若能乘势进剿，必当事半功倍。倘迟迟进取，恐回逆结谋抗拒，转形费力。著左宗棠将粮饷等事与刘典妥商后即行西征陇回，并驰至泾州接受总督关防，择要驻扎，居中调度，以期秦、陇两省得以兼顾。至延安一带地方是否安谧？崆彰有无反侧？董幅详是否归降？兴办兵屯应如何经划？左宗棠筹定后即可交刘典经理，免致失此机会。穆图善于左宗棠未到甘肃以前仍当将金积堡等处窜回尽力堵剿，毋令轶出边外，势成蔓延。左宗棠另折奏查明刘松山及高连升两军变乱情形，均已明降谕旨，将刘松山等分别议处革留及副将杨玉魁等正法。其未获之蒋宏高、石文科仍著左宗棠等随时严拿，毋任漏网。现在高连升所部阵斩及擒获正法者人数甚多。未变各营改派李辉武等统带，尚属妥协。著即饬该统领等妥为钤束，不可稍涉大意，致生事端。将此由六百里各谕令知之。"

（卷256　566页）

以甘肃攻克董志原回巢，赏都司赵连科花翎，余加衔升叙有差。

（卷256　567页）

同治八年（1869年）四月壬子

谕军机大臣等："户部奏遵议穆图善请拨吉林、黑龙江马队月饷一折。穆图善所调吉林等处马队二千名，系因剿办甘省贼匪。与其格外筹饷，不如就近由该省已拨之饷均匀协济。左宗棠西征的饷为数甚巨，所有穆图善请拨马队月饷二万两，著俟该队到营后，即由左宗棠在各省解到前拨西征饷内按月照数划给，俾济要需。该大臣公忠素著，且系陕甘本任总督，自不至意存歧视也。将此由五百里各谕令知之。"

（卷256　567页）

同治八年（1869年）四月乙卯

谕军机大臣等："金顺奏回逆趋重北路，现筹进剿一折。回匪盘踞磴口、乌喇特等处，蔓及缠金，日渐东趋。董志原回逆数千又扰及定边迤西大水坑一带，旋复他窜。骑贼由横城附近出边者络绎不绝，后套情形甚为吃紧。该处地土沃饶，为甘军粮源所出，若被该匪窜踞关系非轻。金顺现已派副都统常福先赴达拉旗探剿，即拟亲率各营进规乌喇、磴口。所筹甚是。著即迅速前进，向贼匪趋重之处迎头痛剿，截其东窜，疏通甘军粮路，兼为宁郡声援。边外地方辽阔，若贼匪分股肆扰，必须分兵兜击。金顺所部十余营尚嫌单薄，张曜赴陕剿贼甚为奋勉，现驻古城相距较近。著金顺知照该提督移营西进，借为后路策应。其古城一带亦须有兵填扎，并著金顺知照宋庆即率各营择要扼堵。仍联络刘厚基等军以壮声威。张曜、宋庆等军克日进取，需饷接济，著郑敦谨速为筹划，毋误师行。董志原贼匪既经北窜，陕省西路情形较松，而北路贼势日肆蔓延。左宗棠岂可漠视，著即派拨劲旅驰赴北路相机进剿，以期早殄逆氛。归绥等处防务著定安懔遵叠次谕旨认真筹办，以杜窥伺。将此由六百里各谕令知之。"

（卷256　568页）

同治八年（1869年）四月戊午

谕军机大臣等："穆图善奏陕回窜扰南路，撤回驻狄各军，以保完善。请饬金顺兼顾山陕西北边界，并饷需为难情形及出差官弁被地方官杀毙多命各折片。陕回窜逼秦州等处，势极猘狉。虽经善山保等奋力冲击，立解秦州之围，而粮运不继，哗溃堪虞。穆图善现饬驻扎狄道各军移扎巩昌，并于宁远、伏羌二县要隘分营扼守，合剿南路股匪，疏通运道，尚系为事势所迫，不得不斟酌缓急处以权宜。所请交部议处之处，著加恩宽免。左宗棠闻清水民团之变，出示晓谕，许以请帑赈抚，禁革差徭，固系为恤民起见。惟穆图善处饷源穷乏之地，力为其难。左宗棠总当恪遵叠次谕旨，将各省解到饷银均匀分拨，不得以空言见好于民，致甘省军务办理愈形棘手。前已有旨令左宗棠驰至泾州，接受总督关防。现在甘省南路军情紧急，著即懔遵前旨，迅赴泾州接印任事。觇贼所向，认真剿办，毋稍延缓。金顺现已进规乌喇、磴口，未必即能分兵。花、定、宁夏一带防务穆图善当随时与金顺咨商，相机布置。穆图善所派赴楚制办军装之游击周钦辉等行至榆林，被该处地方官杀戮殆尽。穆图善以该道所禀情节支离，饬令切实根究，一年有余，尚未禀复。显有事前枉杀事后粉饰情形。著刘典提集人证严讯确情，务令水落石出，毋稍瞻徇。原折著抄给刘典阅看。穆图善另片奏拿办溃勇情形，并派员赴川募勇等语。成禄、黄有才勇丁东溃，虽经分别安插惩办，该营官未能妥为防范，咎有应得。副将屈国香著即行革职，撤去管带，仍留营效力赎罪。倘再不知愧奋，即行从严参办。勇丁相率溃变，此风万不可长，必须严加整顿，以肃军律。著穆图善严饬杨占鳌、黄有才等各将其余部众妥为钤束，毋令滋事效尤。此起溃勇已抵凉州，愿入穆图善军营随剿。该署督仍当体察情形，不可轻率录用。至所称甘勇多不得力，而就地招募后患尤多。拟派员赴川募勇六营赴甘助剿，所筹尚是。惟当严饬该员等拣选精壮，训练成军，俾知纪律。沿途尤宜严加约束，毋令滋扰地方。将此由六百里各谕令知之。"

又谕："穆图善奏派员赴川募勇，请饬经过地方拨给口粮等语。穆图善以甘省勇丁多不得力，现须裁汰归并，另募健卒，以资整顿。甘省用兵向系川勇可恃，已派委提督李奉清等酌带将弁，前往四川、重庆一带招募勇丁三千，赴甘助剿。应需经费及制办军装银八千两，著吴棠饬令藩司在于川省应解协甘饷银内，如数拨交李奉清等具领应用。此项勇丁募足启行时，经过四川、陕西、甘肃各州县，每名每日著给予面一斤半，马匹草料照例供支。即著左宗棠、吴棠、刘典各饬所属一体遵照办理，俾免缺乏。将此由五百里各谕令知之。"

予甘肃峡口堡等处阵亡千总杨发荣等祭葬世职加等。

拨湖北劈山炮十尊，抬枪六百杆，小枪二千杆，解赴署陕甘总督穆图善军营备用。

（卷257　571页）

同治八年（1869年）四月庚申

又谕："前因李鹤年奏参带兵大员纵勇殃民，当经谕令李鸿章查办。兹据该督将全案先后办理情形，查明具奏。此案已革甘肃凉州镇总兵周盛波于同治六年五月间，在河南南阳一带追剿捻匪。所部马队行至唐县所属之少拜寺寨，寨内因未见勇营旗帜，误认为贼，开炮将营官杨安典轰伤。该哨兵勇亦即施放枪炮，攻进寨墙，伤亡男妇大小一百余名口。而弁勇死者亦三十余人。其时周盛波在前敌派人回颍，并将滋事勇目任传芝等当众正法。曾经李鸿章派员会同豫省委员李在铦等查办，其仇杀情由与现在所查各节尚属相符。惟周盛波以带兵大员，所部在外滋扰，虽续将率勇攻寨之把总戴长安拿获正法，而平日之不能约束勇丁已可概见。姑念事起仓卒，尚非意料所及，周盛波业经革职，著毋庸议。营官副将杨安典管押辎重，事前并不小心防范，亦属咎有应得。杨安典著即行革职，以示惩儆。"

甘肃布政使林之望因病解职，以西宁道崇保为布政使。

（卷257 574页）

同治八年（1869年）四月甲子

谕军机大臣等："文麟、景廉奏关外军务吃紧，请停拨援兵，暨道员呈请回籍，据情代奏各折片。前因福济等奏布伦托海叛贼滋扰，请调援兵。当谕文麟等抽调兵勇迅速赴援。嗣据麟兴等奏，哈密兵勇来往不易，复谕福济等咨明文麟，将前调兵勇暂为停拨。兹据该大臣等奏称所部各营除分拨防护及防守各城外，两路仅十余营，兵力已形单薄。而哈密刻下军务又属紧急，请停止援兵等语。所奏自系实情。现在布伦托海地方贼势稍松，索伦人众亦已踵至。所有前调之哈密援兵著毋庸调往。吐鲁番等处回情及惠回堡、花海子、沙枣园子一带防务，仍著文麟、景廉随时侦探。并督饬兵勇实力严防，毋得稍涉疏懈。调署镇迪道黎献著准其回籍守制。惟镇迪道系催运哈密后路粮务不可接替无人，著穆图善于甘肃现任及候补人员中，择其才能胜任者即行奏补，毋庸拘泥成例，致滋贻误。其出关催运事宜，该署督即饬新补之员前往接办，以便景廉带兵进剿，毋任逗留。将此由五百里各谕令知之。"

（卷257 577页）

同治八年（1869年）五月丙子

谕军机大臣等："穆图善奏陕回分股窜甘，请仍饬金川回驻花、定，并回匪逼近中卫，董志原踞逆纷扰情形，暨请将擅杀之总兵暂行革职各折片。据称花马池地方突有大股马步贼匪爬城，经富勒珲等击退。董志原逆匪复窜至中卫县属之宁安堡上桥卡，将殷家寨等处及河南马滩攻破，并分股渡河逼近城垣。其平番县属之牛站、连城一带又有西宁撒回围攻堡城，省城附近亦有贼踪，请饬金顺迅回花、定，保护宁、灵等语。陕回分窜甘境，穆图善所部各军分布西南，于北路势难兼顾，自系实情。兰州为根本重地，关系尤重，仍著该署督就现有兵勇妥筹防守。定边、花马池为甘省要害之区，固不可无得力兵勇扼贼匪纷窜之路。第磴口界接晋疆，金顺前奏亲统各营由达拉节剿而西，以期先复磴口。此时，自未便撤回，即著该副都统懔遵叠次谕旨，斟酌办理。张曜统师西进，为金顺后路接应。宋庆进扎古城，榆林防守无人。左宗棠等或即于刘松山、郭宝昌各军中抽拨一军，填扎榆林以资镇抚。董志原逆股，前据左宗棠等奏称窜回金积堡。兹览穆图善所陈，是该逆分三路奔窜，倏东倏西，迄无定所。著左宗棠严饬各路将弁确探贼踪，迅图剿办，不得以回氛距陕较远置之不顾。并著将贼情随时知照穆图善。该大臣久无奏报，刻下陕境有无贼匪，该大臣驻扎何处？陕甘北路如何严密布置？及回逆由董志原分窜后应由何路拨兵跟踪截剿？均著随时奏闻。其宁、灵已抚回众，仍著穆图善饬令胡昌会率同马潮青妥为钤束，毋令滋生事端。连城城围既解，西路撤回即著严饬张万美就近兼顾，并饬黄金山将凉州南山游匪搜捕，即由凉绕赴中卫，堵击北路窜匪，以杜分扰。记名总兵陈怀仁临阵规避，并有克扣勇饷等情，本属罪所难宥。黄金山于查明后即将该员正法，尚无错误，惟未禀请穆图善批示，亦有不合。黄金山著暂行革职留任，以示薄惩。该总兵平日打仗尚称得力，现当军营用人之际，如果续有战绩仍可仰邀恩施。将此由六百里各谕令知之。"

（卷258　　584页）

署陕甘总督穆图善奏："甘肃军务未靖，请将节年秋审人犯仍展缓办理。"从之。

（卷258　　585页）

同治八年（1869年）五月己卯

谕军机大臣等："前因富明阿奏挑选马队赴甘，筹办军装战马，恳请速拨银两，当经谕令户部议奏。兹据该部酌议复陈，著照所请，所有此次赴甘马队应需整装各项，即著曾国藩于直隶旗租积欠东三省俸饷银内，提银一万五千两，丁宝桢于山东地丁积欠东三省俸饷银内，提银一万五千两，遴派妥员赶紧如数解往，毋稍延误。其前次调赴金顺军营官兵二百五十名，所需整装等银已由吉林铺商借垫，著富明阿于解款到后一并归还。至吉林马价昂贵，著准其援照黑龙江成案每匹给银八两，仍在各官兵应得军装项下照数扣抵。富明阿务当严饬购买各员，一律挑选膘壮，俾资适用，不得以疲羸充数。一俟马价平减，即照该省旧章办理。此次抽拨官马，并著富明阿迅速购买，归补原额，以重边防。将此由四百里各谕令知之。"

又谕："前因德英奏黑龙江调赴金顺军营马队，请饬拨整装银两，当令户部速议具奏。兹据奏称，此项官兵需用整装银五千七百九十七两二钱八分零，即在山东己巳年应征地丁银内照数拨给，著丁宝桢迅将前项银两解交奉天，由该省转发黑龙江应用。其拨款未解到以前，著都兴阿、清安即于盛京部库存项内先行如数筹垫。一面知照德英派员领回归还铺商借款，一俟拨款解到即行抵还。所有此次核借银两，仍著该将军于各该官兵凯撤之日，在应领俸饷内按名扣还，以符旧制。将此由四百里各谕令知之。"

（卷258　587页）

同治八年（1869年）五月庚辰

以甘肃防守省城出力，子（予）提督彭楚汉、前布政使林之望等优叙，赏总兵官雷震云巴图鲁名号，游击袁有光、同知景春等花翎，守备毛发祥等蓝翎，余加衔升叙有差。

（卷258　589页）

同治八年（1869年）五月己丑

谕军机大臣等："景廉奏密陈关外军务情形一折。所称回酋索焕漳遣人乞抚，多不可恃各情，朝廷早已筹及。业经谕知文麟等妥慎办理。仍著文麟、景廉懔遵前旨，会同成禄悉心筹办，万不可将就目前，堕其奸计。关外情形孔棘，文麟、景廉所部止数千人。成禄现究行抵何处？著即克期出关与文麟等联络声势，相机剿办。如再借词迁延，是该提督自干罪戾。景廉亦当迅赴哈密会商防务，不得任意逗留。至所称肃州现已收复，能否将甘、凉、肃三属应解肃军之粮移作出关兵食，或提用正粮，或设法捐办，多派车驼运送，并于安西、玉门两城内酌设粮台，派员转运各节。著左宗棠、穆图善彼此熟商。应如何源源接济？俾关外诸军弗形困乏之处，即行妥筹具奏。前有旨令左宗棠前赴泾州接受督篆，久未接该大臣奏报，谅已部署起程。刻下陕省军务已松，即著遵奉前谕率旅西行，将甘事妥筹办理，以靖边陲。将此由六百里各谕令知之。"

（卷259　595页）

同治八年（1869年）五月丙申

谕内阁："左宗棠奏官军搜捕各匪净尽，陕境肃清一折。陕西官军自扫平董志原回巢后，各路匪徒仍复暗相勾结，肆行劫掠。经提督郭宝昌、刘松山等派兵搜捕，斩获甚多。云岩镇巨逆袁大魁窜至保安县属之老岩窑，凭险结寨。经道员魏光焘、提督刘端冕等率兵攻剿，歼毙逆首袁大魁及贼目多名，余匪悉数扫除。各处匪类亦经官兵搜捕净尽。榆、绥、延、鄜各属一律肃清，剿办尚为得手。惟陕西频年叠遭兵燹，此时，逆匪虽经剿净，而游勇、土匪仍恐易滋啸聚。且各属地方赈抚穷黎，安插人众，在在均关紧要。左宗棠现在振旅西征，所有陕省善后各事宜刘典责无旁贷。即著悉心筹划，妥为经理，以期毋负委任。”

又谕：“左宗棠奏遴员署理府、州、县各缺，请勿拘成例一折。甘肃庆阳一带地方甫经收复，办理赈垦抚辑事宜均关紧要。该督遴才委任自系为地择人，所有庆阳府知府各缺，著准其以升用直隶州知州翁健等署理。嗣后陕甘两省委署各缺，著该督抚等斟酌情形，变通办理，总期有益地方，毋得滥行委用。倘该员等于地方事务未能措置裕如，著即随时撤参，毋稍迁就。”

（卷259　600页）

又谕：“左宗棠奏陕境肃清，驰赴泾州及甘省窘迫情形，并遵旨复陈各折片。陕西土回各匪叠经官军剿办，全境肃清。本日已明降谕旨宣示，其老岩窑出力员弁人等，著准其择尤汇案请奖。董幅祥等倡乱多年，现以穷蹙投诚，难保不心怀叵测。左宗棠赴甘在即，应如何妥为安插，毋滋事端之处，仍著悉心筹划，交刘典妥为办理。所陈刘松山等军分路前进，马德顺等马步各军暂驻灵台，以策应南北两路，均合机宜。即著督饬诸军整旅遄征，迅图扫荡。该大臣抵泾州后即祇受督篆任事，以一事权。陕西征兵尽出，金顺现赴乌喇磴口等处，该大臣势难兼顾北路，著即会同定安、金顺规度情形，饬令宋庆、张曜两军合力堵剿。郭宝昌一军向与刘松山合力剿贼，均称得力。现在应否会合刘松山军截剿宁灵之贼，著左宗棠酌核办理。该大臣奏称宋庆、张曜、郭宝昌三军各减营数，则饷足而军愈精。所筹不为无见。其应否裁减之处，即著定安、金顺会商宋庆、张曜妥筹办法。其郭宝昌营勇，著左宗棠饬知该提督精为遴选，以收饱腾实效。所有该三营饷需已谕知李鹤年、英翰、吴坤修照旧按月批解。甘饷现值奇绌，未便多容客军，所奏亦系实情。潘鼎新、陈湜两军已分饬李鸿章等分别遣撤，并令该员等于撤勇后，各赴该大臣军营听候差遣。至游击周钦辉等被杀一案，仍著会同刘典确切查明，按律惩办。该大臣入甘后，务将军事吏治悉心整顿，以维大局。边外情形何似，定安等务当懔遵前旨，督饬德昌等分头追击，以靖边氛。将此由六百里各谕令知之。"

又谕："左宗棠奏陕甘饷绌，请停止陈湜带勇赴陕，并河东盐务解款积压等语。前因郑敦谨奏，已革臬司陈湜办理河防，尚知愧奋，恳予免罪。当经降旨暂免发遣，饬令带勇赴左宗棠军营，差遣委用。兹览左宗棠所奏，陕甘饷项支绌，自系实在情形。陈湜所部勇丁即著毋庸赴陕，由郑敦谨督饬该革员将欠饷清算筹给。严饬陈湜自行带领此项勇丁回湘，酌留亲勇数百名，余悉妥为遣撤。俟撤勇事竣，仍饬赴左宗棠军营差委，效力赎罪。该革员带勇起程时，著该署抚派委文武大员弹压出境，毋任滋事。至经过之河南、湖北各地方，著李鸿章、郭柏荫、李鹤年严密稽查。倘沿途逗留骚扰，即惟陈湜是问，并著刘昆于该革员带勇抵籍后，严饬妥为安置，毋任滋生事端。左宗棠所称河东盐务库款现存五十余万两。该道李庆翱于乙年始解甲纲，递年积压。鹾务废弛，以致甘饷涸绝。并称该道鄙诈成性，惟解钻营等语。著郑敦谨确切查明道库现存及业经批解实数，并该道有无劣迹之处，一并详悉具奏，毋稍徇隐。将此由五百里各谕令知之。"

（卷 259　601 页）

甘肃按察使张岳龄因病解职，以巩秦阶道崇福为按察使。

予甘肃合水殉难知县杨炳华祭葬世职加等。

予甘肃镇原阵亡外委田泽波祭葬世职。

（卷 259　603 页）

同治八年（1869年）五月戊戌

谕军机大臣等："有人奏穆图善狃于议抚，实误听首府舒之翰、游击萧兆元之言。去秋藩司林之望等探知贼目不知，齐向该署督恳请率众进攻。而舒之翰百计阻挠，或言兵勇未齐，或言军饷不足，并暗中怂恿署督面斥林之望为生事，檄斥总兵胡昌会、副将范铭为擅杀，以致众军愤恨。金云萧兆元系回匪头目，暗中为贼耳目。舒之翰得受回匪重赂，故凡事为贼地道，不知是何肺腑。在首府任内大开寿筵，广受祝礼。各州县纷纷馈送，多则千金，少亦数百。有不送者伊则簧惑督臣，立即撤参。请将舒之翰、萧兆元严行审办等语。穆图善办理甘肃军务，虽因饷绌兵单，不得已而权宜议抚。而舒之翰等阻挠战事，以致军心解体。如果所参属实，亟应严行惩办，以儆官邪。著左宗棠按照原参舒之翰、萧兆元各情，严密访查，据实参奏，毋稍轻纵。将此由四百里谕令知之。"

（卷259　606页）

同治八年（1869年）五月己亥

谕内阁："礼部奏遵议左宗棠等奏请补行陕甘乡试一折。陕甘乡试前因军务久未举行。现在陕西全境肃清，甘肃之泾、庆各属亦已安谧，著准其于本年特开一科，补行壬戌恩科及甲子正科乡试。陕甘中额向系合并取中。甘省军务未竣，各属士子未能一律赴试，自应酌留中额，以昭平允，著照左宗棠等所议办理。其恩诏广额亦著照礼部所议取中。"

（卷259　606页）

同治八年（1869年）五月庚子

又谕："文麟、景廉奏请将因循不力之知县撤任留营一折。甘肃敦煌县知县樊建基经文麟等委办后路粮运。该员总以脚运不便为词，致哈密各营口食不敷支放，实属疲玩。樊建基著先行撤任，摘去翎顶，仍留营差委，以观后效。其敦煌、玉门等缺准其以裕厚等暂行署理。惟州县调署系总督专责，著该大臣等仍遵前旨，俟军务稍松，仍照旧章办理，以符定制。"

（卷259　607页）

同治八年（1869年）六月壬寅

谕军机大臣等："穆图善奏通筹全局，请饬催马队助剿，并请饬鲍超酌带旧部来甘，专顾南路各折片。前调吉林、黑龙江马队，据富明阿、德英等先后陈奏，因存营兵数无多，各挑派五百名，业已起程赴甘。穆图善于此项马队到后即可斟酌军情，派往助剿，以壮声威。左宗棠现已派兵分道入陇，并带亲军驰赴泾州，即著迅速前进，恪遵历次谕旨，接受督篆，筹办一切。该大臣抵泾接篆后，距兰州尚远，省城防剿事宜应如何严密布置之处，计早统筹全局，著即迅速奏闻。磴口现无贼踪，前谕金顺会合张曜、宋庆两军扼要堵截。刘松山一军现向花、定进发，著即饬令迎头截击，毋令窜出边外。宁夏回众久经安抚，此次官兵追截窜匪逼进宁、灵，恐致怀疑惊惧。左宗棠务当派员剀切晓谕，弹压抚绥，以免别生枝节。董志原踞匪窜并金积堡后，贼势若何，著即随时具奏。南路河、狄回匪负隅已久，穆图善以秦州吃紧暂时撤军回顾。左宗棠接篆后，著即酌量情形，权衡缓急，次第剿办。穆图善所请调鲍超带兵赴甘专顾南路之处，著毋庸议。甘省回匪四处纷扰，兼以饷需缺乏，穆图善尚能支持危局，力任其难。左宗棠与该将军同办一事，务当和衷共济，随时商办，以副委任。将此由六百里各谕令知之。"

（卷 260　610 页）

同治八年（1869年）六月癸卯

谕军机大臣等："丰绅等奏陕匪窜入宁夏境内，城防吃紧，回匪扑犯定远营各折片。董志原回匪由磴口窜扰灵州、中卫。自河南宁安等堡至宁夏南乡及宁州同心堡、预旺城等处数百里内遍地皆贼。宁夏满汉城防极形吃重。刘松山一军现向花、定进发，即著左宗棠檄饬刘松山迅速前进，驰赴宁郡，以资救援。如刘松山军尚嫌单薄，著仍遵前旨，酌派郭宝昌带队合军齐进，以资厚集。前谕金顺会合张曜、宋庆两军扼要堵剿。现在能否统率所部驰援宁夏，即著该署将军酌量办理。宁夏回众久经安抚，现在宁匪滋扰，难保不又被煽惑，别滋事端。著左宗棠懔遵昨日谕旨，酌度机宜，悉心筹办。丰绅、谦禧惟当就现有兵力严密守御，不可稍有疏虞。昨据穆图善奏中卫戒严，已派黄金山带勇二千驰往防守，能否再为添拨数营协同援剿，著该署督妥为布置。回匪分窜蒙旗，扑犯定远营城池，应如何抽拨劲旅星驰援应之处？著丰绅、谦禧咨商左宗棠等相机调度。将此由六百里谕知左宗棠、穆图善、金顺、丰绅并传谕谦禧知之。"

（卷 260　611 页）

同治八年（1869年）六月己酉

谕军机大臣等："前因福济等奏土尔扈特汗布彦乌勒哲依图因游牧被扰，恳请暂赴京城当差。当经谕令理藩院议奏。兹据该衙门奏称，该汗如暂行来京当差，不日新疆平定，由京回牧，往返辛劳，似不足以示体恤。请饬福济等暂为安插等语。布彦乌勒哲依图因回逆扰害不能回住游牧，固系实情。惟左宗棠现已督兵入陇，以次荡平甘匪，进定新疆。各蒙古人等自可回牧有期。该汗若复来京当差，日后由京回牧，长途跋涉，往返徒劳，转非朝廷抚绥藩服之意。即著福济、荣全、锦丕勒多尔济、锡纶传知该汗，此时毋庸来京，并于乌里雅苏台所属附近地方择一妥善之区，将该汗并随带官兵三十七员名暂行安插。一俟新疆底定，即令该汗就近回牧，较为省便。所有该汗应领俸银仍著由京城支领。将此由四百里各谕令知之。”

（卷260　614页）

同治八年（1869年）六月辛亥

又谕："袁保恒奏军营欠饷过久，请饬提银拨济一折。据称左宗棠现已入甘，需饷甚迫。各省协饷解到者不及一半。先尽采买转运之用，每营每月仅给盐菜银数百两，从未发过月饷。近则兼旬无解到之饷，并盐菜亦难照发。请饬山西、河东道迅将欠饷筹拨等语。著郑敦谨转饬河东道于借提未用之二十万两外，加拨银十万两，共三十万两。克期派员解赴陕西粮台，交袁保恒转发各营，以固军心。将此由五百里谕令知之。"

（卷260　615页）

同治八年（1869年）六月戊午

谕军机大臣等："刘典奏复陈安抚难民，开垦荒地，暨边防布置情形一折。泾阳、咸阳境内安插难民六千余人，鄜州等处安插扈彰等股难民，经刘典派员经理，散赈垦荒，均臻安静。其董幅祥等股人数更多，亦皆志切营生，不至复聚为匪。即著该署抚督饬委员，实力奉行，不得始勤终怠。至渭北招垦事宜渐有规模，惟泾阳、三原、高陵地高土燥，非兴修水利不足以资灌溉。刘典拟将龙洞渠筹款开浚，务当妥为经划，俾竟厥功。北山一带地瘠民贫，现虽匪党殄除，亟须岂弟宜民之吏安辑抚绥。刘典所请因地择人暂弗拘以成例之处，著准其权宜办理。陕省西北与甘境毗连，业经左宗棠分派各军扼要布置。甘省回匪自不至有回窜之虞。该署抚尤当督饬陕军联络声势，随时严密堵剿，以重边防。将此由四百里谕令知之。"

（卷261　619页）

同治八年（1869年）六月癸亥

谕军机大臣等："穆图善奏甘省北路贼情，并收抚高台等处溃勇各等语。据称自中卫至灵州一带贼势蔓延，甘省南路各军未能兼顾，请饬左宗棠、金顺派兵夹击。所奏自系为力顾东北起见。前据左宗棠奏檄饬刘松山军向花、定前进，截剿宁、灵之贼。当谕该大臣酌派郭宝昌合军齐进。此时，甘省北路贼踪纷窜，自应乘其喘息未定之际痛加剿洗，著左宗棠飞饬刘松山等迅速进兵，毋稍延缓。金顺现在行抵何处，并著仍遵前旨，酌量情形，统率所部，联络张曜、宋庆两军扼要防剿，使匪踪不得东窜，借为包萨屏蔽。左宗棠计已行抵泾州，该处距兰州尚远。现在北路贼势固属吃紧，而南路河、狄之贼密迩省城，亦须兼顾。刻下陕省边境既经防军分布，当无后顾之虞。左宗棠接篆后自宜移军前进，或赴秦州一带择要驻扎，以便居中调度。该大臣郑重进兵，固是老成之见。惟省垣重地关系甘省全局，左宗棠身任封圻，责无旁贷。总当力筹保卫，倘或稍存大意，致有疏虞，必惟左宗棠是问。穆图善交卸督篆后即著暂驻兰州，听候谕旨。其省城防守及河、狄一带防剿事宜仍当竭力筹办，不得以接统有人稍涉诿卸。肃州镇总兵黄金山伤疾举发，著赏假三个月回籍调理，并免其开缺。一俟病痊仍令迅速赴营，以资得力。高台、山丹溃勇，穆图善已派王仁和招集统带，著左宗棠、穆图善饬令认真训练，以资攻剿。倘再不遵钤束，即行从严惩办。所需粮饷并著随时接济。穆图善原片著抄给左宗棠阅看。其范铭所部勇丁因饷缺抢掠，并著责令该员严行查办，妥为绥辑。左宗棠既经入甘，于甘省各军应如何分拨粮饷及酌量调派之处，著悉心筹划，奏明办理，务使各军协力同心，不至各存意见，方能所向有功。穆图善另片奏接准兵部咨文，据实复陈等语。敖天印一员著仍遵前旨，俟军务稍松解赴河南讯办。富勒珲已简放归化城副都统，现在如可离营，著金顺知照该副都统即赴新任，暂缓来京陛见。其所部兵丁著金顺会同定安另行派员统带。将此由六百里各谕令知之。"

（卷261　623页）

同治八年（1869年）六月甲子

署陕甘总督穆图善奏："秦州、峡门等处有贼奔窜，现飞饬提督梅开泰等相机夹击。"得旨："省南多完善之区，著严饬该提督等分路夹击，务净贼踪，毋徒以驱逐为能，任其纷扰。"

（卷261　624页）

同治八年（1869年）六月丙寅

以互相禀讦，甘肃军营总兵官罗洪德、通判张昭离革职讯办。

（卷261　628页）

同治八年（1869年）六月庚午

谕军机大臣等："理藩院奏据阿拉善扎萨克亲王贡桑珠尔默特呈称，逆回扰害旗境，请发兵救援等语。陕西董志原回匪窜至中卫，分股三路直扑阿拉善旗境之定远营。贡桑珠尔默特派兵迎敌，伤亡兵丁百余名。长史叠立各尔大赖等阵亡。该逆率党七八千围困定远营城，并将城外寺院房屋焚烧，抢掠街市。贡桑珠尔默特祖茔及西园府第亦被焚毁，西路台站不通，逆回尚盘踞该旗南界。阿拉善旗蒙兵无多，不敷防守，待援甚迫，亟须拨兵前往，迅殄逆氛。左宗棠已派各军分道入甘，穆图善现在兰垣，金顺由乌喇西进灵、宁一带。匪众狼狈，蒙古被其蹂躏，应如何筹拨劲旅迅速救援，著该大臣等妥筹兼顾。杜嘎尔熟悉宁夏回情，该副都统等是否尚在托城，如可移兵西向，即著统带所部驰赴阿拉善一带协剿，或就近另拨得力队伍前往救应，均著定安、金顺斟酌情形妥为筹办。至贡桑珠尔默特守城击贼甚为出力，乃祖茔府第均毁于贼，旗属大遭扰害，朝廷实深廑念。著理藩院传知该亲王将该旗被扰地方加意抚恤，不日大兵厚集即可痛加剿洗，扫荡妖氛。该旗历次筹垫台费银五万余两，即著户部由附近省份迅速指款拨还。原折均著抄给阅看。将此由六百里谕知左宗棠、穆图善、定安、金顺并谕令理藩院知之。"

（卷261　631页）

同治八年（1869年）七月癸酉

又谕："安定、桂成奏回股复犯草地，官军截剿获胜，并请拨兵驻扎宁夏、平罗一带各折片。阿拉善旗之定远营被回逆围困甚急，张曜会同乌尔图那逊带兵往援。由兰扇至察汉淖尔地方遇贼接仗，击毙悍贼甚多。红柳树一带伏贼亦经官军击败。其塔尔贝都贡地方回股复为乌尔图那逊所部冲散。该逆等仍由旧路连夜西遁。此次逆回纠合东窜，叠经官兵击败，剿办尚为得手。即著该将军等迅饬张曜各军乘此声威，觇贼所向，会合剿除，以期痛歼丑类。所有在事出力将弁兵勇，著准其择尤汇案请奖。现在蒙、汉各民避居北山，该处直达包萨，难保该逆不因边内乏粮，复行窥伺。金顺一军前拟由乌喇西进，该军现已渡黄，暂扎什巴尔台，著仍遵叠次谕旨，酌度情形，与张曜等联络声势，分头堵剿。定安等以左宗棠大军进剿灵州贼匪，若铤走草地，张曜等追剿较远，请饬金顺驻军于宁夏、平罗一带，或由左宗棠另拨一军联络扼扎，遏贼东窜、北窜之路。所筹不为无见。金顺追贼正紧，所部亦不甚厚，应否驻军宁夏、平罗，著会同定安等悉心商榷，以免顾此失彼。如金顺实难兼顾，即著左宗棠另拨一军往彼驻扎，肃清余匪，即可专意西征。该大臣不得以无军可拨，致贼遂其乘虚之计，牵掣我师。刻下陕甘各回未必不意图勾结，穆图善务当督饬将士，将河、狄各匪痛加剿洗，以断贼援，并随时与左宗棠、金顺等彼此熟商，俾诸军声息相通，迅殄群丑。杜嘎尔、富勒珲等现抵何处？仍著定安等随时知照该副都统等会合追剿，用壮声威。将此由六百里各谕令知之。"

（卷 262　635 页）

同治八年（1869年）七月乙亥

又谕："前据左宗棠奏河东盐务废弛，解款积压，并河东道李庆翱鄙诈成性，惟解钻营等情。当经谕令郑敦谨查明具奏。兹据奏称河东盐课向系陆续征收，必至次年奏销时始能全完。故历届拨解甘饷均在次年奏销后解清，并非李庆翱任内有意积压。道库存款五十一万余两，虽与左宗棠原奏相符，然已借动一半，且有匀拨京饷等款，实存并无此数。是以甘饷未能立即解清。至盐引积滞则因襄樊以北，淮盐侵占，并陕、豫引地销售不畅之故。李庆翱居官勤慎，现署臬篆，于公事均能讲求，实无夸诈习气等语。署山西按察使河东道李庆翱既据郑敦谨查明并无废弛钻营情事，著无庸议。"

（卷 262　637 页）

同治八年（1869年）七月戊寅

谕军机大臣等："左宗棠奏进剿甘肃南路窜回获胜，并进驻泾州筹办军务各一折。河州逆回自成县窜陷两当，经李辉武等进剿，收复县城，并将清水县唐藏回匪击败。吴士迈一军复将秦安康坪堡回巢攻破。剿办尚属得手。所有此次尤为出力员弁勇丁，著准其择尤汇案保奏。陕回散布黑城子、预望、同心各堡，互相猜疑。甘回亦畏惧求抚，惟回情狡诈，反复无常。左宗棠务当酌度情形分别剿抚，以期一劳永逸。刘松山一军到花马池后，即饬相机前进，毋稍延缓。郭宝昌军现扎何处，应否与刘松山合队西行以资厚集，著该大臣酌量调遣，毋置诸无用之地。董志原窜回纷扰边外及阿拉善旗境，著遵奉叠次谕旨，派兵兜剿。并饬雷正绾、黄鼎两军迅由平凉、固原合剿北路逆回，兼为南路声援。左宗棠现已行抵泾州，著穆图善即遵前旨，将关防派员送交左宗棠接收。前经谕令左宗棠接篆后，或前赴秦州一带择要驻扎。本日左宗棠亦奏称甘肃饷源恃秦州一线转输。河州逆回专以断官军饷道为主，是秦州关系尤为紧要。该大臣驻军泾州，恐尚不足以资控制，著仍遵前旨酌量移军，总期力保完善，兼卫省垣。不得顾此失彼。甘省饷绌营多，左宗棠接篆后即当妥为筹划，竭力整顿，务使兵归实用，饷不虚糜，以维大局。将此由六百里各谕令知之。"

（卷262　639页）

同治八年（1869年）七月辛巳

谕军机大臣等："穆图善奏甘省地方情形及回逆窜扰阿拉善旗地，请拨兵援剿。定安奏回逆围攻定远营，派兵进援各折片。甘省逆回北路则由宁、灵窜出边外，冀得掠食。南路则肆扰秦州，图绝官军进粮之路。其计甚为凶狡。惟刘松山向花马池进发，截剿宁、灵窜匪。而秦州为转输要道，关系非轻，著左宗棠仍遵叠次谕旨移军进驻秦州接受督篆，以期力扼要区，兼卫兰州省垣。不得以屯田为词，株守一隅。穆图善即遵前旨，派员将总督关防送交左宗棠接受，以专责成。左宗棠身为统帅，兼任封圻。接篆以后，军务及地方各事宜俱属责无旁贷，著即悉心经理，妥为布置。如有疏虞惟该大臣是问。穆图善交卸督篆，著仍以将军督率在省兵勇力图保卫。其河州股匪仍当随时拨兵堵剿，该将军所部兵勇若干，粮饷应用若干，即咨明左宗棠。应如何布置裁并之处，即由该大臣妥筹办理。左宗棠、穆图善同办一事，务当和衷商酌，以顾大局。不得各存意见。逆回窜扰阿拉善旗地方，该亲王祖茔、府第均被焚毁。前据理藩院奏闻，谕令定安等拨兵筹剿。现在定远营尚未解围，定安饬令杨春祥带队进剿，兵力尚单。金顺行抵达拉特旗什巴尔台地方，著酌量情形，仍遵前旨，或拨兵协剿，或直抵平罗。即与定安商酌剿办。张曜现在进驻缠金沙金托海，其后队到齐后仍著定安催令前进，立解重围。本日据李鹤年奏宋庆患病，请给假两月调理。该军事务委提督蒋东才、刘廷照料。已批令在营调理。蒋东才等能否得力，并著定安随时察看，妥为兼顾。定安所录回匪王登明供词，察其情形，与左宗棠等历次所奏回逆求抚各情相符，著抄给该大臣阅看，斟酌办理。将此由六百里各谕令知之。"

（卷262　640页）

同治八年（1869年）七月壬辰

又谕："何璋奏西路军务情形，请饬催成禄出关一折。据称乌鲁木齐各城久为贼踞，实因大兵阻于关内，以致塞外逆氛猖獗。近日该总兵派军功邓生玉等赴奇古（台）、济木萨一带扼扎，于木垒河地方将贼击退，又在奇台击贼获胜。惟成禄出关尚无信息，请饬克期西进等语。成禄克复肃州后一切部署自已妥协，何得任意迁延，至今无出关消息。著成禄懔遵前旨，乘此塞外凶锋已挫，迅统所部出关，会同何璋相度机宜，分别剿抚，妥速办理。若再株守不进，玩误军务，自问当得何罪。并著左宗棠、穆图善严催该提督迅速起程，不得任令延宕。何璋于成禄未到之先仍宜督饬将弁认真防剿。将此由五百里谕知左宗棠、穆图善、成禄并传谕何璋知之。"

（卷263　650页）

同治八年（1869年）八月壬寅

谕军机大臣等："穆图善奏甘、凉、肃三属军粮不能移作出关兵食，并请饬袁保恒拨解西征半饷各折片。前因饬催成禄出关，谕令左宗棠、穆图善将接济军食安设粮台各节妥筹办理。兹据穆图善奏称，肃州初复，弹压抚绥各营势难遽撤。需用刍粮向均就地筹办，连年输助，民力实已难支。至甘、凉二府民间勉力输将，供西路现驻之军已不敷用，若欲移作出关兵食不过徒托空言，无裨实用。惟关外安西、敦煌、玉门三州县向系产粮之区，文麟等军口粮可由该三属供办等语。尚属实在情形。即著左宗棠、穆图善饬令安西等州县设法妥办，陆续运解。不敷之项仍著该督等随时接济，不得稍涉推诿。至粮台应设何处，省城相隔二千余里，势难臆断。文麟、景廉、成禄同办关外之事，即可会合商办，择地设台，派员经理，庶免贻误。成禄现在行抵何处，著即克期出关，毋稍延缓。左宗棠所部十二营已抵秦州，兵数日增，需粮更巨，非筹拨巨款多方采买，不足分赡诸军。穆图善现派知府铁珊经理其事，著袁保恒遵照部议，迅将各省应协甘肃半饷源源分拨，以济要需。不准稍有迟误。穆图善另片奏请饬调温德勒克西、常星阿来甘带队等语。已谕令德英传知该副都统伤病一痊，即行前赴甘省。常星阿现已来京，所请调赴军营之处著毋庸议。黑龙江马队远道出征，必应妥筹接济，著俟行抵陕省，即由西征粮台筹拨饷银二万两。嗣后仍由该粮台按月筹解，以利师行。将此由六百里谕知左宗棠、穆图善、文麟、景廉、成禄并传谕袁保恒知之。"

又谕："本日据穆图善奏副都统温德勒克西统率马队素称得力，请饬赴甘省等语。该副都统伤病此时能否就痊？著德英随时查验。一经痊愈即饬温德勒克西迅赴甘省穆图善军营，毋稍延缓。将此由四百里谕令知之。"

（卷264　658页）

同治八年（1869年）八月丁未

又谕："穆图善奏办理安插南八营回众，著有成效一折。前因穆图善奏甘肃静宁州回目李得仓率众投诚，当经谕令妥为安插。兹据奏称派令道员张瑞珍等前往查办。李得仓造册呈报南八营大小男妇五万余人，除被胁汉民分别遣散外，其回众三万余人，均安插于张家川等处。年余以来安分务农，极为驯顺。去冬陕回窜扰南路，该回众等并能联络汉民协同守御，实能改过自新，深明大义，殊属可嘉。署巩秦阶道张瑞珍办理此事，始终妥协，著交军机处存记，候旨录用，并赏加布政使衔。回目李得仓约束部众真心归正，著赏戴四品花翎，以昭激劝。至该回众等既经反正，即与良民无异，著左宗棠、穆图善饬令该地方官妥为抚绥，尽心化导，俾得力田敦睦，勉为善良。并仍责令李得仓随时钤束，各安生业，毋任稍滋事端。此外甘省回众果有悔罪输诚真心向化者，朝廷即当贷其前罪，予以自新。倘或办理不善，敷衍目前，致日后仍烦兵力，亦惟该督等是问。此旨著左宗棠、穆图善刊刻誊黄，遍行晓谕，用示朝廷覆帱无私咸与维新至意。"

（卷264　665页）

以甘肃张家川等处安插投诚回众出力，予通判张春生、守备吕有宽等加衔升叙有差。

（卷264　666页）

同治八年（1869年）八月己酉

又谕："户部奏遵催西征协饷一折。江浙等省协济左宗棠等饷项总计八百十余万两。前经户部奏催，仅据湖北续解银八万两，浙江续解银二十万两，江西续解银六万两，江苏续解银四万两，广东续解银十二万两，安徽续解银二万两，山西续解银二万两零，山东续解银二万四千两，粤海关续解银二万两。核之各该省应解数目大相悬殊。此外各该省关并未据报续解。陕甘需饷孔亟，岂容如此玩延，著李鸿章、文煜、马新贻、英桂、瑞麟、李瀚章、刘坤一、丁日昌、卞宝第、李福泰、郭柏荫、英翰、刘昆、李宗羲、丁宝桢、李鹤年、崇礼按照该部此次单开数目赶紧筹解，毋得借词推诿，以济要需。如有仍前玩误及欠解最多者，并著左宗棠查明，将该省之藩司等指名严参。现在东南敉靖，江南、浙江、湖北、山东等省所留勇丁尚属不少，应如何酌量裁减，将节省饷需协济西征之处，著李鸿章、马新贻、丁日昌、郭柏荫、李瀚章、英翰、丁宝桢实心筹划，俾裕饷源。其山西、河南、安徽、山东、江南等省原协张曜、宋庆、郭宝昌、潘鼎新等饷项军火，无论各该营有无裁汰，均著各该省随时报解，毋稍短欠。另片奏遵议穆图善军需数目等语。各省协拨之款每年专解甘省及秦州银一百二十万两，著照部议仍由穆图善收支，随时派员迎提。其各省协拨西征之饷仍著左宗棠遵照前旨统收分拨，以免纷更。穆图善所请添拨厘金划半归甘之处，著毋庸议。至四川、山西协甘米价，该将军务饬司道等详查已收未收各若干，核实报部。所有甘营马步兵勇细数及受协各款，仍著该将军详晰开报，并懔遵前旨将布置裁并之处咨明左宗棠办理。原单均著抄给阅看。将此由五百里谕知左宗棠、李鸿章、文煜、穆图善、马新贻、英桂、瑞麟、李瀚章、刘坤一、丁日昌、卞宝第、李福泰、郭柏荫、英翰、刘昆、李宗羲、丁宝桢、李鹤年并传谕崇礼知之。"

（卷 264　　667 页）

同治八年（1869年）八月戊午

又谕："左宗棠奏分道进剿，布置情形一折。甘省北路兵力已厚，渐可肃清。南路河州踞逆近无大股出窜兰州运道，渐已疏通。惟土匪张贵盘踞静宁州属威戎镇等处聚众甚多，分扰静、庄、会、宁各境。此贼不除为平凉、秦州一大患。左宗棠现调黄鼎、简敬临等分捣威戎镇水洛城贼巢，著即饬令迅速攻剿，务将此股克期歼灭，毋稍迁延。其秦安神峪河另股回逆，并著严饬吴士迈等实力搜剿，俾中路早日廓清，庶兵力不至为其牵掣。陕甘逆回萃于平罗、灵州、中卫一带，刘松山已抵花马池，著左宗棠饬令该提督克日进兵并遵前旨，檄饬郭宝昌军合力进剿，节节扫荡，毋任日久蔓延。边外之贼虽经张曜等叠次击败，而此时大兵进逼宁、灵，恐该逆以边外为逋逃薮。据该督奏称金顺等马步各营已行近磴口，著金顺联络张曜等军，勤加侦探，遇有贼踪，务须实力堵剿，杜其向东北奔窜之路，并著该副都统将北路贼势军情随时据实具奏。宁夏防兵甚单，如遇有警，并著金顺相机援应。前因穆图善奏称南路军情紧要，谕令左宗棠酌量移扎秦州。兹据左宗棠奏称，泾州为适中之地，可以兼顾南北，即著暂时驻扎该处，妥筹调度。穆图善即将总督关防迅速派员赍交左宗棠接受，毋庸再行请旨。该大臣接篆后兰州省垣防务应交何人接办，或左宗棠即赴省城驻扎，以便居中调度之处，即著酌度办理。倘有疏虞仍惟该大臣是问。将此由六百里各谕令知之。"

（卷265 674页）

同治八年（1869年）八月甲子

谕军机大臣等："文麟奏西路贼情，并遵抄前给乌城逆首谕帖呈览一折。该大臣所给逆首妥得璘谕帖，措词尚为妥协。惟迄今两月有余，该逆首曾否与各回目会商定局，未见回信，亦未见委员乌仁泰等禀复，是否妥得璘从中挟制，使逆目不敢投诚。殊为可疑。近日该逆又有与邓生玉等寻衅之说，该大臣以回逆诡谲异常，已调前留敦煌防军来哈协防，著一面密为侦探，一面严加防范。此中操纵机宜在该大臣随时妥筹，不可稍涉大意。景廉既据安、敦、玉等处绅民禀留，著准其暂缓赴任。将安西等处力筹保卫，并将哈密后路妥为料理，即行西进。昨据伊勒屯奏乌垣等处踞逆不时骚扰。成禄叠经谕令出关，现在行抵何处？杳无奏报。直将历降谕旨视若弁髦，岂以派一委员赴乌招抚，遂可了事耶。著该提督迅速出关，相机剿办，一面以起程日期具奏，如再迁延，自问当得何罪。将此由六百里各谕令知之。"

（卷265 681页）

同治八年（1869年）八月丙寅

谕军机大臣等："穆图善奏官军追剿盐关等处窜匪，并伏羌剿匪获胜各一折。甘肃南路回匪窜扰西和、礼县、盐关一带，经提督喻正祥等督率兵勇连日追剿，斩馘甚多。将盐关、礼县等处窜匪次第歼除。城堡均获保全。其窜扰伏羌之匪亦经梅开泰击剿获胜，办理尚为妥速。著左宗棠、穆图善饬令喻正祥等军乘胜追剿，将南路零星股匪迅速扫除，毋留余孽。前据左宗棠奏，该大臣驻扎泾州可以兼顾南北，即著穆图善懔遵前旨，将总督关防派员赍交左宗棠接受。该大臣于接篆后，务将甘肃全省情形妥为筹划，省垣防守尤关紧要，该大臣未到之先应责成何人经理，亦著先事预筹，是为至要。将此由五百里各谕令知之。"

予甘肃黑山岭等处阵亡提督饶得胜等二十七员祭葬世职加等。

（卷265　683页）

同治八年（1869年）九月己巳

谕军机大臣等："景廉奏驰援安、玉贼匪东窜入关，并由安起程赴任一折。肃州收复后，零匪时出窜扰。安西州属黑山桥村外堡突被越进，虽经赵寿汝等击退，而布隆吉尔等处时有贼匪抢掠。西宁、河州回匪又在上赤金堡滋扰。由天津卫分股前窜。景廉恐后路有失，督队驰抵安西。该匪已东窜入关。现在玉门所属地方亦无贼踪。该大臣以哈密防务吃紧，将靖边各营交总兵张玉春驻守安西，即日起程赴任。惟肃回一日不清则安、敦、玉三属亦一日不靖。现虽有各军防守，而无地方官约束，难免不四出滋扰，即著左宗棠、穆图善分饬该处镇道及文武各官加意防范，毋任时窜出关，以维大局。其筹办口粮，修理堡寨等事，已经景廉札饬张厚庆及各绅董赶办。该督等如可兼顾，并著随时督催，俾免疏失。景廉刻已抵任，所有哈密防剿事宜著即会同文麟妥筹布置。其各路投诚回目现在情形若何，亦著懔遵叠次谕旨，彼此商办，不可掉以轻心。成禄叠经谕令出关，乃日久迁延不进，不知是何肺肝？此时，景廉已赴哈垣，该提督若再带兵前往自可倍壮声威，即著整队出关，会合剿办，并将起程日期迅速具奏。如仍畏葸不前国法具在，岂能为该提督稍宽耶？将此由六百里各谕令知之。"

（卷266　685页）

同治八年（1869年）九月庚午

又谕："成禄奏部署出关，缕陈管见八条，请饬催各路协饷并饬穆图善筹粮，暨派员赴川、陕募勇，请调甘省人员差委及筹办哈密剿抚情形各折片。成禄部署出关，饷项支绌，自系实在情形。所请于各省有著可指之款先筹拨银二三十万两，俾利师行，并请于上海、九江及江浙盐务厘税项下按月议拨数万金，解交山西藩库汇解。其余再由四川、山西并河东盐务协济之处，著户部速议具奏。至四川、山西、陕西、湖北、河南等省应解成禄月饷并著该部查明，迅速咨催，以济要需。西路用兵筹粮急于筹饷。成禄请将凉州以东之粮仍归省城提用，永昌、山丹、甘州以西之粮归西路大兵提用，著左宗棠、穆图善通盘筹划，如事属可行，即饬该地方官遵照办理，俾兵食不至缺乏。成禄营内并无甘省候补大员委办粮台，呼应难期顺手，所陈亦系实情。著左宗棠、穆图善酌度机宜，于道府大员中拣派一人前往承办，不必拘执前议，致有贻误。亲王督师，出自特简，岂臣下所得妄拟。成禄冒昧陈请，殊属荒谬，著毋庸议。甘省兵多饷绌，哗溃时闻。成禄惟当将现存兵勇裁汰冗弱，简练精实，岂可续行调募，徒糜饷糈。所请调别省劲旅并在川、陕等处募勇赴营之处，著不准行并著将裁定兵勇迅速具奏，听候谕旨。至请调副都统常顺、前署副都统三寿、道员陶斯咏、同知陈景谟、直隶州知州铁珊、知州李光兴、知县张秉恬、县丞汪圻赴营差委，能否派往？著左宗棠等酌量办理。高台勇溃，成禄统率无方，著交部议处。至营官石成器所部之勇，前据穆图善奏业派王仁和招集统带，当经谕令妥为钤束。此次成禄请将营官张贤、石成器、冯永禄随地拿获即行正法等语，著左宗棠、穆图善酌度妥办。将此由六百里各谕令知之。"寻兵部议："成禄应照溺职例革职。"得旨："著加恩改为革职留任。"

又谕："袁保恒奏请饬河南、山西迅解饷银等语。山西、河东盐课岁协甘饷五十二万两，自张曜、宋庆两军由晋入陕，河南饷银不以时至。该省奏明于河东协甘饷内通融匀济，每月拨银二万两，以致河东应解甘饷积欠愈多。现在河南已无军务，尽可以全力供给该两军饷银，无须再由外省协银。著李鹤年将应解张曜、宋庆两军饷银专由河南供支，如数提前筹拨，源源批解，以利攻剿。仍将河东匀拨该两军每月银二万两即行停止，照旧专作协甘之用。至甘肃提拨河东盐课银三十万两本系于应解甘饷内提前拨用，并非格外加增。甘肃军务孔亟，待饷维殷，著李宗羲饬令河东道无论何款先行如数提拨，赶紧批解，毋误要需。将此由五百里各谕令知之。"

（卷266　687页）

同治八年（1869年）九月乙亥

又谕："左宗棠奏请将党匪殃民之道员革职拿问等语。甘肃补用道前署平凉府知府李超群，倚恃匪首张遗自卫，令其子李毓英与张遗交结，并委其戚陈九如代理静宁州知州，为张遗搜括民财，似此党匪殃民实为地方之害。李超群著即革职拿问，州吏目陈九如、县丞李毓英著一并革职拿问，严讯惩办。"寻奏："遵讯李超群等党匪殃民属实，李超群业经畏罪自尽，陈九如等拟发近边充军。"下部议，从之。

又谕："左宗棠奏北路官军剿贼情形，并剿办中路土匪肃清各一折……中路土匪业经肃清，惟匪首张遗、侯得应逃逸未获，该犯等有投往兰州之说，著穆图善即行查拿正法，毋任漏网。将此由六百里各谕令知之。"

（卷266　693页）

同治八年（1869年）九月辛巳

又谕："前因成禄奏部署出关，请指拨各省有著款项当经谕令户部速议具奏。兹据奏称，成禄出关饷项上年八月经该部在山东欠解新疆月饷内提银十六万两，山西欠解新疆月饷内提银四万两，奏令赶解，现在该提督出关需饷，自应指拨有著款项，俾利遄行。著照户部所议，将前饷山西、山东在欠解新疆饷内各提银七万两，河南在欠解新疆饷内提银六万两，划还部库共二十万两，无庸解部还款，即著李宗羲、丁宝桢、李鹤年各按应解数目迅速改解归化，知照该提督派员迎提。至山西、山东、河南、直隶应解新疆月饷及四川、湖北、陕西应解成禄月饷，著户部催令如数报解。其四川原欠拨归成禄军营之十七万两，上年部拨山东十六万两，山西四万两并由户部咨催，一并赶解毋任延宕。将此由五百里各谕令知之。"

又谕："成禄奏拟令杨占鳌赴陕西等省招募暨调员赴营差遣办理文案各折片。西路用兵有年，出关各队该提督果能力加整顿，岂无可用之兵。著该提督懔遵前旨，将现有兵勇汰弱留强，核定数目，迅速奏闻，听候谕旨。所有调兵募勇并调祥恩、王永庆、周士键差委之处，均毋庸议。将此由五百里谕令知之。"

（卷266　698页）

同治八年（1869年）九月甲申

谕军机大臣等：“玉通奏请催山西欠解青海王公俸银，并西宁兵饷办理剿抚经费各折片。青海蒙古各王公同治二、三两年俸银，经玉通奏准由山西筹给尚未据该省拨解，其续请四、五、六年俸银亦经谕令郑敦谨筹解，并谕玉通查明办理。该王公等频年被扰，生计日蹙，自应亟筹接济。著李宗羲督饬藩司，将先后两次奉拨未解该王公俸银共四万五千五百两，无论何款，如数拨交玉通所派委员领解赴宁，俾资支放。西宁兵饷孔亟，著该抚迅将前拨银五万两，即行筹拨，并将玉通办理汉回剿抚经费前拨饷银十万两内未解银七万五千两，一并筹交该委员领解，毋稍延缓。将此各谕令知之。”

（卷267　702页）

同治八年（1869年）九月丙戌

谕军机大臣等：“穆图善奏筹办防剿，请饬左宗棠迅拨饷银。镇番解围各折片。前因左宗棠奏泾州为适中之地，可以兼顾南北。当经谕令暂时驻扎，并令穆图善即将总督关防派员送交。兹据该将军奏拟俟左宗棠到秦送交关防，自系尚未接奉前旨。著穆图善仍遵前旨将关防迅速派员送交，毋稍延缓。惟甘军需饷甚为急迫，左宗棠既经抵甘接印，自应将在甘各营通盘筹划，酌量裁并，匀拨饷需。岂可稍存漠视。现据穆图善奏称鄂台转运之饷已经袁保恒悉数提归陕西，甘军毫无指望，哗溃堪虞，自系实在情形。著左宗棠指明专款，饬令袁保恒迅速拨解，源源接济，以固军心。镇番县城突有贼匪围扑，经王仁和带兵救援立解城围，并将凉州西南炭山堡一带贼匪击退，尚为出力。著左宗棠、穆图善仍饬王仁和将永昌窜匪迅速追剿，毋留余孽。陕回逃入甘境，蔓延甚广。靖远、碾伯等县亦有贼踪。左宗棠务当分派各军力图扫荡，毋任四出滋扰。刘松山等军由灵州进剿，近日情形若何，著随时具奏，以慰廑系。省垣关系紧要，应如何布置及南路防剿各事宜均应妥筹办理，毋得顾此失彼。已革提督田兴恕著俟道路疏通，即行起解。将此由六百里各谕令知之。”

（卷267　704页）

以甘肃秦州击退回匪，并秦安等城解围出力，赏副将周正延巴图鲁名号，道员田应龙、都司黄立志等花翎，县丞雷作霖等蓝翎，余加衔升叙开复有差。

（卷267　705页）

同治八年（1869年）十月庚子

又谕："穆图善奏肃州善后事宜，请仍归杨占鳌经理一折。据称提督成禄前经奏请令署甘肃提督杨占鳌赴陕西等处募勇，西上助剿。现在关外军情该署督势难兼顾，杨占鳌有布置肃州善后之责，未便遽离甘省等语。成禄所奏在川、陕等处募勇，前经降旨已不准行，著照穆图善所请，仍令杨占鳌署理甘肃提督，责成该员将肃州善后事宜妥为经理，毋任回民复生事端。前谕成禄将现有兵勇汰弱留强，核定实数奏闻，听候谕旨。该提督自当懔遵办理。其高台以东粮石，穆图善奏称难以分拨成禄军营，仍将安西等三州县征粮专拨之处，并著穆图善随时斟酌情形办理。将此由五百里谕令知之。"

（卷268　714页）

以甘肃正宁县城被匪窜陷，旋即克复，免已革知县黄绍薪逮问，仍留任。

追予甘肃平凉合门殉难教谕王汝揆于伏羌县原籍建立专祠，眷属人等一并附祀。

（卷268　715页）

同治八年（1869年）十月乙巳

又谕："左宗棠奏北路官军剿回叠胜一折。陕回白彦虎、甘回李正荣等各股由预望城等处窜入固原，经雷正绾各军分路击败。马化漋又遣马万春等进扰南路，官军在黑城子一带追剿获胜，将逆首杨汶治歼毙。其李旺堡贼巢亦即攻破，并生擒贼帅杨辉云。陕回禹得彦等约众西趋，道员黄鼎等军追至打拉池一带将贼痛击。宁、灵现无陕回踪迹。此次陕回纠众分扰，意图阻截官军。白彦虎等虽负创西窜，难保不勾煽河州各回复行东犯。左宗棠现檄雷正绾等军分头防剿，并拟进军平凉，著即严饬雷正绾等各率所部相机夹击，将未获之各回目擒斩净尽，以靖陕氛，并著将后路粮运事宜赶紧布置于抵平凉后，斟酌缓急，整军前进。一面将兰州省垣及河州、狄道防剿各务悉心筹划，并饬张会元、崇志等力顾兰州，不可稍涉疏虞。马化漋是否显露叛迹，抑系求抚缓师。灵州一城如果失陷，究为何股所袭？均著该大臣遵奉前旨，将该城有无被陷及刘松山滥杀激变各情迅速查明具奏。其预望城、半个城各处甘回既经款营求抚，即著饬令曾传理妥速办理，但不可为其所绐，致贻后患。将此由六百里谕令知之。"

以甘肃北路会剿回匪获胜，赏提督雷正绾、道员黄鼎白玉搬指各一个，白玉翎管各一支，火镰各一件，大荷包各一对，小荷包各二个，总兵官刘明泰正一品封典，总兵官赵玉亭、副将崇志巴图鲁名号。总兵官简敬临等加衔升叙有差。

予甘肃西安堡阵亡总兵官马德顺祭葬世职加等，谥武毅，于死事地方暨原籍建立专祠。副将张显扬、都司张成进、把总杨大鹏等祭葬世职加等，附祀马德顺专祠。

予甘肃打拉池阵亡都司贾洪顺祭葬世职。

（卷268　718页）

同治八年（1869年）十月戊申

谕军机大臣等："金顺奏会师南进大获胜仗，并请饬郭宝昌、黄鼎等军前进各折片。逆匪纳万沅等纠合陕回各股在汉渠官桥迤南一带迎拒官军，经金顺、张曜会派杨春祥等从东绕击，并督同各军分路抄袭，贼众大溃，悉向纳家闸等处败逃。我军追过龙王庙南并将东西各垒攻拔。据贼供贼首马添凒、纳保均已被斩，其来援新贼亦经常福等击败。金顺、张曜遂于汉渠东西分扎，复破贼寨两处，官兵追近纳家闸寨门。杨春祥等又拔其南面两垒，杀贼殆尽。此次金顺等会师南进，连获胜仗，逼扎老巢，洵足以寒贼胆。仍著该署将军等乘此声威，督饬各军将近桥纳洪贼寨攻拔，痛扫逆氛。其渠湃炮台亦著赶紧筑齐，以资进取。前有旨令郭宝昌前赴山西归李宗羲调遣。左宗棠谅已遵旨办理。黄鼎与雷正绾等在打拉池一带剿贼，现正得手，能否抽赴北路？著左宗棠斟酌调拨。至金运昌一军打仗尚属得力，该大臣即令该提督率队前进，会同刘松山一军与金顺、张曜派出各军相机夹击，以壮声援。叠据左宗棠奏称宁、灵一带已无陕回踪迹。兹览金顺所陈大股陕回麇集宁、灵东西两岸，唐、汉两渠并被挖断各情，与左宗棠奏报不符。此时，宁、灵界内究竟有无陕回？抑系甘回滋扰，均著该大臣详细查明，据实具奏。金顺另片奏请饬通商衙门将僧格林沁所造开花炮两尊配齐子药派员解往等语。京师向无通商衙门名目，本日已谕知神机营查明拨给矣。将此由六百里各谕令知之。"

（卷268　721页）

同治八年（1869年）十月乙卯

又谕："前据袁保恒奏各省协饷不敷应用，请提款拨补，并仍由左宗棠统收分拨，请拨雷正绾一军专饷各折片。当交户部议奏。兹据户部奏称，各省新旧协拨西饷果能源源报解，自足敷用。且各省财力止有此数袁保恒所请提拨江西、安徽、江苏、九江关等处饷银，均属窒碍难行。请饬各省将欠解协饷如数筹拨等语。陕甘军务紧要，各省奉拨西征月饷欠解甚多，何以收饱腾之效，著户部行知各该督抚监督等懔遵叠次谕旨，将短解月饷竭力筹措，补解足数，以维大局。倘再仍前延欠，即著左宗棠指名参奏，其解到协饷仍著左宗棠、袁保恒遵照前旨统收分拨，筹济陕甘各军，毋稍偏枯。至雷正绾一军应需饷项，原拨河东等处银两既不敷用，即著照户部所议，由闽海关六成洋税项下，每月拨银二万两为该军专饷。著文煜、英桂、卞宝第随时派员解赴陕西粮台，毋稍延缓。此外，陕甘两省无论何营饷项均著左宗棠于奉拨协款内酌量匀给，概不得另请专饷，以免分歧。原折著抄给袁保恒阅看。将此由五百里谕知左宗棠、文煜、英桂、卞宝第并传谕袁保恒知之。"

（卷268　727页）

同治八年（1869年）十月丙辰

凉州副都统瑞云奏请将记名提督王仁和留于凉州帮同防剿。得旨："著咨商左宗棠妥筹办理。甘省各属军务均关紧要，毋致顾此失彼。"

（卷269　727页）

同治八年（1869年）十月乙丑

以甘肃成县守城出力，予候选同知李笃庆等奖叙有差。

予甘肃王家疃庄阵亡记名副都统协领贵升祭葬世职，如都统例，建专祠并入祀京师暨原籍昭忠祠。

予甘肃狄道等处阵亡副将范珍等十六员祭葬世职。

（卷269　738页）

同治八年（1869年）十月丁卯

谕军机大臣等："穆图善奏官军击剿窜匪获胜，并留总兵接办军务，请饬粮台拨饷接济各折片。甘肃礼县所属地方于本年八月间被回匪滋扰，经提督喻正祥亲督兵勇节节进剿，杀贼多名。该匪溃败狂奔。现在崖城等处已无贼踪。即著左宗棠、穆图善饬令各军仍行加意防范，遇贼即击，毋稍松懈。其驻扎中卫之贵字三营著照该将军所请，饬令总兵黄金山接统，将前募防城之勇补足三营额数，并另集围队二百名，悉听金顺节制。即著该署将军妥为调遣，会同张曜联络刘松山暨金运昌各军，将北路回逆悉数扫荡。贵字营等饷需无处支领，著左宗棠饬令西征粮台将黄金山所统三营并围队二百名需用饷银按月拨济。穆图善著懔遵前旨，将总督关防迅速派员赍交左宗棠接受，以专责成。将此由四百里各谕令知之。"

予甘肃永昌等处阵亡副将蒋光晋、知县翟步霄等祭葬世职。

（卷269　739页）

同治八年（1869年）十一月己巳

谕军机大臣等："穆图善奏遵旨派员赍送总督关防，并克复狄道等处出力员弁，请仍择尤保（褒）奖各折片。穆图善已于十月初六日将陕甘总督关防派员赍送泾州，交左宗棠接受。惟该将军甫经卸篆，应办之事尚多，著准其刊刻宁夏将军木质关防，以昭信守。除地方寻常公事即由藩司包封递左宗棠行营办理外，如遇紧要军务，著该将军懔遵前旨，率同在城文武力筹保卫，毋稍疏虞。并著督率所部兵勇随时剿办，不得稍涉诿卸。穆图善俟左宗棠到省或由左宗棠派员抵兰，接办防务有人，再行听候谕旨。上年各军克复狄道州并河州泰子寺汛，在事各员弁尚属著有微劳，著准由该将军择尤保奏，毋许冒滥。将此由五百里谕令知之。"

又谕："前据左宗棠奏称黄鼎等军获胜，甘省驿道疏通，以杨世俊等营分路进扎，并令黄鼎先赴兰垣附近，择要安营。此时，北路情形计可粗定，该大臣得以进规河州矣。本日据穆图善奏派员赍送总督关防前赴泾州军营。该大臣谅已在途祗受，惟念兰州为根本重地，该大臣接篆后于省城防剿一切事宜自系责无旁贷。现在河州等处贼巢林立，近逼省垣，即使黄鼎各军皆能继进，亦不可无人指授机宜。穆图善既卸督篆，凡西路军情及地方应办事件均觉呼应不灵。该大臣能否即由平凉亲赴兰州，居中调度。抑一时不克前进，先行派人前往接办或以接办乏人，仍留穆图善暂驻省垣照料军务，俟到后再行交替。该大臣酌度情形，著于接奉此旨后迅速详细奏闻，以慰廑系。近日各路军情若何，黄鼎等军何时驰抵兰州，刘松山军在北路办理剿抚事宜能否渐次肃清，仍著该大臣督饬在事将士相机扫荡，迅奏肤公。将此由六百里谕令知之。”

（卷270　741页）

同治八年（1869年）十一月壬申

又谕：“左宗棠、穆图善奏官军叠剿河、狄窜回获胜。左宗棠奏北路官军克复灵州及进驻平凉。令周开锡总统秦州各军。金顺奏剿办宁夏南路踞逆获胜，并查明刘松山收复灵州情形各折片。甘肃狄、河回匪纠合陕回崔三等余党出巢肆扰，经穆图善派傅先宗进剿获胜。左宗棠又檄李耀南等军败贼于李家湾一带，斩获甚多。其宁夏南路回匪杨士恭等勾结陕回，援应纳、王各寨。又经金顺、张曜督军迎剿，叠获胜仗。剿办均属奋勉。现在陕境肃清，各匪已无立足之处，势必要挟甘回苟延残喘。如能将河、狄各贼巢逐一攻破，断其党援，则剿抚皆易得手。著左宗棠仍饬李耀南等及前派出之黄鼎各军乘机进剿，毋稍松劲。一面严檄南路在防将士实力严防，以免顾此失彼。穆图善亦当札饬傅先宗等与陕军联络声势，迅扫逆氛。纳、王各寨为回逆负固之区，仍著金顺会同张曜迅图攻拔，毋任凭险死守，阻截官军。左宗棠奏查明灵州失陷，文武下落情形。请将各员免议等语。署灵州参将马福、吏目黄廷辉既据奏称闻变求援，并导官军克复城池，情尚可原。马福、黄廷辉均著免其置议。其刘松山收复灵州情形与本日金顺所奏大略相同。该大臣现拟进驻平凉，著即懔遵前旨，将能否驰赴兰垣情形迅速具奏。回目马化漋既给马三重等伪札，是其狂悖之情业已败露，而又求总兵胡昌会保其永不反复，并力保陕回呈缴马械。前后两歧，殊难凭信。即著该大臣严饬刘松山等乘此军威，迅图扫荡。该逆如实系真心乞抚，仍著左宗棠责成刘松山相机妥办，万不可为甘言所诱，轻率收抚，转遂奸谋。周开锡既驰赴秦州，派令总统诸军，即檄饬该道员将南路兵事饷事认真整顿，以资臂助北路剿抚事宜。著即檄知雷正绾等与刘松山商推，以免纷歧。将此由六百里各谕令知之。”

（卷270　745页）

予甘肃河州等处阵亡都司唐治能等祭葬世职。

（卷270　747页）

同治八年（1869年）十一月壬午

谕军机大臣等：“穆图善奏查明灵州降回变乱大概情形，并暂委窦型护理安、肃道篆各折片。前据左宗棠、金顺奏刘松山收复灵州情形，已降旨将署灵州知州钟兰及代理知州尹泗等交部照例议恤，并因马化漋有给马三重等伪札情事，又代陕回甘言求抚，前后两歧，殊难凭信，谕令左宗棠严饬刘松山等乘胜进兵，相机妥办。该大臣务当懔遵前旨，督率刘松山等军分别良莠，剿抚兼施，不得轻率收降，致堕诡计。左宗棠计已进驻平凉，能否驰赴兰垣，居中调度，仍著迅速具奏。穆图善莅甘数载熟悉情形，现在宁夏防守紧要，该将军既已交卸督篆，著将省城防剿事宜布置妥协，俟左宗棠到省或左宗棠派员接办有人，即行前赴宁夏将军本任，以重职守。所请来京陛见之处，著毋庸议。所有穆图善原部各军均著归左宗棠调遣。甘军饷项并著该大臣均匀分拨，以利师行，毋得稍分畛域。安、肃道员一缺，穆图善现据肃州镇总兵陶生林禀请暂委四品顶带窦型护理。该员系已革知县，资望太轻，恐不足以胜任，著左宗棠随时察看，如果不能称职即行另派妥员前往接署。将此由五百里各谕令知之。"

（卷270　753页）

予甘肃肃州被戕县丞陈联树祭葬世职，眷属人等分别旌恤如例。

（卷270　755页）

同治八年（1869年）十一月丙戌

以甘肃克复靖远县城，并历年剿匪出力赏总兵官张琮提督衔，知县何愈等蓝翎，余升叙有差。

追予甘肃伤亡副将穆隆阿、阵亡千总马垂忠祭葬世职加等。

（卷271　759页）

同治八年（1869年）十一月丁酉

谕军机大臣等："穆图善奏马步官军剿贼获胜，暨请将同知留营差遣各折片。善山保一军在黑茨沟剿贼，歼毙甚多，迨至清水驿附近地方两路伏贼突起，善山保复督队兜剿。该匪败窜。其平番县属马家沟马贼亦经营总常明等在三岔沟迎战，分路夹击，贼势不支，纷纷败退。仍著左宗棠、穆图善檄饬善山保等侦探贼踪，分路追击，毋任该逆乘隙滋扰，牵掣官军。左宗棠拟进驻平凉，到省尚需时日，即著饬令派出之黄鼎等军迅速前进，以期节节扫荡，痛殄寇氛。已革广东候补知县续保、同知汤柄玑，据穆图善奏称甘军进攻河州，需员差遣，请予留营等语。汤柄玑是否谙练军事？堪以留营差遣之处，著左宗棠即行查明具奏，毋稍迁就。将此由五百里各谕令知之。"寻左宗棠奏："遵查汤柄玑前经奏保，系据各将领单开请奖，其谙练军事与否实未深悉，不敢稍涉迁就。"得旨："汤柄玑著不准留营，即由该督咨明穆图善办理。"

予甘肃黑茨沟阵亡都司姬伏信、曹作桐祭葬世职加等。

同治八年（1869年）十二月乙巳

又谕："左宗棠、穆图善奏东南各路官军剿回叠胜。左宗棠奏遵旨复陈各一折。提督杨世俊等军将陕回击败西窜。自十月十九日至十一月初十日，在固城清水驿、红土窑等处分军进剿，杀贼甚多，并生擒贼目正法。其分扰东路之逆目马油布亦经阵斩。现在各逆穷蹙，北不能通金积堡之援，西不能与河州遽合。左宗棠等已令周开锡将南路诸军核实归并，分布巩、秦一带，并令黄鼎等军雕剿回土零匪。即著檄饬各该将领侦探贼踪痛加剿洗。一俟北路粗定，即由中路扫荡而前，毋稍松劲。此次在事出力员弁勇丁准其汇案请保。左宗棠现在驻军平凉，策应各路，并派黄鼎等分布隆德、静宁、会宁、安定一带，虽与兰州声息相通，而会垣防守事宜亦不可稍形疏懈。穆图善著懔遵前旨，暂驻省城，就现有兵力督同司道各官，妥筹保卫。左宗棠仍当随时兼顾。其石成器一股即著饬令萧宗干等会同王仁和妥为安插，并将秦望川等处屯政赶紧料理。北路之刘松山等军并著催令前进以期节节疏通。河州为甘回负固之区，必须破此巨巢，方可迎刃而解。著左宗棠察看情形，如兵力足敷剿办即行督军前进，以竟全功将此由六百里各谕令知之。"

同治八年（1869年）十二月乙卯

又谕："恩麟奏班禅额尔德尼呈进年班例贡，请改道赴京一折。班禅额尔德尼差派堪布呈进年班例贡。现因西宁道途梗阻，著准照达赖喇嘛呈进贡物之例，改道由四川、陕西、山西、直隶赴京。"

同治八年（1869年）十二月乙丑

谕军机大臣等："穆图善奏贼匪阻扰运道，叠经官军击剿。袁保恒奏归并协饷，请旨饬遵各折片。甘省西路回匪在李家窑地方抢劫粮运，又于三子沟一带攻掠民堡，经提督刘定邦督队疾追，毙贼多名。其窜扰石门沟、青沙岭、小川贼匪亦经分防各营击退。古浪运省牲畜突被马贼抢去，统领张万美等在黑松驿等处将贼击败入山。穆图善现拟将粮路改由大靖、土门一带行走，并分军择要驻守。著即檄饬张万美等实力堵御，以利转输。一面饬令萨英阿严扼金县，杜贼东窜之路。西路平番、古浪一带为甘垣运道所关。此时，各匪乏食，希图抢掠军粮，疲我兵力，非得大军进剿，省防仍属可虞。左宗棠前派之黄鼎等军现已行抵何处？该大臣驻军平凉，于省城声息亦可相通。即著严饬黄鼎等各率所部确探贼踪，会合追剿，不可稍涉迁延。穆图善奏伤病并发，恳请给假等语。著赏假一个月，以资调理。现在西路防剿紧急，该将军仍当督同在省司道各官妥为筹布。左宗棠亦当懔遵叠次谕旨，迅筹兼顾，如不能克期前进，即行酌派妥员驰往接替。穆图善所部各营协饷，袁保恒拟请自同治九年正月为始归并西征粮台支发，著即照所请办理。其同治八年十二月以前各省所欠穆图善协饷与甘军积年旧欠，仍著袁保恒随时咨催，按数补发，不得意存畛域。将此由五百里谕知左宗棠、穆图善并传谕袁保恒知之。"

又谕："袁保恒奏请饬各省改解协饷一折。河南、湖北、江苏、四川、山西五省应拨秦州粮台饷银一百二十万两。历年积欠甚多。现在穆图善所部各军均改由西征粮台发饷。各该省亟应随时拨解，以济要需。著马新贻、吴棠、李瀚章、李鹤年、郭柏荫、丁日昌、李宗羲各查照应解秦州协饷数目，自同治九年正月为始，按月筹拨，径解西征粮台接收。其以前欠饷亦著一并筹解，毋得久延。将此由五百里各谕令知之。"

（卷273　794页）

予甘肃李家窑等处阵亡参将樊友才等三十员祭葬世职加等。

（卷273　795页）

同治九年（1870年）正月丁丑

谕军机大臣等："左宗棠、穆图善奏遵旨裁并营勇，分段布置，并穆图善奏拟将长顺等马队带赴宁夏各折片。甘肃秦、巩一带分驻各营，经左宗棠饬令归并。其省城附近营勇由穆图善分别裁并，再由左宗棠派员点验，酌量遣留。著左宗棠等认真简阅，应裁撤者即行裁撤。其挑选各营责令分段防守，务使兵归实用，饷不虚糜。裁汰各营勇丁即著左宗棠妥筹赀遣回籍，毋任滋事。王仁和所统怀义各营并著左宗棠另筹安插，俾免失所。江苏等省部拨穆图善军饷银两，已有旨自本年正月为始改解西征粮台支发。所有副都统双福等新调马队月饷，著左宗棠即饬袁保恒按月接济。其江宁月协宁夏饷银一万两仍归穆图善收发，为宁夏各军之用。将来即由该将军核实造报，以免缪辕。副都统常顺等所统吉林、黑龙江各起马队，并该将军原立围队一营，均准穆图善于出省时带赴宁夏，以资得力。其余各营步队如须挑选带往，由该将军酌度办理。左宗棠仍遵叠次谕旨，克期前进，抑或酌派妥员驻往接替，毋稍延缓。至北路宁、灵，南路巩、秦军务如何？月余未据该大臣奏报战事。著严密布置，妥慎进取。并随时具奏，以慰廑系。将此由五百里各谕令知之。"

（卷 274　801 页）

以甘肃克复狄道州城出力，予副都统常顺等优叙，赏协领满禄、佐领穆克德布、阿奇泰巴图鲁名号，佐领舒图尔善等花翎，披甲福寿等六名蓝翎，余加衔升叙有差。

（卷 274　802 页）

同治九年（1870年）正月戊寅

又谕："文麟、景廉奏肃州已抚回匪仍行出关扰害，并敦煌、玉门禀报回逆滋扰情形各折片。据称肃州回匪经成禄收抚后，仍不时纠众出关抢杀行旅，扰害地方。各路防兵因该回持有肃州镇道传牌印文，不敢盘诘，以致该回肆行无忌。上年九十月间，叠在红柳园、大泉等处抢劫军粮，杀害押运官弁，又攻破踢实堡、城桥湾等处，任意焚掠。其成禄派出之回员李进三等复在敦煌、玉门境内搜索粮石，抢杀横行。关外民不聊生，大局岌岌可虑等语。回匪狼子野心非约束严明，断难日久安帖。本日已谕令成禄将回员李进三迅即撤回。惟肃州已抚之回不能设法弹压，则回民积仇愈深，势将变生不测。关外大局不堪设想。著左宗棠迅派妥员驰往肃州，查明实在情节，严饬该镇道派兵弹压，力图补救，并约束回众，毋再给文出关。前谕成禄将所部勇丁严加裁汰。奏闻听候谕旨，迄今未据复奏。何以此时忽派员在各属索粮滋事，著该大臣确查成禄近日情形。如带兵不能得力，徒事骚扰地方，即行据实奏参。杨占鳌带兵何如亦著一并查明具奏，毋稍徇隐。至关外久遭回逆蹂躏，几至不可收拾。乌鲁木齐等处一片贼氛，巴里坤、哈密二城仅存，时有防不胜防之势。倘日久大兵不能出关，巴、哈二城力难支拄，其患不可胜言。成禄带兵如果不能得力，关外应如何布置？有无兵勇丁以抽拨？拣派得力大员先行统带出关，驻扎巴、哈二城扼要之处，借壮声威，使回逆不敢肆行窥伺。著左宗棠统筹全局，随时具奏，以慰廑系。窦垿一员前据穆图善奏，据总兵陶生林禀请暂护安、肃道篆。当因该员资望太轻，恐难胜任，谕令左宗棠随时察看，并著确遵前旨，迅派妥员前往接署，毋稍迁就。文麟等原折片二件均著抄给阅看。将此由六百里谕令知之。"

又谕："文麟、景廉奏复陈击退窜匪情形，酌留防兵军火暨肃州回逆窜扰各折片。据称前次西逆窜扑哈密，文麟等曾派拨兵勇在二、三、四、五等堡及柳树泉、沙枣泉等处叠次痛剿。该逆始由小南路了墩一带遁去，并未窜入坤境。何琯来咨亦称亲赴草打坂扎营，并拨队在山南沙枣泉等处侦探。旋因贼匪已被哈密官兵击败西遁，撤队回城等语。是此股贼匪并非何琯先在沙枣泉击败。哈密兵勇始到，该总兵前奏情形殊为失实。嗣后巴、哈两城军务伊勒屯务当饬令何琯随时与文麟等悉心酌办，毋得稍有参差，致彼此各存意见。其应行具奏事宜著会同伊勒屯列衔入告。何琯不得率行单衔具奏。哈密防剿尚在吃紧，若将驻防各营全调回坤，难资分布。文麟拟于汉营官兵四百余名内酌留二百名，仍归副将赵万海等管带。一面饬令该副将设营招兵，俟新兵募练已成，再将该官兵全数撤回。即著照所请办理。巴城代铸哈密抬炮四十杆，尚未据何琯解到。现在哈密需用甚急，准文麟等在于防哈汉营官兵军火内截留抬炮四十杆，抵拨前数，以资应用。即著何琯饬令赵万海就近照数分拨。肃州就抚回匪不时出关扰害。各路防兵因该回持有镇道印文，不敢盘诘，以致该回肆行无忌，叠次抢劫军粮，杀害官弁。本日已谕左宗棠派员往查，严饬该镇道督兵弹压。著文麟等晓谕各该处户民，如有回众滋事，无论有无印文，是否贸易？即行格杀勿论，以杜纷扰。成禄派出之回员李进三等现在敦煌等处，亦有滋扰情事著迅速撤回，毋令贻害地方。前谕成禄将现有兵勇汰弱留强，核定数目，迅速奏闻，听候谕旨。迄今数月之久未据该提督奏报，即著详细据实具奏，不得任意迟延。将此由六百里谕知文麟、景廉、成禄、伊勒屯并传谕何琯知之。”

（卷274　803页）

又谕："前因何琯奏参文麟把持粮道，不顾大局等情。当以伊勒屯未经列衔，谕令据实具奏。兹据文麟奏称，安、敦、玉等处仓粮早经拨运罄尽。新征额粮为数无多。哈密各营军食自顾不暇，仅能劝捐粮二千数百石，接济坤城，未能按月筹拨。何琯前派游击孙渊椿赴哈密向回王福晋索讨借款，滋闹逼勒，几至激成事端。该员前在敦煌经户民陈国清呈控霸种田地、奸淫妇女等情，旋即逃回坤城。何琯听信该员簸弄是非，挟嫌具奏，且该总兵标下弁兵骄劣妄为，深恐有误大局。请派大员查办等语。伊勒屯与何琯共事多年，其平日行为及标下弁兵有无骄纵妄为情事，知之必悉。著伊勒屯即将文麟所奏各节，迅即查明据实具奏。署游击孙渊椿如有恣肆不法情事，即著奏明从严参办，毋稍徇隐。原折著文麟抄录咨交伊勒屯阅看。哈密与巴里坤唇齿相依，自应互相兼顾。坤城满、汉两营需用军粮仍著文麟、景廉随时力筹拨解，不得稍分畛域。肃州回匪出关滋扰，致安、敦、玉等处粮运梗阻，亟应设法疏通。著文麟等督率兵勇探踪截剿，毋任滋蔓。将此由五百里各谕令知之。"

（卷274　805页）

予甘肃肃州被戕知州彭煦、都司夏奠川、把总崇海清等祭葬世职加等。

（卷274　806页）

同治九年（1870年）正月壬午

谕内阁："左宗棠奏请将居心鄙诈之绅士革职提审等语。甘肃在籍绅士工部员外郎候选道王梦熊寄居静宁州，党匪殃民，屡被民人台秀学等在该州控告，抗不到案。上年八月间，道员黄鼎剿办土匪张贵时，该员报捐仓谷杂粮六百石。经左宗棠饬令黄鼎密查，嗣据查明该员在预料堡一带派捐粮石，声言官兵是伊京控请来，遇有交粮稍迟之户，即被拷掠，其所勒之数尚多于该员呈缴之数，且通匪被控各情，供证确凿，亟应严行惩办。王梦熊著先行革职，交左宗棠提案审讯，按律究办。"

谕军机大臣等："左宗棠、穆图善奏南路官军击贼获胜。左宗棠奏中路官军击退窜回，并定边县城失守各折片。河、狄逆回勾结陕回崔三、禹得彦等股窜扰礼县、宁远一带。经傅先宗等叠次截击，擒斩贼匪不下二千余名，余贼遁回狄道。剿办尚为得手。所有在事出力员弁勇丁，著准其择尤保奏。金积堡陕回被剿穷蹙，复勾引崔、禹等逆悉锐北趋，势颇猖獗。周绍濂、黄鼎等于半角城、黑城、鸦儿湾、老虎沟等处前后截剿，毙贼三千余名。在事员弁勇丁尚属出力，并准左宗棠择尤保奏。陕回马镇和等坚守金积堡巢穴，屡攻未下。该逆被困日久，时思勾引各股逆匪劫粮阻运，牵掣官军，冀图一逞。现在败匪虽已远遁，仍恐乘间分窜，著左宗棠等督饬南路、中路各军确探贼踪，联络截剿，使金积堡之贼势孤援绝，方可力图攻拔。陕西自宁条梁至花马池一带为刘松山全军后路粮运所经，何以金运昌遽将留防各营调赴前敌，讵不料及逆回诡计多端，一经绕截后路，全局即虞掣动。现在定边既被袭陷，运道设有梗阻，关击非轻。郭宝昌此时协防晋省河岸，正当吃紧。且所带亲军人数无多，不必令其驰赴定边。著左宗棠派队驰援，并责成刘松山、金运昌迅图攻克，肃清后路。一面飞咨陕省防军合力夹击，以杜贼踪窜扰。其前敌各军仍当饬令稳慎进攻，毋稍松劲。将此由六百里各谕令知之。"

予甘肃半角城等处阵亡副将刘甫田等祭葬世职加等。

（卷 275　809 页）

予甘肃礼县等处阵亡游击杜敬仲等祭葬世职。

（卷 275　811 页）

同治九年（1870年）正月乙酉

又谕："成禄奏击退东路回匪，请饬部迅拨月饷，并派员办理粮台，暨请定欠解协饷章程及提用甘凉肃军粮各折片。河、狄、西宁等处回逆勾结各匪围攻高台之七坝堡地方，经成禄督饬所部分路抄击，逆众望西逃窜。官军又于花墙子败之。该逆由南山扁都口窜回西宁。东路现无贼踪。成禄拟供胡飞鹏、祥恩所募勇队到后，即行振旅出关。惟新募勇丁未加训练，攻剿皆难得力。即著饬令胡飞鹏等毋庸招募，并查明该二员现赴何处？随时撤回。吉林、黑龙江马步各队官兵调赴西征，殊多窒碍。所请亦毋庸议。该提督所部兵勇现存若干，著即遵奉前旨，将汰留实在数目迅速奏闻，听候谕旨。四川等省所欠该营协饷，著户部查明数目，分别咨催。应如何严定章程各予处分之处，亦著该部详议办理。成禄所请借拨部款二三十万两，现在部款外拨已多，著不准行。甘、凉、肃三属之粮能否归该军提用？并应否另设粮台？均著左宗棠酌度情形，妥为筹办。关外地方糜烂，将来作何布置？并抽拨何项兵勇分起出关？左宗棠熟悉戎机，必能胸有定见。著仍遵前次谕旨，统辖全局，详晰奏闻，以慰廑系。将此由五百里各谕令知之。"

予甘肃河西堡等处阵亡守备王仲仁、把总王廷有祭葬世职加等。

（卷 275　812 页）

同治九年（1870 年）正月戊子

赏甘肃兰州道豫师副都统衔，为西宁办事大臣。

予故西宁办事大臣玉通祭葬，如副都统例。

（卷 275　815 页）

同治九年（1870 年）正月己丑

以甘肃永丰堡等处迎剿窜匪获胜，予佐领常明以副都统简放，赏协领正福副都统衔，骁骑校依昌阿巴图鲁名号。

（卷 275　816 页）

同治九年（1870 年）正月庚寅

谕军机大臣等："刘典奏回逆分窜陕境情形，暨击退窜泾贼股，收复定边各折片。回匪窜扰陕境，攻陷定边，袭陷安定。贼踪飘忽，肆行奔突。左宗棠回援之军总落贼后。该督抚等同办一事，何以彼此不相联络，致误事机。现在瓦窑铺踞匪势甚凶悍，庆阳之贼又复窜至三水，绕窜永乐店，窥伺省城。且尚有陈瞎子一股亦思窜陕。定边之贼攻扑宁条梁镇、靖堡等处，并有另股贼匪滋扰，希图下窜。贼踪纷至沓来，几至不可收拾。安定、定边虽据奏称收复，殊不足恃。著即将实在情形查明具奏。左宗棠入甘后自应酌留重兵，力顾后路。刘松山、金运昌所部本系分扎花、定，何以不遵札饬，竟行相继前进。雷正绾、周兰亭、张福齐、简敬临等四军，左宗棠止令其剿办半角城等处踞逆，何以道员曾传理竟令各军进发，以致回逆乘虚窜入。各军进止自由，无所约束。该大臣当严申号令，立将贻误各员查明参奏，以示惩做。马德昭一军前据左宗棠奏调，已谕李鹤年饬令该提督督带所部扼扎三原。该军抵陕后，著刘典会商左宗棠妥筹调度。陕省防兵过单，左宗棠务当抽拨劲旅回顾陕疆，迅将纷窜各匪尽数歼除，毋稍松劲。刘典仍当严饬陈照台、成光裕等分头堵剿，以遏狂氛，不得徒事张惶，毫无展布。陕事一日不靖，即将志章抵任。刘典亦不得置身事外，著即振刷精神，亟图补救，毋得因循诿卸，自干咎戾。安定、瓦窑铺一带距晋非遥，现在河冰未泮，李宗羲当督饬李庆翱等严密防堵，毋稍疏忽。豫师前已赏给副都统衔，简放西宁办事大臣。著左宗棠即知照豫师迅赴新任。并将应办事宜妥为经理。以副委任。将此由六百里各谕令知之。"

同治九年（1870年）正月甲午

谕军机大臣等："李鹤年奏潼关防务紧要，马德昭一军未能西进。李宗羲奏陕回肆扰，逼近蒲州，布置河防各等语。回逆窜扰陕西长武县境，旋窜渭南县之仓头、孝义镇等处，已在渭河北岸安设帐房。咸阳、泾阳、三原、高陵、蒲城均有贼踪，大荔县所属之羌白、潘驿亦有边马，是窜陕回匪由西而东，几于遍地贼氛。刘典前奏庆阳之贼窜至三水，绕窜永乐府，窥伺省城。何以不即派兵截剿，致令贼势如此蔓延。著刘典迅拨劲旅探踪拦击，务将此股匪众就地歼除，毋令纷窜。左宗棠迅即抽拨兵勇回顾陕疆，不得置之不问，并著懔遵前旨，查明后路防军何以悉赴前敌，致贼匪乘虚扰陕，掣动全局之处据实参奏。至此股贼首是否即系马正刚。刘典前奏另有陈瞎子一股续图窜陕，曾否与此股合并，著左宗棠、刘典确查，兼将北路瓦窑铺之贼赶筹扑灭。仓头等处距潼关仅百余里，马德昭一军若移扎三原，转出贼之西面，关门左近撤去藩篱，于晋豫大局均有关系。著即照李鹤年所议，马德昭暂缓西进，责令将潼关防务妥筹兼顾。一面抽调精壮驰赴渭河，相机援剿。至添募新军即著李鹤年赶紧募练，以期有备无患。渭南、大荔距蒲州所属甚近，李宗羲已饬李庆翱先拨炮船两营驰赴下游，择要严防，并调上游一营赶赴蒲州堵御，复将各渡口船只尽数提至东岸。所筹均尚严密。即著督饬在事出员弁实力巡防，毋稍松劲。安定、瓦窑铺贼匪尚未扫除，乡吉以上河防亦不可稍涉大意，毋得顾此失彼。将此由六百里各谕令知之。"

同治九年（1870年）正月丙申

谕军机大臣等："左宗棠奏贼踪纷窜，现筹剿办情形，并自请严议，暨请饬定安等拨济刘松山等军食各折片。所陈金积堡回逆经官军痛剿后窜走黑城、半角城等处。提督丁贤发于石峡口败之。其由环、庆窜出各股亦经副将萧玉元等军先后击败，惟前据刘典驰奏，逆回窜扰陕境及昨日李鹤年、李宗羲所报边马已至大荔、羌白、潘驿等处各情，是贼踪之纷窜陕疆者股数不一，且自西迄东到处蔓延。左宗棠督师西向，未能将后路严密布置，致全陕肃清之地复遭蹂躏，实属咎无可辞。左宗棠著交部严加议处。刘典虽因留防兵少，堵御不及，而于所辖地方并不先事图维，致令贼踪窜入，亦著交部议处。现在咸阳、泾阳一带遍地皆贼。陕垣得以拒贼者仅恃一线渭河，兼之密迩晋、豫，防剿甚为紧急。左宗棠所派李辉武一军兵力尚单，著即添拨劲旅星驰入陕，会同刘典所派各军合力剿击，净扫贼氛。倘该大臣等观望迁延，任令贼匪纵横，掣动全局，则该大臣等自取咎戾。朝廷亦不能曲加宽贷也。刘松山、金运昌两军围攻金积堡踞匪现正得手，所有该两军军食自应迅筹拨济，以资饱腾。定安、金顺素顾大局，无论如何为难，务须代办粮米驼只设法接济，俾免匮乏之虞，是为至要。将此由六百里各谕令知之。"

又谕："左宗棠奏汇报北路官军剿贼叠胜，暨金运昌、雷正绾等军获胜情形各折片。陕回逆目陈霖等折窜金积堡负隅抗拒，经刘松山会合金运昌等军，于上年十一月十二月间叠次获胜，攻破寨垒，贼锋大挫。著左宗棠严饬刘松山会同各军将该逆悉数殄除，毋任漏网。金运昌、雷正绾等军均系会攻金积堡之师。现在逆回乘虚肆窜陕境，著左宗棠严饬该员等将金积堡贼匪迅速扫除，以便分兵追剿，毋为该逆牵掣。将此由六百里谕令知之。"

（卷 275　822 页）

同治九年（1870年）二月辛丑

又谕："左宗棠奏提督剿贼大胜，中炮阵亡，恳请优恤予谥建祠一折。广东陆路提督刘松山于正月初十日督军进剿甘肃石家庄回匪，攻克该逆新修各寨，毙匪一千数百名。复进攻马五寨，忽有援贼二千余名排列营前。十五日，刘松山会同金运昌迎剿，击毙马步悍贼约千名，余匪窜遁，攻破外卡，各军一鼓齐登。刘松山策马督攻甚急，忽寨中飞子洞中左胁，受伤甚重，即时阵亡。刘松山由勇丁转战湖南等处十余省，剿平粤捻各巨寇，谋勇兼优，无愧名将。此次西征回匪，策马前行，躬冒锋镝，该逆闻风胆落。方冀攻克金积堡，扫荡而行，肃清边圉。不料中道阵亡。览奏曷胜悼惜。刘松山著照提督阵亡例从优议恤加恩予谥，入祀京师昭忠祠，并于陕甘等省立功地方建立专祠。所部阵亡各员查明一并附祀。该提督各省战绩并著宣付史馆立传。其遗榇回籍时，著沿途地方官妥为照料，以示朝廷轸念忠勤至意。寻予祭葬世职，谥忠壮。"

又谕："左宗棠奏提督刘松山阵亡后，该军统率需员，查有布政使衔候选道刘锦棠胆略尚优，军情翕服，堪以接统。请赏加京衔等语。刘锦棠著赏加三品卿衔，接统刘松山旧部，用资镇率。"

（卷 276　826 页）

同治九年（1870年）二月壬寅

谕军机大臣等："刘典奏水陆各军剿贼获胜，现饬山内各营设法兜剿等语。回酋马正刚股匪图渡渭河，经副将陈瑞龄等击剿，该逆折窜洛西、蒲城地界。又经总兵张佑庭、夏奉朝等沿途追剿，斩馘甚多，悉向北山窜走。其窜入甘泉之匪复由劳山东窜，兼之回逆由甘肃灵、环下窜者未必非图扰陕境。陕西延、榆、绥各属土匪游勇日久蔓延，叠经谕令刘典认真搜剿，现在回逆窜入，更恐勾结为患，著刘典严饬刘端冕、刘声集、张佑庭等实力兜剿，迅图殄灭。左宗棠亦当饬令夏奉朝等会合夹击，务将该匪就地歼除，毋留余孽。倘令该匪再行肆窜，即惟左宗棠、刘典是问。北山一带现有匪踪，晋省河防更形吃重，著李宗羲懔遵叠次谕旨，饬令李庆翱、郭宝昌督饬在防各军严密堵御，毋稍疏懈。现在陕西腹地虽无贼踪，甘肃进攻金积堡各军粮运梗塞，著刘典迅速设法疏通，以济军食。将此由五百里各谕令知之。"

（卷 276　828 页）

同治九年（1870年）二月戊申

又谕："穆图善奏平番被匪阑入，旋即克复，派队驻守及西固城等处被匪攻破后收复抚恤情形，并遵旨驻省筹防各等语。平番县被回逆环攻入城，经提督张万美督兵进攻，杀毙甚多。该逆由北门逃窜，其大股贼匪尚踞河西，亦经张万美带兵击剿，该逆向小沙沟狂窜。张万美又追杀二十里，洵属奋勉可嘉。庄浪营兵虽缺额过多，而被贼冲下，足见接战不力。且贼匪上城，该文武临时始行知觉，其平日玩忽可知，殊堪痛恨。著穆图善查明，并阵亡殉难绅民兵勇及杜家堡被陷情形，咨明左宗棠核办。该将军现饬营总正福所带马队驻扎平番，会同张万美妥为防堵。惟逆匪东西奔突，官军不敷分派，亦属实情。著左宗棠酌量分兵防剿，以期周密。至西固城新城堡距省甚近，现虽贼踪远遁，而防范不可稍懈。著穆图善即饬带兵各员严密防堵，并一面筹给牛力籽种以安民业。穆图善驻守省垣，兵勇尚多，每月需银十万两，即著左宗棠转咨袁保恒按月拨解的饷十万两交穆图善支放，毋稍短绌。将此由五百里各谕令知之。"

（卷276　833页）

同治九年（1870年）二月壬子

又谕："现因陕西回逆纷窜，关中留兵不敷分剿，已明降谕旨令李鸿章先赴陕西督兵剿办矣。西路回逆分窜秦境，蔓延榆、绥、延各属。该处土匪溃勇本未芟除净尽，深恐勾结为患。左宗棠西驻平凉，离陕已远。而北攻金积堡，南顾秦州，兵力亦属不敷。况刘松山阵亡，良将渐少，边外粮运之路又无兵可以保护。是该大臣支绌情形，深可垂念。虽历次降旨令左宗棠派兵赴陕，谅亦因前敌吃紧无可抽调。李鸿章本令督兵入黔，其月饷早经筹定，而郭松林等军尚属不少，且援陕之师无须大支劲旅，不必与诸将领面商再行定议，即著就现有之兵先行统带入陕，克日迅速前进，将窜陕各回逆悉数扫除。并著扼要驻扎，与定安、李宗羲、刘典所派各军联络声势，加意防范，毋任逆踪肆意东窜。其北山土匪溃勇并著派得力之师次第搜捕，净绝根株。俾左宗棠得以专心办理甘肃军务，不至有跋前疐后之虞。所有甘肃回匪即责成左宗棠督剿，务当广筹方略，将金积堡等处迅图克复，扫荡而前，以纾朝廷西顾之忧。左宗棠、定安、李宗羲、刘典亦当随时与李鸿章和衷商酌，益臻周密。金顺剿办王家疃庄，近日能否得手？务与张曜竭力进攻，毋得迁延观望。宁、灵距定边不远，亦当与李鸿章随时关会，免致疏失。李鸿章俟陕境肃清，再行督兵赴黔，以靖边隅。本日据袁保恒奏老湘卓胜两军饥疲之余，所存不过十之五六，请饬归并等语。该两军既多缺额，他营亦所不免。现在饷项短绌，岂可任其冒滥，著左宗棠统饬查明核实归并，以节饷需。将此由六百里各谕令知之。"

（卷277　837页）

又谕："前因黔省苗逆未平，命李鸿章督办贵州军务。川、黔、楚各军均归节制。现在甘肃逆回窜扰陕境，左宗棠驻军平凉，势难兼顾。本日已明降谕旨令李鸿章先赴陕西督办军务，俟陕西肃清再行赴黔督剿。李鸿章未到贵州以前，曾璧光责无旁贷，著即督率地方文武认真防剿。崇实等前奏川军进剿，功在垂成，入春可图大举。刘昆前奏席宝田亦已赴营，著崇实、吴棠、刘昆严饬川、楚各军会合黔兵实力剿办。该将军督抚等各宜振刷精神，毋得专待李鸿章到黔，致军务稍涉松懈。将此由六百里各谕令知之。"

（卷277　839页）

同治九年（1870年）二月辛酉

谕军机大臣等："金顺奏回众被嗾变乱，纠合陕回滋扰，请饬豫军来宁会剿，并请饬山西筹拨饷银军火及击剿距援各回获胜。河、狄逆回北窜，请饬拨黄金山所部粮饷各折片。宁郡昌贵各堡降回马万选等为马化漋诱使复叛，窥伺城防，并图扰绝粮路。经金顺督率常福等军抄击，该逆遁回新渠。现在宁郡防兵无多，陕、甘各回麇集宁、灵。宋庆一军素称得力，自应移缓就急，以资应援。著定安、李宗羲咨令该提督亲率十数营兼程赴宁会剿。其古城、皇甫川一带仍著留营驻守。后套一路亦关紧要，并著定安迅饬乌尔图那逊督率所部马队，会同嵩武军防营于磴口至石觜山一带往来梭巡，以杜逆踪旁窜。王瞳回众虽屡经金顺、张曜督军击退，而黄河西岸各股贼匪均欲分路援救。河、狄贼目又率众北来，已距金积堡不远。米拉沟逆回亦至中卫之西芦塘地方。是宁、灵各军内外均受牵掣，非将甘回截击，宁境不得肃清。著左宗棠斟酌情形，迅拨劲军，将河、狄出窜之贼相机剿洗，毋任挟众北来，致宁防益形棘手。其平罗县城即著金顺檄令王玉山赶紧前赴，实力防守。王家瞳庄现经官兵围扎，该署将军当会同张曜稳慎进攻，计取坚巢，毋徒耗伤精锐。宁军粮、饷两缺，定安即饬归绥道无论何款先行筹粮六千石，觅雇驼只，交宋庆护带前往。仍一面催令该提督整队西行，毋稍延缓。金顺所派副将邓得胜等在晋催提粮饷，即著李宗羲迅筹银十万两，并火药二万斤及火绳铅丸等件，交该委员等星解回营，以资应用。黄金山所部现在留防中卫，待饷甚殷。著袁保恒查明该军应领饷项，赶紧如数拨交委员陈祥胜承领，派员解宁转给，不可稍涉推延，致有哗溃之患。将此由六百里谕知左宗棠、定安、金顺、李宗羲并传谕袁保恒知之。"

（卷277　845页）

同治九年（1870年）二月乙丑

谕军机大臣等："刘典奏官军截剿北山回逆叠胜，并击败马呼来回股，暨遵旨疏通运道，请饬蒋东才移扎宁条梁各折片。北山回逆经刘端冕各军击败后奔窜大荔、华州等境，复经官军击退，旋扑高陵，绕由泾河上游西窜。张佑庭等连战皆捷，该逆败走武功。李辉武又于乾州、武功交界地方败之。逆众乱窜，现在刘端冕等分路追剿。陈照台由鳌屃沿河扼剿，即著刘典严檄诸军乘胜前进，与吴士迈所部分头兜击，以期悉数歼除。北山为匪徒跧伏之区，虽经喻步莲等追击获胜，而山路纷歧，诚恐官军远去，土匪游勇又复勾结滋扰。该署抚仍当督饬喻步莲等军实力搜捕，毋令萌蘖潜滋。马呼来一股诇知马长澐等扰及韩合，回踞杨家店，经黄超群等夜捣贼巢，贼败向石底子窜去，复聚距转角地方。陈鸿藻等率队围攻，杀贼殆尽，并追贼至甘肃正宁县属之山河镇。该逆窜向宁州。剿办尚属得手。其马长澐等股此时是否窜扰同境？仍著刘典檄饬在事将士确探贼踪，合力剿洗，以保腹地。宁条梁为运道所关，该署抚请将蒋东才五营移扎该处，腾出成定康一军进驻定边，自系为疏通粮路起见。惟前据金顺奏宁灵军情紧急，已令定安等咨令宋庆赴宁会剿，并留营驻守皇甫川等处，以固晋防。该军营数无多，势难将进驻义合之蒋东才五营远为移扎。左宗棠现抽张福齐所部六营回陕防剿，即著该督酌量情形再筹一军，会同张福齐及靖边、郇州各营互相联络，俾粮运得以畅行。其石湾镇、靖堡、宁条梁等处存粮，著刘典即饬成定康等运赴前敌，以资接济。龙锡庆既令挑选降卒编立四营，著饬令认真训练，毋得有名无实。将此由六百里各谕令知之。"

又谕："前因肃州回匪不时出关扰害，恐成禄带兵不能得力，谕令左宗棠派员往查，并谕知成禄将存营兵勇严加裁汰，听候谕旨。兹据该提督奏称，存营兵勇裁汰后尚存三千一百名。久经行阵，可期得力，若使长征实属不敷。候旨遵行等语。关外地方辽阔，三千兵勇原属不敷分布，倘令成禄另行添募，未必有裨实用。而借端索粮，扰累地方，恐先在所不免。且所部兵勇及收抚回众亦不能恪守军律。前据文麟、景廉参奏，已谕该大臣派员赴肃州查明，即著迅速复奏，毋稍迟误。关外哈密、巴里坤二城独力难支，能否派得力之军先行出关与文麟等协力驻守，仍著左宗棠恪遵前旨，统筹全局，随时具奏。成禄应否撤回或酌留该大臣军营，其所部勇丁三千余名是否可以留用，抑或遣撤之处，均著左宗棠平心核议，据实奏闻。将此由六百里谕令知之。"

（卷 277　847 页）

以甘肃克复肃州城出力，予总兵官陶生林、赵德正以提督简放，赏佐领奎光等花翎，守备高忠和等蓝翎，余加衔升叙开复有差。

（卷 277　848 页）

同治九年（1870年）二月丙寅

谕军机大臣等："左宗棠、穆图善奏中卫防兵击贼获胜，现饬援剿北路一折。甘肃中卫县境突有回匪五百余人，由沙坡冲出，攻扑民堡。经总兵黄金山派队迎击，贼匪败遁，复于大板槽地方击败窜贼。防剿尚为出力。惟据擒贼供称，此次系米拉沟撒回率众欲援金积堡并断中卫粮运，分股先来探信等语。逆谋诡谲，恐其大股续来，乘虚窜突，亟应严密堵截，以遏狂氛。黄金山所部现因雷正绾军接仗失利，已带两营前往援救。自系先其所急，著穆图善饬令该总兵迅即督队疏通北路，将广武、峡口相机攻复，毋令贼匪久踞。中卫地关紧要，所有留防各营尤宜加意防守，以期周密。至雷正绾接仗败挫，广武、峡口被贼盘踞，未据左宗棠奏报。现在该处军情贼势若何，著该大臣详细查明具奏。雷正绾兵力较单，该大臣仍当随时策应，毋稍漠视。将此由五百里各谕令知之。"

（卷 277　849 页）

同治九年（1870年）三月癸未

又谕："穆图善奏布置省防，请饬左宗棠筹防东南，疏通运道一折。回匪纷窜陕疆，甘省北路官军攻剿情形，叠经左宗棠详悉陈奏，现在陕境之贼虽已败窜回甘，后路情形稍松。而金积堡逆回势仍猖獗，零星股匪四出滋扰。运道时虞梗阻，甘军粮饷军火全赖西征粮台源源接济，乃袁保恒报解正、二两月米折等银，月余尚无抵甘信息。似此转输迟滞，诚恐兵食缺乏，饥溃堪虞。刻下甘省东南两路有无阻隔，左宗棠务当分拨各营妥筹布置，以顾饷道，并饬令西征粮台将甘军饷需按月筹解，毋稍迟误。兰州附近之北山阿干镇等处时有匪踪窜扰，著穆图善饬令马步各营分路雕剿，严加防范。金积堡逃匪勾结河州等处回匪肆扰西宁、碾伯等境，穆图善已令总兵王仁和酌拨三营驰赴碾伯，著即饬令迅速前进，相机堵剿。左宗棠亦当妥筹兼顾，毋任贼踪纷窜，益肆蔓延。将此由五百里各谕令知之。"

以甘肃攻克新路坡等处贼巢出力，赏骁骑校全福、乌勒吉布彦图、伊勒果巴图鲁名号，游击谢炳春等花翎，把总罗应魁等蓝翎，余加衔升叙有差。

（卷 279　863 页）

同治九年（1870年）三月乙酉

谕军机大臣等："豫师奏西宁抚局难恃，请酌募兵勇扼要驻防一折。据称西宁回族名虽就抚，而实则四出焚掠，相率为常。兼以狄、河等处党众，勾结陕回，时有围攻碾伯县城之事。前任办事大臣玉通困守西宁，无饷无兵，势同拘逼。若不酌带兵勇前往镇抚，必至仍蹈覆辙等语。自系实在情形。著照豫师所请，即就平番等处募勇五营，先扎碾伯及威远堡一带，整团修堡，以御外匪。一面疏通道路前赴西宁，至西宁城内抚事。虽由豫师责成道员郭襄之照旧办理，然究系权宜之计。豫师仍当酌度情形，一俟办有端倪，即赴新任，以资钤制。平番等处回类甚多，豫师新募勇丁务当选择精审，毋令奸匪溷迹其中，致有疏失。至应需月饷著户部于各省协甘饷内每月指拨银二万数千两，总归西征粮台催提转解，仍在各省积欠项下划扣。即著袁保恒遵照办理，惟指拨需时，诚恐缓不济急，并著左宗棠先行借发银三四万两，俾得赶紧招募成军，以保西路大局。西宁回族与金积堡声势相连，现在金积堡既难克期竣事，左宗棠兵力势恐不能兼顾兰垣。省城防守事宜，穆图善当妥筹镇抚，以为西宁声援，毋稍疏懈。将此由五百里谕知左宗棠、穆图善、豫师并传谕袁保恒知之。"

（卷 279　865 页）

同治九年（1870年）三月甲午

谕军机大臣等："英桂、卞宝第奏拟派员募勇驰赴陕甘助剿一折。英桂等因闻甘省回匪分股绕窜陕境，军情吃紧，拟派总兵刘明灯、杨芳桂驰赴鄂省，各募楚勇两营前往陕西，听候左宗棠调遣，以资攻剿。所筹固为力顾大局起见，惟叠据左宗棠奏称西征军饷颇形支绌，若遽令刘明灯等募勇入陕，恐有兵多饷缺之累。刘明灯等向来带兵既尚得力，著英桂等即饬令驰赴甘肃军营听候左宗棠差遣。其应否派令添募勇丁或酌拨队伍令其统带剿贼之处均著左宗棠酌度办理。将此由四百里各谕令知之。"

（卷279　871页）

又谕："文麟等奏东山缠头回子滋事，现筹办理等语。东山缠头回子上年聚众滋事，据该回王福晋声称实因暴素克一人启衅。现经章京玉素普等将该匪击毙，其余回众恳请免究。该回首犯既经击毙，余众自应设法抚驭，著文麟、景廉体察情形，妥为安抚，毋任别启衅端。如或再行滋事即当从严惩办。魏忠义所署塔尔纳沁都司一缺，现既改委徐天秩代理，即著饬令魏忠义将应办营务及屯田事宜认真办理，以专责成。将此由四百里各谕令知之。"

（卷279　872页）

同治九年（1870年）四月丁未

谕军机大臣等："金顺奏中卫防军叠次剿贼获胜一折。炭山等处窜匪经黄金山击退后，复有河州回逆窜至北沙窝一带，又经该总兵沿途追杀，余逆由沙坡根渡河逃窜。即著金顺饬令中卫地方文武实力防守，不可再令贼踪窜入，并饬黄金山随时侦探，如有股匪滋扰即行带队击剿，尽殄逆氛。王家疃回匪乞抚后缴出马匹器械甚少，该匪心怀疑惧，亟应加意防维，并著金顺与张曜随时酌商，相机办理。如该匪真心投诚，不妨予以自新，倘因官军围剿甚急，故作缓兵之计，即当乘机进剿，不可堕其奸谋。宁夏至磴口、石嘴一带近日有无贼踪窜及，粮运是否疏通？并著随时具奏。将此由五百里谕令知之。"

（卷280　885页）

同治九年（1870年）四月癸丑

谕军机大臣等："左宗棠、穆图善奏官军截剿甘南逆回，暨分剿河、狄回股获胜。左宗棠奏湘、皖两军攻破贼垒，并截剿自陕回窜逆回叠胜及节次剿办客土逆回情形各折片。甘南徽、两等处窜回经汤聘珍各军先后击败，而贼之前队窜至宁州，又经魏光焘等追击，擒斩甚多。陕回禹得彦仍由盐茶厅一带窜走。其西窜之崔三一股，由陇州窜张家川后复由秦安北窜至庄浪、隆德之间。左宗棠已调徐文秀等率队追剿。惟现在各路回股每于陕甘交界处所，东奔西窜牵掣官军。而甘之河、狄尤为逆众逋逃之薮。左宗棠、穆图善务当檄饬甘陕各军分头剿洗，迅将禹得彦、崔三各逆设法歼除，以孤贼势。金积堡踞回叠经官军痛剿，势甚穷蹙。二月二十日后刘锦堂等军又将山水沟贼垒三座暨王银栅贼垒攻破。马化漋复设词乞抚。该逆诡谲异常，现当围困粮尽，正可乘机计取。著左宗棠即饬刘锦棠等斟酌情形，妥筹剿办，毋为该逆所绐。马阿浑等股因为陕军剿败回窜甘境。魏光焘等于打家河、毛渠井等处痛加剿击，所剩逆党无多，仍著左宗棠分饬魏光焘等跟踪追剿，迅速殄除，毋任该逆苟延残喘。固原、盐茶及环、庆各处客土回匪节经周绍濂等剿击，实足大挫凶锋。惟该处山谷盘互，回民种类亦繁，左宗棠务饬在事文武时加搜缉，剿抚兼施，毋任匪徒乘机煽惑，以消隐患。将此由六百里各谕令知之。"

（卷281　　887页）

予甘肃打家河等处阵亡守备张连捷、千总宋益成、曾得顺、外委宋大胜祭葬世职加等。

（卷281　　888页）

同治九年（1870年）五月戊寅

谕军机大臣等："左宗棠奏官军荡平贼濠，截剿窜回获胜，并花、定等处剿贼情形各折片。金积堡踞匪经刘锦棠督队进攻，该逆出巢抗拒，我军分路攻击，立将贼濠平毁。其西窜大坝、分水岭、三关劫粮之贼又经我军击退，即著左宗棠饬令刘锦棠联络金顺、张曜派出各军，乘贼势穷蹙之时分头截剿，毋令他窜。花、定等处贼匪，经金运昌派提督王凤鸣击剿获胜，复亲督队伍，将金积堡附近贼垒攻破，并著饬令金运昌乘此声威，迅速进剿，毋稍松劲。金积一贼堡耳，即云巢坚粮足，何以顿兵如许之久，屡攻未下。本日据奏中路南路均获胜仗，未知贼势若何，殊深廑系。李鸿章指日抵陕。秦陇交界处所已谕扼要分扎。该大臣惟当振刷精神，严檄刘锦棠等乘胜进攻。一面饬南路各军扫荡而西，进规河、狄，使贼彼此不能相顾。迅奏肤公，毋得日久迁延，老师糜饷。至该大臣各营后路既有淮军进扎，左宗棠尤当与李鸿章和衷共济，各泯畛域之见，俾两省联为一气，庶防剿合筹更资得力。浙江温州镇总兵方友才昨已调补处州镇总兵。据英桂奏称该员自简放温州镇总兵后已届四年，尚未到任。方友才系左宗棠保举之员，是否在陕甘军营剿贼，即著左宗棠查明，如现在该员并不带兵，即著饬赴处州镇总兵新任，以重职守。将此由六百里谕令知之。"

（卷282　905页）

同治九年（1870年）五月己丑

谕军机大臣等："成禄奏东路剿办得手，回股西窜，请饬左宗棠分兵夹击，并请转饬甘凉各厅县按月摊派军粮及筹款采买粮石。复自陈病情各折片。据称甘凉一带尚系完善之区，为省粮所自出。现在东路大兵剿办得手，回股逐渐西趋，若由南北两路窜扰口外，安、敦、玉防兵极单，西路甚属可虑。请饬左宗棠先拨二三十营派员统领西上，将河西南北两路各要隘分布堵扼。其抚彝、高台应运省城仓斗粮四千石，业经全数截留，而士卒三千余众，日食浩繁，请饬左宗棠檄饬甘、凉各厅、县按月摊派供支，抑或筹拨饷项转饬采买粮石，以济军食。西路情形紧急，该提督伤病举发，并请饬迅速分兵以资夹击等语。成禄所部现计仅有八营，而南北山口太多，势将顾此失彼。东路得手以后，零星回股已有偷窜河北者，该军月饷又因道路梗塞，各省拨解无期，士卒日形苦累。所奏亦系实情。左宗棠驻军甘境，西路有应兼顾。刻下回股逐渐渡河，该大臣务当揆度情形，拨军西上与成禄一军联络声势，将南北两路要隘严密设防，并相机分兵夹击以保甘凉门户。其甘凉各厅县能否摊派该军口粮及筹款购粮俾资接济之处，并著随时斟酌办理。至成禄应否撤回或酌留该大臣军营及所部勇丁应撤应留，仍著懔遵叠次谕旨，核议具奏。将此由五百里谕令知之。"

又谕："成禄奏军营需饷甚亟，请饬四川迅解协饷等语。四川应解成禄军营协饷连年积欠至四十二万两之多，现在该军营需饷甚殷，自应赶紧筹拨以资应用。著吴棠迅即先行筹措银一二十万两发交成禄派来委员胡飞鹏承领解运，毋稍延缓。将此由五百里谕令知之。"

（卷283　912页）

同治九年（1870年）五月庚寅

又谕："左宗棠、穆图善奏各营剿贼获胜情形一折。甘肃永昌县境突有窜匪肆扰，经总兵王仁和派队往剿，贼始败遁。其窜扰中卫地方贼股亦经总兵黄金山叠次击败，擒斩甚多。副都统善山保等复在金县、平番境内剿贼获胜。此次附省各营遇贼即击，尚属奋勇。惟贼股未尽殄灭，难保不去而复来。仍著穆图善分饬各营随时加意侦探，认真堵击，毋稍疏懈。永昌、中卫、金县、平番等处既有匪徒四出滋扰，省城根本重地尤须加意防维。穆图善当就现有兵力分头防剿，毋任贼势蔓延。左宗棠虽尚驻平凉，亦当妥筹兼顾，不得稍存漠视。本日据豫师奏，部拨西宁专款每月银二万数千两，请饬西征粮台垫解足数等语。豫师现在募勇五营，需饷甚殷。部拨各省月协西宁专款共银二万数千两本归西征粮台转解，著左宗棠行知袁保恒按月照数转解西宁。如各省协款未能按期如数解到，即著袁保恒先行设法筹解足数以应急需，毋许推诿。将此由五百里各谕令知之。"

又谕："豫师奏筹募平番等处勇丁，并接左宗棠咨招募巴扎等处团民，酌办情形各折片西宁窜贼麇聚，且有窥伺碾伯之意。陕、河各逆有图攻威远堡为马化漋徙巢之计，亟应迅筹援剿。豫师现拟俟拨款到日即派游击张鸿发等前往平番一带募练成军，著即饬令该员等认真选择，总须一兵得一兵之用，不得滥行开募，徒靡饷项。碾伯等处团堡向尚得力，并著督饬该处文武竭力整顿，借资保卫。左宗棠拟募巴扎等处团勇助剿。豫师以该处窜匪充斥，各团正在堵御，碍难招募。著即酌度情形咨商，左宗棠妥筹办理。此时，豫师所募新勇尚未成军，左宗棠又无可拨之兵，著豫师飞饬穆图善所拨唐有彦三营先行驰赴防所，力筹保护。仍一面赶募新军，协同堵剿，毋稍疏虞。西宁地方凋敝，别无可筹之款，所有指拨西宁月饷著户部行知各该督抚务须照数源源筹解，不得稍有延欠。将此由五百里谕令知之。"

（卷283　914页）

同治九年（1870年）五月癸巳

谕军机大臣等："文麟、景廉奏妥逆遣贼赴肃，沿途抢劫，叠经弁勇、民勇击败，并抄录伪文呈览一折。乌鲁木齐逆首妥得璘遣马贼由南湖沿边潜赴肃州，沿途劫抢。统领魏忠义率领弁勇由石槽折回小西梁，追至大圪塔迤东，夺回抢去商驼等物。该逆复由北山窜至玉门县之黄花营肆行抢掠，亦经该处民勇、户民击败。仍著文麟、景廉督饬兵勇，勤加训练，随时严为防范。一面激励各处民勇协同守御，毋任该逆乘虚肆扰，以靖地方。安西、玉门等处台站时有抢夺公文案件，亦属不成事体，并著该大臣等咨会安肃道，饬属随时查究，毋稍遗失。至肃州、甘州、西宁、萨拉、固原、河州花寺、泰子寺、碾伯、米拉沟等处回众纷繁，妥得璘、索焕漳时以伪札勾令出关，难保不乘机蠢动，即著左宗棠、穆图善分饬各路带兵将弁时加侦探，如遇有匪踪窜至，即行剿捕净尽，以断贼援。关外地方辽阔，回逆诡谲异常，文麟等当懍遵叠次谕旨，力筹保卫，不可稍涉大意。肃州收复未久，人情易滋浮惑，成禄亦当檄饬该处防守文武加意巡防，毋令妥得璘等从中勾结，别生事端。苏海麟等自求办抚本不足恃，现据伪文内有札付苏海麟等语，可见逆酋并无向顺之心。该提督仍当与文麟等妥筹防剿，毋为该逆所绐。将此由五百里各谕令知之。"

（卷283　917页）

同治九年（1870年）六月壬寅

谕军机大臣等："左宗棠、穆图善奏分防各营剿贼获胜，并调兵剿办窜匪一折。陕西贼匪自金积堡击败后，复勾结河、狄股匪分途窜扰，经穆图善饬令西路各军迎头截击，立将柳林湖等处窜匪击败。其驻扎阿干镇及安定各军，亦先后剿贼获胜。惟碾伯县及威远营堡尚有陕回窜越，并勾结本地回匪肆行滋扰。穆图善现调怀义军分队援剿。即著左宗棠、穆图善饬令王仁和等乘胜追剿，迅将西路败匪悉数歼除。檄令周维翔等严防阿干镇及安定一带，并饬唐有彦迅带马步各队驰赴碾伯，先解威远堡之围，务将碾伯等处窜匪歼除净尽。一面严防本地土回，毋令再行勾通外匪扰累地方。将此由五百里各谕令知之。"

以甘肃马队官兵剿办西路窜匪出力，赏骁骑校常兴佐领衔花翎，委骁骑校庆祥等蓝翎，余加衔升叙有差。

（卷284　924页）

同治九年（1870年）六月癸卯

以四川官军援剿陕西、甘肃回匪出力，赏都司何世林等花翎，把总潘作云等蓝翎，副将朱连升等加衔升叙有差。

（卷284　926页）

同治九年（1870年）六月丁巳

予甘肃肃州合门殉难故乌鲁木齐提督文祺母佟佳氏、叔母特尔欣氏、暨妻妾子女等分别旌恤如例。

（卷284　928页）

同治九年（1870年）六月庚戌

谕军机大臣等："左宗棠、穆图善奏截剿陕省回窜贼匪详细情形。左宗棠奏截剿陈林股匪各一折。陕回禹得彦、崔三等股叠经官军击败，漏逸无多。傅先宗等复击贼于巩昌等属，伏羌、宁远、礼县一带均已肃清。正宜乘此声威，节节扫荡。著左宗棠饬令南路各军迅由渭源进剿，以规河、狄，毋稍迁延。峡口要隘为贼所踞，尤当迅饬雷正绾等力图攻拔，以夺金积之势。其陈林一股窜扰花、定一带，经金运昌、刘锦棠各军击败。陈逆受伤而遁。现在陕回叠经受创，金积贼势渐孤，左宗棠务当饬令刘锦棠等稳慎进取，力拔坚巢。该逆被围紧急，难保不遣党四出，图扰后路，并著严饬环庆等处防军会合陕北各军严密布置，遇贼即击，毋稍疏懈。省城附近及西路一带时有匪踪窜扰，著穆图善随时酌量情形力筹防剿。左宗棠亦当妥筹兼顾。将此由五百里各谕令知之。"

以擅离职守，革甘肃总兵官陶生林职并逮问。

（卷284　929页）

予甘肃安边阵亡总兵官江登云千总孙九龄祭葬世职。

（卷284　930页）

同治九年（1870年）六月丁巳

予甘肃灵台被戕把总蒋占春祭葬世职加等。

（卷285　934页）

同治九年（1870年）六月戊午

又谕："袁保恒奏请饬催归并续拨协饷一折。据称四川、湖北、山西、河南应协穆图善军饷每月九万两，归并西征粮台催提分拨。而各省应解之饷自正月以后仅据四川报解银二万两，山西报解银三万两，此外各省并无分毫报解。其筹拨豫师军饷已垫解六万两，而指拨之河南、山东、两淮每月二万五千两并无起解日期。以后不惟无可再垫，且已垫之款无可归还。现在情形万紧，请饬严催等语。著吴棠、马新贻、李瀚章、李鹤年、李宗羲、丁宝桢、郭柏荫迅将各该省应解穆图善豫师协饷分别如数筹拨，解交西征粮台，以便袁保恒分拨应用，不准稍涉延误。将此由五百里各谕令知之。"

（卷285 935页）

同治九年（1870年）六月辛酉

谕军机大臣等："左宗棠、穆图善奏官军剿贼获胜，威远堡解围一折。回逆围攻威远堡，经唐有彦带队在花园寺等处迎击，该逆溃遁，立解堡围。镇番县属沙窝地方复有贼匪围攻民堡，并有马贼直抵镇番城下窥伺。亦经韩廷芝等击退。其古浪县属之王家庄等处贼匪叠经常明等击剿，连获胜仗，毙贼甚多。剿办尚属奋勇。惟威远堡一股勾结陕回，尚踞白马寺一带，而镇番及秦旺川各隘零星股匪仍恐出没无常，阻我粮运。著左宗棠、穆图善督饬各军将白马寺等处踞逆相机痛剿，并将零星各股就地扫荡，毋使粮路再有梗塞。将此由五百里各谕令知之。"

（卷285 937页）

同治九年（1870年）七月丙寅

谕军机大臣等："豫师奏威远堡解围，现筹募勇进剿，并请饬催俸饷一折。据奏威远堡解围情形与左宗棠等前奏大略相同。豫师现派参将李春海等先赴平番募勇，惟左宗棠借发饷银尚未解到，豫师拟俟军装配齐即行出省。著左宗棠将先后借发西宁饷银四万两迅速解交豫师应用，并著豫师饬令李春海等赶将勇丁募齐选练成军，即日统率西上，会同唐有彦等军相机堵剿，将白马寺等处贼匪悉数歼除，毋得迁延。番兵剿贼得力，豫师拟酌调蒙、番各部助剿。据称该王公俸饷及番子酬赏经费久未发给。山西奉拨该蒙古俸饷等银亟应迅筹接济，著李宗羲严饬藩司将该省奉拨蒙古王公俸饷并剿抚经费银共十二万五百两，迅速如数筹拨解交豫师，以济要需。将此由五百里各谕令知之。"

（卷286 945页）

同治九年（1870年）七月己卯

以甘肃克复渭源县城出力，予总兵官张明富以提督简放，赏总兵官林明旺、周庆容、罗景扬、谢宝胜、副将杨金魁、徐泗海、吴永升、陈正文、郭祥兴、参将刘金标、阎思义、郑洪彪、袁正宏、于云青、唐文治、陈绪桂、陈正彪、李文彪、孙镜、张明友、苏登第、苏家荣、江得胜、史得林、罗在中、童定远、邵天爵、胡玉春、游击刘道轩、马盛炳、高海荣、廖振声、李得元、张友升巴图鲁名号，副将陈思九等花翎，千总熊玉元等蓝翎，余加衔升叙开复有差。

（卷286　958页）

同治九年（1870年）七月戊子

谕军机大臣等："李鹤年奏豫军西征，粮饷紧急，请将河东前拨协饷照旧拨解一折。据称豫军西征，饷需甚巨。前拨河东盐课月协银二万两经袁保恒奏准停止，改作协甘之用。张曜、宋庆两军饷银专由河南供支。惟豫省常年所入即以全数供支甘军、豫军尚属不敷，况京饷河工及本省应需之用急款如林，实有捉襟见肘之势。甘省有十余省协饷，似河东匀拨之二万两尚属无足重轻，请仍饬拨解豫军等语。所奏自系实在情形。著何璟即饬河东盐道将前协豫军西征饷银二万两照旧按月拨解，借资周转，不得稍有迟误。将此谕令知之。"

补铸甘肃盐法兵备道，平凉府知府、盐茶同知、经历、儒学照磨、庆阳府知府、经历、儒学、宁州、固原州等知州、儒学、平凉华亭、隆德、合水、安化、环县等知县、儒学、镇原县知县、皋兰县县丞、正宁县儒学各关防印信条记。从总督左宗棠请也。

（卷287　967页）

同治九年（1870年）七月己丑

又谕："左宗棠、穆图善奏附省东西两路官兵迎剿贼匪，叠获胜仗一折。陕甘回匪叠次乘虚窜扰，借图抢掠。经协领萨英阿等先后在酸子沟、平城堡、杨家庄等处截剿获胜，毙匪多名。时秦州转解甘军饷银尚未到省，金积堡复有窜来陕贼肆行杀掠，经善山保等督队迎击，歼除殆尽，将饷银迎护到省，并将沿途窜贼伏贼悉数斩擒，剿办尚为得手。惟此次贼匪虽经各路官军叠次歼除，难保不再乘虚扑犯，著左宗棠、穆图善饬令各路统将加意严防，毋稍疏懈。将此由五百里各谕令知之。"

（卷287　969页）

同治九年（1870年）七月庚寅

谕内阁："左宗棠奏收抚回众，现筹安插等语。陕甘回匪煽乱以来叠经官军剿办，歼戮甚多。朝廷轸念民生，屡谕统兵大臣但分良莠，不分汉、回。原以回民同系食毛践土之人，岂无天良，其中被逼勉从不能自拔者自必不少。大兵所至，期于除暴安良，断无概行诛戮之理。据左宗棠奏称该回众等久处贼巢，既苦头目之侵陵迫胁，甫离巢穴又畏汉民之报复寻仇。因之依违其间，以求苟免此等情形，实所不免。该督现拟划出荒绝地亩稍成片段者，将收抚之陕回给以籽粮，课以耕作，办理甚为妥协。著即督饬该地方官悉心经理，弹压抚绥，俾得各安生业。其甘回中如有真心悔罪自拔来归者亦即妥筹安插，并著剀切晓谕汉、回居民，务各永泯猜嫌，同登衽席，用示朝廷覆帱无私至意。"

（卷287　969页）

又谕："左宗棠、穆图善奏南路官军克复城堡。左宗棠奏北、中两路官军剿贼叠胜，现筹会攻金积老巢各一折。甘肃南路官军克复渭原、狄道城池，并攻拔牟佛谛坚堡。正可乘此声势进规河州。左宗棠等以自秦州至狄道计程四百余里，中隔渭源等处，一片荒芜。必须节节设防，保护运道方能前进。察看河州贼势，应俟宁、灵肃清，由兰州出兵方能得手。固系持重之见。现在北路各军已将灵州一带贼寨攻破多处，军务自有起色，则进剿河州之兵此时即当妥为部署。著左宗棠、穆图善悉心商酌，以期迅扫贼氛。灵州迤西至金积堡仅存贼堡十一处。王、杨等逆伏诛，贼众无粮可掳，势已穷蹙。著左宗棠饬令刘锦棠等迅将胡家堡等处攻拔，尽歼丑类。中路官军叠克马家河湾、韦州堡等处，金积堡南路关键已为我得。左宗棠务当檄饬黄鼎会同雷正绾总统中路诸军先将峡口要隘夺回，次第剿平金积迤西各堡寨，并与刘锦棠等约期会剿，迅克金积等坚巢，以振全局，毋稍松懈。前有旨令李鸿章督兵驰赴近畿，业据该督奏报起程。并据奏称北山土匪溃勇巨股已歼，余匪不至为患，已咨商蒋志章酌派三五营分扎要隘等语。北山事甫就绪，李鸿章近已离陕。左宗棠仍当妥筹兼顾，毋令甘回折窜陕疆，又至勾结为患。左宗棠另片奏请将敖天印暂准留营等语。敖天印在南路带兵既尚得力，一时乏员接带，著准其暂行留营效力。该大臣即咨行李鹤年查照可也。将此由六百里各谕令知之。"

以克复甘肃渭源、狄道两州县城，予提督傅先宗优叙，王得胜、彭忠国议叙，擢守备何建威以游击用。

予甘肃渭源等处阵亡副将汪有余等二十二员祭葬世职加等。

追予甘肃肃州阵亡道员恒龄建立专祠，眷属人等分别旌恤如例，并附祀。

（卷287　970页）

同治九年（1870年）八月甲辰

又谕："穆图善奏营勇索饷滋事，请将失察之统领革职一折。甘肃驻扎省垣各军经左宗棠饬西征粮台拨给一月满饷以示体恤。复因买粮需款甚亟，饬该省司道将此款改为买粮银两，随后再将月饷补解。乃该营哨官竟敢带同散勇多人齐入藩署，求发足饷，势甚汹涌。该司道等恐酿成事端，已允将原拨饷银全数核发。而该勇丁复敢抛掷砖石，致兰州道蒋凝学身受石伤，实属目无法纪。穆图善已将纠约滋事之亲兵中营帮办副将张金魁查出，即行正法。仍著该将军督饬各营统领随时弹压各勇丁，不准稍有滋闹。统领亲兵中等营记名提督马洪胜虽查无同谋情事，而于帮办出营滋事毫无觉察，实难辞咎。记名提督借补陕甘督标前营游击马洪胜著即行革职，并革去统领，以为军律不严者戒。"

（卷288　990页）

又谕："左宗棠、穆图善奏各军剿贼获胜情形一折。甘省驻扎镇番、金县、北山、阿干镇等处官军分头雕剿贼股，均获胜仗，尚属得手。惟回逆丑类繁多，肆行窜扰，必须各路一体探踪截击，方不至伺隙奔突，势成蔓延。著左宗棠、穆图善督饬各营统领勤加侦探，遇贼即击，并随时认真防范，以遏贼氛。河州尚有回众十万余人，并驻扎陕回二万余。回目马占鳌有八九月间欲与官兵打仗之说，亟应先事预防。左宗棠等务当悉心布置，毋为该逆所乘。其附省各营即著穆图善妥为调度，以备不虞。本日据穆图善奏省垣各军索饷滋事，已分别严行惩办。因思甘军协饷均归西征粮台转发，左宗棠自当统筹全局，均匀拨放，方足以服众心。此次因拨项改充粮价以致省垣各军借口滋事，嗣后该大臣当不分畛域，体恤兵艰，将甘省各营饷糈军火源源接济，毋令缺乏。甘军、楚军不可微分厚薄，免致各营援为口实，并著与穆图善彼此和衷商办，毋稍漠视。将此由五百里各谕令知之。"

（卷288　992页）

同治九年（1870年）八月癸亥

又谕："豫师奏团勇会剿回匪，克复贼寨及出省筹办后路各折片。高寨、白马寺等处踞匪现经豫师饬令团勇会同官军兜剿，该逆渡河而逸，立将高寨全沟克复。白马寺一带业已肃清，惟大股回匪尚踞河南老巢，亟应迅图剿灭。著豫师饬令李春海等协同该处团丁乘胜进攻，直捣逆巢，务当扫穴擒渠，毋留余孽。西碾绅民捐资杀贼，尚属著有微劳，著准其择尤酌保，以示鼓励。豫师出省后拟暂驻平番，著将后路事宜赶紧筹办，俟部署稍定，即亲率勇队驰赴前敌，相机进剿，迅殄逆氛。将此由五百里谕令知之。"

（卷289　1005页）

同治九年（1870年）九月丁卯

谕军机大臣等："成禄奏择期拔营并将收支饷银数目开单呈览一折。成禄军营欠饷至二百三十万两有奇，该将士等现因库款支绌，情殷报效，恳请无庸扣还，尚属忠悃可嘉。该提督现拟拔营前进，惟该营饷需缺乏，若遽行进兵亦属不能得力。著暂缓拔营前进，听候谕旨。肃州一带现在有无窜匪仍著随时防剿，毋稍疏虞。至各省欠解成禄军营饷银为数甚多，著户部查明迅速催解，以济要需。将此由六百里谕令知之。"

又谕："前谕令左宗棠将成禄应否撤回，或酌留该大臣军营，其所部勇丁三千余名是否可以留用，抑或遣撤之处，酌核奏闻。兹据成禄奏顿兵日久，不特协饷屡催未到，即军士逐日口食，因本地民力拮据未能续捐，若再迁延时日，恐有溃散之虞。拟于八月间拔营前进等语。成禄一军饷缺兵疲，恐未必即能得力，本日已谕令暂缓拔营前进，听候谕旨。惟该大臣接奉本年二月二十九日寄谕，时逾半年之久，何以尚未复奏。现在成禄一军应俟该大臣查明后再定进止。著懔遵前旨，迅速复奏，毋再迟延。至成禄所部粮、饷两缺，困苦难堪，亦系实在情形。著左宗棠力筹接济，以拯饥军。将此由六百里谕令知之。"

（卷 290　　1009 页）

同治九年（1870年）九月癸酉

又谕："左宗棠、穆图善奏西路马队官兵剿贼续胜一折。甘省西路逆匪在松山等处及平番、古浪各县属四出抢掠，经委营总额尔庆额及代理统领常明等带队分路截击，歼毙多名。剿办尚属奋勇。惟省西一带零星匪股出没靡常，若不痛加剿洗，诚恐伺隙纷扰，大为粮路之患。著左宗棠、穆图善督饬各军于平番等县属将各股匪众实力痛剿，务期净绝根株，以清粮路。将此由五百里各谕令知之。"

（卷 290　　1014 页）

同治九年（1870年）九月己卯

又谕："文麟、景廉奏请饬催欠解粮价银两，并饬拨新疆协饷各折片。前因哈密采办粮石，当经谕令山东拨银十万两解交应用。兹据文麟等奏称，该省仅解到银一万五千两，业已拨还前欠粮价等款。现在需饷甚亟，请旨饬催等语。著丁宝桢饬令藩司将山东欠解哈密粮价银八万五千两，迅速如数筹拨，解交乌里雅苏台将军衙门收存。由文麟等派员迎提，以济要需。安西、沙州、靖逆各营需饷甚亟，并著福济、荣全、锦丕勒多尔济于新疆协饷内拨银二万两俾资接济。文麟、景廉俟接准福济等咨会时，即遴派妥员领解回哈，分拨安西等营应用。并将分拨数目咨明甘肃藩司，归入各该营兵饷项下，报部核销，以清款目。将此由五百里各谕令知之。"

（卷 291　　1020 页）

同治九年（1870年）九月甲申

又谕："陕甘回匪滋事以来，朝廷轸念西陲，大申挞伐，特命左宗棠为钦差大臣督兵剿贼。厚集兵力，宽予限期。计每岁拨用饷限不下八百余万两。该大臣于行军筹饷事宜有所陈奏，无不立见施行，倚畀不为不重。乃自抵甘以后虽据叠报胜仗，总未能痛扫贼氛，致金积堡一隅之地，至今日久未下。逆首稽诛，军务安有了期。竭东南数省脂膏以供西征军实，似此年复一年，费此巨帑，岂能日久支持？该大臣扪心自问，其何以对朝廷。即著左宗棠振刷精神，严檄各军实力剿办。该大臣前奏金积堡贼势已蹙，似不日即可攻克。北路肃清后，河、狄一带贼踪亦宜以次歼除，务当克期蒇事，毋得再事迁延，致干咎戾。将此由六百里谕令知之。"

（卷291　1024页）

同治九年（1870年）九月丙戌

谕军机大臣等："左宗棠、穆图善奏西路官军剿匪获胜一折。甘肃西路回匪分窜镇番、武威各属，经韩廷芝、王仁和等带兵截剿，将红柳窝、红墙儿等处贼匪击败。柳林湖、双城堡等处之贼闻风逃窜。其阿干镇附近亦有回匪围攻民堡，复经周惟翔带队击退。现在大兵由南路进剿河州，逆匪乘西路空虚，伺闲纷窜，肆行抢掠，意图牵我兵力。左宗棠、穆图善仍当饬令该处防军随时探踪截剿，毋任窜突。穆图善另折奏请带马队驰赴近畿等语。现在天津之事业经办结。畿辅兵力足资拱卫。该将军驻扎兰州，筹办防剿，亦关紧要，务当与左宗棠随时会商，共维大局。所请带兵来京之处著毋庸议。前叠谕左宗棠将成禄一军应否撤回，酌核奏闻。该大臣何以久不复奏，殊不可解。本日据成禄奏现拟拔营西进，并请募勇拨粮，捐办驼只，筹办屯田。随带窦型出关各折片。该提督顿兵日久，忽为此铺张扬厉之举，事之可行与否，恐未必能通盘筹划。著左宗棠懔遵叠次谕旨，将成禄一军应否撤回并该提督此次所陈各情一并酌核迅速复奏，不得再有迟延。成禄折一件，片五件均著抄给左宗棠阅看。将此由六百里各谕令知之。"

又谕："成禄奏拔营西进，并筹办屯田，调募勇队，请饬蒙古捐办驼只。关外州县运解仓粮随带窦型出关及请颁发关防各折片。前因成禄奏该营饷需缺乏，当经谕令暂缓前进，听候谕旨。现在该提督已于八月二十日起程，惟该提督一经出关，道路愈远，筹饷愈难，著成禄仍遵前谕，无论行抵何处，即于关内地方择要暂行驻扎，候旨遵行。肃州一带伏莽尚多，关内地方尤关紧要。著成禄统率所部将来往匪徒实力搜捕，务绝根株。该提督所用木质关防现已模糊，即著另行刊刻木质关防，以昭信守。将此由六百里谕令知之。"

（卷291　1025页）

以解饷迟延，革甘肃军营副都统色楞泰职，仍留营。

予甘肃高台阵亡把总仲瑞林等祭葬世职。

（卷291　1026页）

同治九年（1870年）九月己丑

以甘肃克复肃州城出力，予总兵官杨作霖、张庆云以提督简放，赏副将谭致祥、参将戴位声、陈庆福、游击陈友交、陈元尊巴图鲁名号，都司周友元等花翎，在籍郎中李焕章等蓝翎，余加衔升叙有差。

予甘肃山丹等处阵亡总兵官许吉祥等六十三员祭葬世职加等。

（卷291　1027页）

同治九年（1870年）九月辛卯

又谕："左宗棠奏官军攻破金积东关贼巢，连克寨垒获胜一折。金积堡踞匪于本年七月以来经左宗棠饬令刘锦棠等分路进攻，次第克复西南、西北、东西贼寨，并将金积堡东关攻破。中路雷正绾等军进剿西路贼匪，立将洪乐堡攻克。该逆悉败退金积堡。著左宗棠饬令提督王衍庆会同刘锦棠、黄鼎各军乘胜进攻，迅速收复金积堡，务将窜踞贼匪悉数歼除，不得久稽时日。另片奏石城器裹众潜逃，畏罪自毙，实足以昭显戮。在逃之翟占沅等系首先倡乱之犯。该大臣务当饬令西路各军及地方州县严行缉拿，务获惩办，毋任漏网。其管带各员是否防范不力，并著查明分别办理。唐有彦所部溃卒务饬黄武贤妥为安抚，凉州、永昌未溃之勇左宗棠已令萧宗干等裁并实数，统归王仁和钤制。即著择要分扎，毋令滋生事端。将此由六百里谕令知之。"

赏甘肃军营病故提督黄万友正一品封典，予祭葬恤荫加等，谥果毅，附祀提督刘松山专祠。

予甘肃凉州被戕都司张学祭葬世职加等。

（卷291　1030页）

同治九年（1870年）十月乙未

予甘肃甲子墩阵亡县丞凌钻高祭葬世职。

（卷292　1038页）

同治九年（1870年）十月丙申

又谕："李鸿章奏遵旨通筹全局，据实复陈一折。据称甘军稍振，陕事亦松，似无须别置一军。致左宗棠或生疑忌，若以陕事责成刘铭传，恳请破除常格，兼任地方，以免牵掣等语。所奏不为无见。惟陕事、甘事各有责成。淮、楚两军彼此分办，何至积不相能。且甘省前敌各军剿办得手，尤恐贼匪乘隙窜陕。该省兵力尚单，必得知兵大员督兵防剿，方臻周密。北山一带居民渐次复业，而伏莽犹多，亦宜及时弹压芟除。刘铭传声威卓著，忠勇性成，又能驭将爱民，决机应变。本日已明降谕旨令该提督督办陕西军务矣……将此谕令知之。"

（卷292　1038页）

同治九年（1870年）十月庚子

谕军机大臣等："成禄奏汉回构隙，杀害职官，请饬查办，并请将各省运到军火改由草地转解巴城，暨恳令常顺带队西来各折片。肃州收复未久，必须汉回相安方免另生枝节。乃金塔所属河西、西红二处汉民以署金塔协标都司马万福有通贼情事，辄聚众围署，将该都司枪毙，并将其妻子杀伤，掳劫衣服财物。马万福前虽充当肃回头目，业已投诚免死，并系职官。即使通贼果真，亦非百姓所可擅杀。若不认真查办，无以服众回之心。现在已有陕回数百由南山窜至肃城，倘因汉民仇杀之故，潜行唆惑，恐滋事端。著左宗棠迅派妥员前赴肃州，将马万福被杀一案秉公查办，以息争端。应否带队前往之处，著该大臣酌度办理。署肃州镇总兵陶生林赴省未回，员缺岂可虚悬。著左宗棠即饬该总兵回任，或另派明干之员迅往接署，借资弹压。前已有旨令成禄暂缓拔营前进，听候谕旨。该提督既未西行，高、抚、金、肃一带当就近妥为镇抚，以安反侧。各省运解成禄军火，著仍暂存归绥道库，听候拨解。成禄前请调吉林、黑龙江马队，未经允准。如果将来有兵调往，再令常顺统带前进。将此由五百里各谕令知之。"

（卷292　1041页）

同治九年（1870年）十月戊申

又谕："金顺奏逼剿王疃回匪叠胜，并攻克马四贼寨一折。金顺一军自前月二十二日移营后，会同张曜督军进逼王疃庄。贼分三股出巢抗拒，经各军分中、南、西三面迎击。金顺由东北率众截剿，叠次获胜，败匪奔入马四寨，复经截杀多名，官军乘胜将马四寨攻克。王疃东南一带之贼又毙多名。回酋兰州阿浑已被轰毙。此次金顺等军进攻王疃回逆，连日获胜，攻毁寨垒。剿办甚属得手。即著金顺会商张曜督饬各军乘胜围逼，务将王疃攻拔，歼厥渠魁。其北路各回寨与王疃回逆同类，难保不伺隙潜出，图扰粮运，并著严饬后路各营实力防范，毋任纷窜。将此由六百里谕令知之。"

同治九年（1870年）十月戊午

又谕："穆图善等奏陕回窜扑平番县城，剿办情形一折。陕回禹生彦、崔三两股由河州窜扰平番属境，经驻防该处之南字左右两营迎剿于沙沟地方接战失利，统领张万美等均殁于阵。该逆直扑县城，豫师督兵守御，贼向东北山沟遁去。穆图善亲率马队驰抵兔窝督剿，将贼击败，歼毙甚多。此次贼匪乘虚出扰，势颇猖獗。现在虽已遁回河州老巢，惟贼踪出没无常，必须随时加意防范。南字营现已并归参将李正鲁统带，而兵力尚单。豫师驻扎平番，务当督率在城文武妥筹防守。该办事大臣新立之营亦当认真操练，以资得力。穆图善拟令署庄浪协副将钟本起招募五百名，著即饬令训练成军，将城守事宜严密布置。其南大通沙沟口及北十里铺等处并著分拨官兵扼守，以杜纷窜。穆图善现已回省，如西路有警仍当随时调度，力筹防剿。左宗棠身任钦差大臣，于甘肃全省军务均应妥筹兼顾，不得以远在西隅，置为后图。土门及武威县属王家台等处有匪窜扰，著左宗棠、穆图善迅饬王仁和等督军截剿，毋任滋蔓。穆图善另片奏叠次剿贼出力马队官兵可否酌保等语，著准其择尤保奏。将此由五百里各谕令知之。"

直隶总督李鸿章奏请调甘肃布政使林之望、翰林院编修吕耀斗前赴刘铭传军营赞画戎机，以资得力，允之。

予甘肃平番阵亡提督张万美祭葬世职加等，谥壮毅，总兵官彭清胜等十三员祭葬世职加等。

同治九年（1870年）十月庚申

又谕："左宗棠奏官军会剿逆垒叠胜，现在合围金积老巢，首逆被创，并迎剿河州窜贼获胜，暨中路护运各军会剿窜回情形各折片。此次北路马步各军经刘锦棠等督饬进剿，奋勇争先，叠挫贼锋，连克坚堡，歼除逆匪余彦寿等多名。首逆马化漋被创。中路雷正绾、黄鼎、徐文秀等军剿败陕甘回匪，叠破堡寨，歼毙逆目邹麻子、丁玉溃等。首逆余彦禄亦因伤身毙。剿办甚属出力。现在金积堡东面仅存王洪、杨明两堡。西面仅存大河、中洲、马家滩四堡。余皆一律扫除。各路官军复于四面扎营掘濠，渐逼渐紧，自当乘此机势鼓勇进攻，以收捣穴擒渠之效。至左宗棠折内所称金积堡城高墙厚，渠水回环，攻坚既多有伤亡。地道又未能开掘，请宽以时日可冀奏功等语，固属实在情形。惟当此贼氛大挫，合围已成，总当于慎重之中寓奋迅之意，不可稍涉畏难，致形松劲。河州回逆偷渡洮河，循河南犯，经杨世俊等迎剿获胜，仍著饬令在防各军遇贼即击，毋稍疏懈。汉伯堡窜出之贼叠经周绍濂等军分路迎击，擒斩甚多。其败匿李旺堡等处者亦经魏光焘追剿，阵斩贼目马泳，步贼歼除殆尽，惟骑贼已向会宁、静宁纷窜。提督杨世俊等安定截剿之师能否尽歼丑类。官军粮运最关紧要，仍当督饬各军随时确探雕剿，以护运道，毋稍疏虞。将此由六百里谕令知之。"

（卷293　1060页）

予甘肃洮河阵亡副将向宏猷、杨占元祭葬世职。

（卷293　1062页）

同治九年（1870年）闰十月丁卯

谕军机大臣等："前据穆图善等奏贼匪窜扰平番一带，当经谕令豫师督率该处文武妥筹布置。兹据豫师奏称整顿新军，筹备后路，军功何得彪督带练勇在塘坊、沙沟等处叠次击贼获胜，即著饬令将此路贼匪实力剿洗，毋令蔓延。豫师现拟于大里坝等处分筑堡寨，与大寺、连城等处联结声势，即著督催各该地方官赶紧办理招农开垦，一面疏通运道，以利军行。豫师现扎平番，著将该处防守事宜布置妥协，即行相机前进，驰赴本任，毋稍稽延。将此由五百里谕令知之。"

（卷294　1065页）

以侵饷渔利，革甘肃游击刘裕升职，不准投效军营。

（卷294　1066页）

同治九年（1870年）闰十月癸酉

又谕："成禄奏拔队起程出关，截留运省仓粮，筹办转运车马，并请饬山西催饷，乌、绥转运各折片。前经叠谕左宗棠饬将成禄一军应否撤回酌核具奏，并叠谕该提督暂缓前进，听候谕旨。日久未据左宗棠奏到。现在成禄业已派拨头起兵勇三营于八月二十等日陆续进发，暂驻玉门、嘉峪关等处。该提督随即总统全军跟踪继进。军已成行，势难再令折回。成禄著督兵驻扎关外，严防回匪窜扰。肃州汉回尚未相安，且有南山窜出股匪，该处地方紧要，伏莽未清。成禄仍当妥筹兼顾，不可轻率前进，置肃州于不顾，致有疏虞。成禄拨队西行，该军粮食缺乏自应设法筹备，以资饱腾。张掖本年运省仓粮三千五百石，暨高台、抚彝仓粮四千石，均准成禄截留。即著左宗棠、穆图善饬令省局司道札行该三厅县，即将前项粮石运解成禄军营，毋得稍分畛域。上年成禄截留抚彝、高台运省仓粮，省局司道责令署高台县管笙赔解，并将其记过。事出因公，尚非该县贻误，并著左宗棠饬知省局司道即将此案查销宽免，并将署抚彝厅通判王佳植记过赔解之案一并查销宽免。成禄拟于肃州高台设立转运局，由总督委员管理，并令张掖、山丹、东乐、抚彝酌量协济车马。其夫马口分由局按站酌发。能否照办？著左宗棠、穆图善酌度具奏。各省应解成禄协饷前已谕令户部查明咨催，该提督请令山西委员分催各省，徒滋纷扰。其请在乌、绥设局转运一节，绥远现有防剿事宜，乌里雅苏台亦有贼匪窜近，台站阻隔，自顾不遑，岂能代为转运？所请著毋庸议。将此由五百里各谕令知之。"

（卷294　1074页）

同治九年（1870年）闰十月丁亥

又谕："前据袁保恒奏各省关应协陕甘军饷，截至十月止，积欠一千三十余万，请饬飞速筹解，并请于各省京饷项下暂行通挪，或于海关洋税内酌提协济，以敷一月足饷之用等语。当交户部速议具奏。兹据奏称部库正项无存，需用甚急。京饷势难通挪。洋税专备要需，亦难动拨，拟于各省积欠军饷内，先行提拨山西十万两、河南十万两、四川十万两、广东十万两、山东五万两、湖北五万两、江苏五万两、浙江五万两。即照所议，著各该督抚严饬藩司迅速如数筹拨。限于年内解交西征粮台。此系立候应用之款，倘逾限不解，即由左宗棠指名严参。陕甘军饷紧要，各省关于拨定之款竟至积欠如许之多，嗣后务须按月如数报解，不准延欠。其以前欠解月饷仍著陆续补解，以资接济。将此由五百里谕知曾国藩、左宗棠、魁玉、李瀚章、瑞麟、英桂、吴棠、何璟、李鹤年、李福泰、丁宝桢、郭柏荫、张之万、杨昌濬并传谕袁保恒知之。"

（卷295　1091页）

同治九年（1870年）闰十月己丑

又谕："左宗棠奏官军攻克贼寨情形，暨复陈贼窜米脂、平罗，探报未确各折片。甘省中、北两路官军自攻克汉伯堡后，雷正绾等接攻张家泉、金家堡贼寨获胜。刘锦棠等复合力攻破杨明堡，阵斩贼目杨洪开等多名。正拟进攻王洪，适凉州大股贼匪绕窜，图援金积。恐马家河滩各堡勾引援贼，遂先将该处各小堡及附近团庄一律扫除。尚有两大堡未下，仍当赶紧攻拔，俾援贼失所凭依。剿办方易得手。金积现已合围，各处匪股乘隙来援，总当加意防范。著左宗棠严饬前敌诸军稳扎力攻，以期扫穴擒渠，毋稍松懈，并分檄各路将士扼要堵击，毋任援贼窜近，牵我兵力。前窜米脂、平罗股匪据左宗棠复奏探报未确，不足为据。金积合围实无一贼窜出。十月以后，花、定等处未据报贼踪东窜。陕西北山窜贼实亦无多等语。近据蒋志章奏报草地逆回窜至绥德，分扰清涧、安定等处。是窜陕之贼现尚陆续踵至，著即饬令成定康等随时兜剿，力遏狂氛。平罗地方现虽无兵可拨，如遇有紧要军情，该大臣仍当妥筹兼顾。窜入河西之禹彦禄等一起，左宗棠奏称禹彦禄即系余彦禄之讹，前已伤毙，何以金顺前后奏报王疃军情尚有余彦禄在内，著该大臣查明具奏。左宗棠另片奏遵筹成禄出关事宜等语。前因成禄已拔队西行，当谕该提督督军驻扎关外，不得轻率前进。仍著成禄懔遵本月十一日谕旨，择要扼扎，就近兼顾肃州。该提督营饷积欠甚多，且川、陕各勇不能得力。成禄著毋庸另募勇丁，即就现有兵力力加整饬，与提督杨占鳌和衷共济，遇贼即击，并办理屯田事宜。该军口粮已准提用张掖等处运省仓粮。成禄当知体恤民艰，不准再有勒索苛派等情，致滋纷扰。将此由六百里各谕令知之。"

（卷295　1095页）

以把持仓粮，革甘肃知县胡韵兰职。

（卷295　1096页）

同治九年（1870年）十一月丁酉

谕军机大臣等："左宗棠、穆图善奏贼窜凉州、镇番派兵剿捕，并续赴平番布置城防一折。甘肃古浪县属韩家庄堡有马贼扑扰，经副都统常明率队击退。其由裴家营、东马家磨沟窜出之贼，复经都司尹天祥调营驰剿，毙贼多名。官兵撤出沟口被援贼围裹，致副将谢元兴等阵亡。贼由土门扰及凉州，图攻郡城，总兵王仁和督兵扼守，贼向镇番窜逸，游击韩廷芝等各率兵勇迎击，毙贼甚伙，余贼奔往柳林湖一带。此股贼匪止有四五千名，不难剿洗净尽。著左宗棠、穆图善严饬大清、上门各防军会同凉州兵勇实力合剿，务期一律芟除，毋任延蔓。至平番为兰垣西路咽喉，深虑柳林湖踞匪及西宁撤回、河州踞逆分途旁犯，穆图善亲赴平番督饬副将钟本起等扼扎营垒，分布守御，并著饬令在防各营严密堵遏，力固省防，毋稍疏懈。将此由五百里各谕令知之。"

（卷296　1103页）

予甘肃马家磨沟阵亡副将谢元兴、守备傅永昌、把总石中和、潘永川、外委夏景融祭葬世职加等。

予甘肃侯家河阵亡外委郭有升祭葬世职加等。

（卷296　1104页）

同治九年（1870年）十一月壬寅

谕军机大臣等："张廷岳、阿尔塔什达奏筹防事宜，并绘图呈览。贼踪西窜，请饬堵截。喀尔喀驼只骤难筹拨各折片。据奏接到锦丕勒多尔济函称，探闻贼匪已于十月二十三日西窜，仍回肃州。并探闻该参赞大臣已回乌城等语。此股贼匪扑陷乌城仅留四日即行窜走，口外地方辽阔，难保不到处奔突。现在贼踪究往何处？仍著张廷岳、阿尔塔什达确探具奏……以固边防。贼匪虽有回窜肃州之信，而沿边各口皆可回窜，著左宗棠、穆图善、定安、金顺、成禄于肃州、宁夏及绥远城一带分头侦探，遇有贼股陆续回窜，即行派兵设法兜剿，务须就地殄灭，毋再任令窜出边外，致剿办转形棘手……将此由六百里各谕令知之。"

（卷297　1111页）

同治九年（1870年）十一月庚戌

又谕："左宗棠奏特参委员侵欺勒派冒销赈粮各款，请旨严惩一折。甘肃总兵周东兴经左宗棠委赴中卫县采购军粮，并办赈务。该员于采买粮价数目竟敢浮冒制钱一万串有奇。其报销赈粮多用米麦，而每日所发实系黍豆稀粥，且于赈过丁口数目及起止月日诸多含混。经左宗棠查办，仅据供认入己赃款一千串有零。希图狡展，似此贪劣不法之员亟应从严惩办。周东兴著即在军前正法，以昭炯戒。”

谕军机大臣等：“左宗棠等奏官军剿贼获胜，并金积堡近日军情各折片。金积堡陕回余党会合河州援贼由三家集渡洮河窜扰柳林沟等处，经官军分头进攻，暂馘甚多。其渡渭而南之贼复经官兵蹑踪截击，歼除殆尽。剿办尚为得手。在事出力员弁准由左宗棠择尤汇案保奏，以示鼓励。其零星窜逸之匪，著左宗棠督饬各营分途搜捕，毋令死灰复燃。蒋志章亦当会同刘铭传檄饬各军严密堵御，毋任阑入陕疆。左宗棠一面饬令张家川已抚回民李得昌分别收辑，以孤贼势。金积堡合围后，逆情日形穷蹙，著左宗棠严饬刘锦棠、黄鼎等迅将马家滩克期攻拔，以便各军节节扫荡，会攻王洪堡，以图金积老巢，为扫穴擒渠之计。至投出回匪络绎不绝。回目马寿清亦率眷投营，左宗棠已饬安插平凉。惟该回众是否真心反正尚未可知。左宗棠务当随时察看，加意防维，毋为该回众所绐。前宁夏县知县彭庆章甘心从逆，为马化漋谋主。现仍投入金运昌营，著左宗棠即饬将彭庆章解赴平凉，严行讯办，毋稍宽纵。将此由六百里各谕令知之。”

（卷297　1121页）

同治九年（1870年）十一月丁巳

谕军机大臣等：“左宗棠、穆图善奏镇番肃清，附省兵团剿贼获胜。左宗棠、豫师奏派员统军弹压及筹布后路防剿事宜各一折。镇番踞匪经官军击败，全数西窜永昌。穆图善已饬总兵王仁和等跟踪追剿，务将此股贼匪悉数扫除，毋令蔓延为患。如兵力不敷，即著左宗棠、穆图善酌度情形，添兵前往援应。皋兰、碾伯地方及省东辖境时有零匪窜扰，虽经兵团剿办获胜，惟省垣根本重地，逼近河、狄，该处贼股众多，深虞窜突。现在河冰冻结，尤应加意严防。著穆图善督饬兵随时侦探防剿，毋稍疏虞。左宗棠亦当妥筹兼顾。金积堡贼势已蹙，何以日久未见成功，糜饷老师，该大臣难辞其咎。若再不振刷精神，迅图攻拔，致以一隅之地牵掣兵力，耗费饷需，大局何堪设想。南路秦、阶一带时有贼踪，该处统领能否得力？河、狄巨股如何设法进剿？左宗棠当统筹全局，迅将金积攻克，腾出兵力，次第廓清。不得以远在平凉，仅顾甘北一路，致军务总未得手也。豫师现已会商左宗棠将平番、碾伯隘口布置严密，以杜西宁回众由米拉三沟窜出之路。先派总兵黄武贤驰赴威远堡整顿各营。西碾、平番近既安靖，豫师当懔遵前旨，驰赴本任，会同黄武贤认真筹办，以重职守。米拉沟窝藏陕回万余，据豫师奏已分股窜赴甘凉一路，著左宗棠、穆图善檄令甘凉防兵探明痛剿，就地歼除，毋留余孽。将此由五百里各谕令知之。"

（卷298　1128页）

同治九年（1870年）十二月戊辰

谕军机大臣等："曾璧光奏黔省筹办捐饷一折。据称黔省地处极边，民穷财尽，专赖捐输一项接济。甘省既准另拨省份自行办捐，黔省事同一律，亦须酌设专局，缓急方有所资。除山西、陕西、河南三省仍归该省专设甘捐外，所有广东、山东两省应仍归黔省设局专办。此外浙江、福建二省应与江苏、湖北、湖南等省并照部议仿江西办捐章程，统由各省督抚自设收捐总局。所收捐项本省毋庸留支，作为甘、黔两省军饷各半提解，仍由黔遴员分赴浙江等省帮办等语。黔省地方瘠苦，周达武现统所部抵黔，军饷支绌，自系实在情形。著左宗棠按照所陈各节与曾璧光妥为筹办。其余各省并著曾璧光咨商各该督抚会同办理，务臻妥协。曾璧光原折著抄给左宗棠阅看。将此由五百里各谕令知之。"

（卷299　1139页）

同治九年（1870年）十二月己巳

又谕："张廷岳、阿尔塔什达奏遵设转运粮台及应行筹办各事宜，并宣大官兵不可遽停，暨拨兵防守推河各折片……乌城退出贼匪虽已饱掠回肃，而乌喇特地方尚有贼匪千余，难保不乘虚窜突。且库伦获贼供称有探明库属路径，拟于明春扑犯等语。是边外防守仍不可一日稍松，致蹈乌城覆辙……所请饬令西路统兵大臣直捣肃州贼巢一节，已谕令左宗棠、成禄相机办理矣……将此由六百里各谕令知之。"

（卷299　1140页）

同治九年（1870年）十二月壬申

谕军机大臣等："成禄奏大队暂驻高台，听候谕旨，暨甘凉贼股亟须剿办，山丹县城被贼窜扰各折片。成被（禄）所部头起三营出关后，始接据左宗棠来咨，因将后队暂停候旨。刻下肃州一带伏莽尚多，必须悉数歼除，免致延蔓。成禄后队既扎高台，正可督率各营就近搜捕。著憬遵本月初八日谕旨，将肃州贼巢痛加剿洗，尽绝根株。凉州所属之镇番及甘郡城下，均有贼股屯聚。山丹、高台两县复有匪踪，尤须慑以兵力。成禄后队著即驻扎高台，将关内附近地方随时防剿，以遏狂氛。其头起三营业已出关，应否折回或即在关外分扎，著成禄妥为调度。至张掖等处运省仓粮前已准成禄提用，著左宗棠饬令该地方官源源运济，毋令缺乏。甘、凉两郡贼股已不下二三万，若不及早扫除，必至四出为患。著左宗棠迅即拨兵前赴甘、凉一带探踪追剿，以期西路肃清。成禄请调吉林、黑龙江马队交常顺统带赴营，前已未允所请，仍著毋庸置议。山丹被贼阑入，何以杨占鳌派防兵勇，次日始入城堵剿，署知县张秉恬及署提督杨占鳌贻误情形，著左宗棠查明具奏。署游击孙启后拒贼身死，并其余各员下落著一并查奏。原片著抄给左宗棠阅看。成禄另片奏请赴海疆效力，此时，津案业经办结，所请著毋庸议。将此由五百里各谕令知之。"

以甘肃高台击退窜匪，予千总巨兴德以守备用并赏花翎，韩福等蓝翎，余升叙有差。

（卷300　1144页）

同治九年（1870年）十二月乙亥

又谕："甘肃金积堡逆回马化漋负固日久，叠经谆谕左宗棠督饬将士迅图剿洗。该大臣自十一月十九日奏到击败柳林沟等处援贼，以后未见奏报。朝廷殊深厪系。本日据李鹤年、何璟折内均有马化漋自缚投诚之说。该逆狼子野心，屡降屡叛。此次如有乞降情事，恐系缓兵溃围之计。近日金积堡围攻情形究竟若何？该大臣务当悉心察度贼情，万不可为贼所绐。仍当严饬在事各军一面遏贼援应之路，一面激励将弁，星速设法歼除，毋得敷衍了事，随贼诡谋，致贻后患。并将现在军情据实驰奏。将此由六百里谕令知之。"

（卷300　1151页）

同治九年（1870年）十二月己卯

谕军机大臣等："左宗棠奏马家滩等堡平毁，陕回就抚，马化漋就擒，范铭部众溃变办理情形，丁贤发激变被害各折片。昨据李鹤年等奏有马化漋自缚投诚之说，当谕左宗棠察度贼情，不可为该逆所绐。现在马化漋递呈乞抚，恳求曲宥族众，仅以一人抵罪。该大臣拟令马化漋将本堡马贼呈缴，墙垣平毁后，接办河西王家疃等堡抚局，再办河州、西宁抚局。军情旦夕变迁，朝廷亦不为遥制，惟马化漋凶狡异常，万一收抚后又生反侧，窜入西路，归并河州贼党，逆焰复张，彼时随其术中，不但追悔无及，且恐大局愈难收拾。左宗棠务当通盘筹划，稳慎以图。不可稍涉疏虞，贻后日无穷之患。其收抚之陈林等并著妥为安插，毋令再滋事端。所有在事出力之员弁兵勇著该大臣于事竣后奏请奖励。至陈湜一员到营未久，此次金积堡将士尚未请奖，若将陈湜先行开复，殊不足以昭公允。著俟续有劳绩再行保奏。总兵范铭违令溃走，其弟范镕及匪党尤芝政等辄敢里胁叛众在岷州一带焚掠，虽经杨世俊等追斩多名，而匪党仍踞岷州，著即饬令周开锡等添派兵勇合力攻剿，迅图蒇事。并著确查范铭避匿何处，严拿惩办。其何建威等营仍当妥为钤束，免滋他变。提督丁贤发因催办驼骡激变被戕，罪犯马添发等业经解营，讯明正法。驻扎预望城之马柏森于丁贤发等之死虽救援不及，惟罪犯均就歼灭，功过尚足相抵，著免其置议。金积堡马械缴清，堡寨平毁，降众如何安插？该大臣应进扎何处次弟扫荡？均著妥筹具奏。南路各军该大臣倚周开锡调度一切，务饬特平妥办，毋任激生事端。密片一件留中。将此由六百里谕令知之。"

（卷 300 　 1155 页）

以克扣勇粮，甘肃军营总兵官萧友和革职讯办。

以纵兵潜逃，革甘肃守备张玉成职。

（卷 300 　 1156 页）

同治九年（1870 年）十二月甲申

谕军机大臣等："瑞云奏请划拨饷项以济兵艰一折。前因凉、庄两营官兵困苦，准于山西协甘饷内借拨银五六万两，作为该营五年俸饷。复由四川协甘饷内每月划拨银五千两，作为该营六、七两年俸饷。山西省奉拨之款仅解过银六千两，四川省陆续解过银二万两。因各省协饷归并西征粮台统收统拨，川省现未将凉、庄协饷划扣，兵丁困苦异常，殊为可悯。著何璟无论何款即将欠解凉、庄五年俸饷银五万四千两，赶紧扫数解清，以应急需。并著吴棠仍在四川协甘饷内，续行按月划扣银五千两，作为凉、庄两营八、九两年俸饷。即著左宗棠知照袁保恒于四川协甘饷内将旧欠如数筹拨，并将此次划拨银两咨明吴棠按月划扣，由瑞云派员领取，无庸统解西征粮台，以清款目。凉、庄二营库存马价银一万四千两，前经瑞云动用，著准其暂缓归还，俟支领全分俸饷时分作两年归款，以示体恤。前据豫师奏米拉沟窝藏陕回万余，已分窜甘、凉一路。灵、宁一带贼匪又恐西趋。瑞云当督饬防兵严密堵击，力遏狂氛。该处兵力单薄，且系边要之区，著左宗棠、穆图善迅各添拨兵勇前往，会同瑞云认真防范，借壮声威。将此由五百里谕知左宗棠、穆图善、吴棠、何璟、瑞云并传谕袁保恒知之。"

（卷301　1159页）

同治九年（1870年）十二月乙酉

谕内阁："左宗棠奏请将贪酷巧诈之知县革职拿问一折。甘肃署礼县知县补用同知直隶州知州容恬于民人白鼎之妻自缢一案。酷刑索贿至三千两之多，又借转运募勇，侵冒饷项一万余串，实属贪鄙不职。容恬著即革职拿问，勒追赃款按例惩办，以肃官箴。巩秦阶道唐启荫于所属知县贪劣款迹败露，不即会司据实揭参，仅请甄别，亦属不知轻重，著一并交部议处。"

又谕："左宗棠奏请将借端诬良之知县革职拿问一折。署甘肃平番县事左秉忠于回民马三父子通贼情事，并未查明叛逆实迹，亦未录有供词，仅凭绅士公呈，禀请究办。经该督派员查明马三系属安分良回。本年贼匪阑入平番，实无从逆确据。传讯绅民卢学植等并不知公禀情事。查系左秉忠于提督张万美将马三父子交讯后，凭无姓名公呈，自行填写卢学植等六名率行具禀，实属诬陷良回，办理荒谬，亟应从严惩办。署平番县事知府衔升补直隶州知州左秉忠著即革职拿问，交左宗棠严行审讯，按律定拟具奏。"

谕军机大臣等："前据张廷岳等探奏，扑陷乌里雅苏台贼匪系属肃州回股，现已沿途饱掠，仍回肃州。当谕成禄趁贼回巢痛加剿洗，并谕左宗棠拨兵会剿。兹复据福济、荣全奏称此股匪徒，内有伪元帅王大汉及马瀍、马溶、毛黄雷、李四姓头目，裹胁甚伙，实系甘、凉、肃三处逆回。自甘省额哲尼河土尔扈特贝勒旗窜入赛因诺颜部落等处，攻陷乌城，向西南扬去。明春仍图窜乌城，东扑库伦等语。肃州贼股成禄未能及早铲除。甘、凉僻在西隅，兵力单薄。左宗棠、穆图善均未顾及，以致贼股充斥，且又有米拉沟逃贼万余窜往该处。宁、灵一带昨据左宗棠奏已无陕回踪迹，难保非西窜甘、凉，勾结滋事。甘、凉、肃伏莽不除，必至乘隙出边，扰乱台站，亟须击其惰归，扫除巢穴。著左宗棠、穆图善迅即派拨兵勇驰往兜拿。务将甘、凉、肃一带著名头目悉数擒获，尽歼丑类，毋任余孽潜藏，致成延蔓。并饬令各营严密扼驻，断贼出入要路。成禄著懔遵前旨就现有兵力剿办肃州贼股，不得置身事外，自取愆尤。将此由五百里各谕令知之。"

又谕："福济、荣全奏探闻逆回仍欲回窜，请催官兵。文盛、杜嘎尔奏察哈尔马队应扎何处？请旨遵行各一折。乌城退出贼匪现尚盘踞金山卡伦察罕博克多地方，距乌二十三四站。且据逃回蒙民声称，明春仍欲回窜乌城，抢掠官厂驼马，东扑库伦等语，自应迅饬援兵陆续赴乌，以资防剿。惟据文盛等折内所称，十二月十九日接福济等咨，准锦丕勒多尔济咨称有停止马队赴乌，藉苏台困，并免徒劳驼马等语。是福济等既欲援军之速至，又畏台站之难复，疲玩因循，自相矛盾，殊不可解。抑知台站一日不复，则大兵一日不得前进。转瞬春融，倘贼踪突至，该将军等何以御之？况赛尔乌苏一望沙漠，牲畜稀少，薪水维艰，万一分扎各军饷缺哗溃，咎将谁执。著福济、荣全、锦丕勒多尔济懔遵叠次谕旨，迅将哈尔尼敦等二十台站赶紧预备妥协，咨催达尔济一军相机前进，毋得再有迟延，致干重咎。台站系锦丕勒多尔济专责，尤不准借词推诿，自取罪戾。文盛等仍饬达尔济暂勿移兵，恪遵前旨，设法西行，毋稍观望。福济等请催富勒珲带兵探路援乌之处，著定安一面咨催刘铭传派兵填扎缠金，一面饬令该副都统迅速前往。福济等请饬甘、凉、肃带兵大员剿捕贼匪，已寄谕左宗棠、穆图善、成禄各饬所部击贼惰归，扫除巢穴。福济等仍当就现有兵力先事预防，毋稍大意。棍噶扎勒参将已带兵到乌，力图报效。福济等当妥为驾驭，以期得力。福济等另片奏请调绥远城军火等语。所有乌城咨调抬枪、火药、铅丸、刀矛各件，著定安按照来咨如数拨给，俾资利用。至请将布克坦、张光藻发交乌城效力，请调范允中、鲁学浩襄办文案，或与定例不合，或道远难以速到，均著毋庸置议。将此由六百里各谕令知之。"

（卷301　1160页）

《清同治实录（七）》

同治十年（1871年）正月壬辰

谕军机大臣等："定安、金顺奏攻克王疃贼巢歼除首逆一折。河西王疃贼巢，垒坚贼悍，经金顺会同张曜督饬将士奋勇进攻，叠败援贼。兹复于上年十二月十三日攻克坚巢，先后歼毙逆酋多名，悍贼八九千名。于天寒饷绌之时建此伟绩，甚属可嘉。王疃已下，其河西附近各堡自应乘胜进攻。著金顺会商张曜分军扼扎要隘，一面调治受伤士卒，整理器械，先行筹办东北各堡，节节扫荡。至通昌、通贵各堡前据左宗棠奏马化潍投降后筹办抚局，并著金顺随时咨商左宗棠，如该堡回众阳奉阴违，仍著该署将军督兵进剿，毋稍迟回，致堕奸计。现在宁、灵一带已无陕回踪迹，所有招集流亡拊（抚）循疮痍一切善后事宜必须实必任事之员认真经理。宁夏道、府、州、县各官能否胜任？著左宗棠随时访察，并遴贤能守令，将地方应办事务悉心筹划。止分良莠，不问汉回，务令彼此相安，毋任寻仇启衅。左宗棠前奏余彦禄一股已缴械投诚。余彦禄亦受伤垂毙，并著左宗棠饬令刘锦棠等妥筹安插，毋令余烬复燃。余彦禄刻下究在何处？著即查明具奏。甘省北路军务得手，恐败逃余匪乘隙肆窜，或西窜甘、凉，或北出边外，著左宗棠、穆图善派兵分头截剿，并著定安督饬缠金、磴口各军严密侦探，遇贼即击，毋稍松劲。将此由六百里各谕令知之。"

（卷302　1页）

同治十年（1871年）正月戊戌

谕军机大臣等："左宗棠、穆图善奏贼匪窜扰肃、甘郡县。左宗棠、豫师奏贼犯碾伯，击退情形各一折。贼匪于十月初九日窜入山丹县城，旋即退窜。大股直逼甘郡，扰及高台，复有另股盘踞镇番县属之柳林湖、西宁地方。又有陕回窜扰。此时，甘省北路军务三在得手，贼党乘西路空虚，纷纷肆扰。虽经杨占鳌、王仁和等随时防御，尚恐兵力不足。著左宗棠、穆图善迅速会商派拨劲旅分扎扼要处所，严密堵剿，毋任贼踪纷窜。其柳林湖踞匪著穆图善饬令常明率队进剿，悉数歼除。河、狄回匪出扰近省一带，经副将王得隆带队迎剿，叠有斩擒。仍著穆图善妥为布置，认真防范。署山丹县知县张秉恬因公出城，有无捏饰，著左宗棠穆图善查明具奏。扑犯碾伯之贼，经参将李春海等督率围勇击退。据获贼供称，有由甘、凉出口之语。左宗棠、穆图善务当于沿边一带设法防守，不得任令窜出边外，致滋蔓延。并知照成禄赶紧派队兜剿，以期聚歼。豫师即督饬李春海等实力防剿，一面相机前进驰赴本任，会同黄武贤妥为筹办。此次击退扑犯碾伯贼匪，在事出力各员准由左宗棠、豫师择尤保奏。将此由六百里各谕令知之。"

（卷302　7页）

同治十年（1871年）正月丙午

谕军机大臣等："文麟、景廉奏科城咨请援兵，暨关外东西各路军务吃紧情形各折片。文麟等前接科布多咨文调军赴援，业已部署，一切由景廉督兵前进。自因该处军情紧急起见，惟乌里雅苏台之贼早经退窜，且已调派察哈尔等处马队前往防剿。刻下乌、科一带情形较松，景廉即著无庸带兵前往，第安集延回众攻破吐鲁番城，另筑新二座。并有往攻乌鲁木齐之信。该回众恃强攻击，并无归顺之意，情殊叵测，必须先事筹防。著文麟、景廉督饬兵勇于西路各要隘严密扼守，加意防范，以杜窥伺。肃州、西宁、河州、碾伯等处回匪纷窜出关。玉门一带渐有贼踪，若不设法截剿，必至络绎西窜，愈聚愈多。成禄所派之李天和等三营现扎玉门、敦煌二县，著即饬令认真巡防，遇有口内窜出之贼随时堵截。其肃州一带窜匪成禄仍当实力剿捕，毋得任令接踵西趋，愈形滋蔓。甘肃宁、灵一带回匪既经分别剿抚，办有头绪。左宗棠务当统筹全局，派拨劲旅将西窜之贼分头兜剿，免致遁逃口外，又成不了之局，并著文麟、景廉严饬东路防兵勤加侦探，遇贼即击，毋稍疏懈。文麟等所奏委员许登科、赵德钰等采办驼只、布匹等项，均在乌城被贼抢去，是否实有其事？著福济等查明。咨照文麟等办理。将此由六百里各谕令知之。"

（卷303　15页）

同治十年（1871年）正月乙卯

谕军机大臣等："左宗棠、穆图善奏分剿窜回获胜，并西路不遑兼顾各折片。西路柳林湖等处贼匪经马队连日进剿获胜。东路傅家山等处复经马步官兵叠次击败贼匪，并护饷到省。著左宗棠、穆图善即饬派出各军分路扫荡，毋任蔓延。惟败贼图窜西宁米拉沟，亟应妥筹防范，并著檄令西路各军严密布置，遇贼即击，迅扫逆氛。成禄一军前据左宗棠奏无庸出关，即在肃州驻扎，与提督杨占鳌会办一切。当谕令成禄就近兼顾肃州，与杨占鳌会同击贼。惟沿边各口贼匪处处可窜，成禄等所部未足深恃，仍著左宗棠、穆图善随时酌度情形，妥筹兼顾。马化漋投诚后本堡马械是否呈缴？墙垣是否平毁？河西等堡及河州、西宁等处贼匪现在如何筹办？王家疃庄已于上年十二月攻克，马化漋等党众仍应懔遵前旨办理。著该大臣等迅速详细具奏。将此由五百里各谕令知之。"

（卷303 24页）

同治十年（1871年）二月辛酉

谕内阁："左宗棠等奏平毁金积堡贼巢，首要各逆伏诛，宁、灵肃清，出力各员请奖一折。甘肃回逆马化漋等于同治八年秋间拥众复叛，盘踞灵州所属金积堡老巢，勾结陕、甘各回四出窜扰。经左宗棠派军分头截剿，节节扫荡，并令道员刘锦棠等进捣逆巢，叠将附近贼垒攻破，四面锁围。该逆势穷乞抚，勒令平毁堡塞，呈缴军械。犹敢迁延观望，并于堡内埋藏洋枪、洋炮一千余件，匿不缴出。是其心怀叵测，怙恶不悛，实属罪无可逭。现经刘锦棠等将首逆马化漋父子、兄弟及逆党谭生城等概行正法。洵足以申天讨而快人心。现在堡塞一律平毁，余众分别安插。其起获银十九万两零，除分赏各军外，著左宗棠将所余银两为迁居灵州之回众购办赈粮，俾安生业。仍督饬各军将各股回匪次第进剿，以期全省廓清。陕甘总督一等伯左宗棠运筹决胜，调度有方，著加恩开复降三级留任处分，并加赏一骑都尉世职。宁夏将军穆图善、陕西巡抚蒋志章协筹防剿，均合机宜。穆图善著交部从优议叙，蒋志章著交部议叙。道员刘锦棠接统湘军，克平巨憝，著加恩赏给云骑尉世职，并赏穿黄马褂。所有尤为出力之道员黄鼎著赏穿黄马褂，提督雷正绾著开复革职留任处分，并照一等军功例从优议叙。另片奏已革布政使衔山西按察使陈湜委办金积堡事宜，劳绩卓著等语。陈湜著开复原官原衔，以示鼓励。"

（卷304　30页）

谕军机大臣等："左宗棠等奏平毁金积堡贼巢，安插陕西抚回。李德昌前赴河州谕抚回众。东西两山捕斩要逆各折片。金积堡首要各逆马化漋等均已伏诛，宁、灵肃清。本日已明降谕旨，将左宗棠等及出力各员分别加恩奖励矣。章合才等十二员统带湘军异常出力，此次所有劳绩，著左宗棠先行拟请奖叙。仍著该大臣存记，俟甘肃全省廓清，再行奏请恩施。化平川安插陕回各事宜，左宗棠所筹均臻周妥，惟回俗素畏头目，而诵经祈福之阿浑尤易蛊惑愚蒙，著该大臣慎选地方官，随时化导，加意拊（抚）循，务令各安生业，以免再滋事端。东西两山及会宁、安定等处最易藏奸，除已擒斩要逆多名外，其未获逆目狗齿牙子等，该大臣即严饬魏光焘等认真搜捕，毋任一名漏网。李德昌求赴河州谕抚马占鳌、马朵大及崔、禹等逆。左宗棠现令李德昌前往，但听其自投，不许招致。该大臣总当察看该逆等虚实情形，稳慎以图。如该逆仍怙恶不悛，务当严饬各将领乘此军威，进剿河、狄、西宁各逆巢，以次荡平，毋得一意主抚，致为该逆所绐。穆图善亦当檄饬近省各军联络声威，俾得肤公早奏。近闻周开锡在南路剿匪，办理一切，舆论未协。且与甘肃各勇营不相辑睦，恐激事端。左宗棠当随时查察，不可信任过专，致误事机。现在巩、秦各属有无大股贼匪，北路既已肃清，该大臣应进扎何处？抑赴省垣居中调度。如统师前进，后路尤当妥为布置，并著蒋志章会商刘铭传将陕甘毗连各要隘严密扼堵，毋稍疏虞。将此由六百里各谕令知之。"

（卷304　32页）

同治十年（1871年）二月癸亥

以陕甘候补总兵官罗营卿为甘肃肃州镇总兵官。

（卷304　35页）

同治十年（1871年）二月乙丑

谕军机大臣等："前因周开锡办理甘南军务恐不得力，谕令左宗棠随时查察，毋误事机，并令查明巩、秦各属有无大股贼匪。当此北路肃清，南路防剿事宜甚关紧要，朝廷实深厪系。近闻河州回匪三千有余已于去腊潜越洮、河，窜至岷州，与官军接仗，复窜巩昌阜阳川一路，向东分股肆扰。距秦州数十里之平南川娘娘霸、盐关、李子园等处时有贼马抢劫，杀伤百姓。岷州叛勇仍与官相持，抗未就抚。似此情形，军务尚无了日。巩、秦为甘省完善之区，前此并未大遭蹂躏。乃自周开锡总统南路诸军既不能御外来之匪，任其奔突，又激变范铭之勇，致与官军为仇，长贼势焰。若不及早廓清，又成燎原之患。著该大臣乘此北路肃清，迅将南路巩、秦一带悉心布置，尽歼丑类。范铭现在何处？其所带勇丁有不法者亟应严惩，有可用者即应留以剿贼。并非楚勇之外皆为不可用之勇，且楚勇中亦未必无他省勇丁参杂其间，所有范铭营勇应如何分别措置之处？该大臣当秉公办理，毋得误听一面之词，以致偾事。将此由五百里谕令知之。"

又谕："刘铭传奏缠金道路隔绝，贼势现在趋里重南路，仍难分兵，请饬定安就近拨队一折。据称河州回匪窜至巩昌阜阳川一路，长驱东下，分股肆扰。秦州境内时有贼马游掠，岷州叛勇虽经议抚，抗拒如故，若该逆更向东窜，唐定奎所部即须移向汧、陇，以固陕防。此外仍无可拨之兵，且缠金距陕甚远，悬军远隔，转运艰难。现闻河冰已开，北路兵力足资展布，请饬定安由河防内拨军驻守缠金，或由定安指派段落交该提督拨兵替守，以便定安腾出队伍，拨军赴乌等语。南路回匪叛勇接踵纷乘，陕防实关紧要。刘铭传所筹各节于接替转运尚属相宜，即著定安斟酌军情，会商刘铭传妥筹调派，以便萨萨布统带马队迅赴乌城，其汧、陇一带防务，刘铭传务当勤加侦探，先事预防，毋稍疏忽。将此由五百里各谕令知之。"

（卷304　36页）

同治十年（1871年）二月辛未

谕内阁："本年轮应查阅直隶、山西、陕西、甘肃、四川五省营伍之期。直隶著即派李鸿章。山西即派何璟。陕西即派蒋志章。甘肃即派左宗棠。四川即派吴棠。逐一查阅，认真简校。如查有训练不精，军实不齐，即将废弛之将弁据实参奏。现在甘肃尚有剿匪事宜，尤须随时加意整顿，毋得视为具文。"

（卷305　44页）

又谕："文麟、景廉奏停止赴乌援军一折。前因乌科情形较松，已谕令景廉无庸带兵前往。至安集延回众攻破吐鲁番城后，并未归顺，心怀叵测，亟应先事筹防。著文麟、景廉懔遵前旨，督饬兵勇于西路各要隘严密防守，毋稍疏虞。东路西宁、河州、宁夏等处大股逆回接连肃州回匪陆续出关，在赤金峡一带盘踞，意图西窜。著成禄迅饬官军确探贼踪，防剿兼施力，扼该逆西趋之路。并饬派出之李天和等三营妥筹布置，遇贼即击，迅殄逆氛。文麟、景廉务当饬令防兵相机堵剿，毋令匪势蔓延。将此由五百里各谕令知之。"

（卷305　46页）

同治十年（1871年）二月壬午

又谕："豫师奏筹办西宁军情等语。西宁回众频年诡托就抚，勾结外匪，四处焚杀。豫师以兵力不足骤难进攻，暂拟镇摄羁縻。解散胁从，以孤贼势。所筹尚为因时制宜之计。现在金积堡贼首马化漋等业已伏诛，群贼自必闻风丧胆。左宗棠即应乘此声威，调派各军，规取河州等处。兵贵拙速，不贵巧迟。谅该大臣全局在胸，必已熟思审计，迅速筹办。豫师业已函商左宗棠移军狄、河时预为分兵四进，以便抽军进扎。著左宗棠斟酌情形，随时与豫师妥筹办理。刻下西宁回情渐已敛迹，窝藏陕匪亦陆续西窜。豫师仍当审度军情，拔队前进，相机剿抚。不得徒托空言，久延时日。本日据英翰奏拿获逆首宋景诗，供称伊子今年二十岁，听说在西路营里，不知真假等语。该逆之子如在军营溷迹，必系诡托姓名，著左宗棠饬令各营留心访察。一经查出即行奏闻。将此由五百里各谕令知之。"

（卷306　54页）

同治十年（1871年）二月戊子

谕军机大臣等："左宗棠奏南路官军剿办溃卒获胜一折。范铭所部溃勇叛踞岷州，经总兵傅先宗等督军进剿获胜，擒斩逆首尤芝政等，余众就抚。业经散粟赈济，挑留壮健，分置各军，编营安插。其老弱妇女万余安置岷州，给以籽粮，督令耕作。筹办尚为周妥。此起溃勇人数庞杂，前曾有焚掠劫抢之事。该大臣虑及土、客寻仇，已将新收叛卒分别饬赴陇西、伏羌、秦安驻扎，勤加训练，著严饬各营妥为钤束，毋令再生事端。范铭所部该大臣已逐一清厘，其另案叛弁，匪目及各省游勇尚恐随处溷迹，仍当檄令周开锡认真清查渐次办理，以靖南路而遏乱萌。此次各军剿抚溃卒，著有微劳，及去冬攻坚阵亡将士准由左宗棠分别奏请奖恤。另片奏复陈周开锡并无激变贻误情形等语。南路军务既据该大臣查明详细陈奏，足纾廑系。所请饬令蒋志章等派员前赴秦州查办之处，著无庸议。周开锡既能任事，不避嫌怨，所有甘南军务及地方厘税钱粮已责成该道经理。该大臣当饬周开锡联络各营及地方官，和衷商办，不得一意孤行。如有贻误，惟周开锡是问。范铭现在是否投出？仍著查明具奏。另折奏请将所得加赏世职，追奖劳臣等语。刘松山屡著奇功，殁于王事，朝廷轸惜殊深。本日已明降谕旨，赐祭一坛，以慰忠魂。俟甘省军务一律肃清，届时再降恩旨。该大臣请将加赏骑都尉世职追赏刘松山，令其嗣子承袭之处，著无庸议。将此由五百里谕令知之。"

（卷306　61页）

同治十年（1871年）三月戊戌

予甘肃凉州等处阵亡副都统善山保等祭葬世职加等。

（卷307　69页）

同治十年（1871年）三月甲寅

礼部以会试中额请。得旨："满洲取中八名，蒙古取中二名，汉军取中五名，直隶取中二十四名，奉天取中三名，山东取中二十二名，山西取中十一名，河南取中十九名，陕甘取中二十四名，江苏取中二十六名，安徽取中十八名，浙江取中二十五名，江西取中二十三名，湖北取中十四名，湖南取中十四名，福建取中二十名，台湾取中二名，广东取中十六名，广西取中十三名，四川取中十五名，云南取中十一名，贵州取中十一名。"

（卷307　77页）

同治十年（1871年）三月戊午

以甘肃克复狄道州城出力，赏副将李忠林、周高升、程文胜、陈复升、刘加斌、陶占魁、参将耿仕才、卢万德巴图鲁名号，知府李守愚、参将唐玉德等花翎，县丞曾长林等蓝翎，余加衔升叙开复有差。

（卷307　79页）

同治十年（1871年）四月己巳

又谕："金顺奏回匪被剿求抚，现筹妥办一折。通贵余匪遁入纳家闸后，冀与纳万郭等匪党伺隙逃窜，叠被官军拦击，无路可逃，擒斩著名首伙多名，败匪溃奔入寨，穷蹙求降。金顺会商张曜勒令此起回众尽缴马械，平毁寨墙。若能悔罪输诚，将藏匿器械缴清，听受约束，即著该署将军等分别妥为安插予以自新。倘敢怙恶不悛，心怀疑贰，仍即督兵痛剿，毋留余孽。宁、灵西岸回务，金顺与张曜会商办理，总当分别良莠，相机剿抚，不可草率了事。其投出灵州回民二百余名，金顺已遣令东渡，由该地方官收管安插。著左宗棠饬令刘锦棠、黄鼎遇此项回民抵籍，即札行该管地方官随时钤束，妥筹安置，毋令失所，免致滋生事端。金积堡攻复后，左宗棠究从何路移营？作何布置？河狄匪势若何？如何设法进剿？该大臣自应统筹全局，将贼匪次第荡平。何以日久尚未奏及，殊深廑系。著即将筹办情形据实具奏，不得稍涉迟回，致负委任。前据福济等奏拿获贼探成娃子，系甘肃平番县人，寄居肃州。据供同治八年杨军门与回回讲和，上年八月内回匪十人持杨军门票出来贸易，随后出来五百人，又有穆姓二人持杨军门印票赴将军公旗下贸易，后跟贼三百多人等语。所称杨军门是否即杨占鳌？有无此等情事？著左宗棠查明具奏。将此由五百里各谕令知之。"

（卷308　86页）

同治十年（1871年）四月辛未

又谕："成禄奏头起官军分扎关外，并筹办后路情形一折。成禄所派头起出关兵勇分扎敦煌二营，玉门一营。去冬已抵防所，现在关外附近地方是否安靖？著成禄饬令游击李天和等与安西、玉门原驻各军联络声势，互为应援，以资防剿。上年窜扰甘郡之贼于十一月初间折回东去，而自山丹至镇番一带贼踪出没无常，道路不通。且西宁之贼常赴北套掳粮，是兰州以西贼仍行滋蔓。左宗棠务当统筹全局，一面进兵河、狄，一面派军由西路绕截，毋令贼匪向甘、凉远窜，致追剿又形棘手。上年贼匪阑入山丹，围攻甘郡。杨占鳌拥兵自卫，闭关株守，以致城外地方悉遭蹂躏。著左宗棠将该提督贻误情形查明具奏。成禄现在驻扎高台，著督率兵勇认真训练，遇有贼踪窜近随时实力堵剿，毋稍松懈。吉林、黑龙江官兵现在无可调拨，该提督当就现有兵力相机布置。另片奏署高台县知县秦德钧因奉委赴肃州查办事件，行至南山马营冈地遇贼被害，殊堪悯恻。著交部照例议恤，并著左宗棠遴员接署高台，以重地方。此股匪徒究从何处窜至？现又窜往何方？著一并查明具奏。

将此由六百里各谕令知之。"

（卷308　87页）

同治十年（1871年）四月乙亥

谕军机大臣等："前因袁保恒奏西征协饷积欠过多，请旨严催。当谕户部速议具奏，兹据奏称查明除江西、闽海关两处新旧协饷扫数解清外，山东欠解原拨左营饷银二十九万两，豫师饷银九万两，山西欠解原拨左营饷银七十五万九千余两，穆营饷银六十五万五千两，豫师饷银一万四千两，河南欠解原拨左营饷银一百十六万七千余两，穆营饷银十五万两，豫师饷银九万两，湖北欠解续添陕甘饷银七十七万两，穆营饷银五十六万两，浙江欠解续添陕甘饷银一百十三万两，福建欠解续派陕甘饷银八十四万两，湖南欠解原拨左营饷银四十七万余两，安徽欠解续添陕甘饷银三十四万两，四川欠解穆营并米价银一百六十六万两，江苏欠解续添陕甘饷银六十四万五千两，专协陕西饷银三万两，两淮欠解豫师饷银五万三千两，广东欠解原拨左营并续添陕甘饷银七十六万两，专协陕西饷银五十五万，两江、汉关欠解专协陕西饷银三万两，粤海关欠解专协陕西饷银九万两等语。甘省各军饷需极形缺乏，亟应速筹接济。著各该督抚监督迅将原拨续拨陕甘各月饷按月如数解清，不准稍有蒂欠。其向有积欠并提拨未解之省，并著该督抚等严饬司道，陆续筹解清完。甘省军务现在较为得手，倘饷需缺乏必至停兵待饷，贻误戎机。如各该省任意迟延，著袁保恒查照同治八年奏案，开具各省欠解成数，知照左宗棠，查取各该督抚司道监督衔名，即行分别奏参。将此由五百里谕知曾国藩、文煜、英桂、李瀚章、吴棠、瑞麟、张之万、英翰、丁宝桢、何璟、李鹤年、王凯泰、杨昌濬、郭柏荫、刘昆并传谕袁保恒、张树声、崇礼知之。"

又谕："左宗棠奏南路官军截剿窜匪获胜一折。河州回匪分窜巩、秦各属，叠经官军击败，逆首张运潍、沙母驴子等均毙于阵，匪党歼除殆尽。另股回匪由成县扰及阶州，亦经邓光耀等击退。此次由安定南犯之贼不过千余，而分支狂窜，势颇慓悍。诚恐该逆先以小股尝试，继将大股出窜，以图一逞。左宗棠现调刘明灯所部八营进扎马营监，以向安定。徐文秀拨所部四营由静宁州延扎会宁，并挽运军粮，以规进取。著即妥筹布置，克日进兵，以期节节扫荡。前据左宗棠奏称抚回李德昌求赴河州晓谕。近日该处情形，究竟若何，该大臣务当相度机宜，速筹攻剿，断不可任其观望迟回，致堕缓兵之计。金积堡收复后，北路有无余孽潜藏，应否留兵驻扎？并如何调派各营分头西进之处均著详悉奏闻。将此由五百里谕令知之。"

（卷309　92页）

同治十年（1871年）四月己卯

谕军机大臣等："穆图善、豫师奏击退平番窜匪，会商布置情形一折。甘肃平番县境于本年二月间，有肃州投诚陕回一千数百名，由成禄派员护送前往米拉沟。据原解委员声称，定期十日仍由米拉沟折回赴肃。乃逾期仍未折回，忽报米拉沟有陕贼多人四出杀掠，复于金家泉等处滋扰，先后经豫师派兵击剿，毙匪甚多。该匪现已分窜入山，即著豫师饬令派出各营分头搜捕，认真扼堵，务将此股贼匪悉数歼除。平番防勇无多，并著左宗棠、穆图善抽调劲旅协同防剿，以资厚集。原赴米拉沟陕回尚未折回，现在滋事之匪是否即系此项回众？且该陕回等现须在肃安插，何以先送至米拉沟，既须由米拉沟折回肃州。何以原解委员又不在平番守候。其办理详细情形何以不先期知照穆图善等。著成禄据实奏闻，并一面妥为办理，毋令贻害地方。甘、凉一带该将军等已饬杨占鳌、王仁和一体防范。即著随时檄令该提督等认真扼守，不可稍涉疏虞。碾伯一带贼股亦当檄令巴扎果莽等处团勇，合力兜捕，保卫地方。将此由五百里各谕令知之。"

（卷309　95页）

同治十年（1871年）四月壬午

谕军机大臣等："成禄奏历陈军务掣肘，并办理抚回情形各折片。前因成禄驻军高台，谕令左宗棠妥筹兼顾。兹据该提督奏称，粮饷两绌，情形万紧。驻师日久，事势更难支持等语。成禄一军叠谕汰弱留强，以资得力，不必纷纷招募，徒耗饷需。惟非左宗棠随时兼顾，恐致贻误事机。著左宗棠统筹全局，遇有该提督咨商一切机宜应行应止，务当悉心会商，妥为经划，庶免该提督无所适从。至左宗棠新定章程，出差员弁均各发给盘川，不准地方官支应。自是正办。而成禄军营饷糈缺乏，所派委员不能优给川资，亦系实在情形。若非速筹接济，不但饥军难以久持，即一切用款亦属不敷支发，著户部查明成禄协饷，咨催各该省督抚迅速筹解，毋任缺乏，以济要需。投诚陕回据成禄声称尚非虚伪。该提督务当随时察看，妥为防范，不可为其所绐。将此四百里各谕令知之。"

（卷309　98页）

同治十年（1871年）五月庚寅

又谕："前因金积堡克复后，叠经谕令左宗棠将如何移营进剿之处妥筹布置，近闻河州回股于四月初间窜扰两当、徽县一带，旋向西去。十六日，隆德县知县周其俊会同马队，遇贼于马厂、野鸡岘地方接仗阵亡。隆德、固原一带匪踪出没无定，兼之叛回马彦泷党众四百余骑潜伏其间，并闻另股回匪在秦州西六十里铺剽劫，攻破管子镇以南民堡一处，经官军追击，于初八日至礼县所属长道镇地方接仗挫败。十四日又有回匪千余骑窜扰娘娘坝、高桥，延扰牡丹园等处。秦州北乡盐合城地方亦有贼踪纷扰。此股回匪约有三千余众，由河州潜渡洮河长驱东下，现在盘踞宁远县属之马坞、新寺一带，分股四出，以扰后路粮道。似此情形，贼势甚为猖獗，著左宗棠将近日军情确切查明具奏。前据奏称调派刘明灯等所部分向安定、静宁等处挽运军粮，以规进取。谅该大臣必已全局在胸，速筹办理。第恐所部将士或因金积既克，北路粗定，遽尔志骄意满，渐形懈弛，甚至观望迁延，不遵调遣。此等军营恶习亦难保其必无。现在河州贼势方张，正当激励诸军鼓行而西，灭此朝食，断不可玩时愒日，坐失事机。仍著将如何筹办情形迅速奏闻，以慰廑念。将此由五百里谕令知之。"

（卷310　105页）

同治十年（1871年）五月甲午

谕军机大臣等："英翰奏饷源日绌，现筹办理情形一折。据称皖省饷需入不敷出，迩年以来积欠防军饷银及左宗棠军饷为数甚多。现拟于防军内酌量裁撤，仍留精锐等语。所筹尚妥。惟现在湖南益阳等县会匪滋事，各路遣散勇丁时虞勾结，即著英翰将新撤各勇妥为钤束，毋令滋生事端。皖省与楚北相近，水陆要隘尤须兵勇严防。该抚所留勇丁务当勤加训练，实事求是，俾成劲旅，以备不虞。皖省月拨协甘饷银二万两。据称自八年迄今已欠三十二万两。请自本年四月起将月解左宗棠军饷暂为停缓，先将旧欠之饷尽筹尽解，俟此项欠饷解竣，再行按月协济等语。著户部议奏建平匪徒滋事，前谕该抚派员搜捕余匪，现在办理情形如何？匪首关汶淮在孝丰县山内，曾否会同浙江兵勇拿获，并著迅速奏闻。将此由五百里谕令知之。"

（卷310　110页）

同治十年（1871年）五月乙未

谕军机大臣等："前据左宗棠奏请禁绝回民新教一折。所称乾隆年间，逆回马明心等创立新教，惑众滋事，先后伏诛，根株未绝。至马化漋之父马二等复以新教私相传授，遂至酿成变乱，皆由新教行为诡僻，足以诱惑愚回，迷而不悟。现在马化漋虽已伏法，而新教传染渐广，必须严加禁绝，以杜乱萌等语。所奏自为思患预防起见。惟回民散居各省，同隶编氓，各安生业。若因区别旧教、新教设为厉禁，地方官稍不加察，书吏借此搜求骚扰，必至回众惊疑，转生枝节。从前乾隆四十九年，回逆田五等滋事以后，钦奉高宗纯皇帝圣谕查办此事，止当分别从逆与否，邪正之殊不必论其教之新旧。钦此。嗣于乾隆五十四年经勒保奏称新教为回教之大害，拟令静宁等处头人访察禀首，复奉圣谕，令其设法化导，不可区别新旧之名。仰见垂训周详，具有深意。此次马化漋倡乱及身既被刑诛，徒党亦遭歼戮，正可借此剀切晓谕，俾该回众等及早改悔，不至误入迷途，自陷罪戾。该督现既出示所属州县禁习新教，并准自悔免罪，仍著严饬该地方官妥为开导，不可操之过蹙，致激事端。所请饬令各省一体禁绝之处，可从缓办理也。将此谕令知之。"

（卷311　111页）

同治十年（1871年）五月壬寅

谕军机大臣等："定安、金顺奏宁夏西岸三县回匪剿办完竣，请将道员汪景度简用。定安奏西来回匪滋扰乌喇特旗界内。金顺奏请将管站合员奖励各折片。纳家闸贼巢业经攻克，宁夏、宁朔、平罗一律肃清。其投出回民业经定安、金顺分起发交地方官安置。灵州逃来之回亦解交该州收管。著左宗棠、张曜仍随时密为查察，妥为镇抚，毋令再滋事端。金顺现应前赴乌里雅苏台将军新任。宁夏一带如尚有潜匿余匪，著张曜统率各营认真搜捕，务绝根株。陕西尚有老弱男妇五百十五名口，应否解至平凉安插？著左宗棠会商金顺、张曜妥筹办理。宁夏军事现已完竣。金顺、张曜所部兵勇应如何分别撤留？或包头缠金一带有须添兵防剿之处，著定安、金顺、张曜悉心会商，妥速筹办。阿拉善、鄂尔多斯等旗并杀虎口等处管站各员接递文报，尚无贻误。著定安查明，择存记奖，毋许冒滥。道员汪景度已交军机处存记。密片一件留中。西来回匪由阿毕尔米特旗窜至白任濠赉及古尔班赛坎一带，分路抢掠。嗣有贼匪三百余人窜入乌喇特中公旗境内，在库克鄂尔济巴克那等处掳掠。续又在中公所属之洪库勒塔拉民屯盘踞。乌喇特旗在黄河之北，直达归绥，无险可恃。亟应派兵兜剿，以期就地歼除。萨萨布带队前进，计正与贼相遇，著安安飞催该副都统亲督全军，星速遄行，迎头截击，迅扫逆氛。并催直字营马队迅赴包头之西。一面分饬驻扎缠金之卓胜营，暨大同镇总兵马升各派劲旅，由东南面节节兜剿，毋任纷窜。杜嘎尔务当侦贼所向，蹑踪追剿，与萨萨布等军前后夹攻，为一鼓聚歼之计。其余各股现窜何处？著定安、杜嘎尔确切查明，认真剿办。乌城军情紧要，非有知兵大员前往不足以资调度。金顺谙练戎机，战功卓著，著即迅速起程前往妥筹防剿，以副委任。土尔扈特汗布彦乌勒哲依图有赴杜嘎尔军营之说，该副都统与该汗是否素识？曾否前来谒见？来见时如何情形？著杜嘎尔即行据实奏闻。将此由六百里谕知左宗棠、定安、金顺、杜嘎尔并传谕张曜知之。"

（卷311　117页）

以筹济甘肃粮饷，予河南巡抚李鹤年优叙。

（卷311　119页）

同治十年（1871年）五月己酉

又谕："左宗棠、穆图善奏南路各军剿贼获胜等语。盐、固一带败残余孽勾合河州回逆窜扰秦州、徽县、伏羌、宁远、礼县各属。经在事各军相机截剿，歼毙逆首马秀、马货郎、刘羊等多名，余贼亦擒斩略尽。其另股窜匪亦经提督张仲春、总兵田连考两军分路兜击，毙贼极多。败贼向通渭回窜会宁。即著左宗棠、穆图善督饬各军实力防剿，务将残匪搜捕净尽，毋使贼氛再有纷窜，以固南路边防。左宗棠另片奏遵复河州等处军情并进规河州，一时未能进取各情形。览奏均悉。军营探报远近不一，传闻容有异词。朝廷既有所闻，即不能置之不问。该大臣惟当仰体朝廷西顾之忧，将进兵机宜悉心筹划，并激励将士杀敌致果，迅奏肤公，用副委任，正毋庸渎办为也。将此由五百里各谕令知之。”

以甘肃克复狄道等城，并击退河州等处窜匪出力，赏总兵官裴思朝正一品封典，提督傅先宗、杨世俊、黄马褂、提督丁桂智、总兵官吴得胜、副将朱运广、林正祥、参将孙得胜、李枝宏、段鹏焘、石清武、马有才、周道钦、游击刘大兴巴图鲁名号，游击佘森芳等花翎，知县曾贵和等蓝翎，余加衔升叙有差。予阵亡总兵官罗营卿等二十五员祭葬世职加等。

（卷311　125页）

同治十年（1871年）五月癸丑

又谕：“成禄奏探闻新疆近日情形，请将奉差游击梅振清奖励，并请饬左宗棠委员接署镇篆各折片。所称安集延攻克吐鲁番城池，逆回亦均投顺等情。与文麟等前奏大略相同。该怕夏要结人心，中藏叵测，难保无狡焉思逞之意。前谕文麟等密探吐鲁番军情，预筹防范。仍著懔遵前旨，妥慎筹划。应否派员前往抚谕，并酌带精兵数营以壮声威。著文麟、景廉悉心会商，妥筹布置。成禄当静候文麟等商办，所有奉差游击梅振清经历艰险，著有微劳，著照所请，赏给副将衔，以示鼓励。至巴里坤地方紧要，前据左宗棠奏派赵德正署理该镇篆务，现据成禄声称赵德正于营务、军政均未讲求，肃镇尚恐不胜，何能膺此重任等语。著左宗棠悉心察看，赵德正如果不能胜任，即另拣妥员奏请接署，以重边疆。成禄现委胡可均代理肃州镇总兵，哈国霖代理肃州知州。该处地方紧要，并著左宗棠遴选明干之员前往肃州，分别署理镇篆、州篆。将此由五百里各谕令知之。”

（卷312　128页）

同治十年（1871年）六月己巳

谕军机大臣等：“左宗棠、穆图善、豫师奏陕回勾结西宁回族滋扰，派兵堵剿一折。陕回分窜西宁，攻扑高寨、威远等堡，扰及高羌堡、董家寨一带，经总兵黄武贤派队堵剿，叠获胜仗，惟逆首白彦虎率党攻陷小南川汉堡，踞为巢穴。崔三一股仍踞曹家堡，分党潜伏高寨。禹生彦股众与为掎角，并有金积堡败匪窜至，与西宁回民联为一气。河州回目马占鳌等亦率撒回攻陷民庄。西宁回族就抚，本不足恃。现在外匪纷至，与之勾结，势恐蔓延。穆图善现已檄令黄武贤率领三营会同豫师原驻威远营勇，调集西碾各路团丁相机堵击。即著督饬派出兵团，认真剿办，毋任贼势鸱张。西宁地方贼股充斥，豫师兵力既单，穆图善驻省各营势又不能远调。左宗棠当统筹全局，迅即拨队驰往助剿，痛扫妖氛。其应如何筹办布置？并现拟进扎何处？河州回巢应如何分路进兵攻剿？均著详细具奏。赴湟道路虽梗，豫师仍当设法克期前进，不得濡滞中途，以重职守。穆图善另片奏未能拨兵兼顾西路等语。甘省北路虽渐肃清，而败残余匪窜向河州、西宁等处，陆续由甘、凉遁入肃州。若左宗棠进兵规取河州，贼势穷蹙，必以西路为逋逃薮，自应添拨兵勇扼守西路，方足制贼死命。穆图善所部保守省城，护运粮石，未能移调前往，自系实在情形。甘、凉兵力过单，难资扼剿。左宗棠统辖全省，西路应早筹及。仍著迅速拨兵协剿？毋得稍涉迁延，致滋贻误。穆图善亦应督率近省各军随时扼剿窜匪，与左宗棠和衷商办，不可稍分畛域。左宗棠、穆图善另折奏剿办山丹土匪及甘州贼股情形。已明降谕旨将出力及畏缩各员分别奖励惩办矣。仍著左宗棠等饬令杨占鳌督率所部加意防范，毋令贼匪乘间奔突，以靖地方。将此由五百里各谕令知之。”

宁夏将军穆图善奏请将丁忧副都统双福仍留军营，允之。

以甘肃剿办山丹土匪暨甘州府城解围，赏副将何青云、参将陈友交、陈元尊巴图鲁名号，千总石得明以守备用并赏花翎，余加衔升叙有差。革临阵退缩总兵官吴于城、游击李联芳职。

（卷313 143页）

同治十年（1871年）六月壬申

补铸甘肃洮岷协副将、巩昌府知府儒学、岷州知州儒学、陇西县知县儒学、安定县儒学、洮州厅儒学、照磨各印信、关防、条记，从总督左宗棠请也。

（卷313 147页）

同治十年（1871年）六月癸酉

陕甘总督左宗棠奏：“现派总兵官戴定邦带律勇两营驻防陇州等处。”报闻。

（卷313 147页）

以记名总兵官章洪腾为甘肃肃州镇总兵官。

（卷313 148页）

同治十年（1871年）六月丙子

又谕："穆图善奏各营马步剿贼获胜等语。甘省大靖及黄崖、王鹅、坝山、石井子等处时有窜贼抢掠军粮及农民牲畜，经萨英阿、双福等带队迎击，擒斩多名。金县境内窜匪亦经穆克德布会合团勇击败。惟现值收获夏田之际，该逆四出滋扰，无非计图饱掠。仍著穆图善督饬派出各队分途截剿，保护农田，毋任肆扰。河逆大股现复偷渡洮河，巩昌、安定、徽县等处均有贼踪。该处入省大路时通时塞。秦州运省饷银军火亦尚滞中途。安定迤西之车道岭等处为粮运要路，游匪出没，防不胜防。穆图善所部不敷分布亦系实在情形。左宗棠当酌拨劲旅前往助剿，力图兼顾。穆图善仍就现有兵力实力防范，毋稍松懈。其河州逆回如何筹办及现在情形若何，仍著左宗棠迅速具奏。将此由五百里各谕令知之。"

（卷314　152页）

以甘肃大靖等处击贼获胜，赏还副都统双福顶翎。

以甘肃西柳沟等处截剿窜匪获胜，赏骁骑校额尔精额、苏勒布巴图鲁名号，余加衔有差。复阵亡已革委参领德住原官，予祭葬世职，如副都统例。

（卷314　153页）

同治十年（1871年）六月壬午

谕军机大臣等："左宗棠奏南路官军剿除窜回余众，攻拔阶州匪巢，现筹进兵事宜。刘锦棠请假回籍，遵查赵德正尚堪胜任各折片。成县任家庄匪匪经总兵苏家良搜剿，投诚者三十人。著左宗棠饬令苏家良妥为安插，毋令再滋事端。此外有无伏莽仍著认真搜捕，毋留余孽。阶州绺匪经副将彭德沅等率队围攻，叠破贼巢。惟段侍才、瞿焕周在逃未获。该大臣当饬彭德沅等实力查拿，尽法惩治。贼供既有段逆赴陕，瞿逆赴川之说，著左宗棠咨照吴棠、蒋志章饬属一体协缉，毋任漏网。中卫、盐、固一带时有游匪出没。徽、两、西、礼等县亦有伏匪伺劫运道。左宗棠即饬派出各军严密掩捕，以净根株。现在该大臣规取河州，分中、左、右三路进兵，布置尚属周密。左宗棠拟赴静宁、安定督剿，即著督饬傅先宗等军分道前进，实力扫荡，毋任河州逆匪日久盘踞。惟河州一经进兵，恐该逆被剿穷蹙，勾结西宁回众纷窜甘、凉等处。该大臣于西路一带尤宜妥筹兼顾，以免匪势蔓延。巴里坤镇总兵员缺，既据左宗棠奏称赵德正尚为相宜，即著饬令迅赴署任，仍随时察看。如不能胜任即行奏请撤换。刘锦棠现在请假回籍，并将伤病弁勇遣撤，另行募补。著饬令到籍后认真挑选，假满即行回甘，以资得力。其所留各营分驻金积、灵州等处，即饬萧章开等妥为镇抚。前由金顺遣回灵州回民，当谕左宗棠饬令刘锦棠、黄鼎遇此项回民抵籍，札行地方官钳束安置。现在办理是否完竣？著左宗棠查明具奏。将此由六百里谕令知之。"寻奏："遵查金顺、张曜等前解陕回六百余名，已分地安插。现在各回民均安靖守法。"报闻。

同治十年（1871年）七月甲午

谕军机大臣等："前因甘肃甘、凉、肃一带兵力单薄，谕令左宗棠、穆图善派兵截剿。兹据奏称现在东西两山尚未肃清，南路亦须留兵驻扎。西宁、河州逆巢未扫，左宗棠现驻静宁，距西路遥远。穆图善所部兵勇驻守省垣，分扎金县等处，均难抽拨。请俟河西肃清，零匪搜除净尽，再由左宗棠拨兵前赴西路等语。甘、凉、肃地方紧要，亟应妥为设防。即著豫师、瑞云就现有兵力于各该处紧要隘口严密防堵。遇有匪徒窜入即行实力剿击，毋任该匪蔓延。惟豫师、瑞云所部兵力无多，如有大股窜入，殊难堵御。仍著左宗棠、穆图善妥筹兼顾，如西路紧急，务于无可抽拨之中设法派兵赴援，以资得力。将此由五百里各谕令知之。"

同治十年（1871年）七月丙申

谕军机大臣等："左宗棠、穆图善奏回匪窜扰北山，官兵截剿获胜一折。北山秦旺川一带产粮最广，现值收获夏麦之际，该匪时出窜扰，虽经各路官军截剿获胜，惟据生擒贼供，有米拉沟撒回勾结陕回二千余人分股四窜，意图抢粮等语。尤应先事预防，力为保护。著左宗棠、穆图善督饬各军，分路确探。何路有贼即向何路截剿，务期护民收获，毋资盗粮。穆图善现已驰往北山，著即相机调度，并将该处驻扎马队，重加整顿，以期得力。将此由五百里各谕令知之。"

同治十年（1871年）七月甲辰

谕军机大臣等："成禄奏撤回潜结西河回匪，肃州防剿紧要，请饬督臣拨兵会剿一折。肃州城内客民撤回二千余人，向不安分。近复布散流言，以马化漋为口实，摇动众志。肃城土著回民亦为所惑。现又暗中勾结西河回匪零星入城，人数益众，若不认真防剿，不足遏乱萌。成禄现将出关三营调回，以一营驻防金塔，二营力扼临水要隘，并分兵防守高台、抚彝，以雇后路运道。即著该提督就现有兵力防剿兼施，毋令肃城稍有疏失。前经叠谕左宗棠派拨劲旅驰往甘、凉、肃一带截剿窜匪。左宗棠复奏折内，有西路相距遥远，目前无兵可拨，拟俟进规河州，即派兵赴西路剿贼等语。此时，肃州情形危急，该督已移营进规河州，著即酌拨劲兵，选派得力将领统带，鼓行而西，相机进剿，以保关内要地，不得稍涉迟误。成禄兵饷久绌，著户部查明该提督指拨专款，各省已解若干？未解若干？分别咨催，迅速起解，毋令迟延。成禄后路粮台著左宗棠饬令署甘京道萧宗干总司其事，所有各省解到饷银等项即由萧宗干设法护运，以资接济。成禄另片奏署甘肃督杨占鳌办事因循，舆情不洽，请催马德昭迅速赴任等语。杨占鳌既不得力，即著左宗棠查明贻误情形，据实参奏。前据李鹤年奏潼关防务紧要，请留马德昭驻扎兼顾，当经准照所议，暂缓西进。现在陕省安谧，预防已松，自应饬该提督迅赴本任，以重职守。即著李鹤年传知马德昭遵行。成禄又片奏投诚陕回赛玉城等因乞假未允，擅自潜逃。由南山一带遁回河州等语。该降众狼子野心，难保不沿途滋扰，著左宗棠饬令甘、凉所属地方员弁严防截剿，并著成禄督饬明春、胡可均等于临水及附近南山一带加意防堵，毋稍疏懈。将此由六百里各谕令知之。"

（卷316　171页）

同治十年（1871年）七月乙巳

又谕："据总理各国事务衙门奏俄国西悉毕尔地方官，由铜线致该国住京公使信函，内称七河省巡抚廓派兵前赴伊犁。五月十七日将伊犁代为收复等语，并闻俄人尚欲带兵前往收复乌鲁木齐。伊犁沦陷，兵力未能顾及，致俄国从而生心，难免觊觎要求情事。若乌鲁木齐再为该国收复则更难于措手。成禄原系乌鲁木齐提督，著即统率所部出关与景廉会合，力图收复。所有该军饷需著户部遵照前旨迅速查催，并宽为筹拨，以资饱腾。肃州一带关系紧要，著左宗棠迅即调派劲派前往扼剿窜匪潜出。成禄一军出关剿贼，毋得以兵力不敷稍形推诿。左宗棠身任兼圻，本应统筹全局，况镇、迪一带又系该督所辖，尤当妥筹兼顾。当此事机紧迫，谅该大臣必能力任其难，以纾朝廷廑系。穆图善如有可拨之兵，并著会商左宗棠酌量调派，以资厚集。将此由六百里各密谕知之。"

又谕："刘铭传奏因病请假，离营调理一折。览奏实深廑系。现在秦、徽、盐、固一带游氛渐少，陕省无须多兵。谭仁芳一军即著留扎该省，以资弹压。该提督所部各军，著毋庸撤遣。本日据总理各国事务衙门奏俄国派兵于五月十七日代为克复伊犁城池，已谕令荣全驰往筹办。惟闻该国尚有派兵规取乌鲁木齐之信，心生觊觎，渐不可制。倘乌鲁木齐再为所得，将来借词要挟，办理更形棘手。本日已谕景廉、成禄先后带兵前进，相机规复乌鲁木齐，期于先发制人。惟景廉、成禄带队无多，亟须精兵劲勇，接续西行，庶足以壮声威。该提督忠勇性成，情殷报效，且以有用之兵置之无用之地，尤属可惜。著即督率所部由乾州鼓行而西，绕出兰州之北由甘、凉、肃一路出关，节节前进，为收复新疆各城之计。刻下河州、西宁逆氛未净，关外如乌鲁木齐等城，又不能任令外人从而生心。该提督惟有力疾从公，专任其难，以副朝廷厚望。将此由六百里密谕知之。"

又谕："据刘铭传奏旧疾举发，请假离营调理一折。该提督以陕西现无战事，南路防务亦松，欲率所部东行，与曾国藩、李鸿章酌商遣留，固为节省饷需起见。惟以有用之兵，置之无用之地，已属可惜。刘铭传忠勇奋发，年力正强，更当为朝廷出力。本日据总理各国事务衙门奏俄国已派兵代为收复伊犁，该国询问如何办理等语。勤兵略远，后患方长，且闻该国尚欲带兵收复乌鲁木齐，若再令逞志于乌，则彼国更有词可借，或至肆行要求。事机至迫，不可稍涉迁缓。因谕署伊犁将军荣全带队前往伊犁收回城池，并谕景廉、成禄先后统率兵勇，规复乌鲁木齐。一面寄谕刘铭传令其督率所部，由乾州鼓行而西，绕出兰州之北，由甘、凉、肃一带出关，节节前进。为克复新疆各城之计，庶于大局有益。至该提督全军饷项关系紧要，即著曾国藩、李鸿章妥速筹商，宽为预备，源源接济，以利师行。总理各国事务衙门及刘铭传折各一件，均著抄给阅看。将此由六百里各密谕知之。"

（卷316　174页）

同治十年（1871年）七月丙午

直隶总督李鸿章奏前任甘肃提督曹克忠现已服阕，暂留天津差委。得旨："著饬令来京陛见。"

（卷316　177页）

同治十年（1871年）七月戊申

又谕："御史张景青奏陕西渭河两岸自宝鸡至潼关一带旷地不下数千顷，闻该处闲田甚多，将来大兵凯撤，似可即屯垦为善后之计等语。近来西北兵勇多有遣散。甘肃庆阳、泾州一带左宗棠业经饬属分办兵屯、民屯。该御史所陈不为无见，著左宗棠、蒋志章体察情形，妥为办理。宜如何预为筹划之处，即著酌核奏闻。将此各谕令知之。"

又谕："左宗棠奏中南两路官军搜捕余匪，叠获胜仗，并率军进驻静宁各折片。雷正绾等军追捕西北逸贼，擒斩贼目李汶虎等多名。杨世俊所部截剿秦州窜回，并在渭源所属汪家衙击贼获胜，将回目刘洪等阵斩。其分窜岷州之贼亦经张仲春等督兵截击，擒斩颇多。至阶州绺匪亦经该处员弁率队进攻，破其卡垒，歼毙悍匪数十名。即著左宗棠严饬在事各军认真搜剿，并将在逃首逆狗齿牙、马彦潍及绺匪史学虎等悉数擒获，净绝根株。左宗棠进规河州，现令雷正绾拨马步九营，魏光焘拨步队五营分扎固原南北各路，以资雕剿而护饷道。令徐文秀驻会宁，刘明灯驻安定，该督自率亲兵进驻静宁，所筹均尚周密。即著于行抵静宁后驰赴安定、狄道一带察看情形，督率诸军分道速进，擒渠扫穴，迅奏肤公，以慰廑系。将此由五百里谕令知之。"

（卷316　178页）

同治十年（1871年）七月庚戌

以甘肃攻克洪冈贼寨出力，赏参将汝得林正二品封典，副将杨万年、游击于飞龙、张林、邱明礼、李凤显巴图鲁名号，都司马壮图等花翎，县丞费登第等蓝翎，副将刘凤清等升叙开复有差。

（卷316　182页）

同治十年（1871年）七月丁巳

谕军机大臣等："吴棠奏川省边隅腹地时势多艰，请暂留带队得力总兵一折。前准曾璧光等奏请将李辉武一军调赴黔省助剿，嗣据吴棠奏留该军两营驻扎大安驿，以固川边，其余三营仍令赴黔。兹复据吴棠奏称湖南会匪滋事，首逆未擒，余氛尚炽。黔江彭水边界现在筹防。贵州毕节所辖之观音洞有匪首罗幺纠集杠匪与云南镇雄所辖之猪拱箐遗孽复萌，勾结为患。该处均近接川边，必须分兵助剿。甘省之徽、两等处与川接壤，时虞回匪窜扰，非两营所能抵御。李辉武带队得力，请准暂留等语。川省边隅腹地既须增兵，即著照吴棠所请，将李辉武暂留川省，以资防剿。该总兵现已拔队赴黔，著吴棠飞檄截留，妥为布置。黔省剿办上下游股匪亦需兵力。吴棠已于武字右军酌拨两营入黔协助，即著曾璧光、周达武于该营到黔后酌量调遣，以资得力。该营月饷吴棠当宽为筹拨，毋令缺乏。观音洞、猪拱箐系滇黔交界处所，既有匪徒窃发，亟宜及早扑灭，免致蔓延。著刘岳昭、岑毓英、曾璧光酌量派兵前往搜捕，并责成各该地方官查拿奸宄，毋任伏莽潜匿，以靖地方。将此由四百里谕知吴棠、刘岳昭、岑毓英、曾璧光并传谕周达武知之。"

（卷316　186页）

同治十年（1871年）八月己未

又谕："左宗棠、穆图善、豫师奏碾伯剿匪获胜，南川被匪窜扰。左宗棠、穆图善奏堵击西宁贼匪各折片。陕匪崔三等窜扰碾伯之胜番沟等处，并扑碾城，经官军连日进剿，将贼击退。平戎一带肃清，剿办尚为得手。在事尤为出力各员，著左宗棠等查明保奏。该逆全股焚垒而遁，究竟窜往何处？著左宗棠、穆图善、豫师严饬各军探明贼踪，合力搜捕，务绝根株。逆首崔三是否实系击毙？该大臣等确查具奏。西宁窜匪四出窜扰窑洞等处，虽叠经擒斩，匪势仍属蔓延。左宗棠等务饬派出官军分头剿办，迅扫逆氛，并檄饬总兵黄武贤严密布置，务将威远一带完善之地妥筹保全。至金县、平番及省城府近各隘，著穆图善饬令带兵将弁实力巡防，毋稍大意。成禄在肃州收抚陕回溃叛东下，甘、凉二府戒严，著左宗棠、穆图善即饬王仁和等加意防剿。如兵力尚属不敷，并著左宗棠酌量拨兵策应。西宁南川一带村庄时被贼匪焚掠，豫师以兵力难分，已函商左宗棠拨军助剿。即著该大臣酌拨得力队伍前往协助。豫师即饬练总张焕奎先行派队救援，以资保卫。宁、灵一带虽经肃清，惟闻甘凉回匪勾结西宁汉回屡扰平番、古浪等处，日久无可掠食，或由古浪之大靖、土门越中卫而出边，或由镇番窜出边外。肃州之回亦时由金塔寺出边窜扰，若不预筹堵截，恐各匪纷纷北窜，必至滋蔓难图。刻下大军进规河州，若以一军分扎镇平番、金塔寺等处，断贼出边之路，以一军驻扎平番，扼西宁贼匪出窜，兼护秦旺川粮道，俾大兵专力河州，免致牵掣，似于局势较为周密。著左宗棠酌量情形妥筹办理。将此由六百里各谕令知之。"

以甘肃肃州剿贼出力，予都司龙舒甲等升叙有差。

予甘肃金县阵亡团总四品衔杨增全祭葬世职加等。

（卷 317　　188 页）

同治十年（1871 年）八月乙丑

又谕："刘铭传奏复陈兵勇道路情形，势难出关，并请赏假离营养病一折。新疆远在西陲，朝廷本欲俟甘省肃清再行筹饷筹兵，力图大举。近因伊犁地方经俄国代为收复，并有代规乌鲁木齐之说，若不迅赴事机，为先发制人之计，竟令邻国得遂狡谋，以后更难措手。是以特命刘铭传率旅西行，为国家力任其难，建滋伟绩。兹据该提督所陈各节，河、湟未靖，转饷艰难。江皖之人又不宜冲寒涉远，自系实在情形。刘铭传又因伤疾举发，亟须静心调养。览奏之余，曷胜廑念。惟边外事机紧迫，万不可置为缓图。淮军素称节制之师，且非刘铭传居中调度亦难兵将一心。刘铭传著赏假一个月，在营安心调理，一俟病体就痊即行督率所部陆续西进，由甘、凉一带转战而前，即在肃州屯扎，无庸出关，庶声威较壮。成禄等军即可一意西行，不至拔前蹶后，于大局较有裨益。该提督军行饷需及应于何处设立转运粮台之处，并著斟酌情形详晰奏明，一面与曾国藩李鸿章酌度办理。将此由五百里谕令知之。"

（卷 317　　192 页）

同治十年（1871 年）八月丙寅

谕军机大臣等："左宗棠奏派军前赴肃州一折。新疆军务朝廷本欲俟甘省大定，次第筹办。此时，既有俄人代为收复伊犁之事，势难置为缓图，惟关外事机紧迫，刘铭传须俟病痊，再行拔队前进，尚恐缓不济急。朝廷正深焦灼。兹据左宗棠复奏，遵派提督徐占彪所部十二营由靖远取道兰州前赴肃州，实能力顾大局。该军既堪当一路之寄，著即饬令迅速前进，不得因有刘铭传屯扎肃州之旨稍涉迁延。一面咨催成禄先行部署，一俟徐占彪到后，即令成禄拔队出关，并将起程日期奏闻。肃州防剿事宜即责成徐占彪妥为筹办。将来刘铭传到肃后亦可商同布置。成禄现在出关，粮饷最关紧要。该军虽有专拨之饷，深虑各省未能如期解到，左宗棠亦当代为筹划，随时接济，俾利师行。本年正月间，据奎昌等奏称绥来等处民团可用，当谕左宗棠或派员出关，或饬口外镇道妥筹安抚。该大臣究竟如何筹办？倘所派之员因道路梗阻未能西行，即可随同徐占彪大队赴肃，并与成禄一同出关，将该处民人加意抚绥，务使各团乐为我用，以收指臂之效。将此由六百里谕令知之。"

（卷317　192页）

同治十年（1871年）八月乙亥

谕军机大臣等："前据户部奏查明各省关欠解西征协饷银数，请旨饬催。当谕曾国藩等迅速筹解。兹据袁保恒奏称迄今各处不惟积欠之饷丝毫未补，向解之数丝毫未增，且间有不如从前者。近日左宗棠进规河州，师行愈远，劳费愈增。各处解款随到随罄，异常支绌。现又筹垫哈密军饷。左宗棠复派拨大队进驻肃州，尤非大批现饷不克成行，请饬迅速筹解等语。西陲军务正当吃紧，而粮台艰窘万分，几至无从支应。若再不速筹接济，恐有哗溃之虞，著各该督抚监督懔遵前旨迅将原拨续拨陕甘各月饷按月如数解清。其从前积欠并著该督抚等查明，陆续筹解清完。倘再任意迟延，致误戎机，必惟该督抚监督等是问。将此由五百里谕知曾国藩、瑞麟、文煜、李瀚章、吴棠、张之万、英翰、丁宝桢、何璟、李鹤年、王凯泰、杨昌濬、郭柏荫、刘昆并传谕崇礼知之。"

（卷318　199页）

同治十年（1871年）八月己卯

谕军机大臣等："奎昌等奏遵旨筹办伊犁情形，暨棍楚克丹赞等回籍葬亲，请饬东、两盟照常换班各折片。荣全因接到俄国来文，有约会派兵出征之语，派令防御多仁泰先赴伊犁查探情形。多仁泰著照所请赏给三品顶带并赏换花翎，即著饬令该员赶紧前往，将一切情形详细确查，随时禀明酌办，据实具奏。俄国既代为收复伊犁，非有大员迅速前往经理，恐该国更有所借口，著荣全懔遵前旨，部署起程。需带官兵或即在乌城附近酌调，以资迅捷。其如何取道前进？如何派兵驻守？前由户部拨银二十万，并另筹赏需。此外尚应筹饷若干，除由塔尔巴哈台行走外，尚有何路可以径达伊犁。科城迤西五站以外台站阻绝，应如何鼓励蒙民？一体设立台站，俾官兵粮饷往来不至窒碍。兵少不足以振威，兵多又艰于粮运，荣全应带兵若干名，均著与奎昌等通盘筹划，迅速奏闻。荣全素性勇往，朝廷固所深知。奎昌等断不可畏难迁延，致误大局。棍噶扎勒参之弟棍楚克丹赞等回洮州原籍葬亲，经奎昌等派令把总朱澍带兵护送，经由绥远城行走。著定安查明另给护照，一面行知山西、陕西、甘肃各督抚转饬各属，于棍楚克丹赞等经过地方，一体验照放行，并令原籍洮州于事竣后加给执照，俾令仍回乌城。定安并传知棍楚克丹赞等沿途安静行走。所过州县毋得借端骚扰。前据张廷岳等奏东、两部落防堵吃紧，该协理将军等未能赴乌，当谕乌里雅苏台将军咨行西、两部落就近直班。兹据奎昌等奏本年夏秋直班，已令西、两部落代替。惟乌城军务亦形吃重，所有蒙古各务均恃副将军转饬办理，未便专责。西、两盟常年驻班，致涉偏估，且遇有应饬东、两盟事务呼应不灵等语。所奏亦系实情。著张廷岳、阿尔塔什达自明年起仍照常例，令东、两盟副将军等赴乌换班，如届时遇有要务，该副将军等未能前往，即著拣派公以上明干扎萨克前往署办印务。将此由五百里各谕令知之。"

（卷318　201页）

陕甘总督左宗棠六十生辰，赏御书扁额曰"旗常懋绩"，并御书福、寿字，文绮珍玩。

（卷318　203页）

同治十年（1871年）九月辛卯

谕内阁："李鹤年奏散勇借端滋事，请将疏防之统领营官分别严惩。蒋志章奏豫军勇丁在潼关肆抢窜散，地方现已静谧各一折。甘肃提督马德昭率领豫军屯扎潼关，该营勇丁杨开运等于八月十九日以索取欠饷为词，纠众肆行抢掠，旋即逃窜。经马德昭等派兵追拿，将逃勇截杀殆尽，余众向阌乡卢氏等处窜逸。著李鹤年严饬派出弁兵暨地方文武分头截拿，务将溃勇悉数捕获究办，并著蒋志章督饬该地方官，将被抢居民妥为安抚。提督马德昭身任统领，未能先事预防，实属咎有应得。著交部严加议处。其中营营官游击谢联升约束勇丁，是其专责，乃竟形同聋聩，致生事端。著革职拿问，交李鹤年严行讯究，如有侵蚀军饷等弊，即行从严参办。"

谕军机大臣等："左宗棠、穆图善奏官军分路剿匪获胜。成禄奏肃回纷扰关内外地方，请饬拨兵会剿，并筹给饷银各折片。回匪纷扰西路之古浪县境及东路之李家庄等处，叠经马步官军击退。其镇番等处窜匪亦经防军截剿获胜。现在大军进规河州，诚恐该逆四出滋扰，以图牵掣。穆图善已赴安定与左宗棠会晤，该大臣等务当悉心妥商，一面进捣贼巢，一面严防窜路，并将省垣防务妥筹布置，以固根本。肃州回逆勾结外来回匪攻陷屯庄，纷扰关内外地方，势甚猖獗。若不速筹扫荡，恐地方日被蹂躏。出关大路必至梗阻。左宗棠前奏已派徐占彪一军前赴肃州，著即饬令赶紧拔队前进，将肃州一带贼匪实力剿办。该军既经西行，所需饷银著左宗棠源源接济，以励军心。成禄现应出关，著即部署一切，俟徐占彪抵肃后，该提督即行统率所部克日起程。此次规复新疆各城关系极重，务当振刷精神，竭力筹办。不得迁延贻误。穆图善另片奏所部各营历年防剿出力，恳请保（褒）奖等语。著照所请，准其酌保数十人。其防守镇番出力官绅等，著一并择尤保奏。成禄另片奏金塔地方击退贼匪情形。所有在事出力员弁团绅著准其择尤酌保，毋许冒滥。又片奏护理安肃道窦型办事乖僻，不能得力，著即行撤任。并著左宗棠迅饬蒋凝学前赴本任，以重职守。如蒋凝学一时不能前往，即著另委妥员署理。刘铭传前经赏假一月调理，并谕令督率所部前赴肃州屯扎。刻下肃州军务吃重，著该提督赶紧督队启行，早日到防。该处为出关要道，得该军扼扎其间，庶可纾朝廷西顾之忧也。将此由六百里各谕令知之。"

又谕："成禄奏武弁弃荣逃走，请饬查拿等语。本年四月十八日，回逆袭破布隆吉营，署都司张大伦带印遁走。五月初一日复袭破桥湾营，营官祁姓、都司谢姓战败脱逃，均不知下落，亟应从严惩办。著左宗棠、文麟、景廉饬属将张大伦及祁姓、谢姓一体查拿务获，从重治罪，以肃军律。前因俄人代复伊犁并有往攻乌鲁木齐之说，谕令景廉酌带兵勇规复乌城，现在如何部署？即著悉心筹办，迅速具奏。肃州回匪现窜玉门等处，著文麟酌拨官军相机截剿，毋令蔓延。将此由六百里各谕令知之。"

（卷319　213页）

予甘肃镇番等处阵亡守备曾梦锐等祭葬世职加等。

予甘肃上盐池阵亡参将万映全祭葬世职，如总兵官例，守备王永周祭葬世职。

（卷319　214页）

同治十年（1871年）九月壬辰

以甘肃省城历年防守暨护运军需出力，赏都司赵琦等花翎，把总董殿元等蓝翎，余加衔升叙开复有差。

（卷319　214页）

同治十年（1871年）九月丁酉

谕军机大臣等："左宗棠、穆图善奏官军进剿获胜，夺据康家崖要隘一折。左宗棠由静宁、会宁驰抵安定，察看地势贼情，知安定为贼踪出没之冲途，而康家崖又贼踪必由之津要。督饬徐文秀、刘明灯各军分路进剿，叠有擒斩，乘胜合围，将康家崖庄堡全行攻拔，歼毙贼匪二千数百名，阵毙贼首马尔和、哈然麻。官军即分据康家、新崖等处立营，以扼冲要。现值秋深水退之时，左宗棠务当饬令前敌各营迅架浮桥，渡过洮河，节节攻剿，迅奏肤公。穆图善与左宗棠筹商一切，意见相同，现已由安定旋省，即著将省城防守事宜妥为布置。将此由六百里各谕令知之。"

又谕："前因袁保恒奏请饬催各省关欠解西征协饷，当经谕令曾国藩等查照户部奏催银数迅速筹解。兹复据左宗棠以军饷待用孔亟，各省新旧协饷延不照解，奏请饬催等语。该军进规河、湟，师行愈远，劳费愈增，且又筹垫哈密军饷，暨派拨队伍进驻肃州，其克复地方应需赈粮等项亦借饷源支应，亟须速筹接济。著各该督抚监督懔遵前旨，迅将原拨续拨西征月饷按月如数解清。其从前积欠并著查明陆续筹解，倘再任意迟延，致误戎机，必惟该督抚等是问。将此由六百里谕知曾国藩、瑞麟、文煜、李瀚章、吴棠、张之万、英翰、丁宝桢、何璟、李鹤年、王凯泰、杨昌濬、郭柏荫、刘昆并传谕崇礼知之。"

（卷319　219页）

同治十年（1871年）九月己亥

谕军机大臣等："左宗棠、穆图善奏截剿窜匪获胜一折。本年八月间，副都统双福等在平城堡大涝池等处截击窜匪，均有斩擒。凉州镇总兵王仁和带队至永昌等县地方节节搜剿，叠获胜仗。著左宗棠、穆图善仍饬该将领等实力防剿，遇贼即击，毋稍疏懈。穆图善另片奏现由安定回省，并陈会商布置情形等语。康家崖攻克后，官军拟进逼三甲集，而中隔洮河，难以徒涉。现饬各营搭造浮桥。安定迤西之车道岭地方经穆图善派队前往修垫车道以通粮路。著饬令将桥道各工迅速办竣，俾得克日进取。穆图善拟抽拨数营赴康家崖填扎，腾出左宗棠所部得以台意前进，即著左宗棠、穆图善悉心会商，妥筹布置。左宗棠务当督饬官军节节进剿，以期擒渠扫穴，早靖边陲。将此由五百里各谕令知之。"

（卷319 222页）

同治十年（1871年）九月庚子

谕军机大臣等："豫师奏筹防甘、凉、肃一带情形等语。豫师接奉前旨筹防要隘，所称自平番至威远各隘口分头防堵，贼匪不能由此出窜，是已确有把握，即著责成豫师妥为布置，不得徒托空言。至由巴燕戎格山后可达西宁之大通，出扁渡口即系永昌、山丹、镇番地界。贼如绕窜此路则甘、凉辖境均被骚扰，亟应加意严防。豫师已知照王仁和、杨占鳌等力扼要隘，以备不虞。仍著会商瑞云随时防范，务臻周密，不可稍有疏懈。肃州收抚陕回溃叛东下，甘、凉戒严。西宁匪徒亦四出窜扰。西路几成贼薮。豫师未可以屡挫贼锋，稍存大意，尤当相机戒备，以卫地方。左宗棠仍当懔遵前旨拨兵助剿，并著穆图善妥筹兼顾。将此由五百里各谕令知之。"

以甘肃克复高寨出力，赏游击黄金福花翎，从九品刘肯堂等蓝翎，余加衔升叙有差。

（卷319 222页）

同治十年（1871年）九月癸卯

又谕："刘铭传奏病难速痊，恳恩赏假回籍调理，并请派员接统淮军各折片。刘铭传著赏假三个月回籍调理，至请饬曹克忠来陕统带马步各队。本日已谕令李鸿章传知该提督即行前往矣。甘省军情紧要，曹克忠未经到陕以前，刘铭传仍当妥筹布置，不得以接统有人，遽行诿卸。俟曹克忠到陕，该提督再行回籍调理，以重防务。将此由四百里谕令知之。"

又谕："本日据刘铭传奏病难速痊，请假离营，并请饬曹克忠赴陕接统淮军等语。铭军营数较多，素尚整饬。曹克忠现在天津，前经李鸿章奏称堪备将材之选，自必知之有素。若令该员接统淮军是否相宜？如果实能胜任即著迅速奏明，派令赴陕。一面仍遵前旨饬令来京陛见。至刘铭传所称由平凉至肃州转运较难，拟分配马步二十营交曹克忠统率赴甘，至兰州归穆图善会商调度，由甘、凉相机前进。兵数较少，转运稍易。以后该军饷项即由李鸿章饬知后路拨归西征粮台，搭解兰州，再由穆图善派队护运。其余队伍或就地遣裁，或撤回两江，酌量遣留等语。所筹各节是否合宜？并著李鸿章妥筹奏闻。将此谕令知之。"

兵部以武会试中额请。得旨："满洲蒙古取中四名，汉军取中三名，奉天取中一名，直隶取中十五名，陕西取中四名，广东取中十三名，河南取中七名，山东取中九名，江苏取中八名，安徽取中七名，山西取中六名，湖北取中四名，湖南取中四名，四川取中八名，广西取中二名，福建取中五名，浙江取中七名，江西取中八名，云南取中二名，贵州取中三名。"

（卷 320　227 页）

同治十年（1871年）九月丙辰

谕军机大臣等："成禄奏肃逆东窜，官军堵截获胜，并该逆分股出关情形一折。肃回东窜高台、抚彝一带，经成禄派兵堵截，毙贼百余人，复密饬兵勇遏其归路，又毙贼数十名。该逆遁归肃巢，分股出关，一向西窜往安、敦、玉等处。一由北套窜去。成禄现咨绥远城将军檄饬各台预为堵御，一面飞饬关外三营相机截剿。即著该提督严饬各军勤加侦探，遇贼即击，保卫民生，毋稍疏懈。逆股既窜向北套，深虑扰及草地，复肆蔓延。著定安檄饬在防兵勇实力堵遏，并将阿拉善旗各台站妥筹防范，毋稍疏虞。张曜现驻宁夏并著分拨队伍确探贼踪，拦头截击，尽殄逆氛。左宗棠仍催徐占彪迅赴肃州，将该处贼巢一律扫荡，净绝根株。庶关外地方不至再遭蹂躏，于大局实有裨益。将此由六百里谕知左宗棠、定安、成禄并传谕张曜知之。"

又谕："文麟、景廉、伊勒屯奏探闻怕夏已赴南路，乌鲁木齐回情反复。

文麟、景廉奏肃回出关滋扰情形各一折。乌鲁木齐逆首马仲如果真心向化，何以于文麟等发去谕纸后久无回信及孔才行抵昌吉仍复率党扑攻，其为诡词乞抚，另蓄诡谋，已无疑义。文麟等务当督率各军妥筹防剿，不得再行议抚，致为该逆所绐。前因俄人代复伊犁，并有进规乌鲁木齐之说，谕令景廉酌带兵勇规复乌鲁木齐，免落他人后著，并令左宗棠由西征粮台内先行借拨银十万两，迅解景廉军营，俾应急需。现在该城回情反复，亟应迅速进剿，以赴事机，著景廉懔遵前旨克日带兵起程，节节进取，将乌鲁木齐及早收复。庶声威较壮，邻国不至生心，于大局实有裨益。怕夏不在吐鲁番候信，遽赴南路，是其归顺之说殊不足信。文麟等务当相机妥办，不可堕其计中。如果真心投顺，交出城池，届时再由该大臣等奏明办理。陕回大股勾结肃逆出关滋扰，攻陷安西协属之布隆吉尔桥湾各堡，并攻扑安西、敦煌城池，虽经兵勇击退，而贼股麇集，来去靡常，难保不时出肆扰。左宗棠前奏派徐占彪十二营前赴肃州，谅早拨队西进，著饬该提督分拨队伍相机协剿，毋任该逆再行出关肆扰，并将肃州防剿事宜妥为筹办。徐占彪到肃州后，成禄著即懔遵前旨整队前行，与景廉会合，规取乌鲁木齐，毋稍濡滞。将此由六百里各谕令知之。"

（卷320　239页）

同治十年（1871年）十月戊午

谕军机大臣等："前据刘铭传奏称病难速痊，未能前赴肃州，已有旨赏假三个月，准其回籍调理。前任甘肃提督曹克忠曾在甘省剿贼，谙悉戎机，著即前赴陕西接统刘铭传所部淮军，迅赴甘肃肃州一带办理军务。准其专折奏事。该提督膺兹重任，必能为国出力，迅奏肤功。刘铭传著俟曹克忠到陕接统所部后再行回籍。所部向称劲旅，现归曹克忠接统，兵将恐不相习。曹克忠抵陕后，著刘铭传与之会商，务将一切驾驭机宜筹划妥协。一面将办理情形会同具奏。甘、凉、肃一带贼股充斥，曹克忠进扎肃州须由甘、凉取道前进，正可节节扫荡，尽殄妖氛。后路转运粮饷各事宜均关紧要，著左宗棠、穆图善随时照料，妥筹兼顾。该军月饷著李鸿章迅即核定数目，饬知后路粮台按月拨交湖北转运局，搭解西征粮台转解，毋令缺乏。并著袁保恒妥为经理，随时督饬运解，不得稍有迟误。其余淮军队伍即由刘铭传带回徐州驻扎，著曾国藩督饬认真操练，以备缓急。将此传谕曹克忠并由四百里谕知曾国藩、李鸿章、左宗棠、穆图善、刘铭传并传谕袁保恒知之。"

（卷 321　243 页）

又谕："文麟、景廉奏肃州回匪扑进安西州城，立时击退，并贼扰敦煌县境各折片。肃州回逆屡窜出关。七月初二日扑入安西州城，当经该城文武及驻防该处之提督张玉春等督率弁勇登时击退。该地方文武员弁虽属疏于防范，尚能将贼众立时击退，力保危城，均著免其议处。提督张玉春、副将柳致胜协防出力，均著交部议叙。其余出力员弁著准其查明酌保，毋许冒滥。该逆虽经东窜，难保不去而复来，著文麟、景廉督饬该城文武实力防剿，以杜窥伺。其窜扰敦煌之贼经李天和等于秦安坊地方击败。该县四乡被贼蹂躏，情形可悯，著文麟等妥为抚恤，毋使失所，并著饬令在防官军遇有贼踪窜近迅速堵剿，力遏狂氛。现在贼匪纷扰关外，安、敦、玉等处均形吃紧，若不速筹扫荡，恐哈密后路渐致梗阻。成禄一军本应出关，著即先派数营前赴嘉峪关扼扎，以防贼匪出窜之路。一面饬令关外三营随时截剿，力保完区。徐占彪一军计已由兰州拔队西进，著左宗棠催令迅赴肃州，将该处贼股力筹剿办，毋任纷窜。成禄于徐占彪抵肃后即当统率所部出关，相机前进，毋稍濡滞。本日据张廷岳等奏甘省回匪时由肃州一带出边窜扰，图扑库伦等语，著成禄于肃州一带要隘设法堵截，并著左宗棠饬令徐占彪到防后分拨兵勇，妥为布置，以免贼匪出窜边外益滋蔓延。将此由六百里各谕令知之。"

（卷 321　245 页）

同治十年（1871 年）十月壬申

谕军机大臣等："景廉奏遵旨筹划进兵一折。景廉奉命进规乌鲁木齐，现已檄调驻扎安西等处。步队三营交提督张玉春统带，由巴里坤向西进发，并咨调巴里坤绿营官兵三百名随同进攻。统计兵勇三千有余。防剿兼筹，实属不敷分布。景廉已会商文麟饬令孔才驰赴西路，调齐镇西定等营暨奇古一带兵勇听候调遣。即著酌度情形，妥为驾驭，以资得力。成禄即懔遵前旨迅统所部克期出关，不准再涉迟延。景廉军饷前已由西征粮台借拨银十万两，并催令四川等省将月协专协等款扫数筹解。著户部再筹拨银十万两解至察哈尔，由景廉派员迎提应用。庆春当派员护解，催趱前进，以期迅速。此项饷银到尚需时，准景廉先于乌、科两城各借拨银二万两，著金顺、奎昌、多布沁扎木楚、常顺、文硕照数发交该委员运解回营，俟部拨饷银解到即行叩还。景廉现需健驼六百只、牛二百头、羊二千只，著文硕饬属于乌梁海等处代为购买。此项价值即由借拨饷银内提出发给。至军行粮随最关紧要。景廉现拟派员分赴巴里坤、奇台、古城一带查看采办军粮，必须宽为筹备，以供支放。著伊勒屯、文麟随时照料，毋稍漠视。景廉迅将诸事布置妥协，刻即督队西行，力图规复，毋误机宜。安、敦、玉等处险要，著文麟拨兵填扎，严密防守，不可稍涉大意。关外军情紧急，乌里雅苏台又时虞贼匪回窜，著金顺迅即驰赴新任，将防剿事宜悉心布置，以副委任。另片奏请调员差委及分拨马队等语。荣全军营前已将富和等十员发往，足敷差委。本日有旨将景廉简放乌鲁木齐都统，哈密帮办大臣令锡纶补授，并令赴景廉军营随同办事矣。穆图善如能分拨吉林、黑龙江马队二三百名归景廉调遣，即著檄令兼程出关，以资攻剿。其请拨洋枪军火，已谕令李鸿章等筹解矣。将此由六百里各谕令知之。"

又谕："本日已有旨催乌鲁木齐提督成禄迅速带兵出关，闻该提督所部兵勇不甚得力，并有到处骚扰情事。此次规复乌城，事关紧要，必须军律严明，方能有济。成禄到营后即著景廉咨照成禄将所部兵勇汰弱留强，严申军律，并著确查该提督如果不能胜任，随时据实奏闻，毋稍徇隐。将此密谕知之。"

又谕："据景廉奏遵旨筹划进兵一折。景廉进规乌鲁木齐，因哈密仅有马步队三营，将后路驻防三营调赴哈密，由巴里坤向西进发。其安西、敦煌两处即由文麟分兵驻扎，以资防守。安、敦、玉等处为巴、哈东路声援，现在屡被肃回窜扰。兹又将驻防三营拨赴前敌，文麟亦未必有兵可拨。后路益形空虚，殊属可虑。本日已谕令成禄克日带兵出关，以资厚集。第念肃州一带必须有兵填扎，方足截回氛之西窜，壮关外之声威。著左宗棠懔遵叠次谕旨，檄催徐占彪一军迅赴肃州，将该处贼股力筹剿办，毋任纷窜。乌鲁木齐为逆回老巢，丑类甚众。阜康亦为贼踞，势成掎角。景廉所部仅三千人，益以成禄一军，兵力仍形单薄。必须另添劲旅，扼扎关外，庶可联络声势。前经谕令曹克忠接统刘铭传所部淮军拔赴肃州，将来此军抵肃，著令徐占彪率

队出关分扎安、敦、玉等处，足为景廉等后劲，并著左宗棠斟酌情形，预为
筹划，毋误事机。景廉等军饷前据袁保恒奏先拨银六万两，派提督李炳勋等
领解赴哈等语。此时行抵何处？著左宗棠严饬该提督等迅速西行，并令沿途
员弁妥为护送，俾得早抵哈密，以利师行。其余四万两并著该督饬令西征粮
台迅速续拨解往，毋稍稽迟。将此由六百里谕令知之。"

（卷321　255页）

同治十年（1871年）十月乙亥

前甘肃提督曹克忠奏报起程赴陕日期。得旨："肃州军务紧要，著即迅
速赴陕，统带淮军驰赴肃州，妥筹防剿，毋稍延缓。"

（卷322　259页）

同治十年（1871年）十月丙子

补铸甘肃阶州知州印信，从总督左宗棠请也。

（卷322　260页）

同治十年（1871年）十一月癸巳

谕军机大臣等："左宗棠、穆图善奏官军攻破贼垒，叠获胜仗一折。览
奏欣慰。此次左宗棠等督军渡洮，连战大捷，踏毁高家集等处贼堡，斩馘万
余，并将三甲集巨巢攻拔，军威丕振，贼胆已寒，办理极为得手。惟由三甲
集以西至泰子寺贼垒林立，其眷属死党均聚集大东乡，负隅抗拒。亟宜乘此
声威节节扫荡。左宗棠已饬令傅先宗等先攻七甲集各垒卡，直捣泰子寺。再
回攻大东乡，与诸军分道并进，调度甚合机宜。著即激励各军克期前进，尽
殄逆氛，以竟全功。另片奏中南两路官军剿贼情形亦均得手。现在中路平、
庆、盐、固一带已就肃清。马彦瀛等逆窜并河州大东乡一带，正可乘势兜
围，聚歼丑类，毋令四出蔓延。南路各军已将河州窜出回股追剿殆尽，尚属
出力。准由左宗棠汇案择尤保（褒）奖。另片奏回目具禀投诚等语。崔三、
禹得彦等悔罪投诚，原可网开一面，惟必须责令直捣河州，与贼接仗立功，
方准收抚。此中操纵机宜，该大臣等务当妥为筹划，毋稍疏虞。其投诚之陕
回杨汶彦及莳台堡回目马应林等应如何妥为安插之处，并著察看诚伪，相机
办理。将此由六百里各谕令知之。"

钦差大臣左宗棠奏："请调服阕前任河南按察使谭钟麟赴陕甘军营差

委。"允之。

予甘肃高家集等处阵亡副将王楚仁、都司余植榱、杨振家祭葬世职。

予甘肃三甲集等处阵亡副将喻友才、参将廖嵩、殷德益祭葬世职加等，副将眭金城、参将杨其昌祭葬世职。

（卷 323　270 页）

同治十年（1871 年）十一月甲午

复甘肃静宁阵亡已革副将施鹏原官，予祭葬世职。

（卷 323　271 页）

同治十年（1871 年）十一月丙申

谕军机大臣等："前因川省防务紧要，经吴棠奏准将陕西汉中镇总兵李辉武暂留川省带队，驻扎大安驿，以固边防。兹据蒋志章奏称淮军将离陕境，该省地方辽阔。甘省现在进攻河州，难保逆匪不乘虚肆窜，扰及陕疆。该抚已饬谭仁芳一军移扎延、绥一带，与北山防军联络守御。惟汉、凤等处空虚，请令李辉武就近回汉中镇本任，以资防守等语。大安驿为汉中属境，该总兵现既带兵驻扎，即著吴棠、蒋志章饬令李辉武即回本任，并著蒋志章再拨数营交其统带，与所部川军互相联络，俾壮声援。所有川北边防及陕省凤翔一带防务即著责令该总兵妥筹兼顾，延绥等处。并著责令谭仁芳认真防堵，毋稍疏虞。将此由四百里各谕令知之。"

以甘肃克复狄道等城，肃清南路出力，赏提督张明富、张仲春、总兵官翁九良、协领喜胜正一品封典，总兵官吴得胜、柯得顺、副将常远藻、张养吾、刘兴发、陈连春、孙大海、朱望福、马虎、和得华、董金城、朱学贵、唐训文、参将谭秀堂、成秀良巴图鲁名号，守备刘福胜等花翎，千总朱业焜等蓝翎，余加衔升叙开复有差。

（卷 323　271 页）

同治十年（1871 年）十一月己亥

谕军机大臣等："张曜奏查明沿边一带口隘，绘图呈览一折。据称肃州之金塔一带边墙间有坍塌。平番之裴家营，古浪之大靖、土门及甘、凉南山各口均可通达边外。陕回崔三等股勾串西宁、肃州土回分股窜扰，人数颇众。是甘省西北一带贼踪出没靡常，实为沿边之害。现在大军由三甲集等处进剿，恐河州之贼势穷纷窜。西北一带愈形吃重。左宗棠务当通筹大局，预为防范。前据该督奏称陕回崔三等具禀投诚，是否真心悔罪？仍著察看情形，妥为筹办，不可稍涉大意。肃州回众时窜玉门、安西等处，著檄令徐占彪抵肃后将该处防剿事宜速筹布置，以通出关之路。阿拉善旗红柳园等处现在有无窜匪？著张曜饬令李葆珠等认真截剿，以清余孽。北路沿边口隘并著随时侦探严防，毋稍疏懈，图留览。将此由五百里谕知左宗棠。并传谕张曜知之。"

（卷 323　273 页）

同治十年（1871 年）十一月辛丑

谕军机大臣等："左宗棠、穆图善奏附省各营剿贼获胜情形。穆图善奏派兵扼扎柳林沟各折片。甘肃附省一带时有贼匪窜扰，经各路防军随时雕剿，叠有斩擒，不至蔓延为患。现届严寒，河冰冻结，深恐贼匪伺隙纷乘。仍著左宗棠、穆图善檄饬防军勤加侦探，遇贼即击，毋得稍涉疏懈。渡洮各营已攻克三甲集，进规大东乡。该处贼悍巢坚，山径错杂。我军深入尤宜稳慎进取，方免疏失。穆图善准左宗棠知照东路空虚，前敌无兵可拨，因派总兵李佑清统带三营扼扎柳林沟，遏贼旁窜。惟省城密迩巨寇，兵力仅有六营，实属不敷分布。曹克忠接统淮军前赴肃州一带，须由兰州省城经过。如届时河州尚未攻克，即著该提督会商穆图善或将所部分扎省城附近各隘，腾出穆图善之兵前往省外各要隘分布，似于防剿两有裨益。该提督当迅速拔队起程，相机筹办，毋误机宜。省防紧要，仍著穆图善就现有兵力妥为布置，务臻周密。将此由六百里谕知左宗棠、穆图善并传谕曹克忠知之。"

（卷 323　275 页）

同治十年（1871 年）十一月壬寅

又谕："景廉奏变通饷路，亲赴巴里坤筹办事宜。文麟奏派兵随同西征，并筹办防务各一折。师行粮随，必须豫为筹划。景廉拟带头起官兵驰赴巴里坤，设法采买军粮，并于巴里坤迤西安设台站，著即会商伊勒屯等妥为办理，一俟办有头绪，即当督催后起官兵迅速前进。乌鲁木齐、奇台、古城等处自变乱后，户民流寓敦煌者甚多。景廉现已晓谕该户民等如有愿回原籍者准其随营西进，并拟将来发给牛具、籽粮俾资生业，酌量升科。择其精壮者入营训练。著即照所拟，随时相机筹办。景廉所部靖边各营兵力尚单，文麟已派孔才带领威仪前军马队一营随同西进，并拟将新收定西、镇西等营弁勇统归景廉节制调遣。此项民勇不为贼匪所煽，颇知顺逆。第乌合之众未必能谙纪律。景廉由奇台一带前进，务宜察看情形，妥筹驾驭，俾其踊跃用命，以资联络。肃州贼匪屡次出关窜扰，安、敦、玉等处势甚紧迫。景廉所部张玉春三营现既调令西行，愈形空虚。前谕成禄先派数营前赴嘉峪关扼扎，著仍遵前旨，赶紧派往，扼贼出窜之路。一俟徐占彪抵肃后，成禄即当拔队出关，毋稍迟滞。徐占彪现已行抵何处？著左宗棠催令星速到防，俾成禄得以早日成行。哈密一带防守及景廉后路转运各事宜著文麟熟筹妥办，毋稍贻误。安西关系紧要，并著檄饬该州协调集户勇协同防守。一面派员前往募勇扼防，以壮声势。前拨直隶等省专解巴、哈两城饷银三十万两，半年之久解到无几。刻下哈密军务紧要，需饷急迫，著户部查明应拨哈密之饷速为催解，以资接济。景廉请将四川等省协饷改由察哈尔转解。本日已谕令各该督抚并察哈尔都统照办。此项饷银解到时，仍著景廉、成禄分别动用。将此由六百里各谕令知之。"

又谕："前因户部奏拨景廉、成禄军饷，当经谕令四川每月拨银一万数千两，湖北、陕西每月各拨银数千两，解交成禄、景廉军营。其专协之款四川欠银六十五万两，山东欠银十九万五千两，山西欠银五万五千两，河南欠银四万四千两，并谕吴棠等迅速解甘，转饬道员萧宗干解交景廉等应用。又户部续拨山东地丁银五万两，谕令丁宝桢迅解成禄军营。兹据景廉奏现在甘肃平番一带皆有贼踪，而肃州回匪复出关窜扰，道路依然梗阻。请饬暂行改道转解，以便与成禄分别支用等语。著照所请办理。所有此次四川、山东、山西、河南专协欠解景廉、成禄军饷，除业由道员萧宗干解运并专拨成禄军饷银五万两外，其余未解之款及四川、湖北、陕西应解月饷，著李瀚章、吴棠、李鹤年、丁宝桢、鲍源深、蒋志章、郭柏荫、文彬即将各该省应解景廉、成禄饷银暂行解至察哈尔，转解景廉军营。俟驿路疏通再由甘省运解。额勒和布、庆春于各该省饷银到时即行派员转解景廉军营，毋稍迟误。将此由五百里谕知李瀚章、吴棠、李鹤年、额勒和布、庆春、丁宝桢、鲍源深、蒋志章、郭柏荫并传谕文彬知之。"

（卷 324　278 页）

同治十年（1871年）十一月乙巳

谕军机大臣等："前因袁保恒奏西征全军盼饷甚亟，恳请速筹拨济，并请借拨洋税，当交户部速议具奏。兹据该部奏称西征全军一月满饷需银六十万两，各海关六成洋税本为解充京饷之需，屡经各省截留，势难再行指拨。各省欠解西征饷银甚巨，现拟援照上年成案仍从积欠最多之省酌量提拨。河南、江苏、湖北各提银八万两，浙江、福建、四川、广东各提银五万两，山东、山西、安徽、湖南各提银四万两，共成六十万两之数等语，即照所议。著各该督抚严饬藩司迅速如数筹拨，限于年内解交西征粮台，以应急需。现在渡洮官军正在得手，饷需自刻不容缓。倘各该省逾限不解，即由左宗棠查照同治八年八月奏案，指名严参。其余各省关应协月饷并著各该督抚饬令按月筹解，不准拖延。其以前积欠各饷仍著陆续筹解，俾资接济。将此由五百里谕知曾国藩、瑞麟、左宗棠、文煜、李瀚章、吴棠、李鹤年、何璟、英翰、杨昌濬、王凯泰、丁宝桢、鲍源深、郭柏荫并传谕文彬、王文韶、袁保恒知之。"

（卷 324　280 页）

同治十年（1871年）十一月丁未

又谕："传谕广东提督张曜。张曜奏剿办窜匪情形一折。提督李葆珠等于九月初六等日在红沙梁、井泉墩地方叠次击贼获胜。西宁等处回匪六七百人从乌喇特旗掳掠而归，复经李葆珠等率队剿击，逸贼遁向镇番西南。另股窜匪扰及中卫及宁夏县属境，经张曜督队迎剿，均有斩擒。剿办尚为奋勉。陕回麋集西宁、大通一带四出剽掠，柳林湖素为产粮之区，连年被扰，现经张曜抽调两营添扎，以厚兵力。即著饬令该官兵等严密防堵，遇有贼匪窜近即行实力歼除，不可稍有疏虞。其宁夏一带地方著该提督将防剿事宜，随时相机妥办，以副委任。"

（卷 324　282 页）

同治十年（1871年）十一月戊申

谕军机大臣等："前据景廉奏筹划进兵，请饬添拨马队，当经谕令穆图善酌量分拨。兹据穆图善奏称存营马队官兵仅一千二百余名，均已分途扼扎。现当进剿河州，各处要隘亟需扼堵，势难再行抽调等语。所奏自系实在情形。穆图善既无马队可拨，荣全前奏吉尔洪额所带黑龙江官兵五百名，由科城设法送至哈密交景廉调遣。已有旨谕令荣全酌度办理。如景廉军营必需此项马队，即著会商荣全酌调前往助剿。西征粮台拨解景廉饷解十万两已有六万两由兰州起程前进。其余四万两俟解到兰州时，著穆图善催趱护送，迅解景廉军营，以应急需。将此由五百里各谕令知之。"

（卷324 283页）

同治十年（1871年）十一月乙卯

又谕："文麟、景廉奏玉门、敦煌贼扰情形各等语。肃州回逆自本年三月至六月间叠次窜扰玉门县属之昌马湖、赤金等处，势甚蔓延。其扑犯敦煌之贼于七月间退窜后，复于八月间纠集大股，纷扰该县境内，情形甚为吃紧。该处仅有李天和所带健锐二营，兵力较单。文麟等现派营官王者彦等率领马队百余名前往援应。著即饬令会合敦煌官兵实力堵剿，迅扫狂氛。玉门为关外首站，逆匪出窜首当其冲。该处仅有健锐一营、威仪一营，亦恐不敷分布。文麟等务当饬令该县文武联络兵团妥筹防范。其屡次击贼出力之员弁团总人等准其查明汇案保奏。该逆既有攻扑哈密之谣，文麟等尤应加意防范，以杜窥伺。刻下关外贼氛甚炽，若不遏其后路必至纷纷出窜，愈无底止。著成禄懔遵前旨迅派数营先行驰赴嘉峪关扼扎，以资截剿。仍俟徐占彪到肃，即行拨队出关，毋稍迁延，并著左宗棠催令徐占彪赶紧进发，即将该员到肃日期迅速奏闻。将此由六百里各谕令知之。"

以甘肃安西击退回匪，赏提督张玉春白玉翎管一支、白玉搬指一个、火镰一件、大荷包一对、小荷包两个，都司杨文岚、外委万大富、军功蒋全龙巴图鲁名号，千总龙翼保以守备用，并赏花翎，县丞彭庆镛蓝翎，余加衔升叙有差。予阵亡都司张泰和祭葬世职加等。

（卷324 293页）

同治十年（1871年）十二月戊午

谕军机大臣等："曹克忠奏驰抵陕省日期，并请截留准军一折。据称该提督于陕州灵宝、潼关一带遇准军队伍给绎东行，询系刘铭传饬令先行拔赴徐州所留二十二营，其中员弁勇丁亦复纷纷告假，不绝于途等语。前令曹克忠赴陕接统淮军，当谕刘铭传俟曹克忠抵陕后会商一切，将办理情形会同具奏。其余队伍带回徐州驻扎。刘铭传自应与曹克忠面商后再将队伍分别撤留。乃该提督迫不及待，遽将各队遣撤，且并未先行奏明，殊属轻率。现在所留各营是否一律精壮，著责成刘铭传认真挑选足额，不得以疲弱充数，致难得力。甘肃转运艰难，曹克忠统军前进，队伍亦不宜过多。且肃州地方现有左宗棠所派提督徐占彪统带十二营前往驻扎。曹克忠抵肃后亦可联络布置，自不必将淮军行截留。该提督现已由西安驰赴乾州，著即与刘铭传筹商一切，接统该军，克期西进。刘铭传前奏拟分配马步二十营交曹克忠接统。此次曹克忠折内所称分拨二十二营，因何不符之处，著刘铭传、曹克忠查明具奏。现在拔赴徐州之淮军各队，曾国藩务当督饬认真训练，将来曹克忠所统各营弁兵内如有缺额及不能得力者，即可在徐州各营内续行挑补。著曾国藩、李鸿章随时咨商办理。将此由五百里谕知曾国藩、李鸿章、刘铭传并传谕曹克忠知之。"

（卷 325　296 页）

同治十年（1871年）十二月乙丑

又谕："刘铭传、曹克忠奏接交队伍情形一折。曹克忠驰抵乾州，已据刘铭传将铭军步队十七营，马队三营，并楚军马勇二营共二十二营，并军火器械逐款移交曹克忠接管。该提督即当迅速部署，拔队先赴兰州，会商穆图善妥筹防剿，毋误机宜。如兰垣无需多兵，仍著懔遵前旨迅赴肃州一带，与徐占彪各营联络声势，扼要驻扎。步队中将领勇丁有假归者，既须选补足额。著即知照曾国藩于徐州队伍内挑拨，发交曹克忠充补缺额。该提督尽可先行带队前进，不必俟此项缺额补足再行起程，致涉迟缓。曹克忠赴甘后，道途窵远，该军饷项必须先期拨解，方免缺乏。著李鸿章、李瀚章饬知湖北粮台将赴甘各营军饷先期三个月解交西征粮台，源源转解，以资接济。将此由五百里谕知曾国藩、李鸿章、李瀚章并传谕曹克忠知之。"

督办甘肃军务前任直隶提督刘铭传奏："请将所部历年阵亡弁兵于安徽合肥县原籍建立昭忠祠。"允之。

（卷 325　302 页）

同治十年（1871年）十二月癸酉

陕甘总督左宗棠奏："甘肃军务未竣，请将本届计典展限办理。"从之。

（卷326　309页）

同治十年（1871年）十二月甲戌

予甘肃永昌殉难总兵官石绍文祭葬世职。

（卷326　311页）

同治十年（1871年）十二月丁丑

又谕："景廉奏驰抵巴里坤筹办军粮，催调后路各营拔队，并西路军情各一折。景廉于十月初七日驰抵巴里坤，与伊勒屯商办进兵事宜。惟沙漠瘠区，屡遭兵燹，采买军粮万分棘手。且各省欠解之款迄无起运明文，所有粮石价银及勇丁月饷等项现均无款可给，自应迅筹接济。除西征粮台拨款，业经奏报起解外，其户部续拨之十万两及各省欠饷协饷即著户部详晰查明，迅速咨催，饬由察哈尔运解至景廉军营以应急需。至塞外用兵，筹粮难于筹饷。现在巴里坤一带粮石无多，将来大军衔接西进更难仓卒立办，著李鸿章、定安、富勒珲、鲍源深预行筹款，分饬口北、归绥两道广为采办面斤，随时运送。景廉所请在乌里雅苏台设立转运粮台，或由喀尔喀蒙古游牧拨用驼只，或官为发价雇觅商驼之处，并著金顺、奎昌、多布沁扎木楚竭力筹办，以济军食。蒙兵素本怯弱，且布彦乌勒哲依图叠据文硕奏称，其人未可深恃，著景廉妥为驾驭，毋致贻误。至绥来县西湖地方居民归附俄国，虽系传闻之词，惟该处久无官长约束，难免见异思迁。景廉务饬派往委员设法抚（抚）循，毋令涣散。景廉仅带马步两营，兵力太单，著文麟迅拨数营驻扎安、敦一带，以便景廉所部张玉春等营陆续进发以振军威。成禄懔遵前旨先派数营扼扎嘉峪关，一俟徐占彪抵肃后，该提督即当拔队出关，毋稍迟滞。徐占彪现抵何处？计期早应到肃，著左宗棠催令星速到防，俾成禄得以早日成行。西路军情仍著景廉、伊勒屯随时侦探，相机妥办。将此由六百里各谕令知之。"

（卷326　313页）

同治十年（1871年）十二月壬午

又谕："奎昌等奏探闻肃州回匪情形，并请饬库伦捐备驼只各等语。据称有蒙古人由肃州贼营逃回，言及贼匪因东路有大兵阻止，定于明年正月间大股分起由西路欲犯乌城，自应先事预防。奎昌等以察汉淖尔地方为乌科西路总要之区，拟将翰克巴雅尔所部察哈尔马队移赴该处驻扎，以断该逆来路。即著饬令认真防守，毋稍疏虞。惟该营移扎后，南台空虚可虑，著杜嘎尔另拨队伍迅速驰赴哈尔尼敦一带择要扼扎，以资保卫。转瞬春融，该逆出边窜扰自在意中。杜嘎尔务当勤加侦探，预为戒备，不可稍涉大意。前因张廷岳等奏，金顺需用驼只东、两部落无力筹备，当经谕令金顺知照奎昌等于四部落孳生驼只内拨用。兹据奎昌等奏孳生驼厂已无可调拨，西、两部落亦极困苦，现经派员帮同金顺委员尚玉等分赴各旗劝捐，仍恐不敷应用。著张廷岳、阿尔塔什达设法晓谕东、两部落各王公等量力捐办，赶解包头一带交金顺收用，不得仍前推诿，致误要需。将此由五百里各谕令知之。”

（卷326　319页）

同治十年（1871年）十二月癸未

谕军机大臣等：“成禄奏截剿肃州逆匪及关外防堵情形，并请饬刘铭传派兵协剿各折片。肃州回匪攻扑临水营盘，经明春等堵剿获胜。窜犯敦煌之贼亦经李天和协力击退。惟成禄所奏尚是七八月间之事。数月以来贼势军情更不知若何。左宗棠前派徐占彪一军早经起程，尚未奏报到肃日期，著即查明此军现已行抵何处？催令星速前进，毋稍迁延。前据文兴奏关外贼势甚重，叠经谕令成禄先派数营驰赴嘉峪关扼扎，遏贼出关之路，仍著成禄迅速调派一俟徐占彪到肃，该提督即当懔遵前旨拨队出关与景廉等会筹剿办。刘铭传驻陕各营业已撤回徐州，其曹克忠接统之马步二十二营尚须募补足额，有需时日，著曹克忠酌量情形先就现有之兵，部署起程。其募补勇丁随后再行归队。仍于经过兰州时与穆图善会商布置，毋误机宜。将此由六百里谕知左宗棠、穆图善、成禄并传谕曹克忠知之。”

又谕：“成禄奏江南运解该营开花炮、洋药、炸炮子暨各省运解火药、铅丸等件，现寄存山西归绥道库，拟先借饷买驼百余只运解，俟军火运到再将驼只变价充饷。请饬山西巡抚速拨协饷二万两应用。已派守备方守义前赴山西领饷，兼运此项军火等语。著鲍源深迅速如数筹拨，发交成禄委员，即饬该委员顺道将归绥道库各省寄存军火领赴成禄军营。将此由五百里谕令知之。”

以甘肃平番迎剿窜匪获胜，赏副将李正鲁、参将蔡正和巴图鲁名号。

（卷326　320页）

同治十年（1871年）十二月甲申

甘肃安肃道蒋凝学为山西按察使。

凉州副都统瑞云因病解职，以黑龙江副总管额尔庆额为凉州副都统。

（卷326　322页）

同治十年（1871年）十二月乙酉

以甘肃攻克新路坡等处贼巢暨收复泰子寺汛城出力，赏提督彭忠国、丁桂智、总兵官汪有湘、杨珍稳一品封典，提督喻正祥、总兵官艾景胜、副将吴应顺、苏结檐、蔡立柱、周开星、夏德发、陈长泰、陈友明、陈启善、参将韩金春、米福元、汤政声、张传宗、姜恩明、李正祚、李得祥、袁孝松、袁复兴、游击萧凤霖、赵先明、王长贵、黄仕有、都司杨光明、李金镶、王赞彪巴图鲁名号，知州文蕴、游击郏金义等花翎，知县张运秋等蓝翎，余加衔升叙开复有差。

（卷326　323页）

同治十一年（1872年）正月癸巳

谕军机大臣等："左宗棠、穆图善奏官军连破贼垒，逼攻泰子寺获胜一折。已明降谕旨宣示，将出力各员照请奖励矣。仍著左宗棠、穆图善督饬各营趁此春融冰泮之时奋勉图功，迅将泰子寺等处贼巢攻拔，节节扫荡，尽殄逆氛，以期肃清甘境。左宗棠另折复陈徐占彪已赴甘州等语。徐占彪抵甘州后拟以两营先赴高台，俟粮运办就，即调黄虎臣等驻凉五营接续前进。著左宗棠檄令萧宗干迅将购粮转运事宜妥为筹办，以利师行。高台地方徐占彪已先拨两营填扎。此军一到，成禄即当督率所部克期出关，不准稍涉迟缓。四川委解成禄饷银三万两，左宗棠现已兑解兰州，遇便搭解。著成禄派员就近提取以资应用。由省至肃州一带邮政废弛，并著檄饬臬司设法整顿。庶文报往来不至积压。另片奏敖天印叠著战功，请予恩施等语。所有该革员斗杀孙之友一案，著免其解预归案审办。即由左宗棠咨明豫省遵照办理。将此由六百里各谕令知之。"

陕甘总督左宗棠奏："河州迤西之西、南、北三面距贼甚近，现调集番部，饬提杨世俊统带，各防本境。"得旨："仍著檄饬杨世俊及该地方文武妥为驾驭。令该土司等各防本境，毋稍疏虞。"又奏："遵查提督杨占鳌初复肃州时曾派回目酌给回民路票，俾出外贸易，本属办理不善，旋即停止。以后并无给票情事。"报闻。

以甘肃泰子寺等处叠克贼垒，赏总兵官邓荣佳、周应棠一品封典，总兵官余起立、郑守南、副将殴阳吉星、黄添泰、邹金本、凌春台、参将段宝凤、李天福、李政、蒋恭成、游击孙义恒、何建威、何殿元、都司王勇、张成伦巴图鲁名号，游击李福星等花翎，余加衔升叙有差。

（卷327　329页）

同治十一年（1872年）正月乙未

谕军机大臣等："成禄奏贼匪扑犯高台击退，将剿贼出力各员奖励，并请饬仍留张掖等处仓粮各折片。陕回禹得彦等窜扑高台，经成禄督军击退，该逆由南山西遁，惟自肃逆叛乱以后，关内外逆踪纷扰，日肆蔓延。成禄兵力较单，不能大加惩创。左宗棠所派徐占彪一军已据奏报由凉州拔队前赴甘州，并以两营先赴高台填扎。著左宗棠饬令该提督督率后起各队迅速进发，将肃州一带防剿事宜相机布置，毋任陕回陆续西窜，以臻周密。昨据左宗棠奏已咨商曹克忠先拨十数营赴兰州，由省南阿干镇延扎沙泥一带。惟肃州军务亦甚紧要，如曹克忠行抵兰州时该处情形稍松，著左宗棠、穆图善酌度机宜，仍令前赴肃州，以资防剿。张掖、高台、抚彝三处仓粮前经准令成禄截留，以资军食。兹据成禄奏称署甘州府知府李守愚给与高台县知县信函，令将仓粮留备徐军之用，不准截留，以致军心惶惑等语。成禄一军粮食本苦缺乏，现须出关尤应宽为筹备，所有张掖等处运省仓粮著左宗棠饬令该厅县仍行留备成禄提用。其徐占彪一军应用粮石，该大臣当另为设法筹拨，总期彼此军食无误，以昭平允。成禄所参李守愚以私函属托，阻挠军食，著左宗棠查明。如有办理不善之处，即行据实奏参。成禄部署出关一切事宜亦应预为筹划。据奏将来出关数千里长途，军装器械如何运载，各州县车马如何雇觅？戈壁数十站，兵丁数千人，裹带糇粮如何备预？出关后军食如何设措？饷运如何疏通？肃城回逆能否不至阻隔？左宗棠皆应代为筹酌等语。即著左宗棠随时与成禄会商，妥筹办理。左宗棠身任封疆重寄，西陲与甘省亦属唇齿相依。关外地方绥靖，关内始能安枕。该大臣惟当力顾大局，以纾朝廷西顾之忧，方为不负委任。成禄身膺统帅亦当未雨绸缪，妥筹布置，约束兵勇，申明纪律。出关后与景廉和衷共济，步步为营，以期及早行抵乌鲁木齐，方为妥善。倘该提督有心延宕，借口兵勇单薄，饷需不继，逗留肃境，坐失机宜，朝廷定惟成禄是问，毋谓陈奏在先，遂可诿过也。另片奏署高台县知县徐应魁到任未及三月，私卖仓储粮石不止一次。经成禄委员查实，照数追出，另行封储等语。著左宗棠查明参奏，并另委妥员前往接署。将此由六百里各谕令知之。"寻奏："遵查李守愚承催西路运省粮石，加以信函，转行各属，系在奉旨准令成禄截留之前，并无阻挠情事。徐应魁因办公需费，将耗羡余粮折发，与仓储正款无涉，亦无不合。"报闻。

（卷327　331页）

以甘肃高台等处截剿窜匪获胜，赏副都统明春、总兵官胡可均巴图鲁名号，守备钟文远等花翎，把总魏天心蓝翎，余加衔升叙有差。予阵亡知县广年祭葬世职，如知府例，守备白发魁、千总赵平川祭葬世职。

（卷327　332页）

同治十一年（1872年）正月戊戌

谕军机大臣等："左宗棠、穆图善奏各路兵勇叠次击贼获胜。穆图善奏亲督官兵截剿窜扰北山回匪各一折。上年冬间，甘省东、西、北三路马步兵勇先后截击窜匪，屡获胜仗。其窜扰北山一带贼匪经穆图善亲督官军兜剿，毙贼多名。现在大军进捣河州，贼势穷蹙，难保不铤而走险，扰及省垣，以图牵掣。著左宗棠、穆图善分饬各军，扼要严防，毋任该逆陆续出窜，以期擒渠扫穴，聚而歼旃。其西路为运道所关，北山秦旺川一带产粮最多，均应设法保护。该大臣务当严饬将弁勤加侦探，认真防守。遇有贼匪窜近即行实力击剿，毋稍疏虞。将此由五百里各谕令知之。"

（卷327　332页）

同治十一年（1872年）正月庚子

又谕："曾璧光、周达武奏请调员差委等语。已革提督陶茂林现在湖南原籍，著湖南巡抚即饬该员前赴贵州军营听候差委。四川阜和协副将况文榜、工部员外郎傅玉璠、甘肃补用直隶州知州张泾、知县潘铸仁均著留于贵州军营听候差委。况文榜并著无庸开缺。张泾并著改留贵州以原官补用。潘铸仁并著留于贵州补用。

（卷 327　334 页）

同治十一年（1872年）正月戊申

　　谕军机大臣等："杜嘎尔奏遵派队伍前赴哈尔尼敦等处驻防一折。前因肃州回逆有分股由西路欲犯乌城之信，当谕令杜嘎尔拨队前赴哈尔尼敦一带扼要扎守。现经杜嘎尔派令福珠哩前往办理剿守事宜。其所带吉林兵一队已令分起由驿前进，即著饬令福珠哩迅速到防，相度地势择要驻扎，与乌库各营协同防剿，遇贼即击，毋稍疏虞。金顺、奎昌、多布沁扎木楚、张廷岳、阿尔塔什达仍当分饬各营，联络声势，以壮军威。至遣赴济斯洪果尔各处官兵需用驼只，既经杜嘎尔于各营内选择备用，仍一面设法雇觅，即著赶紧解送，俾利师行。肃回既有春间西窜之言，该将军等务宜督饬各营认真防范。如有警信，杜嘎尔仍当立即派队迎剿，迅殄逆氛。将此由五百里各谕令知之。"

（卷 327　338 页）

同治十一年（1872年）二月庚申

　　又谕："成禄奏缕陈出关六难，请饬徐占彪西进各折片。成禄以肃逆阻隔，饷道不通，关外糇粮莫措，出关后所需各项缺乏，后路可虞，所陈各节亦系实情。惟肃州之事先已责成徐占彪带兵剿办，成禄仍当懔遵叠次谕旨，俟徐占彪到后即行拨队出关，不得畏难迁延。徐占彪一军计期早应到肃，著左宗棠饬令该提督迅速前进，将肃州一带贼匪扫荡廓清，俾成禄出关后得免后顾之虞。倘不认真剿办，致误事机，惟徐占彪是问。肃州军务紧要，即著曹克忠移缓就急，迅即拨队，取道兰垣前赴肃州一带会同徐占彪剿办贼匪，以资得力。至成禄出关后路转运各事宜，左宗棠仍应随时筹划，与成禄会商办理，力顾全局，毋稍漠视。成禄另片奏窦型陷贼情形，请饬左宗棠查办等语。著左宗棠即将窦型解任，派员前往接署，并将窦型贻误情形查明治罪。原片著抄给左宗棠阅看。穆腾阿已简放江宁将军。成禄请调该将军旧部将弁之处，著毋庸议。将此由六百里谕知左宗棠、成禄并传谕曹克忠知之。"

　　调吉林、黑龙江马队官兵各五百名赴甘肃肃州军营，听候乌鲁木齐提督成禄调遣。

（卷328　343页）

同治十一年（1872年）二月戊辰

谕军机大臣等："河州贼悍巢坚，地势险峻，叠经谕令左宗棠督率各军稳慎进取，日久未据该督奏报，厪系殊深。近闻官军进攻新路坡迤东贼卡未能得手，伤亡多人。统领大员有临阵捐躯者，有不知下落者。现在各军退屯高家集一带坚壁扼守。帐房军装等件多有遗失，勇丁亦有逃亡。而自狄道至巩昌运道仍是梗阻。此等情形如果属实，则贼势复张，兵威顿挫。而粮饷又不能继，后患殊不可言。左宗棠规划河州图维已久，当此事机紧迫，应如何整顿战守？疏通粮道之处想必悉心筹划，以作士气而固军心。一切办理情形即著迅速奏闻。宁、灵一带需兵镇压，现分扎若干营。张曜一军向称得力，尚驻宁夏等处。若左宗棠前敌亟需添兵，就近调张曜之兵会剿，足壮军威。著左宗棠斟酌全局，妥为办理。前据该大臣奏刘锦棠请假六个月回籍，即令募勇来营等语。刻下该员假期已满，即著左宗棠檄催到甘，派赴前敌，以资得力。将此由六百里谕令知之。"

又谕："左宗棠、穆图善奏各路兵勇剿贼获胜一折。甘肃附省驻扎各营叠在古浪、平番、永昌、金县地界截剿窜匪获胜，粮运得以无虞。现当进剿河州吃紧之时，仍恐该逆伺隙纷乘，希图牵掣。近省东、西、北三路为运解粮饷军火往来要道，亟应加意严防。著左宗棠、穆图善饬令各营严密侦探，认真扼守。遇有贼股出窜，即行分头雕剿，力遏狂氛，以靖地方而护运道，毋得稍有疏虞，致滋延蔓。将此由五百里各谕令知之。"

（卷328　348页）

予甘肃齐家岭阵亡把总喻得敬祭葬世职加等。

（卷328　349页）

同治十一年（1872年）二月己巳

添建甘肃泾州考棚，从总督左宗棠请也。

（卷328　349页）

同治十一年（1872年）二月辛未

谕军机大臣等："曹克忠奏派兵扼防陕边情形一折。据称正月间甘省回逆分窜徽县、两当等处，陕防吃紧，当派马步各营驰赴凤县、宝鸡等处扼扎。现在贼氛渐远，已将者贵一军撤回乾州，仍留徐邦道马队移扎凤郡等语。刻下陕防既松，肃州军务紧要，河州贼势又肆狓猖。曹克忠所部各营自当速筹整理拔队西进。该提督以粮运车骡异常竭蹶，惟恃李鸿章拨款解到方可办理，并据声称屡接李鸿章来函，深知西路粮运艰难，将于正饷外多措协饷，贴补运费等语。足见该督图维周至，力顾大局。即著李鸿章将该军所需饷项宽为筹划，迅速拨解，俾利军行。曹克忠亦当赶紧部署起程，毋稍延缓。将此由四百里谕知李鸿章并传谕曹克忠知之。"

（卷329　351页）

同治十一年（1872年）二月癸未

谕军机大臣等："谭钟麟奏筹办陕省边防，并探闻甘肃军情各折片。据称甘肃两当、徽县均有零股回逆窜扰。调李辉武所部由略阳、凤县出境扼扎，遣撤王名滔略武四营由李辉武另募六营分别布置，并留谭仁芳所部四营驻守陇、宝，均著照所拟办理。该护抚仍当饬令李辉武等勤加侦探，严密堵剿，毋任贼踪扰及陕境。邵亨豫计可抵任，并著将陕省防剿事宜妥为筹备，以固疆圉。前闻甘省官军进攻新路坡贼卡伤亡多人，各军退屯高家集。并闻提督傅先宗中炮阵亡。似此情形，贼势颇为猖獗。日久未据左宗棠奏报，殊深厪系。兹据谭钟麟奏探闻西宁、河州两处回酋先后赴安定大营投诚，愿缴枪炮马匹等语。回匪诡谲性成，每当攻剿吃紧时以投诚为缓兵之计。刻下该逆是否真心悔罪？左宗棠务当体察情形，妥慎筹办，不可稍涉大意，致为所绐。其各处要隘仍须分派各军加意堵遏，以防乘间纷窜。后路运道现在有无梗阻？并近日前敌军情若何？著即迅速奏闻。曹克忠所需募勇经费前据李鸿章奏已饬后路粮台搭解赴陕。该提督即当懔遵前旨，速筹整理，拔队西进，毋稍迁延。将此由五百里谕知左宗棠、邵亨豫并传谕谭钟麟、曹克忠知之。"

（卷329　358页）

同治十一年（1872年）二月丙戌

谕军机大臣等："左宗棠、穆图善奏官军叠攻泰子寺情形，请将弃营各员分别惩办，并西宁土、客各回求抚，现筹办理各折片。甘南官军进攻泰子寺贼巢两次失挫，伤亡将士多至二百余人。览奏曷胜愤懑。傅先宗所部营哨官副将田大胜、参将李天禧、都司徐正华、千总张承前、文志懿、熊得胜，当徐文秀力援苦战时弃营先遁，致徐文秀等势孤战殁，实属罪无可逭。著左宗棠将该员等即在军前正法，以昭炯戒。记名提督河州镇总兵王得胜、补用总兵朱运广、记名提督彭忠国不能严督所部实力堵御，实属庸懦无能，均著革职留营，以观后效。提督杨世俊因粮路隔绝，移营退扎，情尚可原。惟于徐文秀力战时未能迅速援剿，亦有应得之罪。姑念其平时打仗勤奋，著革去勇号，褫去黄马褂，降为参将，留营带队，以示薄惩。至办回之法原应剿抚兼施，惟须大加惩创后网开一面，使知畏威怀德，方为一劳永逸之计。此次官军叠次失挫，贼势方张，忽复遣党投诚，难保不首鼠两端，阴怀诡计。现在虽已陆续呈缴马械，左宗棠仍当察看情形，妥慎筹办，以免后患。所有新调各军著饬与前敌诸营联络一气，严为戒备，毋为奸回所乘。西宁土、客各回及陕回崔三等均各乞抚，是否出自真心？并著左宗棠、穆图善、豫师督饬道员冯邦棟前往察看，相机妥办，毋稍迁就。左宗棠另片奏徐占彪抵肃后剿贼情形，览奏已悉。该提督拟先扎营肃州城南之红水坝，遏贼南窜之冲，并调马步各队由凉州拔赴高台，进规肃城。著左宗棠檄令激励将士迅拔坚城，毋任久踞。刻下肃州军务既有徐占彪一军足资剿办。成禄所部军粮可敷数月之食，该提督即当拔队起程，迅速出关，不得再涉迁延。其出关后需用粮食应如何源源接济？俾无缺乏之虞，仍著咨商左宗棠妥筹办理。将此由六百里各谕令知之。"

（卷330　362页）

予甘肃泰子寺阵亡提督傅先宗、徐文秀祭葬世职加等，建专祠，总兵官郑守南等十一员祭葬世职加等，附祀徐文秀专祠。

（卷330　363页）

同治十一年（1872年）三月丁亥

以前任陕西延绥镇总兵官汪桂元为甘肃凉州镇总兵官。

以甘肃攻克王瞳贼巢出力，赏总兵官王进忠一品封典，知州汪鼎和二品封典，都司李福云、守备李得胜巴图鲁名号，知府陆襄钺、都司张建寅等花翎，骁骑校文瑞等蓝翎，余加衔升叙开复有差。

（卷330　364页）

同治十一年（1872年）三月甲午

谕内阁："左宗棠奏请将护理道员革职拿问一折，撤任护理安肃道花翎四品顶带窦型。前在肃州时诸事惟回逆马四之言是听，且目汉团为土匪，迫令散团从教，复借官银赏贼，实属悖谬已极。窦型著即行革职拿问，交左宗棠严行审讯，按律定拟具奏。"寻奏："窦型于上年冬月经陕回挟出行抵高台，即患痰迷病故。前请革拿之案应即奏结。"报闻。

（卷330　366页）

豁免甘肃河、狄道、渭源、金、靖远、陇西、安定、会宁、岷、平凉、隆德、固原、华亭、盐茶、安化、宁、正宁、合水、环、宁夏、宁朔、灵、镇原、灵台二十四厅、州、县，暨红水县丞、沙泥州判所属被扰地方同治元年至八年应征额赋。

（卷330　367页）

同治十一年（1872年）三月乙未

谕军机大臣等："成禄奏派兵赴肃，请催各省协饷，并关内外防剿窜匪及粮运艰窘情形各折片。肃州军务前已有旨责成徐占彪剿办，该提督马步各队既经陆续到肃，自不难次第布置，力筹扫荡。成禄此时正可部署起程，迅速出关，不得再以肃贼牵掣为词，意存延宕。该提督前请调拨吉林、黑龙江马队各五百名，业据该将军等奏报起程。桂锡桢所带马队系随同徐占彪在肃州剿贼，不宜率行抽调，致兵力转形单薄。著毋庸议令出关。现在景廉业已派营进扎古城，其所部靖边各营亦已催调西进。成禄即当就现有兵力克期进发，以资联络。不必俟吉林、黑龙江马队到肃始行出关，致滋延误。成禄需用军粮自应预为筹备，俾免中途缺乏。据奏道员萧宗干指定高台、金塔两处买粮数千石，虚张其数。粮尚无著，且以道远为词，禀辞总办后路粮台，实属意存推诿。著左宗棠饬令萧宗干将成禄需用粮石及转运车马等项妥为筹办，不得稍存漠视。景廉前调之李天和二营，著成禄仍遵前旨先行饬令前进，以资策应。曹克忠一军前已有旨催令速筹整理拔队西进矣。成禄所请饬催各省协饷及将欠解饷银数目开单咨照西征粮台，附便催提运解等语，著户部查照办理。将此由六百里各谕令知之。"

（卷330　368页）

同治十一年（1872年）三月甲辰

谕军机大臣等："文麟奏肃州回逆出关肆扰，暨李生元所部未能拔队赴济木萨各折片。肃州大股贼匪复行出关，攻陷双塔堡汛城。头起贼队已有窜赴敦煌之信。该处本有威仪马步队及新中营勇丁驻扎防堵，即著文麟饬令各营会同户勇及在城官兵协力堵御，毋任贼匪深入。成禄当督率所部克期出关，迅将此股窜匪尽数歼除，鼓行而西。不得再涉迟延，致滋贻误。景廉后路转运事宜据文麟奏称，哈密车驼短缺，又乏余粮，转运难于筹办。请令镇迪道出关专办后路转运各事宜等语。镇迪道员缺，已有旨简放恩纶，照景廉所请，令由北路赴任。所有景廉后路粮运著左宗棠另派道府大员兼程出关，妥为料理，以济军食。该大臣派员出关势难迅速，仍著文麟随时设法兼顾，毋稍漠视。哈密东路时有贼氛。李生元所部驻扎二堡未能调赴济木萨一带。现在张玉春等已率所部驰抵景廉军营。该都统当酌度情形，或能另拨一军协防济木萨，俾李生元所部仍驻二堡，以免空虚。著随时会商文麟妥为筹划。贼有扑犯哈密之说，著文麟勤加侦探，实力防范，不可稍涉疏虞。将此由六百里各谕令知之。"

（卷330　372页）

同治十一年（1872年）三月癸丑

谕内阁："李鹤年奏三等侍卫王世清因告假前赴甘肃措资，在广东提督张曜军营投效，向称得力，恳准留营差委等语。向来侍卫不准投效军营，王世清既经兵部咨催销假，著即回京当差。所请留营差委之处著不准行。"

谕军机大臣等："左宗棠、穆图善奏西路官兵迎剿窜匪情形一折。大靖、古浪、永昌一带时有贼匪窜扰，虽经官军迎剿获胜，仍恐游氛不时出没，致扰春耕。仍著左宗棠、穆图善督饬各路官军严密防范，随时搜捕，毋任纷窜。前敌各营失利后，左宗棠尚未续有奏报。现在情形若何？败挫各营如何整顿？近日有无战事？殊深廑系。西宁土、客各回及陕回崔三等前于官军叠挫贼势方张之时遣党投诚，殊恐另有狡谋。左宗棠务当熟审贼情，妥慎筹办，不可一时轻信，致为所绐。目下如何办理？暨官军贼势近日情形若何？并著左宗棠随时详细奏闻。将此由六百里各谕令知之。"

（卷330　375页）

同治十一年（1872年）四月乙卯

又谕："前据左宗棠奏甘肃军务紧要，请将新授山西按察使蒋凝学仍留兰州道署任，暂缓交卸。业经有旨允准。兹据鲍源深奏山西河防关系甚重，藩司李庆翱事务繁多，现当春夏之交，防军虽可兼领，惟一交秋令即须筹备冬防，未能分身亲赴河干，请饬蒋凝学赴任等语。所奏自系实在情形。即著左宗棠将蒋凝学经手各事宜另行遴员接办，饬令该臬司务于秋初驰赴晋省，接统防军，以专责成。将此谕令知之。"

（卷 331　　380 页）

同治十一年（1872年）四月丙辰

谕军机大臣等："邵亨豫奏陕边近日防剿情形，并探闻甘省军情一折。安边、定边地方均有贼骑数百扰及，虽经官军击败遁窜，惟我军亦有伤亡，且逆踪飘忽靡常。北山与甘省毗连处所逼近边墙，草地游匪时虞窜越，即著邵亨豫督饬延榆绥镇道将北山一带防务实力筹办，并著严饬谭仁芳管带所部克日拔赴延安一带相机防剿，毋稍松懈。勇队之不得力而扰民者迅即妥为裁撤，腾出经费调募得力勇营，以资镇抚。延、榆各属本系地瘠民贫，即应檄饬该管道府督率牧令招抚流亡，广为开垦。州县优劣即于是分，毋得有名无实。至回逆投诚一节，叠谕左宗棠察度妥办。兹据邵亨豫奏，探闻河州、西宁回目先后乞抚，呈缴马械甚多。回酋马占鳌等四人各质其子，陕回崔三、禹得彦等自肃州败窜，亦赴西宁投诚，惟狗齿牙一股不肯归降，现败窜庆、泾交界之驿马关等语。回族众多，原无尽剿之理，惟性情反复无常，时虞挟诈，不可不防。仍著左宗棠、豫师体察情形，妥慎办理。近日抚局有无端绪，如何办法？并著随时详细奏闻。前敌后路仍应加意严防，慎毋为贼所乘。其狗齿牙一股著左宗棠、穆图善饬令雷正绾等督军痛剿，迅歼丑类。庆、泾接壤陕省，邵亨豫尤当严饬在防各军实力堵御，毋任窜越。将此由五百里各谕令知之。"

（卷 331　　380 页）

同治十一年（1872年）四月戊午

谕军机大臣等："景廉奏二起官兵拔队西进，肃逆窜陷瓜州，援军失利，西路各营情形，请添设台站各折片。景廉所部靖边前营现已拔赴古城，所有驻扎哈密各营仍著督催前进，以资厚集。该都统以兵力尚单，请调科布多驻扎官兵。惟近据常顺等奏探闻回匪有分窜乌、科之信，方以大同官兵孱弱难恃，尚须整顿。且该城止此兵力，亦未便遽行抽调。所请著毋庸议。金顺尚在包头一带，未据奏报起程，其吉尔洪额所带马队早经拔队，现已行抵何处？仍著奎昌、志刚、多布沁扎木楚、常顺、保英查明。饬催速赴奇古一带听候调遣。孔才所统各营本系乌合之众，人心不无参差。惟刻下西路军务与其远调官兵难期应手，不若就地取材较为便捷。景廉务当晓以大义，妥为驾驭，俾其踊跃用命，以壮声威。回匪与安集延既构衅未已，亟应整顿队伍设法进取。荣全前议挑选索伦等项人众会合乡团规取玛纳斯等处，不为无见。仍著荣全察看情形，妥筹办理。伊犁近日情形若何？俄人曾否会议，并著随时具奏。肃州回匪窜陷瓜州，署安西协副将柳致胜援剿失利，为贼所掠，用银赎回，殊堪痛恨。著交部严加仪处。署安西州知州王秉镛以催粮为名，日久未回州城，显系规避取巧，著交部议处。近时关外贼势若何？安西等处城防紧要，文麟当随时兼顾，派兵援剿，毋稍疏虞。此时，肃州一带既有徐占彪专司剿办，成禄即应迅速出关，将安、敦、玉等处窜匪悉数扫荡，鼓行而西，与景廉会合进兵，不得再行延宕，致误戎机。景廉拟添设台站五处，著照所请办理。需用马匹暨应支盐菜口粮等项，即著景廉开明数目，知照奎昌等如数拨给。文硕前奏沙山子等处屯田事宜，著常顺、保英酌度情形，派员董率经理，以资军食。将此由六百里各谕令知之。"

又谕："景廉奏关外军务孔亟，前任甘肃平庆泾道黎献曾署镇迪道篆务，熟悉情形。该员丁忧回籍，现在计已服阕，请饬赴营差遣等语。著吏部湖南巡抚查明该员是否赴部候选？抑或在籍，即行饬令前赴景廉军营，差遣委用。并传知该员在楚省酌带旧部得力将弁数十员采买开花子母洋炮及火攻利器兼程赴营。其应需价值，湖北本有应拨景廉军营每月饷银数千两尚未起解，并著李瀚章、郭柏荫即由此款内提拨应用，余银并交该员运解回营，毋稍延误。将此谕知吏部、李瀚章、郭伯荫并传谕王文韶知之。"

予甘肃瓜州阵亡守备雷发声、千总沈明礼等祭葬世职加等。

同治十一年（1872年）四月己未

又谕："豫师奏办理西宁等处抚案情形等语。西宁回匪及陕回崔三等乞抚，业经左宗棠等酌议章程，派道员冯邦栋前往筹办。现在米拉沟等处回目冶成林等复带同党众赴豫师军营，呈缴马匹器械，已交冯邦栋一并办理。该回众等情急乞命，虽似可信。惟向来抚贼之法难于剿贼，非办理尽善，必贻后患。左宗棠、豫师务当懔遵叠次谕旨，督饬冯邦栋体察情形，妥慎筹办，不得稍涉大意。俟办有端绪，即行据实奏闻。将此由五百里各谕令知之。"

以甘肃碾伯剿匪出力，赏参将李春海巴图鲁名号，守备田玉春等花翎，县丞何钟楠等蓝翎，余升叙有差。

（卷331　384页）

同治十一年（1872年）四月庚申

谕军机大臣等："左宗棠奏河州抚局渐可就绪，并现在办理大概情形等语。河州回目马占鳌等已呈缴马匹器械，自限半月悉数完缴，再请委员察验。米拉沟回众亦思就抚，昨据豫师奏报，已谕令该大臣等妥慎筹办。甘省回族众多，性情狡谲。现虽乞抚，是否真心悔罪尚不可知。且议抚后必须措置咸宜，使彼族输诚悦服，方免滋生事端。该大臣总当筹划万全，慎益加慎，断不可掉以轻心，迁就了事，致异日重烦兵力。该回等每以乞抚缓师，悉力东作。俟春耕事毕，仍图抗拒官军。此等诡计尤应严防。是在该大臣酌度机宜，妥为筹办，免致为其所绐。西宁抚局应饬冯邦栋详慎办理。肃回虽有投诚之说，并未大受惩创，仍应严饬徐占彪实力剿洗，均毋堕逆回狡计。其狗齿牙一股及零星回骑，左宗棠当督饬各营迅图扑灭，扫荡逆氛，以靖疆圉。将此由五百里谕令知之。"

以记名总兵官沈玉遂为甘肃河州镇总兵官。

以行劫伤人，甘肃军营副将丁启发等革职讯办。

（卷331　384页）

同治十一年（1872年）四月癸亥

甘肃提督马德昭开缺葬亲，以陕西汉中镇总兵官李辉武为甘肃提督、前任甘肃西宁镇总兵官田宗扬为陕西汉中镇总兵官。

（卷331　385页）

同治十一年（1872年）四月癸酉

又谕："成禄奏筹办军粮，派员赴归化催运军火，请饬部分拨协饷由西征粮台代催，绥远城协同购买驼只，添拨帐房军火各折片。成禄现须督队出关，后路粮运事宜业与萧宗干会商办理。各省应解协饷前已谕令各该督抚源源拨济，此项饷银解到时著左宗棠饬令萧宗干转运成禄军营。倘饷到稍迟，先将粮价代为垫发。饷到时仍著成禄拨还，以清款目。成禄出关后该军粮饷均须由内地运送，著左宗棠严饬西路各地方官设法妥为转运，不得以路途梗阻为辞，意存漠视。成禄与景兼分用协饷，据该提督奏请将各省欠解协饷择与北路草地近便者，酌量多寡，分拨一半，改道察哈尔转运巴里坤等语。著户部酌量分拨。其余省份暨新拨及四川之饷由该提督自内地提催，俟到哈密后全归景廉提解分拨，即著照所议办理。并著袁保恒将成禄军营协饷随时代为催提，由西征粮台分拨起解，以期迅速。应需帐房军火等项，若由河南等省拨给，为时过久，转误师行。成禄所请著毋庸议。即著该提督咨明左宗棠就近酌量匀拨，以资应用。前拨江南洋炮等件，成禄现已派员赴绥远领运。著定安饬属妥为照料，协同成禄委员添购驼只，迅将前项军火运解回营，以资攻剿。将此由五百里谕知左宗棠、定安、景廉、成禄并传谕袁保恒知之。"

（卷 332 391 页）

同治十一年（1872年）四月甲戌

谕军机大臣等："袁保恒奏各省协饷报解延缓，请旨饬催一折。据称西征各军月饷，山东自上年十月以后仅解银二万四千两，山西自上年十一月以后仅解银二万两，四川自上年七月以后未经续解，安徽自上年九月以后未经续解，广东自上年夏季以后未经续解，湖南并前提积欠银四万两亦未报解，河南则两次提解积欠银十八万两，仅解过银五万两等语。甘肃兵多粮缺，转运艰难，且一切安插抚恤之资需用尤巨。各该省督抚自应源源报解，顾全大局，岂得任意延缓，致误要需。著瑞麟、吴棠、英翰、钱鼎铭、丁宝桢、鲍源深、王文韶将应解西征协饷克期筹拨，并批速解，不准再有拖延，并著袁保恒随时催提运解，以资接济。另片奏，山东、河南、两淮月协豫师军饷截至三月底止共欠解银三十四万余两，现在西征饷项支绌，实难垫解等语。著何璟、钱鼎铭、丁宝桢将应解豫师饷银迅速拨交西征粮台转解，毋稍延缓。将此由五百里谕知瑞麟、吴棠、何璟、英翰、钱鼎铭、丁宝桢、鲍源深并传谕王文韶、袁保恒知之。"

（卷332　393页）

同治十一年（1872年）四月己卯

又谕："文麟奏回匪窜扰敦煌、瓜州堡等处，扑入安西州城，暨敦煌、安西官军击退贼匪情形各折片。肃州逆回屡次出关窜扰敦煌、安西等处，势甚蔓延。敦煌北湖等处踞匪叠经兵勇击退，现已远遁，其扑入安西之贼亦经官军击退。惟该逆来去无常，仍应随时严密防范。安西屡被贼匪阑入，实属防守不力。文麟现已调派营官周鼎、游击张炘各带兵勇前往助守，著即饬令会同在城官兵妥筹守御，毋稍疏失。署安西协副将柳致胜援剿失利，前经景廉奏参，业经交部严加议处。文麟所请从宽免议之处著不准行。仍著文麟责令该员督率官军认真防剿，以赎前愆。敦煌、安西等处居民叠遭蹂躏，情殊可悯。文麟当督饬该地方官妥为抚恤，并董劝耕种，毋使失所。成禄屡奏部署出关，究于何日起程，著该提督懔遵叠次谕旨速筹进发，不得再以肃逆牵掣为词，稍涉延宕。将此由六百里各谕令知之。"

（卷332　397页）

同治十一年（1872年）四月辛巳

谕军机大臣等："成禄奏定期拔队分起出关，请饬山西拨饷，绥远购驼，暨李天和所部未能即赴景廉军营各折片。成禄现统全队前赴金塔，料理后路转运事宜，即行分起西进。此时谅早布置就绪，克期出关，不准借口于粮石、驼只筹办未齐，逗留不进。至曹克忠各营现须募补整顿，方能拔队赴肃。成禄惟当遵奉叠次谕旨，迅速启行，毋得以该军未到为词，借端延宕。后路粮运事宜著左宗棠檄令萧宗干等督饬西路各地方官妥为筹办，酌量拨给车马，多购军粮，不可稍存漠视。成禄需用军装、驼只著鲍源深于应解饷银内措拨银二万两，划出五千两交成禄差弁采买钢铁、军装、布匹，下余一万五千两解交定安，在于所属蒙古部落内摊派健驼一千只，发给价值，配齐鞍鞊，即将所购钢铁等项运回成禄军营，以资应用。至李天和等所部现均分防要隘。成禄拟俟出关后再行派赴景廉军营，即著咨明景廉酌度办理。将此由五百里各谕令知之。"

（卷332　399页）

同治十一年（1872年）五月乙酉

又谕："左宗棠奏请将庸劣不职各员分别降革一折。侯补直隶州知州冒沂巧于营私，罔顾大局；候选同知余寿鼎行为乖谬，不谙政体；陕西补用知县罗正湘志趣卑污；甘肃补用知县廖绍铨近有嗜好，遇事疲玩，均著即行革职。甘肃补用知县海英性傲才疏，不堪造就，著以府经历归部降选。"

（卷333　402页）

同治十一年（1872年）五月丙戌

谕军机大臣等："邵亨豫奏筹办陕境防剿赈垦事宜，并探闻甘省抚局就绪一折。陕西北山一带现有谭仁芳等军扼扎，陕南李辉武一军复将阶州窜出回匪击退。陕边南北已无贼踪。即著邵亨豫饬令谭仁芳、李辉武各将所部兵勇认真训练，择要扼防，一面勤加侦探，遇有贼匪窜入即行剿击。甘肃西宁、河州等处回匪乞抚，会宁、静宁、隆德各州县安插陕回近日情形如何，并著随时探明，详细奏闻。陕北赈恤流亡，开垦地亩各事宜，仍著通饬各该地方官认真经理，不得有名无实。该抚务当随时稽查，严防弊窦，以期振作。将此谕令知之。"

（卷333　403页）

陕甘总督左宗棠奏："军务未平，请将本年军政展缓举行。"从之。

（卷333　404页）

同治十一年（1872年）五月己丑

谕军机大臣等："景廉奏探闻西路军情，派兵西进，暨安、敦地方被贼窜扰情形各折片。乌鲁木齐回逆现与安集延彼此攻击，景廉当乘此机会随时确切侦探，设法进取，趁俄人未经东犯，将丑类悉数扫除，收复疆宇。该逆曾差人赴赵兴体营投诚，未允所请，嗣后如回逆安集延等复有投诚之说，景廉仍当妥慎筹办，断不可为其所绐。孔才办事未能妥协，景廉已派提督张玉春驰赴古城，会同孔才办理防剿，并屯垦事宜著即饬令该提督悉心部署，以资战守。徐学功回营后尤应妥为驾驭，令其带队进剿，并将赵兴体营勇随时加意抚（抚）循，俾为我用。靖边中营已赴古城，后营及亲兵营亦陆续调令赴坤。惟驻扎安西之靖边左营一时尚难开队，著景廉催令杨定邦将该营赶紧募补足额，克期启行，毋任延宕。景廉军营饷需支绌，各省专协各饷著户部催令各该督抚迅即如数运解，以济要需。并著奎昌、多布沁扎木楚、志刚、额勒和布各将所属台站竭力整顿，酌添驼马，接运景廉军营饷银，毋稍迟滞。安、敦被贼窜扰，与文麟前奏略同。该逆虽已东窜，难保不去而复来，仍著文麟懔遵前旨认真防剿，抚恤居民。靖边左营现须西进，文麟当饬令安西州预备车辆行粮，俾利遄行，毋稍漠视。将此由五百里各谕令知之。"

（卷333　404页）

予甘肃安西阵亡游击杨文岚祭葬世职，如副将例。

（卷333　405页）

同治十一年（1872年）五月庚寅

谕军机大臣等："成禄奏请饬筹办车马及后路转运各事宜，并请饬采买粮石各折片。据称上年劝捐之粮大半未交，旋改为发价采买。因将已捐未收之粮出示停止。萧宗干指给之金塔、高台两处粮共五千石，惟高台已交一千余石，金塔尚不及十分之一。粮食仍形缺乏。需用车马亦未解到等语。成禄现须拔队西进，需用粮石自应宽为筹备，且现在关外安、敦、玉等处叠遭蹂躏，户鲜盖藏，更难就地采办。其不得不借内地之转运，亦系实在情形。著左宗棠饬令署甘凉道萧宗干、署安肃道何元普转饬各厅、州、县代为采买粮数千石，按地分派，仍由成禄发给价值，并将前准截留之十年份张掖运省仓粮三千五百石筹款补交，一并运往成禄行营应用。至需用车马及后路转运事宜，左宗棠务当严饬该地方官赶紧筹备，妥为应付，不得稍存漠视，致误军行。成禄现赴金塔，著即迅速部署一切，克日出关，亦不得借口于军粮不继，任意迁延。肃州踞匪必须早图廓清，方免梗阻。著左宗棠檄令徐占彪严密布置，相机攻剿，毋存轻敌之见，致为所乘。将此由五百里各谕令知之。"

（卷333　405页）

同治十一年（1872年）五月癸巳

谕军机大臣等："左宗棠、穆图善奏官军逼攻肃州，大获胜仗。左宗棠奏，截剿北路窜匪，歼灭殆尽，暨阶州白马关被匪阑入，旋经击退各折片。

肃州踞逆经徐占彪督队痛剿，连战皆捷，杀毙悍贼死党甚多，城贼恟惧，左宗棠等即饬令该堤督乘此声威迅拔坚城，尽歼丑类。惟该逆负固有年，仍当稳慎进攻，不可稍涉大意。甘肃北路零匪经官军节次截剿，歼灭殆尽，惟狗齿牙及马二利木尚在脱逃。该逆皆百战之余，熟谙地势，亡命铤走，自在意中。左宗棠等仍当檄饬各防营分道搜捕，务将狗齿牙等逆悉数弋获，净绝根株。甘南阶、成一带窜匪阑入白马关，经官军截剿窜逸，余党无多。该督等仍严饬各将领联络一气，探踪搜剿，以靖地方。署白马关州判罗映霄疏防汛地被匪阑入，惟因捕贼远出，闻信即将关收复，著加恩免其置议。将此由六百里各谕令知之。"

又谕："左宗棠奏成禄縻饷迁延，举动乖张，请简派大员接统该军等语。据称该提督奉旨西进，七载以来战绩无闻。肃州虽报收复，旋被贼踞。肃回、陕回分窜乌里雅苏台及甘凉各处，成禄均不能制。于实心就抚之陕回冯均幅不肯资以兵力，致该回为马四所害，又将护送窦型之陕回二十余名杀尽。陕回马长顺遂疑惧不回西宁就抚。徐占彪一军赴肃，成禄遇事不与相商，阻挠牵制。道员萧宗干于高台等处代成禄定买粮石，成禄不如数发银。该军十二营现存实数仅五六营，久驻高台，拉运妇女小孩，蓄养戏班，并遣人赴都接取伊妾赴高台等情。朝廷以西事孔亟，叠饬该提督星速出关剿贼。若如所参各节，殊属措置乖谬，亟应确切查办。著穆图善按照左宗棠参奏各款，严密访察，迅速据实具奏，毋稍徇隐。原片著抄给阅看。将此由五百里密谕知之。"

又谕："金顺奏赴任未能迅速，拟请效力前驱一折。金顺简任乌里雅苏台将军，自应遵旨迅赴本任，以重职守。惟据奏称选带所部得力队伍，尚不下六七千人，需用驼只甚多，无从筹备。遣撤兵勇，清厘积欠，需费又巨，是以积迟至今未克成行。并以乌城窜匪多系河、狄、西宁等处回逆，由肃州、甘、凉沿边北犯，拟请暂统全军进扎甘凉镇番一带，邀截贼匪来路，借保乌城等语。该将军驻军包头，徘徊观望，于大局毫无裨益。姑允所请，迅带所部驰赴甘肃，于甘凉镇番一带扼要驻扎。遇有贼匪奔突即行截击，毋任纷窜出边，以遏窜乌之路。金顺接奉此旨，即当赶紧部署，将应撤勇丁设法遣撤。拔队日期先行奏报，毋再借口于饷需不继，任意迟延。到甘后并当激励诸军，力图报称，将甘凉镇番一带窜匪扫荡廓清，毋留余孽。倘再借词延宕，不能力图振作，致匪徒铤走出边，使乌城等处又遭寇警，定将该将军重处不贷。金顺拔队启行，应需军装转运费用著鲍源深、邵亨豫各于该省应解军饷内先行筹拨银十万两，克期如数解交金顺军营，以资应用。其各省应解金顺军饷仍著户部分催迅解，源源接济，毋令缺乏。将此由六百里各谕令知之。"

以剿贼不力，摘甘肃军营提督左日升、总兵官熊道滨、副将王云孚顶翎。

以甘肃白马关被匪窜陷，革把总周德职，不准留营。予殉难副将孙万荣、知县李舒萼、县丞郭怡祭葬世职。

予甘肃肃州阵亡都司贺洪山等十一员祭葬世职加等。

予甘肃定边等处阵亡游击秦正明等十三员祭葬世职。

（卷333　406页）

同治十一年（1872年）五月丙申

谕军机大臣等："豫师奏现筹办理陕回就抚情形等语。道员冯邦棫由平番进抵碾伯，陆续将陕回宋全德等呈缴马匹、枪械、户口册籍分别点验。其军功马振凤等带到回伙于海潮、马世魁、禹召林等均经饬回原处，听候查办。著豫师随时会商左宗棠，督饬冯邦棫妥实办理，不得稍涉迁就，致贻后患。回情狡诈，诚恐各营因办抚或形疏懈，转为该逆所乘。左宗棠务当懔遵叠次谕旨，体察情形，将河州、西宁各回抚局妥慎筹办，并严饬前敌后路各军加意防范，毋稍大意。近日办理情形并著随时详悉具奏。将此由五百里各谕令知之。"

以甘肃、西宁等处防剿回匪出力，赏总兵官李占超正一品封典、游击周兴禄巴图鲁名号、知府德荫、都司陈洪泰等花翎、从九品刘永龄等蓝翎，余加衔升叙有差。

（卷333　411页）

同治十一年（1872年）五月戊戌

谕军机大臣等："前因德英等奏请饬催各省欠解整装银两，当交户部速议具奏。兹据奏称，黑龙江节次调赴各省军营官兵需用整装银两，前经该部于直隶、河南两省拨给，仅据河南解到银七千三百余两，其余银八万三千六百余两，迄未报解。又本年调赴肃州官兵由河南省拨给整装银一万一千八百余两，请一并饬催等语。黑龙江历次需用整装银两均向铺商借垫，亟应早日归还。前经降旨饬催，各该省仍复延不报解，实属怠玩。著李鸿章、钱鼎铭严饬各该藩司按照部拨数目赶紧筹款，即行陆续起解，以济要需，不得再涉迟缓。将此由四百里各谕令知之。"

（卷 334　412 页）

同治十一年（1872 年）五月壬寅

哈密办事大臣文麟奏请调前任甘州提督成瑞……赴营差委，允之。

（卷 334　414 页）

同治十一年（1872 年）五月丙午

以甘肃剿办河西等处窜匪出力，赏委参领尚玉、游击徐和、都司刘涛巴图鲁名号，副都统成山等花翎，县丞李如玉等蓝翎，余加衔升叙有差。

（卷 334　416 页）

同治十一年（1872 年）五月己酉

谕内阁："左宗棠等奏出差大员中途梗阻，请旨遵办一折。前派委散秩大臣兆珏、翰林院侍讲学士铁祺前往库科诺尔赐祭。现据奏称该员等行抵兰州，探明前途梗阻，自应暂缓西进。兆珏、铁祺著即回京供职。续派之大理寺少卿长叙，著一并折回。俟西宁军务大定，道路疏通，另行派员前往。嗣后遇有应派西路出差事件，著该衙门俟该处军务肃清，再行奏请简派。"

谕军机大臣等："左宗棠、穆图善奏马步兵勇分路截剿窜匪获胜一折。河州回众及西宁土、客各回，既已先后乞抚，何以凉州镇番、武威各属尚有贼匪时出肆扰。可见回民种类不一，约束难齐。左宗棠、穆图善务当督饬马步各军严扼要隘，遇贼即击，毋稍松懈。至该回狡谲性成，每当耕作之际，辄乞抚以冀缓师。迨收获后，旋又借端抗拒，从前覆辙，不可不防。左宗棠现办抚局，总当斟酌机宜，为西陲筹数十百年之安，毋得稍涉迁就，致日后重烦兵力。现在办理情形如何，著该大臣随时具奏。以慰廑系。穆图善另片奏，马队官兵粮饷，请分别报销等语。所有甘肃续调吉林、黑龙江马队月饷，即著照穆图善所请，划清年限，分别报销。其八年冬间委员办粮未结商借银二千五百九十两零，即著袁保恒照数拨解归款。将此由五百里谕知左宗棠、穆图善并传谕袁保恒知之。"

予甘肃凉州等处伤亡协领依常阿、阵亡守备欧发梅祭葬世职加等。

（卷334　417页）

同治十一年（1872年）六月丁巳

移甘肃平庆泾道驻扎平凉府城，改宁夏水利同知为宁灵抚民同知，从总督左宗棠请也。

（卷335　422页）

同治十一年（1872年）六月己未

谕军机大臣等："左宗棠、穆图善奏马步兵勇剿贼获胜。邵亨豫奏零匪窜越陕境，派军追剿等情各一折。兰州附近防军在黄羊川等处截击回匪，均有擒斩。著左宗棠、穆图善督饬该将弁等搜捕窜贼，悉数歼除，并随时确探严防，不得稍涉疏懈。甘省零股贼骑越入陕境，由中部宜君界内直窜白水，经谭仁芳等军进剿，由澄城县西遁。其窜扰红流河一带贼匪经延榆绥镇道派队击散，著邵亨豫严饬谭仁芳等会同曹克忠驻扎王家角等营，将窜陕匪股痛加剿洗，毋任日久蔓延，致地方又遭蹂躏。并著左宗棠饬令甘境防军实力堵截，以收夹击之效。河州回众投诚曾否将马匹、器械依限缴齐。就抚回户已否编查，约有若干。著左宗棠将现办情形详细奏闻，以慰廑系。其陕北赈垦事宜，邵亨豫当慎选贤能牧令，尽心经理，务臻妥善，以期地方日有起色。将此由五百里各谕令知之。"

予甘肃黄羊川阵亡都司黄林贵祭葬世职加等。

（卷335　423页）

同治十一年（1872年）六月庚申

谕军机大臣等："金顺奏督队分起西进，并预筹沿途转运事宜一折。金顺接奉前旨后，已令刘宏发统带头队于六月初六日起程。各队挨次继发。该将军亦即于十六日督率后队西行，即著赶紧前进，毋稍纡迟。俟行抵甘凉镇番等处一面扼要驻扎，一面迅速奏闻。该将军因经过蒙古地方，暨宁夏所属各处台站废弛，拟由营添设运局，转解粮饷军火，续设马拨，驰递折报公文，均著照所请办理。宁夏近日渐有存粮，应否设局采买，接济军食，即著金顺道出宁夏时与张曜妥速筹商，奏明办理。将此由五百里谕令知之。"

（卷335　423页）

同治十一年（1872年）六月庚辰

谕内阁："左宗棠奏，吉林马队营总骁骑校庆德与前在军营经管饷项之披甲景福通同舞弊。景福此次回营行抵顺天府地方复敢落后潜逃，请将庆德革职，并饬拿逃兵景福审办等语。吉林尽先佐领骁骑校庆德著先行革职，勒令交出帐目，听候核算。并著吉林将军步军统领衙门顺天府五城将逃兵景福一体查拿到案，严行审办，以肃戎行。"

（卷335　428页）

同治十一年（1872年）六月辛巳

又谕："豫师奏西宁军饷紧要，各省月拨专饷截至本月四月底止，共欠银四十七万两，本年仅据两淮报解银六千两。遵照部定章程，请将玩误宁军专饷之藩司议处，并请饬山东等省迅解欠饷等语。报解不及二成之河南布政使刘齐衔著先行交部议处，以示薄惩。并著两江总督，江苏、山东、河南各巡抚严饬藩运各司，限一月内将积欠西宁专饷先行提拨一半，迅速解交西征粮台转解。嗣后仍当源源接济，不得再有蒂欠，以重军食。"

谕军机大臣等："左宗棠等奏搜剿巴家台贼巢，生擒匪首一折。匪首苏家酉儿纠聚逃匪窝伏平番红城后山之巴家台，恃险负隅。经豫师函商左宗棠、穆图善密派兵勇前往剿捕。参将周兴禄率众攻破贼巢，守备刘定国将苏家酉儿擒获，余贼亦皆歼毙。即著该大臣等督饬各军将在逃匪党悉数搜捕。此外，有无贼巢仍饬随时探剿，尽绝根株。河州等处军情及现办抚事有无头绪，并著左宗棠恪遵前旨，将详细情形据实具奏。将此由五百里各谕令知之。"

（卷335　429页）

以甘肃巴家台收破贼巢，予参将周兴禄、守备刘定国升叙。

（卷335　430页）

同治十一年（1872年）七月己丑

谕军机大臣等："左宗棠、穆图善奏收复河州城池，办理善后事宜。肃州官军获胜，并甘凉防军截剿援贼情形。邵亨豫奏叠剿窜陕零匪肃清各折。

河州土回马占鳌、马尕大等历诚求抚。经左宗棠等宣布朝廷威德，责令尽缴马械，准其投诚。一面编审户口，将迁徙客回、安辑土回各事次第筹办。又于安定、会宁、平凉、隆德、静宁各属度地广狭，分起安插陕回及汉民之无归者，并皆给以赈粮。所筹均合机宜。河州文武员弁现已分驻任所，即著左宗棠督饬沈玉遂等加意拊（抚）循，俾悔过自新之人咸知感愧。庶可日久相安，不至再生反侧。其泰子寺等处要隘，并著饬令张仲春等军照常联络布置，毋稍疏懈。撒拉回目畏威求抚，并著该大臣相度机宜，一并妥为筹办。西宁回目马泳幅乞降，而陕回禹得彦、白彦虎等自知稔恶，疑畏殊深，且有官军速进，即当窜蜀、窜滇以延残喘之议，不可不严为之防。左宗棠现饬冯邦栋一面谕令悉缴马械，一面密饬降回截其去路，并分派各军会师碾伯，进规大、小南川老巢。所筹深协兵机。即著督饬官兵密速剿捕，毋令他窜。肃州城坚濠深，徐占彪一军虽屡攻获胜，仍当饬令稳慎进取，不得稍涉疏虞。窜陕零匪经陕防各军截剿，追至靖边、保安所属，该逆窜向草地而去。邵亨豫当督饬谭仁芳等扼要驻扎，严密布置，以靖疆圉。北山一路开垦渐多，民食稍资接济，并著该署抚督率牧令，勤求民瘼，加意抚绥，以副轸念灾黎至意。将此由六百里谕令知之。"

（卷336　434页）

同治十一年（1872年）七月丁酉

谕军机大臣等："左宗棠、穆图善奏凉州兵勇分剿窜回情形一折。镇番县属有大通一带窜来陕回，并南山等处土回。沿途裹胁居民，肆行抢掠。经在防各军随处截剿，余匪向西沙窝遁去。其古浪县属贼匪及窜扰永昌县属之陕回亦经各军迎剿获胜，余贼远扬。即著左宗棠、穆图善饬令王仁和督率兵勇并力搜捕，务绝根株。穆图善另片奏交卸省防后应否带队赴任，抑或移扎西安，请旨遵行等语。河州抚事渐次就绪。西宁一带刘锦棠现统各营前往，相机剿抚。左宗棠自可进驻省垣，居中调度。穆图善交卸省防，原应即赴本任，以重职守。第宁夏现尚安谧，且有张曜所部驻扎，足资镇摄。陕西为甘军后路粮饷所关，此时南、北两路时虞零匪窜扰，且新抚回众分别安插之处均距陕界非遥，非得力队伍扼扎要隘，慑以声威，不足戢犬洋反复之性。著该将军于左宗棠进省将现办防务分晰移交后，统带所部马队并挑选步队率以东行，在陕西乾、邠一带择要扼扎，妥筹防剿，以副委任。穆图善所部分布近省各要隘，尚称得力。左宗棠到省后派兵接防，是否足敷分布，倘不敷扼扎，即可将该将军所部酌量留防。著与穆图善妥筹办理。穆图善应俟该大臣布置妥协后再行拔队东进。至该将军吁恳陛见之处，著俟军务大定，再行奏请。将此由五百里各谕令知之。"

又谕："本日据穆图善片奏交卸省防后应否带队赴任，抑或移扎西安。已谕令该将军督率所部驰赴乾、邠一带驻扎矣。武毅右营勇丁溃散二百余名，并有戕害营官情事，是否系曹克忠所部，现在已否安谧，如何惩办，穆图善驰抵陕境自能弹压镇摄，以杜乱萌。惟此项勇丁竟敢肆行不法，久留该处，亦恐不能得力。如该将军所带各队到齐后，足敷分布，即可将武毅右营及其余队伍酌量裁撤，免滋纷扰。若尚须酌留，应如何布置钳束，倘须遣撤，应拣派何员管带出境，以免逗留陕疆，致贻后患。均著体察情形，迅速奏明办理。至曹克忠与穆图善共事多年，才略性情知之必悉。其接统刘铭传所部及新募各营能否整顿驾驭，并著穆图善就近详察，据实具奏。将此由五百里密谕知之。"

（卷336　440页）

予甘肃永昌等处阵亡副将张忍祥、都司柳国瑞、守备陈桂林、把总杜文绣祭葬世职加等。

（卷336　441页）

同治十一年（1872年）七月庚子

以甘肃安西等处剿办窜匪出力，擢知县樊建基以知府用，赏都司金永清巴图鲁名号、佐领业普恳等花翎、州判聂凤年等蓝翎，余加衔升叙有差。

（卷337　446页）

同治十一年（1872年）七月丙午

谕军机大臣等："左宗棠等奏官军逼剿肃州踞匪，并中卫一带截击窜匪情形各折片。逆匪久踞肃州负隅抗拒，现经徐占彪一军叠次逼剿，攻拔近城之塔尔湾坚巢，并扫荡城西贼垒百余座，擒斩著名逆目多名。剿办甚为得手。逆匪经此惩创，凶焰稍衰。自应乘此声威力图攻克。该逆前次降而复叛，现又哀词乞抚，难保非因攻剿紧急暂为缓兵之计。左宗棠现已进扎省城，著即酌度情形妥筹调度，檄饬徐占彪督率各营迅速围攻，并将关内外援贼随时相机截剿，则孤城自不难力拔。陕回由凉州属境窜出边外，复由阿拉善旗入边肆扰，虽经防军击退，惟贼踪飘忽去来无定，且蒙古地方亦恐被其蹂躏。著左宗棠饬令谭拔萃会同黄鼎所部各营探踪截剿，并知会张曜派军合力兜击，悉数歼除，毋任纷窜。穆图善著仍遵前旨，俟省防事宜交代清楚再行率队东行，并著与左宗棠会筹一切，以期共维大局。将此由六百里各谕令知之。"

（卷 337　448 页）

以甘肃攻克塔尔湾等处贼垒，予提督陈万春等优叙，赏总兵官康德胜、李世勤、桂锡桢，都司秦玉盛、樊振海、武朝聘巴图鲁名号，参将张成义等花翎，军功蓝明泰蓝翎，余加衔升叙开复有差。

（卷 337　449 页）

同治十一年（1872 年）七月丁未

谕军机大臣等："左宗棠、穆图善奏马队官兵击剿陕回获胜一折。据称陕回奔窜平番所属之柳川口一带，经副都统常明督带马队追击，毙贼四百余名，余匪入山逃逸等语。此股陕回由西宁逃出，欲赴甘凉一带抢掠，虽经官军中途截剿，其窜逸之匪仍恐四处滋扰。著左宗棠等饬令在防各军随时侦探，遇贼即击，以清余孽。前据左宗棠奏崔、禹等逆盘踞大、小南川，已令刘锦堂、何作霖等由碾伯进剿。刻下该逆曾否他窜，该大臣务当饬令刘锦堂等迅速进兵，乘土、客交讧之时，痛加剿洗，就地歼除，毋任远窜甘凉，致西路又被蹂躏。其西宁土回如果真心就抚，仍著督饬冯邦棫妥慎办理，毋稍苟且。将此由五百里各谕令知之。"

（卷 337　449 页）

同治十一年（1872 年）七月庚戌

谕军机大臣等："前因武毅右营勇丁溃散，并有戕害营官情事，当经谕知穆图善俟左宗棠进驻兰州省城，即督率得力兵勇移扎乾、邠一带，并察看曹克忠能否得力。所部勇丁如何分别撤留，令该将军悉心酌度，奏明办理。兹据邵亨豫奏称曹克忠自接统铭军后，驾驭未能得宜。时逾半年与兵将总不浃洽。该提督久患足疾，于营哨各官疏于接见，军心已摇，讹言四起，附近居民纷纷迁徙。营弁亦多乞假，请饬李鸿章密筹办理等语。军营统帅全在谋勇兼施，联络军心，申明纪律。曹克忠既不能约束勇丁，致令戎官溃散，是其不胜统帅之任，已可概见。近复患病，不能接见营哨各官，则其兵将离心，猜疑日积，势所必至。此军素称劲旅，现在不但无益陕防，且恐激生事端致滋后患。著李鸿章悉心筹划，将曹克忠所部铭字一军应如何撤回安插，俾有用之兵不至溃散，为患地方，是为至要。穆图善于行抵乾、邠后妥为布置，俾铭军去留得以迅速酌定，不至日久患生。邵亨豫于铭军未撤之先，务当不动声色，妥为调处，以弭乱萌。该署抚原片著抄给李鸿章、穆图善阅看。此旨关系军营大局，穆图善近在甘肃，务当饬令在营各员不得稍有泄漏，致生他变。提督成禄被参各节，穆图善前奏已派员前往访查，何以日久尚未查复。并著该将军迅速查明，据实具奏，毋再延缓。将此由五百里各密谕知之。”

（卷 337　453 页）

又谕：“前据金顺奏该将军于六月十六日督率所部启行西进，计期已有月余，何以中途杳无奏报。现在已否驰抵甘凉一带，即著赶紧前进，俟行抵该处即行迅速奏闻。将此由五百里谕令知之。”

（卷 337　455 页）

同治十一年（1872 年）八月丁巳

又谕：“豫师奏办理西宁抚局，并击贼获胜情形一折。陕回暨米拉沟西马营回众虽呈缴马匹、器械，其中尚有观望不决，暗行出扰情事。西宁回众所缴马匹较多。据豫师奏称近颇安分，仍当防其更变，未可稍涉疏虞。现在左宗棠已派提督何作霖等分统十六营赴湟，兵力厚集。豫师当随时会同该提督等将反侧逆回，痛加剿洗，其真心悔罪者方准投诚，断不可一意主抚，致贻后患。此中操纵机宜，仍著咨商左宗棠妥慎筹办。新添堡一带突有陕回窜扰，经黄武贤派队追击，余匪败遁回巢。仍著督饬各军加意严防，毋任贼踪纷窜。另片奏，西宁专饷已派员分赴各省坐催，在陕设立西宁运局，兑收转解，无庸由西征粮台催提垫发，以免拖累等语。即著照所请行。其各省解饷按月报部事宜，仍著袁保恒照旧办理。将此由五百里谕知豫师并传袁保恒知之。”

（卷 338　459 页）

同治十一年（1872年）八月戊午

以甘肃金塔、高台等处剿匪出力，赏参将陈智和等花翎，县丞方秉钧等蓝翎，余加衔升叙开复有差。

（卷338　460页）

同治十一年（1872年）八月壬戌

以故青海扎萨克郡王乌尔津扎布子阿玉尔什第袭爵。

（卷338　462页）

同治十一年（1872年）八月癸亥

又谕："左宗棠、穆图善奏官军逼攻肃州，连克贼垒一折。徐占彪一军攻剿肃州逆匪，叠克枯树、四坝、北崖头各垒卡及朱家堡坚巢，附城贼踪一律扫荡。办理尚属得手。肃州之贼叠经惩创，自已势孤胆落。著左宗棠等檄饬徐占彪，乘此声威，稳慎进取，以期力拔坚城，毋得轻率受抚，致为贼匪所绐。至成禄一军久驻高台，尚无行期。叠据奏称车马粮石均形缺乏。此军虽难期得力，然使因粮缺哗溃必至贻患地方。左宗棠务当饬令甘凉、安肃二道妥筹接济，不得稍存漠视。将来此军进止，朝廷别有权衡也。将此由五百里各谕令知之。"

又谕："成禄奏营饷待用孔亟，请饬各省拨解一折。据称四川、湖北、陕西三省应解饷项，惟四川积欠最多。现在该营军粮等项需款甚殷，拟请四川每月解银四万两，湖北每月解银二万两，陕西每月解银一万两，作为吉林、黑龙江马队专饷等语。著吴棠、李瀚章、郭柏荫、邵亨豫每月按数筹拨，解交西征粮台转解，以应亟需。至山东应拨地丁银五万两除已解外，尚短解银三万两，并著丁宝桢迅速筹拨，解交西征粮台，以清款目，毋稍延缓。将此各谕令知之。"

（卷338　463页）

以甘肃朱家堡等处叠克贼垒，赏提督萧章林、李登第、苏洪胜、副将李占雄、雷大兴、张邦银巴图鲁名号，守备刘殿邦等花翎，李生财等蓝翎，余加衔升叙有差。

（卷338　464页）

同治十一年（1872年）八月癸酉

谕内阁："金顺自简放乌里雅苏台将军后，督带所部由甘肃宁夏起程赴任。行至山西、包头地方驻扎，屡次有旨严催，徘徊不进。嗣据该将军历陈赴任未能迅速，自请交部议处，并请带队赴甘肃甘凉镇番一带效力前驱。朝廷格外恩施，不加谴责，俯允所请。原冀其力图振作，稍赎前愆。乃迟至数月，始据奏称驰抵宁夏，筹布镇番防剿事宜，并无起程前往甘凉镇番之语。且以会剿蒙地窜匪为词，直欲安坐宁夏郡城，遥为控制，实属意存取巧，大负委任。金顺著开乌里雅苏台将军之缺，交部严加议处。仍著迅速拔队克期西进。倘再迟延，朝廷惟有执法从事，毋谓言之不预也。"懔之。寻兵部议："金顺应照溺职例革职。现奉旨饬令拔队西进，请作为革职留营效力。"从之。

谕军机大臣等："金顺奏驰抵宁夏，筹布镇番防剿事宜，并派队会剿蒙地窜匪一折。览奏实堪诧异。金顺驻军包头，徘徊观望，久未赴任。朝廷念其行役之艰，允其西征之请，已属格外体恤。且冀其失之东隅，收之桑榆也。该将军受此重寄，宜如何感激图报，踊跃前驱。乃自六月中旬拔队后，迟回两月，始抵宁夏。又不遵旨即赴甘凉等处扼要驻扎，辄以筹商军粮及布置镇番防剿为词，意图久驻宁夏，实属有意迁延，大负委任。现在肃州回匪虽经徐占彪进剿屡胜，而贼尚负隅。成禄一军出关无期，非得一支劲旅前往接济，不能迅奏肤公。著金顺即日督率所部由甘凉镇番一带鼓行而西，径赴肃州。到肃后即行奏闻，听候谕旨。河州抚事已定，西宁等处左宗棠现已派拨劲兵相机剿抚。金顺率旅西行，专赴肃州一带，于抚局并无妨碍。至蒙地窜匪防剿事宜，本系张曜专责，该将军若再分兵会剿，则西进之兵转形单薄，著即督饬程朝立等与刘宏发各营接踵前进，毋再稽迟。沿途军粮即著知照张曜代为筹划。该将军不得借口粮运艰难，耽延时日。经此次训诫后，金顺当激发天良，力图报称，毋得巧为尝试，自速愆尤。将此由五百里谕令知之。"

（卷339 472页）

同治十一年（1872年）八月戊寅

以故青海扎萨克贝子索诺木丕勒济子棍楚克拉旺丹忠袭爵。

（卷339 474页）

同治十一年（1872年）九月癸未

以神灵显应，颁甘肃省城雷神庙扁额，曰"威壮金商"。

（卷340　478页）

陕甘总督左宗棠奏："地产瑞麦、瑞谷，请宣付史馆。"得旨："朝廷不言祥瑞，惟期年谷顺成。前经李鸿章奏，另有旨宣示矣。甘省军务未平，间阎凋瘵，所望净扫贼氛，登吾民于衽席，毋得因地方官呈报，稍涉矜夸。勉之。"

（卷340　480页）

同治十一年（1872年）九月己亥

谕军机大臣等："穆图善奏移师入陕，筹办情形，请将铭军马步八营暂缓议撤。邵亨豫奏甘省溃勇窜近陕边，并续探情形，拨兵迎击。穆图善已抵泾州各折片。据穆图善奏杨世俊所统马队溃变，意图窜入陕境。现经铭军副将潘万才收抚等语。惟览邵亨豫所奏，溃勇下窜通渭，驻扎该处之蓝旗马队随同溃散两哨，驻扎直道镇之副白旗旋亦溃变，裹胁不下二三千人。九月初五日夜间，全数窜过汧阳，直向东下。是该匪业已窜入陕境，是否潘万才收抚之外，另有东窜匪股，著穆图善、邵亨豫、曹克忠确切查明。将已抚各勇妥筹安置。其东窜之匪迅速派队截剿，毋任滋蔓。闻西宁抚事现又变更，勾引陕回抗拒官军，河州回众亦有蠢动情形。倘该降众再有反复，则是前功尽弃，大局殊属可虞。左宗棠进省以后，自已熟筹布置。现在西宁回匪既不就抚，自当督饬官军实力剿办，迅速歼除。其河州降众仍当随时察看，密为防范，以免他虞。此时甘省防剿正当紧要，穆图善所部驻扎北山之马队六起，步队四营尚资得力，未便遽行撤动。著该将军饬令仍扎原处，妥为防剿。左宗棠一面拣派劲旅前往接防。倘左宗棠所派之队未到，或到后布置尚未周妥，穆图善遽将此军撤赴陕境，致有疏虞，惟穆图善是问。甘省辖地绵长，需兵较多。现在大局未稳，全在群策群力，共济艰难。左宗棠务当和衷虚己，联络众心，以期维持全局，迅奏肤公。金顺著仍遵前旨，迅由甘凉一带驰抵肃州，即行具奏。并将后路甘凉镇番一带妥筹布置，与各军互相联络，不准再涉迁延，亦不得稍分畛域。穆图善请将总兵丁汝昌、副将潘万才所带铭军马步八营暂缓遣撤等语，著邵亨豫俟刘盛藻到后，妥商办理。将此由六百里谕知左宗棠、穆图善、金顺、邵亨豫并传谕曹克忠知之。"

（卷341　489页）

同治十一年（1872年）九月辛丑

谕军机大臣等："曹克忠奏甘省溃勇现已悉数收抚一折。据称溃勇由陇州绕越汧阳之草碧镇，势极剽疾。经该提督派令各营分路堵遏，自率亲兵从扶风、岐山大道迎击，先后于凤翔、麟游各县境收降溃勇七百余名，全数抚定，解回乾州军营。甘省被掳难民随时解散。凤翔地方照常安堵等语。此项溃勇皆系久经行阵，何以忽思变计。曹克忠既已抚定，务当妥为钤束，毋令故智复萌，又贻后患。至邵亨豫前奏裹胁不下二三千人，此次曹克忠则称收降七百余名，全数抚定。是否收抚之外另有东窜匪股，抑裹胁之众悉已解散，著穆图善、邵亨豫、曹克忠恪遵前旨，确切查明，据实具奏。河州回众现在情形若何，左宗棠务当密为防范，毋令降众再有反复，致隳前功。杨世俊所部马队因何溃走，该参将有无激变情事，并著该督确查具奏，毋稍徇饰。将此由五百里谕知左宗棠、穆图善、邵亨豫并传谕曹克忠知之。"

（卷341　493页）

同治十一年（1872年）九月乙巳

又谕："金顺奏拔队前赴肃州，暨镇番剿贼获胜各折片。金顺现已遵旨于本月十五日起陆续拔队西行。由甘凉径向肃州。刻下肃州一带贼势蔓延，仅有徐占彪一军在彼剿办。成禄株守高台，督率无方，所部未能得力。著该将军克期督队西进，迅赴事机，毋稍延宕。抵肃州后，仍遵前旨即行奏闻。金顺所部军粮自应预为筹备，以免缺乏。该将军已派员前往甘凉就地采办，著左宗棠通饬甘凉所属地方官会同金顺委员将粮石宽为购办，以资饱腾，不得稍分畛域。宁夏及镇番等处防剿事宜即著责成张曜悉心经理，其应如何派拨队伍以顾金顺运道之处，著彼此商酌妥办，务臻周密。至甘凉一带时有贼匪窜扰，未可稍涉疏虞。仍著金顺遵照本月十八日谕旨，妥筹布置，以顾后路。将此由五百里谕知左宗棠、金顺并传谕张曜知之。"

（卷341　496页）

同治十一年（1872年）九月己酉

又谕："成禄奏统带前队出关一折。成禄现拔队行抵金塔，拟即亲统前队先行出关。前有旨令金顺驰赴肃州，业据奏报起程，不日当可抵肃。著成禄即将所部各队妥为整顿，暂行驻扎。俟金顺到时听候谕旨。成禄所部兵勇转运粮饷最关紧要。左宗棠务当顾全大局，檄饬萧宗干等悉心照料，宽为应付，不得稍分畛域。闻肃回乞援西宁匪党，贼势尚张。徐占彪近日攻剿情形若何，该处确实军情，著左宗棠随时查察，饬令徐占彪稳慎进剿，毋为回众所绐。成禄另片奏嗣后奏报，请改由草地行走等语。亦著听候谕旨办理。将此由五百里各谕令知之。"

又谕："前据金顺奏起程赴肃，当谕令克期西进，迅赴戎机。兹据成禄奏称，已于八月十二日督带亲兵二营及小马队行抵金塔，拟添调胡飞鹏、王正川二营于二十二日先统出关。俟抵玉门暂驻，以待后队。现在北厓头尚留一营，临水尚留二营，高台尚留一营，均交副都统明春管带。俟车马齐全再行拔队。刻下肃逆又向西宁纠合党类，助力拒守等语。本日已谕令该提督将各队整顿暂行驻扎，听候谕旨。肃州事机紧要，著金顺仍遵前旨，迅速拔队驰赴肃州。所有成禄统带各营悉交金顺接统。核实简练，分别遣留。俟行抵肃州一带，即将此旨宣示。一面将抵肃日期速行具奏。将此由五百里密谕知之。"

（卷341　498页）

同治十一年（1872年）九月辛亥

谕军机大臣等："左宗棠奏攻剿西宁、肃州回匪获胜，统筹甘省全局，请调宋庆一军助剿，请饬张曜分营驻扎灵州花马池，密陈西宁情形，杨世俊所部溃走，请免置议，并自请议处各折片。西宁回匪始以乞抚为缓兵之计，旋结陕回抗拒官军，经刘锦棠等督军进剿，叠挫凶锋。惟逆首白彦虎等皆积年悍贼，诡谲多端，必须厚集兵力，方能制其死命。著左宗棠一面饬令刘锦棠等实力进剿，一面添派劲旅继进，以期早日藏功。西宁城内汉民闭门防守，亦当设法援应，内外联络，俾免疏虞。马桂源既为府城官民所拒，即著令其不必入城，以释群疑。左宗棠仍当随时察看情形，相机办理。肃州官军虽屡次攻剿获胜，而该逆负隅如故，著左宗棠饬令徐占彪稳慎进攻，力图克拔，并酌量添兵合围，毋任铤走。甘省被兵日久，亟应速筹戡定。刻下西宁、肃州均须增军攻剿。省北一带亦须派营填扎。兵力不敷分布。宋庆一军素称得力。现在陕省北路边境尚属安谧，著定安即令该提督统带全军赴甘助剿。该军由榆林、绥德一带取道庆阳、平凉以抵兰州。左宗棠拟饬沿途各局预办粮草，军行当不至迟滞。宋庆接奉谕旨，即著克期拔队起程，迅赴戎机。本日并已谕令钱鼎铭将该军月饷源源接济矣。神木一带如尚须派兵填扎，即著定安酌度布置。左宗棠现拟将谭拔萃所部官军调赴西宁。所有灵州花马池一带即著张曜就近分营驻扎，以资稳固。穆图善仍当饬令驻扎甘省城北之马步各队照旧驻扎，认真防剿，毋遽裁撤。杨世俊所部勇丁溃散情尚可原，著免其置议。左宗棠自请议处，并著加恩宽免。将此由六百里谕知左宗棠、穆图善、定安并传谕张曜、宋庆知之。"

又谕："据左宗棠奏，通筹甘肃全局，请调宋庆赴甘助剿。本日已降旨传谕该提督迅率所部驰抵兰州，听候左宗棠调遣。该提督沿途所需粮料草束已经左宗棠饬局预备。惟该军月饷向由河南拨解。甘肃饷本支绌，势难兼顾。著钱鼎铭仍按月筹解，源源接济，毋令稍有缺乏。将此谕令知之。"

（卷341　500页）

同治十一年（1872年）十月乙卯

谕军机大臣等："曹克忠奏收抚溃勇，妥筹安插情形，请饬催刘盛藻迅速赴陕，将添募各营一并接统各折片。甘省奇营溃勇，逸入陕境，经曹克忠率队围剿，悉数收抚，带回乾州。仍讯明首从，不动声色，分别惩办，以申军律，办理尚妥。此项勇丁猛鸷浮动，驾驭甚难。现经曹克忠立为马队二营，并拟将此军拨隶李辉武、谭仁芳部下，以分其势。著邵亨豫饬令李辉武等申明纪律，妥为钤束，毋任别滋事端。前据李鸿章奏刘盛藻于十月初二日由津起程，著该督饬令迅速前进，接统各军，妥筹布置。前谕曹克忠将另募各营遣撤。兹据该提督奏请饬刘盛藻一并接收，以厚兵力。现在饷项竭蹶，应如何酌量撤留之处，著李鸿章、曹克忠妥慎筹办。曹克忠俟交代清楚后，准其暂赴西安调理。将此由五百里谕知李鸿章、邵亨豫并传谕曹克忠知之。"

又谕："张曜奏官军剿办镇番等处贼匪，叠获胜仗，并歼除南路窜贼一折。宁夏沿边及阿拉善旗一带时有窜匪滋扰，叠经剿办获胜。仍著该提督派兵搜剿，净绳根株。金顺现已拔队赴肃，即著懔遵叠次谕旨迅速前进，其后路转运事宜由宁夏至镇番经过蒙地七百余里，地段甚长，著张曜督饬将弁随时梭巡，遇有该营粮饷、军火一切过境，即行妥为护送，以利遄行。镇番一带防剿事宜，该提督尤当布置周妥。至灵州、花马池一带并著遵奉前旨，拣派得力弁勇前往接防，均毋疏懈。将此由五百里谕知金顺并传谕张曜知之。"

（卷342　504页）

予甘肃镇番等处阵亡都司冯冠元、千总姜玉明祭葬世职。

（卷342　505页）

同治十一年（1872年）十月丙辰

谕军机大臣等："左宗棠、穆图善奏马步官兵剿贼获胜一折。西路贼匪于七月间分股窜扰，经马队各军于野狐子沟等处截剿获胜，毙贼多名。其王家坪窜贼亦经马步各队追剿，贼匪败遁。仍著左宗棠、穆图善督饬各营认真探剿，毋稍懈弛。前因甘省防剿紧要，穆图善所部驻扎北山之马队六起、步队四营，已谕该将军饬令仍扎原处，毋遽撤动。铭军现缓裁撤，穆图善应否移扎甘肃平凉、固原一带之处，仍著该将军懔遵前旨，与邵亨豫妥商办理。将此由五百里各谕令知之。"

以甘肃野狐子沟等处剿贼获胜，赏佐领乌勒吉布颜图副都统衔，予通判福联以同知用。阵亡都司鲁希贤等祭葬世职加等。

（卷342　505页）

同治十一年（1872年）十月丁巳

谕军机大臣等："传谕前任甘肃提督曹克忠。曹克忠奏收抚溃勇并无另股东窜，现筹办理情形一折。此项溃勇经曹克忠收抚，并无另股东窜，与穆图善、邵亨豫所奏相符。其倡首生事之副哨官冯高山、什长王锦如、路钟字、邱盛怀、杨洪等业经正法，都司王士清、守备吕长乐著即革职，与勇丁李全发等即行递解回籍，不准再投军营，余存四百余名现既分立两营，筹给月饷，著曹克忠妥为驾驭，迅即拨隶李辉武、谭仁芳部下，以资钤束。毋令别滋事端。"

（卷342　505页）

同治十一年（1872年）十月甲子

以甘肃安西等处叠次截剿窜匪出力，赏游击孟传来等花翎，学正聂盛年等蓝翎，余升叙开复有差。

（卷 343　514 页）

同治十一年（1872 年）十月甲戌

又谕："前据左宗棠奏兵力不敷分布，请调宋庆一军，当谕令该提督赴甘助剿。兹据鲍源深奏称该军驻扎河西。晋省河防深资屏蔽。值此冬令冰坚，仓卒之间无从另调别军填扎。毅军拔队远征，筹办军装粮运事宜亦需时日，且冰雪长途，行走难于迅速，可否饬令稍缓西进，容得另筹调度等语。著即照鲍源深所请，知照该提督暂缓拔营，妥筹防堵。仍一面预为部署，俟来岁春融即行迅速前进，不准借词耽延。该提督拔队后，晋省河防应如何严密布置之处，仍著鲍源深先事妥筹，毋稍大意。甘肃西宁、肃州一带攻剿情形若何，现在毅军暂难成行，该处自应另筹调度。左宗棠当斟酌军情，妥为布置，毋稍疏虞。将此由五百里各谕令知之。"

（卷 343　520 页）

同治十一年（1872 年）十月乙亥

谕军机大臣等："奎昌等奏贼匪窜扰，筹办防剿一折。甘省肃州回匪于八月间分窜出关，在白托罗盖及金山卡伦等处扰掠，有图扑乌、科库伦之说。该逆屡窜出关，意图掠食。此次所扰地方皆在乌城西南、东南十数台一带。计欲牵掣兵力，乘间肆扰。奎昌等现拨马队堵剿，并饬蒙古官兵严防。即著严饬带兵员弁实力截剿，迅扫逆氛。该匪飘忽靡常，非有游击之师不足以痛歼丑类。杜嘎尔即率所部克日启行，探明贼踪，驰往剿办，并著托伦布、保英、张廷岳、阿尔塔什达预筹备御，调拨官兵，择要扼守，遇贼即击，毋稍大意。至折内有请领洋枪、炸炮一语，并未叙明数目及由何处领发。如该城需用正殷，即著随时奏闻。将此由六百里各谕令知之。"

（卷 343　522 页）

同治十一年（1872 年）十一月乙酉

又谕："寄谕前任乌里雅苏台将军金顺。前因肃州一带贼势蔓延，仅有徐占彪一军在彼剿办，兵力尚形单薄。叠次谕令该将军迅速拔队克期西进，并谕抵肃州后即行奏闻。迄今月余未见续有奏报。刻下肃州事机紧要，金顺现在行抵何处，即著懔遵叠次谕旨，迅赴戎机，毋稍延宕。抵肃后并著遵照九月二十八日密寄谕旨，妥为布置，先将一切情形详细奏闻，以慰廑系。将此由五百里谕令知之。"

又谕："文麟奏攻剿东山窜匪获胜，并星星峡军台逆回劫杀，请将疏防营员示惩各折片。肃州逆匪窜向哈密东山，由马鬃山分股扰至下莫艾地方，经文麟派令统领魏忠义等带队追剿，斩馘甚多，生擒回逆马乙麻木正法。匪党出哈尔山向东北逃窜。此次进剿东山逆匪虽经小有斩获，惟东山地面辽阔，隘口甚多，该逆分股纷扰，亟应尽力搜剿，以绝延蔓。该大臣务当严饬魏忠义等探明贼踪所向，实力追击，不得徒事粉饰，致令丑类潜滋。至星星峡回匪杀伤弁兵勇目多名，劫去车马饷银等物。守备向永福不能先事防范，著先行摘去顶带，以示薄惩。所失饷银共若干两，责令各该营官赔补，并著饬令魏忠义等确探痛剿，毋留余孽。该处军台速派弁兵妥为安设，毋任再有疏虞。将此由五百里谕令知之。"

（卷344　528页）

同治十一年（1872年）十一月戊子

谕军机大臣等："穆图善奏叠奉谕旨，现拟赴省与抚臣会商，移师驻扎一折。臬司刘盛藻赴陕，此时计可到防。乾、邠附近足资控御。穆图善俟该臬司接防后，准其暂赴西安与邵亨豫筹商，仍著懔遵前旨，移师平凉、固原一带，与雷正绾、魏光焘联络声势，扼要分扎，是为至要。将此由五百里各谕令知之。"

又谕："成禄奏亲统前队行抵玉门，现在搜剿窜匪，试办屯田一折。成禄现已亲统八营于九月初间行抵玉门县择要扼扎，后队各营陆续西上。该处地方叠遭贼扰，居民大半流离，并有窜匪八九成群，到处劫杀。虽经成禄在惠回堡地方截剿杀毙回匪数十人，惟贼伙尚多，分股四出，不特安、敦、玉三属胥受其害，尤恐窜扰哈密后路，滋蔓堪虞。成禄统领各队既抵玉门，即著督饬官军勤加侦探，遇贼即击，务使就地歼除，毋任窜扰为患。成禄军粮匮乏，采办维艰，仍须关内接济，以赡饥军。左宗棠务当严饬萧宗干、何元普等妥为设法采办，源源转运，毋得稍分畛域，致误事机。景廉所调吉林、黑龙江马队亟望克日到营，以厚兵力。现在行抵何处，著左宗棠沿途催令迅速趱行，毋稍迟滞。所有该军行粮一切并著左宗棠宽为筹备，俾利师行。景廉一面派员迎提，以资得力。成禄所统各营足资防剿。此项马队惟期迅抵景廉军营，成禄不得率行截留，致有迟误。将此由五百里各谕令知之。"

又谕："前因肃州事机紧要，叠次谕令金顺克期前进，迅赴戎机，并因成禄统带各营未能得力，密谕该前将军于行抵肃州后即将成禄一军妥为接统。现在成禄已统率各营出关，前抵玉门扼扎。肃州攻剿事宜尤属不容稍缓。金顺刻下行抵何处，何以久无奏报，殊不可解。著该前将军懔遵叠次谕旨，迅速前赴肃州，会同徐占彪克期攻拔，再行出关接统成禄各营，妥为布置，以副委任，毋得稍有延缓，致误事机，并著将抵肃日期先行具奏。将此由五百里密谕知之。"

（卷344　530页）

同治十一年（1872年）十一月庚寅

宁夏将军穆图善奏陈甘省军情，请饬督臣左宗棠所留后路各营移调前路。得旨："前因左宗棠兵力不敷，准调宋庆一军助剿。现因晋省河防紧要，该军暂缓拔营。此时兰州北山一带，该督恐亦无兵可以填扎，所有原驻各队穆图善仍当饬令照旧扼扎，以资防剿。至所称左宗棠后路各营仍可移调前路等语，所指后路各营究有若干，系属何人统带，现扎何处，著该将军详细具奏。"寻奏："遵查左宗棠后路现有提督刘端冕统带九营在金县、皋兰、安定所属驻扎。提督周绍濂统带五营在会宁县城及所属驻扎，提督雷正绾分扎一营于固原地方，平庆泾道魏光焘统带六营在静宁、隆德、平凉各处驻扎。自甘肃省城以东至平凉县止，共扎二十一营。报闻。"

（卷344　532页）

同治十一年（1872年）十一月丁酉

又谕："左宗棠奏陕甘民食紧要，请严禁种植罂粟一折。民间栽种罂粟本干例禁。现在陕甘地方疮痍甫复，耕垦无多，民食、军粮犹虞不继。亟应讲求农务，以冀丰盈。即著左宗棠严饬各地方官申明定例，悉行禁止。如有民间贪利私自种植者，即于根苗初发时饬令尽行拔除，并严禁丁差不准借端扰索。倘有不肖官吏仍敢故违例禁，按亩收税，即著照枉法赃严参治罪。其烟土之来自外省者并著一律严查，不准入境，以期净绝根株。各直省亦宜一体严禁，有犯必惩，毋使有妨民食。"

（卷345　539页）

同治十一年（1872年）十一月庚子

又谕："张曜奏派队分扎镇番等处防剿情形一折。镇番县属及阿拉善旗一带地方辽阔，时有贼匪窜扰。现经张曜派令提督李葆珠管带三营前赴柳林湖、红沙梁各处，协同郝永刚择要分扎，兼顾金顺运道。灵州、花马池一带亦派提督王连三管带亲兵两营前往。俟谭拔萃各营拔赴西宁即行填扎。著张曜饬令派出各军认真防剿，遇贼即击，毋稍疏虞。该提督仍当亲率马步队随时侦探，实力剿击。窜匪率多骑贼，飘忽异常。张曜所部马队仅有两营，不敷追剿，著定安迅即筹拨马队数百名协同追剿，尽扫逆氛。镇番县东、西湾窜匪虽经郝永刚等剿败，擒斩多名，贼匪现向永昌县一路遁逃，仍当跟踪追剿，并著张曜知会凉州官军一同截击，就地歼除，以清边患。将此由五百里谕知定安并传谕张曜知之。"

（卷345　542页）

同治十一年（1872年）十一月辛丑

谕内阁："左宗棠奏请将本任署任道员分别开缺实授等语。甘肃西宁道舒之翰久未到任，署西宁道郭襄之在任多年，尚知受民。当回逆马本源等出城勾结陕回之时，该员督率士民守城御贼，尤能调度合宜。既据该督奏请补授是缺。舒之翰著即开缺，所遗西宁道员缺即著郭襄之补授，并著左宗棠将舒之翰应行查办之件，仍遵前旨查明具奏。"

谕军机大臣等："左宗棠、豫师奏西宁解围，现筹办理情形一折。西宁被围日久，此次刘锦棠督军深入，立解城围，并分别安插难民降众，办理甚妥。该处久为贼扰，民不聊生，一切善后事宜即著豫师会商左宗棠悉心布置，毋令失所。回族结党甚固，丑类繁多，仍恐有不逞之徒暗中勾结，别滋事端。亟应将伏莽一律扫除，毋贻后患，并著左宗棠、豫师随时加意防范，以期绥靖地方。至叛逆马本源等带同土匪挈眷逃遁，已抵巴燕戎格，岂可任其远扬，仍当设法按名弋获，明正典刑，以示惩儆。陕回是否仍踞西川，如其逃向甘州，左宗棠当饬令各军跟踪追剿，并檄甘凉各队迎头兜击，就地歼除，毋听其乞抚缓师，致堕贼计。将此由六百里各谕令知之。"

（卷345　543页）

以甘肃西宁府城解围，赏道员刘锦棠白玉翎管一支、白玉搬指一个、大荷包一对、小荷包两个、火镰一件，提督陈启明、刘象贤、宋祥发、邓时益、李隆宝、李清胜、喻少还、匡义志、彭明达、李春元、李恒春、周恒升，总兵官朱正和正一品封典，提督余虎恩、席大成黄马褂，提督黄友信、邱俊凤、张振寿、刘得喜，副将张沛、邓增，参将陶鼎金，游击李章贡、杨金龙、苏秀生、袁绍华、李得胜，都司张俊、杨锦棠、张得升、刘长其、李孝隆、彭秀文巴图鲁名号，参将周国泰等花翎，把总张瑞扬等蓝翎，余加衔升叙开复有差。予历次阵亡游击陈湘林等一百三十七员祭葬世职加等。

（卷345　544页）

同治十一年（1872年）十一月丁未

谕军机大臣等："邵亨豫奏刘盛藻到陕接统铭军，并北路零匪窜越，剿除殆尽各一折。臬司刘盛藻于十一月十五日行抵陕省，现已驰赴乾州接统曹克忠所部各营。著邵亨豫饬令该臬司妥筹驾驭，严密布置，不得稍涉疏虞。曹克忠所收溃卒立为马队二营。前据该提督奏请分隶李辉武、谭仁芳部下。兹据邵亨豫奏此项勇丁驾驭不易，未可轻率分拨，即著该抚督饬刘盛藻体察情形，应如何酌量撤留，随时妥慎办理，毋任滋生事端。穆图善拟由邠进省，与邵亨豫筹商防务。该将军当懔遵叠次谕旨，扼扎平凉、固原一带，以为甘省后路声援，毋得意存畛域，致误事机。陕北二套河等处贼骑分股窜扰，经谭仁芳等带队追剿，歼毙殆尽。其追至克丑尔庙一起匪徒，据奏沙地浩渺，迷贼所向究竟窜往何处，仍著严饬该将领跟踪搜捕，务绝根株。并著左宗堂饬令甘省各军严密扼防，毋任匪股纷窜草地，致滋延蔓。徐占彪攻剿肃州情形若何，著左宗棠檄饬该提督稳慎进取，力图攻拔，以期早靖西陲。西宁解围后，一切善后事宜均应妥为经理。逆首马本源等遁往巴燕戎格等处，该大臣当严饬各军设法购拿，迅速弋获，以申法纪。将此由四百里各谕令知之。"

（卷345　547页）

同治十一年（1872年）十一月己酉

谕军机大臣等："前据金顺奏遵旨于九月十五日起陆续拔队西行，由甘凉径向肃州，叠次有旨催令前进，迅赴戎机，并谕将抵肃日期先行具奏。数月以来，未据金顺续有奏报，殊不可解。刻下西宁业已解围，惟肃州一城未下。该处军务正形吃紧，金顺计应早到肃州，现在行抵何处，著即行奏闻，并懔遵叠次谕旨，迅赴肃州，会同徐占彪克期攻拔，即行出关，接统成禄各营，妥为布置，毋再迟延干咎。将此由六百里密谕知之。"

（卷345　548页）

同治十一年（1872年）十二月辛亥

谕军机大臣等："左宗棠奏另筹调度情形，暨官军逼攻肃城，叠获胜仗各一折。西宁土、客各回窜伏西川及巴燕戎格、大通等处，穷蹙乞抚。肃州踞逆亦经徐占彪叠次猛攻，逼城而垒。惟该城地广兵单，未能速合长围，制贼死命。即著左宗棠饬令徐占彪就现有兵勇稳慎以图，一面添派劲旅并力进攻。金顺于九月中旬自宁夏拔队西进，叠谕到肃后会合徐占彪一军力拔坚城，刻下计早抵肃。西川等处乞抚回众并著妥筹办理，毋稍疏虞。该大臣以兵力不敷请饬曹克忠赴甘助剿，即著卻亨豫传知曹克忠于交卸后迅速驰赴兰州，听候左宗棠调遣。其所蒙步队三营并令慎加选择，或分别赀遣，毋任滋事。至曹克忠抵甘后，应如何拨营归其统带及该提督应赴何处驻扎，并著左宗棠斟酌情形，奏明办理。穆图善当懔遵叠次谕旨，扼扎平凉、固原一带，以为甘省后路声援，毋得逗留西安省城。将此由五百里各谕令知之。"

又谕："左宗棠奏豫省月协西征饷银，请饬改解宋庆军营等语。宋庆一军前经谕令俟来春赴甘助剿。现在甘省需兵甚殷，著定安传知该提督懔道前旨，预为部署。一俟开正，即行拔队西进，不准稍涉耽延。神木一带必须有兵填扎，并著定安调拨队伍前往驻守，以期严密。晋省河防鲍源深当妥筹布置，毋稍大意。陇中粮运艰阻，豫省拨给毅军饷项自尚不敷，著照左宗棠所请，将河南月协西征饷银一万五千两改为毅军运费，自同治十二年二月为始，即同该军月饷一并解至宋庆行营。钱鼎铭当严饬藩司源源接济，不得稍有蒂欠，致误要需。将此由五百里各谕令知之。"

又谕："景廉奏西路营弁盘获悍回，搜出文信一折。据称回逆妥得璘派人赴古牧地给马明送信，意欲约会孔才助剿安夷，经营官秦殿喜盘获，搜出伪文。该逆复遣马进才等赴西宁送信，欲约该处回兵出关相助，亦经西路营弁盘获。其驻扎古牧地之徐学攻等营勇丁，现经马明全数撤回原营等语。前据景廉奏回目马明投诚本不足恃，该回目现闻我军进兵，遽将古牧地勇丁撤回，显因官兵前进，意存疑惧，反复无常。妥逆并令马明约会官军为伊复仇，尤为诡谲。著景廉饬令驻古各统领勤加侦探，慎守营垒，不得轻率进兵，致为所愚。妥逆意欲纠约西宁回逆出关，尤当严加防范。著左宗棠、文麟多派兵弁于关内外地方随时确探。遇有该逆遣人送信，立即查拿，毋令潜通消息。金顺现在行抵何处，著懔遵叠次谕旨，迅速兼程前赴肃州与徐占彪一军会合，力拔坚城，并派员弁梭巡各关隘，毋令内地回逆出关勾结为患。将此由五百里各谕令知之。"

（卷346　550页）

同治十一年（1872年）十二月癸丑

谕军机大臣等："前据曹克忠奏收抚奇营溃勇，请保出力员弁。有旨准其酌保数员，毋许冒滥。兹据该提督将所保各员弁开单奏请奖励。与咨部保（褒）奖者共有数百员之多，殊不足以昭核实。著与另片保奏之营官王正枝、委员张义廷、王郊等均由邵亨豫就近确切查明，另行核减。将实有劳绩人员酌量保奏，再予恩施。在营病故之参将喻正祥等应否给予恤典，亦著邵亨豫查明具奏。副将等缺，曹克忠何得自行拣员请补。所有甘肃中卫协副将及沙州营参将、威远堡都司各缺著左宗棠查明合例人员请补，以符体制。并著邵亨豫传知曹克忠，懔遵本月初一日谕旨，迅即驰赴兰州，听候左宗棠调遣。曹克忠折片单著分别抄给左宗棠、邵亨豫阅看。将此各谕令知之。"

（卷346　554页）

同治十一年（1872年）十二月乙卯

谕军机大臣等："前经叠谕穆图善移扎平凉、固原一带，为甘省后路声援。兹据穆图善等奏称，刘盛藻现已抵陕，接统铭军。邠、乾一带足资控御。其固原、平凉地方现有雷正绾、魏光焘各营驻扎。该将军一军拟即移扎泾州等语。穆图善现已回邠，著即赶紧部署，统率所部各营移扎泾州，与雷正绾、魏光焘两军联络声势，互相应援。泾州与长武、汧、陇等处接壤，时有溃勇游匪出没。该将军当随时查拿，认真剿办，以靖地方。左宗棠、邵亨豫亦当饬令各路官军协力防剿，毋稍疏虞。刘盛藻接统铭军自应妥筹布置，著邵亨豫饬令该臬司于邠、乾一带严密设防，以资捍卫。并将所统各营勇丁妥为驾驭，毋任滋生事端。将此由四百里各谕令知之。"

（卷 346　555 页）

同治十一年（1872 年）十二月己未

谕军机大臣等："金顺奏派队赴肃筹布后路运道，并请饬购办军火及指拨银两各折片。金顺所部各队齐抵凉州，已派队赴肃助剿，并留队分扎后路以顾运道，即日督饬后队赴肃。现在肃城军务吃紧，前据左宗棠奏贼匪被剿穷蹙。该处地广兵单，官军尚未合围，亟盼劲旅早到。即著金顺懔遵叠次密谕，驰抵肃州，会同徐占彪迅拔坚城，即行出关妥筹布置，毋得在凉州逗留。金顺以军火不敷，请饬江苏巡抚赶紧就沪购办细洋药二万磅、大铜帽四百万粒、三楞炮药五千磅，派员航海运至天津等语。军火需用甚亟，若由沪运津未免久需时日，著李鸿章按照金顺所请，先由天津现存之洋药、铜帽等项照数拨给，由金顺派员赴津领解到营，以资应用。此项军火系属借拨，著恩锡赶紧如数购办，解赴天津归还，不得有误。金顺因购买皮衣请饬部拨银一万五千两，著户部照数于就近省份迅速指拨，解交归绥道衙门，由金顺派员领取。将此由五百里谕知李鸿章、金顺并传谕恩锡知之。"

（卷 346　556 页）

同治十一年（1872 年）十二月丁卯

谕军机大臣等："左宗棠奏已革提督田兴恕遣戍新疆，行次秦州，道梗未能前进。同治六七等年贼扰巩秦，该革员随同防军出队，踊跃争先。现在新疆仍难起解，恳请释令回籍等语。田兴恕获咎甚重，本无可逭，姑念该革员防剿出力，尚知愧奋，且本年查办遣戍各员业经分别加恩，田兴恕事同一律，著加恩准其释令回籍。该革员到籍后著李瀚章、王文韶饬令地方官严加管束。此次准其释回系属法外施恩，如再任性妄为，不安本分，必当从严惩办，毋谓宽典可幸邀也。将此各谕令知之。"

（卷 347　566 页）

同治十一年（1872 年）十二月庚午

以甘肃通昌、通贵等处剿匪出力，予总兵官郝永刚以提督简放，赏总兵官李永芳、参将董大成一品封典，总兵官王进忠、副将刘应伦，参将蒋希夷、郭什春，游击李得胜、刘大发、汪林东、丁玉德，都司李万仓巴图鲁名号，同知王伟棠、游击王世清等花翎，都司李文思等蓝翎，余加衔升叙开复有差。

（卷347　571页）

同治十一年（1872年）十二月丙子

谕内阁："左宗棠奏饷鞘渡河沉失，请将管解委员议处，沉失饷银豁免，并请饬缉匿分饷银贼犯一折。开复同知吴人寿由驻陕军需局委赴山西运城，提解商汇广东协饷六万两。本年八月间，押鞘渡河，陡遇风浪沉船，冲没饷银十一鞘，共银一万一千两。续经查明永济县船户张麦红等有捞获饷银分匿两鞘之事。除起获银一千二百余两外，尚有饷银七百余两及逃犯杨黑毛等未获。此次解饷委员吴人寿管解不慎，咎无可辞，著交部议处。并著山西巡抚严饬该管地方官勒限追缉捞获匿分饷银赃贼，务获惩办，毋任漏网。至沉失饷银九千两，既据奏称实因船行猝遇风暴损失，著加恩准予豁免。"

谕军机大臣等："左宗棠奏官军剿击肃逆，叠获胜仗，暨西宁土、客回目乞抚，现在办理情形各折片。肃州回逆困踞孤城，叠次出扑官军营盘，经徐占彪等奋勇击退。惟城中悍贼尚多，困兽犹斗，允宜稳慎进取，迅拔坚城。该大臣现已添派陶生林等营前赴肃州，交徐占彪节制调遣。金顺一军计期亦应到肃，即著左宗棠饬令徐占彪会同金顺乘此声威，迅图攻拔，以竟全功。西宁土、客各回呈缴马匹、枪械，纷纷乞抚，并著饬令刘锦棠等妥为办理，毋稍疏虞。逆首马本源、马桂源逃遁巴燕戎格，因党与已离，亦思投诚免罪。该逆等狡诈性成，恐以乞抚懈我军心，万一逃入番地则捕获尤难。仍著饬令刘明灯、陈湜、刘锦棠等妥慎筹办，无论是否就抚，总以捕获为要，不可稍涉迁缓，致误事机。另折奏久病未痊，请特简贤能等语。该大臣办理甘肃军务宣力数年，地方渐就肃清，大功不日告竣，嗣后一切善后事宜及吏治民生正赖该大臣悉心筹度。至新疆军务诚非从内预为布置，从新预为调度不可。将来大兵出关，关内既须重臣镇抚，而筹饷筹粮并筹转运等事尤恃有大臣实力实心，经营布置。庶前敌各营不虞后顾，该大臣素顾大局，谅早筹计及此，应俟甘境敉平，先将饷事兵事通盘筹划，据实奏闻。朝廷倚畀方深，岂可遽萌退志。左宗棠著赏假一个月安心调理。河州、肃州军情仍著随时详悉具奏，以慰廑系。将此由六百里谕令知之。"

甘肃西宁镇总兵官黄武贤开缺省亲，以记名总兵官何作霖为甘肃西宁镇总兵官。

（卷 347　575 页）

同治十一年（1872 年）十二月戊寅

又谕："成禄奏驰抵安敦，搜捕贼匪，筹办军粮。李天和所部暂难前进，并肃甘等处军情各折片。成禄出关后搜捕零匪数百名，安、敦、玉地方现无贼踪，并招募户民，酌发籽种，举办屯田，需用银两。即著咨商景廉、文麟于解到新疆协饷内酌量提拨，以应要需。该处民情困苦，该提督务当加意抚绥，毋令失所。据奏采买之粮，仅敷一冬支发，续买粮石尚无就绪，军士枵腹堪虞，自应速筹接济。著左宗棠严饬甘、凉、安、肃各地方官务须宽筹粮石，源源转运，或解至安西、玉门，或解至赤金，以便成禄提用。俟来年屯田收成后即可酌量停缓。该军既经出关，饷需尤不可缓。所有四川、湖北、陕西应协月饷著吴棠、李瀚章、郭柏荫、邵亨豫赶紧筹拨，按数解交西征粮台，陆续运送出关，毋稍延误。成禄以各省解到之饷为数无多，请饬部于款项稍裕省份先拨银二三十万两，仍在欠解协饷内扣抵归款。著户部酌核办理。前谕成禄催令李天和所部三营驰赴景廉军营调遣。兹据奏称现在天气严寒，势难强令前进。请饬景廉等将驻扎安西等处之保安威仪数营先行调回等语。景廉军营兵力单薄，亟应添军助剿。转瞬春融，军行即可无阻，著成禄即饬李天和整军前进，毋得借端逗留，并著景廉、文麟酌度情形，应否先将保安等营调往之处，即与成禄咨商办理。吉林、黑龙江马队已抵高台，著成禄饬令迅速整顿，克日驰赴景廉军营以资厚集。肃州之贼负隅日久，现经左宗棠添派陶生林等营归徐占彪调遣。金顺一军计期亦应到肃，此后军事可期得手。成禄惟当督饬各营严防贼匪出关窜扰，毋稍松懈。将此由六百里各谕令知之。"

（卷 347　577 页）

予甘肃嘉峪关殉难吏目希祥祭葬世职。

（卷 347　578 页）

同治十二年（1873 年）正月丙申

谕军机大臣等："前因瑞云奏请划拨凉、庄官兵饷项，当经谕令吴棠在四川协甘饷内按月划扣银五千两，作为凉、庄两营八、九两年俸饷。由该副都统派员领取，毋庸统解西征粮台，以清款目。兹据额尔庆额奏，凉、庄官兵困苦，请饬四川援案续行划拨饷项等语。著吴棠仍在四川协甘饷银二万两内续行按月划拨银五千两，作为十年、十一年凉、庄两营官兵俸饷。由额尔庆额派员领取，毋稍迟滞。并知照西征粮台查照办理。将此各谕令知之。"

（卷 348 591 页）

同治十二年（1873年）正月丁酉

以甘肃武威击剿窜贼获胜，赏骁骑校全安等蓝翎。

（卷 348 591 页）

同治十二年（1873年）正月己亥

予甘肃四合原被戕总兵官魏纪鋆等祭葬世职。

（卷 348 592 页）

同治十二年（1873年）正月辛丑

谕军机大臣等："前据左宗棠奏成禄靡饷迁延举动乖张，当经谕令穆图善密查具奏。旋据穆图善复称成禄不知检束，参款俱属有因。本应治以应得之罪，因念成禄业经出关，所部乏人接统，是以未经降旨。本日复据左宗棠奏成禄前在高台苛派捐输，迫士民赴营申诉，复指为聚众抗粮，诬为叛逆，并将寄寓之权家囤庄围定掩捕杀毙二百余人，犹且虚报胜仗，吁请奖叙等语。是该提督丧心昧良，情罪重大，实难一日姑容。金顺前奏行抵凉州，即日督饬后队赴肃，此时计已驰抵肃州。著即酌带所部兼程出关，接统成禄各队。一面传旨将成禄革职拿问，即日遴派员弁押解来京听候治罪，毋得稍涉迟延，致有泄漏。肃州军务已谕令左宗棠责成徐占彪等迅速攻剿，应否酌增劲旅，即由该督调派。金顺于拿问成禄派员押解起程后，即在安、敦、玉一带扼要驻扎，听候谕旨。该将军所部各队及分扎后路之军应如何调赴，前敌留顾运道之处，即著金顺斟酌军情，妥为筹划，奏明办理。将此由六百里密谕知之。"

又谕："本日据左宗棠奏成禄在高台时苛敛捐输，诬民为逆，纵兵冤毙多命。所犯情节重大，断难一日姑容。已密谕金顺传旨，将成禄革职拿问，解京治罪矣。关外距京窎远，解送务须严密。除由金顺派员押解外，著左宗棠多派得力员弁沿途护解，并饬经过地方官接续递解前进，不得稍涉疏虞。前署高台县知县管笙，著左宗棠一并派员押解来京质证，毋任成禄得以狡展。至金顺所部兵勇，或调赴前敌，或分扎后路。军粮关系紧要，左宗棠务当随时妥筹接济，毋令缺乏。一切运送军粮军火并檄饬地方官毋得稍分畛域。肃州军务即责成徐占彪等认真剿办，迅扫逆氛。如须添拨兵勇，即著酌量调派，以资得力。所请将通判王佳植等免议，生员李载宽等昭雪之处，俟定案时一并降旨。将此由六百里密谕知之。"

又谕："前因成禄一军出关需饷紧急，谕令户部于款项稍裕省份酌拨。兹据该部奏称拟在四川积欠饷内先提银十万两，湖北积欠饷内先提银五万两，共银十五万两，请饬筹解等语。著照该部所议即由吴棠、李瀚章、郭柏荫各饬藩司如数筹拨，解至西征粮台，运送出关，毋稍延宕。此项提拨饷银仍在四川、湖北欠饷内扣抵归款。将此由五百里各谕令知之。"

（卷348　593页）

同治十二年（1873年）二月乙卯

谕军机大臣等："成禄奏特参规避出关，倡众私逃之副将，请旨就地正法一折。据称副将王节文投效军营，愿随出关，旋托词潜逃。访得该副将在甘州达达营，署甘凉道萧宗干派令管带马队，将营官胡可均派往弁勇勒留不放，并接王仁和函称，王节文前在伊营，种种不法，其人决不可留等语。著左宗棠将王节文被参各节严密确查，如实有倡众私逃情事，即著饬令萧宗干将王节文就地正法，以肃军律。原折著抄给阅看。将此由五百里谕令知之。"
寻奏："遵查王节文虽无倡逃实据，惟强横躁妄，种种不法，应俟讯明照军法惩办。"报闻。

（卷349　607页）

同治十二年（1873年）二月戊午

谕内阁："前因御史袁方城奏参前甘肃西宁道舒之翰阻挠战事，受贼重赂，游击萧兆元暗中通贼等情，当谕令左宗棠查奏。兹据奏称舒之翰被参受贼重赂，为贼道地，访查均无实据。惟该员在首府任内索取各属规礼。前署靖远县知县金麟因案被讦，曾送给舒之翰银两作为贽敬。其被参在首府任内作寿一节亦属确实。至得受馈遗多少无从稽核等语。前甘肃西宁道舒之翰身任监司，辄有索取规礼等事，实属行为卑鄙，有玷官箴。舒之翰著即行革职，驱逐回籍，永不叙用。并著穆图善饬令该革员迅速回籍，不准借词留营，以儆官邪。至游击萧兆元被参通贼一节，既据该督奏称查无其事。即著无庸置议。"

谕军机大臣等："左宗棠、豫师奏官军攻拔大通逆巢。左宗棠奏肃州官军攻破城西贼堡各折片。大通逆目马进禄等鼓惑叛弁马寿诡谋煽变。经刘锦棠督军进剿，攻破向阳堡逆巢，并将著名逆酋悉数擒斩。剿办尚属得手。叛员马本源等久踞巴燕戎格，遍诣各军求抚，仍持两端，暗行勾结，必须迅速剿办。左宗棠已派陈湜等军由河州前进，著即饬令实力攻剿，并严扼米拉沟等处窜路，以期一鼓歼除。大通一带回匪仍著饬令刘锦棠等乘胜进兵，剿抚兼施，速筹戡定。平番、碾伯一带防剿事宜，著豫师督饬所部与左宗棠派出各营联络策应，毋稍松懈。肃州城西贼堡经官军用地雷轰破，城内贼势已蹙。惟回情狡诈，未可轻听乞抚之词，致堕诡计。现在陶生林等军计已抵肃，兵力较厚，著宗棠饬令徐占彪激励将士，奋力围剿，迅拔坚城，毋任日久盘踞。将此由五百里各谕令知之。"

（卷349　613页）

以甘肃攻克大通逆巢，赏回目马占鳌等顶翎。

予甘肃肃州阵亡提督朱南英等五十六员祭葬世职。

（卷349　614页）

同治十二年（1873年）二月辛酉

谕军机大臣等："金顺奏前队进扎肃州，设法催运军粮一折。金顺所派前队总兵俞厚安等军现已驰抵肃州，该前将军拟将甘肃高台各处粮运办理稍有端倪，即由高台滚营前进，规取肃州，日内计早抵肃。惟前因成禄情罪重大，谕令该前将军酌带所部兼程出关，接统其军。传旨将该提督革职拿问解京。又因景廉需兵孔亟，复谕令该前将军于接统成禄所部后，即饬李天和三营驰赴景廉军营，听候调遣。关外事机紧要，金顺当懔遵正月二十一日、本月十一日两次密谕，酌带劲兵，克日出关，将谕办各事妥速筹办，以慰廑怀。肃州贼锋屡挫，机有可乘，该前将军所部各队应否酌留若干助剿，抑须全行调赴前敌之处，著金顺斟酌军情，妥筹办理。该军所需粮石即照所议，随时与左宗棠和衷商办，俾利师行。将此由六百里密谕知之。"

又谕："金顺奏请饬四川就近协济饷项，并请饬陕西加拨军饷各等语。金顺一军西行，剿贼正当吃紧，需饷甚殷。自上年八月以来，仅西安解到协饷一万八千两，山西、河东应拨协饷尚未报解。前由山西奏请粤东改拨协饷十万两，道途遥远，运解需时。该前将军所请饬四川就近接济之处，自系为军需紧急起见。著吴棠督饬藩司自本年正月起按月协济金顺军饷一万两，由该前将军派员领解。瑞麟、张兆栋仍应赶紧筹款解还川省，以清款目。河东应拨协饷，著鲍源深迅速设法筹解，不得以盐课减收借词。至陕西月协金顺饷银九千二百两，据称按月拨解，未有贻误。惟该军进剿方股，饷项奇绌，并著邵亨豫每月加拨协饷银五千八百两，俾资饱腾，毋稍延宕。将此由五百里各谕令知之。"

（卷349　617页）

同治十二年（1873年）二月癸亥

以察哈尔官军剿办甘肃窜匪出力，予委营总达密兰等升叙有差。

（卷349　620页）

同治十二年（1873年）二月甲戌

予甘肃各属阵亡殉难绅民鲁得贵等暨妇女一千七百七十名口分别旌恤如例。

（卷349　623页）

同治十二年（1873年）二月乙亥

谕军机大臣等："金顺奏全师抵肃，剿贼获胜一折。总兵刘宏发等于正月十四、五等日会同徐占彪各队攻剿肃逆，叠获胜仗，剿办尚属出力。该前将军督率后队，于正月十八日齐抵肃州，即著懔遵叠次密谕，酌带兵勇星速出关，接统成禄所部。一面传旨将该提督革职拿问，不准稍涉迟延，致有泄漏。肃州一城尚稽攻克。该前将军所部队伍应否酌留若干助剿，抑须全行调赴关外之处，并著仍遵前旨，斟酌军情，妥筹办理。另片奏革员赴营投效等语。已革协领花里雅春，著准其留营差遣。将此由六百里密谕知之。"

予甘肃肃州阵亡守备张茂林，千总谢得胜、柯万祥祭葬世职加等。

（卷349　623页）

同治十二年（1873年）二月戊寅

谕军机大臣等："成禄奏后路官军截剿窜匪，并粮饷军装久滞情形一折。据称该提督所留关内马步各队分扎肃州金塔、高台等处，因军粮车马，地方官推延不办，未能进发。饷银军火等项存储高台，亦未设法运解等语。前已密谕金顺驰赴关外，接统成禄所部。传旨将该提督革职拿问。金顺接奉前旨，计已克期前进，懔遵办理。成禄所部各营自应妥筹整顿。所有关内外分扎各营应如何调度布置之处，著金顺酌度情形，妥为筹划。该军需用粮石军火及车马等项必须该地方官认真经理，方免迟滞。著左宗棠严饬西路各厅、州、县赶紧筹办，不得推延迟缓，致误军行。原折均著抄给阅看。将此由五百里各密谕知之。"

（卷349　624页）

同治十二年（1873年）三月己卯

谕军机大臣等："张廷岳、阿尔塔什达奏贼匪意图窜扰，预筹堵击一折。贼匪勾结甘州、肃州逆党，由阿拉善王旗窜至诺彦山一带，图犯库伦，暨额尔德尼班第达呼图克图及额尔德尼招等处，逼近库伦西南。张廷岳等已檄齐默特多尔济等各带所部分头防守，并饬宣古两营会同蒙古各营扼扎库伦迤西，联络声势，以防贼匪奔窜。所筹尚妥。仍著张廷岳等随时侦探盘查，毋任贼匪溷入。如遇匪踪窜近，即著督饬各营相机前后夹击，痛加剿洗，以期一鼓聚歼。诺彦山等处地方险阻，易于藏奸。其平原处所路路可通，并无要隘足扼。贼踪飘忽靡定，各游牧又路径纷歧，尤虞伺隙肆窜，亟应一体防范，以遏妖氛。著定安、常顺、多布沁扎木楚、志刚、杜嘎尔、张曜实力严防，遇贼即击，毋任纷窜。将此由五百里谕知定安、常顺、多布沁扎木楚、志刚、杜嘎尔、张廷岳、阿达塔什达并传谕张曜知之。"

（卷350　625页）

同治十二年（1873年）三月壬午

湖北布政使张建基因病解职，以前任甘肃布政使林之望为湖北布政使。

（卷350　626页）

同治十二年（1873年）三月己丑

谕军机大臣等："左宗棠、豫师奏官军收复大通县城，擒斩逆目一折。大通县城为逆回所踞，堡寨林立。刘锦棠访知其中死党无多，余皆畏惧兵威，因势利导，遂克县城，并将叛弁马寿等擒斩。办理甚合机宜。即著左宗棠等饬令刘锦棠将善后事宜妥为筹办，以期一劳永逸。白彦虎乘隙狂窜，左宗棠等当饬在事各军认真追捕务获，毋令日久稽诛。此次出力文武员弁准汇入前次各保案奏请奖励。将此由六百里各谕令知之。"

以克复甘肃巴燕戎格厅城、生擒逆首马桂源等，予总兵官沈玉遂、戴定邦以提督简放，余议叙有差。

予甘肃肃州阵亡参将张集昌等十三员祭葬世职加等。

（卷 350　629 页）

同治十二年（1873 年）三月甲午

陕甘总督左宗棠奏提督苏洪胜请更名苏洪顺，允之。

（卷 350　631 页）

同治十二年（1873 年）三月丙申

谕军机大臣等："金顺奏会攻肃州获胜，请饬张曜前赴甘凉，催山西拨解军饷。成禄奏车马短缺，未能拔队出关各折片。金顺抵肃州后会同徐占彪攻剿获胜，贼势已蹙。著左宗棠责成徐占彪乘此机会认真攻剿，以期早竟全功。金顺仍懔遵前旨，克期出关，接统成禄所部。能否酌留队伍会攻肃城，著该前将军妥筹布置，务臻周密。白彦虎纠党六七千人出窜甘州，渐近抚彝地方，意图应援肃逆，牵掣官军。甘抚一带关系粮运后路，金顺现须出关，未能兼顾。徐占彪所部攻剿吃紧，若抽拨队伍前往，必至兵分力单。宁夏防务现尚安谧，张曜平日剿贼勇往，著即亲率大队，由甘凉一路节节扫荡而前，歼除白彦虎等股，以维全局。张曜拔队后，著定安饬令金运昌酌拨数营由缠金迅赴宁夏，扼要填扎，联络声势，毋得稍有迟延。山西每月应解金顺军饷二万两，同治十年拨款尚有五万两未解，月饷又不应期。该军需用孔殷，著鲍源深通盘筹划，将金顺军饷设法源源接济，俾资饱腾。成禄此次历陈车马短缺，粮食匮乏，不能拔队前进，亦系实在情形。该军现交金顺接统，应需车马粮食左宗棠务当檄令地方官设法应付，俾利师行，不得意存漠视。将此由六百里谕知左宗棠、定安、金顺、鲍源深并传谕张曜知之。"

又谕："金顺奏成禄一军粮饷奇绌等语。成禄所部叠经密谕金顺克期出关，妥为接统。并令传旨将该提督革职拿问。兹览该前将军所奏情形，自是未经接奉前次密寄谕旨，仍著金顺懔遵叠次密谕，克期前进，慎密办理，不得稍涉迟延。成禄所部各营，金顺务当妥为整顿，应如何分扎扼堵之处，即著酌度情形，妥为布置。详细奏闻，以慰厪系。将此由六百里密谕知之。"

（卷350　632页）

同治十二年（1873年）三月壬寅

谕军机大臣等："张曜奏窜匪扰及甘凉，派队援剿一折。据奏接据金顺咨称，甘州、抚彝一带现有窜匪滋扰，咨令李葆珠率队赴肃助剿。该提督当即添派提督孙金彪遴派队伍驰赴镇番，会同李葆珠等将军火等项护送西进等语。肃州此时情形若何，如仍形吃紧，即于孙金彪、李葆珠两员中酌留一员，并酌留队伍以资助剿。其余队伍仍令回扎镇番，俾资护运。著金顺、张曜会商妥筹办理。金顺前奏白彦虎出窜甘州，渐近抚彝。兹据该提督奏，探闻该逆纠党由大通窜至凉州西南一带。金顺现须出关，张曜著仍遵本月十八日谕旨，亲率大队由甘凉一带勤加侦探，扫荡而前，务将白彦虎等股悉数剿灭，迅殄逆氛。张曜拔队后，定安当懔遵前旨，即饬金运昌酌拨数营前赴宁夏扼要填扎，毋稍延缓。其镇番一带防剿事宜并著张曜妥筹布置，务臻周密。将此由五百里谕知定安、金顺并传谕张曜知之。"

（卷350　636页）

同治十二年（1873年）四月戊午

谕军机大臣等："景廉奏遵旨通筹四路全局一折。锡纶行抵布伦托海，察看该处地势空旷，无险可据，暂赴阿勒台山南驻扎。拟调集蒙古喇嘛及未经回塔之厄鲁特官兵以壮声威。惟该官兵等困苦异常，亟应筹给款项。即著常顺、多布沁扎木楚、志刚、托伦布、保英就近筹拨银一万两，以便锡纶派员分往迎提，毋稍延缓。该都统所奏锡纶宜驻扎沙山子，或另择善地，徐图进剿。著景廉、锡纶随时会商妥办。赵兴体等团勇锡纶当妥为抚驭，以资援应。景廉以荣全前赴伊犁，尚宜少缓。该署将军所带官兵莫若与锡纶会合，以全力规取玛纳斯。果能克复，庶声势联络，乌鲁木齐可期得手。彼时再议交还伊犁之事，办理较易等语。所筹亦是。著荣全悉心酌度，妥筹办理。景廉于三月内起程进扎古城，居中调度。该都统到古后，务当妥为布置，稳慎进取，以挫贼锋而维全局。巴里坤为大军后路，景廉计已拔队。该处地方空虚，李天和等队伍一时不能到坤。著文麟迅拨营勇，填扎巴城，不得稍涉推诿。前经叠谕金顺出关，即著星驰西进，饬令李天和所部三营及吉林、黑龙江马队迅赴景廉军营，以厚兵力。肃州一城为关内外枢纽，亟应迅图攻克。著左宗棠檄饬徐占彪实力围剿，擒渠扫穴，迅奏肤公。毋任逆党叠窜边外，致扰蒙古地方，是为至要。将此由五百里各谕令知之。"

（卷 351　　641 页）

同治十二年（1873 年）四月己未

补铸甘肃西宁镇总兵官、西宁府知府印信，从总督左宗棠请也。

（卷 351　　642 页）

同治十二年（1873 年）四月辛酉

谕军机大臣等："金顺奏肃逆突围，援贼扑营，力战击退，并斟酌出关事宜。密陈请旨各折片。肃州踞逆日夜突围，而各路援贼屡次扑犯营垒，经金顺会商徐占彪督率官军奋力击退，尚属得手。惟援贼虽扬难保不再图窜扰，金顺叠次谕令带兵出关。徐占彪一军深恐兵力单薄，不能遏绝外缓，歼除踞匪。前据左宗棠奏宋庆所部三月初旬可于兰州取齐，拟令先赴凉州等语。此时计早抵凉。即著左宗棠传知该提督统率全军克日赴肃，会同徐占彪规复肃州，尽歼丑类。如宋庆一军兵力尚虑不敷，或未能即时西进，即著左宗棠遵照前旨，另派得力队伍迅赴肃州会剿。金顺以剿贼成围，正在吃紧，未可遽撤围师率之西去。已函致成禄来肃会剿，俟其到后，一面安置成禄部众，一面传旨拿问。所筹办法，殊形谬妄，且与历次谕旨不合。朝廷赏功罚罪，一秉大公至正，何必诱之使来，作此权宜之计。况信函往返，难免不至泄漏，至谓成禄部众调至关内可以近受钳制，则前降谕旨原令金顺带兵出关，岂关内则可威抚，关外即不可威抚耶。该前将军仍当懔遵叠次密谕，酌带所部迅速出关，接统成禄各军，传旨将该提督革职拿问，解京治罪，以肃戎行。不得借口围师，迁延干咎，并不得借口左宗棠所派之兵未到，任意稽迟。金顺所部军粮仍著左宗棠饬属妥筹接济，毋令缺乏。将此由六百里各密谕知之。"

（卷 351　　643 页）

予甘肃肃州阵亡佐领塔尔通阿等十二员祭葬世职加等。

（卷351 644页）

同治十二年（1873年）四月癸亥

谕军机大臣等："张曜奏遵旨率队前进，筹备驼运情形一折。前谕张曜亲率所部由甘凉一带扫荡而前，剿除窜匪。该提督现已调集防营整备西进。惟由宁夏至凉州半多沙漠，粮饷、军火、锅帐一切均须随带驼只运送。张曜已咨明定安筹办，著该将军将该提督所商转运事宜妥为筹划，并迅即拨给驼只，俾利遄行，毋稍延缓。西路各军云集，军粮采买维艰，该营委员办理，尚虑呼应不灵。著左宗棠饬知该地方各官一体照料，以济军糈。将此由五百里谕知左宗棠、定安并传谕张曜知之。"

（卷351 645页）

同治十二年（1873年）四月乙丑

谕军机大臣等："定安奏筹布防剿事宜，请饬各专责成，暨阿拉善旗有贼窜扰各折片。定安以宁夏及阿拉善旗一带不可无重兵镇摄。甘凉地方现有宋庆一军防剿，足敷分布，似可移缓就急，酌留张曜所部就近扼扎，以期兼顾。拟自宁夏至凉州防剿事宜责成张曜办理。其甘凉迤西请责成宋庆剿办等语。前据左宗棠奏宋庆所部拟令先赴凉州。已有旨谕知左宗棠，即饬宋庆统率全军克日赴肃，会同徐占彪攻剿，以便金顺出关。是甘凉一带兵力甚单，亟须张曜督队前往，迅扫逆氛。当此事机紧要之时，岂可朝令夕更，致涉松劲。仍著定安知照张曜懔遵前旨，迅赴甘凉，将白彦虎等股尽数扫除，毋得迁延贻误。张曜启行后，宁夏需兵填扎，定安既奏称金运昌一军难以轻动，应如何派队扼扎，俾免疏虞之处，著该将军妥筹具奏。阿拉善旗有贼匪窜扰，是否白彦虎一股。现既窜向阿毕尔米特地方，著定安督饬防军会同蒙兵认真截击，并著知照张曜拨队协力兜剿，以免蔓延。另片奏请饬豫省拨解张曜驼只银两等语。前谕钱鼎铭于张曜一军月饷外筹银三万两备购驼只，迄今未据报解。现在张曜统军西进，需驼甚亟，著钱鼎铭将前次派拨银三万两赶紧如数措解，以应急需。至每月喂养驼只及驼夫工食等项需费甚巨，著鲍源深饬令河东道自本年四月起每月筹拨银五千两，交太原驻扎嵩武军转运局，径解张曜军营，以资接济。河南饷项未到以前，张曜所需驼只仍著定安赶紧筹款垫办，以便张曜兼程前进。俟河南饷到，再行拨还。该将军当以大局为重，不得稍涉推诿，倘有贻误，定惟该将军是问。将此由六百里各谕令知之。"

（卷351　645页）

同治十二年（1873年）四月己巳

谕内阁："左宗棠奏道员不能振作，请开缺另简等语。甘肃宁夏道陶斯咏在任年久，因循废弛，难期振作，著即开缺。甘肃宁夏道员缺，著魏喻义调补。所遗兰州道员缺，著璿武补授。"

谕军机大臣等："左宗棠、豫师奏官军克复巴燕戎城后，剿办逆回，进规循化。左宗棠奏追剿窜回，并肃州叠获胜仗情形各一折。巴燕戎城克复后，陈湜饬令该处回族呈缴马械，并将青科庄悍回惩创，以次戡定卡勒等庄，现驻甘都工河岸，俟循化上四工回族缚献丑类，呈缴马械，诸事办妥，再赴循化次第办理。即著左宗棠等督饬陈湜认真筹划，慑以兵威，抚其驯顺，以期一劳永逸。绥靖边陲，白彦虎等逆由西宁出窜，图援肃州。经杨世俊等军探踪截击，叠挫贼锋。该逆复与肃城踞贼夹扑围城营垒，经徐占彪等督军击退，并袭破塔尔湾贼巢，贼胆益寒，纷纷溃窜。现在白彦虎已被枪伤，亟应乘此机势迅速歼除。其散窜南山各岔口者，左宗棠已饬甘州各防营搜缉，并咨商宋庆饬令分驻各营就近捕斩，想可净绝根株。至窜向大罩滩、黑山峡之贼，人数虽不甚多，亦应一律追捕。仍著该督饬派官军探踪剿击，悉数歼擒，毋留余孽。肃贼无援，必形穷蹙，左宗棠当饬令徐占彪等尽力攻剿，速拔孤城，不得久稽时日。将此由六百里各谕令知之。"

又谕："成禄奏拨队赴巴里坤助剿，请饬文麟酌买粮石各折片。成禄现在所部内挑选亲兵右、后两营，健锐右营一营拨赴巴城。因李天和会办屯田事务未能分身，派令副将胡飞鹏统领三营前进。此军新到，于地势贼情未能知悉，景廉务当妥为调遣，加意拊（抚）循，随时晓谕合营，彼此联络，和衷共济。不得漠视客军，致令孤立。山东奉拨饷银十万两解赴哈密，预为成禄一军买粮之用。该省尚有六万两未解，著文麟迅速催提，即在奇台、古城、巴里坤、哈密等处酌买粮三万石，以备供支，俾出关各队不至枵腹荷戈，实于军事大有裨益。将此由五百里各谕令知之。"

陕甘总督左宗棠奏："请调前布伦托海办事大臣李云麟赴甘肃军营差委。"允之。

（卷351　646页）

予甘肃肃州阵亡总兵官刘厚副祭葬世职加等。

（卷351　647页）

同治十二年（1873年）五月辛巳

以失察勇丁勾匪抢劫，摘甘肃总兵官刘宗璋顶带，仍留营。

（卷352　652页）

同治十二年（1873年）五月戊子

谕军机大臣等："成禄奏陕回大股突窜出关，情形危急一折。据称东来大股贼匪约有万余，悉窜出关，自惠回堡至赤金连营数十里，扰及白杨河屯庄。后面并无追兵，讯据获贼供称白彦虎等逆，因肃逆马四乞援率党由扁都口西出，至肃州塔尔湾一带扎营。马四不放入城，白彦虎遂传知贼众出口全到赤金，意欲赴红庙子等语。前据左宗棠奏官军袭破塔尔湾贼巢，贼众溃窜，白彦虎已被枪伤，其窜向大罩滩、黑山峡之贼人数不多，似贼股渐已穷蹙。此次成禄所奏则称贼系全数出关，势甚猖獗，情形不甚相符。成禄所部本单，岂能遏贼狂窜。左宗棠当严檄追剿之师跟踪进击，迅扫逆氛，不得以驱贼出关，遂为了事。金顺著懔遵叠次谕旨，带兵克期西行，接统成禄所部。将此股窜匪悉数歼除，毋得稍事迁延，致成滋蔓。将此由五百里各谕令知之。"

（卷352　655页）

予甘肃各属阵亡殉难绅民妇女二百五十九名口分别旌恤如例。

（卷352　656页）

同治十二年（1873年）五月辛丑

谕内阁："前据左宗棠奏乌鲁木齐提督成禄前在高台苛派捐输，诬良为叛，枉杀二百余人，并虚报胜仗，吁请奖叙。请饬廷臣议罪等语。当经寄谕金顺令其兼程出关，接统成禄所部，一面传旨将成禄革职拿问，遴派员弁押解来京。嗣后据御史吴可读奏，成禄所犯情罪重大，请即从重惩办。本日据金顺奏已将成禄传旨革职拿问，派员押解赴京等语。已革提督成禄苛派滥杀，情节极重，著即解交刑部听候治罪。"

谕军机大臣等："金顺奏拿问成禄，押解起程，派员先往接办该军事务一折。金顺于四月二十三日派员将成禄催赴肃州，传旨拿问，押解起程，已明降谕旨将该革解交刑部治罪矣。甘肃至京道路弯远，左宗棠当选派得力员弁协同护解，并饬沿途地方官小心递解前进，以期严密。金顺以肃州城围吃紧，尚未起程西行，先派副都统明春前赴玉门一带接办该军事务。惟成禄所部必须金顺迅往接统，大加整顿，方能得力。且贼匪近又纷窜出关，尤当随时督队截剿，免致蔓延。肃州军务已谕左宗棠责成徐占彪剿办。金顺著懔遵叠次谕旨，克期出关，接统成禄所部，扫荡妖氛，不得迟误机宜，致负委任。至关外米粮缺乏，兵食维艰，金顺所部军粮著左宗棠妥筹兼顾，檄令地方官设法采买转运，源源接济，以资饱腾，毋稍漠视。将此由五百里各谕令知之。"

（卷 352　660 页）

同治十二年（1873 年）五月乙巳

谕军机大臣等："豫师奏请饬催青海蒙古王公俸饷，并西宁经费银两一折。山西应解青海蒙古王公俸饷及西宁经费虽经陆续报解，尚欠拨银七万六千四百两。该王公等俸银仅发至同治三年份止，情形实属苦累。若再不筹接济，殊非体恤外藩之道。著鲍源深督饬藩司，无论如何为难赶紧如数筹解，不准稍涉迟延，并不准丝毫蒂欠。将此由四百里谕令知之。"

（卷 352　661 页）

同治十二年（1873 年）五月丙午

以已革甘肃提督成瑞署乌鲁木齐提督。

以甘肃巴里坤镇游击陈升恒护总兵官。

（卷 352　661 页）

同治十二年（1873 年）六月壬子

谕军机大臣等："金顺奏酌拨马步各营，亲统出关，请饬左宗棠筹济军食。文麟奏肃州回匪西窜出关，派兵防守哈密隘口各一折。现在肃州回匪陆续窜出关外，玉门、安西俱有大股攻扑屯庄，哈密亦复吃重。金顺自应懔遵前旨，迅速统带马步各队并成禄关外之军，确探贼踪，实力追剿，毋任纷窜。文麟所部兵力虽单，亦当酌派队伍与金顺之军分头夹击，俾贼不至任意西窜。哈密各隘口防务亦可松动，该前将军等务当协力同心，剿除此股窜匪，以靖关外门户。现在安西、玉门蹂躏遍地，金顺所需每月粮一千石、料三百石，自应于关内筹办。左宗棠身任地方，呼应较灵，即著严饬甘郡、肃州两处地方官，先筹办四个军军食，并协济车马运赴玉门屯储，毋得稍有短绌。该前将军亦不得专候军食办齐方行出关，致误戎机。肃州合围已久，谅可不日攻拔。金顺留防各军，即著传谕宋庆于抵肃城后代为统摄，免致他虞。将此由六百里各谕令知之。"

（卷353　663页）

同治十二年（1873年）六月辛酉

又谕："金顺奏肃州踞逆屡扑城围，经官军击胜一折。此次肃城回匪屡思攻扑城围，经金顺督率兵弁会同徐占彪、蒋东才各军叠次击剿获胜。现在添筑卡垒，缩围紧逼，该逆屡败之余，飞走路穷，自不难一鼓攻拔。即著左宗棠饬令徐占彪等军迅克肃城，毋再迟缓。提督宋庆是否已抵肃州，并著该大臣遵照前旨，令其兼程前进，以资统率。现在关外情形极为吃重。肃城有徐占彪各军足以攻拔坚城。该前将军务当懔遵叠次谕旨，克期出关，毋得以肃城未克为词迁延不进。所调察哈尔马一千匹，本日已谕知额勒和布等迅速拨调，计到营尚需时日。该前将军更不可借口马匹未到，稍有稽延，致误戎机。肃城攻克后，金顺虽已出关，其所统文武员弁曾著微劳，准其择尤酌保，优予奖叙。将此由六百里各谕令知之。"

予甘肃肃州阵亡参将陈占魁、守备吕长泰、千总王国庆、骁骑校双升祭葬世职加等。

（卷353　665页）

同治十二年（1873年）六月壬戌

以甘肃镇番县城解围出力，赏总兵官王仁和一品封典，知州张春生、都司傅铭等花翎，同知魏高骞等蓝翎，余加衔升叙有差。

（卷353　667页）

同治十二年（1873年）六月丙寅

谕军机大臣等："袁保恒奏关外需饷甚急，请饬催各省迅速拨解一折。据称成禄一军协饷自上年八月间奉拨四川每月银四万两、湖北每月银二万两、陕西每月银一万两。迄今四川仅两次解到银五万两，又现据报解银二万两。湖北仅五次解到银四万五千两，又现据报解银一万两。陕西仅解过银四千两。所解之数与所拨之数计之，尚不及十分之二，不敷甚巨。请饬迅速筹拨等语。成禄一军现归金顺接统，交替之际，抚驭既难，需饷尤急。关外程途险远，采购转运在在维艰，尤不可稍有缺乏。著吴棠、李瀚章、郭柏荫、邵亨豫各将欠解该军协饷迅速筹拨大批，先行解往，并将以后月协之款如数拨解，源源接济，毋稍延缓。将此由六百里各谕令知之。"

（卷353　668页）

同治十二年（1873年）六月丁卯

谕军机大臣等："左宗棠、豫师奏收复循化厅城，筹办善后事宜。左宗棠奏围攻肃城踞逆获胜，并金顺全军未能迅速出关情形各折。循化厅城既经收复，惟收辑难民甚多，一切善后事宜亟应次第兴办。著左宗棠、豫师饬令该地方官认真经理，妥为抚绥，以期一劳永逸。左宗棠所奏三、四、五月间，官军围攻肃州踞匪，叠获胜仗。与金顺前奏情形大略相同。现在宋庆所部提督蒋东才等营亦已行抵肃州，逼城筑垒。各营锁围严密，贼胆已寒，第穷极思窜，亦在意中。著左宗棠饬令徐占彪、宋庆督率各营实力围剿，务将此股贼匪就地歼除，毋得纵令他窜，致贻后患。至关外用兵，粮石车驼自应预为筹划，方可师行无阻。自肃州一带被贼蹂躏以后，筹办一切均属不易。此种情形朝廷亦所深悉。但以西路军情紧要，未便置为后图，且景廉现已率队进抵古城，后路尤须有兵策应，方可联络声势，节节进规。是以叠次严谕金顺克期出关，以期迅赴戎机。兹据左宗棠奏称现在新谷未收，军粮缺乏，骆驼亦值歇厂怯热之时，不能负重。若展迟两月，于八月间拔队西行，局势似较稳慎等语。所筹亦系实情。惟白彦虎贼股现又窜扰关外，安、敦、玉等处情形紧急，盼兵尤切。金顺仍当赶紧部署统军出关，相机剿办，如一时实因粮运车驼未能应用，或派拨数营先行进发，以资接应之处。著金顺酌度情形，妥筹办理。金顺需用粮石车驼等项仍著左宗棠饬令该地方官速为预备，毋稍延误。将此由五百里各谕令知之。"

（卷353　669页）

同治十二年（1873年）六月乙亥

谕军机大臣等："文麟奏大股陕回攻扑敦煌县城，并哈密回王呈请禁粮出境。庆寿奏东路逆匪出窜，布置城防各一折。据文麟奏称探闻陕回于四月间窜扑敦煌，约有万余，攻陷新店子一带屯庄，并围攻县城。道路梗塞，文报不通等语。逆匪纷窜关外，势甚狓猖，现在贼踪既扰及敦煌，哈密东路甚形吃重。马莲井防军单薄，文麟务当添派兵勇择要驻扎，联络防剿，力杜西窜之路。所有派援敦煌之军并著饬令迅速前往，相机策应。贼匪有欲窜入敦煌山内前赴西路之说，巴里坤城防亦属紧要。著庆寿酌募得力勇丁认真训练，将防守事宜布为布置，毋稍大意。前据左宗棠奏金顺一军因筹办军粮驼只未能克日启行，业经谕令金顺赶紧部署出关，或派拨数营先行进发，以资接济。现在关外贼势蔓延，望援甚切。该军尤宜预为料理，早日出关，以期迅扫逆氛。成禄旧部各营前据金顺奏称已派明春前赴玉门一带接统，并著饬令妥为整顿，遇贼即击，迅赴戎机。据文麟奏称回王迈哈默特等以哈密产粮仅足供本城兵民之食，呈请禁止贩卖出境等语。自为虑及乏食起见，惟现在景廉进扎古城，后路粮运必须源源接济。巴里坤亦系瘠苦之区，所产粮石无多，尤非安、敦、玉一带可比。文麟仍当酌度情形，妥筹兼顾，毋稍漠视。其有奸商私贩出境希图牟利，或有暗中接济贼匪等情，自当明白晓谕，设法禁止，但不可概行遏籴，致误军糈。将此由五百里谕知左宗棠、金顺、文麟并传谕庆寿知之。"

（卷353　672页）

同治十二年（1873年）闰六月辛丑

谕军机大臣等："景廉奏回逆大股出关，滋扰敦煌，请饬金顺来古助剿，并请饬荣全进兵会攻玛纳斯各折片。陕回白彦虎会合西宁大股回逆携带家眷万余众出关，滋扰敦煌及西海蒙古一带地方，攻破村堡，官兵堵剿连获胜仗，后因贼众兵单，官军挫衄，以致李天和阵亡，胡飞鹏被掳，勇丁散亡大半。此军本系赴坤助剿之兵，刻下将亡勇溃，已不成军。景廉兵力甚单，防剿均形棘手。该逆此次勾结甘回携眷出关，沿途掳掠必为西窜乌鲁木齐之计。该处南、北两路皆有径路可通。景廉惟当就现有兵力，勤加侦探，设法截剿。一面飞咨哈密、巴里坤两城严密防守，毋稍疏虞。金顺一军前经叠次

谕令迅速出关，以厚兵力。现在巴、哈、古城各处事机甚急，即著该前将军
懔遵叠次谕旨，速带马步各营兼程西进，为景廉后路应援。并与景廉会商机
宜，迅扫逆氛，毋得借词延缓。回目马明既有投城之意，景廉惟当设法羁
縻，总使安夷、回逆势不相联，庶免掣肘。但回情诡谲，投诚未可深信。景
廉持谕招抚，总宜稳慎笼络，计出万全，毋为该回目所绐，是为至要。俄商
前赴玛纳斯贸易，该处正为贼匪出没之区，货物被抢势所必至。俄商遽指为
徐学功抢劫，未必非借此图诈，希冀官为赔偿。景廉现已札调徐学功来营面
询，并派员前往查访，虚实自无难根究。即著景廉查询明确，将如何办理之
处即行据实奏闻。俄人觊觎乌垣已非一日，借端生事自在意中。官军能将玛
纳斯克期攻拔，先发制人，兵机庶可得手。著荣全咨会锡纶迅速会兵进攻，
务将玛纳斯攻克，以期次第进取。俄人狡诈性成，倘我军日久无功，深恐又
生枝节。荣全亦当妥筹攻剿，迅赴戎机，毋稍迟误。将此由六百里各谕令知
之。"寻景廉奏："遵查徐学功系在安集海、三道河子地方与安夷、回匪打
仗，夺获牲畜、布匹等件分给哨勇，并无抢劫俄商之事。至俄夷图诈等情，
已咨署伊犁将军荣全酌核办理。"下所司知之。

（卷354　683页）

同治十二年（1873年）闰六月癸卯

补铸甘肃河州镇左营兼管中军游击、秦州州判、两当县知县、金县知
县、儒学、靖远县知县、儒学、平罗县县丞、张掖县县丞、渭源县儒学各关
防印信条记，从总督左宗棠请也。

（卷354　685页）

同治十二年（1873年）七月己酉

谕军机大臣等："金顺奏攻克肃州东关，平毁贼卡一折。肃州自合围后，
金顺会商徐占彪、宋庆添筑炮台，逼城轰击。上月初六日，徐占彪督队出贼
不意直登东城，各军奋勇继进，贼众抵死抗拒，分股出城扑犯官军营卡，冀
图牵掣。各营分头迎剿，大挫凶锋，遂将东关攻克，并将蒲桃园贼卡平毁，
悍贼悉数歼除，剿办尚为得手。东关攻克，城贼粮畜将尽，已成槛兽釜鱼。
著左宗棠檄令徐占彪、宋庆等并力环攻，严防贼匪冲突，迅将肃城克期攻
拔，聚而歼旃，毋稍松劲。肃州军务得手，徐占彪、宋庆两军足敷剿办。白

彦虎等股窜扰关外，势甚猖獗，金顺仍当懔遵叠次谕旨，迅带所部兼程西进，为景廉后路应援，相机痛扫妖氛，毋稍迟滞。另片奏请将已革委参领双寿留营等语。双寿系勒令回旗永不叙用之员，所请留营效力之处著不准行。将此由六百里各谕令知之。"

又谕："本日据金顺奏肃州兵勇围攻甚密，指日可期克复。是甘省军务渐就肃清。因思现在各营勇丁固多他省客勇，而本地募勇亦复不少。此项勇丁招自田间，半系无业游民，以之冲锋御寇，不过一时权宜之计。无事时恐未必能安耕作，若任其游荡不为钤制，致令流为匪徒，不但无以示矜恤，亦非绥靖地方之道。甘肃各营兵丁缺额甚多，凯撤以后应如何将本地募勇挑补训练，以资安插之处，著左宗棠悉心酌度情形，奏明办理。其各省勇丁亦当分别撤留，其得力者饬各营官实力整顿，不得力者妥为赍遣，俾免滋事。并著先事预筹，以遏乱萌。将此谕令知之。"

予甘肃肃州阵亡总兵官黄金堂、黄明贵，副将梁得胜，游击李士明、刘宏发，都司舒占标，千总秦涵保祭葬世职加等。

（卷355　687页）

同治十二年（1873年）七月癸丑

谕军机大臣等："文麟奏陕回窜扰敦煌，现催马队会剿，并贼匪分窜哈密边界各折片。陕回大股众约万余出关滋扰敦煌，攻陷屯庄，焚烧抢掠。官军接仗失利，李天和阵亡，兵勇死亡过半，与景廉前奏大略相同。现在贼势猖狂，均向北山飞窜，深恐沿途勾结，势成滋蔓难图。文麟所派马队官兵复为河涨所阻，未能前进。敦煌兵勇无多，势难堵御。著文麟飞饬马队营官张明等迅速设法绕道前赴敦城，会同该处官兵实力剿办，毋稍疏虞。并著文麟分饬东路沿塘驻防并塔尔纳沁一带各营勤加侦探，认真防堵。金顺一军叠经谕令迅速出关，刻下关外军情紧急，著该前将军懔遵叠次谕旨，克日拔队起程，迅赴戎机，毋得稍有迟误。明春所带成禄数营现扎何处，著金顺檄令就近兜剿，以遏凶锋。该逆回西窜扰，其心叵测。哈密、古城各处防堵未可稍松。著景廉会商文麟各就现有兵力，设法堵剿，毋任贼匪纷窜。哈密边界马金山一带竟有贼匪三百余名盘踞，并有青海回逆四万余名到肃，被官兵击败，窜往古城，俱有北犯之意。文麟务当饬令在防官兵扼要严防，遇贼即击，毋稍疏懈。将此由六百里各谕令知之。"

（卷355　689页）

同治十二年（1873年）七月庚申

谕军机大臣等："左宗棠奏攻克肃州外城情形一折。与金顺前奏大略相同。现在各军已逼城添筑营垒，并力轰击。左宗棠又派员押解炮位前往助剿，贼势穷蹙，不难聚而歼旃。即著左宗棠饬令徐占彪会同宋庆迅将肃州克期攻拔，尽扫妖氛，毋令一名漏网。又奏筹办采粮转运事宜，暨购备驼只各折片。各营粮料转运自应按照人马实数，核实支销，以免浮冒。现据左宗棠查明，除徐占彪所部有册可稽外，宋庆马步共作十八营，张曜马步十四营，金顺并接统成禄所部共作三十营，并将转运章程分别筹划。所奏甚为详悉。著照所议将各该营应需粮料照数源源接济，毋令缺乏。经此次核定后，各该营如有缺额，以少报多，冒领浮销，即著该大臣随时查明参奏。兵贵精不贵多，金顺各营自可汰弱留强，不必虚拥多营，耗军需而无实际。著该前将军酌度情形，从长计议，将各营归并裁汰，咨明实在数目，以便左宗棠设法供支。各省应解金顺及接统成禄一军协饷，著户部查明，催令迅解金顺军营，以资应用，毋得迟延。阿拉善旗采办驼只意存推诿，且有抬价居奇情事。协理台吉阿布哩办公未能踊跃，著理藩院饬令贡桑珠尔默特迅速回旗承办，以免贻误。乌喇特等旗向系产驼之区，足供采买。著定安就近饬令各该旗会同左宗棠委员尽力采办，不准阻挠推诿。将此由六百里各谕令知之。"

以甘肃河州剿擒窜匪，予提督张仲春优叙，阵亡都司刘焕章祭葬世职加等。

（卷355　692页）

同治十二年（1873年）七月辛未

又谕："金顺奏关外逆匪被剿窜遁，并逼攻肃州情形一折。逆匪分扰安西、敦煌等处，经副都统明春、总兵胡可均等带队截击，均获胜仗，擒斩颇多。金顺复派副将和正兴等选带队伍出关接应。文麟所派马队亦到。该逆于闰六月十七等日遁逸入山，势将由南山西窜。该逆现窜何处，有无分股，著景廉、文麟督饬官军确切分探严防，痛歼丑类，毋令蔓延。安、敦、玉虽已解严，仍著金顺、文麟饬该官兵等搜捕逸匪，实力探剿，不得稍涉疏虞。肃城自攻克东关后，各军添筑卡垒，连环攻击，不难一鼓荡平。著左宗棠、金顺督令各该将领克期攻拔，将该处踞匪聚而歼旃，以安边圉。金顺一面部署出关事宜，早日成行，毋稍迟缓。此次关外出力各员弁著该前将军俟肃城克复后并案核实请奖。将此由五百里各谕令知之。"

予甘肃敦煌阵亡副将李天和祭葬世职。

（卷355　698页）

同治十二年（1873年）七月乙亥

谕军机大臣等："左宗棠奏围攻肃城踞匪，并亲赴前敌一折。官军克复东关后，复于大南门外逼城修筑炮台营卡。该逆分股占踞两卡，经副将赖长等开炮轰击，仍夺回原筑营卡固守。该大臣现在亲赴肃州，即著与金顺会商，督饬各军力筹进剿，迅克坚城。肃逆势极穷蹙，左宗棠、金顺务当严密布置，锁合长围，就地殄除，毋令城贼乘间出窜，又成不了之局。各郡县善后事宜及金顺出关后粮运一切，即著左宗棠亲历该处，妥筹办理。本日据景廉奏回目马明投顺安夷，并有西攻绥来之说。若勾结该处逆回扑犯沙子山等处，现存兵勇无多，防剿均不足恃，请饬金顺来古助剿等语。著金顺一面部署出关事宜，振旅西行，与景廉联络声援，以资战守。将此由五百里各谕令知之。"

又谕："景廉奏回目马明投入安集延，并逆匪扑犯民团，派队援应各等语。马明乞抚本不足恃，现在该逆与玛纳斯回匪均投并安集延，逆焰颇张。景廉务当督饬官军慎守营垒，严防东犯，不得稍涉疏虞。赵兴体等营勇均系乌合之众，屡经逆匪扑扰，势难支持。景廉现派马队前往援剿，著饬令该官兵迅速西进，联络民团，实力防剿，以遏贼锋。沙子山地居要隘，该都统咨会锡纶，带兵会同荣全所部进扎该处，以壮声势而固民心。即著该都统等彼此会商，妥筹办理。安集延久踞乌城，势甚凶悍，非厚集兵力，难以得手。现在肃州一城指日可克。前据左宗棠奏金顺一军请俟秋仲出关。本日已寄谕金顺，令其迅速振旅西行。该都统另折奏请拨军火，已谕定安、常顺等照数拨给矣。将此由五百里谕令知之。"

（卷355　700页）

予甘肃肃州阵亡守备王安邦等十二员祭葬世职加等。

（卷355　702页）

同治十二年（1873年）八月戊寅

　　谕军机大臣等："文麟奏回匪攻扑马莲井等处营堡，派队援剿一折。陕回大股由敦煌西窜，先后围攻马莲井、塔尔纳沁营堡，势甚猖獗。文麟现派马队驰赴塔尔纳沁援剿，著即饬令统领魏忠义等会同该处兵勇严密堵御，实力剿击，毋任逆匪窜越。该逆拥众奔突，诚恐窜入东山，益形滋蔓，并著文麟咨会景廉及巴里坤城大臣总兵等一体严防，毋稍大意。将此由六百里谕令知之。"

（卷356　704页）

同治十二年（1873年）八月庚寅

　　以故青海扎萨克辅国公多尔济沙木弟车林端多布袭爵。

（卷356　712页）

同治十二年（1873年）八月壬辰

　　谕军机大臣等："景廉奏哈密被围，拨兵驰救，并请饬乌城迅拨马队赴巴哈援应，派援沙山子官兵剿贼获胜。常顺等奏贼氛窜近，拨队迎剿各折片。陕回窜扰哈密，盘踞大泉、黄芦冈一带，分股扑城。官军迎剿失利，统领魏忠义、张炘、李琦、李生元等皆无下落，官兵多有阵亡。巴里坤亦有逆回分窜。巴、哈两城为西进大军后路，地方最关紧要。此股回逆势极猖獗。现在哈密被围甚急，该城日夜盼援，景廉业经筹拨马步队前往援应。惟贼众兵单势难抵御，且道路纡远，尤恐缓不济急。左宗棠现已驰抵肃州，兵力自厚。肃州以穷寇拒守孤城，谅不难克期攻拔。刻下关外事机甚急，万一肃州踞逆铤而走险，势必与窜扰巴、哈等处贼匪联成一气。该两城稍有疏失则贼势又复燎原。关外用兵较之内地更形棘手。目下乌垣安夷、回逆又时有东犯之意。景廉孤军在外，兵力难支，著左宗棠迅即拨派劲旅数营驰往哈密，以资援应，速将该处贼匪悉数歼除，并堵截肃回出关分窜之路。哈密事机十分紧急，该大臣务当迅筹调拨，毋稍迟缓，致误戎机。金顺一军叠经谕令克日出关，以资防剿。现在该处情形较前更急，著该前将军迅即拨队起程，并先行拨派得力官兵驰往接应，与明春一军会同雕剿，迅扫逆氛。景廉亦当酌度情形，妥为筹布。哈密地方紧要，文麟当就现有兵力妥筹堵剿，毋稍疏虞。巴里坤已有贼匪窜近，著庆寿勤加侦探，实力防守，以顾地方。乌里雅苏台现驻吉林、黑龙江马队及察哈尔官兵，尚称得力。著常顺、多布沁扎木楚、文奎妥为调度，迅拨马队数百名由草地兼程驰赴巴、哈，以资援应。贼匪窜及沁城、喀喇乌苏等处，与乌城所属蒙古部落毗连，常顺等现已派拨官兵前往迎击，即著饬令认真剿洗，毋令贼势蔓延。景廉所派往援沙山子之营总依勒和布一军与游击徐学功等剿贼出力，准由景廉择尤保（褒）奖，以示鼓励。阵亡官兵并著查明请恤。将此由六百里谕知左宗棠、常顺、多布沁扎木楚、文奎、景廉、金顺、文麟并传谕庆寿知之。"

（卷356　712页）

同治十二年（1873年）八月丙申

谕军机大臣等："景廉奏派援巴、哈两城，并拟亲往督队，暨请饬金顺出关，左宗棠筹办军粮，请派署哈密帮办大臣。常顺等奏派队协剿各折片。关外回匪窜扰巴、哈两城，哈密被围甚急。景廉现派吉尔洪额、沙克都林扎布统带马步队前往救援。惟此股回逆人数甚众，悍贼尤多，非厚集兵力，难图剿洗。著景廉饬令吉尔洪额等兼程前进，迅速驰援。该都统将济、古两处防守妥为布置，即著督带兵勇亲往援应，毋稍稽迟。该处地方为西进大军粮运后路，刻下哈密城围甚急，万一稍有疏虞则不独西进大军粮路阻绝，即肃州全局亦为掣动。金顺前有带兵西进之请。现在关外情形较关内十分紧急，该前将军曾否起程，著懔遵叠次谕旨，趱程前往，并先拨得力官兵星驰前进，会同明春各队迅解哈密之围。并著左宗棠饬令各属认真筹办军粮。在玉门地方安设转运粮台，以资接济。该大臣仍当懔遵前旨，速拨劲旅数营驰赴巴、哈两城，迅扫贼氛，毋得顾此失彼。金顺一军屡次严谕克期出关。现在哈密被围，情形如此紧急，若再迁延不进，致误事机，定将金顺从重治罪。左宗棠所部兵力甚厚，尽可分拨出关。刻下关外贼势鸱张，巴、哈两城盼援甚急。若坐视不救，致该城稍有疏失，定惟左宗棠是问。明春现已简放哈密帮办大臣，责无旁贷。著即督率官兵认真剿办，力解城围。该城防守事宜著文麟就现有兵力妥为布置，毋稍讹误。巴里坤与哈密毗连，东、西、北三路皆有贼匪窜扰，著庆寿勤加侦探，固守城防，严饬兵勇遇贼即击。常顺等已派察哈尔一起官兵驰往巴里坤一带，会同前次派出达密兰防军共图援剿。即著饬令该官军迅赴前敌，实力雕剿。倘事机紧急，仍著常顺、多木沁扎木楚、文奎就近拨兵前往，以资援应，毋得稍分畛域。将此由六百里加紧谕知左宗棠、常顺、多布沁扎木楚、文奎、景廉、金顺、文麟、明春并传谕庆寿知之。"

（卷356　714页）

同治十二年（1873年）八月丁酉

谕军机大臣等："左宗棠、豫师奏请饬催赴藏迎接呼毕勒罕之大臣等迅速前行一折。此次赴藏迎接哲布尊丹巴呼毕勒罕之库伦堪布喇嘛等早由西宁出口，赴青海草地驻牧。所有改派库伦车臣汗部落贝勒车林桑都布尚无入甘消息。该堪布等一千余人守候三月之久，若再迟延，转瞬天时严寒，长途难以行走，情形更属苦累。著张延岳、阿尔塔什达查明该贝勒现在行抵何处，催令迅速前进，与先到之堪布人等一同起程赴藏，以免耽延。前派宝珣赴藏迎接呼毕勒罕，因中途患病，准其开缺回旗，改派恩麟。俟承继到任交卸藏务后，就近护送起程赴库。本日复寄谕该前驻藏大臣遵照办理矣。将此由五百里各谕令知之。"

（卷356　715页）

同治十二年（1873年）八月戊戌

以故青海扎萨克头等台吉永鲁布子丹增绰克都布袭职。

（卷356　717页）

同治十二年（1873年）八月癸卯

谕军机大臣等："文麟奏回匪围攻营堡，调队应援，请饬部拨银两各折片。陕回大股会合东路窜匪逼胁缠头回众围攻哈密城堡，势甚猖獗，亟应迅速剿洗。文麟现已咨会景廉、金顺派兵救援。前据景廉奏巴、哈军务紧迫，该都统已派吉尔洪额、沙克都林扎布带队援应，即著景廉饬令孔才并派出各队兼程前进。该都统将济、古两处防务布置妥协，即懔遵前旨，督率兵勇迅速回援，毋稍迟缓。明春已授哈密帮办大臣，迅即督率兵勇前赴哈密，会同剿办。金顺一军屡次谕令出关。现在哈密情形紧急，务当迅率所部克期起程，毋再迁延干咎。回王福晋暨伯克头目等深明大义，均属可嘉。回城被匪攻陷后，该王福晋等现在何处，著文麟查明具奏，并传谕该王福晋等迅速招集回众，毋任去而从贼。左宗棠当懔遵叠次谕旨，分拨兵勇出关助剿。一面兼顾金顺粮运，毋令缺乏。肃城贼势久蹙，该大臣亲赴前敌督剿，军声日振。即著激励将士赶紧进攻，迅将城池克复，并严防穷蹙败匪乘间逃窜出关，是为至要。统领魏忠义打仗失利，文麟请将该员革职，并自请治罪，本属咎有应得。姑念贼众兵单，情尚可原，均著加恩宽免。仍责成该办事大臣就现有兵力将城防事宜严密布置，不得稍有疏虞，致干严谴。哈密盼饷迫切，所需兵粮由各路采买，均应速拨款项，以济要需。著户部拨发军饷现银十万两、粮价现银五万两，解交察哈尔都统衙门收存，由文麟委员候补道常祥等领解赴哈，俾供支放。将此由六百里各谕令知之。"

（卷 356　717 页）

同治十二年（1873年）八月乙巳

以甘肃甘州府城解围，并歼剿山丹土匪出力，赏总兵官杨智珩一品封典，参将刘楚贤等花翎，知县杨世钟等蓝翎，余加衔升叙有差。

（卷 356　718 页）

同治十二年（1873年）九月辛亥

谕军机大臣等："常顺等奏探报窜贼情形，请调员统带防军。哈密委员运解军械，中途遇贼各折片。回匪大股出关滋扰，围攻哈密。其另股窜向诺木托罗盖地方。常顺等现令达密兰率所部迎剿，并饬依楞额带队赴巴里坤台路驻扎，以遏三塘湖等处窜匪。即著督令该官兵等严密堵御，确探匪踪，实力剿击。巴、哈军情紧要，并著常顺、多布沁扎木楚、文奎懔遵前旨，檄饬防军前往援应，以剿为防，不得意存畛域。逆匪股数众多，边外地方辽阔，亟需厚集兵力，以杜奔突。著杜嘎尔即将现驻绥远城台路之察哈尔马队移扎哈尔尼敦，用资防剿。哈密被围，情形岌岌，景廉自己带队回援。即著督饬吉尔洪额等军星驰剿办，迅解城围。文麟当就现有兵力稳慎防守。明春即率所部驰抵任所，扫荡贼氛。金顺一军此时已否起程，即著懔遵叠次严谕，克日驰往援剿。该军粮运左宗棠当饬地方官妥速筹办，俾师行得以无阻，并懔遵前旨，派委得力将弁前往会剿。肃州一城叠据左宗棠等奏势在垂克。该大臣复亲往督师，谅不难一鼓攻拔。近日战事如何，著即详悉奏闻，以慰廑系。前派赴荣全军营之侍卫特尔清阿准其调赴乌城，以资得力。哈密委员运解军火被贼抢掠，当经官兵夺回。著饬俟台站疏通再行护解前进，毋资寇兵。将此由六百里各谕令知之。"

同治十二年（1873年）九月癸亥

又谕："袁保恒奏请饬催欠饷等语。据称广东应解左宗棠军饷每月原协并添拨共银七万两，该省按季拨解银十五万两，解至同治十一年冬季止尚短解本年春、夏、秋三季银四十五万两。若照月拨七万两之数，核计截至本年八月止，除现准报解银十五万两外，共欠解原协银四十八万两，添拨银八十八万两。现在士卒待饷孔殷，请饬迅速拨解，以济急需。即著瑞麟、张兆栋严饬藩司，将本年应协甘饷赶紧按季补解。其历年积欠饷银亦当陆续筹措解清，倘再任意延缓，即由户部将该藩司照章奏请议处。将此由四百里各谕令知之。"

又谕："袁保恒奏请饬催欠饷等语。山西、河东道库应拨协甘常年兵饷尚欠解银三十一万两，又岁协雷正绾营军饷自改拨后共欠解银十四万二千两。现在西征军饷支绌万分，亟应赶紧筹解，以济要需。著鲍源深严饬河东道迅将欠解甘饷及雷正绾营协饷于年前如数赶解，毋稍迟延。并著饬令该道设去疏销引盐，毋得以盐课未裕，借词推诿。将此由四百里谕令知之。"

同治十二年（1873年）九月甲子

谕军机大臣等："文麟奏马队官兵剿贼叠胜，接据敦煌禀报贼情，并贼匪围攻营堡，请饬催援兵来哈，暨军粮缺乏，请催锡纶回任各折片。所奏应援塔尔纳沁及马队剿贼情形，尚系闰六月间之事。刻下贼匪勾结回城缠头围攻哈密营堡甚急，前经叠次谕令左宗棠等迅速派兵援应，乃各路官兵均无到哈信息。该城日夜盼援，事机刻不容缓。吉尔洪额等军计已行抵巴里坤，距哈甚近，即著景廉饬令该副都统等趱程前进，速解城围。文麟一面派员迎提，毋任借故逗留，致误大局。景廉续派之马队三百名并著饬令田锡礼迅速统带前往，以资接应。孔才所部马队并黑龙江马队，景廉务当移缓就急，饬令兼程赴哈，会同各军迅扫逆氛。金顺终未据报出关，殊不可解。该军兵力颇厚，即著懔遵叠次谕旨，克期前进，并先派得力将领统带马队星夜驰援，不得贻误戎机，致干重咎。左宗棠此时谅已派队起程，著即催令派出官兵迅速前进，毋稍迟延。金顺一军粮运仍著该大臣饬令地方官妥为办理。锡纶已授为乌鲁木齐领队大臣，所遗哈密帮办大臣早已简放明春，屡经催令带队星驰赴哈。即著会同文麟将该城防守事宜悉心筹划，以顾地方，并将起程及到哈日期迅速奏闻。文麟现在病势若何，殊深廑系。目下事机紧迫，该大臣仍当妥为筹布，力任其难，以期无负委任。该城屯粮被贼抢掠，军食缺乏，殊属可虞。著左宗棠、景廉妥为设法，力筹接济。将此由六百里各谕令知之。"

（卷 357　725 页）

同治十二年（1873年）九月壬申

又谕："前于七月间据左宗棠奏围攻肃城踞逆情形，并亲赴前敌督剿。该逆踞守孤城，经官军于克复东关后，复于大南门外逼城修筑炮台营卡，贼匪飞走技穷，谅不难克期攻拔。乃迄今两月，未据该大臣续有奏报，廑系殊深。现在关外陕回到处勾结，势极猇猖。哈密被围甚急，万一肃逆被剿，穷蹙窜出关外与各匪联络一气，又成滋蔓难图，势将不可收拾。即使肃城克复而关外受害，不可胜言大局何堪设想。左宗棠计已早抵肃州，著即督饬官军力筹进剿，迅拔坚城，务将该逆悉数聚歼，万不可使城贼乘间窜出，致贻大患。哈密被围日久，业经叠谕该大臣迅速派兵往援，究竟调拨何队前往。哈密为西路要隘，断不可稍有疏虞，仍著左宗棠懔遵叠次谕旨，速即派兵兼程前进，迅解城围，力筹兼顾。金顺一军曾否出关，并著催令该前将军懔遵叠谕，星驰前赴哈密，毋稍延缓，致误戎机。所有围攻肃州及驰救哈密各情形，著该大臣迅速详细奏闻，以慰悬盼。将此由六百里谕令知之。"

又谕："前因袁保恒奏闽海关协饷指拨六成，洋税无著，请饬部仍准借拨四成洋税，或另拨他处有著之款等语。当令户部速议具奏。兹据奏称各海关四成洋税业经奏明，不准动用。前拨闽海关六成洋税项下应解雷正绾月饷二万两，为数无多。该关尚易筹措，请令照旧筹解。至西征年终专饷十万两，现在洋税短绌，恐难兼顾，请在福建、江苏厘金项下改拨等语。著照该部所议，即著文煜将雷正绾月饷二万两仍在六成洋税项下按月拨解，不准推延。并著李宗羲、李鹤年、张树声、王凯泰督饬各藩司，在于该两省厘金项下各拨西征年终专饷五万两，务于年内解交西征粮台，不得稍涉迟误。将此由四百里各谕令知之。"

（卷357　729页）

同治十二年（1873年）十月甲申

谕军机大臣等："景廉奏请停止运粮以纾台力。文麟奏固守哈密，击贼获胜。托伦布等奏贼犯科属，拨队迎剿各一折。哈密被匪围攻日久，经文麟督率兵勇实力攻剿，力保危城，洵堪嘉尚。此股贼匪经官军截剿获胜后，曾否他窜。前据常顺等奏探得哈密贼踪有西窜吐鲁番之信，是否分股西扰，抑系探报不确。即著文麟、明春据实奏闻。文麟等务当激励兵勇严密探防，遇贼即击，毋稍疏懈。明春究于何日驰抵哈密，该处地方紧要，兵力甚单。左宗棠究派何队驰援，肃州踞贼经官军围剿穷蹙，万一以出关为走险之路，则巴、哈两城适当其冲，受害不可胜言。著左宗棠督饬各军迅图攻拔，务将贼匪就地歼除，毋任逃窜出关，致贻大患。应如何派兵截剿堵贼出关之处，著该大臣妥为筹划，不得稍涉疏虞。一面饬令派援哈密之军星夜趱行前往，以厚兵力。金顺何日拔队，何以日久未据奏报起程，仍著懔遵叠谕，带队迅速西进。科布多属突有贼匪窜扰军台，将景廉军营押解军装、饷银十八驮全行掠去。托伦布等现派官兵驰往探剿，即著饬令该官兵确切侦探，认真防剿，并著常顺、多布沁扎木楚、文奎一体严防以顾台路。景廉以古城一带采粮尚易，请将口北归绥两道运粮全行停止，以节糜费。刻下金顺带兵出关，前经叠谕左宗棠将该军粮运妥为筹划，即著该大臣择地设立粮台，由关内源源运解，以裕兵食。察哈尔所省运费米价，著额勒和布、奎昌毋庸拨解，以节经费。将此由六百里各谕令知之。"

（卷358　737页）

同治十二年（1873年）十月丁酉

又谕："御史吴可读奏同知死事甚烈，请饬查明予谥建祠，殉难家属一并附祀，并将事迹开单呈览一折。甘肃殉难署西宁府贵德同知承顺于同治元年在署任内举行善政，颇得民心。嗣于六年二月间探闻回众滋事，守城御贼。因众寡不敌，厅城被陷，该故员与其母、弟等同时遇害，极为惨烈，殊堪矜悯。惟予谥之典，臣下不得率行奏请，著左宗棠将该故员殉难及其家属死事情形确切查明，据实具奏。"

（卷358　740页）

同治十二年（1873年）十月己亥

以克复甘肃肃州，关内肃清，上诣钟粹宫慈安、端裕、康庆皇太后前，长春宫慈禧、端佑、康颐皇太后前贺喜。

谕军机大臣等："左宗棠、金顺奏克复肃州，首要各逆及土、客悍贼歼灭净尽。左宗棠奏筹划出关情形，请将袁保恒赏假三个月各折片。肃州逆匪经左宗棠与金顺分督各军会合围攻，并各掘地道进击。逆首马四以势蹙诣营乞抚，经左宗棠等饬令呈缴马械，点验册籍。九月二十三日，该大臣将逆首及各起凶悍客回悉数诛戮。即于是夜克复肃城。览奏实深欣慰。所有肃城善后及甘省一切事宜应如何次第兴办，抚辑地方以资培养之处，著该大臣通盘筹划，妥为布置。前因关外军情紧迫，叠谕金顺统率所部出关。左宗棠拣派得力将弁前往助剿。兹据该大臣奏称，提督张曜夙娴韬略，副都统额尔庆额勇干有为，均堪派令出关，会同剿办。即著知会张曜统带嵩武全军，额尔庆额统带吉林、黑龙江马队会同金顺驰往关外，迅扫贼氛。金顺一军劳乏过甚，自应略加整理。仍著该前将军赶紧部署，即率得胜之师早日西进，不可过于延缓。左宗棠务将各军粮运妥为筹备，俾利师行。安设转运粮台一节，该大臣请于户部堂官内拣员总司其事，并令选派廉干司员携带帑银出关办理，著候旨遵行。惟粮运事宜必须地方大吏督率，呼应方灵。即使派员前往，仍须该大臣会同筹办方能有济也。袁保恒著赏假三个月，俾令回籍省视。所有西征粮台事宜，著左宗棠知照袁保恒将现办事宜赶办完竣，并遴派妥员暂行接管。袁保恒一俟假满即行赴陕经理，毋稍迟延。将此由六百里各谕令知之。"

（卷358　741页）

以克复甘肃肃州城，总督左宗棠、将军金顺得旨嘉奖，赏总兵官万守根、杨龙彪正一品封典，提督徐占彪云骑尉世职，提督蒋东才、陈春万黄马褂，提督胡保林、总兵官李玉山、副将符先升、张存义、唐友山、胡珍品、参将方友升、马良骥、魏治家、游击刘知俭、董阳春、张俊、都司蒲阳春、宋得禄巴图鲁名号，游击张长安等花翎，余加衔升叙有差。予阵亡提督王子龙、总兵官陈登云、副将周玉林等祭葬世职。

（卷 358　742 页）

同治十二年（1873年）十月庚子

谕内阁："昨因肃州克复，降旨将在事出力之徐占彪等分别优奖。因思陕甘逆回扰乱十有余载，势极狡猾。自简任左宗棠总督陕甘数年以来，不辞艰苦，次第剿除。此次亲临前敌，督饬将士克复坚城，关内一律肃清。朕心实深嘉悦，自应特沛殊恩，用昭懋赏，左宗棠著以陕甘总督协办大学士。该大臣前经赏给骑都尉世职，并著改为一等轻车都尉世职。将军金顺督军助剿，共奏肤公，洵为奋勉，著开复革职处分，以彰劳勩。"

谕军机大臣等："昨据左宗棠奏饷项奇绌，恳请改拨的饷，当令户部速议具奏。现在肃州克复，军务正在得手。左宗棠所统各营需饷紧迫，必须宽为接济，方足以作士气而竟全功。著户部于库存项下迅即筹拨银一百万两，陆续解交左宗棠军营以供支放。至各省应解该大臣军饷，仍著户部悉心筹划，指拨有著之款，毋以空言了事，俾资实用。并将各省积欠西征军饷催令陆续补解，毋得日久拖欠，致误要需。将此谕令知之。"

又谕："昨据左宗棠奏饷项奇绌，请拨四成洋税，以资接济。当经降旨交户部速议具奏。第思甘肃地方瘠苦，现又时届隆冬，该将士荷戈关隘，寒冽异常，朕心深为轸念。本日已谕知户部于库存项下拨银一百万两陆续解往。左宗棠于此项银两解到后，即可酌放月饷，俾资饱腾。至该大臣军营饷需亦谆谕户部，嗣后务拨有著之款，不得以空言搪塞。该大臣所请简派户部堂官办理粮台事宜，自为慎重起见。但转运采买非得地方大吏办理，则呼应不灵。该大臣素顾大局，朕所倚界，不必再派部院大员，以期事权归一。此次攻拔肃城，穷蹙之寇幸皆聚而歼旃。关外安、敦、玉等处有无匪徒窜匿，哈密曾否解严，迄今未据文麟奏报。关内如甘、凉、平番一带有无零星余匪。西宁、河州抚事谅不至再有反复。甘境甫经戡定，亟须有兵勇择要分扎，以资镇抚。该大臣所部各营官兵数年来陇右驰驱，劳苦已久，自应一面量加休息，一面设法裁并，庶一兵可得一兵之用，而饷亦不至虚糜。至将来关外用兵，筹饷固难，筹粮尤属不易，应如何先事预筹，该大臣谅早计及。著将兵事饷事，统筹全局，悉心经理，与关内外现在地方情形一并详细奏闻。张曜、额尔庆额马步各队何时可以出关。金顺昨亦谕令将兵勇略加休憩，即率得胜之师西进。所有出关官兵粮饷转输及采买一切事宜，该大臣自无不引为己任，不待朕之谆谆训谕也。将此由六百里谕令知之。"

（卷358　743页）

同治十二年（1873年）十月甲辰

谕内阁："前据左宗棠奏肃州克复，关内一律肃清，先后降旨将左宗棠等及在事出力各员优加奖励。因思该省各路统兵大员或扼要设防，或相机雕剿，同心协力，共奏肤公。允宜一体施恩，以彰劳勚。将军金顺助攻肃州，已加恩开复革职处分，著再赏还黄马褂花翎清字勇号，以示鼓励。穆图善前署陕甘总督，统兵剿贼，懋著勤劳，此次移扎泾州，扼贼纷窜，亦属得力，著赏给云骑尉世职。提督宋庆驻军陕西边境，屡挫贼氛，迨调赴甘肃，合攻肃州，尤为奋勇。张曜扼扎甘肃宁夏郡城，剿办王家疃等处踞匪，地方得以安谧，近由凉州驰赴肃州，勇往可嘉，宋庆、张曜均著赏戴双眼花翎。副都统衔西宁办事大臣豫师会同左宗棠办理西宁招抚事宜，复在平番防剿得力，著赏给头品顶带。其办理西征粮台之二品顶带詹事府詹事袁保恒筹解军饷，始终无误，亦著赏给头品顶带。现在关内肃清，亟应乘此声威，将关外各处窜匪次第扫除。著金顺督率所部迅赴古城，会同景廉进剿。穆图善著即派队赴安西、敦煌、玉门一带扼扎，妥筹防剿，以壮声援。哈密尚未解围，张曜著与宋庆统带所部一同驰往哈密，与文麟、明春会同剿贼，以厚兵力。该将军等务当奋迅图功，珍除丑类，用副委任。所有出关各军转运粮饷关系紧要，著左宗棠认真督办，源源接济，毋任缺乏。"

（卷358　745页）

又谕："前因肃州克复，加恩以左宗棠协办大学士，并赏给一等轻车都尉世职。本日复明降谕旨，将穆图善等分别加恩奖叙，以示论功行赏，用彰劳勚。现在关内肃清，陇右大兵云集，自应乘此声威分路西征。景廉驻扎古城，兵力单薄，亟应添派劲旅，以图进取。金顺所部尚有二十营，若与景廉合在一处则兵威较壮。景廉本有请饬金顺前赴古城之奏，即著统率各营克日驰赴古城，相机进剿，以期规复乌鲁木齐。景廉于金顺到后将各队如何分拨前进之处，即著和衷商办，不得稍涉意见。其额尔庆额马队即著左宗棠饬令随同金顺西进，听候调遣。哈密虽获胜仗，现在是否解围，未据文麟等续报。张曜、宋庆所部兵力较厚，该提督等久历戎行，办事奋勇，朕所素知，著即督率所部驰往哈密驻扎，会同文麟、明春等相机防剿。遇有军情缓急，均准会衔奏事。穆图善所部马步各队久驻泾州，徒置无用之地，即著饬令该统领等分起前赴安、敦、玉一带驻扎，以为诸军后继。该将军现在奏请陛见，著将各队分派起程后再行来见，面授机宜。以上各军经朕酌量分派后，该将军等接奉此旨，即行奋迅前进，不得托词耽延。倘有玩泄从事，朕必当按律惩办，决不宽贷。至各该军驰赴关外，粮饷一切及转运事宜责任綦重，必须先事务筹，并督饬地方官悉心经理。带兵大员其势难于兼顾，左宗棠身任兼圻，责无旁贷。著即统筹各军所需粮饷军火等项每月应用若干，宽为预备，陆续转输，毋令稍有缺乏。如果各该军逗留不进，则罪在主将。倘因粮饷不继致误戎机，朕惟左宗棠是问。关外情形究竟若何，粮运道路若何，镇迪以东俱总督统辖之地，著即详细查明，绘图呈览。河州、狄道回情是否安贴，该大臣督办粮运，自应驻扎肃州。兰州省城止有藩臬驻扎是否足恃。西宁安插各回众能否不滋事端，并著左宗棠、豫师据实具奏。左宗棠所部各队久在边陲，其中疲乏者谅亦不少，自应分别遣撤，将得力之师分扎各要害，以资弹压。值此饷项支绌之时，尤宜汰弱留强，以节糜费。将此由六百里谕知左宗棠、穆图善、金顺、景廉、豫师、文麟、明春并传谕张曜、宋庆知之。"

又谕："前因左宗棠奏饷项奇绌，请仍准以四成洋税指拨甘饷，当交户部速议具奏。兹据该部密陈库储正项银两仅敷一月放款，其四成洋税按照月放之款计算，亦仅能支持二三月光景，势难动用等语。现在肃州克复，军饷一切需用维殷，无如部库情形空虚已甚。该大臣公忠素著，必能中外同心，顾全大局也。此系密谕之件，毋得宣泄。原折著抄给阅看，将此密谕知之。"

以故青海扎萨克辅国公吹达尔弟棍楚克拉逊多布袭爵。

（卷358　746页）

同治十二年（1873年）十一月庚戌

谕军机大臣等："荣全奏驰报前敌近日情形，旧疾未痊，请简大员接替。常顺等奏迎剿窜匪获胜各折。缠夷滋扰新渠城堡一带，经景廉派营总依尔和布带队援剿，会合团勇，叠获胜仗。惟前据景廉奏该都统因古城兵力尚单，已将依尔和布一军撤回。刻下新渠等处止有徐学功营勇分扎，难资捍御。荣全务当饬令官兵确探贼踪，妥筹防范，并与团勇联络策应，以壮声援。该署将军以东路军情吃紧，请饬金顺迅速出关。现在肃州克复，关内肃清，业经谕令金顺、张曜、宋庆部署出关，分赴古城、哈密等处，会同景廉文麟等防剿。谅该将军等接奉前旨，定当振旅西行，不至稽迟时日也。荣全旧疾未瘳，殊深廑念，西路军事孔棘，该署将军仍当力疾筹办，维持大局，以副委任，毋庸开缺。贼匪窜扰车臣淖尔及图谢公游牧，常顺亲赴前敌督剿。十月初间，卓凌阿带兵接仗获胜，该逆向西北逃逸，著常顺等督饬官军确切侦探，贼贼所向，奋力剿击，务将贼股迅速殄除，毋任滋蔓。该匪股数众多，来往飘忽。荣全既据科城咨称有贼二千余人欲窜科布多等处，即著托伦布、保英妥筹剿办，力扫逆氛，并将匪踪究窜何处确探具奏。哈密已否解围，未据文麟等续报。即著该办事大臣等将该城近日情形详悉奏闻，以慰廑击。将此由六百里各谕令知之。"

（卷359 750页）

同治十二年（1873年）十一月辛亥

追予甘肃陇西守城御贼故在籍同知祁兑祭葬，恤荫如军营病故例，并予建祠，殉难眷属暨绅士等一并附祀。

（卷359 752页）

同治十二年（1873年）十一月甲寅

又谕："金顺奏统师出关，历陈需饷实数，筹划粮运，请饬拨兵勇皮衣、银两、帐房、军火，仍令陕西制办各折片。金顺现率所部驰赴古城一带剿贼，士卒荷戈边外，艰苦倍常，且戈壁长途，粮运一切需费甚巨，亟应筹拨有著之款，如期解济，俾赴戎机。所请于粤海关、江海关、江汉关洋税项下按月添拨三万两之处，著户部速议具奏。其四川新添该将军营饷银每月一万两，著吴棠饬令藩司克期扫数拨解，毋稍迟误。哈密虽据探报解围，该逆西窜吐鲁番一带。金顺仍应赶紧部署出关，率得胜之师转战而前，痛歼丑类，并遵十月二十九日谕旨，速赴古城与景廉会商防剿，规复乌鲁木齐，以慰廑系。关外用兵，粮饷、军火最为紧要，前经谕令左宗棠妥筹办理。该大臣自必通筹全局，源源接济，毋任缺乏。金顺所部及接统成禄旧部兵勇统需皮衣银二万六千两，著户部即行如数指拨，解至道绥道衙门发给该营委员，以资应用。金顺军营所需帐房军火，历年均由陕西制办，仍著邵亨豫照旧筹款办理。现在秦陇肃清，晋省防务已松，该省防军应如何分别撤留以节饷需，著鲍源深悉心酌度，奏明办理。将此由六百里各谕令知之。"

（卷 359　754 页）

同治十二年（1873年）十一月己未

户部奏："遵议金顺军营饷银除原拨月饷十万两外，所短之数请于粤海、江海、江汉三关六成洋税项下每月各拨二万两，以济该营饷需。"从之。

（卷 359　757 页）

同治十二年（1873年）十一月壬申

谕内阁："前据军机大臣会同刑部审明，已革乌鲁木齐提督成禄罪名比例拟以斩立决，声名应否改为斩监候，恭候钦定，旋因御史吴可读奏请将成禄立正典刑。当令御前大臣大学士六部九卿再行核议定拟具奏。兹据该王大臣等奏称成禄罪名请仍照原议办理，其未经画稿之通政使于凌辰、大理寺少卿王家璧亦据另折陈明，均无异议。成禄著改为斩监候，余均照军机大臣等所请办理。至御史职任言官虽准风闻奏事，何得以私意揣测，形诸奏章。该王大臣等谓吴可读刺听朝政，与风闻言事不同，请旨究诘实据等语。御史吴可读著降三级调用，无庸究诘。"

（卷 359　761 页）

同治十二年（1873年）十二月丙子

以故青海扎萨克头等台吉索诺木喇布坦侄车林端多布袭职。

（卷 360　766 页）

同治十二年（1873年）十二月戊寅

谕军机大臣等："鲍源深奏遵旨调派大同官兵赴塔驻防，并嘉峪关道路已通，可否仍由甘省拨兵前往各折片。塔尔巴哈台向有甘肃换防官兵，因道路梗阻久未派往。前经谕令李鸿章、鲍源深于宣化、大同两镇各拨兵五百名赴塔，以资防守。兹据鲍源深奏业已如数派拨，分作两起委员统带。即著懔遵前旨饬令迅速起程，仍照上年调赴科城官兵成案由张家口行走，以免濡滞。所有官兵盐菜、口粮该抚请照征兵章程支给，并援案借支减半行装银两，均著照所请行。该官兵抵防后，所需月饷著户部奏明办理，俟将来换防时再由甘省调拨，以符旧章。将此由四百里谕令知之。"

（卷 360　766 页）

同治十二年（1873年）十二月戊子

前任甘肃按察使崇福为湖南按察使。

（卷 360　774 页）

同治十二年（1873年）十二月辛卯

予甘肃各属阵亡殉难武举徐魁等绅民妇女二千一百六十五名口分别旌恤如例。

（卷 361　778 页）

同治十二年（1873年）十二月丙申

谕内阁："现在肃州克复，关内肃清。因思已故广东陆路提督刘松山前在甘肃督兵剿贼，卓著战功。嗣因深入重险，遇伏捐躯，追念前劳，殊堪矜悯。刘松山业经得有三等轻车都尉世职，著再加赏一等轻车都尉世职，令其嗣子承袭，以彰忠荩。"

（卷 361　779 页）

谕军机大臣等："左宗棠奏出关官军宜分起行走，并遵旨筹拟转运事宜，暨请饬穆图善将所部暂缓出关各折片。官军攻克肃州后，亟应乘胜出关，速图西进。左宗棠拟令张曜一军作为头起，金顺、额尔庆额两军次第启行。宋庆一军暂回宁夏，整理军装各项。请俟明年秋后与该大臣精选之军陆续继发。所筹不为无见。即著饬令各军分起前进，迅扫逆氛。该军粮运事宜仍著该大臣妥为筹划，俾收饱腾之效。粮台事极繁重，固在得人而理，如有必须该大臣前赴肃州亲为料简之处，仍应驰往督办。省垣一切事宜，据奏有崇保等经理得宜，自可无虑。张曜各军人数将近两万，兵力不薄，而远道筹粮实非易易。穆图善所部著暂驻扎泾州、平凉一带，并著将所部步队概行撤遣，仍带所部吉林、黑龙江马队，俟来年宋庆一军整理就绪及左宗棠精选之军派员管带后，并交穆图善总统前进，扼扎安、敦、玉一带督办转运事宜。其采粮一切仍著左宗棠饬属妥为经理。所有应撤步队著穆图善妥为遣散，毋令滋生事端。官军现经分起出关，军行粮随，不容稍有缺乏。左宗棠以粮运进抵哈密，已经层递衔接始能运到。由哈密前进粮运事宜势难兼及，亦属实在情形。将来各处官军由哈密节节进剿，应如何就地筹划之处，著景廉、文麟、明春、庆寿与金顺、额尔庆额、张曜、宋庆临时酌度情形，妥为办理。左宗棠仍当随时察看，力筹兼顾，以期无误军糈。现在安西、肃州、甘、凉一带回匪悉数歼除，地方均已安帖。该大臣当将应办各事宜次第妥为筹布，以竟全功。景廉现在古城，该处地方为西路进兵要道。古城领队大臣一缺并其余各城员缺刻尚虚悬，如须请旨简放，即著景廉迅速具奏。左宗棠另片奏请将该大臣所得一等轻车都尉世职追赏已故提督刘松山等语。亦经明降谕旨，将刘松山加赏一等轻车都尉世职，令其嗣子承袭。该大臣请将所得世职推让之处，著毋庸议。将此由六百里谕知左宗棠、金顺、穆图善、景廉、文麟、明春、额尔庆额并传谕庆寿、张曜、宋庆知之。"

又谕："左宗棠奏道员黎献经景廉委令由楚募勇前赴哈密助剿。现在管带所募弁勇取道秦陇出关，沿途陆续逃散，辄收补游勇充数。其经过地方并有纵勇骚扰情事。该员居心巧诈，敢为大言，毫无实济。因系景廉委办军火，招募楚军，已饬沿途照章支给口粮车辆，俾得速赴军营。黎献实不可用等语。著景廉于该员到营后留心察看，倘如左宗棠所奏，即著据实奏参，毋为该员所惑。所募勇丁并著核实查验，分别遣留，毋任虚糜粮饷。原片著抄给阅看。将此谕令知之。"

（卷361　780页）

以甘肃省城办理营务城防出力，赏总兵官范秉诚巴图鲁名号，予布政使崇保等加衔升叙有差。

予甘肃肃州伤亡游击张林祭葬世职加等。

（卷361　781页）

同治十二年（1873年）是年

旌表孝子：江西等省陈占甲等四十一名；孝友：江西等省程学渊等十一名；顺孙：贵州省汪守义等三口；孝义：江西等省彭效曾等十名；孝妇：江西省刘陈氏等三口；孝女：江苏省杨氏等五口；烈妇：江西等省杨诚妾水氏等十五口；烈女：江西省胡崇骥聘妻张氏等二口；义士：江西等省曾昆等九名；义行：江西省晏仲杰等三名；义夫：江西省陈作栋等二名；守节合例：

满洲赞礼郎恒春妻傅察氏等一百十六口，蒙古拜唐阿阿普都拉妻马氏等一百十六口，汉军马甲三音布妻郝氏等三十七口，内务府匠役兴盛妻赵氏等二口，东陵承办事务衙门间散岳恒妻吴佳氏等三口，盛京将军衙门间散陈禹妻张氏等六十四口；盛京户部壮丁：刘学玉妻范氏一口，盛京工部壮丁刘广升妻郭氏一口，各省驻防养育兵贵升妻那拉氏等一百十九口，奉天等省于彭年妻王氏等二万八千五口。夫亡殉节：甘肃等省慕子骏妻王氏等二十口；未婚守志：江西等省李连贞等十一口；百岁寿民妇：山东等省唐君显等十九名口；五世同堂：四川等省王王氏等三十九家；六世同堂：四川省李含茂一家；乐善好施：江西等省王学植等十二名。均给银建坊如例。

（卷 361　787 页）

同治十三年（1874 年）二月丙子

命宁夏将军穆图善在紫禁城骑马。

（卷 363　804 页）

同治十三年（1874 年）二月己卯

谕军机大臣等："文麟、明春奏台塘被扰，拟带队赴坤搜剿，并请饬左宗棠筹拨银两各折片。芨芨台等处既有贼踪出没，恐西北台塘等处被匪窜扰，亟应迅图扫荡。明春现已亲带马队赴巴里坤察看神形，相机进剿，即著迅速起程赴坤，与庆寿悉心会商，妥筹剿办，以靖逆氛。所有安设台站及采办粮石各事宜并著妥为办理。至安、敦、玉各处百姓情形困苦，自应及早抚恤，著左宗棠筹拨银数万两，派委廉干之员会同各该处地方官查明散放，以恤民艰。其明春所统健锐各营口粮并著文麟与该帮办大臣筹商，设法供支，以期无误兵食。将此由四百里谕知左宗棠、文麟、明春并传谕庆寿知之。"

以甘肃碾伯击退回匪出力，予副将李春海以总兵官简放，赏总兵官赵清桂、副将程步云、参将赵学纯巴图鲁名号，守备王贵霖等花翎，把总夏云藩等蓝翎，余加衔升叙有差。

（卷 363　804 页）

同治十三年（1874 年）二月庚寅

又谕："穆图善奏请将所部步队统率出关等语。前据左宗棠奏粮运难筹，有旨令穆图善裁撤步队，现据该将军奏称驻扎泾州之勃勇左、右两营，亲兵前、后、中、左、副左五营，南字副右一营，团队一营及刘宗璋所带亲兵二百名，营务处亲兵一百名，现驻水埠河之壮勇中一营，久历行间，甚资得力。即著该将军于到甘肃后将驻泾各营认真裁汰，简选精锐勇丁，合之所部马队统率出关，俾一兵得一兵之用，不得滥竽充数，徒糜饷项。所留步队月饷著穆图善咨商西征粮台，妥筹办理。其驻扎平番县一带之壮勇左、右二营，河镇五营，南字左、右两营，马勇一百名并定字中营，均著咨商左宗棠妥为遣撤，以节饷需。将此谕令知之。"

（卷363　808页）

同治十三年（1874年）三月壬子

谕内阁："左宗棠奏甘肃农业久荒，请将积欠钱粮概予豁免一折。甘肃地方被贼蹂躏多年，地亩久荒，粮租无出，闾阎情形困苦。加恩著将甘肃省同治十三年以前实欠在民地丁正耗等项钱粮草束以及番粮番草并向随地丁额征课程等项杂赋概予豁免，以纾民力。该督即刊刻誊黄，遍行晓谕，务使实惠均沾，毋任吏胥舞弊，用副朕轸念民艰至意。"

（卷364　815页）

同治十三年（1874年）三月甲寅

予故户部尚书署陕甘总督沈兆霖于甘肃平番县建立专祠。

（卷364　816页）

同治十三年（1874年）三月庚申

谕军机大臣等："金顺奏料理出关事宜，暨查拿黎献所部溃勇各折片。金顺现派提督刘宏发统带礼字五营作为前队径赴巴里坤续购驼只。此时计已到营，即著亲督马步各营前往安西一带暂扎。迅将存储玉门之粮运赴安西，克期拔营西进，驰赴古城与景廉筹商进取，毋得耽延，致误事机。托云布等所统各营亦即饬令接续前进，以厚兵力。金顺出关后该军转运事宜仍著左宗棠随时力筹兼顾，俾免缺乏。额尔庆额、张曜何时出关，并著该大臣将粮饷转输各节设法兼筹，毋稍推诿。前据李瀚章、左宗棠先后奏称道员黎献带勇未能得力，所募勇丁亦不足恃，曾谕景廉查奏。今黎献所募之勇暂扎肃州，不过二百余人。尚未出关已有纠伙溃散并枪毙提督于奇泮情事，不法已极。除首犯汪幅斋等业经金顺拿获正法外，在逃未获各犯著左宗棠、金顺饬令沿途地方官及各路防军一体缉拿务获，严行惩办，毋令漏网。黎献所部勇丁溃逃，办理不善，咎实难辞。著先行交部议处，并著景廉认真察看，如黎献实难得力，即行据实奏参，毋稍迁就。未逃勇丁应如何分别遣留，并著酌度办理。原片著抄给景廉阅看。将此由五百里各谕令知之。"

（卷364　817页）

同治十三年（1874年）三月戊辰

礼部以会试中额请，得旨："满洲取中九名，蒙古取中三名，汉军取中六名，直隶取中二十五名，奉天取中四名，山东取中二十三名，山西取中十二名，河南取中十九名，陕甘取中二十四名，江苏取中二十七名，安徽取中十九名，浙江取中二十六名，江西取中二十三名，湖北取中十五名，湖南取中十五名，四川取中十五名，福建取中二十名，台湾取中三名，广东取中十七名，广西取中十四名，云南取中十三名，贵州取中十三名。"

（卷364　821页）

同治十三年（1874年）四月癸未

又谕："文麟奏关内道路渐通，请将安、敦、玉三州县仍归旧制一折。前因关内道路梗塞，文报不通，各地方官无所遵循，是以将安、敦、玉三州县暂归文麟节制。现在肃逆荡平，西征大军陆续前进，一切采买转运各事宜必须由地方官妥为照料，方能无误师行。安、敦、玉三州县本系该督所辖，嗣后著仍归左宗棠节制，并著该大臣将后路粮运一切事宜饬令各该地方官妥速办理，以专责成，而免贻误。将此由四百里各谕令知之。"

（卷365　829页）

同治十三年（1874年）四月戊子

江西巡抚刘坤一奏："遵议云南巡抚岑毓英所陈停捐裁勇各节。江西额兵无多，按期调练，无须募补。现留水陆防勇分驻要区，应俟伏莽尽除再行遣散。至本省捐输专供云、贵、陕、甘协饷，容随时体察情形，再筹停止。"报闻。

（卷365　832页）

同治十三年（1874年）四月壬辰

谕内阁："左宗棠奏请将查禁罂粟办理不善之知县分别惩办一折。民间栽种罂粟，大干例禁。甘肃地方业经左宗棠遵旨饬属严禁种植。乃代理成县知县张廷庆于民间栽种罂粟，不行禁止，辄借罚钱修庙为词，颟顸了事。代理宁远县知县熊宝光派役查勘，竟有罚钱免拔罂粟情事。代理伏羌县知县余寿鼎委典史下乡履勘收受规费，漫无觉察，意存徇隐。著古浪县知县赵德龄至罂粟长发时，始具禀请示办理，官声亦复狼藉。张廷庆、熊宝光、赵德龄均著革职，永不叙用。余寿鼎业经另案革职，并著永不叙用。升用同知前署西和县知县刘凤新仅委典史履勘，致滋物议，虽无授意科敛情弊，究属怠玩，著降为佐杂，归部铨选，以示惩儆。"

（卷365　833页）

同治十三年（1874年）四月乙未

谕内阁："左宗棠奏特参废弛营伍庸劣各员，请分别撤革一折。甘肃署山丹营游击花翎副将衔尽先参将巴里坤镇标右营守备张廷余办事乖谬，任性妄为。花翎尽先参将署大马营游击邓学魁怠惰偷安，训练无术。署山丹营千总甘标左营世袭云骑尉刘光玩视操防，不知振作。著一并革职。署洪水营游击苏文焕办事草率，难期整理，且于马匹粮料任意浮支，著先行撤任，有无侵吞情事并著查明参办，以肃戎行。"

（卷365　837页）

同治十三年（1874年）五月乙巳

谕军机大臣等："袁保恒奏遵筹穆图善步队各营月饷，并请饬户部速议健锐营军饷，请饬广东更正核计协甘饷数各折片。穆图善一军每年饷银一百八万两，各省欠解甚多。现在该军步队亟须裁汰简练，统率出关，所需月饷尤属刻不容缓。左宗棠全军饷项已属不敷，实难匀济。将来此军出关有期，统计所部马步队月饷及制造转运诸费共需若干，即著袁保恒详细奏明。应否加拨抑改拨有著之款，由户部妥筹办理。现在该军马队月饷及步队月支粮价盐菜等项，即由袁保恒咨商左宗棠暂照向章匀挪拨解，以资整顿。至各省关奉拨左宗棠协饷积欠甚多，刻下各军部署出关，关外粮运以及关内善后各事宜需款甚殷。各省应解饷需正不得以关内肃清稍形松懈，著户部查明实欠数目，咨行各该督抚监督等竭力筹措，源源解济，毋稍延误。明春接统成禄健锐营全军，所需饷项甚形支绌，著户部指定确数，应如何与金顺协饷划分清晰或改拨有著款项之处统由该部妥速筹议具奏。广东原拨左宗棠月饷每月应解银七万两，现值关外用兵，需款甚巨，著瑞麟、张兆栋饬令藩司将协甘饷数仍按奉拨每月七万两，如数筹解，以济要需。另片奏张曜、宋庆所统嵩武毅字两军饷需，请暂由他省添协等语。张曜、宋庆两军饷项，向由河南按月拨解。该抚素顾大局，并无短绌。现在该两军次第出关，所需饷项正赖该省源源接济，以资饱腾，岂可轻议更张，转滋贻误。所请著毋庸议。将此谕知户部，并由四百里谕令瑞麟、张兆栋、袁保恒知之。"

（卷366　843页）

同治十三年（1874年）五月丁巳

又谕："景廉奏成禄旧部投诚回勇，恐滋事端，应早遣撤等语。据称明春所部兵勇内有成禄旧部投诚回勇马队三营，莠良不一，并有上年在敦煌、哈密始行投入者，恐系白逆党与。此起回勇曾在南山口抢劫，迨移至巴里坤驻扎，商民均有戒心。又与汉民口角寻仇，恐其勾匪报复。若撤回哈密地面，则西连吐鲁番等处并无关卡可防，更与奸徒声息相通，尤易滋事。巴、哈两城不宜久驻，亟应撤入关内，消患未萌。所虑不为无见。关外地方辽阔，防范难周，又值回党充斥之际。此项回勇人数较多，且又不安本分，深恐暗中勾通贼匪，扰害地方，致防剿转形牵掣。现在关内肃清，各起回民业经左宗棠安置妥协，可无反侧之虞。明春所统投诚回勇马队三营，宜乘此时撤令入关，慑以兵威，方可消弭后患。著文麟、明春酌度情形，悉心筹划，即将前项回勇发给口粮，遣撤入关。咨明左宗棠择地安插，并著文麟、明春派拨得力员弁沿途弹压钤束，毋令该回勇潜行溃逃，致滋扰累。俟该回勇入关后，即著左宗棠妥为遣散安置，免致滋生事端。将此由六百里各密谕知之。"

（卷366　850页）

同治十三年（1874年）六月丁亥

谕军机大臣等："金顺奏督师出关，请由关内运粮接济，并恳饬部先挪实在巨款各一折。据称提督刘宏发，现经金顺派令统带各营由巴里坤驰往古城，副都统额尔庆额已于五月初九日出关，带队赴古。金顺酌带马步各队西进，暂扎安西属境，请由关内转粮接济等语。金顺所部各军全队西行，军粮最关紧要。现在巴里坤、古城等处产粮无多，须由关内及安、敦、玉等处运粮接济，方可无误军食。著左宗棠将该军及额尔庆额一军所需粮石源源运解，毋令缺乏。刘宏发及额尔庆额各营到古后，即著景廉筹粮供给，以期士饱马腾，并著饬令刘宏发等会合各军实力防剿，迅扫逆氛。张曜全队现在行抵何处。宋庆暂驻宁夏。转瞬秋凉，布置计均就绪。著左宗棠将各该军粮运设法妥筹一面，饬令陆续西行以厚兵力。据金顺奏该军后队未能接连开拔，所需月饷运费等项颇形紧急。非得巨款难资集事。请饬部于库存四成洋税项下先行借拨银一百二十万两，分为两批解至绥远城将军衙门收存转运。即于积欠金顺军饷内由部指拨东南各省归还库款等语。著户部速议具奏。至各省关奉拨金顺军饷欠解尚多，并著该部咨催迅解，毋任延宕。将此由六百里各谕令知之。"

予甘肃镇番阵亡知府安保祭葬世职。

（卷367　865页）

同治十三年（1874年）六月己丑

谕内阁："左宗棠奏请将罔利营私之知县革职查办等语。甘肃候补知县杨国光在署徽县知县任内，禀恳收税厘季规以资津贴。经左宗棠查明，该员催收各项陋规，多设私卡罔利，声名狼藉，劣迹多端，实属有玷官箴。杨国光著先行革职，听候查办。"

（卷367　866页）

同治十三年（1874年）六月丁酉

以甘肃西宁剿匪出力，赏参将张鸿发巴图鲁名号，同知达昌、都司何得胜等花翎，州判方传获等蓝翎，余加衔升叙有差。

（卷367　869页）

同治十三年（1874年）六月己亥

谕军机大臣等："景廉奏遵查道员黎献被参各款。据实复奏并请饬催各省协饷各折片。据称左宗棠所参黎献招募游勇充数及纵勇骚扰各节，询据该员禀称实无其事。左宗棠未将原案咨送，无凭查核。金顺奏参黎献所部勇丁溃散一节。查该员系上年十二月由肃起程，该营勇丁系本年二月溃散，亦非意料所及等语。黎献现已到营，仍著景廉随时认真察看，如实难得力或有别项劣迹，即著据实奏参，不得稍涉回护。至黎献所募勇丁并著核实查验，分别遣留，毋任虚糜粮饷。景廉军营刻下需饷甚急，河南、山东、山西、湖北、四川等省应协景廉专饷，著李瀚章、吴棠、文彬、鲍源深、钱鼎铭、吴元炳迅速拨解，毋稍蒂欠。将此由五百里各谕令知之。"

（卷367 869页）

同治十三年（1874年）七月壬子

命协办大学士、陕甘总督左宗棠为大学士，仍留总督任。

授乌鲁木齐都统景廉为钦差大臣督办新疆军务，正白旗汉军都统金顺帮办军务。

以甘肃克复肃州城出力，赏副都统莫尔赓额、总兵官吴金魁、刘大福一品封典，总兵官赵炳文、副将杜青山、熊右林、协领穆通阿、佐领魁福、倭西霸连、祥来有、参将陈西万、骆长发、游击张富贵、乐开怀、蓝玉章、周兴成、余致和、陶宏贵、都司王金龙、曹本旺、平定元、江宏远、李得林、何聪、项天佑、刘天佑、黄连升、防御巴哩恩永林、委防御庆连、富全、骁骑校依里布玛当阿、托克托阔、守备贾逢寅、胡大兴、李开颜、庞怀三、杨生林、韩生发、李复胜、陈国祥、段云阳、千总方宝璜、李春林、池宗发、袁凤美、张玉林巴图鲁名号，知府杨珪璜、参将罗兴泰等花翎，知县方大坰等蓝翎，余加衔升叙开复有差。

以甘肃击退安西等处窜匪出力，赏副将王士魁、守备黎飞雄巴图鲁名号，游击倪俊等花翎，守备刘占鳌等蓝翎，余加衔升叙有差。

（卷368 878页）

同治十三年（1874年）七月戊午

补行同治十年大计。甘肃卓异官二员，不谨官一员，浮躁官一员，罢软官一员，才力不及官四员，年老官一员，分别议叙处分如例。

（卷369 882页）

同治十三年（1874年）七月戊辰

以甘肃西宁府城解围及克复大通县城出力，赏提督李桂香、黄万鹏、周春生、谢明月、彭连升、欧阳通、萧万和、李添顺、方泗高、张永辉、宁仁备、席大成、尹兴茂、谭和义、李协和、赵宝林、廖得胜、彭祯祥、邱俊凤、张振寿、刘得善、贺长发、汤秀斋、葛致清、刘国斌、雷贵才、余虎恩、谭上连，总兵官易荣华、张辅文、陈庆泰、彭秋扬、张添习、何西就、

陈得贵、秦品贵、郭庆才、沈福堂、黄新元，副将钱宝钟正一品封典，提督
吴隆海黄马褂，提督姜镜成、彭荣复、张敦益，总兵官柳秀春、邓兴隆、杨
万几、曾名声、李云珥、张得荣、贺益升、周嘉宾、彭如胜、谭致广、吴长
胜、王俊高、吴朝万、贺开元，副将李兰芝、彭和吉、刘晓山、唐有义、曾
义良、涂连升、庞少清、陈云廷、曾福堂、王恒发、左得胜、方南英、周桂
清、万福泰、张玉辉、汤德明、李绍仁、周万和、张继桃、郭玉和、丁连
科、熊南香、马隆湘、黎秀棠、程玉修、卢有升、曹茂松、丁玉和、马清
隆、刘泰昌、萧南桂、马伯铭、陈添元、李赞仪、刘星胜、袁有光、张鹏
翥、饶玉兴、陶宪榜、王德清、萧得荣，参将帅荣华、邹永茂、孙仕尚、邓
洪发、张忠义、朱文质、刘遐龄、陈胜发、吕桂清、孙国乾、胡洪秀、武华
清、陈考祥、梁清和、戴连臣、蒋文德、谭蔚斋、罗长胜、程荣佳、李大
秋，游击李奉魁、张叙文、何友才、许毓莲、唐得益、李长胜、姚得章、曾
凤翔、谢长清、董福祥、李双梁、朱克存、周仕发、娄德光、朱光耀、黄金
福，都司舒昭履、岳朝珍，守备蒋义全、梁禄、鲁如皋巴图鲁名号，知府陈
道济等花翎，通判谭上珍等蓝翎，余加衔升叙有差。

（卷369　887页）

同治十三年（1874年）八月癸酉

以甘肃克复巴燕戎格厅城出力，赏提督方正兴、萧拱照、周文翔，总兵
官颜清胜、邹廷赞、彭光明、杨必耀、杨景德、谭必相、冯胜才、刘兆元、
杨兰桂、严洪彬，副将蒋恭成、杨宏春正一品封典，提督王上国、龚炳岚、
易春元、喻胜荣，总兵官赵得礼、周东汉、陈登桂、凌默发、李永胜、李广
珠、袁有杰、李日新、江桂林、吴应顺、邓贵华、刘楚华、沈仁杰、刘大
旺、喻德俊、李德胜、余洪胜、傅定达、沈崇德、龙大胜、李宾光、卢有
升、杨云高，副将周荣华、祝鉴廷、杨文学、黎秀棠、许政明、邓荣升、万
起顺、孙兆莲、粟龙山、邹国华、周义和、罗瑞秋、萧泰义、周秀发、谭发
骏、程兴发、徐元胜、舒芳桂、李其祥、赵昌玉、汤起江、李金明、王仁
赐、汪东升、王太山、欧阳吉星、张佳志、李辉池，参将郝长庆、彭星炳、
张仕林、赵日升、陈玉贤、谭禄华、潘麟、朱遂、李绍华、陶楚楠、苏遂
意、尚秉恒，都司方金山、陈鹏翥、张长安、胡起云、指挥金事杨作霖巴图

鲁名号，参将成福林等花翎，同知曾尔昌等蓝翎，余加衔升叙有差。

（卷370　893页）

同治十三年（1874年）八月乙未

谕内阁："现在大军陆续出关，著派钦差大臣大学士陕甘总督左宗棠督办粮饷转运一切事宜。内阁学士袁保恒著作为帮办，并将西征粮台移设肃州，著袁保恒前往该州驻扎。"

（卷370　902页）

谕军机大臣等："前据袁保恒奏穆图善所部月饷请饬加拨，或另拨有著之款，当交户部速议具奏。兹据奏称穆图善月饷向由山西等省协解，不得遽谓无著。现在各省均有应解之款，若再加拨，恐均力难筹解。该军饷需不敷，历经左宗棠匀济，应仍由该大臣随时酌量匀给，并请饬各督抚将该军月饷照数筹拨等语。穆图善一军月饷银九万五千两，各省欠解甚多。该营饷需殊形支绌，著李宗羲、李瀚章、吴棠、张树声、鲍源深、钱鼎铭、吴元炳严饬各该藩司实力筹拨，按月如数解往。如果仍前延欠，即由西征粮台会同穆图善将该藩司指名严参，以儆玩泄。并著左宗棠将该军饷项随时妥筹接济，毋稍推诿。现在大军陆续出关，所有后路转饷各事宜关系紧要。从前关外用兵均在肃州安设粮台，由重臣督率经理。本日已明降谕旨，令左宗棠督办粮饷转运一切事宜，并令袁保恒帮办，移扎肃州。该大臣等当统筹全局，将关外各军应需粮饷源源接济，俾前敌将帅得以一意进取，迅赴戎机，毋任稍有匮乏，致滋贻误。左宗棠驻扎兰州，遇有紧要事件并著随时赴肃筹办。袁保恒原办西征粮台各事，仍著妥筹兼顾。将此由五百里各谕令知之。"

（卷370　903页）

同治十三年（1874年）八月己亥

谕军机大臣等："恩麟奏护送呼毕勒罕行抵西宁，途遇野番抢掳一折。恩麟护送照料呼毕勒罕回库坐床，行至通天河沿地方突遇骑马番夷，拥众数百，声称求赏箱包、驼马各节。胆敢围放枪铳，肆行抢掳，实属不成事体。恩麟现已护送呼毕勒罕行抵西宁，将来出口赴库，道路尚遥。著该前驻藏大臣沿途小心照料，饬令哨探弁兵勤加侦探，稳慎行走，毋得再有疏虞。将此由四百里谕令知之。"

（卷370　905页）

同治十三年（1874年）九月乙卯

以黑龙江等处官军积年随征甘肃出力，予记名副都统佐领阿奇泰等优叙，赏道员沈应奎、游击郭福昌等花翎，县丞张恒等蓝翎，余加衔升叙开复有差。予阵亡参将吴国泰等祭葬世职。

（卷371　910页）

同治十三年（1874年）九月戊午

谕内阁："军机大臣刑部奏官犯成禄呈递呈词，请派大臣复讯一折。已革乌鲁木齐提督成禄诬毙多命一案，前经军机大臣会同刑部审讯，比例拟以斩立决，并以成禄究系误听人言，与实在诬民为逆者不同，应否改为斩监候，声明请旨。复经御前大臣大学士六部九卿会议，仍照原拟具奏。当经降旨改为斩监候，已属法外施仁，岂容该犯任意狡辩，成禄著仍照原拟斩监候。该犯所递呈词等件，著毋庸置议。"

（卷371　911页）

同治十三年（1874年）九月庚申

谕军机大臣等："袁保恒奏统筹出关转运全局，先陈大概情形，暨购办驼只、粮石，请饬部指提积欠甘饷各折片。现在大军陆续出关，转运最关紧要，必须宽筹款项，先事布置，方免临时贻误。袁保恒以粮台并无现饷，无从措手，请由户部库存项下拨发现银二百万两，俾将驼只、车辆、粮石应用各项赶紧备办。著户部酌度情形，应如何发给之处，妥议具奏。西征原有饷项如何匀拨，并此后常年运费的饷共需若干，著左宗棠、袁保恒悉心商酌，迅速具奏。转运需驼甚多，袁保恒已派员分赴晋豫等省采买，并商令协领喜胜赴张家口采购三四千只，咨明户部。将金顺委员划解西征粮台之部拨银五万两改解张家口，交察哈尔都统衙门收存，以备喜胜领用。喜胜赴口时，著庆春、奎昌妥为照料。此项驼只过境著廉恩、海绪照例免税放行，并额勒和布、杜嘎尔、多布沁扎木楚会同乌城所属各蒙古王旗克期代购健驼四五千只，由北路解送巴里坤交收，限于年内解到。责成庆寿认真监收牧放，以备拨用。所需驼价即于此次请拨部款内，由袁保恒咨明划解乌城应用。附近巴哈之东山一带缠头地方产粮尚多，袁保恒已派员前往采买。著文麟、明春、庆寿先行派员代为购办。地近何城，即在该城存储，以备提用。并将乌城解到驼只代为经理，毋许推诿。各省积欠西征军饷甚巨，著户部查照成案，在于库款稍裕省份，指提积欠甘饷银六十万两，限于十一月内全数筹拨解陕，不得仍前短欠。另折奏请赴京陛见等语。袁保恒现在帮办粮饷转运一切事宜，责任綦重，亟须遵旨前往肃州与左宗棠筹商机宜，著毋庸来京陛见，以免往返需时。将此由五百里谕知左宗棠、袁保恒、额勒和布、杜嘎尔、多布沁扎木楚、庆春、奎昌、文麟、明春并传谕庆寿、廉恩、海绪知之。"

（卷371　912页）

同治十三年（1874年）九月癸亥

以内阁学士袁保恒为户部左侍郎，管三库事。未到任前以詹事府詹事周寿昌署理。

（卷371　914页）

同治十三年（1874年）十月辛未

又谕："左宗棠奏特参鄙谬之署游击，请旨革职一折。前署靖逆营游击补用参将吴锡康在署游击任内，滥索民间供应，擅责乡民，实属鄙谬。吴锡康著即革职，勒令回籍，不准投效军营，以昭儆戒。"

（卷372　920页）

同治十三年（1874年）十月甲申

谕军机大臣等："左宗棠奏办理出关诸军饷数及粮运情形，并请饬晋省按解张曜一军驼干银两，暨请赏给该军皮衣、银两各折片。出关各军饷项，业经张曜、宋庆报明数目。张曜一军粮运经费所请作正开销。该军出关后转运军火等项应添银两及宋庆一军添拨驼料夫、粮款项，即著左宗棠酌度情形，妥为办理。金顺拟于九月内亲带马步四营赴巴里坤，余仍屯驻肃州、安西。该军粮料已由左宗棠发过一千二百万斤。现在古城粮料价值每石三百余斤，由景廉定作四两三钱，已为金顺订买二万余石，是金顺全军足供数月之食。而关内赍粮前往，计程愈远，运费愈繁。左宗棠所陈粮运劳费自属实在情形。巴、古一带既有粮石可采，价值不至过昂，可省运费二十余倍之多，自不必由关内采运，以省浮费。即著左宗棠、景廉、金顺妥为筹商，总期军食有裨，不可舍易图难，更不得意存推诿。至金顺一军饷粮每月实需若干，即由该帮办大臣核实奏明办理。张曜一军每月驼干银五千两，向由晋省拨发。刻下军行较远，提解为难，著鲍源深即将此项银两按月解至西征粮台，以便转解应用。该军皮衣、银两即著左宗棠拨款赏给。将此由五百里各谕令知之。"

（卷372　923页）

同治十三年（1874年）十一月庚戌

谕军机大臣等："景廉奏筹划边疆军务机宜，请由甘肃迁移户民分居奇、古等处各折片。回逆分踞乌属各城，相为掎角，逆焰甚张。景廉拟分路进兵，会同金顺由古城直取古牧地为一路。张曜由天山南直取吐鲁番为一路，并添派大员赴沙山会合沙克都林扎布、锡纶等直取马纳斯为一路。即著景廉、金顺随时筹划，激励将士，妥速进剿，力扫贼氛，毋得稍事延缓。关外粮饷转运事宜前已有旨派左宗棠督办，并令袁保恒帮办，移扎肃州。叠据左宗棠、袁保恒奏请拨饷银，并筹粮运各事。左宗棠、景廉、金顺、袁保恒同办一事，即著随事会商，妥筹办理。景廉所请饬令户部拨给库银六十万两，并严催各省欠饷等语。著户部议奏。景廉派员赴乌里雅苏台等处探办驼只，著理藩院知照管辖内外盟蒙古将军大臣，传知蒙古王公，转饬各爱曼随时出售，按市价官为采买，毋许委员稍有抑勒。西路奇、古等处居民稀少，田地半属荒芜。景廉请仿照成案，由甘肃各州县迁移民人一千户，分居奇、古等处，以实边地。此项迁移户民由官发给盘费、车脚、牛具、籽种，赶于明春到古，俾得尽力耕作，以赡军粮。著左宗棠体察情形，酌筹妥办。将此谕知户部、理藩院并由五百里谕令左宗棠、景廉、金顺、袁保恒知之。"

（卷373　933页）

同治十三年（1874年）十一月癸丑

又谕："左宗棠奏筹划移设粮台，办理采粮转运事宜，暨请开除屯田经费各折片。肃州设立西征粮台，既据左宗棠奏称南、北相距甚遥，办理均形窒碍。刻下北路转运不患无驼，采办亦易，自无庸胶柱鼓瑟。惟现在乌、科两城实存粮石究有若干，每年所产粮石若干，留备各该城兵食若干以及转运驼只能否购办，足敷应用，著额勒和布、杜嘎尔、多布沁扎木楚、托伦布、保英详悉确查，迅速具奏。粮台之设必与军行道路相宜。左宗棠所奏于乌里雅苏台、科布多、巴里坤地方择一要处，移台驻扎，并择两处设立分台之处，即著与袁保恒妥商办理。袁保恒与左宗棠同办一事，务当和衷商搉，毋得各存意见，致误事机。景廉、金顺统领大军西进，总期粮食源源接济，俾利师行，并著随时与左宗棠、袁保恒妥切函商，以重军食。屯政虽与行军相宜，惟今昔情形不同，目前尚难举办。著与袁保恒悉心商酌，总期事有实济，饷不虚糜。余著照左宗棠所拟办理。左宗棠原折片著抄给袁保恒阅看。原折著抄给景廉等阅看。将此由六百里各谕令知之。"

（卷373　935页）

同治十三年（1874年）十二月壬申

陕甘总督左宗棠奏："甘肃补行计典未满一年，本年大计请展至下届并案办理。"从之。

（卷374　947页）